中国金融生态制度变迁研究
——金融运行中的矛盾与调和

阙方平　陶雄华◎编著

中国金融出版社

责任编辑：丁 芊
责任校对：张志文
责任印制：陈晓川

图书在版编目（CIP）数据

中国金融生态制度变迁研究（Zhongguo Jinrong Shengtai Zhidu Bianqian Yanjiu）：金融运行中的矛盾与调和/阙方平，陶雄华编著．—北京：中国金融出版社，2014.12
ISBN 978 - 7 - 5049 - 7727 - 4

Ⅰ.①中…　Ⅱ.①阙…②陶…　Ⅲ.①金融制度—研究—中国
Ⅳ.①F832.1

中国版本图书馆 CIP 数据核字（2014）第 273859 号

出版
发行　中国金融出版社
社址　北京市丰台区益泽路 2 号
市场开发部　　(010)63266347，63805472，63439533（传真）
网上书店　http：//www.chinafph.com
　　　　　　(010)63286832，63365686（传真）
读者服务部　(010)66070833，62568380
邮编　100071
经销　新华书店
印刷　北京市松源印刷有限公司
尺寸　169 毫米 × 239 毫米
印张　36
字数　621 千
版次　2014 年 12 月第 1 版
印次　2014 年 12 月第 1 次印刷
定价　68.00 元
ISBN 978 - 7 - 5049 - 7727 - 4/F. 7287
如出现印装错误本社负责调换　联系电话 (010)63263947

序　言

生态一词源于古希腊语"oikos"，原意指住所或栖息地。1866 年，德国生物学家 E. 海克尔最早提出生态学的概念，当时认为它是研究动植物及其环境间、动物与植物之间及其对生态系统的影响的一门学科。如今，生态学已经渗透到各个领域，生态一词涉及的范畴也越来越广，几乎是包罗万象、举一千从。

在社会学科领域，金融生态的概念也应运而生。金融生态是指影响金融业生存和发展的各种因素的总和，既包括与金融业相互影响的政治、经济、法律、信用环境等因素，又包括了金融体系内部各要素，如金融产品、金融市场、金融机构及金融产业。还有人认为，对金融市场而言，金融生态就是指影响金融市场运行的外部环境和基础条件，它包括了法律制度环境、公众风险意识、中介服务体系、市场信用体系、行政管理体制等内容。总而言之，金融生态是对金融生态特征和规律的系统性抽象，本质是反映金融内、外部因素之间相互依存、相互制约的有机关系。

金融生态概念的提出，是金融理论研究的一项创造性成果，突出体现了以人为本，全面、协调、可持续的科学发展观。近年来，不少专家学者从生态的角度观察和理解金融现象，发表了一系列真知灼见。涓涓细流汇江河，经过多年的研究探讨，国内金融生态思想日趋成熟，金融生态理论逐渐完善，并且不断被运用于指导中国的金融实践。

但是，目前国内金融生态理论与实践还存在一些不足，主要表现为金融生态的概念和内涵把握不准、金融生态的基本原理不清、金融生态的运转机制和模式不明等。之所以产生这些现象，很重要的一个原因是观察视角、研究范式和理论工具有待改进。特别是从制度和制度变迁的角度来研究金融生态尚属凤毛麟角，留下了一个巨大的理论空白。实际上，演进理论一直都是生态学的主流，演进的生态经济学则是金融生态理论的重要基础。而演化经济学向来被认为是新制度经济学的一部分，或者是直接受到新制度经济学的启发。因此，我

1

们认为，运用制度变迁理论来研究金融生态，更有利于深刻地把握金融生态的核心本质，厘清金融生态各要素之间的相互联系和影响，探究金融生态形成和演变的内在逻辑规律，这对推动我国金融生态理论的深入发展具有重要意义。

基于以上的认识，本书为中国金融生态构建了一个制度经济学的分析框架，从制度变迁的角度研究我国金融生态的概念、要素、特征、规律、趋势等内容，特别是关注和探讨三个方面的问题，集中体现了本书的创新之处。

一、中国金融生态制度变迁的起源与动力

制度变迁理论有个重要的概念称作路径依赖，是指人们一旦选择了某个体制，由于规模经济、学习效应、协调效应以及适应性预期等因素的存在，会导致该体制沿着既定的方向不断得到自我强化。其中，制度变迁的起源与动力（这里也可称为初始条件）决定路径依赖，有什么样的初始条件，就有什么样的路径依赖。在我们看来，决定未来我国路径依赖的有7个初始条件，包括6大会议加大数据（6 + 1），同时这7个初始条件也将决定未来我国金融生态制度变迁的路径依赖。

第一个会议是中国共产党第十八次全国代表大会。十八大报告是"宣言书"，是今后十年的行动纲领，提出我国社会政治经济文化全方位的转型。全方位的转型意味着中国金融生态将会出现多方面巨大变化。第二个会议是十八届三中全会。十八届三中全会提出全面深化改革的指导思想、目标任务、重大原则，在金融领域则是利率市场化改革、汇率形成机制改革、存款保险制度改革和市场化退出机制改革"四改并举"，勾画了我国金融生态制度变迁的"路线图"。其他四个会议分别是2013年中央经济工作会议、城镇化工作会议、中央政治局12月3日会议和中央政法工作会议，分别从工作重点、动力源泉、工作方法、根本保障等角度，对经济社会包括金融制度进行了"顶层设计"。

另外一个不容忽视的初始条件是"大数据"。当前，以海量数据的收集、分析和应用为内涵的大数据时代已从预言逐步变为现实，且蔓延到经济社会的各个角落。在大数据时代的背景下，近年出现了以P2P贷款、第三方支付、网络理财产品、众筹融资等为代表的各种互联网金融业态，并呈现出高速发展态势。实际上，大数据最大的影响并不是我们通常认为的对传统金融业务的冲击，而是它使每个人、每个终端、每个行为、每个时点和空间的碎片信息都嵌入一个宽广的网络背景，成为一种可以进行逻辑运算和处理的秩序数据，因而重构了

金融生态的信息系统,改变了金融的组织架构、风险管理和产品组合方式。与此同时,大数据对零散信息的价值发掘和度量,使资源离散型使用效率不低于资源集中型的利用效率,分散性众包模式的交易成本得以下降,社会资源配置将会降低对金融中介的倚重。由此可见,大数据正在解构与重构社会经济秩序,并将"创造性破坏"现有的金融体系运作生态。

总之,随着我国经济的全面转型、改革的日益深入以及大数据时代的来临,中国金融生态已处于制度变迁的前夜。是被低效率的路径依赖锁定还是走上良性循环的路径依赖,取决于我们能否充分认识、把握和利用初始条件,因势利导,顺势而为,选择一条正确的制度变迁路径,使之沿着不断增强和优化的轨迹演进。

二、中国金融生态制度变迁的路径和方向

按照生态学观点,生态系统核心要素有三点:环境、物种和生态规则。从当前我国金融生态来看,受到前面提到的"6 + 1"初始条件的影响,这三个核心要素都已经发生了剧烈变化。旧的金融生态正在瓦解,新的金融生态正在萌芽。在本书中我们对这三点都进行了系统梳理:

首先,大数据催生了十大新的"金融物种"。大数据解决了以往交易中信息不对称、交易成本过高、资源不能最大化利用,以及无法开展大规模协作这四大问题,正在颠覆包括金融在内的众多传统商业模式,催生了十大新的"金融物种",分别是:电商的综合性支付平台、独立的第三方支付平台、手机支付、虚拟货币、P2P 模式、债权转让模式、"阿里小贷"模式、众筹模式、中介代销模式和自产自销模式。

其次,金融生态环境即将发生"十大变化"。包括:政府职能"去无疆化",金融监管的边界将会大幅度调整;生产要素"去双轨化",资本化技术将大幅度提高;市场竞争"去身份化",阻挡金融竞争的"玻璃门"被打破;企业融资"去银行化",市场化的金融结构即将形成;价格形成"去管制化",金融市场将得到进一步发展;事权责任"去分离化",金融安全问题更加凸显;改革创新"去表层化",金融创新的春天来临;结构调整"去产能化",金融机构亟需转型升级;城乡收入"去剪刀差",普惠金融迎来大发展机遇;经济发展"去陷阱化",金融市场效率将会全方位提升。

最后,金融生态规则即将发生"十大变化"。包括:"长尾理论"取代"二

八定律";"上善若水"取代"赢者通吃";"协作共赢"取代"同质竞争";"无边界经营"取代"有界经营";"信息资源为王"取代"金融资源为王";"智者为王"取代"大者为王";"个体风险定量"取代"总体风险定量";"小而不倒"取代"大而不倒";"为客户树立影响力"取代"为自己树立影响力";"为客户创造新的需求"取代"满足客户现实需求"。

显然，随着我国经济社会向着更有效率、更加公平、更可持续发展的方向转型，金融生态的制度变迁，包括物种、环境和规则的变化，也必将朝着更加高效、市场化、富有弹性的路径和方向演进。但这些变化或者制度变迁能否顺利实现，取决于我们能否正确处理好政府和市场的关系。最近北京出现的自住房弃购现象，再次证明了政府绝非万能，也再次印证了"诺斯悖论"（没有国家办不成事，有了国家又有很多麻烦）。从制度经济学的角度看，这也是一个强制性制度变迁失败的典型案例。同时也从反面启发我们，中国金融生态的制度变迁，必须做到"第一行动集团"和"第二行动集团"相协调，"存量改革"和"增量调整"相促进，"强制性制度变迁"和"诱致性制度变迁"相结合。总之，要使市场在资源配置中起决定性作用和更好发挥政府作用。

三、中国金融生态制度变迁的阻力和突破

按照新制度经济学的理论，制度变迁是博弈、冲突的结果，一方面，原有的初始制度安排会强化现存制度的刺激和惯性，另一方面，现存的制度安排会形成一个既得利益集团或一种既得利益格局，增加制度变迁的成本，形成制度变迁阻力。

我们发现，随着我国市场和政府职能边界的重新划分，传统与新兴发展模式的不断转换，新老金融物种的相互竞争，使得既有的金融生态制度安排的矛盾充分暴露：一是资金过多与信用缺失的矛盾。突出表现为我国外汇储备、M_2余额和社会融资规模较多而实体经济融资难、融资贵。二是社会融资"去银行化"与信贷管制的矛盾。突出表现为社会融资渠道多元化、银行贷款占社会融资规模的比重不断下降而数量型的信贷规模管制仍大行其道。三是影子银行与正规金融的矛盾。突出表现为影子银行在不受或很少受监管的状态下野蛮生长而正规金融发展却面临诸多限制。四是金融机构与金融消费者的矛盾。突出表现为金融机构逐利化倾向明显而消费者日益追求公正、规范、透明的金融服务。五是传统金融与互联网金融的矛盾。突出表现为传统金融由政府管制而互联网

金融由市场决定。六是金融监管与金融创新的矛盾。突出表现为金融创新日益频繁活跃而传统监管工具难以跟上步伐。七是多头监管与监管协调的矛盾。突出表现为金融业务日益跨业、跨市场发展而监管信息沟通和协调力度不足。八是货币政策与监管政策的矛盾。突出表现为两者的目标、时滞、性质、作用方向和资源消耗存在明显区别。九是普惠金融与草根金融边缘化的矛盾。突出表现为普惠金融得到广泛关注和迅速发展而草根金融的覆盖率和可获得性仍然较低。十是外部监管导向与银行管理导向的矛盾。突出表现为银行经营管理趋向商业性而外部监管兼顾社会责任与公益性。

以上"十大矛盾"构成了我国金融生态制度变迁的强大阻力，要克服这些阻力，根本出路还是靠改革创新。习近平同志指出："创新是一个民族进步的灵魂，是一个国家兴旺发达的不竭源泉，也是中华民族最鲜明的民族禀赋。"一部金融制度变迁史，就是一部金融创新史。金融生态的制度变迁也需要持续不断的改革创新加以推动。通过改革创新，产生新的金融组织、金融产品、金融工具、金融市场和金融管理方式，使内部成本外部化、外部收益内部化，使制度变迁的收益大于成本，使金融风险得到有效分散和转移并支持实体经济发展，我国金融生态的制度变迁将会水到渠成、一马平川。

实践发展永无止境，认识真理永无止境，理论创新永无止境。当前，我国经济已步入新常态，出现了很多新情况、新问题，如：GDP不能完全反映就业情况，保就业不一定需要保增长；产业结构和企业结构的变化导致工业增加值不能完全反映经济增长；产业结构、能源结构和融资结构的变化导致发电量和中长期贷款对经济的代表性明显下降；市场结构的变化导致代表传统产业的上证指数失去意义，指数让位于板块；等等。同时，我国金融也处于"大变革"前夜，出现了很多新现象、新趋势，如影子银行监管分工协作，互联网金融告别无监管时代；银行监管资源优化组合，确立以处罚为导向的监管理念；以银行治理和产品创新为核心的金融创新日新月异，监管套利有限；存款利率市场化与存款保险制度配套推出，长尾市场成为竞争焦点；资产证券化规模扩大，融资"去银行化"导致银证保全面合作；民营银行试水，银行差异化经营凸显；"去产能"引致的企业破产重整风起云涌，银行不良贷款进入上升周期；房地产市场不会出现大的波折，房地产商业金融与政策金融分离；股票市场进入结构性牛市周期，金融脱媒加剧；货币政策将会被动调整，存款准备金率进入下调周期；等等。这些有的是我国金融生态制度变迁的重要内容，有的与我国金融生态制度变迁密切相关，有的将对我国金融生态制度变迁产生深远影响，因此在本书中也有所论及。

金融生态制度变迁是一条充满荆棘而又引人入胜的道路。"路漫漫其修远兮，吾将上下而求索"。谨以本书抛砖引玉，希望能够对相关领域的研究探索有所启发和帮助，也恳请各位专家和读者批评指正。

阙方平　陶雄华
2014 年 8 月

目　录

第一章　中国金融业改革的路径依赖

路径依赖（Path – Dependence），又译为路径依赖性，它的特定含义是指人类社会中的技术演进或制度变迁均有类似于物理学中的惯性，即一旦进入某一路径就可能对这种路径产生依赖，就有新的规则、新的思维、新的运行模式。目前，世情、国情、党情继续发生深刻变化，我们面临的发展机遇和风险挑战前所未有。

本章通过五个部分来探寻中国金融业改革的路径依赖。首先，介绍制度变迁理论，制度变迁理论与路径依赖密切相关，引出后面四个部分。其次，分析世界经济，点出中国经济的不足。再次，分为两个部分介绍决定中国命运的六大会议。最后，介绍信息发展的产物——大数据。

第一节　制度变迁理论基础

一、制度变迁

（一）新制度经济学下的制度变迁

20 世纪 80 年代末新制度经济学被引入中国，90 年代以后，中国对该理论的研究和应用更为普遍，其中，制度变迁理论成为解释中国问题最强劲的一支。

制度一般指要求大家共同遵守的办事规程或行动准则，也指在一定历史条件下形成的法令、礼俗等规范或一定的规格。制度变迁是新制度产生，并否定、扬弃或改变旧制度的过程，通俗地说，是一种效益更高的制度对低效的旧制度的替代过程。

制度变迁的成因来源于供给和需求两个方面：制度变迁供给与制度变迁需求。两者在规模经济、外部成本、风险、市场等一系列约束条件下为实现帕累托改进追求新的潜在利益的必然要求。从成本与收益的角度讲，只有当人们预期制度变迁的潜在收益大于成本时制度变迁才会发生。因此，制度变迁供给是一种新制度的"生产者"在制度变迁收益大于制度变迁成本时设计和推动制度变迁的活动，制度变迁需求是对更高效益的制度的需求。作为制度变迁理论奠基人的诺斯，他认为制度变迁是一种制度非均衡—均衡—非均衡的反复循环的过程。他所说的制度均衡是指在制度变迁需求和制度变迁供给影响因素一定时，制度安排呈现出的一种短暂的相对静止的状态。当这种状态被打破时，制度变迁或变革的必要前提和条件——制度非均衡就发生了。同时，诺斯将路径依赖理论引入了制度变迁理论，用来解释不同国家制度变迁的不同路径和无效经济制度长期存在的现象。①

（二）制度变迁的渐进过程

诺斯认为制度创新是在制度失衡与制度均衡的交替变化过程中产生的。制度均衡时，对改革者来说不存在帕累托改进。因此，这时就会出现制度创新乏力。但如果出现新的潜在利益机会，如市场规模扩大、技术进步，或特定利益群体收入预期改变等，制度创新就会被诱导直到形成新的制度均衡。这种制度非均衡—均衡—非均衡的反复循环的过程就是制度不断完善的过程。诱发制度创新的主要因素有：

（1）新的潜在利益的发现。新的制度安排就会被要求来实现这种新的潜在利益。新的潜在利益主要源于以下四个方面：第一，技术进步带来的利润；第二，内部经济及规模报酬带来的利润；第三，风险控制减少的损失；第四，成本降低带来收益的增加。

（2）新的制度的供给成本降低。例如，技术进步导致的制度设计成本降低。

（3）制度红利。即制度变化带来的潜在收益的实现。

当出现上述的情况时，现存的制度结构处于非均衡的状态，有动力通过帕累托改进达到帕累托最优的状态，从而达到新的制度均衡状态，整个过程便构成了制度变迁的全部过程。

（三）制度变迁与技术创新的互动

新制度经济学认为创新包括技术创新和制度创新。技术创新降低生产的直接成本，制度创新降低生产的交易成本即间接成本。对于成本与收益的把握使得潜在利益成为技术创新与制度创新的源泉与动力，推动社会制度与技术不断向前演进。然而，制度变迁与技术创新之间又是相互作用相互影响的。

---

① 资料来源：李艳、李小川：《中国关于制度性变迁的理论性研究及其评价》，载《云南社会科学》，2009（4）。

1. 技术决定论

技术决定论最早是由凡伯伦提出来的，它建立在两个重要原则基础之上：一是技术是自主的，二是技术变迁导致社会变迁。换句话说技术变迁是技术内在逻辑的产物，并且它的发展决定制度变迁和社会进步。因此，技术创新成为经济增长和制度变迁的核心推动力。

2. 制度决定论

制度决定论是指制度创新对经济增长与技术进步起决定性作用。新制度学派的代表人物诺斯认为，对经济增长起决定作用的是制度创新，技术创新不过是经济增长的表现。因此，技术创新和经济增长就像一枚硬币的两面，而制度创新则是推动二者的唯一动力。

3. 技术创新和制度创新的互动

新制度经济学认为，制度创新决定技术创新。一项制度适应技术创新时，就会促进技术进步。一项制度不适应技术创新时就会阻碍技术进步。因此，改进技术的方法是建立一个能够持续激励人们创新的产权制度以提高私人收益从而实现技术改进。

然而，二者是相互影响相互制约的。一个创新系统包括技术创新和制度创新，只有两种创新相互协调发展才能推动经济持续增长。

两者互动，关键取决于生产力和生产关系的矛盾运动。当生产关系不能适应生产力的发展时，即旧制度使得生产力的发展被禁锢，那么，制度变迁也就应运而生。因此，技术进步推动制度变迁的进程。在生产力与生产关系二者的矛盾运动中制度变迁又为技术创新提供了有力的制度空间和制度条件，推动技术进一步创新。可以说，技术创新和制度创新也处于不断变化的矛盾运动中，二者的矛盾运动推动创新系统不断发展。

作为矛盾运动的两个方面，矛盾的主要方面会随着外部条件的不同而不同。因此，作为创新系统的两个构成要素，技术创新和制度创新在创新体系中的地位和作用不能一概而论。当一项制度处于均衡或接近均衡状态时，技术创新是矛盾的主要方面；当一项制度处于非均衡状态时，制度变迁则转化为矛盾的主要方面，并且决定技术进步的进程。

因此，技术创新与制度创新相互影响、相互作用。技术创新是制度创新的动力和前提，制度创新是技术创新的必要保证。

二、制度变迁在中国取得的成果

中国制度变迁指的是我国从传统的计划经济体制向社会主义市场经济体制

的变迁过程。中国的制度变迁是政府主导型制度变迁和渐进式制度变迁。

（一）政府主导型制度变迁

一直以来，政府通过各种努力调整和改变中国传统集权体制下旧的理论范式，建立新的理论结构，赋予基本路线新的内容，以法律和文件的形式要求坚持这条基本路线，繁荣复兴中国。党的十七大报告对推进改革开放和社会主义现代化建设、实现全面建设小康社会宏伟目标作出全面部署。

国家具有使其内部结构有序化的相应规则，并具有实施规则的强制力，使得政府有能力以低于私人组织的成本进行某些活动。和公共物品相似，制度安排如果由个人来完成就会出现"免费搭车"现象，因此，私人来提供制度安排是不可能的，制度安排必须由政府来完成。同时由政府来完成制度变迁，可以确保制度变迁在一个相对稳定的外部环境下顺利进行。

（二）渐进式制度变迁

由于不完全信息，改革者只能利用一定的信息进行决策，从局部开始试验再逐渐推广。改革初期，新的制度安排从部分地区开始试验，在获得预期收益、积累相关经验、掌握相关新制度安排后才开始向全国推广。

改革开放初期，我国首先选择位置优越的东南沿海地区作为重点实验地区，比如对广东、福建两省试办经济特区，开放大连、秦皇岛、北海等 14 个沿海城市，开放长江、珠江和闽南三个三角洲地区等，然后又将实验地区不断扩张到内地和西部地区。随着国内外经济环境的不断变化，我国提出了西部大开发等一系列实验项目，推动了我国制度变迁的进程。

总之，通过改革开放，中国实现了经济持续增长长达 36 年之久，计划经济体制逐渐向社会主义市场经济体制过渡。中国的增长奇迹归根到底是在政府的主导下实行了渐进式的改革战略，这种战略有着激进改革无可比拟的优越性。[①]

三、制度变迁的发展

当前，世情、国情、党情继续发生深刻变化，面向未来，必将对社会经济发展产生重大影响。

（一）政治提供保障

十八大的召开，引领着未来 10 年的行动路线。其要求社会政治经济文化全方位的转型。全方位的转型意味着中国金融生态环境将会出现多方面巨大变化。

---

① 资料来源：袁昌华：《浅论中国制度变迁方式》。

十八大报告指出，必须把坚持以经济建设为中心同坚持四项基本原则、坚持改革开放这两个基本点统一于中国特色社会主义伟大实践。同时大会指出，处理好政府与市场的关系，必须更加尊重市场规律，更好发挥政府作用。所以制度变迁仍是政府主导型制度变迁。

为贯彻落实党的十八大关于全面深化改革的战略部署，党召开了十八届三中全会、中央经济工作会议、中央城镇化工作会议、中央政治局会议和中央政法工作会议。对金融实施改革，明确 2014 年经济工作任务，推进城镇化，为实现中国梦努力。

（二）信息革命的发展

数据，已经渗透到当今每一个行业和业务职能领域，成为重要的生产因素。海量数据的运用将成为未来竞争和增长的基础。这就要求信息革命进一步发展。在"数据化"趋势下，大数据必然产生。它成为我们的发展机遇。

海量化的数据由量变带来质变，会带给我们全新的思维方式，会带来产业的颠覆性改革，会推动各行各业的发展，是一次生产力的大解放。在互联网和移动互联网时代，在关注和获取信息的成本急剧下降的情况下，引起新的潜在利益的追求，制度变迁的潜在收益大于成本，制度变迁发生了。

第二节　结构性调整成为经济主旋律

一、世界经济将再一次进入螺旋式上升新阶段

（一）美国经济在低位复苏

数据显示，2014 年第一季度美国实际国内生产总值按年率计算下降 1.0%，低于此前估测的 0.1% 的增速，也低于前一季度 2.6% 的增速。美国经济自 2009 年 6 月结束衰退后只出现过一次负增长，即 2011 年第一季度 GDP 下降 1.3%。不过，从 GDP 报告的分项数据来看，除了冬季冰雪严寒天气的冲击之外，GDP 主要是受到了库存减少的拖累，而扣除这方面的因素，整体经济趋势仍然向好。同时，近期发布的 2014 年 4 月耐用品订单以及 5 月制造业采购经理人指数（PMI）初值数据的状况，也能够显示出美国经济有在 2014 年第二季度摆脱低迷的趋势，在制造业活动状况预计将向好的背景下，美国经济增速预计会在第二季度取得全线反弹，连续两个季度负增长而陷入技术性衰退的可能性基本为零。

虽然美国 2014 年第一季度 GDP 表现一般，成屋销售数据不及预期，但初次

申请失业金人数①继续走低，美国经济未来复苏仍被外界看好，5 月最后一周首次申请失业救济人数从前一周的 32.6 万人下降至 30 万人，低于市场平均预期的 31.7 万人。这意味着经济复苏的动能依然很强。从历史来看，当前首次申请失业救济人数处于几十年来的低位附近。

从过去的数据来看，支撑美国经济增长的重要原因主要有以下几点：

第一，银行资产负债表进一步改善，金融风险得到有效化解，对私人企业的信贷条件将趋于宽松，加上企业自身充足的现金流，推动企业投资的增加。

第二，往昔的减税到期，以及财政支出的削减，将使财政预算状况得到改善，财政收紧额/GDP 从 2013 年的 2.5% 缩窄到 0.75%，推动 GDP 增速提升 1%。

第三，货币政策支持经济增长。随着实体经济内生向上动力大大增强，量化宽松政策（QE）② 将开始退出，且预期退出力度会逐步加大，在此背景下，将吸引更多外资的进入，促进美国经济的发展。

金融风险得以化解、债务情况相对安全、实体企业形势向好、消费信心上升、国际投资青睐等因素帮助美国经济有效复苏，逐步摆脱衰退，但由于信贷缺乏和经济信心较弱等消极因素的影响，导致美国经济面临多种"逆风"，使得美国经济增长相对缓慢。可以确定的是美国经济正在平稳的渐次复苏，虽然不太可能实现 4% 到 5% 的增长，却可能以 2.5% 到 3% 的速度增长。

（二）欧洲形势仍然非常具有挑战性

欧洲经济已经显示出了明显的复苏迹象（2013 年欧元区增长率为 - 0.4%，2014 年第一季度 GDP 按年调整后增长加快至 0.9%），同时，我们也看到了欧洲在一个统一的金融监管体系方面取得了重大进步。

在逐步摆脱欧债危机，世界经济开始企稳回升的大背景下，支持欧洲经济回暖的主要因素有几点：

第一，金融市场继续改善，带动资产价格上涨，相应的财富增长效应使核心国家与外围国家的企业信心均趋于稳定，推动投资大幅跃升，私人消费继续回暖。

第二，美国、日本和中国的进口需求继续回暖，拉动欧元区的出口加快

---

① 初次申请失业金人数（Initial Jobless Claims）反映的是各州失业救助机构前排队申领失业保险金的人的多少，是衡量就业水平的重要指标。

② 量化宽松政策（Quantitative Easing, QE）简单理解就是"印钱"。其中量化指的是扩大一定数量的货币发行，宽松就是减少银行储备必须注资的压力。当银行和金融机构的有价证券被央行收购时，新发行的钱币便被成功地投入到私有银行体系。资料来源：美联储、东方财富网。

增长。

第三，财政减赤步伐大大放缓，减赤规模/GDP 缩减 0.5 个百分点至 0.5%。

第四，货币政策空间较为宽松。2013 年 10 月，通胀率仅为 0.7%，远低于 2% 的政策目标。自 11 月降低政策利率以来，欧央行认为，如果复苏信号衰减或通缩压力增大，可能会考虑进一步的非常规宽松货币政策。如果需要，欧央行仍可要求银行继续充实资本金或者重组，以及进一步加强银行业联盟建设。

第五，继续推进劳动力市场和产品市场的结构改革，为经济与就业的增长提供必要的支持。但是，房地产价格继续下跌，引起相关市场主体进一步去杠杆化，信贷依然从紧，以及高失业和大量过剩产能缓慢改善，将拖累经济复苏强度。

但是，我们同时也应高度警惕欧洲的结构改革仍然没有到位，高债务压力之下，财政整顿放缓，银行资产负债表有待继续调整，税收改革仍需推进。失业率水平，特别是一些国家的社会承受能力面临着新的挑战，欧洲在全面复苏的进程中仍然是任重道远。默克尔的连任和德国经济的强势，决定了欧洲经济不会往更坏的方向发展；法国、意大利经济在 2013 年的表现也可圈可点。但欧洲的高福利、高成本发展惯性，欧元区的制度缺陷，英国经济的低迷，都将阻碍其经济复苏的步伐。

（三）日本经济发展的不确定性

受非常规宽松货币政策、刺激性财政政策的支撑，以及汇率大幅贬值效应，2013 年日本经济逐步走出通缩，全年 GDP 增长 2.7% 左右，安倍经济学[①]看起来效果不错。但这一切是以日本经济结构进一步恶化为代价的。随着刺激政策减弱、消费税增加、政府债务压力上升，2014 年的日本经济增长预计在 1% 左右。经济增长的剧烈波动、政策的大幅调整，都会造成日本经济的风险增加。

日本的风险包括私人消费后续乏力和国债中长期内难以持续。由于工资未能与物价协同上涨，家庭消费信心弱化，私人消费后续乏力。公债率超过 230%，降低了市场对日本政府的信心。为此，政府需制定详细可靠的中长期战略，推动结构改革促进增长。此外，日本将维持宽松货币政策，为增长提供必要动力。

---

① 安倍经济学（Abenomics）是指日本第 96 任首相安倍晋三（Shinzo Abe）2012 年底上台后加速实施的一系列刺激经济政策，最引人注目的就是宽松货币政策，日元汇率开始加速贬值。2013 年 5 月 16 日本内阁府发布了 2013 年第一季度 GDP 的速报值，表明日本首相安倍晋三推出的一系列新刺激政策不仅给金融市场注入活力，也开始让企业和消费者振作起来。

日本经济内在增长动力不足，短期财政和货币政策刺激的效果能否持续具有较大不确定性。

（四）新兴经济体在确保软着陆

新兴经济体的低失业率可使消费保持坚挺；货币政策仍然宽松，继续助推国内投资；受发达经济体增长势头趋强的拉动，出口上升。但是，国际资本流入放缓甚至净流出，对国内增长形成负面冲击。

中国继续推进增长方式转型，增速将维持在7.5%左右。国内消费和投资的增长都将加快，但前者仍低于后者。对经济放缓增长的担忧，促使财政支出略有增加。受外部需求加快复苏的带动，出口增长提速。结构改革将继续推进，包括金融自由化、劳动力流动和营业税改征增值税等。

印度经济增长从3.8%加快至5%。主要原因有二：卢比贬值和外需增强推动出口增长加快，基础设施投资将加快。不利因素在于供给不足和卢比贬值导致通胀高企。高通胀一方面迫使货币政策从紧和财政减支，而这却将限制供给的改善；另一方面又要求财政增加价格补贴，最终使财政政策与货币政策陷于一定程度的两难尴尬之中。政府或将进行如下平衡：在不得不支出的财政补贴中，减少能源补贴，增加价格补贴；改善基础设施；改革劳动市场，提高潜在产出。

俄罗斯GDP增长从1.5%升至2.3%。这主要是受基础设施、能源和矿业投资增加以及出口上升等的影响，低失业推动工资进而私人消费稳定增长。为提高潜在产出，政府有必要优先改善投资氛围，包括降低油气市场准入障碍，提高劳动技能，加大创新支持力度。

在拉美，资本市场动荡可能仅仅是短期现象；汇率贬值刺激出口的效应可能被金融从紧效应抵消。在巴西，尽管本币贬值刺激出口，消费回升，但受通胀高企的影响，GDP增长将从2.5%放缓至2.2%。通胀高企迫使央行提高政策利率，阻碍投资增长。外汇市场波动增大，也将降低市场信心。

南非GDP增速从2.1%升至2.9%。高失业导致市场信心低迷，收入增长缓慢，导致消费不振，但世界贸易复苏势头增强带动大宗商品价格回升，兰特趋弱，流入矿业的外资增加，带动矿产出口增长加快。

欧美经济的企稳对新兴经济体的出口是利好，但相对而言，美国量化宽松政策退出造成的资本流动压力，对新兴经济体影响更大。总体看外部环境并未有效改善。从内部看，新兴经济体面临劳动力、土地、资源、能源等要素成本的大幅攀升，竞争力在削弱。通胀压力在2014年仍然挥之不去。相对发达国家，2014 年新兴经济体减速增长的格局将维持不变。

（五）发展中国家经济遭遇挑战

世界银行最新发布的《全球经济展望》下调了 2014 年发展中国家的经济增速预期。报告指出，美国的恶劣天气，乌克兰的紧张局势，中国经济"再平衡"，一些中等收入经济体的政治纷争、结构改革进展缓慢等多重因素叠加，给发展中国家整体经济增速蒙上阴影。

有鉴于此，世界银行将发展中国家 2014 年的经济增速预期下调至 4.8%，低于今年 1 月估计的 5.3%；预计中国今年经济增速为 7.6%，高于官方此前设定的 7.5% 的年增长目标，但能否实现取决于经济"再平衡"的努力。如果中国经济出现"硬着陆"①，影响将波及亚洲各国。

世界银行行长金墉提醒说，发展中国家需要加快步伐，更多地投入国内结构改革，以提升经济增长水平。

报告认为，发达经济体增长加速将成为发展中国家和全球经济复苏的重要推动力。预计高收入经济体未来三年将向全球需求再注入 6.3 万亿美元，远远超过其过去三年贡献的 3.9 万亿美元，也高于发展中国家的预计贡献。

综合发达经济体和发展中国家的表现，世界银行认为全球经济将在今年晚些时候逐渐加速，预计全年可达 2.8%，2015 年回升至 3.4%。

二、中国经济结构性调整中下行压力明显

（一）中国的经济结构严重失衡

影响经济结构形成的因素很多，最主要的是社会对最终产品的需求，而科学技术进步对经济结构的变化也有重要影响。一个国家的经济结构是否合理，主要看它是否建立在合理的经济可能性之上。结构合理就能充分发挥经济优势，有利于国民经济各部门的协调发展。经济结构状况是衡量国家和地区经济发展水平的重要尺度。不同经济体制，不同经济发展趋向的国家和地区，经济结构状况差异甚大。

1978 年以前的中国经济，农业基础薄弱，轻工业和重工业比例失衡。1978年改革开放以后，通过优先发展轻工业，扩大高档消费品进口，加强基础产业、基础设施建设，大力发展第三产业等一系列政策和措施，使中国的经济结构趋

---

① "硬着陆"指的是采用强力的财政货币政策一次性在较短的时间内通过牺牲较多的国民收入将通胀率降到正常水平，优点是重拳出击立竿见影，往往公众尚未得及足够的预期就已经达到了政策目的，缺点是经济震动较大，通常有很大的副作用。

于协调，并向优化和升级的方向发展。中国各产业之间及其内部的比例关系都有了明显的改善，其中第一产业比重下降，第二产业、第三产业比重上升；国民经济总量增长从主要由第一产业、第二产业带动，转为主要由第二产业、第三产业带动，第二产业的增长构成了中国经济高速发展的主要动力。在整体产业结构变化的同时，各产业内部的结构也发生了较大的变化。在农林牧渔业总产值中，纯农业产值比重下降，林牧渔业比重上升；在工业内部，轻重工业结构正逐步由偏重"消费补偿"的轻型结构，向"投资导向"的重型结构升级；在第三产业内部，交通运输业、商业等传统产业比重下降，房地产业、金融保险业、电信业等迅速发展。

2012 年 12 月 12 日，中国社会科学院财经战略研究院发布《中国宏观经济运行报告 2012》①。根据该机构统计，从 1991 年以来的 20 年中，中国的经济结构失衡指数总体处于次级不均衡状态，中国经济结构严重失衡。

（二）中国经济结构调整的必要性

随着中国经济平稳较快发展，中国经济的世界位次也不断提升，然而经济发展中不平衡、不协调、不可持续的矛盾日益突出。国际金融危机的爆发让中国政府进一步意识到原有的过度依赖外部需求、自主创新能力不足、"高投入、低产出"的经济模式难以为继，转变经济发展方式迫在眉睫。在中共十七届五中全会通过的"十二五"规划建议中，明确提出加快转变经济发展方式将是中国未来五年发展的主线。转变经济发展方式的核心内容是三个转变，即在需求结构上，促进经济增长由主要依靠投资、出口拉动向依靠消费、投资、出口协调拉动转变；在产业结构上，促进经济增长由主要依靠第二产业带动向依靠第一产业、第二产业、第三产业协同带动转变；在要素投入上，促进经济增长由主要依靠增加物质资源消耗向主要依靠科技进步、劳动者素质提高、管理创新转变。

2013 年，国务院总理李克强上任伊始就特别强调：本届政府将努力推动经济持续增长。"偌大个中国要解决的事很多，如果说主要问题的话，我想：第一还是持续发展经济。要努力实现 2020 年的目标，测算一下，这需要年均增长7.5% 的速度，这不容易。但是，我们有有利的条件，有巨大的内需。关键在推

① 《中国宏观经济运行报告 2012》于 2012 年 12 月 12 日由中国社科院财经战略研究院发布。该报告主要提出了经济结构失衡指数概念，并且指出从 1991 年以来的 20 年中，中国的经济结构失衡指数总体处于次级不均衡状态，中国经济结构严重失衡。同时，该报告还称应届大学生和农民工群体就业最易受到经济波动冲击。

动经济转型，把改革的红利、内需的潜力、创新的活动叠加起来，形成新动力，打造中国经济的升级版。"

2013年上半年中国工业产能利用率为2009年四季度以来的最低点。过剩产能不仅淘汰难，更让人担心的是，新建过剩产能还一直没有停下来。

党的十八届三中全会《中共中央关于全面深化改革若干重大问题的决定》（以下简称《决定》）明确指出，"全面深化改革，必须立足于我国长期处于社会主义初级阶段这个最大实际"，"推动战略性新兴产业、先进制造业健康发展，加快传统产业转型升级"。特别是在"中国经济已经到了只有转型升级才能持续发展的关键阶段"，加快传统产业转型升级尤其具有重要意义。

产能过剩是中国经济发展中的一大问题，环境污染也是不容忽视的问题，我国经济发展中产生的环境及生态问题、代价，以及末端治理从本质上讲也只是污染物的转移，那么从这个角度，我们也不得不反思我们的经济发展方式。这种粗放型的、技术含量低的、资源环境破坏严重的经济增长方式，再也无法适应新世纪的经济发展要求，因此我国现阶段实行经济转型已经到了刻不容缓的关键时刻。

考察马克思主义关于社会发展的过程，处处都能感受到它与时俱进的理论品质："我们只能在我们时代的条件下去认识，而且这些条件达到什么程度，我们才能认识到什么程度。"因此，在"十二五"时期，由于外部环境、体制改革、工业化、信息化及城镇化等因素的影响，经济发展表现出了诸多与"十一五"时期不同的新特征、新趋势，它是我国经济发展阶段从工业化中期向后期过渡的关键性时期。适时地适应新特征，把握新趋势，迫切要求我们将加快转变经济发展方式贯穿于经济社会发展的全过程、各领域，务必在"加快"上下工夫，在"转变"上见实效。

（三）中国经济结构性调整面临的下行压力

在新一轮中国经济结构转型中，我国经济社会发展必然会受到来自内部及外部的挑战，这些挑战因素必然会是中国改革道路上的绊脚石，直接决定着中国经济结构调整的成败。

1. 内部因素

（1）生产要素成本普遍上升

从1978年开始，改革开放之初的前10年乃至20年内，农村有着大量的剩余劳动力，不断地向非农业部门供给。然而，随着这种供给的不断深入，这种转移也使得劳动力的供求关系悄然发生了变化。由过去的供大于求逐步向供求平衡，甚至向求大于供转变。除劳动要素外，其他生产要素价格的变动也出现与劳动力价格变动相类似的情况，如土地要素。从城市化、工业化的初期看，当时有大量的农田可以用于转化为非农用地，非农用地的激增一时还不会影响粮食的供给安全，也暂时不会影响到土地的价格。但是，由于城市化、工业化步伐的加快推进，非农用地的规模也相应地不断得到扩张，那么土地的稀缺性特征也就越来越突出地显现出来了。那么，为了确保粮食的安全供给，就不得不严格控制土地的非农转化。在这双重因素的共同作用下，土地价格的上升也就不可避免了。

(2) 资源约束日趋强烈

经济增长的资源约束之所以会存在，最主要、最基本的原因在于资源的有限性与经济主体欲望无限性之间矛盾的存在。尽管随着技术水平的提高，可供经济增长的资源储量可能会递增，但在短时间内，这种约束作用还是明显存在的。这一点在我国尤其如此。我国资源总量有限，人均更是不足，这种现实国情在较短时间内很难改变；而与这一现实国情相对应的是，我国正处在工业化进程中能源和其他资源消耗增长较快的一个时期，加之我国的资源利用效率在不少领域并不高，我国的资源价格形成受行政干预较多，存在明显低估，客观上刺激了资源的大量消耗。所有这些决定了资源国内供给约束作用的存在。当然，理论上我们可以通过资源的国际供给来化解这种约束，但现实情况是目前我国原油、铁矿石等主要能源和资源的对外依存度已经超过 50%，处于高位，因此通过国际市场也难以缓解经济增长的资源约束。最后我们可以得出一个结论，即"十二五"时期，我国经济增长的资源约束将日益强化。

(3) 治理生态环境任务更加繁重①

工业化、城市化的过程既是一个物质财富不断增长、人民生活水平不断提高的过程，也是一个生产生活废弃物不断堆积产生的过程。很多领域的粗放式发展模式，已让生态环境的压力不堪重负——土地荒漠化和草原退化面积的明显扩大，以及水体污染事件的频频发生，如此等等。随着人民生活水平向全面小康的逐步过渡，"优美环境"正在成为人们美好生活中的重要组成部分，人们对生态环境质量的要求越来越高。在经济增长与环境保护的问题上，需要对后者给予更多的关注及投入。

---

① 2012 年 11 月，党的十八大从新的历史起点出发，作出"大力推进生态文明建设"的战略决策，从十个方面绘出生态文明建设的宏伟蓝图。

2. 外部因素

(1) 世界经济增长速度和市场需求可能长期处于低位

根据国际货币基金组织对第二次世界大战以来全球多次金融危机的研究，危机一般会使经济增长趋势平均下调10%，而且会延续7年左右。而这次危机的影响范围和幅度都是第二次世界大战以来最严重的，经济下调的幅度明显超过平均水平。因此世界经济增长要恢复到危机前的增长水平，可能会需要更长时间。目前，世界经济已经开始复苏，但新增长点尚未形成壮大，加上贸易保护主义盛行，复苏的过程还不明朗。综合以上分析，可以得出一个结论，即世界经济增长速度和国际市场需求可能长期在低位运行，最起码在"十二五"时期会是如此。

(2) 不断增长的温室气体减排压力

温室气体排放对全球气候的影响近些年来已不断显现。随着更多国家进入工业化加快发展时期，全球的经济规模继续扩大，温室气体排放对全球气候的影响将会越来越大。作为后发国家之一，我国的人均温室气体排放量虽然远低于西方发达国家，但总量指标已位居世界前列。"十二五"期间，我国将处于由工业化中期向中后期过渡的阶段，重化工业的发展和城市化的加速将带来能源消费的持续增长，如果按照当前的经济发展方式，必然导致温室气体的高排放，这将产生一系列政治、经济、生态等方面的严重后果。因此，我们必须综合运用调整产业结构和能源结构、节约对能源的使用、增加森林覆盖等多种手段，大幅度降低能源消耗度和二氧化碳排放强度，有效控制温室气体排放。

(3) 重塑的全球产业分工格局将加大国内产业结构的升级压力

由于以信息为主导的新技术革命的不断发展以及生产要素成本的相对变化，各国的比较优势也随之发生变化，因此全球范围内的产业结构调整将必然成为一种趋势——发达国家将把目光主要投放于生产高新技术和服务业产品，而发展中国家则将更多专注于生产中低技术产品。因此在经济科技方面，发展中国家将面临来自于发达国家的更大压力和挑战。另外，由于越来越多的发展中国家，比如越南、印度等，加入到全球竞争之中，在国际范围内，对低附加值产品领域的竞争也会日益激烈。这些因素都将加大我国经济结构的转型压力。

内部和外部的综合影响必然会对中国经济结构性调整产生明显的下行压力，如何化解内部矛盾，适应外部变化是调整中的重要环节。

三、创新驱动战略成为中国经济的突破口

（一）什么是创新驱动①

创新驱动指从个人的创造力、技能和天分中获取发展动力，通过对知识产权的开发创造潜在财富和就业机会的活动。也就是说经济增长主要依靠科学技术的创新带来的效益来实现集约化增长的发展方式，用技术变革提高生产要素的产出率。

（二）创新驱动的必要性

尽管 2013 年下半年以来美国经济呈现了加快复苏的势头、欧盟和日本的经济已经开始见底回升，但"金砖五国"的经济都在下行。

目前中国经济增速下行，可从三个表层现象和两个深层问题来看：

1. 外贸出口压力大

中国的外贸出口企业目前面临着四个方面的挑战：第一，中国企业的劳动力成本近年来不断升高，已经接近甚至超过东欧国家和俄罗斯的平均劳动力成本；第二，中国企业的税收负担相当重，尤其是企业的所得税几乎是世界上最高的；第三，人民币升值；第四，企业融资成本相当高。这几个因素决定了中国企业的竞争力和中国制造的产品竞争力在全球范围内正在下降。

2. 国内投资折头向下

中国的国内投资可以分成三个部分：企业固定资产投资、房地产投资和政府所推动的基础设施投资。自 2012 年下半年以来，唯有房地产投资、政府所推动的基础设施投资还在上升，但是目前，国内投资——无论是基础设施投资还是房地产投资增速，包括企业固定资产投资都折头向下，最起码未来中国的投资不可能像 2008—2009 年世界经济危机之后那样超高速增长了。

3. 消费一直往下走

尽管中国居民家庭的消费还在上升，但是近几年以来增速却一直在往下走。因此，从经济的投资、消费和出口数据看，中国经济确实在下行。

4. 企业利润增长率下降

无论是中国的国有企业、三资企业，还是民营企业，这些年的利润增长率下降都是一个趋势。中国五百强企业的利润率，没有美国、澳大利亚高，甚至还没有经济增速为负的荷兰的大企业利润率高。

---

① 资料来源：《创新驱动——转型发展新动力》，"十八大专题报道"，http：//cpc. people. com. cn/18/n/2012/1112/c351073 – 19544844. html。

5. 企业债务与税前收入占比太高

企业的负债率是中国经济的一个深层次问题。尽管中国企业负债占 GDP 的比重目前大约为120%左右，与其他国家相比不算太高，但问题是中国企业的债务与税前收入比太高，高达3.5。而按照经济学家的通常估计，如果超过2，企业还债就有很大挑战。未来中国经济若出现什么问题，可能不是先出现在大家比较担心的地方政府负债上，而很有可能会出现在企业负债上。

讲到中国经济增速下行，国内有三派观点：第一种观点认为，这几年中国经济在下行，当经济增长从靠投资转向靠消费的时候，当从实体部门的经济增长转向服务部门的增长时，经济增速就会下行；第二种观点认为，到2015年，中国经济增长的人口红利快吃完了，所以经济会下行；第三种观点是一些经济学家最近这两年所提出的，认为现在已到了现有科学技术发展水平上这一轮工业化的中后期，其外在表现是各行各业都产能过剩。工业化的减速，作为工业化结果的城镇化进程也会放慢，因而经济增长速度也会慢慢降下来。

面对经济增速的下行，我们是否还能靠投资来推动中国经济增长呢？2012年，中国 GDP 约为 52 万亿元，在建项目总额约 70 万亿元，其中新建项目与 GDP 的比例已高达60%。这说明目前中国经济仍然是靠高投资率来维持着7%以上的增长。2009 年到 2012 年这四年间，中国的全社会固定资产投资总额高达110.64 万亿元。这么大的投资规模，再加码是非常困难的。

综合经济下行的影响因素以及国内经济结构发展现状，创新驱动应是中国经济发展的新动力和突破口。

第三节　推动中国发展的重要会议（上）

一、十八大——讲述了一个可信的明天

党的十八大报告一开篇就明确指出，这次代表大会是在我国进入全面建成小康社会决定性阶段召开的一次十分重要的大会。这个判断，深刻揭示了党的十八大的重大意义。

（一）十八大召开的背景

这次大会是在国内外形势正在发生深刻变化的背景下召开的。

（1）世界格局深度调整，国际金融危机影响深远，各国利益摩擦和矛盾冲突加剧，我们面临的国际环境更为复杂。十八大召开前夕，周边一些国家围绕

海洋资源问题，不断地向我们发难，如菲律宾、越南的南海争端，东海日本的钓鱼岛购岛闹剧，不停地考验着我们能不能作出正确的回答，能不能妥善处理。当然我们现在给定的立场、态度，包括一些做法、措施都是正确的，都是受到人民充分肯定的。

（2）过去 10 年来我国经济得到迅猛发展，到 2012 年一跃成为仅次于美国的世界第二大经济体，然而在快速发展的同时，我国经济发展模式的矛盾和弊端也不断显现出来。如发展中不平衡、不协调、不可持续问题依然突出，科技创新能力不强，产业结构不合理，农业基础依然薄弱，资源环境约束加剧，制约科学发展的体制机制障碍较多，深化改革开放和转变经济发展方式任务艰巨；城乡区域发展差距和居民收入分配差距依然较大；社会矛盾明显增多，教育、就业、社会保障、医疗、住房、生态环境、食品药品安全、安全生产、社会治安、执法司法等关系群众切身利益的问题较多，部分群众生活比较困难；一些领域存在道德失范、诚信缺失现象；一些干部领导科学发展能力不强，一些基层党组织软弱涣散，少数党员干部理想信念动摇、宗旨意识淡薄，形式主义、官僚主义问题突出，奢侈浪费现象严重；一些领域消极腐败现象易发多发，反腐败斗争形势依然严峻[①]。

我们面临前所未有的机遇，也面对前所未有的挑战。在这样的重要关头和时代背景下召开党的十八大，准确分析国内外发展大势，科学谋划我国今后五年和更长时期的发展，无疑具有十分重要的意义。

（二）十八大提出的"五新"

2012 年 11 月 8 日至 11 月 14 日，中国共产党第十八次全国代表大会于北京召开，胡锦涛总书记在会上做了报告。十八大高举中国特色社会主义伟大旗帜，以邓小平理论、"三个代表"重要思想、科学发展观为指导，认真总结过去五年的工作和党的十六大以来的实践，回顾总结党团结带领全国各族人民坚持和发展中国特色社会主义的历史进程和宝贵经验，全面审视当今世界和当代中国发展大势，全面把握我国发展新要求和人民群众新期待，科学制定适应时代要求和人民愿望的行动纲领和大政方针，对全面推进我国改革开放和社会主义现代化建设、全面推进党的建设新的伟大工程作出战略部署，进一步动员全党全国各族人民，坚定不移沿着中国特色社会主义道路前进，继续推动科学发展、促进社会和谐，继续改善人民生活、增进人民福祉，为全面建成小康社会而奋斗。

---

① 李克强总理 2014 年的《政府工作报告》。

十八大报告浓缩了改革开放以来特别是最近十年来共产党领导中国发展建设的经验与启示，勾画出了中国未来发展的宏伟蓝图。报告中出现了许多新表述、新思想、新论断。

1. 新名词——"美丽中国"

面对资源约束趋紧、环境污染严重、生态系统退化的严峻形势，必须树立尊重自然、顺应自然、保护自然的生态文明理念，把生态文明建设放在突出地位，融入经济建设、政治建设、文化建设、社会建设各方面和全过程，努力建设美丽中国，实现中华民族永续发展。

2. 新提法——"生态产品"

要加大自然生态系统和环境保护力度。要实施重大生态修复工程，增强生态产品生产能力，推进荒漠化、石漠化、水土流失综合治理。加快水利建设，加强防灾减灾体系建设。坚持预防为主、综合治理，以解决损害群众健康突出环境问题为重点，强化水、大气、土壤等污染防治。坚持共同但有区别的责任原则、公平原则、各自能力原则，同国际社会一道积极应对全球气候变化。

3. 新要求——两个"翻一番"

经济持续健康发展。转变经济发展方式取得重大进展，在发展平衡性、协调性、可持续性明显增强的基础上，实现国内生产总值和城乡居民人均收入比2010年翻一番。

4. 新部署——总体布局，由"四位一体"到"五位一体"

继十七大报告之后，十八大报告再次论及"生态文明"，并将其提升到更高的战略层面。由此，中国特色社会主义事业总体布局由经济建设、政治建设、文化建设、社会建设"四位一体"拓展为包括生态文明建设的"五位一体"，这是总揽国内外大局、贯彻落实科学发展观的一个新部署。

5. 新变化——全面小康社会，从"建设"到"建成"

这些新表述、新思想、新论断，用两个字归纳就是"改革"，用三个字归纳就是"再改革"，用4个字归纳就是"深入改革"。

（三）十八大的深远影响——十大制度红利助推中国跨越中等收入陷阱

随着我国经济社会的不断发展，近年来关于中国是否会陷入"中等收入陷阱"的讨论不断涌现。所谓中等收入陷阱，即人均GDP在3 000~10 000美元间的拉美和部分亚洲新兴经济体，其经济既无法在人力成本上与低收入国家竞争，又无法在尖端技术研制上与富裕国家竞争，从而容易导致经济出现长期停滞状态。

无论在理论上还是实证上，"中等收入陷阱"并非经济成长中必然出现的经济规律，而只是一种经济现象，是人为结果。东亚"四小龙"的自由市场、开放与审慎财政与货币政策，使它们克服了土地狭小、人口拥挤和自然资源短缺等瓶颈，极大发挥了企业家的创业潜能，取得了持续的高速成长，使之快速而平稳地迈入富裕的高收入社会。

十八大之后，我国新一届政府表现得更加亲民、自信、求真、务实。2012年11月29日习近平总书记带领中央政治局常委参观"复兴之路"展览时发表重要讲话。"道路决定命运"、"中国梦"、"落后就要挨打，发展才能自强"、"空谈误国，实干兴邦"等论述引起广泛关注。习近平总书记在讲话中引用毛泽东的两句诗词"雄关漫道真如铁"和"人间正道是沧桑"来形容中华民族的昨天和今天，并用李白的诗句"长风破浪会有时"来形容中国的明天。新一届中央领导集体向世界显示了带领中国人民走向繁荣、实现民族复兴的决心和能力。有充分的理由相信，我国与众不同的十大制度红利（相对负担和劣势而言），将由隐性集结的星星之火向公开发酵的多维度燎原转变，助推中国跨越"中等收入陷阱"。

1. 经济稳定性超强的红利

首先是经济稳定增长。过去的 30 多年，我国 M_2 平均增幅 16%、GDP 平均增幅 10%，创造了世界奇迹。在今后一段时期，我国经济仍将保持 7% 以上的增长水平。中国的通胀率与印度等其他热门新兴市场相比低好几个百分点，过去的 30 多年来我国 CPI 平均增长 5.6%。

其次是财政状况稳健。2012 年，马骏、曹远征、李扬分别牵头发布了国家资产负债表研究报告。虽然三份报告有关我国国家净资产的数额有出入，但均为正数。这表明中国政府拥有足够的主权资产来覆盖其主权负债。根据 2013 年12 月 23 日中国社会科学院发布的报告（李扬牵头），2011 年我国主权资产负债表（含中央和地方政府）广义框架的政府净值为 87 万亿元，狭义框架主权资产净值为 21.6 万亿元。

另外，我国人民币汇率依然比较稳定。经过近几年的人民币升值，人民币汇率进入平稳变动时期。国际货币基金组织 2012 年发布的关于中国经济和金融政策的年度报告，称中国货币被"轻微低估"，而 2011 年对人民币的评价还是"显著低估"。外媒分析认为，人民币现在已经接近自己的合理价格。

超强的宏观经济稳定性将赋予中国产业额外的竞争力，因为在一个宏观经济社会稳定发展的环境中，企业投资、扩大生产的信心和决心将得到极大的增强，从而形成一种良性循环，良性发展。

2. 产业体系齐全的红利

党的十八大报告指出，要"着力构建现代产业发展新体系"。新中国成立以来始终高度重视并切实推进工业化，早在改革开放之前就基本建成了一套完整的产业体系。目前，我国拥有39个工业大类，191个中类，525个小类，联合国产业分类中所列举的全部工业门类都可以在中国找到。中国产业界也借此赢得了独一无二的巨大范围经济效益，成为中国竞争力的重要源泉，而这种效益是其他绝大多数国家所不可能具备的。这一红利彻底打破了西方发达国家的经济技术封锁。

从规模上看，2013年我国GDP达到56.88万亿元，比2001年增长418.76%。比规模增长意义更为重大的是结构变迁。2001年，我国第一产业、第二产业、第三产业的占比分别为14.4%、45.1%、40.5%，而到2013年，我国上述占比分别为10%、43.9%、46.1%。

十八大报告指出："牢牢把握发展实体经济这一坚实基础，实行更加有利于实体经济发展的政策措施，强化需求导向，推动战略性新兴产业、先进制造业健康发展，加快传统产业转型升级，推动服务业特别是现代服务业发展壮大，合理布局建设基础设施和基础产业。建设下一代信息基础设施，发展现代信息技术产业体系，健全信息安全保障体系，推进信息网络技术广泛运用。"随着我国的产业体系不断完善、产业结构不断优化、产业国际竞争力不断增强，我国经济将继续保持稳步增长。

3. 国内储蓄超常增长的红利

国际货币基金组织公布数据显示，中国的国民储蓄率从20世纪70年代至今一直居世界前列，90年代初居民储蓄占国民生产总值的35%以上，2005年中国储蓄率更是高达51%，而全球平均储蓄率仅为19.7%。从表1-1我们也可以看出，到2010年存款在我国居民金融资产中的占比有所下降，但仍高达60%以上，为我国居民的首选。

表1-1　　　　　　　　　我国居民金融资产结构　　　　　　　单位：%

年份	2004	2005	2006	2007	2008	2009	2010
本币通货	9.9	9.5	8.9	7.5	8.3	7.8	7.6
存款	71.8	72.0	68.3	54.2	66.6	65.4	63.8
证券	8.4	6.9	9.5	17.4	7.3	12.2	12.0
其他	9.9	11.6	13.3	20.9	17.8	14.6	16.6

资料来源：根据中国人民银行数据整理。

从规模看,到 2011 年我国城乡居民人民币储蓄存款余额已经达到 34.36 万亿元,占 GDP 的比重到达 73.11%。从增长率看,尽管近年来随着国家拉动内需政策的实施,居民储蓄增长有所放缓,但 2011 年仍达到 13.30%(见图 1 -1)。

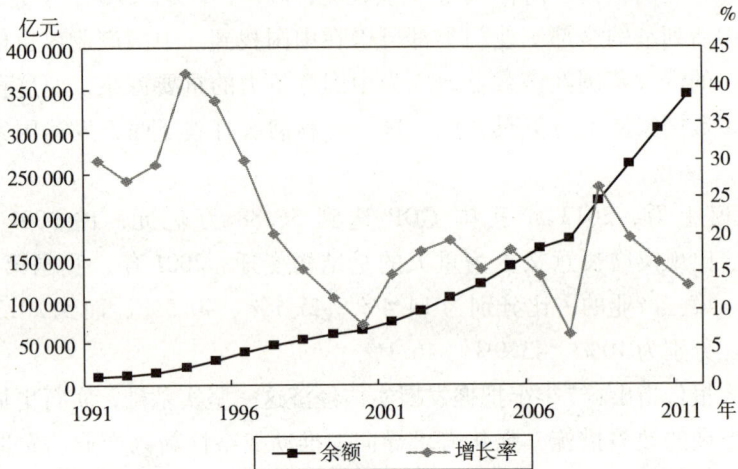

图 1-1 人民币储蓄存款余额和增长率

我国的储蓄率明显高于世界其他经济体。大量的国内储蓄将成为我国经济发展的资金源泉,为国内的高投资,以及高投资带来的快速增长提供资金保障,从而使中国跨过"中等收入陷阱"。

4. 劳动力成本低廉的红利

近些年来,不少人担心我国因为工资和汇率的快速上升而失去了劳动力成本的国际竞争优势。部分美国企业离开中国开设工厂,更是使"中国制造业成本低廉优势不再"的说法甚嚣尘上。但是,我认为中国的劳动力比较成本仍较低,中国的制造业仍具有强大的竞争力。

从国内比较,虽然近年来我国劳动力成本有所上升,但是劳动收入份额却呈现明显下降的趋势。姜磊、郭玉清(2012)指出,全国劳动者报酬占 GDP 的比例从 1993 年的 50.7% 缓慢攀升到 1996 年的最高点 54%,然后一路下滑到 2007 年的 39.7%。张建国(2010)指出,我国居民劳动报酬占 GDP 的比重,在 1983 年达到 56.5% 的峰值后,就持续下降,2005 年已经下降到 36.7%。虽然上述两份研究的数字有所不同,劳动收入占比下降有各种因素,但我国劳动收入占比下降却是不争的事实。

从中美比较,美国经济和政策研究中心主任德安·贝克尔指出,在中国工人的工资大约为每小时 2～3 美元，几年前则为不到 1 美元，而在美国，大约每小时为 18～20 美元，中美制造业工资水平相差 9 倍。波士顿咨询集团（BCG）指出，到 2015 年，中国工人工资将是每小时 4.41 美元，而美国是 26.06 美元。

从国际比较，2012 年 4 月联合国国际劳工组织对全球 72 个国家和地区的人均月收入做了最新统计。这些国家和地区的人均月收入是 1 480 美元、约合人民币 9 327 元。其中，中国员工的月平均工资为 656 美元、约合人民币 4 134 元，不到世界均值 50%，位列所调查 72 个国家和地区的第 57 位。而波士顿咨询集团研究报告认为，即使将生产效率考虑在内，2010 中国长三角地区的劳动力成本也只是西欧国家的 25%，预计到 2015 年，中国劳动力成本也仅将达到西欧国家的 38%。

5. 人力资源优良的红利

十八大报告指出："推动实现更高质量的就业"，"加强职业技能培训，提升劳动者就业创业能力，增强就业稳定性"。

一方面，我国拥有充足的劳动力供应。十八大提出要加快城镇化进程，大力推进农村劳动力开发就业。目前，无论是城镇还是农村，我国劳动力的总供给明显大于总需求①。据国家统计局数据显示，2013 年末我国 15 岁至 65 岁劳动年龄人口比重为 72.8%。世界上无论发展中国家如印度，还是欧美发达国家，劳动年龄人口比重都不超过 65%，中国堪称世界第一。2013 年，中国城镇人口比重达到 53.73%，比上年上升 1.16 个百分点。朱春燕（2012）研究表明，假定我国的 GDP 保持年均 9% 的增长率，那么在 2010 年、2015 年、2020 年，我国可以吸纳的就业人口分别为：85 761.5 万人、90 397.6 万人和 95 033.8 万人，剩余劳动力分别为：14 404.7 万人、16 331.1 万人和 18 606.4 万人。这说明在今后的十多年里，我国的劳动力供应依然充足。

另一方面，我国劳动力素质较高。十八大提出，要建立和完善职业培训体系，切实提高劳动者素质。2010 年第六次全国人口普查结果，与 2000 年人口普查相比：每十万人中具有大学文化程度的由 3 611 人上升为 8 930 人，具有高中文化程度的由 11 146 人上升为 14 032 人。文盲率（15 岁及以上不识字的人口占总人口的比重）为 4.08%，比 2000 年下降 2.64 个百分点②。2013 年，我国大

---

① 资料来源：《新时期党的建设伟大工程——十八大报告辅导读本》，第 89 页，北京，国家行政学院出版社，2012。

② 杜平等：《经济信息绿皮书：中国与世界经济发展报告（2013）》，北京，社会科学文献出版社，2012。

学毕业生人数高达 699 万人，比 2011 年毕业生多出约 30 万人。

在未来几年，数量庞大且品质优良的人力资源将大大提高我国的全要素生产率，促进经济增长。

6. 现代化建设空间巨大的红利

城镇化是我国现代化建设的历史任务。党的十八大报告指出："要加大统筹城乡发展力度，增强农村发展活力，逐步缩小城乡差距，促进城乡共同繁荣。"要求到 2020 年"城镇化质量明显提高"。按照 75% 的城镇化目标，我国未来还将有 3 亿多人告别农村、进入城市。现代化特别是城镇化建设将成为引领中国经济未来 15～20 年持续稳定增长的重要引擎。

上海证券交易所资本市场研究所的报告指出，日本和韩国在人均 GDP 达到 10 000 美元时城市化率分别是 50% 和 72%，发达国家城市化率一般已接近或高于 80%（美国为 98%）；人均收入与我国相近的马来西亚、菲律宾等周边国家城市化率也在 60% 以上。

中国在 2013 年城市化率为 53.73%，这一数字显然高估了中国实际的城市化水平，因为中国有城市户口的人口仅占 33%。从 2000 年开始，国家统计局统计城镇人口时用"常住人口"而不是"户籍人口"来计算，这样有 1.8 亿"农民工"被归入城镇人口，但他们并不享有城市人口的各项福利和权利。随着城市化进程的推进，这部分农民工将变成真正的城市市民，无疑将为经济带来一定的增长空间。

创造需求是我国未来城镇化进程中附属的一个主要作用。国务院发展研究中心课题组的研究表明：每年多"市民化" 1 000 万人口，可使经济增长速度提高约 1 个百分点，这个过程至少可以持续 10 年以上。未来有 3 亿农民"市民化"，持续 10 年就是每年"市民化" 3 000 万人口、使经济增速提高约 3 个百分点。我们应该看到，城镇化带来的住房以及各方面的巨大需求，产生的巨大的基本建设投资，都是支撑未来 20 年中国经济平稳较快发展的最大潜力所在。

7. 消费潜力巨大的红利

十八大和中央经济工作会议均提出，要牢牢把握扩大内需这一战略基点，培育一批拉动力强的消费增长点，增强消费对经济增长的基础作用。

首先，我国消费率偏低。从中国居民最终消费率的时间序列数据与世界主要发达国家及 OECD 成员国平均水平的对比情况（见图 1 - 2）来看，中国居民的消费率一直偏低，还有很大的上升空间。

其次，未来我国居民收入将持续走高。2020 年实现全面建成小康社会宏伟

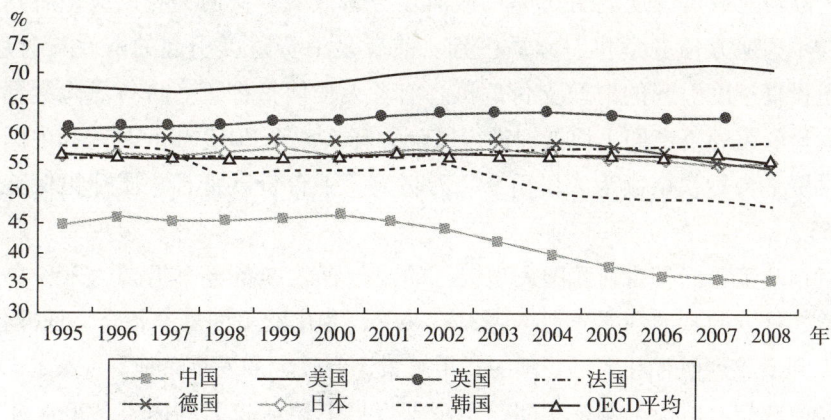

资料来源：Bloomberg。

图1-2 中国与世界主要经济体居民最终消费率对比情况

目标，实现国内生产总值和城乡居民人均收入比2010年翻一番，意味着GDP是79.60万亿元人民币（2010年我国GDP是39.80万亿元人民币）；意味着城镇居民人均纯收入就是42 066元，农村居民人均纯收入11 838元。十多亿居民收入持续增加，意味着居民特别是农民有能力逐步增加消费，未来消费潜力巨大。

另外，我国居民消费需求将不断提升。2012年11月10日上午，十八大代表、商务部部长陈德铭在十八大新闻中心接受媒体采访时表示，将继续从六大方面入手拉动内需，包括扩大安全消费、做好绿色消费、提高服务消费、促进品牌消费、培养网络消费、提倡信用消费，使其更好地拉动整体的经济增长。随着我国城市化进程的加快，服务业的快速发展，基本公共服务均等化水平的提升，以及我国采取的一系列刺激消费政策、保护消费者的措施，必将不断提升我国居民的消费欲望，使消费在国民经济发展中发挥更重要的基础作用。2012年前三个季度，内需对经济的拉动作用为105.5%，外需为-5.5%，经济发展已建立在扩大内需这一战略基点上。在内需拉动经济增长的份额中，消费占55%，投资占50.5%，消费对经济增长的贡献率自2006年以来首次超过投资。

8. 宏观政策调整游刃有余的红利

在助推经济发展方面，中国有很多政策底牌未动，宏观政策调整仍有很大空间。

财政政策方面，中央政府和地方政府的债务率都不高、风险不大，中国的财政政策还有较大空间。截至2013年6月，我国中央政府债务余额12.38万亿元，全国地方政府性债务余额17.89万亿元。两者合计占当年GDP的53.19%，远低于欧盟对成员国规定的 60% 的政府债务警戒线。同时，我们应该看到欧债危机与中国地方债务危机有本质区别。前者是消费过度引起的财政支付危机，后者是投资过度引起的财政支付危机。前者无任何抵押资产进行风险缓释，后者有大量的表外资产即土地抵押进行风险缓释。截至 2013 年 6 月末，中国地方政府融资平台贷款余额为人民币 9.7 万亿元，平台贷款抵押、质押担保整改率已达 65%。

货币政策方面，目前我国大型银行的银行存款准备金率仍高达 20%，而我国存款、贷款的基准利率分别高达 3%、6%，相比欧美的零准备金、低准备金，以及零利率或近似零利率，我国的货币政策还有较大的发挥余地。

税收政策有巨大的调整空间。中国是世界上税赋较高的国家。2008 年中国劳动者平均税率为 45%，远远高于经合组织国家的平均水平，甚至要稍高于欧盟 15 国的平均水平，高出澳大利亚、美国的平均税率近一倍。世界银行为此建议中国下一步要大幅降低劳动者税率，比如政府应该大幅降低个人所得税的税率，同时将社保缴纳占工资的比例下调。根据拉弗曲线，实际上降低个人所得税税率后，会使得居民收入增加快，促进消费从而推动经济发展，增加政府的税收。

房地产政策也有调整空间。要拉动消费，从现在的需求链来看，住房依然还是排在第一位的，这就是房地产的需求链逻辑。产业链决定了住房是最基本的需求。抑制住房消费以后，其他消费都被抑制了。而且其他消费要百分之百的花钱，只有住房消费不是百分之百花钱，可以有杠杆作用和提前消费。从现实情况看，2012 年 11 月全国主要城市的房地产成交再次出现了"供销两旺"的热闹场面。尽管调控政策在 2012 年依旧严厉，在年中市场出现反弹之时，调控的力度甚至出现了更严的趋势，但年末成交和房价的"稳中有升"依然让低调的楼市展露出复苏的态势，也显示出我国房地产市场的强劲需求难以阻挡。

优化经济发展环境手段充足。继此前国务院取消了部分行政性收费之后，2012 年 12 月 24 日，财政部再次发布《关于公布取消和免征部分行政事业性收费的通知》，明确包含企业登记注册费以及个体工商户的注册登记费、因公护照费、往来港澳通行证的工本费和签注费等在内的 30 项行政性收费将会取消或免征，每年可减轻企业和居民负担约 105 亿元。中国商品流通中长期存在一块本不该出现的"软费用"。它包括各种各样的政府收费、名目繁多的行政罚款等。只要卡死了行政乱收费的关口，商品流通费用必降无疑。2012 年 12 月 26 日，国务院常务会议研究确定降低流通费用 10 项政策措施，从降低经营成本、清理整顿收费、减轻税收负担、规范执法行为、加大用地支持力度等方面多管齐下，打出了"组合拳"。随着相关政策的陆续出台和贯彻落实，我国市场经济发展环境将不断优化，市场经济主体将具有更大的活力。

9. 科技创新具有后发优势的红利

科技创新已成为高质量经济增长的关键。经过多年的努力，我国科技体制改革取得了重要进展和显著成效。我国科技资源总量稳步增长，2011年全年研究与试验发展（R&D）经费达到8 610亿元，增幅为21.9%，占国内生产总值的1.83%，居世界第三位。科研产出大幅增长，论文被引用数上升到世界第七位，2011年发明专利授权量达到17.2万件，增长27.4%，居世界第三位。重大创新成果亮点纷呈，太空漫步、蛟龙潜海、超级计算机、铁基超导、高速铁路、超级杂交稻、基因测序等一批科技重点工程、重大项目佳音频传。一系列令国人自豪、让世界瞩目的自主创新成就，是我国创新型国家建设取得的标志性成果。

1970年至今，人类在能源、交通、太空、材料、农业和医药等许多行业，其实都处于相对停滞的状态。这给中国"迎头赶上"留下机会！

党的十八大报告明确提出要"实施创新驱动发展战略"，要深化科技体制改革，推动科技和经济紧密结合，加快建设国家创新体系，要加快完善社会主义市场经济体制和加快转变经济发展方式，这为我国今后一段时期的科技创新发展指明了方向。在今后一段时期，我国通过坚持创新驱动发展战略，立足自主创新，提高原始创新、集成创新和引进消化吸收再创新能力，必将从根本上提升国家核心竞争力。

10. 中国银行业面对金融危机却能独善其身的红利

10年前，中国银行业曾被外界认为已到了"技术性破产"的边缘，很多银行由于背负历史遗留的巨额坏账损失，盈利能力也不被看好，再加上违法案件频发，很多人对中国银行业的未来发展产生质疑。在党中央、国务院的果断决策和正确领导下，银行业金融机构以改革谋发展，理顺体制机制，转变发展方式，改善金融服务，有效化解风险，抵御了国际金融危机的冲击，有力支持了国民经济发展。

10年后，中国银行业的变化足以让那些曾经的质疑者为之惊叹：中国工商银行、中国农业银行、中国建设银行、中国银行、交通银行、招商银行在2012年集体跻身世界500强企业排名；2011年中国银行业利润为1.25万亿元，同比增长38.89%，属于英国《金融时报》集团的《银行家》杂志发布的2011年度排名，中国银行业去年的利润占到全球银行业利润的29.3%，而2007年时仅为

4%，中国工商银行、中国建设银行、中国银行包揽了全球银行业利润榜的前三名；中国银行因国际影响力显著入选全球系统重要性银行。中国银行业在国际监管规则的制定中话语权不断提高，巴塞尔协议Ⅲ吸收了我国许多的意见和建议；中国从2013年1月1日开始实施巴塞尔协议Ⅲ，美国及欧盟表示将会推迟实施巴塞尔协议Ⅲ。

随着中国经济"黄金十年"的到来，我国银行业通过转变经营理念和经营方式，调整经营结构，必将在未来的世界银行业找准自身定位，得到更大的发展空间。

二、十八届三中全会

（一）十八届三中全会的主要改革内容

十八届三中全会于2013年11月9日至12日在北京举行，《决定》的起草，突出了五个方面的考虑：一是适应党和国家事业发展新要求，落实党的十八大提出的全面深化改革开放的战略任务。二是以改革为主线，突出全面深化改革新举措，一般性举措不写，重复性举措不写，纯属发展性举措不写。三是抓住重点，围绕解决好人民群众反映强烈的问题，回应人民群众呼声和期待，突出重要领域和关键环节，突出经济体制改革牵引作用。四是坚持积极稳妥，设计改革措施胆子要大、步子要稳。五是时间设计到2020年，按这个时间段提出改革任务，到2020年在重要领域和关键环节改革上取得决定性成果。形成系统完备、科学规范、运行有效的制度体系，使各方面制度更加成熟更加定型。

坚持和完善基本经济制度，事关中国特色社会主义的前途命运和国家的长治久安。十八届三中全会对坚持和完善基本经济制度进行了重大的理论创新：此次《决定》对基本经济制度的地位做了新的概括，强调公有制为主体、多种所有制经济共同发展的基本经济制度，是中国特色社会主义制度的重要支柱，也是社会主义市场经济体制的根基，进一步明确和突出了基本经济制度的重要地位。在非公有制经济方面，《决定》指出，公有制经济和非公有制经济都是社会主义市场经济的重要组成部分，都是我国经济社会发展的重要基础，进一步明确和强调了非公有制经济的重要作用。在积极发展混合所有制经济方面，《决定》指出，国有资本、集体资本、非公有资本等交叉持股①、相互融合的混合所有制经济，是基本经济制度的重要实现形式，这也是理论和政策上的一个重要

---

① 国家主张民企国企相互之间交叉持股，也是国家进行国资改革的一项重要措施。

创新。在全面深化国有经济改革方面，《决定》提出，完善国有资产管理体制，以管资本为主加强国有资产监管，改革国有资本授权经营体制。国有资本投资运营要服务于国家战略目标，更多投向关系国家安全、国民经济命脉的重要行业和关键领域，重点提供公共服务、发展重要前瞻性战略性产业、保护生态环境、支持科技进步、保障国家安全。划转部分国有资本充实社会保障基金。提高国有资本收益上缴公共财政比例①，更多用于保障和改善民生。国有资本加大对公益性企业的投入。国有资本继续控股经营的自然垄断行业，实行以政企分开、政资分开、特许经营、政府监管为主要内容的改革。健全协调运转、有效制衡的公司法人治理结构。建立职业经理人制度，更好发挥企业家作用等。《决定》关于基本经济制度的这些重要思想，在理论上有重大创新，在政策上有新的突破，有力地澄清了一些关于基本制度认识上的误区，鲜明地表达了我们党坚持和完善我国基本经济制度的坚定意志，必将对中国特色社会主义的发展产生深远的影响。

（二）当前金融业存在的问题与不足

1. 资源配置低效

（1）存在较多金融服务薄弱环节。小微企业、科技型企业等是发展的生力军、就业的主渠道、创新的重要源泉，能增添社会活力和发展的内生动力。但是由于这些企业的实力较弱，抗风险能力较小，导致金融需求满足率较低。据统计，2012年末人民币小微企业贷款余额为11.58万亿元，仅占总贷款余额的18.4%，而发达国家这一比例为53%②。

（2）实体经济资金缺口较大。据中国人民银行数据显示，2012年非金融企业部门资金缺口（净金融负债＝新增负债及股票融资－新增金融资产）为4.42万亿元，为历史上次高水平（略低于2011年，2011年非金融企业部门资金缺口为4.77万亿元）。巴曙松也指出，城镇化是新一轮经济增长的重要引擎。据估算，未来十年大概每年需要2万亿~3万亿元的基础设施资金投入。目前，作为融资主体的银行体系"短借长贷"期限错配风险不断积累，难以腾挪出更多长期信贷支持。

2. 金融结构失衡

（1）间接融资仍是企业融资主渠道。2012年非金融企业部门新增贷款9.16万亿元，比2011年多增2.12万亿元，占同期非金融企业新增负债及股票融资总

---

① 财政部表示将进一步提高国企利润上缴财政比例，预计到2020年将达三成。
② 资料来源于中国人民银行。

额的 65.9%，占比比上年上升 4.4 个百分点。①

（2）直接融资占比仍处低位。在 2013 年社会融资规模结构中，企业债券、非金融企业境内股票融资占比分别为 10.5% 和 1.3%，分别比 2012 年占比少 3.8 个百分点和 0.3 个百分点，呈下降态势。2013 年股票市场筹资额同比基本持平。全年各类企业和金融机构在境内外股票市场上通过发行、增发、配股、权证行权等方式累计筹资 3 867 亿元，同比多筹资 5 亿元。其中 A 股筹资 2 803 亿元，同比少筹资 325 亿元②。2013 年我国债券市场共发行各类债券（含央票）8.70 万亿元，同比增长 9.05%，比 2012 年增速下降 2.61 个百分点。

3. 资金成本高企

（1）银行资金成本居高不下。据中国人民银行数据，2013 年同业拆借利率整体有所上升，7 天期同业拆借全年加权利率为 4.17%，较 2012 年上升 63 个基点。同时，利率波动幅度加大，2013 年 6 月、12 月的 7 天期同业拆借日加权利率最高分别升至 12.25%、8.91%。尽管随后利率有所回落，但利率中枢出现整体上移态势。

（2）债券利率不断走高。2013 年下半年以来，国债、政策性金融债各期限招标利率均于 11 月达到历史高点，部分其次政策性金融债由于发行利率过高而推迟发行。如国债 50 年期招标利率由 5 月的 4.24% 上升 107 个基点到 11 月的 5.31%，创 50 年期国债发行以来的新高。国家开发银行政策性金融债 10 年期由 4 月的 4.15% 升高 91 个基点到 10 月底的 5.06%。信用类债券利率也节节攀升，2013 年上半年基本保持在 4.5%~5% 的区间，至 11 月最高达到 6.4%，较年初最低水平升高 156 个基点。2013 年主体评级 AAA 的 5 年期中期票据平均发行利率 5.08%，较 2012 年上升 30 个基点。

（3）企业融资成本上升。2013 年 12 月，非金融企业及其他部门贷款加权平均利率为 7.20%，比年初上升 0.42 个百分点。执行下浮、基准利率的贷款占比有所下降，执行上浮利率的贷款占比为 63.40%，比年初上升 3.66 个百分点。交通银行首席经济学家连平指出，"目前上海地区小企业和个人经营性贷款利率达 18%"。另外各环节手续费还有 3% 以上，最终融资成本远高于 20%。

4. 金融监管失灵

（1）监管体制不匹配。随着社会经济发展，金融体系和金融结构日趋复杂，金融机构的业务边界日渐模糊，银行、证券、保险业务互相混合、相互渗透，

---

① 资料来源：中国人民银行。
② 资料来源：中国人民银行。

银行、证券、保险之间业务的趋同性和可替代性，削弱了分业监管的基础。同时，金融控股公司逐渐成为主流。一方面，中信集团、光大集团等以控股公司形式控股或参股多家金融机构。另一方面，银行呈综合经营化发展。据统计，由中国银行等3家银行设立有金融消费公司；由招商银行等7家银行设立有证券保险公司；由工商银行等9家银行设立有基金公司；由农业银行等11家银行设立有金融租赁公司。金融业务的混业发展使得分业监管的模式难以有效发挥作用。

（2）监管制度不完备。从市场准入看，重准入轻退出比较明显，金融机构的退出机制不健全，有的根本就没有建立退出机制。从日常监管看，有的内容规定比较笼统，原则性要求多，另一方面，有的监管要求又太具体，过于严苛，束缚了金融机构的手脚。如存款偏离度3%的指标要求，没有区分大中小机构，也没有区分新老机构，采取一视同仁的做法，同时，3%的指标值较小，影响商业银行快速发展。

（3）监管时机不恰当。好的银行监管，不仅要求有强大的监管机构和完备的监管制度，还在于监管机构能够在恰当的时机采取恰当的行动。在金融机构出现风险问题或违规行为时，如果监管机构不能够及时采取行动就有可能导致风险蔓延或违规行为升级、违规面扩大。更有甚者，在2008年金融危机之后，有的监管部门采取控制信贷规模，收缩流动性的做法，更是背离了正确的工作路线，引起较大反响。

（4）监管效率不高。帕金森定律告诉我们：一份工作所需要的资源与工作本身并没有太大的关系，一件事情被膨胀出来的重要性和复杂性，与完成这件事情所花的时间成正比。一般情况下，监管人员的名声、地位、权力和薪水往往与其所在机构的规模大小成正比。因此，监管人员从提高其自身的地位、待遇等方面的因素出发，往往会不计成本、不顾效率采取各种监管行动，从而导致监管工作重复、低效。

（5）监管重心有偏差。1995年，英国经济学家米切尔·泰勒就提出金融监管的"双峰理论"，指出金融监管的主要目标一是针对系统性风险实施审慎性监管，维护金融机构的稳健经营和金融体系的稳定，二是针对金融机构的机会主义形式进行合规监管，保护知情较少者、中小消费者和投资者的合法权益。从我国情况看，由于脱胎于计划经济体制，我国长期金融发展滞后，金融产品结构单一，消费者与银行关系简单，消费者保护问题并不突出，在此时期，银行经营效益低下，银行风险问题是监管机构面临的主要矛盾。进入21世纪后，我国银行业开始进入高速发展时期，各种金融创新层出不穷，银行竞争空前激烈，由于不规范经营导致的金融消费纠纷大量增加。从目前情况看，尽管各金融监管部门均已经成立金融消费者保护部门，但由于时间尚短，金融消费者保护的法规制度建设、组织体系建设、工作流程再造等方面仍有大量缺陷，工作力度有待进一步加强。

（6）监管职责不明确。目前各地均开始大量设立各类准金融（或称类金融）机构，如小额贷款公司、融资性担保公司、典当行等，对这些机构的监管分散在各政府部门之中。以融资性担保公司监管为例，有的省市由政府金融办监管、有的由经济信息部门监管。在同一省份，对小额贷款公司、融资性担保公司、典当行的监管一般也分散在几个政府部门，各部门的监管力量、监管水平和监管尺度不一致，基本上是各自为政。同时，由于中央与地方在金融监管分工上的不明确，容易产生监管交叉和监管空白，不利于各类准金融机构的稳健发展。

（三）十八届三中全会后金融改革重点

《决定》指出：完善金融市场体系。扩大金融业对内对外开放，在加强监管前提下，允许具备条件的民间资本依法发起设立中小型银行等金融机构。推进政策性金融机构改革。健全多层次资本市场体系，推进股票发行注册制①改革，多渠道推动股权融资，发展并规范债券市场，提高直接融资比重。完善保险经济补偿机制，建立巨灾保险制度。发展普惠金融。鼓励金融创新，丰富金融市场层次和产品；完善人民币汇率市场化形成机制，加快推进利率市场化，健全反映市场供求关系的国债收益率曲线。推动资本市场双向开放，有序提高跨境资本和金融交易可兑换程度，建立健全宏观审慎管理框架下的外债和资本流动管理体系，加快实现人民币资本项目可兑换；落实金融监管改革措施和稳健标准，完善监管协调机制，界定中央和地方金融监管职责和风险处置责任。建立存款保险制度②，完善金融机构市场化退出机制③。加强金融基础设施建设，保障金融市场安全高效运行和整体稳定。

从上述改革重点可以看出，国家层面已经在金融领域改革作出了重要批示，基本涵盖所有层面，解决金融体系功能失调能完善金融领域的覆盖面，更好地

---

① 注册制是指股票发行时以信息充分披露为核心取代以监管为核心，主要是以市场为导向取代行政审批。

② 存款保险制度是一种金融保障制度，是指由符合条件的各类存款性金融机构集中起来建立一个保险机构，各存款机构作为投保人按一定存款比例向其缴纳保险费。

③ 资料来源：朱琰等：《存款保险制度国际比较研究》，载《银行家》，2012（11）。

为实体领域服务；解决金融市场失衡，能一定程度上协调各个市场的作用，同时有利于分散整体风险，满足不同个体的金融需要，这也是建立多层次市场的一个重要方面；金融机构治理方面存在的问题比较严重，各个金融机构之间界限不清晰，差异化不明显，同质性所带来的风险比较大，应该是改革的重点；最好是金融创新和金融监管的相互促进，防范风险。

三、中央经济工作会议

（一）会议主要内容

中央经济工作会议于 2013 年 12 月 10 日至 13 日在北京举行，会议提出了次年经济工作的主要任务。

1. 切实保障国家粮食安全

必须实施以我为主、立足国内、确保产能、适度进口、科技支撑的国家粮食安全战略。要依靠自己保口粮，集中国内资源保重点，做到谷物基本自给、口粮绝对安全。转变农业发展方式，抓好粮食安全保障能力建设。

2. 大力调整产业结构

要着力抓好化解产能过剩和实施创新驱动发展。坚定不移化解产能过剩。大力发展战略性新兴产业，加快发展各类服务业，推进传统产业优化升级。政府要创造环境（知识产权保护、税收政策），使企业真正成为创新主体。

3. 着力防控债务风险

要把控制和化解地方政府性债务风险作为经济工作的重要任务。加强源头规范，把地方政府性债务分门别类纳入全口径预算管理，严格政府举债程序。明确责任落实，省区市政府要对本地区地方政府性债务负责任。从思想上纠正不正确的政绩导向。

4. 积极促进区域协调发展

要继续深入实施区域发展总体战略，完善并创新区域政策，重视跨区域、次区域规划。坚定不移实施主体功能区制度，打好扶贫攻坚战。

5. 着力做好保障和改善民生工作

要把就业工作摆到突出位置，重点抓好高校毕业生就业和化解产能过剩中出现的下岗再就业工作。解决好住房问题，加大廉租住房、公共租赁住房等保障性住房建设和供给，做好棚户区改造。加大环境治理和保护生态。

6. 不断提高对外开放水平

要保持传统出口优势，创造新的比较优势和竞争优势，扩大国内转方式调结构所需设备和技术等进口。加快推进自贸区谈判，稳步推进投资协定谈判。营造稳定、透明、公平的投资环境，保护投资者的合法权益。简化对外投资审批程序。推进丝绸之路经济带建设，建设 21 世纪海上丝绸之路。

（二）采取何种改革措施

针对以上改革意见，在这里，笔者认为有以下措施可以做相应改革：

转变农业发展方式可以依靠金融支持，比如西方的土地信托、农村金融以及土地证券化①等，金融可以为此提供的服务很多，这就要求金融行业要提前有所准备、有所变革。

产业结构的调整更离不开金融的支持尤其资本市场的支持，在这方面金融市场可以采取相应的措施配合产业的转型，比如说创业板门槛的放低或者落后产业公司的融资限制等。

关于债务风险的防范，当前讨论比较多的是地方债务问题，与其说是地方债务不如说是地方政府债务、银行债务以及地方企业问题。这是一个冗杂的资金链条，金融可以在这方面很好的解决，第一点是允许地方发债，用地方的公共设施的现金流作抵押；第二点规范地方资金平台，指导资金流向以及提高资金使用效率②；第三点减少对地方房企和其他企业的干涉，更多的交给资本市场去解决。

对于民生改善方面，一个发展良好的资本市场能够很好地带动实体市场的良性循环，也就是虚拟经济推动实体经济的发展，反过来实体经济发展也能促进虚拟经济的发展。

所以，加强金融领域建设，深化金融领域改革，以更好的姿态服务于实体经济转型是金融从业者当前应该认真对待的。

【专栏】

十八大经济方面的改革

（一）全面深化经济体制改革。深化改革是加快转变经济发展方式的关键。经济体制改革的核心问题是处理好政府和市场的关系，必须更加尊重市场规律，更好发挥政府作用。要毫不动摇巩固和发展公有制经济，推行公有制多种实现

---

① 土地证券化是指以土地为标的，经过抵押或者打包然后给投资者发行土地证券。
② 资料来源：《拆除利率双轨制》，载《新世纪周刊》，2011（12）。

形式，深化国有企业改革，完善各类国有资产管理体制，推动国有资本更多投向关系国家安全和国民经济命脉的重要行业和关键领域，不断增强国有经济活力、控制力、影响力。毫不动摇鼓励、支持、引导非公有制经济发展，保证各种所有制经济依法平等使用生产要素、公平参与市场竞争、同等受到法律保护。健全现代市场体系，加强宏观调控目标和政策手段机制化建设。加快改革财税体制，健全中央和地方财力与事权相匹配的体制，完善促进基本公共服务均等化和主体功能区建设的公共财政体系，构建地方税体系，形成有利于结构优化、社会公平的税收制度。建立公共资源出让收益合理共享机制。深化金融体制改革，健全促进宏观经济稳定、支持实体经济发展的现代金融体系，加快发展多层次资本市场，稳步推进利率和汇率市场化改革，逐步实现人民币资本项目可兑换。加快发展民营金融机构。完善金融监管，推进金融创新，提高银行、证券、保险等行业竞争力，维护金融稳定。

（二）实施创新驱动发展战略。科技创新是提高社会生产力和综合国力的战略支撑，必须摆在国家发展全局的核心位置。要坚持走中国特色自主创新道路，以全球视野谋划和推动创新，提高原始创新、集成创新和引进消化吸收再创新能力，更加注重协同创新。深化科技体制改革，推动科技和经济紧密结合，加快建设国家创新体系，着力构建以企业为主体、市场为导向、产学研相结合的技术创新体系。完善知识创新体系，强化基础研究、前沿技术研究、社会公益技术研究，提高科学研究水平和成果转化能力，抢占科技发展战略制高点。实施国家科技重大专项，突破重大技术瓶颈。加快新技术新产品新工艺研发应用，加强技术集成和商业模式创新。完善科技创新评价标准、激励机制、转化机制。实施知识产权战略，加强知识产权保护。促进创新资源高效配置和综合集成，把全社会智慧和力量凝聚到创新发展上来。

（三）推进经济结构战略性调整。这是加快转变经济发展方式的主攻方向。必须以改善需求结构、优化产业结构、促进区域协调发展、推进城镇化为重点，着力解决制约经济持续健康发展的重大结构性问题。要牢牢把握扩大内需这一战略基点，加快建立扩大消费需求长效机制，释放居民消费潜力，保持投资合理增长，扩大国内市场规模。牢牢把握发展实体经济这一坚实基础，实行更加有利于实体经济发展的政策措施，强化需求导向，推动战略性新兴产业、先进制造业健康发展，加快传统产业转型升级，推动服务业特别是现代服务业发展壮大，合理布局建设基础设施和基础产业。建设下一代信息基础设施，发展现代信息技术产业体系，健全信息安全保障体系，推进信息网络技术广泛运用。

提高大中型企业核心竞争力，支持小微企业特别是科技型小微企业发展。继续实施区域发展总体战略，充分发挥各地区比较优势，优先推进西部大开发，全面振兴东北地区等老工业基地，大力促进中部地区崛起，积极支持东部地区率先发展。采取对口支援等多种形式，加大对革命老区、民族地区、边疆地区、贫困地区扶持力度。科学规划城市群规模和布局，增强中小城市和小城镇产业发展、公共服务、吸纳就业、人口集聚功能。加快改革户籍制度，有序推进农业转移人口市民化，努力实现城镇基本公共服务常住人口全覆盖。

（四）推动城乡发展一体化。解决好农业农村农民问题是全党工作重中之重，城乡发展一体化是解决"三农"问题的根本途径。要加大统筹城乡发展力度，增强农村发展活力，逐步缩小城乡差距，促进城乡共同繁荣。坚持工业反哺农业、城市支持农村和多予少取放活方针，加大强农惠农富农政策力度，让广大农民平等参与现代化进程、共同分享现代化成果。加快发展现代农业，增强农业综合生产能力，确保国家粮食安全和重要农产品有效供给。坚持把国家基础设施建设和社会事业发展重点放在农村，深入推进新农村建设和扶贫开发，全面改善农村生产生活条件。着力促进农民增收，保持农民收入持续较快增长。坚持和完善农村基本经营制度，依法维护农民土地承包经营权、宅基地使用权、集体收益分配权，壮大集体经济实力，发展农民专业合作和股份合作，培育新型经营主体，发展多种形式规模经营，构建集约化、专业化、组织化、社会化相结合的新型农业经营体系。改革征地制度，提高农民在土地增值收益中的分配比例。加快完善城乡发展一体化体制机制，着力在城乡规划、基础设施、公共服务等方面推进一体化，促进城乡要素平等交换和公共资源均衡配置，形成以工促农、以城带乡、工农互惠、城乡一体的新型工农、城乡关系。

（五）全面提高开放型经济水平。适应经济全球化新形势，必须实行更加积极主动的开放战略，完善互利共赢、多元平衡、安全高效的开放型经济体系。要加快转变对外经济发展方式，推动开放朝着优化结构、拓展深度、提高效益方向转变。创新开放模式，促进沿海内陆沿边开放优势互补，形成引领国际经济合作和竞争的开放区域，培育带动区域发展的开放高地。坚持出口和进口并重，强化贸易政策和产业政策协调，形成以技术、品牌、质量、服务为核心的出口竞争新优势，促进加工贸易转型升级，发展服务贸易，推动对外贸易平衡发展。提高利用外资综合优势和总体效益，推动引资、引技、引智有机结合。加快走出去步伐，增强企业国际化经营能力，培育一批世界水平的跨国公司。统筹双边、多边、区域次区域开放合作，加快实施自由贸易区战略，推动同周边国家互联互通。提高抵御国际经济风险能力。

第四节　推动中国发展的重要会议（下）

一、中央城镇化会议

（一）纳瑟姆曲线——城镇化率

世界城市化发展有一个共同规律——这就是著名的纳瑟姆曲线，它是1979年由美国城市地理学家 Ray. M. Northam 首先发现并提出的。它表明当城镇化水平达到30%而继续上升至70%的区间，是城镇化率上升最快的发展阶段（见图1-3）。

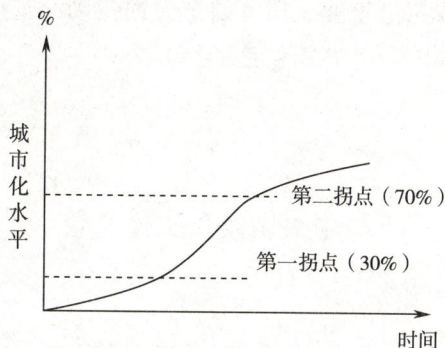

图1-3　纳瑟姆曲线

（二）我国城镇化进程现状

上海证券交易所资本市场研究所的报告指出，日本和韩国在人均 GDP 达到10 000 美元时城市化率分别是50%和72%，发达国家城市化率一般已接近或高于80%（美国为98%）；人均收入与我国相近的马来西亚、菲律宾等周边国家城市化率也在60%以上。

中国在2011年城市化率为51.27%。2012年末，我国人口总数135 404万人。城镇人口71 182万，其中流动人口2.36亿，乡村人口64 222万。我国城镇化率为52.57%。这一数字显然是高估了的。从2000年开始，国家统计局统计城镇人口时用"常住人口"而不是"户籍人口"来计算，这样有2.36亿农民工被归入城镇人口，但他们并不享有城市人口的各项福利和权利。因此，中国有城市户口的人口占35.14%。城市发展纳瑟姆曲线规律显示，当城市化水平达到

30%的临界值时，将进入加速城市化阶段。35.14%说明我国的城市化进入加速城市化阶段。

（三）城镇化建设释放巨大红利

城镇化进程中，需要大量投入以形成有效供给的领域主要有三个方面：基础设施、公用事业和公共服务。如果我国在10年内达到70%的城镇化率，以2012年人口数为基数静态测算，需市民化2.36亿人，若动态测算新增市民化人口将达到4.96亿人。按迟福林农民工市民化人均10万元的固定资产投资计算，需要增加23.6万亿～49.6万亿元的资金投入。

从国际经验看，加速城市化阶段的一个突出特征就是需要大量的资金投入，我国也正面临着这样的问题需要解决，仅依靠政府的财政收入远远不够。合理解决这个阶段的资金投入问题，是保持城镇化健康发展的客观必要条件。新型城镇化建设进程对投资、就业、消费的全方面拉动，进而优化产业结构，缩小城乡差距，将推动我国经济持续稳定健康发展。

【专栏】

中央城镇化工作会议

1. 会议提出六项任务

中央城镇化工作会议于2013年12月12日至13日在北京举行。习近平在会上发表重要讲话，分析城镇化发展形势，明确推进城镇化的指导思想、主要目标、基本原则、重点任务。李克强在讲话中论述了当前城镇化工作的着力点，提出了推进城镇化的具体部署，并作了总结讲话。

会议提出了推进城镇化的主要任务：

第一，推进农业转移人口市民化。解决好人的问题是推进新型城镇化的关键。主要任务是解决已经转移到城镇就业的农业转移人口落户问题，努力提高农民工融入城镇的素质和能力。要发展各具特色的城市产业体系，强化城市间专业化分工协作，增强中小城市产业承接能力。全面放开建制镇和小城市落户限制，有序放开中等城市落户限制，合理确定大城市落户条件，严格控制特大城市人口规模。推进农业转移人口市民化要坚持自愿、分类、有序。

第二，提高城镇建设用地利用效率。要按照严守底线、调整结构、深化改革的思路，严控增量，盘活存量，优化结构，提升效率，切实提高城镇建设用地集约化程度。耕地红线一定要守住，红线包括数量，也包括质量。按照促进生产空间集约高效、生活空间宜居适度、生态空间山清水秀的总体要求，形成生产、生活、生态空间的合理结构。减少工业用地，适当增加生活用地特别是居住用地，切实保护耕地、园地、菜地等农业空间，划定生态红线。按照守住底线、试点先行的原则稳步推进土地制度改革。

第三，建立多元可持续的资金保障机制。要完善地方税体系，逐步建立地方主体税种，建立财政转移支付同农业转移人口市民化挂钩机制。建立健全地方债券发行管理制度。推进政策性金融机构改革。鼓励社会资本参与城市公用设施投资运营。

第四，优化城镇化布局和形态。全国主体功能区规划对城镇化总体布局做了安排，提出了"两横三纵"的城市化战略格局，要一张蓝图干到底。要在中西部和东北有条件的地区，依靠市场力量和国家规划引导，逐步发展形成若干城市群，成为带动中西部和东北地区发展的重要增长极。科学设置开发强度，尽快把每个城市特别是特大城市开发边界划定，把城市放在大自然中，把绿水青山保留给城市居民。

第五，提高城镇建设水平。城市建设水平是城市生命力所在。城镇建设，要实事求是确定城市定位，科学规划和务实行动，避免走弯路；要依托现有山水脉络等独特风光，让城市融入大自然，让居民望得见山、看得见水、记得住乡愁；要融入现代元素，更要保护和弘扬传统优秀文化，延续城市历史文脉；要融入让群众生活更舒适的理念，体现在每一个细节中。要加强建筑质量管理制度建设。在促进城乡一体化发展中，要注意保留村庄原始风貌，慎砍树、不填湖、少拆房，尽可能在原有村庄形态上改善居民生活条件。

第六，加强对城镇化的管理。要制定实施好国家新型城镇化规划，加强重大政策统筹协调，各地区要研究提出符合实际的推进城镇化发展意见。培养一批专家型的城市管理干部，用科学态度、先进理念、专业知识建设和管理城市。建立空间规划体系，推进规划体制改革，加快规划立法工作。城市规划要由扩张性规划逐步转向限定城市边界、优化空间结构的规划。城市规划要保持连续性，不能政府一换届，规划就换届①。

2. 城镇化会议十不准：否定人为造城

（1）不准破坏青山绿水

会议提出，根据区域自然条件，科学设置开发强度，尽快把每个城市特别

① 资料来源：中央城镇化工作会议举行，习近平、李克强做重要讲话，新华社，2013-12-14。

是特大城市开发边界划定，把城市放在大自然中，把绿水青山保留给城市居民。

（2）不准乱跟风大跃进

会议要求，确定城镇化目标必须实事求是、切实可行，不能靠行政命令层层加码、级级考核，不要急于求成、拔苗助长。推进城镇化既要积极、又要稳妥、更要扎实，方向要明，步子要稳，措施要实。

（3）不准盲目大拆大建

会议要求，城镇化是一个自然历史过程，是我国发展必然要遇到的经济社会发展过程。推进城镇化必须从我国社会主义初级阶段基本国情出发，遵循规律，因势利导，使城镇化成为一个顺势而为、水到渠成的发展过程。

（4）不准一味求洋求异

会议提出，城镇建设，要实事求是确定城市定位，科学规划和务实行动，避免走弯路。

（5）不准造新城变鬼城

会议提出，城镇建设用地特别是优化开发的三大城市群地区，要以盘活存量为主，不能再无节制扩大建设用地，不是每个城镇都要长成巨人。

（6）不准让市民成流民

会议要求，要以人为本，推进以人为核心的城镇化，提高城镇人口的素质和居民的生活质量，把促进有能力在城镇稳定就业和生活的常住人口有序实现市民化作为首要任务。

（7）不准一届政府一张图

会议提出，城市的规划要保持连续性，不能政府一换届、规划就换届。

（8）不准再搞千城一面

会议提出，在促进城乡一体化的发展中，要注意保留村庄原始风貌，慎砍树、不填湖、少拆房，尽可能在原有村庄形态上改善居民生活条件。

（9）不准"住上楼万事愁"

会议提出，城镇的建设，要融入让群众生活更舒适的理念，体现在每一个细节中。

（10）不准乱举债摊大饼

会议提出，建立多元可持续的资金保障机制①。

会议十不准强调建设城镇化应该尊重自然、适应自然；应该实事求是；应

---

① 资料来源：《专家解读中央城镇化会议十不准：否定人为建城思路》，中国网新闻中心，2013 - 12 - 16。

该顺势而为；应该发展绿色经济；应该合理用地；应该以人为本；应该因势利导；应该保留原始文化；应该舒适群众生活；应该提高政府资金利用效率。总之强调城镇化建设是自然历史过程，它不是大拆大建，不是人为造城。

【专栏】

未来十年城镇化将拉动 40 万亿元投资　户籍或成突破口

城镇化政策出台提速

据报道，由发改委主导的《促进城镇化健康发展规划（2011—2020 年）》初稿已编制完成。该规划称"城镇化将在未来十年拉动 40 万亿元投资"。明年城镇化改革的综合配套措施将会相继出台，主要包括户籍制度、社会保障、医疗卫生及教育等方面。此外，近期福建、江西、云南、贵州等地纷纷出台城镇化体系建设规划方案。

同时，农业部确定，明年将扩大农村土地承包经营权登记试点范围，争取用 5 年时间基本完成农村土地承包经营权确权登记工作。

"未来 5～10 年，人口城镇化将形成支撑中国发展转型的动力。"中国（海南）改革发展研究院院长迟福林接受南都记者采访强调，2011 年中国的城镇化率为 51.3%，正处于加速发展的区间，未来 10 年不仅有很大的成长空间，并且还会有一个较快的速度。如果以年均 1%～1.2% 的速率推进，到 2020 年中国的城镇化率将提高到 60% 以上。

迟福林分析，中国 51.3% 的城镇化率，是按城镇常住人口统计的，其中还包括了 1.6 亿的农民工群体。如果按户籍来算，人口城镇化率只有 35% 左右，远低于世界 52% 的平均水平。迟福林表示，2020 年若要达到 50% 以上的人口城镇化水平，关键在于以农民工市民化为重点的相关改革到位。

"带动 40 万亿元投资，据说是按照每年 1 000 万人进城、人均年投资 4 万来算的，其实很模糊。城镇化带来的投资，主要是基建、城市教育医疗卫生等配套，还有相关产业的投资。"全国工商联房地产商会会长聂梅生说。

关键在于农村土地流转和户籍改革

"城镇化的关键两大块是土地和户籍。"中国社会科学院农村发展研究院研究员任常青接受南都记者采访分析，在保证耕地红线的要求下，农村土地流转的一部分是农业用地，更多是农村建设用地。而这方面最大的问题是征地制度需要完善。

"农民的土地该怎么进入市场？现在是由政府收回然后挂牌出让。未来的方向应该是，农民直接将其投入市场。"任常青说，"而且须体现土地的未来收益和市场价值，否则农民权益受损，将影响到其进城的生活。"

聂梅生接受南都记者采访也强调，目前农村用地跟城市用地没有做到同地同权同价，接下来要从法律层面上衔接平衡。"最终要承认农民的权益和合法性。早解决肯定比晚解决好。"

另一块是要打破城乡户籍制度，这已讨论多年，很多地区已经在试点。"改户口容易，关键是跟户口相挂钩的利益，社保、就业、教育等等。"任常青说，这既需要政府对公共产品的大力投入，也需要市场的力量。

"打破户籍肯定是未来的政策方向，但具体操作问题复杂，各省情况各不相同，可能是逐步试点逐步推开。"任常青认为，城镇化不是一哄而上，应该是经济发展的结果。肯定要和当地的发展水平相适应，而不能硬推。

不过，聂梅生认为："完全打破、取消户籍限制不太可能。"她向南都记者分析，像北京这样的大城市，仍不可能取消户口限制，而是会采取类似"绿卡"政策，规定农民进城纳税多少年以上可以取得居住权乃至购房权等等。"户籍改革估计会逐步推进，先从小城市开始，然后省会城市，再是大城市，最后是特大城市。"

资料来源：《南方都市报》，2012 - 12 - 25，作者：辛灵。

二、中央政治局 2013 年 12 月 3 日会议

（一）分析研究 2014 年经济工作

中共中央政治局 2013 年 12 月 3 日召开会议，分析研究 2014 年经济工作，听取第二次全国土地调查情况汇报。中共中央总书记习近平主持会议。

会议认为，2013 年以来，国内外形势错综复杂，我国经济发展面临近年来少有的复杂严峻局面。党中央、国务院带领全国各族人民深入贯彻落实党的十八大精神，坚持稳中求进工作总基调，坚持统筹稳增长、调结构、促改革，坚持宏观政策要稳、微观政策要活、社会政策要托底有机统一，保持政策定力，创新调控思路和方式，深处着力、精准发力，推出一系列创新性政策措施，经济社会发展稳中有进、稳中向好，全年主要预期目标能够较好完成，实现了良好开局。

会议强调，我国发展面临的国际环境和国内条件都在发生深刻而复杂的变化，挑战和机遇并存。经济发展长期向好的基本面没有变，具有不少新的有利支撑和难得机遇。特别是党的十八届三中全会对全面深化改革作出总体部署，

将进一步激发发展的内生动力和活力。同时，要清醒认识面临的风险和挑战，增强忧患意识，坚持底线思维，抓住发展机遇，搞好统筹兼顾，牢牢把握经济工作主动权。

会议指出，做好2014年经济工作意义重大。要全面贯彻落实党的十八大和十八届二中、三中全会精神，继续坚持稳中求进工作总基调，把改革贯穿于经济社会发展各个领域各个环节，以改革促创新发展，完善调控方式手段，强化经济发展方式转变的内生动力，加快经济结构调整优化，加强基本公共服务体系建设，使广大人民群众共享改革发展成果，促进经济持续健康发展、社会和谐稳定[①]。

1. 继续坚持稳中求进工作总基调

会议在分析研究2014年经济工作时指出，继续坚持稳中求进工作总基调。会议还明确，保持政策连续性和稳定性。

2013年以来，在国内经济发展一度面临下行压力的情况下，中央统筹稳增长、调结构、促改革，经济增速在第三季度实现企稳回升。2013年10月的经济指标和11月的先行指标都显示，中国经济总体上延续了稳中向好的态势，全年主要预期目标能够较好完成。

2. 把改革贯穿于经济社会发展各领域

十八届三中全会描绘出了全面深化改革的宏伟蓝图，各界对明年如何落实改革高度关注。中央政治局会议明确，把改革贯穿于经济社会发展各个领域各个环节，以改革促创新发展。会议还要求，抓好对中央改革总体部署的落实，积极推进重点领域改革。

3. 着力增强发展内生动力

中国经济近来虽然实现了稳中向好，但经济回升基础不牢、内生动力不强问题突出。中央政治局会议提出，要"着力增强发展内生动力"。

从外部环境看，世界经济仍未走出金融危机阴影。从国内经济发展情况看，投资、消费的进一步发展都遭遇了不同程度的"瓶颈"，企业经营仍然比较困难，微观主体投资创业的积极性有待进一步增强。

新型城镇化将发挥对经济社会发展新的牵引作用。会议提出，出台实施国家新型城镇化规划。牛犁认为，过去中国城镇化进程落后于工业化，带来一系列经济社会问题，新型城镇化更加强调人的城镇化，需要大量的基础设施和服

---

① 资料来源：习近平主持召开中共中央政治局会议，分析研究二〇一四年经济工作听取第二次全国土地调查情况汇报，《人民日报》，2013 – 12 – 04。

务投资，带动大量的消费，是未来经济发展新动力，也有助于实现社会公平正义。

4. 使广大人民群众共享改革发展成果

经济发展的出发点和落脚点是改善民生。会议提出，加强基本公共服务体系建设，使广大人民群众共享改革发展成果。会议明确，实施更加积极的就业政策，健全社会保障体系，促进社会事业改革发展等[①]。

（二）推动全党学习和掌握历史唯物主义

中共中央政治局2013年12月3日下午就历史唯物主义基本原理和方法论进行第十一次集体学习。中共中央总书记习近平在主持学习时强调，推动全党学习历史唯物主义基本原理和方法论，更好认识国情，更好认识党和国家事业发展大势，更好认识历史发展规律，更加能动地推进各项工作。

习近平在主持学习时发表了讲话。他指出，马克思主义哲学深刻揭示了客观世界特别是人类社会发展一般规律，在当今时代依然有着强大生命力，依然是指导我们共产党人前进的强大思想武器。我们党自成立起就高度重视在思想上建党，其中十分重要的一条就是坚持用马克思主义哲学教育和武装全党。学哲学、用哲学，是我们党的一个好传统。

习近平强调，在革命、建设、改革各个历史时期，我们党运用历史唯物主义，系统、具体、历史地分析中国社会运动及其发展规律，在认识世界和改造世界过程中不断把握规律、积极运用规律，推动党和人民事业取得了一个又一个胜利。历史和现实都表明，只有坚持历史唯物主义，我们才能不断把对中国特色社会主义规律的认识提高到新的水平，不断开辟当代中国马克思主义发展新境界。

习近平指出，社会存在决定社会意识。我们党现阶段提出和实施的理论和路线方针政策，之所以正确，就是因为它们都是以我国现时代的社会存在为基础的。党的十八届三中全会对我国全面深化改革作出了总体部署，是从我国现在的社会存在出发的，即从我国现在的社会物质条件的总和出发的，也就是从我国基本国情和发展要求出发的。

习近平强调，要学习和掌握社会基本矛盾分析法，深入理解全面深化改革的重要性和紧迫性。只有把生产力和生产关系的矛盾运动同经济基础和上层建筑的矛盾运动结合起来观察，把社会基本矛盾作为一个整体来观察，才能全面

---

① 资料来源：《从中央政治局会议看明年经济工作走向》，载《云南日报》，2013-12-04，第一版。

把握整个社会的基本面貌和发展方向。坚持和发展中国特色社会主义，必须不断适应社会生产力发展调整生产关系，不断适应经济基础发展完善上层建筑。我们提出进行全面深化改革，就是要适应我国社会基本矛盾运动的变化来推进社会发展。社会基本矛盾总是不断发展的，所以调整生产关系、完善上层建筑需要相应地不断进行下去。改革开放只有进行时没有完成时，这是历史唯物主义态度。

习近平指出，要学习和掌握物质生产是社会生活的基础的观点，准确把握全面深化改革的重大关系。生产力是推动社会进步的最活跃、最革命的要素。社会主义的根本任务是解放和发展社会生产力。在全面深化改革中，我们要坚持发展仍是解决我国所有问题的关键，这个重大战略判断，使市场在资源配置中起决定性作用和更好发挥政府作用，推动我国社会生产力不断向前发展，推动实现物的不断丰富和人的全面发展的统一。物质生产是社会历史发展的决定性因素，但上层建筑也可以反作用于经济基础，生产力和生产关系、经济基础和上层建筑之间有着作用和反作用的现实过程，并不是单线式的简单决定和被决定逻辑。我们提出全面深化改革的方案，是因为要解决我们面临的突出矛盾和问题，仅仅依靠单个领域、单个层次的改革难以奏效，必须加强顶层设计、整体谋划，增强各项改革的关联性、系统性、协同性。只有既解决好生产关系中不适应的问题，又解决好上层建筑中不适应的问题，这样才能产生综合效应。同时，只有紧紧围绕发展这个第一要务来部署各方面改革，以解放和发展社会生产力为改革提供强大牵引，才能更好推动生产关系与生产力、上层建筑与经济基础相适应。

习近平强调，要学习和掌握人民群众是历史创造者的观点，紧紧依靠人民推进改革。人民是历史的创造者。要坚持把实现好、维护好、发展好最广大人民根本利益作为推进改革的出发点和落脚点，让发展成果更多更公平惠及全体人民，唯有如此改革才能大有作为。要处理好尊重客观规律和发挥主观能动性的关系。要坚持一切从实际出发，按照客观规律办事，一张蓝图抓到底，抓好打基础利长远的工作。同时，要鼓励地方、基层、群众大胆探索、先行先试，勇于推进理论和实践创新，不断深化对改革规律的认识。

习近平指出，我们党在中国这样一个有着13亿人口的大国执政，面对着十分复杂的国内外环境，肩负着繁重的执政使命，如果缺乏理论思维的有力支撑，是难以战胜各种风险和困难的，也是难以不断前进的。党的各级领导干部特别是高级干部，要原原本本学习和研读经典著作，努力把马克思主义哲学作为自己的看家本领，坚定理想信念，坚持正确政治方向，提高战略思维能力、综合决策能力、驾驭全局能力，团结带领人民不断书写改革开放历史新篇章①。

三、中央政法工作会议——实现"中国梦"的保障

（一）会议主要内容

中央政法工作会议于 2014 年 1 月 7 日至 8 日在北京召开，中共中央总书记、国家主席、中央军委主席习近平出席并在中央政法工作会议上发表重要讲话。中共中央政治局委员、中央政法委书记孟建柱主持会议并就做好 2014 年政法工作作出部署。

习近平强调，要把维护社会大局稳定作为基本任务，把促进社会公平正义作为核心价值追求，把保障人民安居乐业作为根本目标，坚持严格执法公正司法，积极深化改革，加强和改进政法工作，维护人民群众切身利益。

习近平强调，司法体制改革是政治体制改革的重要组成部分，对推进国家治理体系和治理能力现代化具有十分重要的意义。要加强领导、协力推动、务求实效，加快建设公正高效权威的社会主义司法制度，更好坚持党的领导、更好发挥我国司法制度的特色、更好促进社会公平正义。

习近平强调，各级领导干部要带头依法办事，带头遵守法律，牢固确立法律红线不能触碰、法律底线不能逾越的观念，不要去行使依法不该由自己行使的权力，更不能以言代法、以权压法、徇私枉法。要建立健全违反法定程序干预司法的登记备案通报制度和责任追究制度。要以最坚决的意志、最坚决的行动扫除政法领域的腐败现象，坚决清除害群之马。

孟建柱就做好 2014 年政法工作作出部署。他要求，要认真贯彻党的十八大和十八届二中、三中全会精神及各项工作部署，全面贯彻落实习近平总书记系列重要讲话精神，围绕完善和发展中国特色社会主义制度、推进国家治理体系和治理能力现代化总目标，把握促进社会公平正义、增进人民福祉的总要求，坚持稳中求进、改革创新，以创新社会治理方式、深化司法体制改革、推进科技信息应用、改进政法宣传舆论工作为着力点，深入推进平安中国、法治中国和过硬队伍建设，切实提高政法工作现代化水平②。

（二）着重强调司法制度更加公正高效权威是实现"中国梦"的保障

"加快建设公正高效权威的社会主义司法制度，更好坚持党的领导、更好发

---

① 资料来源：习近平：推动全党学习和掌握历史唯物主义，新华网，2013 - 12 - 04。
② 资料来源：习近平出席中央政法工作会议并发表重要讲话，《人民日报》，2014 - 01 - 09。

挥我国司法制度的特色、更好促进社会公平正义。"习近平总书记对深化司法体制改革提出了明确要求。

近年来，我国司法体制改革的脚步明显加快，特别是党的十八大以来，中央政法委按照习近平总书记一系列重要指示精神，以深化司法体制改革为契机，着力推进政法工作创新发展，为促进社会公平正义提供坚实的法治保障。

1. "看得见"的方式实现公正

2014年新年第一天，合肥市中级人民法院在"中国裁判文书网"上首批"晒"出8份生效裁判文书。按照最高人民法院的要求，从2014年1月1日起，除了涉及国家秘密、个人隐私等四种情况外，各级法院的生效判决文书应当在互联网上全面公布。

最高人民法院着力推进审判公开，实行庭审全程同步录音录像，通过审判流程、裁判文书、执行信息公开平台建设；最高人民检察院建立不立案、不逮捕、不起诉、不予提起抗诉决定书等检察机关终结性法律文书公开制度；公安部明确提出建立互联网执法公开平台，全面公开执法信息；司法部以社会公众、罪犯及其家属关注的执法热点问题为重点，细化了狱务公开标准，明确了狱务公开流程。

对此，中国人民大学教授陈卫东给予积极评价：执法司法信息公开在很大程度上满足了社会公众的知情权，彰显了社会公平正义。

2. 法治思维和法治方式办事

"把涉法涉诉信访纳入法治轨道解决。"2013年初召开的中央政法工作会议明确部署。随后一场推进涉法涉诉信访改革的试点在各地陆续展开。

中央政法委员会明确了改革的总体设想，即实行诉讼与信访分离制度，把涉及民事、行政、刑事等诉讼权利救济的信访事项从普通信访体制中分离出来，由政法机关依法处理。

经过涉法涉诉改革试点，群众到党政信访部门反映涉法涉诉信访问题的少了，依法律按程序到政法机关申诉的多了，各级政法机关依法解决问题的导向逐步确立。

3. 人权保障贯穿执法司法全程

废止劳动教养制度，完善对违法犯罪行为的惩治和矫正法律，健全社区矫正制度——党的十八大以来，司法体制改革的一系列设想正在成为现实。

社区矫正作为一种非监禁刑罚执行方式，是目前国际普遍实行的一种刑罚执行制度。截至2013年10月底，我国累计接收社区矫正人员166.5万人，累计解除矫正 100.7 万人，社区服刑人员在矫正期间的重新犯罪率为 0.2%，取得了良好的效果。

如何守住防止冤假错案的底线，成为政法机关的一项紧迫任务。2013 年 7 月，中央政法委员会出台首个关于切实防止冤假错案的指导意见，就严格遵守法律程序，加强防止和纠正错案机制建设作出明确规定。

进一步规范查封、扣押、冻结、处理涉案财物的司法程序；严禁刑讯逼供、体罚虐待，严格实行非法证据排除规则；逐步减少适用死刑罪名；健全国家司法救助制度，完善法律援助制度……打击犯罪与保障人权并重的原则，已成各级政法机关工作人员的共识和行动[1]。

第五节　大数据：商业革命和科学革命

一、理解大数据

最早提出大数据时代到来的是全球知名咨询公司麦肯锡，麦肯锡称："数据，已经渗透到当今每一个行业和业务职能领域，成为重要的生产因素。人们对于海量数据的挖掘和运用，预示着新一波生产率增长和消费者盈余浪潮的到来。"

牛津大学互联网研究所维克托·迈尔－舍恩伯格指出，大数据所代表的是当今社会所独有的一种新型的能力——以一种前所未有的方式，通过对海量数据进行分析，获得有巨大价值的产品和服务，或深刻的洞见[2]。

全球最具影响力的 15 个大数据企业分别为 IBM、惠普、Teradata、甲骨文、SAP、EMC、Amazon、微软、谷歌、VMware、Cloud era、Horton works、Splunk、10Gen、MapR。上述企业均为当今互联网时代的代表，由此可见，大数据是数据化趋势下的必然产物。

大数据主要解决四大问题：信息不对称、交易成本过高、资源不能最大化利用、不能开展全时空和无边界地大规模协作。抛开数据的海量化生产和存储这种表面现象，我们更加要关注的是由数据量变带来的质变，这种质变表现在以下三个方面：数据思维、数据资产、数据变现。

---

① 资料来源：中央政法工作会议解读：司法制度更公正高效权威，《人民日报》，2014－01－20。
② 资料来源：迈尔－舍恩伯格、库克耶：《大数据时代——生活、工作与思维的大变革》，杭州，浙江人民出版社，2012。

（一）大数据的战略地位

大数据在物理学、生物学、环境生态学等领域以及军事、金融、通讯等行业存在已有时日，却因为近年来互联网和信息行业的发展而引起人们关注。与提升国家竞争力及国民幸福程度密切相关的重大战略都与大数据的分析和利用息息相关，包括与国家安全、社会稳定相关的尖端武器制造与性能模拟实验，群体事件和谣言的预警和干预；与国家科技能力相关的等离子及高能粒子实验分析，纳米材料及生物基因工程；与国民经济繁荣相关的经济金融态势感知与失稳预测，精准营销与智能物流仓储；与环境问题相关的全球气候及生态系统的分析，局部天气及空气质量预测；与医疗卫生相关的个性化健康监护及医疗方案，大规模流行病趋势预测和防控策略；与人民幸福生活相关的个性化保险理财方案，智能交通系统；等等。数据储备和数据分析能力将成为未来新型国家最重要的核心战略能力。因此，大数据被认为是继信息化和互联网后整个信息革命的又一次高峰。云计算和大数据共同引领以数据为材料，计算为能源的又一次生产力的大解放，甚至可以与以蒸汽机的使用和电气的使用为代表的第一次工业革命和第二次工业革命相媲美。云计算主要为数据资产提供了保管、访问的场所和渠道，而数据才是真正有价值的资产。企业内部的经营交易信息、物联网世界中的商品物流信息，互联网世界中的人与人交互信息、位置信息等，其数量将远远超越现有企业 IT 架构和基础设施的承载能力，实时性要求也将大大超越现有的计算能力。如何盘活这些数据资产，使其为国家治理、企业决策乃至个人生活服务，是大数据的核心议题，也是云计算内在的灵魂和必然的升级方向。大数据可以说是计算机和互联网结合的产物，计算机实现了数据信息的数字化，互联网实现了数据信息的网络化，两者结合才赋予了大数据生命力。

大数据不是数据量的简单刻画，也不是特定算法、技术或商业模式上的发展，而是从数据量、数据形态和数据分析处理方式，到理念和形态上重大变革的总和。大数据是基于多源异构、跨域关联的海量数据分析所产生的决策流程、商业模式、科学范式、生活方式和观念形态上的颠覆性变化的总和。

（二）大数据有多大

那么，大数据到底有多大？一组名为"互联网上一天"的数据告诉我们，一天之中互联网产生的全部内容可以刻满 1.68 亿张 DVD；发出的邮件有 2 940 亿封之多；发出的社区帖子达 200 万个；卖出的手机为 37.8 万台，高于全球每天出生的婴儿数量 37.1 万。截至 2012 年，数据量已经从 TB（1 024GB＝1TB）级别跃升到 PB（1 024TB＝1PB）、EB（1 024PB＝1EB）乃至 ZB（1 024EB＝

1ZB）级别。国际数据公司（IDC）的研究结果表明，2008 年全球产生的数据量为 0.49ZB，2009 年的数据量为 0.8ZB，2010 年增长为 1.2ZB，2011 年的数量更是高达 1.82ZB，相当于全球每人产生 200GB 以上的数据。而到 2012 年为止，人类生产的所有印刷材料的数据量是 200PB，全人类历史上说过的所有话的数据量大约是 5EB①。

IBM 的研究称，整个人类文明所获得的全部数据中，有 90% 是过去两年内产生的。而到了 2020 年，全世界所产生的数据规模将达到今天的 44 倍。

（三）大数据的四个特性

体量（Volume）指的是巨大的数据量以及其规模的完整性。数据存储单位的扩大与数据存储和网络技术的发展密切相关，数据的加工处理技术的提高，网络宽带的成倍增加，以及社交网络技术的迅速发展，使得数据产生量和存储量成倍增长。实质上，在某种程度上来说，数据的数量级的大小并不重要，重要的是数据具有完整性。数据规模性的应用有如下的体现，比如对每天 12TB 的 Tweets 进行分析，了解人们的心理状态，可以用于情感性产品的研究和开发；基于 Facebook 上成千上万条信息的分析，可以帮助人们处理现实中的朋友圈的利益关系。

多样性（Variety）指有多种途径来源的关系型和非关系型数据。这也意味着要在海量、种类繁多的数据间发现其内在关联。互联网时代，各种设备通过网络连成了一个整体。进入以互动为特征的 Web2.0 时代，个人计算机用户不仅可以通过网络获取信息，还成为了信息的制造者和传播者。这个阶段，不仅是数据量开始了爆炸式增长，数据种类也开始变得繁多。除了简单的文本分析外，还可以对传感器数据、音频、视频、日志文件、点击流以及其他任何可用的信息。比如，在客户数据库中不仅要关注名称和地址，还包括客户所从事的职业、兴趣爱好、社会关系等。利用大数据多样性的原理就在于保留一切你需要的对你有用的信息，舍弃那些你不需要的；发现那些有关联的数据，加以收集、分析、加工，使得其变为可用的信息。

价值密度（Value）体现出的是大数据运用的真实意义所在。其价值具有稀缺性、不确定性和多样性。曾有人用两幅生动的图像来描述大数据：一张是整整齐齐的稻草堆，另外一张是稻草中缝衣针的特写。寓意在于通过大数据技术的帮助，可以在稻草堆中找到你所需要的东西，哪怕是一枚小小的缝衣针。这

---

① 资料来源：《带您了解大数据》，载《贵州日报》，2014 - 02 - 26。

两幅图揭示了大数据技术一个很重要的特点，价值的稀疏性。

速度（Velocity）主要表现为数据流和大数据的移动性。现实中则体现在对数据的实时性需求上。随着移动网络的发展，人们对数据的实时应用需求更加普遍，比如通过手持终端设备关注天气、交通、物流等信息。速度性要求具有时间敏感性和决策性的分析——能在第一时间抓住重要事件发生的信息。

（四）大数据改变社会生态

1. 大数据改变人类的思维方式①

大数据的核心就是预测，它是把数字算法运用到海量的数据上来预测事情发生的可能性。当需要处理的信息量超出了一般电脑的速度和容量，就导致了新的高容和高速处理技术的诞生。大数据以一种前所未有的方式，通过对海量数据进行分析，获得有巨大价值的产品和服务，或深刻的洞见和预测能力。预测能力提高的表现是人们将习惯从概率上预测事物和世界，而不是必然，这样更精确而不是相反。

人类的思维方式受物质和技术条件的影响，自古以来，由于信息不对称和处理信息技术的局限，人类的思维遵循谨慎的原则，其惯例是"知其然，知其所以然"，追求因果关系，并以此进行决策。大数据技术改变了我们的思维方式，社会放弃了对因果关系的渴求，而仅需关注相关关系，这使我们做决定和理解现实的最基本方式受到挑战。决策行为将日益基于数据和分析而作出，而并非基于经验和直觉。伴随着数据的大量累积和数据处理能力的不断提升，利用数据来进行判断和预测的能力将会得到无限的放大，数据将引领社会前进的方向。个人成为大数据链条中不可或缺的一环，而对数据的依赖将改变人类的生活方式。

2. 大数据改变消费模式和商业模式

大数据时代将对商业和个人都产生深远的影响。大数据技术使消费者的行为模式更加科学、可预测，在不久的将来，世界许多现在单纯依靠人类判断力的领域都会被信息系统所改变甚至取代，大数据为我们的生活创造了前所未有的可量化的维度。

大数据已经成为了新认知、新发明、新产品、新服务、新价值的源泉，并导致商业经营及其模式的变革，整个商业领域都因为大数据而重新洗牌。企业对市场的理解和洞察需求正在日益地走向实时化和精准化。在网络条件下，企

---

① 资料来源：方方：《"大数据"趋势下商业银行应对策略研究》，载《新金融》，2012（12）。

业能够记录或搜集顾客在各个渠道、生命周期各个阶段的行为数据，从而设计出高度精准、绩效可高度定量化的营销策略。同时，随着时代的变迁，消费者异质性也在不断增大，这种异质性体现在消费者在购物、交友、阅读等生活方方面面的兴趣偏好的不同。大数据为个性化商业应用提供了充足的养分和可持续发展的沃土，基于交叉融合后的可流转性数据以及全息可见的消费者个体行为与偏好数据，未来的商业可以精准地根据每一位消费者不同的兴趣与偏好为他们提供专属性的个性化产品和服务。数据已经成为了一种商业资本，一项重要的经济投入，可以创造新的经济利益。利用数据分析进行商业决策使众多企业凭借杰出的数据分析技能成为业界的领先者。

3. 大数据激发社会化价值创造

在大数据的背景下，产品的生产和价值的创造日益走向社会化和公众参与。随着社会信息产生与传播方式的变化，企业与消费者间的关系趋向平等、互动和相互影响。由互联网用户创造的信息和数据（UGC）形成了互联网海量数据的重要来源。同时，以往"闭门造车"的管理模式正在被摒弃，企业通过与网民群体的密切互动，主动引导网民群体参与其业务流程管理中的创意、设计、生产、质量保证、市场推广、销售和客户关系管理的关键环节，并根据网民群体的互动反馈完成产品优化与创新，实现企业与网民群体的协同发展。近年来新兴的"众包"模式就是企业与网民群体协同发展的典型案例，并涌现出诸如中搜众包社区、创意功夫网、猪八戒威客网等众包类网站。例如，加拿大矿产公司 Goldcorp 为解决 Red Lake 矿区的矿脉定位问题，在社会媒体上公开了该矿区 1948 年至今的全部地质数据，在短短几周内收到大量网民的积极反馈，并在网民建议的全部 110 个矿点中准确地发现了 80 多处矿藏。

4. 大数据的应用激发创新

围绕大数据的应用将激发前所未有的创新浪潮。社交网络的流行和物联网的建设使得对个体和群体（无论是人或物）的实时观察和了解正在逐渐成为可能，这为预测群体行为和了解个体偏好提供了强有力的工具。利用大数据这一特性的应用已经在多个领域展现其惊人的威力和创新能力。[①]

目前，大数据的开发与利用已经在医疗服务、零售业、金融业、制造业、物流、电信等行业广泛展开，并产生了巨大的社会价值和产业空间。以麦肯锡评估西方产业数据为例，大数据的有效利用将能使欧洲发达国家政府节省至少

---

① 资料来源：方方：《"大数据"趋势下商业银行应对策略研究》，载《新金融》，2012（12）。

1 000亿欧元（约1 490亿美元）的运作成本；使美国医疗保健行业降低8%的成本（每年3 000多亿美元）；并使得大多数零售商的营业利润率提高60%以上。据市场调研机构IDC预测，大数据技术与服务市场将从2010年的32亿美元攀升到2015年的169亿美元，实现40%的年增长率。

近两年来，国内外知名企业（如Ebay、Amazon、Wal‐Mart、淘宝、中国移动和凡客等）相继推出相应的大数据产品和平台，开展了多种深度商务分析和应用。例如，通过分析结构化和非结构化数据促进其业务创新和利润增长；基于机器学习和数据挖掘方法来管理和优化其库存与供应链，并量化评估其定价策略与营销效果；通过市场分析、竞争分析、客户分析和产品分析以优化经营决策等。

5. 提升社会透明度

大数据的开放将极大地提升社会的公开透明度和提高政策制定的效率。一方面，政府监管将从审慎监管转变为消费者利益监管。多种类型数据的公开大大提升了政府的透明度，通过公众的监督提高民主程度，改变政府与公民的关系。另一方面，通过为大众提供创新的平台，充分汲取群体的智慧，有效获取数据的可利用价值，反过来可以提升社会效率和政府效率。①

（五）大数据商业革命

传统的商务智能已经应用了数据仓库和数据挖掘的技术，对企业自身的数据进行存储、清洗、索引和分析，并能够提供包括客户价值评价、客户满意度评价、服务质量评价、营销效果评价、市场需求评估等各种基于简单统计和关联挖掘的报表——这些统计结果对于企业自身评估和决策起到了重要的作用。

在商务智能时代积累起来的和数据打交道的经验既是大数据新商业模式技术和理念的基础，又有可能束缚大数据商业革命，因为有经验的商务智能人士会不自觉地把大数据分析庸俗化，认为只是传统商务智能针对更大规模数据集的一种普通推广。

大数据商业模式也可以粗略地分为1.0版本、2.0版本和3.0版本。

大数据1.0版本追求从数据到分析，从分析到更多更好的数据，再到更深入分析这样的正向循环。它是指企业自身的产品和服务产生了大量的数据，通过对这些数据进行深入的挖掘分析，改进自身业务，改进后的业务吸引更多用户或客户，产生更大量的数据，形成正向的循环。

大数据2.0版本强调的是数据的外部性。它是指企业用自身业务产生的数

---

① 资料来源：方方：《"大数据"趋势下商业银行应对策略研究》，载《新金融》，2012 (12)。

据，去解决主营业务以外的其他问题，获得重大的价值；或者引入非企业自身业务的外部数据，来解决企业自己遇到的问题。

大数据3.0版本是一个尚在探索中的商业形态。它首先要求政府和行业，对数据质量、价值、权益、隐私、安全等产生充分认识，出台量化与保障措施。在此基础上，数据运营商出现，提供集成数据和存储、计算的平台。在此基础上，形成了以加工粗数据和已有数据产品，产生新的数据产品为主要活动的数据客（Dacker）[①]。

（六）大数据科学革命

科学界实际上比产业界更早意识到了大数据的巨大影响，英国的《自然》杂志在2008年9月就推出了名为"大数据"的封面专栏，讲述了数据在数学、物理、生物、工程及社会经济等多学科扮演的愈加重要的角色。越来越多的数据本身，在以数据为准绳的研究理念指导以及愈发强大的计算能力支撑下，正在驱动一次科学研究方法论上的革命。

以前基于实验室小规模控制实验的半定量甚至以定性为主的学科分支将走向基于大规模非控制数据分析的定量科学，其中社会学、心理学和管理学首当其冲。通过数据分析可以在数千万甚至上亿样本的规模下研究宗教问题、亚文化问题、信息传播轨迹、社会流动性问题等，而这在以前的社会科学中是绝对不可想象的。

大数据带来了很多新的重要的科学问题，其中最重要的是预测。预测问题主要可以分为两类：一是趋势预测，二是缺失信息预测。趋势预测是指通过事物的一些基本属性信息和早期的态势分析，预测事物发展的轨迹和最终影响力[②]。

（七）大数据颠覆传统金融的二八定律：长尾市场成为现实

长尾理论（Long Tail）是由美国《连线》杂志主编克里斯·安德森（Chris Anderson）于2004年10月在"长尾"一文中最早提出的，用来描述诸如亚马逊之类网站的商业和经济模式。长尾理论被认为是对传统的二八定律的彻底叛逆。互联网和移动互联网时代，在关注和获取信息的成本急剧下降的情况下，众多产品容易产生长尾市场。安德森认为，网络时代是关注"长尾"、发挥"长尾"效益的时代。长尾市场也称之为利基市场。利基是更窄地确定某些群体，这是一个小市场并且它的需要没有被服务好，或者说"有获取利益的基础"。这种利基产品一旦集合起来可以形成一个庞大规模市场，即一个极大极大的数乘以一

---

① 资料来源：苏萌、周涛：《大数据商业革命》，载《哈佛商业评论达沃斯专刊》，2012。
② 资料来源：周涛：《大数据：商业革命与科学革命》，新华网，2013－07－30。

个相对较小的数仍然可以得到一个极大极大的数。这种现象恰如数量、品种二维坐标上的一条需求曲线，拖着长长的尾巴，向代表"品种"的横轴尽头延伸，长尾由此得名。这一现象在互联网金融方面初步凸显。

二、大数据带动产业崛起并改写 17 个传统行业

麦肯锡在《大数据的下一个前沿：创新、竞争和生产力》的研究报告中提出："对于企业来说，海量数据的运用将成为未来竞争和增长的基础。"IBM 则提出，上一个十年，他们抛弃了 PC，成功转向了软件和服务，而这次将远离服务与咨询，更多地专注于因大数据分析软件而带来的全新业务增长点。IBM 执行总裁罗睿兰认为："数据将成为一切行业当中决定胜负的根本因素，最终数据将成为人类至关重要的自然资源。"在国内百度已经致力于开发自己的大数据处理和存储系统；腾讯也提出目前已经到了数据化运营的黄金时期，如何整合这些数据成为未来的关键任务。

而大数据改变的不仅仅只是互联网企业，更是将带动产业崛起并改写 17 个传统行业：新闻出版广电领域 5 个（新闻、出版、电视、电影、广告）；制造流通领域 4 个（制造、零售、批发、物流）；餐饮旅游领域 2 个（酒店与旅游、餐饮）；政府管制领域 5 个（通信、金融、保险、医疗、教育）；传统农业。

（一）新闻出版广电领域

1. 新闻业

传统新闻业被寡头垄断，在这样一种垄断之下，实际上是在垄断真相。自媒体以及小微媒体可以说是随着互联网发展进程的必然产物。互联网进化最大的特点就是透明。未来新闻业在互联网以及大数据时代下必然出现改变，第一，传统新闻媒体的话语权衰弱，话语权将被分散到各个自媒体。新闻业会反过来向自媒体约稿。第二，自媒体模式必将寻找到可行的盈利点，届时未来会有更多的新闻业人才转投向自媒体。

2. 出版业

在大数据时代，传统出版业将会更多地以营销策划者的姿态出现。电子书的普及使出版成本几乎为零，书籍价格将大幅下降，相应的盗版书籍将越来越少甚至不复存在，正版书籍版权得到更好的保护与尊重。

3. 电视节目行业

传统电视节目时代，人更像是被迫选择，而互联网使得人的自由选择有了可能，将选择权来了一个大翻转。互联网并非是要取代电视节目，而是要对电

视节目行业进行优胜劣汰的革命。各种有创意的网络节目会横空出世，挤压这块市场。电视节目行业也可能会有本地化的情况出现，这是互联网长尾必然会诞生的产物，只要时机一到便会涌现。

4. 电影行业

互联网让电影行业也像电视节目行业那样，更加优胜劣汰。未来的互联网上电影品种将更多，选择余地更大。其次由于长尾小众化需求，部落化生存可能实现。未来的电影制作成本将大幅降低，电影行业必将迎来小众化个性需求，实现百花齐放。

5. 广告业

传统广告行业理论已然崩溃，当前已由大规模投放广告时代转变为精准投放时代。最具代表性的是谷歌的 AdWords，以购买关键词作为竞价方式。AdWords 的精准之处不仅仅在于关键词投放，投放者还可以选择投放时间、投放地点、模糊关键词投放、完全匹配关键词投放等精准选择。大数据使未来的广告业重新定义，进入精准投放模式。

（二）制造流通领域

1. 制造业

传统的制造业都是封闭式生产，由生产商决定生产何种商品。生产者与消费者的角色是割裂的。但是在未来，互联网会瓦解这种状态，未来将会由顾客全程参与到生产环节当中，由用户共同决策来制造他们想要的产品。个性化、定制化，人人都是设计师，人人都是生产者，人人都是决策者。

2. 零售业

如今零售业的改变已初露端倪，在大数据时代，线上与线下产品价格趋于同步，同质化的产品对于用户体验的竞争将愈演愈烈，只有好的用户体验产品才能脱颖而出。配合互联网大数据，将实现个性化整合推送产品。

3. 批发业

传统批发业有极大的地域限制，一个想在北京开家小礼品店的店主需要到浙江去进货，不仅要面对长途跋涉，还需要面对信任问题。所以对于进货者来说，每次批发实际上都是一次风险。当阿里巴巴 B2B 出现之后，这种风险被降到最低。一方面，小店主不需要长途跋涉去亲自检查货品，只需要让对方邮递样品即可。另一方面，阿里建立的信任问责制度，使得信任的建立不需要数次的见面才能对此人有很可靠的把握。预测未来的批发业：第一，在互联网的影响下，未来的B2B 应当是彻底的全球化，信任问题会随时间建立；第二，在互联网繁荣到一定程度后，中间代理批发商的角色会逐渐消失，更多是被 B2C 的取代。

4. 物流行业

从互联网的要求来看，未来物流业面对的压力有：第一，电子商务要求服务更完善的物流；第二，电子商务的不断繁荣决定物流需要更大的承载能力；第三，由互联网建立的问责机制会使物流业优胜劣汰。

（三）餐饮旅游领域

1. 酒店业与旅游行业

传统的酒店业与旅游行业由于信息的不透明性以及集团的利益纠葛，使得个人消费者的维权步履维艰。互联网为二者建立起强大的问责制，未来一定会出现大一统平台对这两个行业进行细致的评判考核。消费者受害的可能性会大大降低。与此同时，这两个行业也将得到超越来自政府的更强有力的监督。从消费者的角度再转移到这两个行业本身来说，这两个行业的未来一定会利用互联网大数据，对消费者的喜好进行判定，进而改进自身服务。

2. 餐饮业

互联网对餐饮业的改变体现在 O2O 点评上，未来大数据时代这种点评效应将被互联网彻底带动起来，会有越来越多的人加入点评中，餐馆优胜劣汰更加快速，从而促使餐饮业进行更大的效率优化，完善产业服务格局。

（四）政府管制领域

1. 通信业

第一，世界可能不再需要手机号码而是无线保真（WIFI），对电话和短信的依赖越来越降低，直到有一天电话的技术被彻底封存起来。

第二，未来手机不再需要 2G、3G、4G、5G 等信号。那时候的 WIFI 技术也将升级普及，WIFI 技术会进行无缝对接，无处不在。当无线技术突破后有线宽带也将迎来终结。

第三，而那时也是人类进入全面的物联网时代。不再仅仅是人与人的通信，更多的是人与物、物与人、物与物的通信。

2. 金融业

未来的金融业会全面互联网化，以大数据为依托，互联网会要求双方都有极高的透明信息，在最短时间内建立信任。投资方与被投资方的信任问题将会直接由互联网的游戏规则进行建立。同时风险的评估也会更加透明客观且准确。每一个被投资方的全部信息都会完全公开，从微博到家庭住址到人生经历等。无法伪造任何虚假信息，也无法遁逃，未来不是政府监管模式，而是这个世界共同在监管。

3. 保险业

传统保险行业最大的不透明性在于代理层级关系的错综复杂，以及上游的伪装信息。一款产品需要通过诸多过分包装的手段来面向投保人。对于投保人来说会低估真正的风险性。而对于保险公司来说，受制于区域限制，保险产品无法面向更多的受众，保险公司只能以代理模式为手段来推广产品。未来的保险业将会逐渐摆脱人际关系，以更直接的方式面对投保人，全部风险利弊不再隐藏，而是由互联网来将其进行公正透明的解读，大幅度减少个人判断的精力与误判的可能性。基于大数据，未来人类的所有行为都会上传到云端，那么保险行业的想象力一定会更加爆发出来。未来的投保一定更细分更人性，依托广告业的变革，投保的广告也会更精准。

4. 医疗业

从患者角度来说，第一，用户的身体状况大数据会跟随电子病历永久保存直至寿终。第二，未来物联网世界会将患者的一切信息全部联网。医生根据患者的作息饮食规律即可更加精准地判断。第三，更多时候患者可以选择无需医院就医，基于大数据的可靠性，可以直接远程解决，药物随后采用物流送达。

从医疗行业角度来说，第一，病人描述病情的时间会缩短，沟通成本降低过后医院效率也会大幅上升。第二，医院的不透明性会被迫开放，各种药品价格不再是行业机密。第三，当区域性的技术资源问题解决之后，医院也将进入自由市场，变成以服务用户为中心的优胜劣汰。

5. 教育行业

当前世界的教育行业可以说是一种精英主义教育，这种精英主义的教育并非是为了个性化发展人，而是为了培养出大学教授而设计。这是全世界教育的通病。价值取向极其枯燥并且单一化。互联网会改变教育行业的价值取向，将单一的以成绩为主导的教育转变为对人个性的全面认可与挖掘，从单一走向多元，再从竞争走向合作。同时，大数据建立人格发展的大数据心理模型，对人进行个性化的发展以及长远规划①。

（五）传统农业

云计算将影响到个体种植户农田管理，全国各地的农田数据，像温湿度、作物参数、遥感影像，还有土肥工作站定期采集、化验的土壤参数，农产品贸

① 资料来源：承哲：《大盘点：被互联网改写的16个传统行业》，虎嗅网，2013-07-02。

易价格等都源源不断地经过网络流入这个农业云计算服务平台；这些数据再结合农业专家研究的各种专业模型和算法，就能为全国各地的农场提供全方位的精准农业决策服务①。物联网与大数据的合作改变农业"靠天吃饭"的传统，并推动农产品新生态链的构筑。

三、大数据成为生产力的约束条件

（一）围绕大数据的争议

大数据的作用是毋庸置疑的，但在当今环境下，使大数据直接转换为生产力尚有一定差距。而围绕着大数据的争论也很多，主要集中在以下三点：

第一，真的需要这么多数据吗？不支持大数据的观点是搜集与处理如此庞杂的数据要花费很多时间，最好的方式是只提取最重要的数据，而不是把时间浪费在无关数据的搜集和处理上。大数据面临着集中化的危险，对于人们而言，更重要的是"洞察"能力，是个人的自主性，从繁杂的大数据中挑选出有用的部分。

第二，个人隐私问题。大数据使得每个人在日常生活中的信息上传至云端，每个人的信息被各种数据供应商收集，成了数据产业链上无偿的原料。更令人担心的是，在网上任何设置了隐私屏障的信息在技术上都是可以被获取的。大数据时代，人们没有隐私，没有秘密。

第三，数据安全性问题。由于个人隐私信息的上传，如何才能保证数据的安全性。任何信息只要以数据形态存在，就天生带有安全隐患。一旦数据安全受到危险，大数据会产生大隐患。

围绕大数据的争议同样放慢了大数据转换为生产力的脚步。从根本上来说，技术是无辜的，怎样利用这个技术才是最根本的问题。只有处理好大数据优势与弊端之间的矛盾，大数据时代才会真正到来②。

（二）围绕大数据成为生产力约束条件的争议

1. 是否需要制度对冲

由于大数据必然涉及大规模的隐私、安全、知识产权和责任问题，倘若相应的制度与政策跟不上，必然产生大量的法律问题。完善的制度对冲是大数据时代正式到来的先行条件。

---

① 资料来源：《未来农业：信息技术正在颠覆古老农业模式》，载《IT 经理世界》，2013 - 07 - 19。
② 资料来源：孙琦子：《这几年是忽悠？大数据还没那么神奇》，载《经济观察报》，2013 - 09 - 15。

2. 是否存在权利旁落

大数据的作用之大是毋庸置疑的，但是此项技术的用处与用法却令人担忧。大数据要能成为真正的生产力，必须确保其能够真正投入社会生产中，一旦大数据所赋予的"权利"流入到别处，不仅市场效率得不到保障，反而会成为危害社会的危险因素。

3. 是否存在市场分割

大数据要求的是数据充分共享，整个社会所有的信息都转化为数据进入云端以提供决策，市场分割必然是大数据的最大障碍。大数据要转化为生产力，市场分割格局必须打破。

4. 是否存在市场操控

市场操控是指利用资金、信息、职权等优势影响市场价格，扰乱市场秩序的行为。在大数据时代，市场操纵所带来的扭曲的、与现实严重背离的信息会对整个数据库以及数据决策产生负面的影响。

5. 是否存在价格双轨

双轨制是中国经济从计划经济向市场经济转型过程中所采取的一种特殊制度安排，其特点是同时存在体制内和体制外两种价格体制。双轨制导致了市场混乱以及权力寻租等腐败现象，在大数据时代需要杜绝这种低效率的市场制度，否则数据的合理性将得不到保障。

6. 是否存在信息虚假

虚假信息会直接导致数据的失真，其决策也将失去意义。在大数据时代来临前，如何保障信息的真实性是一个亟待解决的问题。

7. 是否存在监管割据

随着我国金融一体化和资本开放进程的加快，不同金融领域的相互渗透和交叉不断加强，但监管模式上仍为分业监管，对跨行业、跨领域的金融业务存在监管空白、监管差异和监管割据，监管有效性大打折扣。大数据转化为生产力需要有效监管作为前提条件，否则数据的有效性将得不到保障。

如果存在上述情况，数据信息就难以实现数字化和网络化，大数据就难以产生，更难以成为生产力。

第二章　金融生态环境的变化

　　本章在前章的基础上，对金融生态的概念进行了界定，从金融生态概念提出的背景入手，分析金融生态概念产生的特定条件，总结国外学者针对金融生态概念的研究成果，以这些理论的原理和方法为出发点，探索金融生态理论的原理和分析方法，然后对国内学者针对金融生态概念和内涵的研究进行了梳理，并对现阶段国内关于金融生态的研究进行了总结。在此基础上，本章提出了科学金融生态的概念和内涵，并总结了金融生态的特征和基本规律。

　　在得出金融生态的基本概念、特征和规律后，本章对现阶段金融生态规则的十大巨变进行了分析，并由此进一步分析了目前金融生态物种的十大巨变，在此基础上，进一步对我国目前金融生态环境的十大变化进行了分析。所有的变化分析都是基于现阶段与过去的对比之中得出的，金融生态的变化时时都在发生，对于金融生态变化的分析是为了更好地总结金融生态的规律，并在此基础上更好服务金融发展。

第一节　金融生态概述

一、生态学的基本概念

（一）生态学的起源

　　"生态学"（Ökologie）一词是 1866 年由勒特（Reiter）合并两个希腊词"房屋、住所"和"学科"构成，1866 年德国动物学家海克尔（Ernst Heinrich Haeckel）初次把生态学定义为"研究动物与其有机及无机环境之间相互关系的科学"，特别是动物与其他生物之间的有益和有害关系。从此，揭开了生态学发展的序幕。在 1935 年英国的 Tansley 提出了生态系统的概念之后，美国的年轻学者 Lindeman 在对 Mondota 湖生态系统详细考察之后提出了生态金字塔能量转换的"十分之一定律"。由此,生态学成为一门有自己的研究对象、任务和方法的比较完整和独立的学科。生态学已经创立了自己独立研究的理论主体,即从生物个体与环境直接影响的小环境到生态系统不同层级的有机体与环境关系的理论。它们的研究方法经过描述—实验—物质定量三个过程。系统论、控制论、信息论的概念和方法的引入,促进了生态学理论的发展,20世纪60年代形成了系统生态学而成为系统生物学的第一个分支学科。如今,由于与人类生存与发展的紧密相关而产生了多个生态学的研究热点,如生物多样性的研究、全球气候变化的研究、受损生态系统的恢复与重建研究、可持续发展研究等。

其后,有些博物学家认为生态学与普通博物学不同,具有定量的和动态的特点,他们把生态学视为博物学的理论科学;持生理学观点的生态学家认为生态学是普通生理学的分支,它与一般器官系统生理学不同,侧重在整体水平上探讨生命过程与环境条件的关系;从事植物群落和动物行为工作的学者分别把生态学理解为生物群落的科学和环境条件影响下的动物行为科学;侧重进化观点的学者则把生态学解释为研究环境与生物进化关系的科学。

后来,在生态学定义中又增加了生态系统的观点,把生物与环境的关系归纳为物质流动及能量交换;20世纪70年代以来则进一步概括为物质流、能量流及信息流。

(二)生态学的基本概念

生态学(Ecology)是研究生物与环境之间相互关系及其作用机理的科学。

生物的生存、活动、繁殖需要一定的空间、物质与能量。生物在长期进化过程中,逐渐形成对周围环境某些物理条件和化学成分,如空气、光照、水分、热量和无机盐类等的特殊需要。各种生物所需要的物质、能量以及它们所适应的理化条件是不同的,这种特性称为物种的生态特性。

应当指出,由于人口的快速增长和人类活动干扰对环境与资源造成的极大压力,人类迫切需要掌握生态学理论来调整人与自然、资源以及环境的关系,协调社会经济发展和生态环境的关系,促进可持续发展。

任何生物的生存都不是孤立的:同种个体之间有互助有竞争;植物、动物、微生物之间也存在复杂的相生相克关系。人类为满足自身的需要,不断改造环境,环境反过来又影响人类。

随着人类活动范围的扩大与多样化,人类与环境的关系问题越来越突出。因此近代生态学研究的范围,除生物个体、种群和生物群落外,已扩大到包括人类社会在内的多种类型生态系统的复合系统。人类面临的人口、资源、环境等几大问题都是生态学的研究内容。

（三）生态学的基本规律

生态学的一般规律大致可从种群、群落、生态系统和人与环境的关系四个方面说明。

在环境无明显变化的条件下，种群数量有保持稳定的趋势。一个种群所栖环境的空间和资源是有限的，只能承载一定数量的生物，承载量接近饱和时，如果种群数量（密度）再增加，增长率则会下降乃至出现负值，使种群数量减少；而当种群数量（密度）减少到一定限度时，增长率会再度上升，最终使种群数量达到该环境允许的稳定水平。对种群自然调节规律的研究，可以指导生产实践。例如，制定合理的渔业捕捞量和林业采伐量，可保证在不伤及生物资源再生能力的前提下取得最佳产量。

一个生物群落中的任何物种都与其他物种存在着相互依赖和相互制约的关系。常见的有：

食物链。居于相邻环节的两物种的数量比例有保持相对稳定的趋势。如捕食者的生存依赖于被捕食者，其数量也受被捕食者的制约；而被捕食者的生存和数量也同样受捕食者的制约。两者间的数量保持相对稳定。

竞争。物种间常因利用同一资源而发生竞争：如植物间争光、争空间、争水、争土壤养分；动物间争食物、争栖居地等。在长期进化、竞争中促进了物种的生态特性的分化，结果使竞争关系得到缓和，并使生物群落产生出一定的结构。例如森林中既有高大喜阳的乔木，又有矮小耐阴的灌木，各得其所；林中动物或有昼出夜出之分，或有食性差异，互不相扰。

互利共生。如地衣中菌藻相依为生，大型草食动物依赖胃肠道中寄生的微生物帮助消化，以及蚁和蚜虫的共生关系等，都表现了物种间的相互依赖的关系。

以上几种关系使生物群落表现出复杂而稳定的结构，即生态平衡，平衡的破坏常可能导致某种生物资源的永久性丧失。

生态系统的代谢功能就是保持生命所需的物质不断地循环再生。阳光提供的能量驱动着物质在生态系统中不停地循环流动，既包括环境中的物质循环、生物间的营养传递和生物与环境间的物质交换，也包括生命物质的合成与分解等物质形式的转换。

物质循环的正常运行，要求一定的生态系统结构。随着生物的进化和扩散，环境中大量无机物质被合成为生命物质形成了广袤的森林、草原以及生息其中的飞禽走兽。一般来说，发展中的生物群落的物质代谢是进多出少，而当群落成熟后代谢趋于平衡，进出大致相当。

人们在改造自然的过程中须注意到物质代谢的规律。一方面，在生产中只能因势利导，合理开发生物资源，而不可只顾一时，竭泽而渔。世界上已有大面积农田因肥力减退未得到及时补偿而减产。另一方面，还应控制环境污染。由于大量有毒的工业废物进入环境，超越了生态系统和生物圈的降解和自净能力，因而造成毒物积累，损害了人类与其他生物的生活环境。

生物进化就是生物与环境交互作用的产物。生物在生活过程中不断地由环境输入并向其输出物质，而被生物改变的物质环境反过来又影响或选择生物，二者总是朝着相互适应的协同方向发展，即通常所说的正常的自然演替。随着人类活动领域的扩展，对环境的影响也越加明显。

在改造自然的活动中，人类自觉或不自觉地做了不少违背自然规律的事，损害了自身利益。如对某些自然资源的长期滥伐、滥捕、滥采造成资源短缺和枯竭，从而不能满足人类自身需要；大量的工业污染直接危害人类自身健康等，这些都是人与环境交互作用的结果，是大自然受破坏后所产生的一种反作用。

二、金融生态概念提出的背景

金融生态是一个仿生概念，是生态系统在金融领域中的应用。

生态系统是指在一定时间和空间范围内，生物与非生物环境通过能量流动和物质循环所形成的彼此关联、相互作用并有机自动调节的统一整体，它将间接地、潜在地、长期地对人类生存和发展产生影响。生态系统是物种、生态规则和生态环境三大要素构成的动态的、系统的有机链。其中，每一物种为了生存和繁衍，充分地利用环境并又不断地反作用于环境；物种与环境之间、物种与物种之间遵循"适者生存，优胜劣汰"的规则，密切进行物质交换、能量转换及信息传导活动；生态系统具有随时间变化产生、发展、死亡的过程，经历复杂的长期演替，最后达到一个动态均衡的状态；生态系统具备有限的自我调节机制，当物种活动超负荷时，会打破系统平衡并给环境带来破坏。

正如生态系统的特点一样，金融也可以作为一个由金融生态物种、金融生态规则和金融生态环境构成的，有生态特征的组织活动。金融组织作为金融物种，在一定的政治、经济、文化、法制环境下，相互联系、相互作用、相互依赖，形成了由产生至消亡、由竞争至淘汰的规则。金融系统经过了简单到复杂、低级到高级的发展阶段，由古老的钱币兑换逐渐演变出存贷款业务、汇兑业务，再从单一的银行业演化出投资业、证券业、基金业、保险业等；从古老的民间借贷、地下钱庄发展到规模庞大、功能齐全的国际化金融机构。依靠强大的自我调节功能，以利率变动调节资金借贷的规模和结构，通过重组、兼并来优化金融物种的数量、强化功能、优化结构，以此推动旧物种的进化和新物种的诞生，不断增强物种的适应性和系统的稳定性。同样，当金融组织活动打破生存规则时，金融系统平衡将遭受破坏，市场资金链断裂、资源配置恶化，最终形成金融危机。

在我国，2004 年中国人民银行行长周小川最早将生态学概念系统地引入到金融领域，并强调用生态学的方法来考察金融发展问题。相比金融机构的内部运作，他认为更应强调金融运行外部环境的重要作用。金融生态理论提出的主要诱因是当前我国金融生态环境恶化，金融生态系统失衡。这一状态如果不果断地加以改变，将威胁金融业的稳定，对经济发展造成巨大的损失。

2005 年初，周小川行长在中国人民银行工作会议上进一步强调改善金融生态环境，把促进和改善区域金融生态环境作为人民银行各分支机构为地方经济发展服务的一项重要内容。金融生态理论突出体现了党的十六届三中全会提出的"以人为本，全面、协调、可持续"的科学发展观。如今，经过有关部门的不断研究和探索，金融生态思想日趋成熟，保护金融生态系统的措施和办法不断地被运用于中国金融实践。一个符合科学发展观的金融生态理论和实践体系正在不断地形成和完善。

然而，金融生态理论和实践体系还存在一些问题和不足，主要表现为：第一，金融生态概念和内涵尚未统一。对金融生态概念众说纷纭，导致相关部门难以把握金融生态理论的方向性和金融生态实践的准确性。第二，金融生态的基本原理尚不清晰。与金融生态相似概念在运用中被相互串用，导致金融生态的目标不清，渠道不明。第三，保护金融生态的工作机制和模式不清。对金融生态状态的评价体系还没有建立科学标准，导致具体研究和考察依据不明。第四，对金融生态的科学性和前瞻性缺少认识和理解，公众尚未广泛形成对金融生态理论与实践的重视。

【专栏】

从生态经济学到金融生态思想的演化历程

寻求科学的金融生态思想的基础任务在于厘清和证明金融生态的价值理论

和经济理论基础，并以这些理论的原理和方法为出发点，探索金融生态理论的原理和分析方法。当然，结合当前的金融实践仍然是最重要的，离开这一点，金融生态理论没有价值。

不断演进的生态经济学是金融生态理论的重要基础

生态学是德国动物学家恩斯特·海克尔于1866年首先提出的，比生态经济学的出现大约要早一个世纪。英国生态学家阿·乔·坦斯利提出的生态系统学，极大地丰富了生态学的内容，为后来生态经济学的产生奠定了自然科学方面的理论基础。20世纪20年代中期，美国科学家麦肯齐首次把植物生态的概念与动物生态学的概念运用到人类群落和社会的研究，提出了经济生态学的名词，主张经济分析不能不考虑生态学过程。20世纪60年代后期，美国经济学家肯尼斯·鲍尔丁在他的重要论文《一门科学——生态经济学》中正式提出了生态经济学的概念。在这篇文章中，作者对利用市场机制控制人口和调节消费品的分配、资源的合理利用、环境污染以及用国民生产总值衡量人类福利的缺陷等做了有创见性的论述。

在理论研究方面，自鲍尔丁创立生态经济学概念以来，出现了一大批生态经济学著作，如罗马俱乐部的第一个报告《增长的极限》、英国生态学家爱德华·哥尔德史密斯的《生存的蓝图》、法国学者加博的《跨越浪费的时代》、美国外交关系委员会主编的《60亿人——人口困境与世界对策》，朱利安·西蒙的《最后的资源》等。

莱斯特·R.布朗在《生态经济》一书中认为自然资本正在迅速成为制约因素，而人造资本却越来越雄厚，从破坏生态的经济转入持续发展的经济，而经济是地球生态系统的一部分，只有调整经济使之与生态系统相适合才能持续发展。

生态经济学另一个重要来源就是古今的自然论经济思想，从古希腊思想，中国的道、儒、佛思想，到法国自然论经济学派，后经过亚当·斯密改造为一种自发的市场秩序，从而脱离了自然法体系的影响，过渡为一种自由主义经济思想。而笔者通过对古今自然主义经济思想的梳理，在马克思主义劳动价值论、效用价值论的基础上重新阐述了自然主义价值论；通过价值函数在市场、社会和自然三个不同空间的模型的定义，最终实现了经济分析从市场空间向社会空间和自然空间的拓展，把经济的市场分析方法、社会分析方法和生态分析方法有机统一起来，为金融生态的研究创造了条件。

由此看来，与金融生态相对应的生态经济学，是把经济本身看作一种生态，这种生态既具有和其他生态一样的特征，也有其本身特殊的特征和规律。对于经济学的研究可以从不同的视角进行分析，不同的视角就会形成不同的经济学研究科目。主流经济学主要是心理视角，马克思主义经济学是阶级分析视角、制度经济学是制度视角、信息经济学是信息视角。生态经济学就从生态视角研究经济学，运用生态学的方法、原理、技术，对经济进行研究，把经济的内在规律作为一个生态系统来考虑，探索其特有的内在规律。因此生态经济学的任务在于建立一个理想的可持续发展的经济生态系统。

资料来源：《上海证券报》网络版，2005，作者：邹平座。

三、国外学者针对金融生态学的研究

对金融生态概念的理解分歧源于所追溯的价值理论和经济理论的差异。与金融生态相对应的是生态经济学，该学科基于生态视角，将经济本身作为一种生态系统，利用生态的方法、原理和技术研究其特殊的特征和规律。

1866 年，德国动物学家恩斯特·海克尔首次提出"生态学"概念。1935年，英国生态学家阿·乔·坦斯利通过描述生态系统运行，为生态经济学的产生提供了自然科学理论依据。此后，诸多西方科学家、经济学家围绕生态学、经济生态学展开研究，涌现了诸如《增长的极限》、《生存的蓝图》等一大批优秀的生态经济学著作，为生态经济学奠定了坚实的理论基础。此外，英国、德国和日本先后在 1967 年、1980 年、1983 年成立了"绿党组织"，主张确立"以自然与人类共生为目的"的价值观和建设"超越人类中心论"的新地球社会，通过实践探索了通向生态经济学的新道路。

随着研究的不断深入，演化生态经济学得到了里程碑式的发展。在语言学中，演化是指渐近的变化和发展过程。当时演化经济学的研究受新制度经济学的启发较深，更倾向于制度层面的分析。在制度方面，纳尔逊和温特集中探讨了企业惯例发生改变的演化过程；威廉姆森解释了组织形式对市场的替代；而肖特尔和萨格顿则分析了制度得以形成和保持的演化过程。19 世纪末期，凡勃伦对演化经济学进行了诠释，认为任何事件注定是要顺其自然的过程，并指出演化经济学的核心概念是累积性的因果关系。莱斯特·R. 布朗认为自然资本迅速成为经济发展的制约因素而人造资本却越来越雄厚，人类社会活动应该从破坏生态的经济模式转向可持续发展的经济模式。杰克·丁·费罗门在所编著的《经济演化——探索新制度经济学的理论基础》一书中，以内尔逊和温特的工作为基准探讨了演化经济学，并对经济活动中自然选择、复制和自主性学习等相

关内容进行了分析。

四、国内对金融生态概念和内涵的研究

国内最早提出金融生态理论的学者是中国人民银行行长周小川。随后，金融生态理论凭借其"大形而无象"的定义模式、"有所为有所不为"的深刻哲学思想，迅速成为金融经济界广为应用的流行语，并在 Google 引擎上实现了 0.17 秒 68 万次的惊人搜索量。公众由此愈加关注金融与其诸多相关事务之间的相互影响、相互作用以及和谐发展；逐渐把眼光放得更高更远，力求更全面地认识金融经济现象；也开始在更广阔的领域中寻求解决金融问题的方法，使人豁然开朗。

有关金融生态的概念和内涵五花八门。根据思想来源不同，可大致概括为以下几点：第一，来自早期生态经济学观点的"环境观"；第二，认为生态经济学是经济学和生态学的边缘学科的"结合观"；第三，坚持生态经济学是借鉴生态学观点的"仿生观"；第四，认定金融本身就是一种生态的"经济生态观"，又被称为演化生态经济学。而根据概念和内涵覆盖范围的差异，又可将金融生态发展分为两大阶段：金融生态环境和金融生态系统。

周小川在深刻认识到中国金融改革的艰巨性和复杂性的前提下，提出了改善金融生态的主张。他认为金融生态的改善，需要社会各界共同努力营造一个良好的金融生态环境。具体改革方向有：建立良好的法律和执法体系，尤其促进《破产法》的出台，以破产起诉成为制约借款人的最终底线，为贷款人拥有维护自身合法权益渠道提供强硬保障；加快企业客户包括国有企业的市场化改革；建立完善社会信用体系，加快信用数据的积累与共享；提高会计、审计和信息披露标准；提升中介机构的专业化服务水平；等等。宁逢明认为，良好的金融生态环境，尤其是良好的信用环境能够促进金融业的健康发展，有力地支持和促进经济发展、社会进步。良好的信用环境体现在金融机构内部制度的完善和政府部门对金融行业的干预。其中，金融机构公司治理、风险管理等问题可以通过自身调整得到改善，而金融机构外部的生态环境则需要政府和整个社会来推进。对此，应该建立完善的制度，构建良好的金融环境，提高金融机构核心竞争力，促进金融机制有效运行。穆怀鹏认为，对金融市场而言，金融生态是指金融市场运行的外部环境和基础条件，包括法律制度环境、公众风险意识、中介服务体系、市场信用体系、行政管理体制等。良好的金融生态环境有助于推动金融市场的资源配置功能、降低金融交易成本，对促进经济健康发展

具有重要作用。苏宁认为，金融生态是借用生态学的概念来比喻金融业运行的经济、法制、信用、市场和制度等外部环境。王松奇认为，生命活动归根结底是自然生态环境各种因素相互作用、相互制约产生的结果。将自然科学中的生态思想和金融活动相联系，对金融生态通俗解释就是：金融结构和金融活动所面临的由政治、社会、文化、意识形态、体制条件、政策约束、微观基础、法律法规、传统习惯等多种因素构成的环境条件。这些因素所构成的环境条件对金融机构的业务行为、经营效果、绩效评价有着各种各样的牵制和影响。至此为止，学者多将金融生态理解为金融生态环境。

然而，随着理论的发展，金融生态概念得到不断的丰富和完善，并逐渐被提升到了系统性的层次。韩平认为金融生态是影响金融业生存和发展的各种因素的总和，既包含与金融业相互影响的政治、经济、法律、信用环境等外部因素，又囊括金融市场、金融机构、金融工业、金融产品等金融体系内部因素。他还进一步指出，金融生态是系统的概念，它是一个通过资金链条形成的相互作用、相互影响、不断新陈代谢和逐步完善的动态系统。徐诺金以生态学为基础，对金融生态的概念进行了拓展：各种金融机构为了生存发展，与其生存环境及内部因素长期密切联系和相互作用过程中，通过分工合作形成的具有一定结构特征和功能的动态平衡系统。谢太峰将金融生态界定为金融机构之间、金融机构与其外部生存环境之间，通过相互作用、相互影响而形成的相互依赖的动态平衡系统。李扬认为金融生态系统是金融机构及其赖以生存和发展的金融生态环境依存所组成的动态平衡系统；而金融生态环境则指由居民、企业、政府和国外等部门构成的金融产品和金融服务的消费群体，以及影响金融主体生成、运行和发展的经济、社会、法治、文化、习俗等传统体制制度环境。

五、科学的金融生态概念、意义及特征

结合金融生态的背景和意义，综合中外文献观点，金融生态可以被科学地解释为：金融生态是对金融的生态特征和规律的系统性抽象，其本质反映金融内部、外部各因素之间相互依存、相互制约的有机价值关系。其概念和含义可以从以下几个层次理解：

价值理论是一切经济理论的基础，因此金融生态首先表现为一种价值关系。价值理论主要有效用价值论、马克思主义劳动价值论、要素价值论等。其中自然主义价值论是分析金融生态的理想工具。该理论实现了对市场、社会和自然空间价值的统一分析，将金融的生态特征分析推向了价值层次。在金融活动中，

不论是宏观管理或微观操作都遵循着价值过程：金融量化管理以金融机构的资产负债表、利润表、现金流量表作为核算体系，从宏观上看，中央银行和金融监管部门以汇总财务报表为依据进行管理和调控；从微观来说，金融机构以追求价值最大化为经营目标，不但要考虑价值最大化目标，还要计算利润和现金流量来进行未来经营策略调整和价值管理。因此，以价值关系定义金融生态，并进一步探讨金融生态的价值理论基础，具有十分重要的意义。更重要的是，自然主义价值论不仅有效地解释了金融生态内部、外部因素之间的价值关系和内在规律，还有效地解决了金融生态的考核体系和传导机制，为"三个代表"重要思想、科学发展观的贯彻执行提供了理论基础，也为改善金融生态的制度设计和宏观管理实践提供了依据。

其次，金融生态的价值关系具有有机特征。金融生态遵循"以自由市场为基础"的市场秩序，它揭示了金融业发展的"自然选择"和"适应性学习"过程。西方主流经济学思想和魁奈的自然主义经济原理都对金融生态有很强的解释力。

再次，金融生态揭示了金融业内部、外部因素之间相互依存、相互制约的关系。这种关系在自然空间中表现为金融内部、外部要素的生态关系；在社会空间中揭示了信息欠缺情况下，金融内部、外部要素的价值关系；在市场空间中反映了内部、外部要素的市场经济关系，并且在这三个不同空间之间的关系转化显得更为重要。金融生态的价值关系不但包括内部因素，也包括外部因素，其分析目标函数是价值最大化，凡是影响金融业价值的要素都应考虑在内。

最后，金融生态是对金融的生态特征与规律的系统性抽象。金融的生态特征与规律可以解释当前金融业诸多弊端暴露的根本原因：金融运行的生态机制被人为破坏；支持金融业健康发展的市场环境、信用环境、社会环境、法律环境、经济环境还没有完善；作为金融市场运行的微观金融机构依然存在产权不明、法人治理结构不完善；等等。对于金融问题，倘若仅从表面进行观察和研究，很难抓住问题的关键和本质。只有从生态视角考察金融问题，遵循金融生态特征与规律，利用金融生态理论动态、有机地分析并解决金融中存在的问题才是治本之策。

【专栏】

首份城市金融生态报告亮相　中部金融资产质量差

日前，中国社会科学院金融研究所正式对外公布《中国城市金融生态环境评价》，这首份金融生态报告中指出，就东部、中部、西部三大地带来看，东部沿海地区金融资产质量最高，西部次之，而中部明显比东部、西部差。

作为此次课题主持人之一的金融研究所所长李扬认为，东部、中部、西部三大地带进行比较后，中部金融生态状况差一些的结论和大家想的不太一样。其中主要原因是中部地区正经历着从纯朴状态向现代状态转变的过渡进程，变化非常剧烈，经济剧烈的波动对金融生态是有负面影响的。

李扬介绍说，从最发达的三个沿海经济区来看，长三角地区金融资产质量显著高于珠三角和环渤海经济区，而珠三角金融资产质量不仅显著低于长三角，而且低于环渤海经济区。据此，报告指出，经济发展水平并非决定金融资产质量的唯一因素，地区金融生态的确是个复杂的多维系统。此外，东北、西南和西北三大内陆区域之间以及不同规模城市之间的金融资产质量状况的比较也得出了相同的结论。

记者发现，该报告最引人关注的一部分是，中国城市金融生态环境排名榜以及评价部分公布。

该部分包括三部分内容：“根据城市金融资产质量高低的排名”、“50个大中城市金融生态排名”以及“对若干城市的金融生态环境的简评”。其中，上海、宁波、温州、杭州等城市在城市金融生态综合排名表上位居前列。

该报告最令人关注的是，它以城市的经济基础、企业诚信、金融发展、司法环境、政府诚信、金融部门独立性、社会诚信文化、中介服务发展、社会保障九个方面为投入，以城市金融生态现实表征为产出，总结得出了50个大中城市金融生态的综合以及分项排名。从综合排名来看，上海、宁波、温州、杭州、深圳、台州、苏州、绍兴、嘉兴以及北京位居前十，其中上海、宁波、温州、杭州和深圳的金融生态环境等级被评为最高的Ⅰ级。

资料来源：《中华工商时报》，作者：马璐瑶。

金融市场自发秩序是金融生态的基本特征和规律，金融业按照市场规律配置资源。古典经济学认为市场秩序是经济自发演进的结果，市场本身就是一种关于人的经济行为的生态形式，亚当·斯密的“看不见的手”是一个生态意义上的概念。金融生态理论从经济演化理论吸取了金融的生态特征和规律，形成自身特有的自发秩序。

1. “自然选择”是金融资源配置的基础方式

在现行的金融系统中，非人格化的市场力量将保证那些实现盈利的金融企业存活下来，而亏损者将消失。那些能够获得盈利的金融企业将会想方设法兴旺和繁荣，而不能成功这样做的金融企业或迟或早将会被市场清除。

对于金融企业而言，采取各种形式有意识的适应性行为是相当理性的。其中一种就是模仿。例如全成本定价规则，就是对所观察到的成功加以模仿的结果。模仿并不必然导致与现行行为模式的一致，当模仿其他人的努力失败时，新的模式就会出现，从而模仿可以导致创新。试错可以引致一个向完全的利润最大化的点的有限界域的收敛过程。但是，试错过程也会被锁定于一个次优的局部均衡，而且，当环境变化时，试错学习是困难的，会变成生存或者死亡。因此，金融系统的成功，是由金融系统通过一个总括的离散过程发现的，而不是通过个体的收敛性搜寻发现的。

在中国现有的金融体系中，由于市场退出机制不健全，各种相应的救助和风险控制手段不配套，金融企业的退出机制失效，使市场的自发的力量不能正常地发挥作用，一方面阻挠了好的金融企业的发展动力，另一方面，也使模仿创新消失。金融市场退出机制不灵的情况下，由于市场的一些排泄物得不到清除，导致市场被污染，信息失灵，市场效率低下。有效的金融市场存在一种外部力量。在金融企业"内部"作用的力量——商人的动机和盘算，可能会导致单个企业走入歧途，但这样的偏离将会被一种外部的力量及时地纠正。这种力量将促使努力追求最大化利润的企业胜过那些不这样做的企业。而后者最终将会被消灭。从长期看，金融业中的微观企业的共性行为将接近于基于利润最大化假设对企业行为所作出的预测。市场的这种有机的自动协调和优化机制是非常重要的，良好的金融生态必须具备这一能力。

2. 清晰的金融产权是金融生态的基础

不同的产权安排会导致不同的奖惩结构，从而会导致不同的结果。个体企业产权越完备，越有利于提高资源的配置效率。如果公司的经营还是低效率的，那么它就会被那些认为他们能够更好地管理公司的人所收购。经济组织有着节约交易费用的主要目的和效果。治理结构和交易之间以一种影响交易费用节约结果的方式联系在一起。

3. 金融生态中存在着双重机制

双重机制指适应性学习机制（也叫复制机制）和自然选择机制。"自然选择"中预设个体停滞，而适应性学习机制里，一个产业的主观欲望水平可能与企业一样多，而且，如果一个企业的行为规则产生了不满意的结果，它可以通过降低欲望水平来避免"死亡"。因此，欲望水平可能会随时间的改变而改变。如果企业确实被诱导去搜寻盈利性的惯性，而且它们确实在选择之前有充足的时间去寻找，那么适应性学习和自然选择机制将会彼此互相强化。在和谐的相互作用中，这两种机制将会使一个产业趋于一个新的"正统的"均衡。

4. 金融生态有三种不同稳定策略

三种不同稳定策略指达尔文的自然选择稳定策略、哈耶克的文化稳定策略、发展稳定策略。这三种策略的优化组合，对金融业的稳定发展十分重要。通过自然选择实现利润最大化的模式是自然稳定策略；通过"模仿和复制"的适应性学习实现的稳定状态叫文化稳定策略；当人类和动物通过试错法学习特定类型的行为时，叫发展稳定策略，中国改革开放的稳定策略显然是发展稳定策略。达尔文式的自然选择，以及与之相关的演化稳定策略概念，在演化时间里发生作用；文化演化，以及与之相关的文化稳定策略，在历史时间里发生作用；个体试错学习，以及与之相关的发展稳定策略概念，在发展的时间里发生作用。

中国的金融稳定策略要及时地由单一的发展稳定策略，向三种稳定策略搭配使用。

【专栏】

持续推进金融生态建设

金融生态建设是我国金融改革与发展中的重要工作创新，它的引入和实践，对于人们从系统角度认识金融并有效运用金融，进而推动金融环境的改善都具有积极意义。

中国人民银行行长周小川在 2004 年发表了《完善法律制度改进金融生态》文章，全面阐释了金融生态建设的理念和内容，呼吁社会重视金融生态建设。这一倡议得到社会有关方面的积极回应。这些年来，金融生态建设工作在全国范围内陆续展开，经过中央银行、监管部门、地方政府及相关市场主体的共同努力，逐步建立了金融生态监测考核评估体系，形成了金融生态共建的良好局面。

金融生态建设这十年，适逢我国金融改革深化的重要时期，金融改革与金融生态建设相互促进，整体上改善了我国金融运行的法制环境和运行环境。社会主义市场金融体制和金融运行机制更加完善，政府、金融监管部门、金融市场各类主体的功能和职责更加清晰；国有金融机构改革取得突破，金融治理结构和资产质量明显改善；地方金融机构长足发展，金融业态和金融市场更加多元化；社会金融意识增强，区域金融生态环境明显改善。

金融生态建设之所以显现出生命力，就在于它找到了现存体制下政府、金融管理当局、金融机构之间有效合作的契合点，以及金融与经济互动的平衡点。同时，这一理念符合我国现阶段情况和金融改革需要。

在充分肯定阶段性成绩的同时，也要看到现阶段金融生态建设中面临的新情况新问题：社会经济结构和环境的变化，地方融资平台的兴起，需要重构地方融资、财政与金融的关系；广泛的授权授信以及争夺金融资源的博弈加剧，影响了金融资源配置的市场性、公允性；影子银行的发展，以及过度追逐虚拟金融、避实趋虚现象，增加了金融运行的潜在风险。因此，应当充分认识金融生态建设的复杂性和艰巨性，不能有丝毫懈怠。

加强金融生态建设的有效沟通。金融生态建设涉及政府、司法部门、监管机构和金融机构，要通过有效沟通，凝聚共识，发挥合力，始终把金融生态建设作为经济工作的重要组成部分。必须认识到，金融生态环境是影响金融资源配置的重要基础，无论金融资源总量控制还是结构调节，无论间接融资还是直接融资，无论债权融资还是股权融资，金融生态都是资源配置中重要的内生变量，是决定区域融资规模的基础性因素。市场经济越发展，越是如此。因此，维护良好的金融生态，是社会有关方面的共同责任，是区域经济发展的重要保障。

充分尊重金融运行规律。金融业是特殊的产业，具有融通性、杠杆性、有偿性和风险性等显著特性。我们既要看到金融在促进经济发展中的作用，也要防止资源错配的风险，在动态中把握平衡。要减少不同主体间非理性博弈，加强市场约束，防范倒逼现象和道德风险。要认识到，融资既是一种权力，更是一种契约和责任。应充分汲取我国金融发展和国际金融发展的经验教训，防止过度透支政府信用、过度透支金融资源，自觉尊重金融规律，依法维护金融经营自主权。

从战略角度推进金融生态建设。不失时机推进关键领域金融改革，增强市场配置金融资源的基础性作用。完善金融法制，完善抵押担保制度、契约制度和产权制度。加快地方融资体制改革，明确地方政府在社会经济活动中的职责和边界，建立事权和融资权相匹配、以市场为基础的有管理的投融资体制，增加地方融资的透明度和约束力。引导地方金融机构规范发展。加强金融基础设施建设，便利金融服务，有效监测各类金融活动及其风险。加强对影子银行、互联网金融、民间金融的引导，努力实现包容性、可持续发展。

资料来源：《中国金融》，作者：魏革军。

第二节　金融生态规则的十大巨变

随着大数据时代发展和我国经济社会的不断进步，金融环境将更趋高效、市场化和富有弹性，金融物种更趋丰富，而金融生态规则作为金融物种在金融环境中生存、发展的"行动指南"，也即将发生十大变化。

一、"长尾理论"取代"二八定律"

传统金融业信奉"二八定律"，即20%的大客户占有80%的金融需求量、创造80%的金融业利润，这使金融服务具有集中化、高端化、精英化倾向。但在大数据时代，互联网金融具有的公开透明性能够有效缓解信息不对称，从而降低服务成本，提高金融服务的覆盖面和可获得性，从而形成庞大的"长尾市场"。也就是说，金融产品和服务的扩张不在于传统需求曲线的"头部"，而是那条微不足道、经常为人遗忘的"长尾"。例如，目前我国网上支付和网上银行已覆盖2.44亿和2.41亿的用户；"余额宝"等互联网金融理财产品迅速积聚大量客户；P2P和众筹融资等使得原本被忽视的大量小微企业也能获得贷款。渠道的多元化将促成"长尾理论"取代"二八定律"，对于推动金融体系的扩大化、平民化和人性化，实现普惠金融具有重要意义。

二、"上善若水"取代"赢者通吃"

长期以来，我国大型金融机构在各种行政保护下，凭借规模、物理网点、客户数量等多方面优势，能够轻易赚取超额利润，呈现"赢者通吃"的格局，但这一定程度上挤压了小型金融机构的生存空间、客户的合理利益甚至实体经济的利润水平。而大数据时代和互联网金融具有的开放、公平、透明的特征，将使整个金融体系发生基因式突变，造就"上善若水"的生态环境。所谓"上善若水"，就是"水善利万物而不争"，追求的是合理回报、利他主义以及和谐共赢。未来金融机构必须有勇气对既得利益进行"自身革命"，通过合作来做大市场，通过为客户创造价值来获取利润，通过规范经营与企业和社会共享利益。

三、"协作共赢"取代"同质竞争"

互联网金融的快速发展给商业银行零售业务带来挑战的同时，也带来了开放合作的契机。在新的竞争时代，协作共赢将取代同质竞争，紧密的多方在线协同、联合竞争和合作共赢将成为一种主流商业模式。对外合作方面，银行应与互联网社区、电子商务等企业进行深入的合作，获取更多的用户行为信息，进而开展大数据分析。同业合作方面，未来银行产品将向多元化、综合化方向拓展，必须借助金融市场的专业分工，与其他金融机构形成更加紧密的合作机制，以满足客户综合金融服务的需要。银行将在产业链上扮演新的角色，其竞争力将主要表现在是否能有效地整合多个行业资源。

四、"无界经营"取代"有界经营"

互联网使得银行与一般企业界限趋于模糊。商业银行业务边界会经历四个发展阶段：一是传统的银行业务，即存、放、汇和货币兑换等业务；二是全面的银行业务，包括传统的银行业务和各种形式的金融创新；三是全面的金融业务，包括全面的银行业务和各种非银行的金融业务；四是全面的经济业务，包括全面的金融业务和各种非金融的经济业务，如企业评级、业务咨询、投资审核、商品营销等。目前，商业银行业务发展已步入第四阶段，从有界经营转向无界经营，根据市场需求围绕自身优势开发增值服务，通过综合化经营吸引客户、留住客户，形成自身数据资产。

五、"信息资源为王"取代"金融资源为王"

在大数据时代，万事万物数据化，金融业竞争的基础不再是占有金融资源的多少，而取决于其占有数据的规模、数据的活性以及对数据的解释和运用能力，信息资源将成为银行最为重视的核心资产。对数据的掌握将决定对市场的支配权，越靠近最终客户的机构，将在金融体系中拥有越大的发言权。信息资源对培育金融核心竞争力的意义体现在以下几个方面：一是为金融企业特别是大型金融企业克服"大企业病"提供了基础；二是为推动战略转型和开拓新兴市场提供了手段；三是为满足客户需求、改善客户服务提供了新的解决方案；四是为风险管理提供了新的工具和相关数据。总之，大数据和信息资源是发挥后发优势的重要机遇，为追赶者弯道超车提供了可能。

六、"智者为王"取代"大者为王"

长期以来，我国许多银行在发展中存在浓厚的规模冲动和速度情结，部分银行近年来甚至通过同业资产与同业负债双边扩张的方式，人为做大总资产规模，淡化了安全性、流动性这些最基本的银行经营原则。随着市场化改革深入推进，银行失去"救生圈"的保护，粗放式发展将不可持续。在新的竞争条件下，信息流、信用流、任务流和资金流加速流动，整个金融体系将处在持续动态的变化过程中，与扩大规模相比，更为紧迫的是打造智慧银行。智慧银行要求与客户、其他金融机构、第三方合作机构及外部环境之间形成良好的互联互通机制，能迅速感知外界变化，及时分析和处理海量数据，从中寻找规律性，清晰地洞察客户的行为、态度、需求和发展趋势，随时调整自己的策略和行动。

七、"个体风险定量"取代"总体风险定量"

目前，内部评级法作为全球银行业信用风险监管的通行标准，在银行风险管理中处于核心地位。内部评级模型是基于大量历史数据得到的统计学规律，是对历史数据共性规律的发现和总结，其实质是一种总体风险定量的分析方法。但是，单个个体普遍同时具有一般共性风险和个体特定风险，这样内部评级模型在对个体风险进行预测和管理中就会存在偏差。随着大数据时代的来临，社交网络、电子商务、第三方支付、搜索引擎等形成了庞大的数据量，加之云计算和行为分析理论等大数据挖掘手段的应用，信息不对称状况得到进一步缓解，个体风险定量成为可能。个体风险定量取代总体风险定量，这将标志着银行信用评价体系与风险控制手段的重大进步。

八、"小而不倒"取代"大而不倒"

2008 年国际金融危机中，一些金融帝国丑闻频出、濒临破产，但监管当局顾忌大型金融机构破产可能会产生的巨大外部效应和蝴蝶效应，这使相关机构在一定程度上形成了"大而不能倒"的状况。最终政府只能拿纳税人的钱救市，而对"大而不倒"机构的救助又进一步产生逆向激励，助长了冒险行为。与此形成鲜明对比的是，以扎根社区和服务社区为宗旨的社区银行如美国富国银行，凭借在危机中的优异表现，成为一颗耀眼的明星，得到重新审视。在美国，92%的银行均为社区银行，社区银行资产占银行总资产的比例不到11%，向小企业发放的贷款却占到全行业的近40%。美国联邦存款保险公司的一项数据显示，相对于社区银行，大型银行的破产概率是其 7 倍之多。社区银行坚持服务实体经济，对社区居民和企业更为熟悉，拥有大银行无法比拟的"信息资产"，成为后危机时代具有独特竞争优势的"小而不易倒"机构。

九、"为客户树立影响力"取代"为自己树立影响力"

可以预期，随着行业竞争的加剧，金融机构的客户对所获得服务品质的要求必将逐步提升。除基本需求外，金融机构必须进一步满足客户对自尊、自我实现等更高层次的需求，从"坐商"转变为"行商"，从"为自己树立影响力"转变成"为客户树立影响力"。这要求金融机构真正做到"以客户为中心"，甚至"以客户的客户为中心"，在交易链条中为客户树立影响力，做好不同条件下的三类服务，即以产品定制为基础的个性化服务、以延伸服务为内容的增值型服务和以私人银行为标准的尊享型服务。金融机构应当认识到，满足客户稀缺性需求优于银行产品推销；金融机构应根据客户面临的难题及市场环境变化而改变；金融机构应协调、调动各方面的资源为客户提供稀缺性服务供给，满足客户多方面的需求。

十、"为客户创造新需求"取代"满足客户现实需求"

金融机构客户的需求分为现实需求和潜在需求，现实需求往往都是基础性的，只有潜在需求才具有高额价值。在新的商业时代，简单地满足客户现实需求已经很难脱颖而出，已不能成为金融机构保持高额盈利的推动力。只有创造新需求，让客户需求从潜在变为显在，才能为金融机构带来真正的价值。要实现为客户创造新需求取代满足客户现实需求，金融机构可以从以下三个方面选择路径：首先，通过科学的分析帮助客户识别自己的潜在需求；其次，如果客户的需求难以被有效满足，可以尝试对客户需求进行转换，为客户创造稀缺性需求；最后，尝试拆分需求，专注于满足客户的一部分需求，或者合并需求，从单纯提供金融产品转变为提供综合金融解决方案，从而确立自己的竞争优势。

第三节　金融生态物种的十大巨变

物竞天择，适者生存。面临新物种的大举入侵，金融生态圈原有物种感受到了巨大生存压力，纷纷加速进化。银行高度重视网络渠道，手机银行、远程银行、微信银行快速发展；未来商业银行经营模式，将是一个以物理网点为支撑，以互联网金融为平台，以客户自助服务为主要特征的商业银行。保险进军网络，第一家网络保险公司"众安在线"正式成立；证券公司不甘落后，网络开户、手机炒股已然实现；基金深受震撼，类"余额宝"产品火速研发。大数据技术标榜着一个新时代的来临，它颠覆着包括金融在内的众多传统商业模式，催生了十大新的金融物种。其中，支付结算类有三种——电商的综合性支付平台、独立的第三方支付平台、手机支付和虚拟货币；投资融资类有四种——P2P

模式、债权转让模式、阿里小贷模式和众筹模式；财富管理类有两种——中介代销模式和自产自销模式。

一、电商的综合性支付平台

电商的综合性支付平台具备在线支付、转账汇款、担保交易、生活缴费、移动支付等功能。代表企业有"支付宝"、"财付通"，分别依靠淘宝、腾讯两大母体平台资源，截至 2010 年已实现注册用户 3 亿、1.5 亿的佳绩。随着 B2C（Bussiness－to－Customer）电子商务的迅猛发展，支付宝相继推出"快捷支付"服务，即客户无需开通网银，只要在客户端输入姓名、卡号、身份证、手机号等信息，与银行信息比对一致，通过回填动态验证码即可轻松完成支付；通过余额宝来获得用户的闲置资金，并通过天弘基金，透过资产证券化，向阿里小贷提供资本支持；开发了支付宝钱包"当面付"、"二维码支付"等其他金融支付业务。财付通则打造"生活好帮手"概念，吸纳了如打的士、订牛奶、搬家、租车、保姆、家教等 245 款服务类应用入驻。两大支付平台均通过进一步增强客户粘性，改善客户体验，以在激烈的行业竞争中确保市场份额的绝对优势。

二、独立的第三方支付平台

独立的第三方支付平台没有自己的商业交易平台，其所采取的发展方式是与各类行业、各种企业联合，在自己的业务平台上推广自己的支付工具，代表企业有"微信支付"、"快钱"等。微信支付以微信和朋友圈的高社交频率为核心竞争力，广泛吸引商家主动合作。其作为独立内置型支付工具，不仅能实现微信公众账号内的支付功能，还可以让用户在其他应用中或者在线下产生购买行为时利用微信完成支付。而快钱鉴于信用卡在中国尚未普及、公众网上支付观念水平有待提高以及中国电子商务支付中可行性支付终端的考虑，在国内首家推出了提供基于 E－mail 和手机号码的网上收付费平台，并推行人民币支付、外卡支付、神州行卡支付、联通充值卡支付、VPOS 支付等众多支付产品，支持互联网、手机、电话和 POS 等多种终端。既极大方便了用户使用交易过程的即时通知，也更好地满足了各类企业和个人的不同支付需求。独立的第三方支付平台借助独立自主的发展方式，更容易开发出市场需要的支付产品，更适合与企业建立非竞争友好合作，展现了助推其快速发展的优势。

三、手机支付

手机支付也称为移动支付（Mobile Payment），是指允许移动用户使用其移动终端（通常是手机）对所消费的商品或服务进行账务支付的一种服务方式。基本原理是将用户手机 SIM 卡与用户本人的银行卡账号建立一种对应的关系，用户通过发送短信的方式，在系统短信指令的引导下完成交易支付请求；还可以通过 WAP 和客户端两种方式进行支付，无需任何绑定，在短信引导下完成交易，仅需要输入银行卡号和密码即可银联结算。目前，我国移动通信市场建设已初具规模，手机用户达 1.5 亿以上，已经超过美国居世界首位。手机支付可以实现包括手机话费查询和缴纳、银行卡余额查询、银行卡账户信息变动通知、公用事业费缴纳、彩票投注等，同时利用二维码技术可实现航空订票、电子折扣券、礼品券等增值服务，有效地利用了无线通信资源，极大地丰富了银行服务内涵，使公众不仅可以在固定场所享受银行服务，更可以在旅游、出差中高效便利地处理各种金融理财业务。

四、虚拟货币

虚拟货币又称网络货币，是伴随网络信息传递、网络交易、网络购物、网络游戏等产生的网络支付手段和结算方式的总称。知名的虚拟货币有百度公司的百度币、腾讯公司的 Q 币 Q 点、盛大公司的点券、新浪微币、侠义元宝（侠义道游戏）、纹银（碧雪情天游戏），以及比特币、莱特币、无限币、夸克币、泽塔币、烧烤币、便士币（外网）、隐形金条、红币、质数币等，其中 2013 年最风靡全球的当属比特币。比特币（Bitcoin）的概念最初由中本聪在 2009 年提出，它不依靠特定货币机构发行，依据特定算法通过大量的计算产生，且能够在全世界流通。比特币经济使用整个 P2P 网络中众多节点构成的分布式数据库来确认并记录所有的交易行为，并使用密码学的设计来确保货币流通各个环节安全性。然而 2014 年初以来，位于日本东京的比特币交易平台总部 Mt. Gox 持续发生技术故障，并于 2 月 7 日暂停了交易者提取现金的业务；2 月 28 日正式向东京地方法院申请破产保护；3 月 10 日在美国法院获得破产保护。此外，虚拟货币还埋藏着私下黑市交易所导致的欺诈行为、网络安全问题以及冲击金融体系等隐患，在蓬勃发展的同时成为了监管机构重点监控的对象。

五、P2P 模式

P2P 模式自 2006 年以来风靡全球，其主要针对信用良好但缺乏资金的大学生、工薪阶层和小微企业主提供小额借贷服务，以低门槛、低渠道成本、风险分散、直接透明等优点，广受欢迎。目前涉足这一领域的有阿里巴巴、腾讯、京东商城、苏宁等，也有在此背景下诞生的新互联网公司，如齐拍网、宜信网、拍拍贷等。从借贷双方角度看，中国90%的企业为中小企业，传统的融资方式使其深陷融资难问题。而在P2P模式下，互联网供需双方可以直接联系和交易，无需中介且信息对称，交易成本降低，交易可能性边界也极度扩大。从运营方角度看，P2P信贷公司年收益率水平达10%，比银行存款、银行理财产品、货币型基金等高出一倍以上，然而P2P行业领先者的坏账率却控制在2%以下，与银行不良率水平持平甚至低于银行平均水平。对此，传统金融改革箭在弦上，民生银行、包商银行、哈尔滨银行在2012年4月成立"亚洲金融联盟"，发力多元化的微贷业务；同年6月，建设银行低调启动电子商务金融服务平台"善融商务"，交通银行和中国银行相继推出"交博汇"、"云购物"等，极大地推动了互联网背景下金融体系的创新和发展。

六、债权转让模式

债权转让模式又被称为二代P2P模式，是指信用借款服务平台作为平台管理者，为平台两端的客户提供全程的信用管理服务的模式。代表企业为宜信，其运作流程大致为：首先采用债券转让的方式流转债券及资金，再以唐宁为中介以个人身份放贷给需要资金的客户形成债权，并将其债权打包分割后转让给有投资需求的投资人。该信用服务平台，一方面为个人借款人提供信用借款资金支持，用以改变自己的生产和生活，实现信用价值；另一方面，使个人出借人获得经济收益和精神回报双重收获。此外，宜信还通过平台上的"精英贷"、"新薪贷"、"助业贷"、"助学贷"、"宜农贷"、"宜车贷"、"宜房贷"等产品，实现着助工、助商、助学、助农的巨大社会价值，努力为中国诚信体系的构建尽到自己的企业公民责任。

七、阿里小贷模式

阿里小贷模式主要基于对电商平台的交易数据、社交网络的用户信息与行为习惯的分析处理，形成网络信用评级体系和风险计算模型，并据此向网络商户发放订单贷款或信用贷款。阿里金融①是年交易量超过万亿元的中国最大的电子商务平台，无担保、无抵押、纯信用的小额贷款模式不断刷新资金流转速度。数据库是阿里金融的最核心资产，通过阿里巴巴、淘宝、天猫、支付宝等一系

---

① 2014年6月11日，浙江阿里巴巴电商更名为浙江蚂蚁小微金融服务集团有限公司。

列平台对卖家进行定量分析，前期搜集包括平台认证和注册信息、历史交易记录、客户交互行为、海关进出口等信息，再加上卖家自己提供的销售数据、银行流水、水电缴纳甚至婚姻状况等情况。同时，阿里金融还引入了心理测试系统，判断企业主的性格特征，主要通过模型测评小企业主对假设情景的掩饰程度和撒谎程度。所有信息汇总后，将数值输入网络行为评分模型，进行信用评级。阿里巴巴 B2B（Bussiness – to – Bussiness）业务贷款由于额度较大，阿里金融委托第三方机构线下进行实地勘察；在贷款发放以后，也可通过支付宝渠道监控现金流。阿里巴巴还在"诚信档案通"的基础上开发了一套评分系统"诚信通指数"，不断完善贷款风险控制机制，以更有针对性地锁定目标人群并确保借贷的顺利进行。

八、众筹模式

众筹模式由发起人、跟投人和平台构成，利用互联网和 SNS 传播的特性，让小企业、艺术家或个人对公众展示其的创意，最终通过"团购 + 预购"的形式向网友募集项目资金的融资模式，代表企业有"众筹网"、"点名时间"、"有利网"等。众筹模式主要有两方面的应用：第一，针对早期创业企业融资难的问题，通过众筹将社会上大量分散资金集中起来用于投资，有利于分散风险。第二，对于创新产品，众筹相当于提供预先检测市场反应的平台，企业可以预先筹集到产品需要的基本费用，用于未来再生产中。众筹模式依托众筹平台的微创业活动在实现"众人集资、集思广益、风险共担"理念的同时，积累经验和人脉；同时还可激发"草根"创新，注重用户交流和体验的行为，拉近生产者与消费者的距离。种种优势使众筹模式不断积蓄发展动力，成为社会化投资的趋势。

九、中介代销模式

中介代销模式的代表企业有百度百发、融 360、好贷网等信息服务网站，以及淘宝网等基金代销网站。其中，百度理财产品百发为高效聚合用户投资需求而发起团购形态金融理财服务。2013 年 12 月，百发与嘉实债券基金达成合作，后端对接嘉实 1 个月理财债券型证券投资基金，投资方向是银行协议存款。百发计划是一项组合形式的理财计划，面向广大互联网用户提供一揽子创新性理财解决方案，贯穿产品设计、渠道、风险控制、服务等各个环节。融 360 和好贷网基于搜索引擎形式，将触角伸向了贷款申请环节，致力于为广大中小企业

和个人用户免费提供最可靠、最便捷、最划算的贷款推荐结果。平台上的金融
产品来自包括国有银行、股份制银行、外资银行、城市银行、小额贷款公司等
国家认可的金融机构。广大用户可以通过融 360 和好贷网的智能搜索、一站式
匹配系统，直接申请到最优贷款。淘宝基金则于 2013 年 10 月 31 日取得了证监
会颁发的基金第三方电子商务平台经营资质，成为互联网首家为基金销售机构
提供服务、开展业务的第三方电子商务平台。首批上线淘宝基金理财频道的基
金公司达 17 家，分别是国泰、兴业全球、易方达、南方、德邦、鹏华、长城、
广发、富国、海富通、万家、银河、工银、华夏、泰达、嘉实、银华。中介代
销模式的出现，使互联网金融平台与传统银行业、证券业在竞争中达成友好合
作，推动整个金融行业的发展。

十、自产自销模式

自产自销模式是指将金融产品与互联网结合而形成的投资理财产品或保险
产品，并进行销售，代表企业有余额宝和众安保险。余额宝是由第三方支付平
台支付宝为个人用户打造的一项余额增值服务，资金主要对接天宏增利宝货币
基金。截至 2014 年 3 月 31 日，余额宝规模为 5 413 亿元，坐拥 8 100 万用户，
天弘基金凭此一举成为国内最大的基金管理公司。通过余额宝，用户不仅可以
获利，还能随时进行网上购物消费支出以及支付宝转账等，为日常生活和个人
理财提供了极大便利。众安保险则是由阿里巴巴、腾讯、平安、携程等知名企
业发起的首家互联网保险公司。众安保险体现了保险"人人为我，我为人人"
的内涵，基于服务互联网宗旨，为所有互联网经济参与者提供保障和服务。众
安保险业务范围涵盖与互联网交易直接相关的企业和家庭财产保险、货物运输
保险、责任保险、信用保证保险以及上述业务的再保险分出业务，使互联网用
户可以安全、安心地享受互联网带来的边界和惊喜。

第四节　金融生态环境的十大巨变

党的十八大要求社会政治经济文化全方位的转型，党的十八届三中全会进
而作出《中共中央关于全面深化改革若干重大问题的决定》（以下简称《决
定》），这必将给金融生态环境带来深远影响。经济社会向着更有效率、更加公
平、更可持续发展的方向转型需要一个更加高效、市场化、富有弹性的金融体
系，而政府和市场边界的重新划定也将推动金融改革的不断深入，矫正金融系

统在功能、机构、市场及监管领域的结构失衡问题。具体来讲，我国金融生态环境即将发生十大变化。

一、改革创新"去表层化"：金融创新的春天来临

党的十八大报告浓缩了改革开放以来特别是最近十年来党领导中国发展建设的经验与启示，勾画出中国未来发展的宏伟蓝图。报告中出现了许多如"美丽中国"、"生态产品"以及两个"翻一番"等新表述、新思想、新论断。这些用五个字归纳就是："实现中国梦"。

习近平总书记组织起草的、党的十八届三中全会审议通过的《中共中央关于全面深化改革若干重大问题的决定》，更是以改革为主线，突出全面深化改革新举措，最大限度调动一切积极因素，敢于啃硬骨头，敢于涉险滩，以更大决心冲破思想观念的束缚、突破利益固化的藩篱，推动中国特色社会主义制度自我完善和发展。

改革创新，特别是金融改革的"去表层化"已体现在具体行动上。2013 年8 月，国务院正式批准设立中国（上海）自由贸易试验区。上海自贸区不是传统的由优惠和特殊政策构成的"政策洼地"，而是定位于制度创新，旨在建立一套与国际接轨的、新的制度体系，使之成为贸易业态模式创新、投资开放创新、离岸型功能创新、政府管理服务创新的"试验田"和示范区。上海自贸区首先在行政管理上采用负面清单管理模式，探索建立与国际高标准投资和贸易规则体系相适应的行政管理体系，对清单之外的领域，外商投资项目无需核准而采用备案制。而在金融领域，利率市场化、汇率自由汇兑、金融业的对外开放、产品创新、离岸业务等都将开展试点。可以预见，这些创新试点及经验推广将在不久的将来极大地改变我国金融市场形态。

二、结构调整"去产能化"：助推金融机构转型升级

产能过剩一直是中国产业发展的"痼疾"，也是新一届政府宏观调控中面临的重大挑战。这不仅会使产能过剩的企业陷入经营困境，造成资源浪费，而且由于企业的投资预期和居民的消费预期下降，会形成很强的通货紧缩压力，使经济增长面临明显的下调压力，并导致银行不良资产明显增加，金融风险增大。目前，不仅钢铁、水泥、船舶等传统制造业，部分新兴产业也存在严重的产能过剩。2012 年底，我国钢铁、水泥、电解铝、平板玻璃、船舶产能利用率分别仅为 72%、73.7%、71.9%、73.1% 和 75%，明显低于国际通常水平，钢铁、

电解铝、船舶等行业利润大幅下滑，企业普遍经营困难。

产能严重过剩已经成为我国经济运行中的突出矛盾和诸多问题的根源。2013 年 10 月，国务院印发了《关于化解产能严重过剩矛盾的指导意见》，提出坚决关注和控制增量，调整和优化存量，深化体制改革和机制创新，加快建立和完善以市场为主导的化解产能严重过剩长效机制。《决定》提出，健全宏观调控体系，减少非必要投资项目审批，建立健全防范和化解产能过剩长效机制。化解产能严重过剩矛盾必然带来阵痛，暴露部分金融风险，有的行业甚至会伤筋动骨，但从全局和长远来看，遏制矛盾进一步加剧、引导好投资方向，对加快经济和金融产业结构调整、促进金融产业转型升级、防范系统性金融风险、保持国民经济持续健康发展意义重大。

三、城乡收入"去剪刀差"：普惠金融迎来大发展机遇

新中国成立初期的"剪刀差"政策和二元经济结构造成我国城乡收入差距过大。中国社会科学院数据表明，1980 年以来，绝大多数年份中我国城乡收入差距在不断拉大。尤其是自 2002 年以来，城乡收入差距均在 3 倍以上，2013 年该数据为 3.03 倍。一般来讲，发达国家的城乡收入差距在 1.5 倍左右，发展中国家略高一些，为 2 倍左右，该倍数为基本平衡的程度。超过 3 倍以上，则说明收入差距过大。

除收入差距外，城乡居民在金融服务的可获得性上也存在巨大的差异。普惠金融的理念指出，只有每个人拥有并实际获得金融服务的权利，才有机会参与经济发展，才能实现共同富裕，构建和谐社会。但就我国现实情况而言，金融覆盖空白区域、领域依然较多，不平衡现象也较严重。比如，中国有一半以上的人未被金融服务体系有效覆盖；又如，金融机构在农村获得的存款大量流失转移到城市，中西部存款大量转移到东部。这种金融资源和金融服务可获得性上的差异又使得城乡差距进一步拉大。

缩小城乡收入差距是维护社会和谐稳定和转变经济发展方式的迫切需要，新一届政府已制定了目标和战略。第一，"新型城镇化"战略强调将通过多方面、多层次的制度改革，释放改革红利，催生新的增长点，不仅使中国经济仍能保持平稳增长，而且要提高低收入群体收入增速，提升其消费能力。第二，党的十八大报告提出，2020 年实现全面建成小康社会宏伟目标，实现国内生产总值和城乡居民人均收入比 2010 年翻一番，这意味着一部分糊口群体将转化为消费群体。第三，《决定》提出努力缩小城乡、区域、行业收入分配差距；发展

普惠金融，鼓励金融创新，丰富金融市场层次和产品。可见，未来中国金融体制改革将朝着开放的、包容的、有竞争力的、有创造力的方向发展并完善金融市场体系，消费金融将出现新的增长点，普惠金融将迎来发展新阶段。

四、经济发展"去陷阱化"：全方位提升金融市场效率

随着我国经济社会不断发展，近年来关于中国是否会陷入中等收入陷阱的讨论不断涌现。所谓中等收入陷阱，即人均 GDP 在 3 000 ~ 10 000 美元间的拉美和部分亚洲新兴经济体，其经济既无法在人力成本上与低收入国家竞争，又无法在尖端技术研制上与富裕国家竞争，从而容易导致经济出现长期停滞状态。

无论在理论上还是实践上，中等收入陷阱并非是经济成长中必然出现的经济规律，而只是一种经济现象。充满发展潜力和资源优势的南美国家陷入中等收入陷阱是坏政府和坏政策造成的，而东亚"四小龙"则凭借自由市场、开放与审慎财政和货币政策，克服了土地狭小、人口拥挤和自然资源短缺等瓶颈，极大发挥了企业家的创业潜能，取得了持续的高速成长，使之快速而平稳地迈入富裕的高收入社会。

对中国来说，《决定》将产生六大新发展红利，让中国彻底远离中等收入陷阱。一是新人口红利，生育二胎制度和户籍制度改革将释放新人口红利，破解中国已处于刘易斯拐点——劳动力过剩向短缺的转折点这一说法。二是新技术红利，科技体制改革的深化和知识产权保护的加强等一系列措施将释放新技术红利。三是新稳定红利，源自教育、社会保障等领域的改革。四是新生态红利，实现生态和经济的协调、可持续发展。五是"一体化"红利，破解城乡二元结构。六是新资本红利，通过资本市场发展促进经济发展。这六大红利的有效释放都需要金融更好地发挥作用，进一步满足如服务业、科技、农业等新一轮产业结构优化升级重点行业的资金需求，提高社会资源配置效率。

五、政府职能"去无疆化"：促使金融监管边界大幅调整

当前，我国经济发展正处在关键转型时期，亟需提质增效。但目前存在的一个突出体制机制问题就是政府与市场、政府与社会之间的职责边界不清晰，政府对微观经济活动干预过多，政府职能呈现出无疆化的特点。

政府职能无疆化导致了经济效率的低下。第一，经济发展活力受到抑制。从目前来看，要实现经济持续健康发展，必须激发民间的活力。然而由于有"玻璃门"、"弹簧门"的问题，民间投资仍存在有钱无处投、想进进不去的现

象。尤其是一些在中等收入阶段发展潜力巨大的产业，如金融、通信、物流、养老、医疗产业、非义务教育等，都存在行政性垄断、审批过多的问题，市场准入的门槛较高。另外，繁杂的审批事项也严重影响了企业投资创业的积极性，第二，形成了产业风险。钢铁、水泥等行业上项目需要审批，但最后却形成了严重的产能过剩。相比之下，家电、服装等行业早已走上市场化轨道，靠市场优胜劣汰机制而非政府审批，没有严重的产能过剩问题。

新一届政府把政府职能转变和机构改革作为大事，下大力气解决政府职能越位、缺位、错位问题。《决定》清晰界定了政府五项职能：宏观调控、市场监管、公共服务、社会管理、保护环境，提出经济体制改革是全面深化改革的重点，核心问题是处理好政府和市场的关系，使市场在资源配置中起决定性作用和更好发挥政府作用，着力解决市场体系不完善、政府干预过多和监管不到位问题。

具体到金融监管领域，越位、缺位问题同样存在。越位方面，金融监管手段行政化色彩浓重，监管行为常常容易渗入到金融机构的日常经营，使得金融机构的市场化、商业化经营行为难以充分开展，抑制了金融创新发展。缺位方面，金融消费者保护的监管目标没有得到充分履行。从国际上来看，许多国家的监管机构都将金融消费者保护与防范金融风险作为金融监管的两大首要目标。过去较长一段时间，金融监管的职责都较多地关注金融风险和金融对国家战略的支持，而对金融消费者权益保护强调不足。这些问题都是未来监管的改进方向。

六、事权责任"去分离化"：金融安全问题更加凸显

根据全国政府性债务审计结果，截至 2013 年 6 月底，中央和地方政府负有偿还责任的债务总额为 20.69 万亿元，风险整体可控，但问题值得关注。如地方政府负有偿还责任的债务增长较快，年均增长达到 19.97%；部分地方和行业债务负担较重，有的地区债务率已经超过 100%，债务偿还压力较大；地方政府性债务对土地出让收入的依赖程度较高等。

地方政府债务的快速增长，深层次的原因是分税制改革后地方政府财权和事权不匹配。周天勇统计的数据显示，地方政府用 45% 左右的预算内财力承担 75% 的事务。因此，地方政府的资金饥渴症必须通过改变地方政府财权和事权不匹配的现状来解决。《决定》提出，建立事权和支出责任相适应的制度。保持现有中央和地方财力格局总体稳定，结合税制改革，考虑税种属性，进一步理

顺中央和地方收入划分，适度加强中央事权和支出责任。

具体说来，一是完善转移支付制度，提高财政资金使用效率。逐步取消不符合经济社会发展要求的专项转移支付项目，将部分属于地方事权且信息复杂程度较高的专项转移支付项目下放到地方管理，对部分使用方向类同、政策目标相近的专项转移支付项目予以整合。二是构建完整的地方税制体系，从源头解决地方财政短缺之困。加快推出房产税、资源税、环境税、财产税等地方税种。开征土地增值税，将高额的土地溢价用于城市化进程中的公共服务和社会保障。通过建立事权和支出责任相适应的制度，并配合政府职能转变、强化地方政府资本预算约束等改革措施，逐步化解地方政府债务风险，消除民众对金融系统安全和国家经济安全威胁的担忧。

七、市场竞争"去身份化"：打破金融竞争"玻璃门"

在我国，身份标签常常使各类主体不能平等自由竞争。如民营企业难以进入金融、通信等垄断性行业，小微企业相对于国有大型企业在金融资源的获取上明显处于劣势。又如，由于行政上的不当干预、政策性贷款等曾经使国有商业银行积累了大量的不良资产。这种由身份标签而导致的不能平等、自由竞争的问题背后，凸显着产权保护的困境。

产权是指以所有权为核心的一组权力，包括占有权、使用权、收益权、支配权等，完善产权保护制度是坚持和完善基本经济制度、完善社会主义市场经济体制的迫切需要。宪法和法律对财产权的保护已有明确规定，但在实践中，产权得不到有效保护的问题依然比较突出。针对这些问题，《决定》鲜明地指出，公有制经济财产权不可侵犯，非公有制经济财产权同样不可侵犯。国家保护各种所有制经济产权和合法利益，而不是只保护公有制经济产权和合法权益；国家保证各种所有制经济依法平等使用生产要素，公开公平公正参与市场竞争，不容许任何违反法律的不公平、不平等的规定；国家依法监管各种所有制经济，而不会只监管非公有制经济。

八、生产要素"去双轨化"：有助资本化技术大幅度提高

我国生产要素双轨制是影响市场作用发挥、制约经济转型的又一因素。目前，土地、劳动力、资金等主要生产要素均存在双轨制问题，不仅在城乡之间流动不自由，而且价格差异大。这种高交易成本，无疑降低了整个经济的效率，减少了全社会的福利。

《决定》提出通过加快户籍制度改革、建立城乡统一的建设用地市场，破除生产要素"双轨制"。加快户籍制度改革，全面放开建制镇和小城市落户限制，有序放开中等城市落户限制，合理确定大城市落户条件，严格控制特大城市人口规模。建立财政转移支付同农业转移人口市民化挂钩机制，从严合理供给城市建设用地，提高城市土地利用率，建立城乡统一的建设用地市场。在符合规划和用途管制前提下，允许农村集体经营性建设用地出让、租赁、入股，实行与国有土地同等入市、同权同价。未来的农村市场将成为一片广阔的"蓝海"，促使商业银行将金融资源配置的重心由城市强势群体向农村弱势群体转移。

九、价格形成"去管制化"：有利于金融市场深化发展

除生产要素不能自由流动外，影响市场功能发挥的还有价格管制，这突出体现在我国能源市场和金融市场上。目前，重要的能源产品中，除了成品油的价格跟随国际油价变动而调整外（也不完全是市场竞争定价），天然气、电价都由政府直接控制。能源产品的价格被严重扭曲，不能充分体现能源产品的价值和稀缺程度，导致企业生产积极性不高，造成供应短缺，另外，价格太低导致能源浪费严重。

金融市场的利率管制也带来了类似的问题。麦金农的金融抑制理论认为，发展中国家金融市场扭曲造成了资本利用效率的低下，并抑制了经济的增长。由于资金价格受到了行政性压制，一方面金融体系吸收国内储蓄的能力被削弱，造成了资金供给不足，另一方面，过低的利率又刺激了企业对于资金的过度需求，从而造成资金需求远远大于资金供给的局面。这种情况下形成了资金分配的固化，弱势的中小企业无法获得资金，被排除在金融体系之外。由于在经济发展中具有举足轻重地位的众多中小企业难以跨入金融市场门槛，只能转而寻求内部融资的方式来实现资本积累，但实际利率过低又导致其资本增长艰难而缓慢，最终拉低了经济的增速，这正是我国金融市场的写照。

《决定》提出：石油、电信、电力价格将交给市场；完善主要由市场决定价格的机制。凡是能由市场形成价格的都交给市场，政府不进行不当干预。推进水、石油、天然气、电力、交通、电信等领域价格改革，放开竞争性环节价格。完善人民币汇率市场化形成机制，加快推进利率市场化，健全反映供求关系的国债收益率曲线。去除价格管制，由市场发挥资源配置作用，使价格真实反映供求关系，弥补供求缺口，提高资源利用效率。根据爱德华·肖的金融深化理论，从金融市场的角度看，推行金融自由化，放开金融资产价格，将充分发挥

金融市场在资金分配方面的功能，从而获得收入效应、储蓄效应、投资效应、就业效应和分配效应，促进国家经济的发展。

十、企业融资"去银行化"：有利于市场化金融结构形成

我国企业银行融资比重过高，而直接融资比重较低。据中国人民银行统计，2013 年我国社会融资规模为 17.29 万亿元，其中，企业债券净融资 1.8 万亿元，非金融企业境内股票融资 2 219 亿元。企业债券、非金融企业境内股票融资等直接融资占同期社会融资规模的 11.7%。而相比较而言，全球其他最主要国家及经济体中直接融资的比重都占到了 50% 以上。

我国现今发展阶段面临的很多问题，需要直接融资加以解决。第一，直接融资和间接融资比例反映着一国金融体系风险分布情况，而提高直接融资比重、平衡金融体系结构，可以分散过度集中于银行的金融风险，有利于金融和经济的平稳运行；第二，直接融资和间接融资比例反映一国金融体系配置的效率是否与实体经济相匹配，而我国正处于转变经济发展方式、调整产业结构的经济转型期，需要通过发展多种股权融资方式来弥补间接融资的不足，提高金融支持实体经济的能力；第三，通过市场主体充分博弈，直接进行交易，有利于合理引导资源配置，发挥市场筛选作用。

因此，党的十八届三中全会提出，要健全多层次的资本市场体系，推进股票发行注册制改革，多渠道推动股权融资，发展并规范债券市场，提高直接融资比重。生态多样化理论指出：一个生态系统内，组成成分越多样，能量和物质流动的途径越复杂，食物链网的组成越错综，生态系统自动调节恢复稳定状态的能力越强；成分越单调、结构越简单，应对环境变化的能力越低。金融系统也是一样，金融结构本身没有绝对的优劣之分，但有市场化程度的高低之分。提高直接融资比重并不是以一种模式替代另一种模式，而是使之相互促进、平衡发展、相得益彰，更好地为实体经济需要服务。因此，提高直接融资比率、健全多层次资本市场体系，将有助于建立更有活力、更加稳定、与外界繁荣共生的金融生态系统。

第三章 中国金融业
改革发展面临的矛盾（上）
——金融业态层面

中国正处于改革的风口浪尖上，中国当前的改革，一言以蔽之，经济改革是其他一切改革的先导与前提，而金融是经济的核心。金融是水，经济是船，水能载舟，亦能覆舟。可见金融改革是转型期中国十分迫切、核心的改革，是中国实现宏伟战略目标与部署各项具体工作的制高点。而在制度变迁的过程中，在科技发展的大潮流下，中国金融业的生态环境正发生着翻天覆地的变化。然而在改革快速推进的同时，市场和政府职能的边界进行了重新划分，让市场起到了决定性作用，却也凸显了十大矛盾。这十大矛盾可大致分为市场矛盾和政府监管矛盾两大方面，那么在这一章的上半部分，我们首先讨论中国金融业改革发展面临的十大矛盾的前五大矛盾，即改革过程中面临的市场矛盾。在这五个章节内容中有相关术语解释及理论知识的介绍，讲述了矛盾现状、产生原因、改革方向及政府举措等内容，并在每一节的最后都提出了矛盾对应的解决意见及建议。

第一节 矛盾一：资金过多与信用缺失的矛盾

2013 年初，我国外汇储备高达 3.3 万亿美元、M_2 余额为 103 万亿元人民币，位居世界第一，但中小企业却面临融资难的问题，即存在"麦克米伦缺口"和由于流动性不足而出现的"钱荒"。"钱荒"出现给国家带来了较大的困扰，也给金融界带来了不小的恐慌。

一、资金过多与信用缺失的矛盾现状

（一）资金过多
一国资金量的多少可由货币供应量来反映。货币供应量是指一国在某一时

期内为社会经济运转服务的货币存量，它由包括中央银行在内的金融机构供应的存款货币和现金货币两部分构成。世界各国中央银行货币估计口径不完全一致，但划分的基本依据都是流动性大小。反映货币供应量的重要指标有 M_0、M_1、M_2。在我国定义中，M_0 为流通中的现金；M_1 为 M_0 + 企业活期存款 + 机关团体部队存款 + 农村存款 + 个人持有的信用卡类存款；M_2 为 M_1 + 城乡居民储蓄存款 + 企业存款中具有定期性质的存款 + 外币存款 + 信托类存款。

我国 2013 年年初广义货币 M_2 供应增速目标是 13%，而根据中国人民银行公布的统计数据显示，截至 2013 年 5 月末，中国 M_2 余额是 104.21 万亿元，同比增长 15.8%，与此同时，前 5 个月社会融资规模也高达 9.11 万亿元，同比增加了 3.12 万亿元。到 2013 年末，中国 M_2 余额 110.65 万亿元，同比增长 13.6%，比 2012 年末低 0.2 个百分点，继续保持适度增长的态势，狭义货币 M_1 余额 33.73 万亿元，同比增长 9.3%；流通中货币 M_0 余额 5.86 万亿元，同比增长 7.1%。全年净投放现金 3 899 亿元。2013 年全年社会融资规模为 17.32 万亿元，比 2012 年多 1.55 万亿元（见图 3 - 1）。

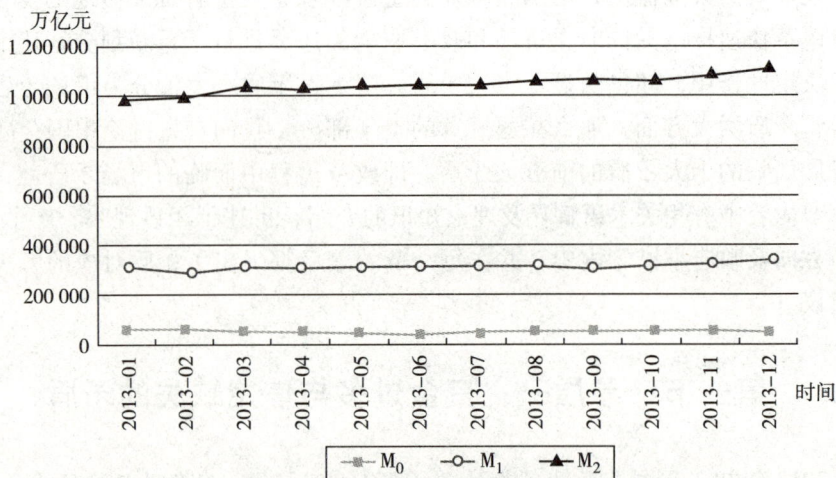

资料来源：中国人民银行网站。

图 3 - 1　中国货币供应量增长

由以上数据可见我国货币供应量充足，并且不少机构和个人依然出手阔绰，大量购买各类银行理财和信托产品，房地产市场活跃，房价持续走高，社会游资抢购黄金被套，仍在积极寻找投资机会，民间借贷依旧活跃。这些数据和现实情况都说明我国总体资金量充裕。

（二）信用缺失

良好的金融生态环境是金融体系功能充分发挥和实现经济与金融良性互动可持续发展的基础条件。然而，由于社会信用的缺失，阻碍了我国优化金融生态环境的进程。中国自古以来就有"人无信则不立"的名言，彰显了诚信的重要性。然而我国正处在信用体系转型的真空时期，信用便不可避免地出现了缺失现象，使本来就很脆弱的金融生态环境受到冲击。

2013 年 6 月 20 日足以载入中国银行间市场史册。当日，银行间隔夜回购利率最高达到史无前例的 30%，7 天回购利率最高达到 28%。在近几年这两项利率往往不到 3%。从 2013 年 5 月中旬以来，中国银行间市场资金利率就逐步走高，进入 6 月，资金面呈现高度紧张状态，资金利率不断创下新高。并且银行间市场紧张局势通过数条路径蔓延到银行理财产品市场和证券市场，也逐渐蔓延到了银行、中小企业、股市、楼市等社会各个领域。

6 月后，"钱荒"的影响也并没有消停，市场的流动性在这半年内反而变得愈发敏感、脆弱——只要央行公开市场操作暂停逆回购，市场利率便会立刻攀升。2013 年 11 月 14 日，受 14 天逆回购"缺席"影响，银行间市场回购利率全线走高，周五延续了全线上行的态势，期限在一个月以内的回购利率飙升，7天、14 天和 21 天期品种涨幅均超过 100 个基点，这两天的隔夜回购利率也再创新高。

时间到了 2014 年，1 月 5 日央行在其官网上公布了 1 月金融统计数据报告。报告中的数据显示，1 月末，本外币存款余额 106.39 万亿元，同比增长 11.4%。人民币存款余额 103.44 万亿元，同比增长 11.3%。另外，当月人民币存款减少9 402 亿元，同比少增 2.05 万亿元。其中，住户存款增加 1.81 万亿元，非金融企业存款减少 2.44 万亿元，财政性存款增加 1 543 亿元。1 月末外币存款余额4 832亿美元，同比增长 17.8%，当月外币存款增加 316 亿美元。2014 年 1 月，不只是人民币存款余额增幅比去年末和去年同期在下降，当月 9 402 亿元的存款流失尤其引起了业界的高度关注。

二、产生资金过多与信用缺失矛盾的原因

（一）部分资金在金融体系内循环

事实上，目前市场上的资金量十分充足，只是大量的资金在金融体系内部玩"空转"的游戏。许多金融机构发现银行间同业市场利率较低，一般约为3%。这些金融机构从同业市场获取低成本资金后，利用期限错配和杠杆投资，

把这些资金投入到其他市场或理财工具换取高收益（占10%~30%）。只要安排好资金到期计划，保证资金链的连续性，通过循环往复的交易就可以无风险的获取高额利差。加上现今银行监管越来越严格，也使得同业业务从不起眼的边缘业务，发展成为重点业务甚至是核心业务。有数据显示，部分上市银行的同业业务已经占到业务总量的20%以上，平均也在12%左右。银行间同业业务已经从最初的弥补流动性不足发展成为追求盈利的手段了。由于同业业务时间紧凑，银行将大量资金投入后要保证资金链安全。这样一旦外部资金流动性发生变化，就会加剧引起流动性紧张的局面。

（二）理财产品和信托产品规模迅速增长

随着金融业的快速发展，越来越多的投资渠道逐渐产生。银行理财产品多种多样，无论在期限上还是金额上都有着多种选择的方式。对于理财产品而言，自首款理财产品推出以来的10年里，理财产品以年均近100%的速度增长。截至2012年末，银行业金融机构理财资金余额达7.1万亿元人民币，2013年6月末，银行业理财市场的存续规模接近10万亿元人民币。人们不再拘泥于银行存款赚取利息这种理财方式。同时目前的金融环境下人们也不限于通过银行理财。越来越多的阳光私募基金产品、信托产品规模迅速增长。而在信托产品方面，由于银监会限制银行直接购买信托产品，随之银行和信托间的通道业务应运而生。2013年上半年，我国16家上市商业银行的"买入返售信托受益权"就高达近万亿元，与新增贷款额度相比占10%以上。

理财和信托等产品规模的迅速增长使大量表外业务应运而生，银行通过通道业务变相的将资金注入房地产等高收益高风险的行业来赚取收益。这样既能够规避监管，同时又能赚取高收益。因此商业银行为了牟利而忽视流动性管理，将本身对流动性的需求降至最低，用最多的资金换取最大的收益。但这样做法但却积累了大量的风险隐患。一是投资高风险行业带来的系统风险，二是流动性资金不足可能带来的流动性风险。当各种因素共同作用时，整个银行体系流动性风险共同爆发就出现了罕见的"钱荒"现象。

（三）信贷扩张和结构不合理

虽然2013年的货币量较之前几年有所收紧，但总体来看货币量还是比较宽裕的。只是由于各种原因，国家部分产业、局部领域的资金供应紧张，并非国家经济领域集体缺钱，而是局部的"结构性钱荒"。

2013年的前几个月，由于我国宏观经济呈现复苏态势，部分银行开始纷纷扩张信贷投放，有关数据显示6月前10天的新增贷款就超过1万亿元，另外各银行的超额准备金也在减少，3 月末超额准备金率从 2012 年末的 3.51% 降至 2.58%，第二季度，超额准备金继续下降，有专家认为这是导致此次流动性危机不断升级的核心因素。

信贷增长本来是一件好事，可事实上社会上关于"钱紧"的呼声一直不断。人们发现尽管信贷总规模增长迅速，但许多中小企业并没有从中受益，它们想要从银行获取贷款仍旧困难重重，中小企业融资难仍然是人们关注的主要经济问题之一。分析问题产生的原因可以发现，一是中小企业自身的特性导致银行对其信用不足。专家认为，中小企业经营不规范、报表不齐全，很难通过发行股票、债券等方式直接融资，一旦银行信贷收缩，只能求助于民间借贷，从而使其资金环境雪上加霜。二是资金流向方面，大量资金并没有真正流向企业支持实体经济的发展，而是在金融体系内打转，进行套利，赚取利差。数据显示，2013 年前 5 个月 M_2 月均增长 15.7%，社会融资总量屡创新高。同期，银行同业业务迅速膨胀，5 月末同比增速超过 50%，银行间市场的飞速发展证明了资金在金融体系内空转的结论。信贷扩张和结构不合理成为了"钱荒"形成的重要原因之一。

（四）政策原因

有专家认为，此次"钱荒"的一个主要原因是各个金融机构对中国金融形势的误判造成的。2013 年开始，我国金融政策开始转向，而大部分金融机构认为我国仍将延续宽松政策，因此在资金布局上依旧大胆，没有考虑到政策转向对金融机构可能带来的风险。

有关人士通过回溯我国政策的蛛丝马迹发现，2013 年 5 月 6 日国务院常务会议是我国金融政策的拐点。此次会议提到"稳步推出利率汇率市场化改革措施，提出人民币资本项目可兑换的操作方案"。5 月 9 日央行重启央票发行，防范热钱涌入以稳定外部环境。之后盘活存量的提法开始不断出现在人们的视野中。李克强开始在各大会议中提出依靠市场机制，盘活信贷存量的思路。同时，利率、汇率改革事项也纷纷提上议程，建立存款保险制度的时机也已成熟。这样看来，6 月末被视为突发事件的"钱荒"便可以理解为是汇率、利率市场化使资金进出对金融市场的冲击进一步放大，是改革前的"阵痛"。

要应对如此重要的任务和挑战，金融系统必须坚固而稳健，才能够担负得起中国经济命脉的变革。而一直以来中国金融业受到国家政策的保护，犹如生长在温室里的花朵，并没有经历过真正的考验。但在以往宽松的经济环境中形成的不稳定的高风险的盈利模式并不适合我国未来改革的大方向，可以说此次

"钱荒"事件正是我国金融改革的一次"试演",为了使金融体系快速成长,也为我国金融业改革敲响了警钟。

三、化解我国资金过多与信用缺失矛盾的建议

(一)银行要加大支持实体经济的力度

银行业的基础职能之一是优化社会资源配置。即银行作为金融中介,把社会上的闲置资金从盈余部门转移到资金短缺部门,在为资金盈余者赚取收益的同时支持了其他部门的发展,有助于实现社会利益的最大化。由此可以看出,金融只有服务于实体经济,才能实现其真正的价值。而当今的商业银行为了赚取利差在金融体系内部进行投机行为,同时理财产品、银信合作、银证合作等大量表外业务的发展成为商业银行赚取高利润,规避监管的主要手段,导致了真正需要资金的实体经济部门无法获得足够的资金,或者获取资金的成本非常高,这都不利于实体经济的发展。另外目前银行表外业务的资金流向主要为政府融资平台、房地产等资本市场,加大了金融体系发生系统风险的可能性。

实体经济和虚拟经济之间的关系是人们争论已久的话题。实体经济与虚拟经济同等重要,两者相依相存。实体经济能够创造真实的财富,能够提供就业岗位和生产生活资料,是一个国家生存发展的根基。但实体经济的发展离不开金融的支持,要正确处理好两者之间的关系。尤其要防止虚拟经济脱离实体,盲目扩张。金融只有支持实体,才能得到真正的发展。要发挥金融业的重要作用,必须深化金融体制改革,提高金融监管水平,响应国家号召,为"三农"事业提供强有力的支持,配合新能源、新技术的新兴产业发展,支持小微企业的成长,使实体经济与虚拟经济互助共赢,改进现有商业银行投资模式,加大金融支持实体经济的力度才能缓解资金过多却流动性不足的矛盾。

(二)降低金融门槛,使民间金融合法化

中小企业融资难并非短时间内出现的问题,究其原因是体制不健全。金融市场上能为中小企业提供的金融服务屈指可数,也缺少专门面向中小企业的金融机构,缺乏政策支持和法律保障。其实不难理解,中小企业本身数量多,但经营状况良莠不齐,财务报表不规范,商业银行要想为之提供贷款等资金支持,就要深入了解企业经营情况,准确把握风险,这其中耗费的人力物力成本非常高,而受企业规模限制金融机构从中获得的收益很有限,因此商业银行更偏向于与大企业合作也无可厚非。本身制度问题和小企业自身缺陷如果不能解决,再向银行施加压力也是治标不治本的。银行流动性不足让我们把目光投向了民

间资本，人们看到银行在闹"钱荒"的时候民间资本非常充裕，然而却找不到一个规范、合法的途径进行投资。这为我们提供了新思路：并非只有银行借贷这一条路可走。2013 年 7 月国务院颁布的金融"国十条"中明确提出"扩大民间资本进入金融业"，并提到"尝试由民间资本发起设立自担风险的民营银行、金融租赁公司和消费金融公司等金融机构"。业内人士分析称，"通过放宽金融机构准入，由民资发起设立民营银行有助于在金融体系内形成良性竞争，同时结合民营银行自身优势，加强对小微企业、三农领域的信贷支持，促进经济结构调整与转型。"

要降低金融门槛，使民间资本合法化，首先要加强立法监管，健全牌照分类管理制度，允许民间资本设立金融机构，但要对其进行充分的考核评估和审批，再分门别类地颁发相应牌照。这样民间资本进入金融业后才能保证金融环境稳定，又能照顾到之前被忽视的中小企业利益，给金融业带来生机。2014 年我国在社会强烈呼唤的民营资本进入银行业方面实现了重大突破，由民间资本发起设立自担风险的民营银行，通过相关制度安排，防范道德风险，防止风险外溢；同时鼓励民间资本投资入股和参与金融机构重组改造；允许发展成熟、经营稳健的村镇银行，在最低股比要求内，调整主发起行与其他股东资本比例。"钱荒"问题使我们看到了我国民间资金过多，中小企业信用缺失的问题，这应该引起我国的足够重视，只有调整结构，加强监管，加速改革，完善金融体系，增加金融服务的覆盖范围，降低金融门槛又保证金融行业准入底线，把民间资本引入银行业，把民间金融作为银行的重要补充，才能使我国金融体系更加高效、平衡、健全的发展。

虽然"钱荒"对金融市场造成了一定的冲击，给人们带来了恐慌，但也使我们发现了民间资本这个巨大的宝藏，所以说这次"钱荒"并不是坏事，也正通过"钱荒"可以使中国的资本市场变得更加成熟，金融政策更加灵活。

（三）加速利率市场化进程

十八大之后，利率市场化已成为我国金融改革的重要目标。利率市场化是指：将存款利率上限和贷款利率下限放开，由银行自己决定，包括了利率决定、利率传导、利率结构和利率管理的市场化。实际上，就是将利率的决策权交给金融机构，由金融机构自己根据资金状况和对金融市场动向的判断来自主调节利率水平，最终形成以中央银行基准利率为基础，以货币市场利率为中介，由市场供求决定金融机构存贷款利率的市场利率体系和利率形成机制。

中国金融市场出现资本流动性不足的一大原因是理财产品的大规模销售。

而商业银行之所以发行如此大规模的理财产品是为了揽储，究其原因是我国未能实现利率市场化。在投资渠道多样化的今天，在利率固定的情况下，商业银行没有办法通过利率浮动来吸引储户投入资本，只有发行收益很高的理财产品来吸引储户注意，保证本身资产不会缩水。银行理财产品收益率往往很高，一年期理财产品的收益率一般都能达到5%以上，有的甚至高达10%，这远远超出了储蓄存款利率。问题在于银行打出如此之高的回报率是为了吸引客户存款，而在证券市场低迷时期，市场不景气，银行想要使资本获得如此高的收益是十分困难的，一旦达不到预期收益水平，银行为了保证自身信誉不得不拆东墙补西墙来渡过难关，就很容易造成流动性不足的状况发生。另外如此高额回报率的理财产品积累了大量风险，一旦环环相扣的资金链断裂，就会引发兑付风险，造成严重的后果。另外，"余额宝"成为时下的金融热点话题，"余额宝"亮相仅半年时间，它吸收资金规模却已达到1 800亿元，它深刻反映了银行市场化利率步伐缓慢的问题。当前一些政策调控手段充分证实了我国在朝着利率市场化方向前进，让我们拭目以待。

（四）加快建立完备的存款保险

存款保险制度，一般是指显性的存款保险制度，各吸收存款的银行按照一定比例向专门的存款保险机构缴纳保费。而银行一旦发生经营危机、面临破产时，存款保险机构将向其提供财务援助或向其存款人支付部分或全部的存款。现行实施存款保险制度的国家，其存款保险机构一般具有国家等级的信用，以此增强存款人对银行的信心。几乎任何一个银行一经批准成立，就被国家信用所担保，只是这种存款保险是隐性的。国家信用隐性担保下的中国银行业，被动接受利率管制，银行手脚被束缚住，也就没办法进行业务创新、风险自负。但利率管制的副作用非常明显，2004年以前，银行业经营不独立，利率管制的存贷利差较小，贷款出现大面积坏账，银行在会计上已经破产。但为了存款安全、社会稳定，国家剥离坏账，推动银行改制。2004年以后，利率管制的存贷利差较大，银行业赚得盆满钵满，但实体经济的利润都转移到金融业了，经济结构严重失衡。更大的压力来自于金融业改革的深入，市场出现了大量的存款和贷款的替代产品。这些产品的利率很高，导致大量的存款搬家，变成银行理财产品、信托、货币基金等产品，直接借给需要钱的人。这些产品往往借了银行的名义进行销售，银行和信托、基金等其他金融机构通过资产池等手段，模糊了这些产品的风险承担主体，让投资人认为这些产品和存款是一样的，等同于国家信用。事实上，在国家隐性担保银行业、银行业利率管制的情况下，全社会利率趋于市场化的同时，大家越来越乐意傍上银行这个大款，透支国家的信用。最终损害的却是全社会的利益。并且，随着支付宝的余额宝、微信的理财通等互联网金融产品的推出，存款流出银行的速度越来越快，但银行所承担的风险不仅没减少，而且越来越大、越来越脱离银行的控制。这时任何一丁点的小风险，都可能引发银行业的崩溃。因此，通过显性的存款保险制度，将存款的风险显性化，剥离附在银行身上的国家信用，可以一举消除国家保障存款人安全的负担。可以说，存款保险制度的建立是银行业的成人礼，有了存款保险，银行才能算是真正的独立。在存款保险之下，银行也可以自由决定存贷款利率，优胜劣汰。可以说存款保险制度是利率市场化的基础，只有建立了完备的存款保险制度才能够真正放开市场。在这种情况下，越早让银行自担风险，就越有利于消除个别银行与金融机构破产所带来的负面影响，就能为国家消除系统性风险争取更多的时间。

（五）监管部门加强对流动性风险的监管

金融越发展，金融结构越复杂，就会产生更多的风险，监管就越重要。所以我国金融业在陷入资金过多却流动性不足的矛盾中时，我们希望能够使金融整个结构简化，增强透明度，加强对流动性风险的监管。

银行业监管部门要密切监控银行业金融机构现金头寸，通过加大现场非现场检查、约见机构高管、发出风险提示等措施，督促指导银行业机构全面审视自身流动性管理，切实加强和改进流动性风险管理。防范银行业金融机构同业和表外业务风险，提高金融产品创新和影子银行活动的规范性和透明度；引导金融机构做足做活存量文章，促进产业升级和结构调整。一是加强对银行理财产品发售及到期兑付情况的监测，规范市场行为，严防声誉风险。对因为违规操作而导致自身出现流动性风险的银行机构，监管部门应该施以重罚，真正起到惩戒的作用，以建立起良好的金融秩序。二是对农村中小金融机构进行风险提示，加强流动性风险管理，增强存款稳定性，根据存款总额和清算流量进行科学匡算，备好清算头寸和准备金头寸，确保本机构日常交易、支付、结算顺利进行，不得出现违约情况，维护机构良好声誉；各村镇银行再次落实与主发起行的流动性救助协议，确认主发起行具有充分的流动性及备付金。三是严禁银行高息揽存、严禁"冲时点"，切实维护市场秩序的稳定。同时，加强资金调度，备好头寸，严防挤兑风险。四是及时了解银行流动性情况，以及流动性紧张对各行支付结算和贷款发放的影响。密切跟踪银行间利率变化，严防区域流动性相关风险相互传染。五是银行要严格执行重大突发事件报告制度，加强舆情监测和信访应急工作，增强敏感性，做好应对市场谣言和消费者投诉的准备。同时，建立健全流动性风险报告机制，要求各银行业金融机构加强与监管部门及上级行的沟通，及时上报流动性风险苗头性情况。

【专栏】

工行、农行、中行、建行年初
再现信贷反弹　一月双节考验流动性

2014 年初，有权威数据显示，截至 1 月 12 日，工行、农行、中行、建行新增人民币贷款约 3 200 亿元，显著高于去年同期 2 700 亿元新增；且如此集中放款是在工行、农行、中行、建行存款流失 5 500 亿元的基础上逆势完成的。工行、农行、中行、建行年初再现信贷反弹 2014 年新增贷款或达 9 万亿元。而根据多位权威专家分析，2014 年国内生产总值（GDP）增长、通货膨胀控制等几项指标的预期目标值有可能与 2013 年预定目标看齐或略有下调，即经济增长预期目标还将维持在 7.5% 左右、居民消费价格指数（CPI）涨幅则可能在 3.5% 左右。这也正如中国银行宏观报告所认为的，"2014 年，央行可能会维持稳健的货币政策年，可能会维持稳健的货币政策，M_2 同比增速将继续保持平稳状态，预计全年 M_2 增速将在 13.5% 左右。"可见信贷凶猛，但并不等于货币放水，稳健的货币政策仍然是常态。信贷的强势增长事实上与 2013 年最后一个月的强行压缩贷款有些关系。

我国货币政策由适度宽松转向稳健已经三年多，而且这种趋势还会持续下去。而有的银行仍然按照惯性思维，追求规模高增速、业绩高指标、利润高增值，仍然走规模扩张的老路。商业银行这种不合理的资产负债管理方式引起了监管机构的批评。

面对动性风险管理难度加大的问题，银监会提出了以下几点要求：

一是认识货币总量控制的长期性，及早调整流动性偏好。

二是提高资金来源稳定性，牢固树立量入为出的资产业务理念，加强主动负债管理。

三是加强同业理财和投资业务管理，调整资产结构、合理控制资产负债期限错配程度。

四是认真执行流动性风险管理办法，密切关注货币市场动向，做好应对预案，及时发现风险隐患，果断采取应对措施。

第二节　矛盾二：社会融资 "去银行化" 与信贷管制的矛盾

社会融资的 "去银行化" 又称为金融脱媒，是指在金融管制的情况下，资金供给绕开商业银行这个媒介体系，直接输送到需求方和融资者手里，造成资金的体外循环。银行一直是我国投融资体系中的主体，但近些年来，银行在投融资体系中的市场份额有所下降，出现一些脱媒迹象。银行脱媒既是我国经济发展、放松管制和发展直接融资市场的必然结果，也是对我国货币调控、银行监管及银行业务的挑战。

一、中国金融业未来的发展方向

（一）积极发展多层次资本市场

由于社会融资需求的多样性，单一资本市场可能会出现准入门槛高、覆盖范围窄等不足，这就注定了只有发展多层次资本市场才能够更好地满足各个领域、各个部门的多样性融资需求，对当前中国经济发展也起着至关重要的作用。

首先，发展多层次资本市场可切实促进实体经济发展，有助于降低实体经济融资成本。我国金融体系十分庞大，资金在金融体系内部空转套利使资金的使用效率低下，实体经济间接融资成本升高。其次，发展多层次资本市场有利于中小企业融资。中小企业融资难在于正规金融间接融资门槛高，而目前非正规金融渠道融资成本高，运营又不规范。多层次资本市场为融资提供了多种选择。大力发展包括股票、债券等直接融资方式在内的资本市场，显著提高了直接融资比重，将改变当前间接融资占比较高的融资格局，为实体经济发展和中小企业融资提供了新出路。另外，发展多层次资本市场体系可丰富居民投资理财渠道，有助于提高居民收入水平。在多层次市场体系中，居民积攒的资金不再局限于银行存款的方式来赚取利息，更多的人会积极寻找有利的投资理财机会，选择最适合自己的投资方式，获取更高的财产性收入。这充分符合了党的十八大报告提出的 "到 2020 年实现国内生产总值和城乡居民人均收入比 2010 年翻一番" 的 "双倍增" 目标。

尽管经过多年的不懈努力，我国已经初步形成了以债券市场和由主板、中小板、创业板构成的股票市场以及代办股份转让系统等为主体的多层次资本市场体系。但其对中小企业、文化类企业、现代农业企业、科技类企业实体经济的支持服务力度还有待提升，市场品种和工具还有待进一步丰富，直接融资的潜力还有待挖掘，还不能完全满足实体经济的需求，需要进一步支持与促进多层次资本市场的发展。

【专栏】

李克强：中国将积极培育发展多层次资本市场

2013 夏季达沃斯论坛开幕式于 9 月 11 日下午在大连国际会议中心举行。国务院总理李克强在回答世界经济论坛主席施瓦布关于中国金融体制改革的问题时表示，中国要积极推动多层次资本市场的培育发展，还将完善金融监管体系，增强金融监管机构的协调性，并且择机推出存款保险制度。

李克强说，我们要积极推动多层次资本市场的培育发展。中国现在的储蓄率比较高，这有好的一面，也有不利的一面。我们正在不断采取措施，扩大内需、刺激消费，而且希望通过有效的措施来优化投资结构，提高投资效率。这需要提高直接融资比重，让社会、企业、个人有更多的投资渠道。也就是说，要拓宽投融资的渠道，使社会、企业、个人有更多的选择，市场更有活力。

李克强表示，在讲到金融改革的时候也不能忘记必须同步推进金融监管。他说，经济的发展需要金融的支撑，但金融出现危机会严重冲击经济的平稳运行。其实，加强金融监管本身也是一种改革。我们将完善金融监管体系，增强金融监管机构的协调性，并且择机推出存款保险制度，要坚决守住不发生系统性、区域性金融风险的底线，让储蓄、投资者对未来都有稳定的、可预期的回报。说到底，金融体制改革就是要惠及实体经济、有利于结构调整，使更多的人民群众受益。

（二）推进产品创新

金融市场竞争的核心是产品的竞争，而产品的竞争来源于不断地创新，所以商业银行要加快金融创新体系的建设，在金融创新体系中，金融产品创新是最主要的金融创新。金融产品创新是商业银行运用新思维、新方式和新技术，在金融产品或服务、交易方式、交易手段以及金融市场等方面的创造性活动，从而实现银行经营利润最大化和风险最小化的一系列经济行为过程。[①]

随着改革开放步伐的加快，越来越多国外先进的银行等金融机构进入到中

---

① 资料来源：董丽：《金融产品创新与风险防范探析》，载《黑河学刊》，2009（6）。

国，他们拥有丰富的经验和先进的理念，并凭借自身优势在中国迅速发展，对中国国内商业银行带来了冲击和挑战。为了应对日渐严峻的生存环境，产品创新成为了提高市场竞争力的灵魂。要完善我国商业银行产品创新机制，培养创新型人才，才能应对挑战。

近年来随着互联网金融的发展，金融创新早已不仅仅局限于银行等传统金融机构内部，互联网金融发展迅猛来势汹汹，一方面为群众带来了方便和实惠，另一方面也为金融监管敲响了警钟。

下面我们介绍一下 2013 年最引人注目的几个金融创新案例。

【专栏】

余额宝

余额宝来自于支付宝（中国）网络技术有限公司，是由第三方支付平台支付宝打造的一项余额增值服务。通过余额宝，用户不仅能够得到较高的收益，还能随时消费支付和转出，用户在支付宝网站内就可以直接购买基金等理财产品，获得相对较高的收益，同时余额宝内的资金还能随时用于网上购物、支付宝转账等支付功能。转入余额宝的资金在第二个工作日由基金公司进行份额确认，对已确认的份额会开始计算收益。

虽说不少电子银行都内置了基金和储蓄的互转功能，但是将用于电子支付的货币池和理财的货币池合二为一，是阿里在 2013 年的一个大胆实践。天弘基金与支付宝的合作，公开地开创了一个新模式。对于支付宝的客户而言，货币基金可以提供较低的风险和较好的流动性，又不影响其随时可能调用的支付功能。天弘基金和支付宝合作的货币基金，可以像支付宝余额一样随时用于消费、转账等支出。两者一结合，既可提高支付宝客户资金余额的收益率，也可以为基金公司带来新的业务增长点。在推出这个项目后，从行业内外不断出现类似的跟进者可以看出，这是数年来最重要的一次互联网思维与政策内突围相结合的具有想象力的一次创新。

【专栏】

互联网金融支付安全联盟

互联网金融支付安全联盟是银联联合多方机构共同发起的。中国银联、公安部经济犯罪侦查局和网络安全保卫局、17 家全国性商业银行以及 9 家主要非金融支付机构成为首批成员单位。互联网金融支付安全联盟作为国内互联网支付安全的开放式协作平台，旨在通过完善风险联合防范机制，保障网络支付交易安全，维护消费者利益，促进互联网支付健康、持续、稳定发展。该联盟成立后，参与各方将整合资源和服务优势，在风险信息共享、风险事件协查、风控技术研究、安全支付宣传、公安司法协作等领域开展合作，共同提升互联网支付风险管理水平。

当前支付产业正在发生深刻变革，以互联网为代表的创新支付为消费者带来支付便利的同时，对支付安全提出更高要求。此次支付安全联盟的成立，不仅是产业各方履行社会责任的重要体现，而且也顺应了创新支付快速发展及跨界合作的需求，标志着产业风险联合防范进入新阶段，逐步打造安全的互联网金融支付生态圈。

【专栏】

微信银行

2013 年下半年，浦发银行推出业内首个深入融合微信交互模式的微信银行，微信银行内的微理财功能率先实现了理财产品查询、购买、分享、理财经理互动等功能。

在移动支付时代，银行卡的地位岌岌可危。对于这种现状，浦发银行进行了大胆的尝试，成为国内首家将自身业务与热门社交工具深入融合到一起的金融机构。浦发微信银行创造性地将微信互动与预约取款合二为一，使手机不仅是移动支付的载体，也是预约提取现金的"移动入口"。而将交易结果分享到微信朋友圈，和好友共同分享财富升值的喜悦，也成为浦发微信银行的附加价值。值得一提的是，浦发微信银行应用并非行业内首家，但是其基于微信功能的研发与同业相比有着明显的进步，例如：可以在微信平台上通过"拍拍付"，远程分享二维码或声波，实现跨行实时转账，毫无疑问，这些设计的细节将会极大地改善客户对移动银行业务的体验和感官。

【专栏】

51 信用卡管家

51 信用卡管家来自杭州恩牛网络技术有限公司，是一款信用卡管理工具，让用户通过手机更方便地集成管理信用卡，包括消费数据分析、还款提醒、银行和商家的促销信息等功能。用户将账单邮箱和系统绑定或者发一封电子邮件到指定的地址，账单信息则会自动同步在应用中。

作为一家技术应用的软件公司，集银行卡的客服、保姆、会计师和咨询师于一身。51 信用卡管家不仅巧妙地借助邮箱解决了大多数财务管理类软件中不断让用户录入的问题，还可以把电子账单里的信息汇总，并给出建议。从一款信息管理软件，转变为信息搜集和处理的工具，集合用户的需求和银行的业务需求，正是技术影响金额的有趣实践。一张小小的信用卡账单里还藏着无穷的数据财富。一封电子邮件中，就分析出客户开什么车，是否养宠物，是否是星巴克的重度用户等。还可以算出客户的资产情况和还款能力。这些全面的金融信息都是不可多得的资源，将是金融大数据时代的重要入口，虽然这还是新兴的业务，但是体现出移动金融的未来色彩，具有极大的开发价值。

【专栏】

宜人贷

宜人贷来自宜信惠民投资管理（北京）有限公司，是宜信公司历经 7 年打造的知名网络个人借款与出借咨询服务平台，旨在为有资金需求的借款人和有理财需求的出借人搭建了一个轻松、便捷、安全、透明的网络互动平台。个人借款人在宜人贷上发布借款请求，通过信用评估后，获得出借人的资金支持，用以改变自己的生活，实现信用的价值；而个人出借人可以获得经济收益和精神回报双重收获。

宜信公司是中国普惠金融的倡导者和实践者。宜人贷的成立，借助个人对个人 P2P 咨询服务平台，为工薪阶层和一般收入阶层开拓了有别于传统银行抵押担保贷款的新途径，使苦于无物抵押的借款人体验到信用借款的便捷与高效，也让更多人意识到了个人信用的价值。与此同时，宜人贷还是一个公开透明的理财咨询服务平台，为出借人提供了更方便快捷的网络理财模式，通过自主选择借款人，出借人能够更加清晰地看到自己的资金被用于改善他人的生活。

（三）提升金融业的资源配置效率

金融是现代市场经济中"资源配置的核心制度"，其他经济资源要通过金融资源的有效配置而得到有效配置，资源配置过程就是金融要素和其他资源要素不断地相互作用、协调、调整相关主体利益关系的过程。

金融市场的多样化能够有效优化配置资源，推动经济结构调整和发展方式转型。发展多层次资本市场既可以有效引导各种生产要素，使经济资源向着核心区域和政策扶持的区域聚集，实现制度优势、人才优势、政策优势和经济资源等在资本聚集区全面有机的结合，形成资源协同效应，又有助于实现企业兼并重组，推动企业创新发展，促进产业结构调整，实现资源优化配置，并加快经济发展方式转型。因此，应及早对金融结构的调整和优化做出战略规划和安排。

金融的发展有利于调节资源配置的不合理问题，使社会资源得到更好地利用。无论是理论分析还是各国经济发展实践都表明，在金融发展过程中，总量增长和结构协调具有同等重要性，特别是当总量增长到一定程度后，其功能的发挥和效率的提升往往受到结构问题的制约。[①]

金融具有脆弱性，这是金融固有的特性，而金融在经济运行中居于核心地位，是资源配置的核心制度，金融出了问题，后果不堪设想。因此，防止金融脆弱和避免金融危机就成为金融资源配置的一个重要目标。微观金融机构特别是商业性金融机构以盈利为主要目的，利用金融制度具有的"公共性"，常常进行"搭便车"的"机会主义"投机活动，造成高负债和高风险经营。当金融体系中的这类金融机构成为多数时，金融脆弱性就显现出来，这时金融资源的配置也就处于只讲效益不讲稳定的状态，"金融脆弱性"变成了"金融脆弱"的现实，金融危机爆发的可能性大大增加。如果没有宏观主体进行必要的监管和干预，整个金融制度就可能崩溃，货币资本资源也就失去了可以依托的制度基础。因此，金融资源配置的效率性和稳定性（脆弱性的反面）必须给以平衡的关注，单单强调一方面，忽视另一方面，都可能给金融资源配置带来负面影响。

在吸取计划经济时期把金融视为"工具"、"手段"，用财政功能取代金融功能，导致金融资源配置低效和失误的教训之后，金融资源配置不应仅仅着眼于经济指标的高速增长上，还应强调金融和经济之间的平衡发展，即金融效率和金融稳定要平衡兼顾，否则就会出现金融资源配置状态不适应于经济资源配置状态。归根结底，我们应当在理论上揭示金融的资源属性，用资源配置的观念来看待金融，这是促进金融和经济协调、可持续发展的前提。

---

① 资料来源：张立强：《转型时期我国金融结构优化研究》，财政部财科所博士学位论文，2012。

二、金融结构趋同化向金融结构多元化转变的路径依赖

（一）证券市场的融资规模超过银行的融资规模

近年来，随着我国金融市场多元发展，融资体系趋于完善，社会融资变化主要表现为以下几点：一是人民币贷款占比大幅下降。2012 年人民币贷款占同期社会融资规模的 52.1%，为历史最低水平，比 2002 年低 39.8 个百分点。2013 年总体仍处于下降态势。二是直接融资特别是企业债券融资快速发展。2012 年非金融企业境内债券和股票融资占同期社会融资规模的 15.9%，比 2002 年高 11 个百分点。三是实体经济通过金融机构表外的融资迅速增长。2012 年实体经济以委托贷款、信托贷款和未贴现银行承兑汇票方式融资，占同期社会融资规模的 23%，而 2002 年这三项融资的占比几乎为零（见表 3 - 1）。2013 年这三项融资的占比为历史同期最高水平。

表 3 - 1　　　　　　　　　　　　　　社会融资规模

年份	社会融资规模	其中						
		人民币贷款	外币贷款（折合人民币）	委托贷款	信托贷款	未贴现的银行承兑汇票	企业债券	非金融企业境内股票融资
2002	100	91.9	3.6	0.9	—	-3.5	1.8	3.1
2003	100	81.1	6.7	1.8	—	5.9	1.5	1.6
2004	100	79.2	4.8	10.9	—	-1	1.6	2.4
2005	100	78.5	4.7	6.5		0.1	6.7	1.1
2006	100	73.8	3.4	6.3	1.9	3.5	5.4	3.6
2007	100	60.9	6.5	5.7	2.9	11.2	3.8	7.3
2008	100	70.3	2.8	6.1	4.5	1.5	7.9	4.8
2009	100	69	6.7	4.9	3.1	4.4	8.9	2.4
2010	100	56.7	3.5	6.2	2.8	16.7	7.9	4.1
2011	100	58.2	4.5	10.1	1.6	8	10.6	3.4
2012	100	52.1	5.8	8.1	8.2	6.7	14.3	1.6

近年来，我国金融总量在持续快速增长，金融市场多层次发展，证券、保险、基金等金融产品不断创新，投资渠道多元化。证券投资基金数量不断增加，规模不断扩大，为投资者提供了更广泛的选择。分流银行存款最为明显的则是股票的申购，这也加大了短期资金市场的波动性。资金面由于新股密集发行和申购资金的冻结，对各银行的流动性头寸产生巨大的影响。这些情

况表明，我国居民储蓄和金融资产结构已开始进入一个大调整时代，这对中国的金融结构来说，本来是一个积极的信号，但对于商业银行来说则是个极大的冲击。如果商业银行仍然寄希望于老百姓把钱全部存入银行，金融资产主要以居民储蓄存款的形式存在，这显然是一个相当落后的观念。储蓄存款这种单一金融资产的时代正在结束。我国政府正致力于资本市场的发展，推动居民金融资产结构配置方式的变革：由原来几乎单一的储蓄存款，逐步调整为储蓄存款与证券化金融资产——国债、公司债、基金、股票等并存的多元化的格局。这种居民金融资产的结构性调整符合金融发展的规律，也顺应投资者的需求。我国商业银行应当正视这种形势，积极开展产品创新，寻求新的利润增长点。

（二）机构多元化

创新是持续发展的重要前提，我国金融业想在持续发展中得到不断的提升和加强，就必须对金融机构进行积极创新。金融机构创新可以在一定程度上为金融业注入新鲜活力，形成金融机构的多元化。它不仅可以使金融业的机构种类和总量增加、金融服务范围得到拓展，还能促使金融机构中的设备现代化水平以及资本扩张能力提高。

加速机构的创新，促使互助互补的金融组织体系形成，竞争才有利于发展和创新。就我国之前的情况来看，我国的大部分的金融资源被工行、农行、中行、建行掌控，这在一定情况下不利于竞争，对创新也存在一些不利影响。近几年来，随着外资金融机构的出现以及我国股份制商业银行的发展，这种情况得到了一定的改善，但是，其在发展的过程中存在大城市以及大企业信贷过于集中等问题。在这样的情况下，相关部门采用机构创新的方式，建立了多层次的金融组织体系。其在实际操作的过程中，放宽对金融业的市场准入标准，设立股份制以及其他所有形式的非国有银行，逐渐降低国有银行的金融垄断。还有就是相应加强农村经济以及县域经济等相关的金融服务力度，促使地方性的中小金融机构得到进一步的发展。

（三）市场定位差异化

差异化发展战略是市场定位的基础，也是现代金融机构经营过程中一种常用而有效的理念和方法。金融机构差异化发展可以摆脱传统金融机构低水平竞争的格局，凸显出金融机构的比较竞争优势，适应我国市场经济发展的要求。

金融机构要想在金融市场进行差异化定位，可以从产品和服务两方面着手考虑。首先是产品差异化。产品是一个机构的核心，产品的好坏甚至直接代表了机构的实力。在社会发展的今天，金融市场供大于求，同质化的金融产品已经不能够满足消费者的需要，一家金融机构若想在众多机构中脱颖而出，就必须要有别于其他机构的差异化金融产品。这要求金融机构首先选择目标客户，并对目标市场竞争者和企业自身状况进行竞争优势分析。考虑到目标客户的切实需要来进行产品设计，并结合企业自身优势设计出有别于市场上其他产品的差异产品。新产品的侧重点就在于独特性和专业性。但在信息发达的今天，想要一直保持产品的唯一性是十分困难的，成功的产品在市场上很快就会有机构进行效仿，要想保持优势只有抢占先机获取客户和不断创新维持客户。目前市场上不乏有代表性的差异化产品，例如招商银行利用自己网络方面优势推出的"一卡通"，交通银行利用自己在外汇业务上的优势开发出的"外汇宝"等。其次是服务差异化。金融归根结底是服务行业，服务于工商企业，为制造业和各类其他的第三产业服务，如果金融能够很好地服务于各种第二产业、第三产业，金融就是中心。如果金融业不能很好地为制造业、第三产业服务，那么脱离了这个服务的轨道，就变成了泡沫，变成空心。仅仅拥有好的产品是不够的，我国的商业银行在当代的金融服务市场里，一切要以客户为中心，明确市场定位，实施个性化服务策略，不断提高金融创新能力，为客户提供丰富的金融产品和特色服务，使客户满意。但一家企业很难做到十全十美的服务水平，这时候银行要审视自身优势，争取在个别点上提供有别于同业的差异化金融服务。这些差异具体可以体现在企业品牌形象、员工服务态度、产品营销策略以及各种公关活动的开展等方面。例如招商银行通过提供差异化的手机银行、微信银行、私人银行等服务，把客户群体定位到了年轻人和高端客户群体。

综合了产品和服务的定位后，金融机构在群众心目中就有了基本确定的位置和风格。随着我国金融市场的不断发展，市场细分会越来越细，金融机构要想在市场上立足必须找到有别于其他机构的市场细分，而机构在寻找自身定位的同时也使得整个金融体系越来越完善，金融市场越来越成熟。

【专栏】

花旗银行差异化市场定位

（一）市场目标的选择。花旗银行力争要成为中国主要的人民币放贷银行，其目标是将花旗银行的所有系列产品带到中国，并由此定下了系列市场目标：选择与中国的银行系统建立战略联盟进行业务合作，提高市场的成熟程度和扩大市场容量；要扩大客户量，要提高企业客户的服务附加值，提高个人消费者客户的服务附加值。

（二）目标客户定位。公司业务方面，花旗银行此前的客户大部分是外商投资企业，未来的业务增长将主要转向来自优质的本地公司。个人业务方面，"花旗贵宾理财"是全球闻名的名牌服务项目之一，因此，花旗银行要争夺中国的高端客户。多元化的投资理财才是花旗银行着力培养的市场，具体区分方法如下：一是收费淘汰。设置存款门槛，通过收费存款的方式淘汰掉一些效益低的客户，以保证对高端客户的服务质量，同时也让其客户感觉到成为花旗银行的客户是身份的象征。二是差别服务。花旗银行"一对一"式的理财咨询柜台和贵宾服务房间比储蓄柜台面积大很多。花旗银行的差异化策略完全配合其市场细分策略，一切出发点是瞄准自己的目标顾客群——高端市场，客户资产越多，收的服务费越低。花旗银行在全球激烈的竞争中，形成了"对于银行来说，最好的经营策略就是明白自己不该做什么"的经营哲学，把客户市场区分为不同的门类，提供有针对性的服务方式来满足客户需求。如今，中国是花旗全球最重要的市场之一，花旗在中国市场获得的巨大成功，其选择与中国银行系统建立战略联盟，设置门槛，收费淘汰，抢占高端客户，实施贵宾理财，根据客户资产量差别定价、差别服务的经营理念和差异化服务策略值得中国金融机构学习和借鉴。

【专栏】

银行业金融服务优化

1. 人民银行仙桃市支行优化金融服务通道

2014年3月以来，人民银行仙桃市支行以群众路线教育实践活动为契机，结合履职工作，着力优化金融服务通道，服务经济发展。

该支行畅通扶持弱势群体的绿色通道，指导金融机构发放就业再就业贷款400笔2 000万元，发放劳动密集型小企业贴息贷款9笔1 420万元，发放妇女创业贷款5 000多万元。该支行打造窗口服务的便利通道，支行营业室、外汇、征信等窗口部门完善或补充制订了多项便民利民措施，细化了支付结算等服务承诺内容并张贴于办公室，告知征信业务办理流程，指导金融机构网点设置残损人民币与零钞兑换窗口。该支行还建设金融维权阳光通道，设立了监督电话和群众举报信箱，加强对工作人员的行为监督。

2. 中国银行湖北汉口支行优化出国金融服务

近年来，中国银行湖北汉口支行不断优化出国金融服务，着力打造个人外汇业务品牌。该行以出国金融服务中心为依托，提供结售汇、国际汇款、旅行支票、海外开户见证、外汇留学贷款、信用卡等为主要内容的出国金融"一站式"服务。同时，加强服务和管理，特设个人外汇业务办理窗口和等候区，加大电子渠道自助设备投入，简化业务流程。截至 2014 年 2 月末，该行累计办理境外汇款 476 笔，金额 4 838 848.50 美元；个人结售汇 1 972 笔，金额 5 438 383.00 美元。3 月，该行还新增双休日个人外汇业务办理服务，得到顾客好评。

3. 广发银行优化微信预约服务

广发银行日前优化升级微信网点预约排队服务。客户只需选择微信中的"位置"功能，发送其位置信息到广发银行官方微信，系统便会自动推送给客户所在位置附近的网点信息，再回复对应的网点序号，实现不用排队，业务即到即办。

据悉，自 2013 年 8 月率先开门迎客以来，广发微信营业厅客户规模和交易量均稳步攀升，面向信用卡、借记卡客户提供账户查询、信用卡还款、账单分期、调额申请、个人贷款预申请等众多功能，几乎覆盖所有个人金融服务。

4. 华夏银行重庆分行："智慧电子银行"优化金融服务

随着人们的生活、学习、交流都越来越多地转移到手机上来，依托移动终端的"指尖"金融发展尤为迅猛。记者通过华夏银行重庆分行了解到，华夏银行"华夏龙网"电子银行推出"智慧电子银行"。2014 年起，该行电子银行将通过"智慧网银"、"智慧移动银行"、"智慧客服"等服务，全面升级网上银行、移动银行、客服中心，将三种渠道的金融服务智慧化，无缝接轨互联网金融。

据介绍，"智慧移动银行"包含智慧汇款、智慧取现、智慧订票、智慧观影等功能，将客户使用最多的汇款、取现、订机票、电影票等金融和生活服务纳入工作内容，实现了一站式"移动"金融生活。

"智慧网银"通过智慧搜索、智慧匹配、智慧展示、智慧菜单、智慧提醒、智慧归集，在网上银行处理个人金融业务时，更加注重"客户体验"，提供了更加人性化的服务。

"智慧客服"包括 95577 客服中心智慧导航、智慧收付、智慧理财、智慧提醒、智慧识别等功能。"智慧导航"，客户接通 95577 后，选择 6 与智能语音系统对话，无需按键，只需"说"出需要办理的业务名称，智慧导航就可以越过菜单层级，直接引领进入最终交易节点办理业务。

5. 北京农商银行：优化养老金融服务

近几年来，北京农商银行积极配合北京市人力资源和社会保障局，承担北京市城乡居民养老保险的代理收缴及发放工作，并逐渐将线下手工服务搬到线上，最终形成了以专用账户管理、全程电子数据传递、系统自动划转的业务处理方式，全面保障了社保基金及个人专户的资金安全，实现资金高效快捷的划转。

为了引导人们积极参保，加强参保人对保险金收缴、发放流程的了解，北京农商银行针对城乡居民养老保险业务配套推出了零余额开户、免工本费和年费等优惠措施，解决了参保及领保手续繁琐的问题。

截至 2013 年末，北京农商银行服务城乡居民养老保险业务客户数量已达143 万人，2013 年全年累计代发北京市社保中心城乡居民养老保险713.80 万笔，全年累计代收城乡居民养老保险108.10 万笔。

"2014 年养老保险政策与金融服务的结合度将进一步提高。"北京农商银行有关负责人表示，现在养老助残券在消费时不太方便，今年这一服务将实现电子化发放。老年人手持银行卡既能办理金融服务，还能享受之前养老助残券拥有的功能。

此外，北京农商银行将针对城乡居民养老金客户，特别是农民客户群体，计划推出特色的"养老账户"。同时，北京农商银行针对城乡居民养老金客户的资金管理需求，还将推出"联名账户"和"个人保证金账户"，提供更灵活、安全的资金管理模式，形成特色的个人账户分层管理体系；通过加强农村支付渠道建设，积极改善农村支付环境，打造独特的养老金融服务体系。

（四）利率市场化

利率市场化改革在一定程度上促进了我国金融脱媒的深化。一旦利率市场化实现，银行的利差收入将大大减少，银行对大企业资金供给的动力也会弱化。人们对存款机会成本会有新的认识，积极寻找新的理财方式，加速金融脱媒进程，这将有效约束银行存款的增长幅度。

利率市场化表面看是放松利率管制的过程，实际上远非那么简单，利率市场化实质上是一个通过价格竞争来优化金融系统结构的过程。在此过程中，一方面，需要通过金融脱媒来促成传统银行业的变革，降低银行存款在居民储蓄中的比重和银行贷款在企业融资中的比重，直接提高直接融资的比例；另一方面，商业银行通过间接融资直接化而创新出来的创新业务如人民币理财、短期融资券、信贷资产转让等逐渐将商业银行的业务表外化，这些产品的定价基本上由市场决定，同时各类投资者在买卖这些产品时也是按照市场价格进行交易的。可见，间接融资直接化而创新的人民币理财、短期融资券、信贷资产转让、资产证券化的业务类别从一级市场发行和二级市场交易同时推动了利率市场化的步伐。

基于金融脱媒的商业银行创新业务的广泛开展不仅直接推动了利率市场化进程，而且培养了我国商业银行的经营能力、竞争能力和风险定价能力，使得资金定价权逐渐从监管当局向金融市场转移，从而对现有法定人民币利率体系形成一定冲击。这种源于市场内生力量的创新业务最终将突破利率管制，有力地推动我国利率市场化的进程。

三、加强监管

一方面，融资"去银行化"拓宽了社会融资渠道，为中小企业以及个人提供了更多的金融选择，有利于我国金融市场向市场化、竞争性、多样性的方向发展，但与此同时融资渠道的多样化也增加了金融监管的难度。在我国金融发生重大变革的时候金融监管一定要跟上步伐，才能保证我国金融市场的稳健运行。

（一）金融创新监管应体现适当的风险容忍度

任何新鲜事物的产生，都要适应现有的生存环境，这就有失败和成功两种可能，金融创新也不例外。监管部门在面对金融创新时，不要害怕错误的发生，金融监管上要留有一定的试错空间。只要金融创新的风险是在可控范围内，不会对整个行业造成巨大冲击和损失的非致命性错误都可以容忍。让新事物在错误中历练，吸取教训才能够真正成长为与生存环境相适应的一员。在这个过程中，不适合的产物会自然而然的被市场环境所淘汰，这也是市场的自我淘汰和约束机制。因此监管要体现适当的风险容忍度，切莫让过早、过严的监管牵绊了创新的脚步。

（二）实行动态比例监管

目前为止，学术界对金融监管的概念都没有一个清晰的界定，监管从严到松可分为四个层次：第一层是市场自律，由金融企业和行业协会发布自律准则，主要采取自愿实施的方式。第二层是注册，通过注册相关部门可以及时掌握有关机构的信息。第三层是监督，持续监测市场或机构的运行，如非必要不采取直接监管措施。第四层是最严格的审慎监管，对相关机构提出资本、流动性等监管要求，并有权进行现场检查。除此之外，法律本身也具有规范市场主体行为的监督约束作用，可以视为监管的一种广义形式。违反法律的，可由司法机关负责处理。①

由于金融创新发展，金融环境在不断地变换当中，随时有不同风险的创新产品诞生，另外已有产品的风险水平也随着大环境的变化而改变。这就要求监管部门对不同金融平台的产品定期进行风险评估，并将其按最新评估结果分类，对风险高的产品和风险低的产品区别监管。构建一个灵活的、差异化的动态评估监管体系。

（三）防止监管套利

监管套利是指金融机构利用监管标准的差异或模糊地带，选择按照相对宽松的标准展业，以此降低监管成本、规避管制和获取超额收益。这是一种投机行为，它会破坏金融市场秩序，不利于市场的公平与稳定。尤其是金融危机爆发之后，人们意识到监管套利行为对社会造成的危害，并进行了深刻的反思，防范监管套利变得十分重要。

现实生活中监管套利的例子有很多，例如基金公司受证监会监管，对投资范围有限制，于是纷纷设立基金子公司来分流业务，通过子公司投资来规避监管，将资金投资到高风险高收益的领域。这样的行为在市场行情好的时候能够给公司带来非常可观的收益，于是吸引许多公司纷纷效仿，可这其中蕴藏的风险也是巨大的，一旦市场开始走下坡路引发了兑付风险，多米诺骨牌效应就会使其母公司乃至整个金融行业发生金融危机。所以说监管部门应该防范监管套利行为，以保持金融生态环境的平衡与稳定。

（四）关注和防范系统性风险

系统风险又称市场风险、不可分散风险，这部分风险由那些影响整个市场的风险因素所引起。这些因素包括宏观经济形势的变动，税制改革等。系统风险的诱发在企业外部，不能通过投资组合来消除，公司本身无法控制，带来的影响面比较大。金融业是一个整体，机构与机构之间环环相扣，紧密相连，这就使金融风险具有的传染性，加上人们的恐慌心理，这往往就是金融危机产生的原因。

系统风险带来的危害无疑是巨大的，监管部门必须提高警惕防止系统风险

---

① 资料来源：张晓朴：《互联网金融监管的十二原则》，载《第一财经日报》，2014－01－20。

的发生。监管部门应该做到以下两点：（1）加强全方位风险防范。在风险没有发生时，首要任务就是做好预防工作，对整个金融业进行全方位监管，不留死角和空白。以审慎的态度看待问题，对新兴机构和业务进行风险提示，以免危机来得措手不及。（2）提前制定好应对机制。即做到未雨绸缪，预测可能发生的风险并积极制定应对措施，建立危机预警系统和资金池，一旦危机发生可以迅速作出反应，将损失降到最低水平。

（五）全范围的数据监测与分析

在信息技术高速发展的今天，大数据已经成为了实施全范围数据监测与分析，加强金融风险识别、预防的重要手段。在大数据时代，市场上数量庞大的交易信息都可以数据的形式表现出来，数据大量累积反映了市场行情和市场规律。人们通过先进的数据分析处理工具对大数据进行分析能够得到有用的信息。例如，相关公司从支付宝客户分散、客单量小、流量相对稳定等特点出发，充分借助大数据，对购物支付的规律，尤其是"大促"和节前消费等影响资金流动性的因素进行深度数据挖掘分析，对资金流动性进行预估，促进了余额宝模式的安全运行。这样一旦市场出现异常状况就会引起数据异常，使得风险变得可测，监管机构便可以通过大数据发现市场监管"黑洞"并及时采取手段，防止大面积风险发生。

（六）严厉打击金融违法犯罪行为

在金融改革蓬勃发展的大趋势下，难免会有投机分子钻法律的空子，希望一夜暴富，甚至有少数金融企业披着新兴企业的外衣做触犯法律底线的业务。面对良莠不齐的金融机构，我国一方面要支持有利于经济发展的金融机构改革创新，另一方面要认清少数违法分子的真面目，对触犯法律者严惩不贷。

在金融改革的动态过程中，法律也应与时俱进，划清新兴金融模式与非法集资、非法发行股票等犯罪行为的界限，及时出台相关法律法规政策，借鉴先进国家经验，加强法律法规和金融知识的宣传教育工作，推动金融改革健康稳定地发展。

（七）加强信息披露，强化市场约束

信息披露是企业进行外部监督和自我监督的有效手段，指金融企业将其经营信息、财务信息、风险信息、管理信息等向客户、股东、员工、中介组织等利益相关者，履行告知义务的行为。信息披露可以提升整个行业的透明度，把公司的经营状况展现在公众的眼前中。良好的信息可以增加消费者和投资者对机构的信心，反之不利信息可能使机构失信于人。机构为了在大众心中维持良好的形象必须努力经营，信息披露也便成了一种有效的激励约束手段。

（八）加强消费者教育和消费者保护

金融市场上消费者处于弱势地位，监管部门的监管行为也更多是为了保护消费者的权力。但处在交易行为第三方的监管部门至多只能为消费者和金融机构敲响警钟，最终还是要消费者自己引起重视才能从根本上杜绝不良现象的发生。因此，加强消费者教育和消费者保护也是国家金融监管的重中之重。

首先要对消费者进行定期教育，让公众对自身理财能力和风险承受能力有准确的认识，及时了解新型金融产品，提升金融风险意识。其次要加强消费者保护，建立系统、高效的消费者保护机制和消费者投诉体系，督促金融机构在产品销售过程中及时对投资风险进行提示，真正帮助金融消费者解决在投资过程中遇到的难题，增加投资者对市场和金融机构的信心。

第三节　矛盾三："影子银行"与正规金融的矛盾

影子银行的快速发展，既促进了金融创新，但也对传统金融运行产生了不容忽视的冲击。如果说美国的影子银行是由于金融创新过度、监管滞后而产生，那么我国的影子银行仍旧属于传统融资范畴，是对商业银行部分业务的变相替代，是利率管制以及金融市场不发达的产物。

一、影子银行界定、特征及中外比较

（一）影子银行的界定与发展动因

影子银行是美国次贷危机爆发之后所出现的一个重要金融学概念。影子银行通过银行贷款证券化进行信用扩张，把传统的银行信贷关系演变为隐藏在证券化中的信贷关系。这种信贷关系看上去像传统银行但仅是行使传统银行的功能而没有传统银行的组织机构，即类似一个影子银行体系存在。

1. 影子银行的界定

影子银行系统（Shadow Banking System）这一概念由美国太平洋投资管理公司执行董事麦卡利首次提出，他将影子银行定义为平行银行系统（Parallel Banking System）。2008 年，国际货币基金组织在全球金融稳定报告（GFSR）中提出了"准银行"（Near - bank）的概念。纽约联储（2010）将影子银行定义为"从事期限和流动性转换，但不能得到中央银行流动性担保或公共部门信贷担保的金融中介"。金融稳定理事会（FSB，2011）将影子银行定义为"非正式银行

系统实体和活动的信贷中介"。国际银行业联合会（IBFed，2011）则认为，不应当将已经纳入监管的银行信贷活动，如资产抵押商业票据和回购交易定义为影子银行。当前，国外对影子银行较为普遍的定义是：游离于正规银行体系之外、缺乏有效监管并可能引发系统性风险和监管套利等问题的信用中介体系。

影子银行不仅包括投资银行、对冲基金、货币市场基金、债券、保险公司、结构性投资工具（SIV）、资产支持商业票据管道、金融控股公司等在内的金融中介机构，还包括银行、担保人、承保人、信用违约风险保护卖方、信用评级机构为影子银行提供流动性支持的活动。由此可见，影子银行概念的本质内涵不单指独立法人资格的金融机构，还涵盖了各种类型或替代传统银行业务的业务部门和金融工具[1]。

由于国内金融创新程度相对较低，资产证券化发展并不成熟，还未形成国外成熟的资产信用化链条，我国影子银行体系还处于发展初期。目前，我国的影子银行体系具体包括商业银行表外理财、证券公司集合理财、基金公司专户理财、证券投资基金、连投险中的投资账户、创业投资基金、创业投资基金、私募股权基金、企业年金、住房公积金、小额贷款公司、非银行系融资租赁公司、专业保理公司、金融控股公司、典当行、担保公司、票据公司、具有储值和预付机制的第三方支付公司、贫困村资金互助社、有组织的民间借贷等融资性机构等[2]。

2. 发展动因

在微观层面，影子银行能够为参与者提供风险分散、增强流动性、规避监管以及套利机会。其中，规避监管和套利机会可被认为是激励参与者从事影子银行活动的最主要动机。

许多学者认为美国的影子银行系统发展与20世纪后期世界信息技术革命、金融自由化以及经济全球化下的金融创新有关。如果说美国的影子银行是由于金融创新过度和金融监管滞后而产生，那么我国的影子银行仍属于传统融资范畴，是对商业银行部分业务的变相替代，是利率管制以及金融市场不发达的产物[3]。

---

① 资料来源：中国人民银行合肥中心支行金融稳定处课题组：《金融稳定理事会关于加强影子银行监管的政策建议及对我国的启示》，载《金融发展评论》，2011（8）。

② 资料来源：中国人民银行调查统计司与成都分行调查统计处联合课题组：《影子银行体系的内涵及外延》，载《金融发展评论》，2012（8）。

③ 资料来源：解凤敏、何凌云、周莹莹：《中国影子银行发展成因实证分析——基于2002—2012年月度数据》，载《财经理论与实践》，2014（1）。

存款准备金率与利率管制的约束使商业银行传统盈利模式受到挤压。加入世贸组织之后，我国金融业全面开放、金融体制改革力度加大，金融机构经营环境发生深刻变化，存款"分流"与"金融脱媒"不断威胁到银行业的发展。一方面，利率管制诱使投资者主动"分流"银行存款并导致金融脱媒。加入世贸组织后，外汇储备持续高速增长导致国内流动性泛滥，我国通货膨胀形势严峻，银行存款实际利率不断下降甚至为负，大量存款被存款人分流到其他投资渠道。另一方面，存款准备金率与利率管制的约束使商业银行传统盈利模式受到挤压，为了逃避金融监管，获取更高利润，有效提升竞争力，银行积极与证券公司、信托公司、资产管理公司等非银行金融机构合作，通过发行理财产品、委托贷款等方式主动将表内业务表外化。

影子银行是金融资源总量供给不足和结构错配引发金融创新的结果。我国的金融体系是典型的银行主导型间接融资金融体系，长期存在非正规金融与正规金融并存的典型"金融二元结构"现象。金融准入管制与资金价格管制等金融抑制，使金融资源过多地配置到政府、企业等部门，导致民间部门的信贷需求难以满足，只能寻找非银行机构或非正规机构获得融资[①]。通常，在宏观调控收紧的形势下，正规金融体系往往首先压缩对民间部门的资金供给，信贷配给使得民间部门的融资环境更为恶化，从而成为影子银行系统发展的催化剂。

随着改革开放的不断深化与经济持续的高速增长，正规金融已无法满足实体经济需求，大量民营及中小企业融资渠道狭窄，从而极大刺激了小额贷款公司、担保公司、财务公司、金融租赁公司以及民间借贷等非银行与非正规金融机构（活动）的发展壮大。因此，与发达国家不同，我国影子银行融资活动可以在传统融资方式之外，为终端资金需求方提供替代与补充选择。由此可见，我国影子银行体系发展是金融资源总量供给不足和结构错配引发金融创新的结果。

（二）影子银行的基本特征

目前，从业务运行角度看，影子银行有以下几个基本特征：

一是受监管较少，或影子银行业务本身具有规避监管倾向。影子银行业务覆盖了商业银行表外或边缘业务、证券、信托、民间借贷等极其宽泛的领域，游离于正规金融渠道之外，不受或很少受到专门针对商业银行等金融机构、债券市场或股票市场的严格监管。在现有分业经营、分业监管的情况下，还没有一个统一的监管机构对其专门监控。

---

① 资料来源：徐军辉：《中国式影子银行的发展及其对中小企业融资的影响》，载《财经科学》，2013（2）。

二是资金链条脆弱，"类资产"与"类负债"存在严重期限错配。影子银行资金最根本来源还是储蓄资金，容易受到信贷政策影响，同时影子银行体系为次级贷款者和市场富余资金搭建了桥梁，成为次级贷款者融资的主要中间媒介，在资金的运用上大多存在"期限错配"情况，一旦经济下行或企业陷入较严重困境，势必倒逼影子银行体系的资金链或流动性，同时，影子银行体系也得不到监管层的救助。

三是杠杆率较高。一方面，影子银行受监管较少，并且没有商业银行那样丰厚的资本金；另一方面，很多融资企业在利用完"正规金融渠道"后，再次通过影子银行加杠杆，导致影子银行杠杆率较高。

四是不太透明的场外交易。影子银行的产品结构设计一般较为复杂，隐含的信用担保链条较长，其中许多产品、业务很少有公开的、可以披露的信息。如民间的地下融资、担保典当等，其交易过程较为隐蔽、相关信息难以披露。

五是规模测算难度大。要对影子银行规模进行测算，首先需要根据影子银行的判断标准对各种银行金融机构、非银行金融机构及非金融机构和业务进行分析，才能合理界定影子银行范围，得出影子银行的规模[①]。以我国的影子银行为例。根据《国务院办公厅关于加强影子银行监管有关问题的通知》，我国影子银行主要包括三类：不持有金融牌照、完全无监督的信用中介机构，包括新型网络金融公司、第三方理财机构等；不持有金融牌照，存在监管不足的信用中介机构，包括融资性担保公司、小额贷款公司等；机构持有金融牌照，但存在监管不足或规避监管的业务，包括货币市场基金、资产证券化、部分理财业务等。因此，判断我国影子银行的根本标准在于是否具备充足的监管，只要监管充分、符合监管政策，即使不持有金融牌照，也可以不纳入影子银行统计范围，这加大了影子银行现有规模测算的难度。

（三）国内外影子银行的比较

国内外影子银行具有一些相同的特征。首先，在监督管理层面，两者均缺乏有效的监管约束机制；其次，在法律属性层面，两者均表现为实体或准实体；最后，在现实功能层面，两者均可实现信用、期限和流动性转换。

虽然国内外影子银行具有相似的定义和功能，但两者还是存在很大程度上的区别[②]。

首先，国内外影子银行的运行机制不尽相同。国外的影子银行是以证券化

---

① 资料来源：李若愚：《中国式影子银行规模测算与风险评估》，载《金融与经济》，2013（9）。

② 资料来源：陆晓明：《中美影子银行系统比较分析和启示》，载《国际金融研究》，2014（1）。

为核心，在各种证券化和再证券化产品交易的基础上，将机构、业务联系起来，属于交易型金融机构①；而我国的影子银行是正规金融机构融资功能的补充，属于融资型金融机构。

其次，国内外影子银行的融资模式不同。融资方式不同反映了不同的风险特征。国外影子银行以证券化为核心，通过发行资产支持商业票据、资产支持证券等金融工具进行批发型融资，为其提供融资的是货币市场基金、养老基金等金融机构；而我国的影子银行主要是通过向企业和个人募集资金进行融资，本质上还是一种零售型的融资模式。

再次，国内外影子银行间的联系程度不同。国外的影子银行通过证券化连接起完整的信用链条，系统中的每个影子银行都充当着中介的功能，整个影子银行是作为一个整体而存在的；而我国的影子银行大多是独立存在的，并未形成较为统一有机联系的整体。

最后，国内外影子银行与传统银行间的关系不同。国外影子银行体系中，影子银行通过证券化帮助传统银行信贷资产进行表外转移，同时传统银行又反过来为影子银行提供信用违约担保；而国内影子银行主要表现为理财产品、委托贷款、表外业务及私募股权投资等民间金融活动，一般采用与传统银行类似的组织方式、资金来源和运用模式来实现融资功能，主要服务于社会实体经济，而且大都是独立存在，相互之间与银行均没有太多复杂的联系，其融资性决定了它是传统银行融资方式的重要补充。

表3-2　　　　　　　　　　国内外影子银行和传统银行比较

	国外影子银行体系	国内影子银行体系	传统银行体系
运作机制	交易型金融机构	融资型金融机构	融资型金融机构
融资模式	批发型融资	零售型融资	零售型融资
信息披露	不透明	不透明	透明
监管方式	弱	中	强
产品结构	复杂	简单	简单
杠杆率	高	低	—
与传统银行相互关系	有机整体	补充形式	—
与传统银行联系程度	强	弱	—

---

① 资料来源：王达：《论美国影子银行体系的发展、运作、影响及监管》，载《国际金融研究》，2012（1）。

二、我国影子银行现状及影响

商业银行体系的功能主要包括：第一，创造货币，为经济提供流动性；第二，发放信贷，为经济创造信用。由于商业银行在担负这两个核心功能的同时面临着内在的脆弱性和外在的严格监管，给影子银行的产生和发展创造了条件。影子银行作为平行银行系统和"银行的影子"，是正规金融机构的有益补充，其运作强化了金融服务功能，增强了市场流动性，对我国金融市场具有积极意义。一方面，影子银行通过向企业、居民和其他金融机构提供流动性、期限配合和提高杠杆率等服务，在不同程度上对商业银行金融服务形成一定的替代作用；另一方面，影子银行也是对传统银行体系的存量和增量创新，加快了商业银行的金融脱媒。

（一）我国影子银行发展现状

中国影子银行体系主要包括信托公司、货币市场基金、私募股权基金、典当行、融资性担保公司、小额贷款公司以及金融机构理财等表外业务。长期以来，我国金融体系形成了以银行业为主导、间接融资为主的社会融资模式，但近年来，在政策和市场的共同推动下，金融总量快速扩张，金融结构呈多元发展，金融产品和融资工具不断创新，证券、保险类机构和信托、理财、债券和股票等其他金融资产对实体经济影响加大，影子银行对传统正规金融表现出明显的替代效应。

与西方发达国家和地区相比，我国金融市场体系发展较晚，金融分业经营和分业监管严格，我国影子银行发展尚处于初期阶段，主要围绕传统银行信贷等业务展开，结构相对简单、规模较小、杠杆化水平较低，较少使用复杂的衍生工具，也很少涉及资金跨国流动，并且大多数非银行金融机构的金融活动都处在金融监管之下，不像有些国家那样完全脱离监管[①]。其特点可以概括为以下三个方面：

1. 市场配置资金的效率不断提高，但仍属于发展初期

市场配置资金的效率不断提高，非信贷金融工具创新步伐明显加快，货币市场对理财产品的定价销售等影响显著，但金融衍生品市场仍处于发展初期。资产证券化业务自 2005 年启动试点以来，发行量不大，参与中介受到较严格监管，并没有产生欧美市场大量存在的、不受监管的特殊目的公司（SPV）等证券

---

① 资料来源：朱宏春：《理性看待中国的影子银行》，载《南方金融》，2013（6）。

化实体。债券借贷、股票市场融资融券和信用衍生品市场刚刚起步，信用风险缓释合约（CRMA）、信用风险缓释凭证（CRMW）等工具规模小。

2. 对高杠杆金融机构和产品监管较为严格

我国一直以来对高杠杆金融机构和产品的监管都较为严格，这有效限制了杠杆的使用，降低了市场运行风险。以典型的影子银行机构私募股权投资基金为例，其由国家发改委实行备案管理，而公募基金机构的设立和基金产品的发行上市都由证监会统一实施事前的审批或备案，同时监管机构对基金产品的流动性管理也提出了较高要求。

3. 交叉领域和新兴领域成为发展主要内容

我国金融"分业经营、分业监管"的制度，限制了银行与其他实体的关联，但促使交叉领域和新兴领域成为中国影子银行发展的主要内容。近年来，金融机构表外业务融资功能显著增强，融资提供主体由传统的银行机构扩大到证券、保险、小额贷款公司等其他非存款性金融公司。

（二）影子银行的挤出效应和摘樱桃效应

我国影子银行规模不断壮大有两个方面的动因。一方面，传统商业银行因受到资本充足率和存款准备金的严格管制，为逃避金融监管、寻求新的盈利增长点，通过成立金融控股公司或开展表外业务，将资产负债表业务表外化而参与影子银行体系；另一方面，未被管制的非银行机构则依赖复杂的金融设计和安排规避正规监管，以较少资本运作规模庞大的资产，获得较高的回报率，拓展业务领域。中国人民银行发布数据显示，2013 年 12 月，中国广义货币 M_2 同比增长 13.6%，增幅比 11 月低 0.6%，比 2012 年同期低 0.2%。2013 年全年社会融资规模同比增长 9.7%，达到 17.29 万亿元的年度历史最高水平，全年新增人民币贷款同比增长 8.4%。委托贷款、信托贷款、未贴现银行承兑汇票等实体提供贷款增至创纪录的 5.2 万亿元左右，占社会融资总额的 30%，这一比例高于 2012 年的 23%。《中国金融稳定报告 2014》显示，截至 2013 年末，银行业金融机构表外业务（含委托贷款和委托投资）余额 57.7 万亿元，比年初增加 9.05 万亿元，增长 18.6%；表外资产相当于表内总资产的 38.12%，比 2012 年底提高 1.71 个百分点。

另外，在全球加强规范银行业监管之际，影子银行也向银行的传统业务领域渗透，从而与商业银行之间形成替代和竞争关系。首先，从社会融资总量看，人民币贷款所占比重呈下降趋势，从 2005 年的 78.5% 下降到 2013 年的 51.35%；相比之下，委托贷款和信托贷款呈增长趋势，分别从 2012 年的

8.14%和8.15%提高到2013年的14.71%和10.62%。其次，诸如小额贷款公司、典当行、融资性担保公司、私募股权基金和各种民间借贷组织等影子银行的机构数量和信贷规模不断扩大，截至2013年末，小额贷款公司已达7 839家，贷款余额8 191亿元，全年新增贷款2 268亿元；相比2012年末，小额贷款公司增加1 759家，贷款余额增加2 270亿元①。从居民角度看，居民配置在证券、基金和保险等金融资产上的比重上升。影子银行系统放大金融机构杠杆比率，提高了金融机构的资产流动性，可以满足更多终端融资者的资金需求，其制造的比传统银行收益更高与流动性更强的金融产品，则为拥有大量闲置资金的投资者提供了更为丰富的投资机会。根据普益理财统计，2008—2012年，银行理财产品发行规模分别为2.6万亿元、5万亿元、7.05万亿元、16.5万亿元和30.34万亿元。2013年，我国银行理财产品的发行继续保持高速增长，发行数量为56 827款，发行规模约为56.43万亿元，较上年度增长85.87%。

相比之下，商业银行资产规模余额逐年上升，但资产同比增速却持续下降，见图3-2。2013年末，各类商业银行资产规模增速均相较2012年末有不同程度的下滑，见图3-3。对比各类商业银行资产同比增速的情况，农村商业银行和股份制商业银行下降较快，分别较2012年末下降13.51%和11.61%。

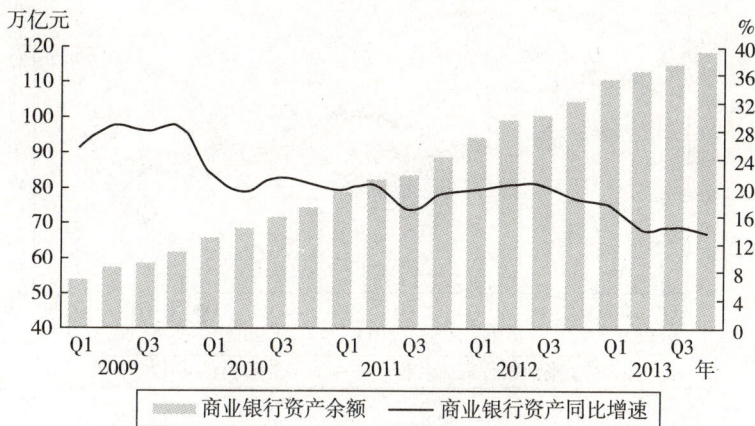

资料来源：中国银行业监督管理委员会。

图3-2　商业银行资产增长情况

2013年末，我国商业银行负债规模同比增速也持续下降，见图3-4。资产负债规模同比增速的下降，使各家商业银行加强了对非利息收入的争夺，从而

---

① 资料来源：中国人民银行《2013年小额贷款公司数据统计报告》。

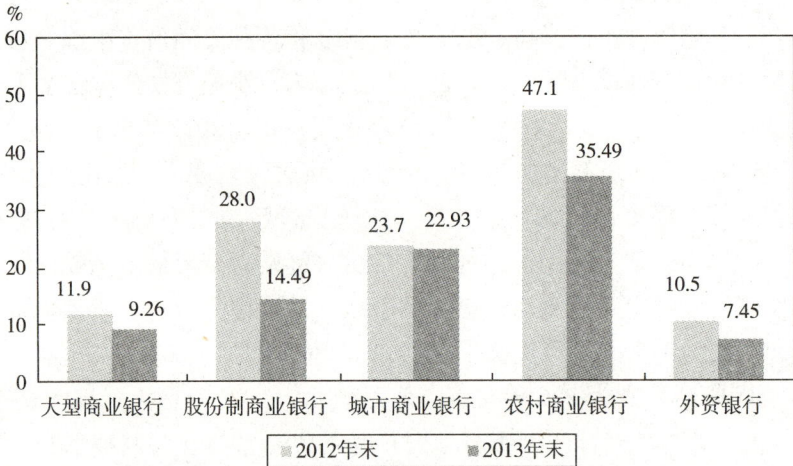

资料来源：中国银行业监督管理委员会。

图3-3　各类商业银行资产同比增速情况

使银行非利息收入增幅高于利息收入增幅。

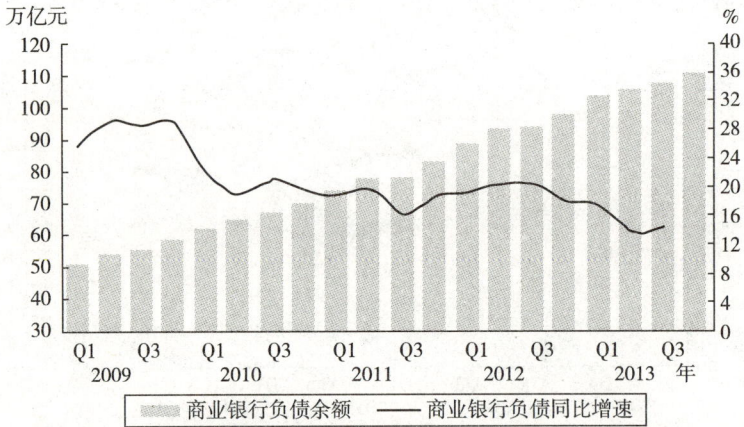

资料来源：中国银行业监督管理委员会。

图3-4　商业银行负债增长情况

三、我国影子银行风险状况

我国影子银行潜藏着一定风险，但不宜过分夸大。

（一）影子银行的风险特征

商业银行和影子银行共同作用的金融体系可以更好地发挥金融市场资金融

通的功能，可以更加有效地分散风险，获得更高的收益率。但不容忽视的是，影子银行也存在着期限错配、传导性强等风险特征①。

1. 期限错配风险

为了获取较高收益，影子银行在短期市场上融资，而投资于长期市场，此即影子银行的期限错配。此时，一旦市场出现不稳定因素，影子银行因持有长期资产无法变现，流动性会出现不足，形成类似"挤兑"的现象，从而可能引起整个金融体系的流动性危机②。

2. 表外风险表内化

贷款业务与票据业务均属于资产业务，借助委托贷款、银信利差等途径，使银行资产实现表外化，而存款借助理财等途径，使银行负债实现表外化。表外化的资产与负债业务，脱离了监管者的监管范围，一旦表外贷款无法偿还，银行为避免声誉上的损失，只能动用表内贷款偿还理财资金，表外风险很可能转嫁到表内。

3. 系统性风险

影子银行引发系统性风险的因素主要包括四个方面：期限错配、流动性转换、信用转换和高杠杆。市场信息、市场情绪和短期流动性的变化将导致资产价格更大波动，影子银行运作促使更多投资者的资产暴露于风险之下。资产价格与基本面的偏离、持续性的资产泡沫和资产价格的剧烈波动会导致危机，而影子银行体系本身对信息、流动性需求和资产价格波动的敏感性更强，因此，在金融市场发生危机时，影子银行体系会首先受到冲击。

4. 监管约束缺位

在商业银行主导的市场中，可以通过对银行及银行控股公司的统一监管而管控整个金融市场的系统风险，但在我国，存款保险制度尚未实施，存款准备金政策也只适用于银行存款类金融机构，金融机构信息披露制度尚待完善，影子银行面临监管约束机制的缺失③，对监管体系的有效性提出了挑战。影子银行监管缺位主要体现在以下几个方面：一是不受准备金制度约束，二是未纳入存款保险制度覆盖范围，三是缺乏稳健监管指标约束，四是存在登记注册豁免条

---

① 资料来源：陈华：《影子银行助推国际金融危机的形成机理及思考》，载《经济纵横》，2010（20）。

② 资料来源：陆小康：《影子银行体系的风险及其监管——基于流动性风险的视角》，载《经济纵横》，2011（9）。

③ 资料来源：李波：《影子银行的信用创造功能及其对货币政策的挑战》，载《金融研究》，2011（12）。

款，五是信息披露制度缺失。

5. 传导风险

影子银行体系一定程度上推进了金融全球化的进程，促进了资本在全球的配置。随着资本和风险的跨境配置，一旦出现流动性不足和资产变动等外部冲击，资本的国际流动就面临巨大的风险，这种风险不仅会影响资本的所有者，也会影响资本的目的地市场[1]。

（二）影子银行对我国金融监管提出挑战

影子银行对正规商业银行体系的替代，既是金融体系自身发展、强化的过程，又反映了逃避管制乃是金融创新的主要目的之一。影子银行的快速发展促进了金融创新，但也对传统金融运行产生了不容忽视的冲击。

1. 削弱了国家宏观信贷政策调控的效力

在宏观信贷政策调控中，国家往往通过对总体信贷规模、信贷投放结构等的调整，以实现经济平稳增长和经济结构优化的目的。影子银行通过信托贷款、直接投资、权利信托更为灵活的方式突破政策限制，规避国家信贷规模控制和信贷投向控制，降低了宏观调控政策的实施效果[2]。

2. 降低货币供应的增速，影响货币供应量统计

影子银行主要以商业银行理财资金池、委托贷款项目、银信合作的贷款类理财产品，其他非银行金融机构"储蓄转投资"业务，以及不受监管的民间金融，如地下钱庄、民间借贷、典当行等形式表现。其中，规模较大，涉及面较广的是银信合作，银信合作的信托方式属于直接融资，筹资人直接从融资方吸取资金，不会通过银行系统产生派生存款，这样就降低了货币供应的增速。

又以信贷类理财产品为例，信贷类理财产品的大幅增加使得银行存款总量减少，并且使银行存款结构发生变化。在理财产品的募集期，M_2 的储蓄存款和定期存款转化为 M_1 中的活期存款；募集期结束后，活期存款又转化为委托投资基金；待到理财产品到期，委托投资基金又转化为活期存款。因此，影子银行的存在使储蓄存款和定期存款减少，增加了活期存款的波动性，影响货币供应量的统计。

---

① 资料来源：周莉萍：《影子银行体系的信用创造：机制、效应和应对思路》，载《金融评论》，2011（4）。

② 资料来源：李波：《影子银行的信用创造功能及其对货币政策的挑战》，载《金融研究》，2011（12）。

3. 削弱法定存款准备金政策效力，降低货币政策有效性

影子银行对正规金融产生挤出效应，降低商业银行的存款总额，向中央银行缴纳存款准备金总额也相对减少，这在某种程度上削弱了法定存款准备金政策调节市场资金供求的效力，降低了货币政策的有效性。

4. 影响银行资本充足率监管，加大银行经营风险

由于竞争加剧和监管严格，商业银行通过开展银信合作等模式，将存量贷款、新增贷款移出表外，规避了相应的准备金计提和资本监管要求。但是，商业银行仍然要承担贷后管理、到期收回等实质上的法律责任和风险。由此可见，影子银行的存在使得商业银行逃避准备金计提和资本充足率监管，加大其经营风险。

（三）我国影子银行总体风险可控

影子银行体系脱离了传统的"商业银行—存款准备金—中央银行"模式，采用新的信用创造模式"影子银行—抵押品扣减率—私人金融机构"。在这种模式下，影子银行不缴纳法定存款准备金，不受资本充足率的限制，表现出比传统商业银行经营模式更强的信用创造优势，但是这种优势是建立在流动性弱、风险集聚、传导性强的基础上。一般而言，影子银行体系的高杠杆率在金融市场下行中将放大风险，造成一个自我强化的资产价格下跌循环。同时，影子银行负债主要从短期资本市场获得融资，其体系本身存在着难以克服的期限错配。由于影子银行对流动性极其依赖，一旦资金链断裂，整个金融市场的流动性将出现大幅萎缩，从而产生系统性风险①。正是基于以上特征，影子银行的风险很容易被人为放大。事实上，我国影子银行总体风险可控，不宜过分夸大。

1. 不应将我国影子银行与西方国家的影子银行简单地混为一谈

传统银行的金融服务不能满足市场的多样化需求，便会有其他多样化的金融服务产生。因此，中国与其他国家一样，也有影子银行的存在。尽管中国的影子银行与西方国家的影子银行在概念和功能上有相近之处，但在许多方面仍具有明显的差异。在西方发达国家，先有金融市场和金融创新，后有金融监管，金融创新是在给定监管边界之外进行而后监管边界不断扩大的过程，影子银行属于监管边界之外的存量创新，因而对现有的信贷规模及其银行利息收入有较大冲击；而在中国，先有金融监管，后有金融市场和金融创新，金融创新是在给定监管边界之内进行而后监管边界不断被突破的过程，影子银行属于监管边

---

① 资料来源：龚明华：《影子银行的风险与监管》，载《中国金融》，2011（3）。

界之内的增量创新，所以对其冲击要小于存量创新。

西方国家的影子银行的主体是由商业银行以外的其他金融机构所主导，其最初目的是跨越监管体系对传统银行形成的保护而开展竞争；而中国的影子银行体系是由商业银行主导，其动因在于商业银行试图规避现有监管政策对其业务发展所带来的约束或额外成本。与衍生品发达、杠杆率高、规模庞大的欧美影子银行相比，目前我国各类影子银行业务规模较小，衍生品不发达、杠杆率较低。此外，我国绝大多数非银行金融机构的金融活动都处在严格的金融监管之下，商业银行并不能直接从事证券、保险业务，也不能直接购买其他金融机构的资产或直接贷款给其他金融机构，这使得影子银行风险无法快速传导，难以形成系统性风险。

2. 不应将广义影子银行相对庞大的数量与狭义影子银行的高风险画等号

广义影子银行是一个中性的概念，而狭义影子银行因风险隐患较高而成为监管亟待加强的对象，我们不应将广义影子银行相对庞大的数量与狭义影子银行的高风险画等号。

广义影子银行的规模主要包括三大块：（1）融资类信托，券商资产管理业务以及保险、基金等非金融机构发行的理财产品；（2）民间借贷；（3）其他非银行金融机构，如同业代付、小额贷款公司、典当、租赁、创投等提供的融资类业务。其测算通常存在以下问题：一是未注意到一些非金融机构与民间信贷之间存在重复统计的可能；二是将社会融资规模口径下的银行表外业务，如委托贷款、未承兑汇票等不加区分地全部划入影子银行范畴；三是忽视了国内民间借贷大幅缩水这一重要变化。基于以上原因，我国影子银行规模尽管相对庞大，但并不能与高风险画等号。因为风险较高的狭义影子银行规模相对较小。同时，随着对影子银行监管的不断加强，特别是对非银行理财产品、民间借贷的部分地下金融市场的清理、整顿与规范，预计我国狭义影子银行的规模将得到进一步控制。

中央经济工作会议强调，既要"适当扩大社会融资总规模"，又要"高度重视财政金融领域存在的风险隐患，坚决守住不发生系统性和区域性金融风险的底线"。当前，我国的影子银行的确潜藏着一定风险，尤其是部分非银行理财产品的流动性风险、高利借贷的违约风险等，但对此不宜过分夸大，以免造成公众不必要的担心和恐慌。

3. 广义影子银行体系是社会融资体系的重要构成部分

在总体融资需求平稳增长，特别是房地产和地方融资平台融资需求旺盛而银行信贷投放受限的情况下，作为社会融资体系的重要构成部分，广义影子银行的发展仍将成为趋势。

影子银行是社会融资规模的重要组成部分，其产生和发展具有一定的合理性。随着我国经济规模的不断扩大，严格的金融控制使正规金融无法满足实体经济需求。通常在宏观调控收紧形势下，正规金融体系往往首先压缩对民间部门的资金供给，信贷配给使得民间部门的融资环境更为恶化，从而极大刺激了小额贷款公司、担保公司、财务公司、金融租赁公司以及民间借贷等非银行与非正规金融机构（活动）的发展壮大。我国广义影子银行融资活动在传统融资方式之外，为终端资金需求方提供替代与补充选择。从这一角度看，我国广义影子银行规模的迅速扩大，在一定程度上满足了实体经济的融资需求，符合金融体系结构不断优化的内在要求①。

四、影子银行纳入监管——国办发〔2013〕107 号全文解读

国内的影子银行体系已经随着金融部门的深化发展和全球化进程而茁壮成长。作为传统银行体系的有益补充，影子银行在服务实体经济、丰富居民投资渠道等方面起到积极作用。《国务院办公厅关于加强影子银行监管有关问题的通知》（以下简称《通知》）肯定了影子银行的产生是金融发展、金融创新的必然结果。《通知》对我国影子银行的内涵进行了界定，并进一步落实了责任分工，明确了监督主体。此外，《通知》还要求各地区、各有关部门要抓紧制定具体实施方案，确保各项措施落到实处。

（一）内涵界定：是否监管充分

《通知》明确我国影子银行主要包括三类：一是不持有金融牌照、完全无监管的信用中介机构，包括新型网络金融公司、第三方理财机构等；二是不持有金融牌照，存在监管不足的信用中介机构，包括融资性担保公司、小额贷款公司等；三是机构持有金融牌照，但存在监管不足或规避监管的业务，包括货币市场基金、资产证券化、部分理财业务等。这一界定强调了判断影子银行的根本标准在于是否具备充足的监管，只要监管充分、符合监管政策，即使不持有金融牌照，也可以不纳入影子银行统计范围。

（二）风险处置：谁批设机构谁负责

由于我国实行分业经营和分业管理的原则，调动各个部门统一协调对影子

---

① 资料来源：李扬：《影子银行体系发展与金融创新》，载《中国金融》，2011（12）。

银行进行监管难度较大。《通知》明确了按照谁批设机构谁负责风险处置的原则，逐一落实各类影子银行主体的监督管理责任，建立中央与地方统分结合，国务院有关部门分工合作、职责明晰、权责匹配，运转高效的影子银行监督管理体系。《通知》强调积极发挥金融监管协调部际联席会议制度的作用，重点对跨行业、跨市场的交叉性金融业务监管协调。

（三）监管原则：业务规模与风险承担能力相适应

《通知》规定金融机构跨市场理财业务和第三方业务由央行负责监管协调。同时，对于尚未明确监管主体的机构，需抓紧进行研究。其中，第三方理财和非金融机构资产证券化、网络金融活动等，要求由央行会同有关部门共同研究制定办法。具体监督内容包括：

1. 金融机构理财：不得开展资金池，资金来源与应用一一对应

《通知》要求按照代客理财、买者自负、卖者尽责的原则，各金融监管部门应严格规范金融机构理财业务。要督促各类金融机构将理财业务分开管理，建立单独的理财业务组织体系、业务管理体系和业务监督体系，实施单独建账管理，强化全业务流程监督。商业银行应按照实质重于形式的原则计提资本和拨备，并将理财资金与自有资金分开使用，不购买本银行贷款，不开展理财资金池业务，切实做到资金来源与运用一一对应；证券公司和保险公司还分别需要加强资本管理和偿付能力管理。

2. 信托公司：回归信托主业，不得开展非标准化理财资金池

《通知》明确信托公司"受人之托、代人理财"的功能定位，加快推动信托公司业务转型，回归信托主业，运用净资本管理约束信托公司信贷类业务，探索信托受益权流转。《通知》进一步要求信托公司不得开展非标准化理财资金池等具有影子银行特征的业务，并及时披露产品信息，建立完善信托产品登记信息系统。

3. 小额贷款公司：制定全国统一的监管制度和经营管理规则

小额贷款公司是以自有资金发放贷款、风险自担的非金融机构，需要通过行业自律组织，建立小额贷款业务规范。《通知》要求银监会会同有关部门制定全国统一的监管制度和经营管理规则，落实监管责任。《通知》规定银行业金融机构按规定与小额贷款公司发生的融资业务，要作为一般商业信贷业务管理。同时，小额贷款公司不得吸收存款、不得发放高利贷、不得用非法手段收贷。

4. 典当行业：回归典当主业，不得融资放大杠杆

《通知》规定要严格界定典当行的业务范围，并要求典当行回归典当主业，

不得融资放大杠杆。

5. 融资租赁公司：不得转借银行贷款和相应资产

对于融资租赁公司，《通知》明确其业务开展应依托适宜的租赁物，并界定担保责任余额与净资产比例上限，防止违规放大杠杆倍数，建立风险防火墙。《通知》还规定，融资租赁公司不得转借银行贷款和相应资产。

6. 融资性担保：界定担保责任余额与净资产比例上限

为保证融资性担保公司稳健开展担保业务，按照代偿能力与业务发展相匹配的原则，《通知》明确界定融资性担保公司的融资性担保责任余额与净资产的比例上限，防止违规放大杠杆倍数超额担保。《通知》还限定非融资性担保公司不得从事融资性担保业务，银行业金融机构也不得为各类债券、票据发行提供担保。

7. 网络金融机构：不得超范围经营

金融机构借助网络技术和互联网平台开展业务，要遵守业务范围规定，不得因技术手段的改进而超范围经营。网络支付平台、网络融资平台、网络信用平台等机构要遵守各项金融法律法规，不得利用互联网技术违规从事金融业务。

8. 私募投资基金：严禁私募股权投资基金开展债权类融资业务

《通知》要求按照不同类型投资基金的本质属性，规范其业务定位，严禁私募股权投资基金开展债权类融资业务。

（四）监管思路：管理归口化、运作透明化

从内容上看，对影子银行加强监管的思路是管理归口化、运作透明化。管理归口化体现在监管责任的分工上，而运作透明化则体现在具体的监管办法上。《通知》明确金融机构之间的交叉产品和合作业务，都必须以合同形式明确风险承担主体和通道功能主体，并由风险承担主体的行业归口部门负责监督管理，切实落实风险防控责任。

此外，文件还强调了要强化信息统计和共享，这让透明化的意味更浓。监管新规要求，人民银行要抓紧制定基础性统计框架和规范，有关行业归口部门要按照统计框架和有关会计制度，结合行业特点，制定统一的统计科目和报表体系，将有关行业的业务总量、机构数量、风险状况等情况纳入统计分析范围。与此同时，人民银行还要建立影子银行专项统计。

五、缓解影子银行与正规金融矛盾的政策建议

影子银行对正规商业银行体系的替代，反映了现行监管体制和金融业发展

要求之间的矛盾。但影子银行作为一种金融创新，在推动我国利率市场化进程、促进金融市场发展、支持实体经济发展、缓解中小企业融资难等方面发挥了积极作用，不能因为其存在风险就简单地全盘否定，而应深入研究，积极探索，采取有针对性的政策措施，促进我国影子银行规范、健康发展。

（一）制定统计范围及信息采集标准

尽管《通知》中明确界定，判断影子银行的根本标准在于是否具备充足的监管，只要监管充分、符合监管政策，即使不持有金融牌照，也可以不纳入影子银行统计范围。但具体到实际操作中，这一界定仍然过于笼统，不仅不利于监管部门形成客观、科学的认识，开展适度监管，也不利于影子银行在我国规范、健康发展。监管部门应结合我国金融发展现状，设定统计范围及信息采集标准，对影子银行进行明确的界定，并为进一步规范和促进我国影子银行发展夯实基础。

（二）建立多部门协同监管机制

在分业监管体制下，我国各金融监管部门间的协调机制尚不完善。目前，我国影子银行涉及银行、证券、保险等多个金融行业，这使得监管部门对影子银行的监管存在不尽合理的地方，比如，监管重复、监管过度，甚至存在监管空白。同时，由于影子银行信息不透明，监管部门难以评估其风险状况，并实施有效监管。因此，一方面，我国金融监管部门应加强部门间协调，对影子银行制定相对统一的监管原则及规范标准，防止出现监管空白与监管重叠；另一方面，积极推动建立信息披露机制，明确影子银行信息披露的标准，降低信息不对称，让市场参与者充分了解影子银行运作及投资的相关内容。同时，不同金融监管部门之间应加大信息共享及协同监管力度，以增强监管的有效性，防范系统性金融风险，促进我国影子银行在规范前提下健康发展。

（三）加强对新兴金融机构的监管

近年来，我国新兴金融机构发展很快，包括资产管理公司、融资租赁公司、小额贷款公司、对冲基金、私募基金、典当行等。就目前的监管框架来看，对这些机构业务的监管有待进一步加强。从长远看，建议出台相关的管理法规，对这些新兴金融机构按照产品功能和业务性质进行监管，防止对正常金融秩序造成冲击和金融风险的积累与扩大。

（四）鼓励影子银行服务中小企业融资

我国的金融体系是典型的银行主导型间接融资体系，金融准入管制与资金价格管制等金融抑制，导致金融资源过多地配置到政府、企业等部门，民间部门的信贷需求难以满足。影子银行作为金融资源总量供给不足和结构错配引发金融创新的产物，它对实体经济的作用应该是积极正面的。监管部门应该在风险可控的前提下，鼓励和引导影子银行服务于民营企业及中小企业，重点发挥影子银行在支持实体经济以及满足中小企业融资方面的积极作用，使影子银行融资活动可以在传统融资方式之外，成为终端资金需求方提供替代与补充选择。

第四节　矛盾四：金融机构与金融消费者的矛盾

金融机构与金融消费者是金融市场的最重要组成部分，也是金融市场的参与主体，然而当今，在金融产品日益多样化、专业化的情势下，金融机构与金融消费者之间的信息不对称越来越严重，这导致了金融机构与金融消费者之间的矛盾。要维持经济增长、维护金融稳定，就必须要着手解决这两者之间的矛盾，必须做到保障双方各自的权利。

一、金融消费者权益保护的必要性

一个最根本的问题："为什么要保障金融消费者？"答案其实很简单。现代社会已有普遍共识，消费者购买各种货品和服务如食品、电器、药物、医疗、金融服务等，都应该得到适当保障。相对于供应商和中介人，一般消费者在产品知识和议价能力等方面都处于弱势地位，所以政府应该保障消费者免受不良销售手法或陈述的影响。不论货品或服务是什么，基本的原则就是要"公平待客"。简而言之，消费者有权知道购买的究竟是什么、所付出的价格，以及交易条款内容或要点，且过程中不受胁迫性销售手法对待。

目前我国商业银行普遍都可以提供多元化的金融服务，由传统的存取款、货币兑换、信用卡、汇款贷款业务，到理财产品、保险产品、私人银行业务，应有尽有、各适其用，如同金融产品超市一般。这种营运模式有助银行拓宽销售渠道，增加收入来源。从客户的角度来看，这样的综合银行可以提供一站式服务的便利，做到各有所求、各取所需的双赢局面。然而，银行与超市当然有本质上的区别。大家不可能把辛苦赚取的毕生积蓄托付给超市；再者，超市顾客即使受到推广活动的诱惑而购买无用之物，一般而言也不会导致巨大损失。银行却是另一回事，错误投资的损失可能导致客户倾家荡产。因此，银行客户的存款必须要得到稳妥的保障，而他们作为消费者和投资者，在金融交易过程中的权益也应该受到保障。

中国金融生态制度变迁研究
——金融运行中的矛盾与调和

然而在现实生活中，我国金融消费者权利受到侵害的案例也不在少数，不少金融消费者与金融机构产生服务纠纷，导致客户向金融监管部门进行投诉。而这些投诉主要集中在信用卡、代理保险、存贷款、银行收费等方面。

金融消费者权益受侵害的主要类型主要有以下五个方面。

（一）侵犯金融消费者的知情权

金融消费者的知情权主要体现在金融机构提供的信息内容真实和金融消费者可以全面准确获取金融产品信息两个方面。侵害金融消费者的知情权主要表现为以下三个方面：一是风险提示不充分，如对金融产品本身的使用风险或负面影响提示不够甚至避而不谈，与消费者的风险知悉需求不相匹配；二是模糊概念误导消费者，如故意混淆不同金融产品的性质诱导消费者进行消费；三是告知义务履行不全面，如未经消费者同意为其开通收费业务，发生业务调整或资费变化时没有及时告知消费者等。

（二）侵犯金融消费者的自主选择权

金融消费者自主选择金融服务者、消费方式、消费时间和地点的权利不应受他人干涉，但实践中金融机构往往采取各种措施干扰、影响金融消费者的自主选择权。如设置不合理的个人按揭贷款条件，要求客户在指定的保险公司投保；对担保物进行评估时，为消费者指定担保物评估机构；办理贷款时搭售银行卡，或要求借款人将存款转移到贷款银行等。

（三）侵犯金融消费者的公平交易权

金融机构提供服务时应遵循公平、诚信原则，不得通过制度设计或合同格式条款规避其法律责任。实践中，金融机构利用其优势地位侵害消费者进行公平交易的权利，如在银行卡条款中规定"对因设备、供电、通信或自然灾害等不可抗力因素或持卡人操作失误，造成储蓄卡交易不成功，银行不承担任何经济和法律责任"。该条所列情况有些并非不可抗力，银行应视具体情况确定自身应当承担的责任，而不应不加区分地一律自行免责。

（四）侵犯金融消费者的财产权

金融消费者在购买、使用金融产品和接受金融服务时依法享有财产不受威胁、侵害的权利，即金融资产安全权。实践中金融机构确有侵犯消费者金融财产权的情况。一是部分金融机构存在安全隐患，如少数银行营业大厅保安巡查不到位，导致客户现金在营业厅内外被抢、被盗；二是向消费者收取不合理费用，如在未与存款人协商的情况下擅自收取短信服务费；三是资金汇划、结算中存在压单压票现象，侵害消费者财产权利，并往往以系统故障为由推卸责任。

132

（五）侵犯金融消费者的隐私权

金融机构在提供服务时收集或生成的消费者信息大多涉及个人隐私，如消费者的年龄、职业、收入水平、联系方式、社会关系、信用情况以及消费者的金融资产状况等。部分金融机构由于法治意识淡薄，未经客户授权或书面许可，擅自查询甚至对外提供客户资料，侵犯客户的隐私权。部分金融机构保密工作不到位，对客户的基本资料、账户密码口令、交易情况等信息保存不当，致使信息被泄露，给客户造成财产或精神损失。

二、如何保障金融消费者

那么金融机构如何保障银行客户呢？答案是依循"公平待客"这项基本原则。

首先，银行在推销诸如贷款或信用卡的金融产品时，必须确保主要的章则和条款公平和合理，清晰明确，而且客户能够明白这些条款。例如，客户申请贷款时，银行应清楚解释实际贷款利率，以及延迟或提早还款将涉及的费用和罚则等主要条件。

当今社会，银行发挥独特的功能。银行明显有别于其他金融机构之处，大部分市民对银行有一种特殊的信赖，愿意将毕生积蓄托付给银行。近年来，由于竞争加剧、金融创新等种种原因，银行纷纷开展新业务，努力向客户推销金融产品以增加收入，储户自然就成为了各种投资理财产品的主要销售对象。由于客户这种特殊的信赖，银行职员比其他人员更容易向客户推销各种金融投资产品。

但世上没有免费的午餐，银行推销金融产品具备明显优势的同时，也相应地肩负更大的责任。因此银行应该采取更严谨的措施来保障客户的权利。这有助于增加客户对银行的信心，对银行业持续发展和增强公信力具有重大的意义。那么银行具体应如何保障消费者的权利呢？根据"公平待客"的基本原则，我们认为银行在推销银行产品或投资产品时应做到以下三点：

首先，清楚列明和解释产品的主要特点和风险，包括各种费用、佣金或收费。

其次，对客户的财政能力、投资经验和风险偏好进行评估。这道程序对于银行客观掌握客户风险承受能力非常重要。

再次，考虑客户实际需要并评估有关的金融产品是否适合客户。若银行认为有关产品并不适合客户，就不应向客户介绍推销。

【专栏】

银行盲目推销金融产品案例

一名银行职员向一位毫无投资经验的女士成功推销一项投资相连寿险产品。这位女士月收入不足 7 000 元，全部积蓄合共 38 万元。产品规定客户 5 年内每年支付 30 万元保费。换言之，该名客户需支付的保费总额达 150 万元，相当于她全部积蓄的 4 倍，或她每年入息的 18 倍。一年过去，当她发觉在支付首年保费后积蓄已所剩无几，且需支付第二笔 30 万元的年度保费时，她很想"离场"。此刻她才赫然发现投资条款规定，提早退保还需支付一笔等于投资额三成的罚款，相当于她一年的收入。

很明显，此案中的银行职员没有顾及该名客户的财政状况，没有考虑她缺乏投资经验的背景，也没有向客户充分解释风险和提早退保的费用。可以说，这行为违背了客户的信任。监管部门当然不能姑息这类行为，必定会采取适当的监管和行动，以保障银行客户权益。在这个案件中，有关银行最终同意取消了保单，并向客户全数退回首年的保费，而该名职员也已被监管部门暂停了销售投资产品的资格，为期三年。

三、金融消费者如何保护自身权益

由于金融消费者在金融交易中处于信息弱势地位，而金融机构大都处于垄断地位，显得过于专业和强势，因此出于对弱者的同情心理，人们普遍倾向于强调对消费者的保护，并设立了专门的金融消费者权益保护机构，对金融消费者实行倾斜性法律保护。但是从推动保障消费者权益角度出发，我们认为这种观点并不全面。诚然，银行有责任保护客户的权益；政府应该制定和推行保障消费者的法律政策；监管机构也要行使保障消费者权益的职责。但是，另一个不可或缺的角色正是银行客户本身，他们对维护自身权益也需承担责任，在购买银行产品和服务时，应该尽量做一个"精明和负责"的消费者。做到先思而后行，为自己的行为后果负责，而不应把责任一概归咎于金融机构。

【专栏】

1. 定期存单变保单案例

2010 年，小李的母亲把为孩子积蓄上大学的 3 万元钱拿到某银行存了三年定期，计划到期后供儿子上大学使用。可天有不测风云，当年8月的一场洪涝灾害把他家的房子冲毁了，一家人的生活需要政府救济。开学前，小李没有学费报名。李母便拿着"存单"到银行提前支取，可银行却告诉她这张"存单"并非银行的三年定期存单，而是保险理财产品，不能提前支取。若需提前兑付，只能兑付70%的本金，另扣除30%作为手续费。小李的母亲听了不知所措。

后来，李母向金融消费者权益保护中心进行了申诉。经金融消费者权益保护中心调查取证，事情的缘由是这样的：2010年夏季的一天，李母来到银行将存款的意图告知银行后，银行员工推荐了三年期的保险理财产品，利率比存款高，另外还有人身意外保障。李母听了介绍后选择了理财产品。之后，银行员工告诉李母请认真阅读相关条款后签字确认。由于保险条款内容很多，小李的母亲没有能够理解条款的内涵就签字确认了。金融消费者权益保护中心进行了认真的调解。为解决小李的燃眉之急，银行同意先支付小李上学的报名费960元，待保险产品到期兑付时扣除，小李的母亲非常满意。

农民金融知识匮乏是一个常见问题，因此把农村金融知识普及作为重要任务来抓，努力解决农村金融产品供给与需求不平衡的问题；但消费者在购买金融产品之前也要深入了解产品特性，仔细阅读约定条款，不可盲目签约，做一个理性的金融消费者。

2. 30万元权证作废纠纷案

2007年4月16日，李某以5.33元的价格认购了"首创权证"5.7万股，共花了30多万元。第二天，首创权证一直停盘，之后她多次向证券公司打电话咨询，对方只是说"看公告，23日认购"。结果到23日还没有开盘，24日一大早，李某上电脑一看，市值为0。原来，"首创权证"的最后交易日是2007年4月16日，行权期是4月17日至23日，共5个交易日。而在23日后仍未行权的权证，将予以注销——也就是说，李某一直把行权期当作了停盘，等到的结果是权证作废。李某承认，自己的金融知识很浅，不知道什么是权证。事后，李某多次到有关部门上访，但她的损失显然只能由自己承担。

3. 首例银行信用卡全额罚息纠纷案

2008年7月，艾某申请办理了民生银行信用卡。2008年11月，他透支消费1 861.76元。因忘记具体透支金额，在还款期内他不慎少还了61.76元。过了一个月，艾某收到对账单后发现，他11月的逾期罚息高达34.72元。交完罚息后，艾某咨询后获悉，这笔罚息是以全部的透支金额1 861.76元为基数计算出来的。对方还解释称，"信用卡领用合约"中有"全额罚息"的条款。该条款规定，若发生逾期欠款，就按照全部透支金额来计算罚息。艾某认为，这明显属于格式条款，加重了客户的责任，显失公平，应属无效。另外，银行在发卡时未对该条款进行合理的提示。据此，艾某将民生银行告上法院，并要求返还34.72元，同时以实际的逾期欠款61.76元为基数，重新计算罚息。庭审时，民生银行辩称，双方在平等、自愿的前提下签订了合约，双方应当按照合同履约；合约中关于逾期罚息的条款，符合法律法规和人民银行、银监会等监管部门的要求；此外，"全额罚息"是国际惯例，是银行业防范信用卡风险，减少和遏制恶意透支和套现的一种手段。最终，一审法院审理后认定，民生银行制定的还款及利息计算方式的条款，并未超出法律法规的许可范围。作为银行业的一种风险防范手段，该条款并无免除银行责任或加重客户责任的内容，不属于法定无效的条款。据此，2009年3月，该院一审驳回艾某的起诉。宣判后，艾某当庭表示，他将提起上诉。

在该案中，作为原告的消费者败诉了。自然，艾某对判决并不满意。法庭审理时，艾某还提交了一份媒体报道。报道称工商银行已经于2009年2月取消了"全额罚息"，因此"全额罚息"不是国际惯例。但法院对此"证据"没有采信。该案也暴露了我国金融业目前普遍存在的一个严重问题——面对金融产品和服务的日益增多、日益复杂，消费者教育没有及时跟上。

4. 个人信用记录——您的"经济身份证"

2010年5月，嘉兴某楼盘客户孙某，前往某行要求办理住房按揭贷款。客户经理审核发现：孙某收入稳定。夫妇两人没有购房记录，符合首套房的政策。但是查询个人信用报告时，发现孙某本人有十二次逾期记录。通过面谈得知，由于孙某信用意识淡薄，总是遗忘还款日期。因此，他不能获得按揭贷款，从而失去了一次购房的机会。孙某表示，今后将增强信用意识，关爱信用记录。

在我国，个人征信系统已经覆盖全国。这个系统为5亿多人建立了信用档案，保存了5 000多万人的信贷记录。这为银行了解个人信用记录、贷款审查、防范信贷风险，以及帮助个人积累信用财富、获得更优惠的金融服务等方面将发挥越来越重要的作用。大家都应该从我做起，按时归还每一笔贷款，缴清每一笔费用，一点一滴地为自己积累信用财富。

作为金融消费者，我们要提高自己的金融素养，并在日常生活中做个有心人，留意以下几点：

首先，用新信用卡消费前，应该花点时间和精力去阅读了解信用卡的主要条款，例如预支款项的利率、延期还款费用等。此外，应该小心保管好信用卡和储蓄卡，以免盗贼骗徒有机可乘。登入网上银行时应提高警觉，防范虚假银行网站，减低遭黑客入侵的风险。

其次，涉及投资决定时，头脑更要清醒。将积蓄做投资以求赚取较高回报，是人之常情，但要谨记回报与风险成正比这条科学定律。因此，在购买投资产品时，不能只看回报，还应该尽量了解清楚产品的潜在风险。精明的消费者会尝试了解不同类别银行产品的性质，避免购买超出个人风险或财务承受能力的产品。

再次，在向银行借贷购物或置业时，应该考虑自身收支状况来充分评估还款能力。如果不顾个人经济实力而过度借贷，消费无度或投机于高风险物业或股票，就不应以银行随便批核低息贷款等借口将责任归咎于银行。

最后，在银行购买投资产品时，客户必须认识到，交易合约一经签字作实，即具有法律约束力，不能假设银行须承担与明确合约条文相悖的责任。简单来说，客户不应寄望一旦银行涉及不当销售（不论其性质或严重性），客户就必然可获全额赔偿投资损失。也就是说，金融消费者必须为自己的决定和相关后果负责。

四、缓解我国金融机构与金融消费者的矛盾的政策建议

（一）加强金融消费者保护的相关立法

我国现有立法对金融消费者这一群体整体疏于保护。因此，在一些专门性金融法律中如《银行业监督管理法》、《商业银行法》、《证券法》、《保险法》等需明确加入对金融消费者保护的原则性规定，并在具体规则的修改完善中，注意贯彻保护消费权益的精神。同时立法过程中要始终贯穿着对掌控金融业话语权的大型金融机构的监控，细化金融机构诚信、告知、保密、提示等义务，通过明确的规则指引，防止这些机构利用垄断地位侵害消费者的权益。

最后，在时机恰当之时，我国还可以借鉴国外经验，例如英国的《金融服务现代化法》，专门以金融消费者权益保障为立法起点，系统全面地建立一套规范金融业务，完善消费者保障体系的专项法律。

（二）完善监管结构的框架

随着我国金融市场的发展，金融消费者权益保护问题会越来越突出，消费者维权意识会越来越强烈，客观上要求我们在金融监管和金融改革中更加重视消费者的权益保障。我国现在仍然实行分业监管，虽然 2006 年《证券法》为混业经营预留了制度接口，但要从立法层面上完全转变为功能性监管并非短时间

内能够完成。加之中国金融市场独有的特性，直接引入国外的制度实难发挥应有的作用。因此，针对我国目前的金融市场实际情况，考虑国情与金融消费者需求，在保障金融消费者权益的指导思想之下，逐步在现有机制之下引入功能性监管的内容，以切实保障金融消费者合法权益为目的设计监管制度。

（三）提高信息披露水平

我国目前监管立法中的强制性信息披露规则存在的最大问题在于，仅仅作为监管者的一项手段发挥作用，并未成为金融机构对消费者承担的私法性义务，也就无法成为投资者直接援引并据以主张权利的法律依据。我国金融制度的设计，无论是正式的法律法规还是配套的自律守则或行政指引，都应充分体现信息披露原则。因为只有信息充分披露，金融监管机构和被监管机构的行为才能接受公众的监督，公众在维护自身利益时才是主动的，这样的金融制度才会是好的制度而被公众信任。监管部门应当要求各类金融服务者定期对其经营状况、财务状况和对风险管理等相关信息进行公示，为消费者提供风险信息提示；另一方面，在各种金融商品纷繁复杂的表象之下抽象出其共性的部分，对各种金融服务的共同之处作出统一的规范要求，亦可避免出现法律与规则之间的冲突、隔离与重复，真正实现对金融消费者权益的保障这一立法宗旨。

（四）加强对金融消费者教育

社会公众要想要成为精明负责的金融消费者，提升金融知识是关键。在我国，学校和金融机构有很大空间来加强对社会公众的金融知识教育工作。例如我国大学可以面向周边市民公众开设金融基础知识学习班，利用周末义务性的举办金融知识讲座和理财经验交流会，这样不但可以提高公民金融素养，还可以使学校为社会公益服务作出贡献。政府监管部门也可以联同金融部门开展金融消费者教育，帮助金融消费者以精明、负责的态度管理财富，减少消费者与金融机构的纠纷，也有助于金融机构的稳健运行。

（五）构建纠纷处理机制

目前我国尚未建立行之有效的金融消费者纠纷处理机制。建立科学的纠纷处理机制主要包括协商、调解、仲裁和诉讼。在消费者保护领域，强调纠纷解决的效率性，因此协商、调解、仲裁等非诉讼方式以其特有的灵活性受到广泛重视。

近年来不断攀升的信用卡纠纷，保险理赔，股权投资纠纷等案件已经越来越多。建立一个健全而有效的纠纷处理解决机制，是实现金融消费者权益保障的最具实质性的一步。我国可以采用试点的形式，以上海已经初建的金融仲裁院和金融服务投诉处理工作组为起点，逐步深入并摸索经验，建立符合我国国情的金融服务投诉处理中心，真正落实对金融消费者合法权益的保护。

（六）培养行业组织的媒介作用

行业组织作为消费者与金融机构之间的桥梁纽带，对纠纷的处理和消费者的保护往往起到了非常的效果。因此，应健全金融消费者权益保护的行业自律组织，进一步完善金融消费者保护的自律机制。同时，对银行、保险、证券等行业协会在金融消费者保护方面的基本职责进行规范，充分利用他们的一线地位，推动金融业自律规则的建设。还可借鉴英国的《银行业守则》制定自律性守则，强调金融机构对金融消费者的基本承诺规范。利用同业自律组织的优势，规范和约束金融同业的行为，主动解决金融同业普遍存在的具有代表性的典型问题，赢得消费者的信任和支持。

第五节　矛盾五：普惠金融与草根金融边缘化的矛盾

普惠金融体系是小额信贷及微型金融的延伸和发展。从普惠金融体系的诞生背景和发展来看，它与小额信贷、微型金融有着密不可分的关系。小额信贷和微型金融对于弱势地区经济增长的作用，特别是小额信贷在帮助创造就业、增加收入、改善微小型企业经济状况等方面的作用，大家已有充分的共识。而在普惠金融理念中，这一认知得到了继承和发扬。建设普惠金融体系的过程，实质就是一个向更加贫困的人群和更加偏远的地区开放金融市场和推进金融服务的过程。

一、普惠金融的概念及意义

普惠金融是个新概念，是联合国于 2005 年"小额信贷年"活动中第一次正式提出的，是从小额信贷延伸出来的概念。国际金融危机的爆发，使人们清楚地认识到国际金融体系的失衡。联系到国内的情况，银行主要围绕着大型企业提供服务，中小企业贷款难问题长期无法解决，金融资源向城市、东部经济发达地区集中，机构和资金都从农村地区、西部地区撤离，转向城市、东部地区，农村地区、西部地区成为金融服务的荒漠，穷人等弱势群体被排斥于金融体系之外。但事实证明，金融服务不仅有利于经济增长，而且有利于改善贫困。在那些金融体系发展比较好的国家，收入不平等以及贫穷的状况都有较快的改善。如果扩大金融服务渠道能够对穷人最有利的话，就要使金融服务的覆盖面不仅仅局限于为贫穷的家庭提供信贷，重要的是要将金融服务的覆盖面扩大到所有未被覆盖到的人。为弱势群体、弱势产业和弱势地区提供金融服务，即普惠金融或称为金融服务的可获得性，已经成为一国或地区重要的金融政策之一。

构建普惠金融体系对经济发展有着重要意义。普惠金融体系是对现有金融体系的反思和扬弃。现在的金融体系是经过多年的发展逐渐形成的，并且随着经济的快速发展成为现代经济的核心，发挥着越来越重要的作用。但现在金融体系的弊端也越来越明显，其突出的一点是服务越来越倾向于价值取向较高的客户，而忽视那些有发展潜力的中小企业、微型企业、个体经营者、农户或者自然人客户，也就是说，众多有发展潜力的客户被排斥在金融服务对象之外，也就意味着很大一部分低收入人群和微小型企业只能通过非正规金融途径才能获得他们需要的金融服务。这些金融服务不仅是不可持续的，而且代价高昂或条件苛刻，例如私人借贷、高利贷等，甚至可能造成社会风险。因此，普惠金融体系强调要从广度和深度上进一步完善金融体系，依靠技术革新和政策支持来推动金融市场向那些更加贫困和更加偏远的地区开放，并提供种类更加丰富、价格更加合理的金融产品。同时，也要在观念上进行更新，推进多层次金融机构建设，运用政府推动力发展微型金融，将扩大金融覆盖面作为国家整体金融发展战略，从而最大限度地提供金融服务。

二、中国普惠金融离"普惠大众"目标还有多远

普惠金融的概念一经引入，迅速在国内流行开来，成为实业界和学术圈关注的热门词汇，形成新的产业浪潮。但深入观察普惠金融这几年在中国的迅速发展，可以发现，中国普惠金融体系在提升金融服务的覆盖率和可获得性方面，还有很大的提升空间，金融体系的普惠程度仍不够。中国的金融体系尚未完全实现"普惠金融"概念所要求的普惠大众的基本目标，这是巨大的挑战，亦是未来的机遇。

"发展普惠金融，意在服务和补充中国金融长期缺失部分，发展普惠金融就是让老百姓享受更多金融服务，发展为草根阶层服务的金融，将更好地支持实体经济发展。"著名经济学家、中国社会科学院副院长李扬如此表示。

李扬领衔的课题研究团队经过近一年时间精心撰写了《2014 中国普惠金融实践报告》。报告认为，中国有一半以上的人未被传统金融服务体系有效覆盖，属于需要普惠金融服务的范畴。而目前，中国普惠金融仍处于初级阶段，还存在很多不足。

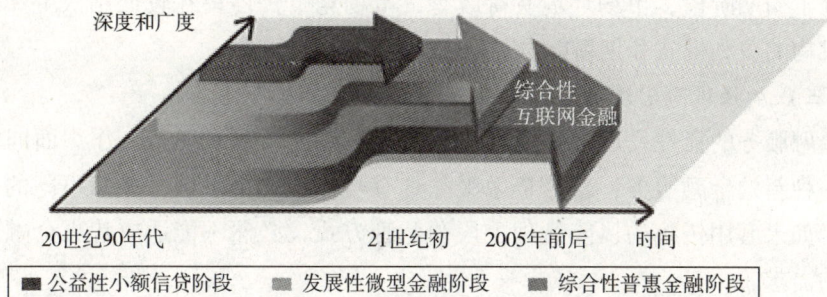

图3-5　中国普惠金融事件阶段性划分

（一）扩大金融体系的普惠程度

报告显示，在新技术、政府放松管制、金融机构创新活力增强等多重因素的推动下，近年来中国的普惠金融机构和业务均呈现快速发展态势，小额贷款公司、村镇银行、P2P借贷平台等新型普惠金融业态得到长足发展，涌现出一些有代表性的普惠金融服务模式。而在这一发展过程中，普惠金融的概念也伴随其机构和业务的快速扩张，迅速在国内流行开来，成为实业界和学术圈关注的热门词汇，形成新的产业浪潮。但深入观察普惠金融这几年在中国的迅速发展，可以发现，中国普惠金融体系在提升金融服务的覆盖率和可获得性方面，还有很大的提升空间，金融体系的普惠程度仍不够。具体表现包括：农村金融基础薄弱、网点少、成本高；中小企业融资难融资贵的问题仍然存在；小型社区类金融机构发展亟待加快；新技术革命冲击下的部分金融创新业务有待进一步规范；金融消费者合法权益的保护力度还不够大等。

这些问题的存在表明，中国的金融体系尚未完全实现普惠金融概念所要求的普惠大众的基本目标，这是巨大的挑战，亦是未来的机遇。

（二）提高产品与服务创新能力

据报告案例研究表明，一些有代表性的普惠金融从业机构根据各自的比较优势，开发推出了各具特色的普惠金融产品和商业模式，普惠金融在中国的内涵已远远超过了小额信贷的范畴，支付、汇款、保险、典当等各类金融服务均包含其中。特别是近年来在互联网技术的支撑下，中国综合性普惠金融服务呈现网络化、移动化趋势，第三方支付、网络P2P信贷、网络保险、移动支付等新兴普惠金融业态蓬勃发展。

但同时，延续数十年的以经营模式单一的传统大型银行为主导的金融结构仍未根本改变，金融机构的国际竞争力和创新能力依然有限。中国普惠金融发展仍处于初期阶段，市场环境有待改善，市场竞争仍停留在较低层次上，普惠金融机构的盈利模式和创新能力亟待实现新的突破。

（三）加强风险管理和监管

金融服务的良性发展必然要求对风险有很好的管理和防范。作为面向新群体的一种新的金融服务，普惠金融服务具有与传统的金融服务截然不同的风险特征，如果套用传统的风险管理手段和监管方式，必然不能适应普惠金融业务发展的需求。

普惠金融的发展对于信用风险、市场风险、操作风险等全方位的风险管理的方式和手段都提出了新的挑战。普惠金融的发展需要很多技术的支撑，普惠金融的新模式发展迅速，所有的创新都必须遵守"利国利民、合法合规"的基本原则，一方面需要通过行业自律加强内部规范，另一方面需要通过适度的监管加强外部监督，既鼓励创新又能够防范风险。

（四）增加金融基础设施供给

对于普惠金融体系的发展和完善而言，互联网技术带来了新的发展机遇与挑战。一方面，基于互联网的低成本金融创新和应用，各类金融组织不断采用新技术来改善服务渠道、降低享受金融服务的门槛，居民和小企业的金融诉求得到更多的关注。另一方面，互联网时代让信息更加开放，客户信息安全面临新的挑战，给整个金融市场带来了一定威胁。因此，在金融监管创新和金融基础设施建设方面，要积极面对新技术所带来的挑战。在全球互联网金融模式都尚未定型之时，如何加强监督和监管，如何提供合适的金融基础设施都是有待进一步探索的问题。

党的十八届三中全会通过的《中共中央关于全面深化改革若干重大问题的决定》，也明确提出"发展普惠金融"。由此，有业内人士认为，普惠金融在中国的发展将掀开全新的一页。

三、湖北银监局在普惠金融建设方面的举措

（一）普惠金融服务模式改革方面

1. 全面推广"双基双赢"支农服务模式

自2013年4月起，湖北银监局启动"双基双赢"合作贷款试点。"双基双赢"合作贷款模式，即基层银行和基层党组织人员实现双向挂职，将了解村民经济状况、经营情况的村干部吸纳为信贷监督员，全程参与基层信贷机构贷款调查及贷后管理；从银行选派信贷人员到试点村担任支书或村主任助理，当好

信贷宣传员、推销员和服务员。

　　众所周知农村地区"贷款难"、"难贷款"，难就难在银行与农户之间缺乏有效的信息沟通和资源对接。湖北省副省长张通说，一方面，种植养殖大户、农业企业急需资金扩大再生产；另一方面，银行担心风险，不敢向"三农"轻易投放贷款。因此当众多银行纷纷下沉机构挖掘农村金融市场之时，信息不对称成为他们面临的一大障碍。湖北省搭建起村级公共贷款平台，通过发展村干部成为银行兼职信贷员，解决信息对接难题，将信贷资金送到田间地头。

　　"双基双赢"试点让农户得到了实惠。在试点中，基层银行机构的营销模式从"等客上门"逐步转变为"主动出击"。湖北黄石市的一些基层银行机构依托村级信贷服务工作室找客户。大冶泰隆村镇银行保安支行信贷员在先锋村，积极宣传极具特色的泰隆一本通、易农贷、生意贷等产品，帮助98户村民开户，并谈成了多笔贷款。另外，"有借有还，再借不难"的信用意识也在试点村逐步树立。例如在钟祥苏榨村，村干部协助农信社将农户按信用记录、生活中的道德口碑分为黄金户、优良户、一般户、关注户和限制户五个等级。对黄金户给予贷款优先受理、利率下浮等优惠，对限制户直接纳入贷款黑名单。据了解，作为信贷监督员，村支书则会协助银行审查申报农户的信用状况、经营状况和盈利状况，贷后还会督促农户还款。

　　湖北银监局统计显示，到2013年8月末，湖北已建立村级信贷工作室401个，社区信贷工作室59个，"双基双赢"合作贷款授信金额达17.5亿元，已发放到位14.3亿元。湖北银监局局长邓智毅说，下一步将逐步推进"双基双赢"合作模式覆盖至全部银行机构。银监部门也将以此为抓手，引导银行业机构培育全新"三农"信贷文化，推动信贷资金回流"三农"。可以说，湖北省的"双基双赢"服务模式打通了农村金融服务最后一公里。

　　2. 积极打造"八可"小微信贷文化

　　2013年9月18日，湖北银监局局长邓智毅做客人民网财经频道，向网友介绍了湖北银监局支持小微企业发展的情况。邓智毅表示，在解决小微企业融资难这一世界性难题上，湖北银监局通过打造小微信贷文化寻找突破点。

　　邓智毅指出，作为一个客户主体，小企业跟大企业在规模、资产、公司治理等方面存在"大与小、厚与薄、明与暗"等不同特质。因此需要专门针对小微企业的信贷模式、流程、文化等探索出一条新的路子来。

　　邓智毅通过具体的例子介绍了小微信贷文化中的"八可"。所谓"八可"，即金额可大可小、期限可长可短、利率可高可低、押品可有可无。

第一是金额可大可小。我不想贷那么多，你不能多给我贷，我有时候要的多，有时候要的少。

第二是期限可长可短。过去我们习惯于大企业都是半年、一年、两年，取一个整数。但小微企业实际生产周期是因企业而变的。我们要以他的实际用款周期为标准，该几个月零几天就几个月零几天。

第三是利率要可高可低。利率里包含了很多因素，例如企业的诚信、所在行业和前景等，因此不是每个企业的利率都是一样的。此外，利率中还包含风险的贴水。这些因素最后折成了利率的价格。因此，利率要可高可低，让金融机构能有双向对接和选择的余地。

第四是押品可有可无，过去我们是把银行做成当铺，必须有十足的押品才给你放款。实践证明这不是特别好的方式，导致相当一部分的小微企业被排除在小额贷款的大门之外。邓智毅特别补充道，押品可有可无不是对风险控制的忽略，而恰恰是要求更加重视企业的风险。但是，对企业的风险评估不能局限于过去大企业里看到的报表、公司治理、押品等。针对小微企业，要通过其他的一些方式来准确地判断风险点，进一步把握风险。

邓智毅认为，要把这种文化从理念落实到机制需要分两步走。首先是要有一整套的体系；然后使这个机制能够育新育老，每个信贷环节里都充分地体现和贯彻这种小微的信贷文化。

（二）普惠金融发展方面

1. 组织开展"县域信贷缺口收敛"工程

（1）县域信贷缺口的现状分析

不论经济发达的资本主义国家还是贫穷落后的地区，中小企业信贷资金供求缺口是普遍存在的。我们结合湖北省情况进行分析。

总量不足：信贷资金供求矛盾突出。由于历史、自然、区位等诸多因素影响，湖北省县域中小企业发展速度和质量明显落后于全国、全省平均水平，关键在于产业基础差，有效投入少。同时，适度从紧的货币政策经过商业银行信贷政策传导后在边远民族贫困地区呈现放大效应，使得中小企业面临更大的资金压力。

结构失衡：金融与经济的协调性受阻。县域中小企业资金配置是否适当，关键是看经济发展的可持续性、信贷供求结构的协调性和各种经济要素配置的合理性。信贷供求结构的协调性和合理性反映中小企业信贷供求关系的适应程度和满足程度，也反映了县域经济发展状况及基本需求，最终反映出信贷供求的总量协调和结构性协调。

当前，县域经济与金融发展不一致表现在三个方面。

金融资源分布不平衡。有关资料表明：2012 年末，东部、中部、西部和东北地区本外币贷款余额分别为 37.7 万亿元、9.6 万亿元、12.5 万亿元和 4.6 万亿元，更多的金融资源分布在东部发达地区。

企业融资结构比例失调。银行贷款是中小企业最主要的融资方式。现阶段，我国中小企业的融资结构比较单一，主要依赖于银行贷款。企业内源融资受瓶颈制约。内源融资是企业依靠自身积累进行的融资行为，它包括资本金、折旧基金和留存收益转化的投资等。内源融资具有原始性、自主性、低成本性和抗风险性等特点，但它受到企业的盈利能力、资产规模、净资产收益率和企业动员资金能力等因素制约。由于经济发展的非均衡性，我国中部、西部地区中小企业内源融资比重明显低于东部发达地区。非正规渠道融资呈现上升趋势。民间借贷有利于盘活社会存量资金，提高企业直接融资比重，缓解企业资金压力，正外部性明显。但民间借贷引发的社会问题也不可小视，必须加以引导和规范。政策性金融缺位。中国农业发展银行信贷业务受政策制约，对中小企业融资能力十分有限。

信贷供给与产业结构不匹配。一方面，银行为中小企业提供的大多是一年期以内的流动资金贷款，而企业的生产经营周期大多会超过一年，贷款期限与产业期限不匹配，容易出现资金梗阻与断层现象。另一方面，能源、交通等景气度较高的行业，资金相对紧缺，县域中小企业很难涉足其间，比较优势难以发挥。

（2）政策建议：加大对中小企业的支持力度

县域中小企业融资难已是不争的事实。如何有效解决这些难题，仁者见仁、智者见智。我们认为应当循序渐进，综合整治。当务之急是结合中小企业特点设计新的融资产品，引入市场化利率定价机制，建立新的风险控制和激励机制。

构建新的融资平台。一是大力发展民营金融。实践证明，民营金融不仅能有效支持多种所有制成分下的中小企业发展，而且符合经济结构和产业结构调整的客观要求。当前，要重点扶持和发展城市商业银行，使之成为县域中小企业融资的"加速器"和"助推器"。二是人民银行要加强窗口指导。充分利用再贷款、再贴现等手段，引导县域商业银行和农村信用社为中小企业提供有效金融服务。三是完善信用担保体系。由政府和企业出资共同建立担保基金，成立担保和再担保机构为中小企业融资提供有效担保。

拓展新的融资渠道。一是打破现有的依赖银行贷款的思维定势，建立多渠道、多层次融资体系，由企业根据自身情况选择合适的融资方式。如发行债券融资、中小板上市融资、买壳上市融资、票据贴现融资、信用担保融资、金融租赁融资、股权出让融资、增资扩股融资、资产典当融资、商业信用融资、国际贸易融资、补偿贸易融资、民间借贷融资等。二是鼓励县域中小企业民营化和股份制改造，努力提升自身质量和诚信意识，为权益融资创造有利条件。

探索新的管理模式。金融机构要全面转变传统的信贷管理模式，构建全新的信贷管理机制。在贷款方式上，银行应以借款人经营活动所形成的现金流量和个人信用为基础来确定贷款额度和期限；在担保方式上，银行应积极探索在动产权利上设置抵押或质押，采取灵活担保方式，增加担保抵押品种；在制度设计上，构建对信贷人员的正向激励机制；建立适应中小企业的信用评级、风险管理和内部控制制度；合理下放中小企业贷款审批权限，增强基层金融机构的自主权和灵活性。

完善新的定价机制。坚持市场化利率改革方向，实行差别利率，灵活定价，使风险大小与利率高低相匹配，用高利率补偿高风险可能带来的损失。同时，用差别利率机制"挤出"部分无效融资需求，使资金与资源配置更加合理、有效。

营造新的生态环境。一是地方政府要树立"小政府、大服务"的工作思路，狠抓信用建设，营造诚信氛围，树立金融生态均衡发展和可持续发展的观念。二是发挥人民银行信贷登记咨询系统作用，建立中小企业征信档案，完善企业评估和授信体系。

（3）基本结论：加强金融对县域经济的渗透与支持

县域中小企业是金融发展强有力的微观基础，金融要在县域中小企业发展中有所作为，有所突破，更要有所深化。

中小企业可以根据自己的发展目标，选择最佳的融资方式。但中小企业要努力改善自身状况，以满足不同融资条件。

信贷供求结构的协调性和合理性反映中小企业信贷供求关系的适应程度和满足程度。因而，搞好信贷结构调整十分重要。

县域中小企业的发展依赖于多种因素的推动，发展民营金融对县域经济增长带来正外部性，当前要大力扶持和引导民营金融的发展。

2. 组织开展小微企业"三优"活动

小微企业是小型企业、微型企业、家庭作坊式企业、个体工商户的统称。

小微企业在国民经济中具有不可替代的重要地位和作用。小微企业规模小、资金少、分布广、数量众多，是我国企业的重要组成部分。小企业在解决就业、创造利税方面被社会广泛认可，但融资难却一直没有解决，贷款难、贷款贵是普遍现象。虽然我国政府一直高度重视小微企业融资问题，出台了一些扶助性的政策措施，但融资难问题依然存在，引起政府与社会各界的密切关注，成为经济社会发展中亟待解决的一个突出问题。

目前，小微企业在融资方面存在的主要问题，突出表现在四个方面，即难、贵、乱、险。

（1）融资难。小微企业实力薄弱、经营效益较差、负债率又较高，而且企业财务不规范、分布散乱、数量多，很难受到金融机构的青睐，所以，往往得不到金融机构的贷款支持。特别是如果国家收紧银根，小微企业首当其冲被挤出。

（2）融资贵。相比之下，小微企业较难获得银行贷款。在此情况下，小微企业不得不通过民间借贷取得短期资金以求得生存与发展。但民间借贷利率高，昂贵的借款成本必然影响小微企业的生存与发展。

（3）融资乱。小微企业往往是以非正规的方式进行融资的，主要通过创业者个人的储蓄、亲朋好友的借贷、企业职工的内部集资，有些甚至是非法集资，这样，个人的资金涌向了高利贷市场，有些上市公司的资金，甚至部分银行的资金也参与到高利贷民间借贷之中，导致本来就混乱的高利贷市场更加复杂。

（4）融资险。本来小微企业经营利润就很低，由于其融资渠道单一、融资环境差、融资成本高、又参与高利贷的借贷，所以，既背负沉重的债务负担与压力，又聚集着一定的融资风险。因为，高利贷隐含着资金链断裂的风险，一旦发生资金链断裂，小微企业的生存就要受到威胁、甚至破产倒闭。

当然，小微企业融资难问题既有企业外部原因，又有企业内在原因，现阶段，制约小微企业生存与发展的主要瓶颈仍然是融资难问题，但要化解小微企业融资难题，必须统筹兼顾小微企业的经济功能和社会功能，而且要依靠全社会共同努力，从经济社会全局入手，采取切实有效的措施，解决融资难问题。对银行业来说，小微企业金融服务已从"要不要做"的阶段发展到"怎样做"的阶段。一些银行也积极探索"信贷工厂"、"网络贷款"、"小企业金融债"等融资模式，创新推出了一批适合小微企业特点的信贷产品，持续扩大小微企业信贷和服务供给。

为此，湖北银监局推出"三优"活动，希望通过督促引导银行业金融机构

"培育优质客户、提供优质服务、推行优惠利率",进一步改善小微企业金融服务,切实缓解小微企业融资难问题。

"培育优质客户"是指银行业金融机构通过营销挖掘潜在客户,通过辅导帮助小微企业完善治理结构、健全财务制度等,引导并促进小微企业合法经营、依法纳税,培育满足银行授信条件、忠诚度较高的小微企业客户,扶持小微企业发展壮大。

"提供优质服务"是指在符合行业标准或规章制度等规定的前提下,银行业金融机构为小微企业客户提供高效、便捷的金融服务,满足客户的合理需求,并能获得较高的满意度。

"推行优惠利率"是指银行业金融机构通过科学合理定价,针对不同的小微企业、不同的贷款方式实施差异化利率,或者采取其他利率优惠方式,逐步降低小微企业贷款利率水平,减轻企业负担。

(三)普惠金融组织体系建设方面

1. 在城市:抓好社区银行的试点工作

目前,发展"社区银行"的呼声日益高涨,业已成为金融改革的热门话题之一。发展"社区银行"是缓解小企业和个体工商户贷款难的治本性措施,是改善金融生态和宏观调控的必要措施。

社区银行的概念来自于美国等西方金融发达国家,其中的"社区"并不是一个严格界定的地理概念,既可以指一个省、一个市或一个县,也可以指城市或乡村居民的聚居区域。凡是资产规模较小、主要为经营区域内中小企业和居民家庭服务的地方性小型商业银行都可称为社区银行。

那么社区银行有哪些优势呢?

(1)定位优势。社区银行的目标客户群是中小型企业(特别是小企业)和社区居民这些中小客户,大商业银行则在是以服务大中型企业客户为主。尽管可能存在重叠,但彼此在对方领域不会形成激烈冲突。因而,社区银行能够在准入、占领和保持巨大的中小企业和社区居民客户市场方面赢得独特优势。

(2)信息优势。社区银行的员工通常十分熟悉本地市场,这对开展高风险的中小企业贷款十分重要。信息不对称程度相对大银行而言较小,风险识别能力较强,这使社区银行在对中小企业贷款中获得比大银行更大的安全盈利空间。

(3)地区优势。大银行通常将其在一个地区吸收的存款转移到另外一个地区使用,而社区银行则主要将一个地区吸收的存款继续投入到该地区,从而推动当地经济的发展,因此将比大银行更能获得当地政府和居民的支持。由于运作都在本地，熟悉本地市场，因此条件灵活，手续简化，速度较快，大大降低了运营成本，这种来自地域的优势是社区银行经营发展的最大无形资产。

只有紧紧围绕"微型银行、家庭银行、网络银行"的定位，积极探索开展管理体制、经营机制、服务方式创新，使社区银行能够真正接地气，满足小微企业和社区居民的金融需求。

【专栏】

湖北银行"五特色"打造社区银行新模式

深入社区，让银行"接地气"，让金融服务成为社区服务的一部分，打造全国一流、有品牌的社区银行！这不是一句口号，而是湖北银行向零售银行转型发展的重要战略举措。融入社区，湖北银行百步亭社区支行在全国先进社区——百步亭社区生根发芽，茁壮成长。

湖北银行社区金融服务模式的产生缘于自身的战略定位和社区居民实实在在的金融需求。湖北银行在市场调研中发现，虽然不少银行已经在社区开设了分支机构，但本质上却没有真正融入社区，社区居民的金融基础知识、理财需求以及社区小微企业的融资需求没有被正视。湖北银行认为深耕这一细分市场是群众需要，也是金融企业的责任和义务。基于此，湖北银行在武汉百步亭社区试点成立社区银行，探索社区银行建设模式。

理念创新：让社区参与社区银行的建设和管理

让社区参与社区银行的建设和管理，是湖北银行社区银行模式的创新特色。与其他仅仅物理上建在社区的银行相比，湖北银行社区银行在"银行进社区"的同时让"社区进银行"，打破"银行在社区，却又游离于社区之外"的怪圈，主张银行与社区的全方位联动，在为社区居民提供全方位金融服务的同时，让金融服务成为社区服务不可分割的内容。

围绕该理念，湖北银行与百步亭社区签订了战略合作协议、党建结对共建协议、双基双赢合作协议、信息共享协议，结成战略伙伴关系，共享信息资源，共建社区服务平台，共同探索社区金融服务，并计划通过资金纽带进一步密切合作，实现"社区、银行一家亲"。

服务创新：开拓银行社区金融公益宣传之先河

"两个立足，两个不涉足"（立足社区居民、立足社区企业、不涉足大企业、不涉足社区外），是湖北银行开展社区金融服务的一项特殊要求。具体操作上，做社区企业的好伙伴，重点发展社区小微贷款业务；做社区居民的好帮手，重点关注社区居民零售业务；做社区经济的好推手，不涉足社区外。

在百步亭支行还在筹建的时候，湖北银行百步亭社区支行筹备组就通过近千份社区调查问卷和8场社区居民座谈会摸底，充分了解了社区居民金融需求，经过细致规划，形成了"四位一体，寓教于乐"的金融公益宣传服务方式。

针对细分市场特点，湖北银行百步亭社区支行构建了个性化、专业化的"4＋N"社区金融产品体系，满足小微企业"短、平、快、急"的融资需求和社区居民多样化的产品需求，拟打造社区金融"一站式"服务平台。

"一键通金融"项目。"一键通金融"是湖北银行社区支行针对社区老年人群体的特色创新。"一键通"原本是以手机终端为载体，供社区老年人一键连接社区养老信息服务中心的社区服务附属产品。湖北银行百步亭社区支行进入社区后，在百步亭社区的大力支持下，将社区金融服务融入到社区养老信息平台中，实现了社区老年人"一键"连通银行，便捷享受金融咨询和上门办理业务的服务。"一键通金融"在保障老年人金融安全的同时更让社区居民晚年金融生活更加的便利，是金融服务融入社区服务的重要一步。

"一卡通社区"。社区一卡通是以"IC卡"为载体，将社区金融服务、日常消费、物业管理、养老服务进行有效整合，实现社区商户、社区居民、社区银行、社区管理方多赢的一项业务。"社区一卡通"将代替单一的借记卡、游泳证、借书证、就餐卡、洗衣卡、洗浴卡、水卡、电卡、班车卡、钱包等，实现社区生活"一卡在手，走遍社区"。"社区一卡通"是"银行"与"社区"深入合作的产物，是金融服务促进社区整体服务升级的标志性产品。

"一揽子"融资解决方案。95%以上的百步亭社区内的工商企业为小微企业，根据社区小微业主和居民的需求特点，社区支行整合创新了3大体系17款针对不同注册类型、不同行业性质、不同发展阶段社区小微企业、商户和社区居民的"社区幸福贷"系列产品，提供了抵押、信用、担保等多样化的贷款担保方式，开发建立了"一轻二重三高四低"的小微企业产品体系。"一轻"是指轻小微企业抵押担保，"二重"是指重客户现金流、重客户的信用度，"三高"是指放款效率高，服务品质高，与社区联系紧密度高，"四低"是指融资成本低，起贷额度低，资料要求低，准入门槛低，实现了让每个有贷款需求的客户都能找到适合自己的贷款产品，真真切切感受到"社区幸福贷，生活更精彩"。

"一家亲"的社区与银行。按照省银监局的业务指引，湖北银行百步亭社区支行联手社区，打造了小微贷款"双基双赢"业务合作平台。在百步亭社区基层组织和湖北银行基层网点合作审核审批贷款业务上，百步亭社区基层组织十分熟悉社区市场，与贷款客户接触频繁，通过社区推荐和参与初审，可以解决小微贷款中遇到的信息不对称难题，有助降低社区客户的融资难度和融资成本，实现风险可控，让利社区的效果。

环境创新：体现"便民"与"亲民"

通透的落地玻璃、相对私密的洽谈空间、多样性的便民设施、温馨轻松的氛围是湖北银行百步亭社区支行在装修设计与硬件配备上的特色，"便民"与"亲民"是社区支行建设理念的充分体现。网点设计装修上遵循三个三分之一：1/3 现金柜台区的主要功能是让社区客户等待办理及办理交易结算类现金业务；1/3 金融咨询区是社区居民、社区商户与银行工作人员"面对面、一对一"的金融咨询区域，提供的是个人理财、小微贷款、保险、证券等金融产品的专业咨询服务，是发现、引导、满足社区客户差异化需求的专属区域，配备的是网银体验机、iPad 金融产品演示、全民付便捷支付设备、金融信息滚动屏等硬件；在 1/3 社区活动区，突出体现的是社区文化和便民服务，在此区域，有社区文化墙、社区公告栏、电子阅读桌、交通违规查询缴费机等，更有周一至周日由第三方专业机构轮流提供的健康养生咨询、旅游度假咨询等服务。

管理创新：确保"社区银行"特色导向

湖北银行以"全国一流、有品牌的社区银行"为目标定位，在授权管理上，总行给予百步亭社区支行充分授权，在选人用人上，湖北银行百步亭社区支行以"服务意识、服务能力、专业水平"为重要考察点，在招聘源头上为社区银行建设提供了人力保障。在考核机制上，湖北银行社区支行更关注客户体验度、产品创新度等业务驱动性指标，将社区评价纳为重要指标，注重员工与社区、员工与客户的融合程度，引导社区支行规范行为，确保在日常经营中动作不变形，体现"融入社区"的特色。

面对未来，湖北银行有信心在社区银行探索与建设的道路上走得更远，做得更好，也对打造全国一流、有品牌的社区银行充满了信心。

2. 在县域：抓好"三个全覆盖"的收官工作

湖北古称"鱼米之乡"，具有发展农业的天然地理优势，但只是农业大省却不是农业强省。如何发挥金融作用，加大力度支持"三农"，促进城乡统筹发展？监管部门提出：要将金融服务从城市向农村延伸，以低廉的服务成本便利地向传统金融服务无法惠及的农户、农村经济组织和农业生产领域提供可持续的金融服务，满足农民生活、农业生产和农村发展中对金融服务的基本需求，也就是实现农村金融服务的全覆盖。这一思路得到了各级政府的大力支持和有关部门的积极响应，并已经取得了初步成效。

湖北省农村金融服务全覆盖工程，就是计划用五年时间，将金融服务从城市向农村延伸，以低廉的服务成本便利地向传统金融服务无法惠及的农户、农村经济组织和农业生产领域提供可持续的金融服务，满足农民生活、农业生产和农村发展中对金融服务的基本需求，逐步建立一种符合普惠制原则的农村金融服务体系，降低金融服务门槛。

针对当时农村金融服务薄弱环节，提出强化的方向及数量指标，即具体的推进目标。

一是努力增加农村金融机构网点。2010年末，全省共有农村银行网点2 900家，力争五年内新增400家。

二是增加县域信贷投入。2010年末，全省县域存量存贷比约为40%，力争2015年末达到55%。

三是提高支付结算便利化程度。2010年末，全省农村地区转账电话为平均3户/村，力争到2015年末增加为平均6户/村。2010年末，全省ATM乡镇覆盖面为87%，力争2015年末提升到100%。2010年末，全省POS机刷卡消费乡镇覆盖面为79%，力争2015年末提升到100%。

四是扩大"三农"保险服务覆盖面。力争五年内，将水稻、奶牛、能繁母猪、"两属两户"农房保险的覆盖面达到100%；农民工意外伤害保险覆盖率达到50%；农村小额人身保险覆盖面达到80%。

五是提升证券、期货服务"三农"水平。力争2015年前增加5家。2010年末，全省参与农业期货的农村经济组织有379个，力争在2015年前增加到1 100余个。

六是优化农村金融生态环境。2010年末，全省信用乡镇占比为72%，力争在2015年末提升到90%。

为了保证"三个全覆盖"工程的顺利完成，要坚持建"新机构"与建"新机制"并举，积极巩固既有改革成果。对已改制成功的农商行，重点是进一步完善公司治理，做到形神兼备；对村镇银行，重点是进一步明确战略定位，深耕本地市场；对电话银行，重点是进一步拓展服务功能，构建考核评价体系，在提高实际使用率上做文章。

第四章　中国金融业
改革发展面临的矛盾（中）

—— 传统金融与互联网金融

互联网金融的兴起，既是信息技术特别是互联网技术飞速发展的产物，也是适应电子商务需要而产生的网络时代的金融运行模式，互联网金融的崛起，大数据和互联网金融的出现，为传统金融机构形态、业务边界、产品服务、商业模式、风险管理及资产负债业务等多个方面带来了一系列的变革。推动了银行体系的创新，对于监管部门，如何防范互联网金融的风险、实现互联网金融与传统金融的并存发展，成为未来监管改革的重要方向。

第一节　互联网金融兴起与发展

互联网金融又称电子金融（E - finance），是指借助于互联网、移动网络、云计算、大数据和数据挖掘等技术手段在互联网中实现的金融活动，包括互联网金融机构、互联网金融交易、互联网金融市场和互联网金融监管等。最早的互联网金融概念是谢平提出的，他认为：在互联网金融这个世界里，没有任何金融中介机构，资金可以在这个市场里自由流通[①]，有点类似金融的乌托邦世界。不同于传统的以物理形态存在的金融活动，互联网金融是存在于电子空间中的金融活动，其存在形态是虚拟的，运行方式是网络的。目前，我国金融行业目前已进入一个全新的互联网时代。

一、互联网金融兴起原因

互联网金融的兴起，既是信息技术特别是互联网技术飞速发展的产物，也

---

① 资料来源：谢平：《互联网金融的核心是移动的数据》，和讯网，2013 - 06 - 22。

是适应电子商务需要而产生的网络时代的金融运行模式。

（一）互联网普及率的快速提高

在资本市场中，资金供给方和需求方等各种利益相关者掌握了大部分的信息，而通过社交网络发布这些信息则不可避免地会引起信息冗余。在这种信息爆炸的背景下，核心在于梳理出各利益相关者所需要的真正信息。在搜索引擎和数据挖掘技术的支撑下，用户可以按条件检索并筛选各种关系数据，最后形成更有针对性、连续和动态的金融信息，这种技术既满足了信息使用者的需求，又可以优化与方便信息的管理。

随着互联网技术的发展，互联网应用已经在全国各个城市都得到了广泛的普及。网络技术水平，特别是搜索引擎以及数据挖掘技术的创新与突破对互联网普及率的提高起到重要的推动作用。2014 年，中国互联网网络信息中心（CNNIC）在《第 33 次中国互联网络发展状况统计报告》中指出，截至 2013 年末，中国网民规模达到 6.18 亿人，较 2012 年增加网民 5 358 万人；互联网普及率为 45.8%，较 2012 年底提升 3.7 个百分点①。这么庞大的网民数量为互联网金融奠定了客户基础，且客户队伍仍在加速扩大。从我国互联网的发展趋势来看，网络消费的势头不可逆转，随着供给和消费的逐步深入，网上银行、证券、保险网络的应用群体在未来较长时间内将实现更强进的增长。越来越多的人开始互联网生活模式，互联网金融也得以有了广泛的目标客户群。因此，互联网普及率的快速提高，为互联网金融提供了广阔的发展空间，也成为互联网金融的重要载体。

（二）客户多样化的金融需求

随着经济的增长，我国居民的收入、生活水平得到了大幅度提高，这使人们产生了更为个性化、多元化以及复杂化的理财预期。在金融市场不断完善的背景下，经济的发展刺激了人们多样的金融需求。传统的金融业所提供的同质化金融产品已经无法充分满足客户的个性化需求，用户希望可以根据自己的实际财务情况，通过更多的投资组合来平衡风险与收益，选择更适合自己的理财与投资产品。

与此同时，金融机构与客户都感受到了金融服务在互联网技术支撑下的便利性。一方面，传统金融业借助互联网技术可以显著降低双方的交易成本；另一方面，客户通过互联网可以足不出户地办理各项业务。城市生活的快节奏突

---

① 参见中国互联网信息中心官网，《第 33 次中国互联网络发展状况统计报告》，2014 - 03，http：//www. cnnic. net. cn/hlwfzyj/hlwxzbg/hlwtjbg/201403/t20140305_ 46240. htm。

出了人们的时间意识和效率意识，传统金融行业的排队等问题使客户与金融机构之间的矛盾愈演愈烈。此时，自助化的服务方式呼之欲出，而互联网就是金融机构与客户之间最大的平台和纽带，所以，互联网金融需求应运而生。此外，由于客户大部分闲置的资金并没有一个很好的"盘活"渠道，这就形成"碎片化理财"的需求。基于互联网行业的长尾理论①，互联网金融可以将大量的闲散资金借助互联网平台集中起来，并进行投资与理财。互联网的平台无地域限制，再加上支付便利、成本低，使得"碎片化理财"在实际中成为可能。

近几年，一些民间金融机构也开始尝试进入传统金融产品的服务盲区，这些产品可以较好地贴近金融市场的发展，具有更高的客户需求敏感性，能够更有针对性地满足客户需求。

（三）技术变革带来金融消费习惯的改变

异地支付、手机银行和电子商务的迅速发展，使得"无钱包"支付时代到来，投资理财等传统柜台业务也延伸到了虚拟网络。这种网络化的互联网金融实行全天 24 小时运营，突破了传统金融服务的时间限制和地域限制，为客户提供了极大便利；在运营成本上，以虚拟化的形式提供服务并不需要分摊物理经营场所、分支机构或者营业网点的固定费用，也有效降低了设施维护、员工工资等支出，大大降低了运营成本，具有显著的经济性。同时，大数据、云计算技术的发展与应用，使得数据与信息的收集、加工和传递日益迅速，金融市场的信息披露更加充分与透明。因此，互联网金融不仅使客户享受到方便、快捷、高效和可靠的全方位服务，也节约了客户的交易成本和时间成本，进而逐步形成了互联网金融的消费习惯，为互联网金融的发展提供了温床。

据中国互联网数据平台显示，2013 年 1 月，财经金融类网站月总页面浏览量达 381 539 万次；月总访问时长达 9 122 万小时，互联网已经成为用户获取金融信息的重要渠道之一。同时，在新增加的网民中使用手机上网的比例高达70.0%，高于使用其他设备上网的网民比例，我国手机网民规模达到 5 亿人。微博和手机即时通信等典型的移动互联网应用，使网民可以随时随地查看财经金融信息，金融信息几乎完全对称，并可以实现供需双方直接交流沟通。

（四）金融机构对互联网金融模式的不断创新

当前的金融业已进入数字化时代，信息技术的发展，互联网、移动互联、

---

① 克里斯·安德森提出的长尾理论认为，由于成本和效率，当商品生产成本急剧下降到个人都可以进行生产并且商品的销售成本急剧降低时，只要有人卖以前看似需求很低的商品，就会有人买。同时，这些需求不高的商品所占据的市场份额与主流商品的市场份额相同，甚至更大。

移动终端的出现，及其带动形成的大数据、云计算所搭建起的平台已经成为互联网金融的主要推动力量。面对这场变革，不少金融机构都在积极反应。目前80%以上的商业银行都已经推出了手机银行，多家商业银行还推出金融商城。比如，中国建设银行推出了"善融商务"平台，招商银行推出"出行易"电商平台；面对"余额宝"的攻势，广发银行推出"智能金账户"，该账户的许多功能接近余额宝，同时也有更多理财产品可供选择；目标为"再造一个网上中信"的中信银行，推出全新 POS 网络商户贷款业务。

微信作为新的交流、通信工具，也已成为金融机构拥抱移动互联的平台。从 2012 年开始，商业银行开始推出微信公众账号。中信银行宣布该行信用卡官方微信服务平台"包打听"正式上线；招商银行推出了全新概念的微信银行，通过微信银行不仅可以实现账户查询、转账汇款、信用卡还款、积分查询等卡类业务，更可以实现招行网点查询，贷款申请、办卡申请、手机充值、生活缴费等多种便捷服务，还有在线智能客服服务。

同时，银行也在积极跟进活期存款新业务。面对"余额宝"、"活期宝"等，银行利用客户资源的优势，积极投入竞争。交通银行推出"自扣账户自动申购货币基金服务"，持卡人可以自由设置借记卡留存金额。广发银行与易方达基金合作推出了与交通银行类似的智能金账户。工商银行理财产品"灵通快线"通过网上银行将余额资金转入，使闲散资金随时"钱生钱"，且顾客无需预约。

二、我国互联网金融现状

近年来，涉足互联网金融的企业逐渐增多，互联网金融热度不断上升。从进军互联网金融的企业来看，阿里巴巴已经撒开了一张互联网金融帝国的大网，腾讯申请了小额信贷的牌照，宜信、拍拍贷、开鑫贷等 P2P 平台层出不穷。电商行业的京东、苏宁、金银岛、钢联、易钢在线等都在逐步开展 B2B 供应链金融业务；券商也纷纷与电商合作，招商银行、华泰证券等券商纷纷开启网上开户模式。从互联网金融交易的规模来看，其交易数量迅速增长。到 2012 年 11月，P2P 网贷行业的交易总量高达 200 亿元；国内获得央行第三方支付牌照的企业在 2013 年第二季度交易规模已高达 1.34 万亿元，环比增长 7.1%。从线上的互联网金融产品来看，各公司提供的金融服务产品化，金融产品标准化，各企业创造了种类繁多的金融产品。以阿里金融为例，阿里巴巴在金融服务领域已包括贷款、担保、保险、信用卡、支付结算等全流程。

我国当前的互联网金融发展模式众多，有代表性的包括第三方支付、以 P2P

为代表的借贷平台和以众筹为代表的股权投资平台。

（一）第三方支付

第三方支付是指客户在第三方支付机构注册虚拟账户后，第三方支付机构按照客户指令为其提供线上和线下支付渠道，完成从用户到商户的在线货币支付、资金清算、查询统计等过程。当前，主要有三种支付方式：一是钱包模式。客户在支付前将资金充值到第三方支付账户，直接通过支付账户进行支付。二是网关模式。用户在第三方支付界面选择支付银行，然后跳转到网上银行界面，进行信用卡或借记卡的在线支付。三是快捷支付模式。用户在首次使用时绑定银行卡账户与第三方支付账户，之后在交易过程中只需要输入第三方支付的密码就可以完成支付。第三方支付最初是为商户和消费者网上支付提供渠道，随着互联网应用的不断扩展和用户便捷支付需求的增加，第三方支付逐步向话费充值、信用卡还款等生活服务以及基金、保险等金融领域延伸，发展迅速。

到2013年7月，已有250家支付机构获得第三方支付的营业牌照。在这些机构中，阿里巴巴集团的支付宝占据着绝对的优势，阿里巴巴集团将支付宝、淘宝、天猫以及阿里巴巴B2B等几大平台的数据打通，近年来其市场份额维持在50%左右。2012年底，支付宝的注册用户超过8亿，日交易峰值超过200亿元人民币。

此外，第三方支付企业可以无偿使用暂时停留在其账户里的客户备付金。对于业务量较大的第三方支付企业来说，客户备付金是一笔相当可观的资金。第三方支付企业可以利用这笔资金进行金融运作和投资，从而获得丰厚的投资收益。但如果投资失败，也有可能产生大面积的违约事件，造成支付系统的瘫痪，产生巨大的系统性风险。2013年6月，中国人民银行出台《支付机构客户备付金存管办法》[1]，对客户备付金的使用进行了严格的限制，规定第三方支付机构需要提取10%以上的备付金利息收入用作风险准备金。

【专栏】

余额宝们无需"妖魔化"——以监管构建互联网金融生态的竞争规则

从被奉为"高收益神话"到被贬为"趴在银行身上的吸血鬼"，余额宝在市

---

[1]　参见中国人民银行公告〔2013〕第6号。

场和监管的双重压力下迅速跌下神坛，关于该大力发展还是该加强监管的讨论声不绝于耳。

继上周中国银行业协会有意将余额宝等互联网金融货币基金存放银行的存款纳入一般性存款项目进行监管的消息传出之后，上周五，证监会在其官方微博中发布消息称，部分互联网货币基金在销售、宣传推介中存在风险提示不足的问题，为促进余额宝等互联网基金更好地发展，证监会正在研究制定加强货币市场基金风险管理和互联网销售基金监管的有关规则。随着两会开幕，以余额宝为代表的互联网金融更成为两会代表委员关注的话题。

一、高收益开始"褪色"

虽然余额宝被打上了"高收益"的印记，但这只是相对于银行活期存款而言，而且，这一"高收益"的可持续性越来越值得推敲。农历新年之后，余额宝收益率整体出现下降，3月2日的7日年化收益率为5.971%，是自去年12月26日以来首次跌破6%。

自2011年11月底，监管部门取消了货币基金投资协议存款不得高于30%的上限规定后，银行协议存款就逐渐成为货币市场基金投资的主要资产。2013年货币基金四季报显示，多数货币基金资产投资于协议存款的规模都在50%以上。其中，与余额宝对接的天弘增利宝投资于银行存款和结算备付金合计92.21%。

在这种背景下，余额宝的收益率就严重依赖银行协议存款利率。历史统计数据显示，2011年、2012年和2013年全部货币基金A类的平均收益率分别为3.48%、3.94%和3.87%，而更早年份的平均收益率则保持在2%至3%。"我们不知道收益率会降到多少，什么时候开始降，但我们必须告诉投资者，6%并非常态。"天弘基金副总经理周晓明近日表示。

对于余额宝等互联网货币基金目前的高收益，金融问题专家赵庆明认为，随着银行间市场资金逐渐宽裕，互联网货币基金收益可能将由前期的6%以上逐渐降低。此外，"提前支取不罚息"优惠政策一旦被取消，势必对其收益造成影响。

二、不会动摇银行存款基础

兴业银行日前宣布，将于3月初推出新一代余额理财工具"掌柜钱包"；民生银行在近日上线的直销银行中推出了如意宝理财账户。一边是余额宝快速膨胀的规模；另一边是大小银行的"围追堵截"。在业内人士看来，相对于余额宝，银行的反击胜算很大。

针对近期舆论认为类余额宝的互联网货币基金给银行业带来冲击的问题，北京大学国际投资管理协会名誉会长王连洲日前在杭州调研支付宝时称，居民将银行活期存款转移到货币市场基金，货币基金投资于银行协议存款，从整体上看，资金并未太多流出银行体系，只不过不同市场的利率价格差被打破。他表示，货币市场基金的规模不足以推高整个市场利率上行。据统计，截至 2014 年 1 月末，中国货币市场基金总规模为 9 532 亿元，而居民储蓄存款为 47.9 万亿元，全部人民币存款为 103.4 万亿元，相比之下，货币市场基金要小得多。

"长期来看，货币市场基金和银行存款是良性竞争。"王连洲以美国的经验解释称，为了应对货币市场基金的挑战，美国银行纷纷改善服务，推出各种创新金融产品。从 2000 年到 2012 年，美国货币市场基金规模与活期存款之比，不仅没有上升，反而从接近 100% 下降到 30% 左右。

"货币市场基金并没有成为冲垮银行存款的洪水猛兽，反而成为促使银行改善服务的催化剂。"他进一步表示。

三、加强监管是趋势

全国政协委员、交银施罗德基金公司副总经理谢卫在一份关于"规范互联网金融的建议"中直指类余额宝产品的问题。他表示，由于监管空白和互联网企业风险管理意识缺失，行业中已经出现不少违规现象，如避谈风险、违规承诺高收益，通过补贴、红包等方式虚增收益，或采取抽奖、回扣、送实物等方式诱导促销，扰乱了市场秩序，引发无序竞争。

在中国社会科学院金融研究所所长助理杨涛看来，互联网金融的形态不是消化风险，而是重构风险，甚至以更高的风险容忍度换取金融服务的便利性，所以下一步互联网金融更加关注的应该是自身风险的防范和风险的提示。他认为，在互联网金融生态的构建过程中，需要确立更好的竞争规则和引导规则，尤其是从监管者角度来说，需要对整个互联网金融有所引导，仅仅靠行业自律是不够的，既要允许创新，又要规范其发展。

对于风险和收益，王连洲也认为，在余额宝发展的过程中需要解决的问题不少，从客观上说，这也将促使监管机构更加重视货币基金，评估货币基金的本质和对金融体系的影响，进一步完善监管制度，从而降低金融体系的系统性风险。

资料来源：《金融时报》，2014 - 03 - 04。

（二）P2P 平台（Peer to Peer）

P2P 平台最早发端于英美国家，P2P 平台作为网络中介，负责制定交易规则和提供交易平台。现在逐步演变出了债权转让、线上＋线下、提供"类担保"等业务模式。我国的 P2P 网贷在 2007 年开始兴起，至今已经有 7 年时间。P2P贷款的出现，与我国中小企业，特别是小微企业融资难有一定的关系。小微企业并非没有信用，只是各大银行很难客观公正地评估小微企业的信用，中小微企业从银行申请到贷款往往都卡在了信用审批这一环节，难以申请到贷款。P2P贷款模式以民间借贷方式为小微企业提供融资渠道，解决了发展过程中的一大难题。

目前，P2P 已经发展分化成了四种模式：传统模式，搭建网站进行融资人与投资人之间的线上撮合，以拍拍贷为代表；担保模式，引入了保险公司为交易担保，以人人贷为代表；平台模式，引入了小贷公司的融资需求，以陆金所、有利网为代表；债权转让模式，通过线下购买债权，将债权转售，以宜信为代表。截至 2013 年 6 月，阿里小贷的贷款总额超过 1 000 亿元，客户超过 32 万户，其不良贷款率只有 0.84%，低于商业银行的平均水平①。

P2P 网贷自 2012 年下半年进入爆发式发展阶段。业内数据显示，网贷平台目前已经突破 400 家，平均每天都有一两家平台上线。目前，一些成立较早的平台开始谋求转型，从单一的借贷信息发布平台，到开始介入风险调查、信用评估、贷后管理、股权投资等领域。P2P 网贷整合银行、担保公司、小贷公司和民间借贷人等各种资源，并提供从信息收集、贷前调查、风险评估和后期管理等一条龙服务。有些 P2P 网贷公司已经在线下成立营业厅正式开业。在实体营业厅内，银行、担保公司、小贷公司、投资人都可以入驻，做名副其实的"金融超市"。

（三）众筹

众筹是大众筹资的简称，是利用互联网和社交网站良好的传播特性，向网络投资人募集资金的金融模式。众筹将社交网络与天使基金、风险投资融合在一起，为资金需求方和供应方提供了一个新的桥梁。其运作模式是，需要集资的项目提交到众筹平台后，平台会对项目进行审核。通过网络传播，让小企业、艺术家或个人对公众展示他们的创意，争取大家的关注和支持，进而获得所需要的资金支持。这种融资方式在募集资金的同时，也达到宣传推广的效果。相对于传统的融资方式，众筹融资更为开放，能否获得资金也不再是由项目的商业价值作为唯一标准，只要是网友喜欢的项目，都可以通过众筹方式获得项目

① 参见中国人民银行《2013 年货币政策执行报告》。

启动的第一笔资金，这为小本经营者或创业者提供了更多的可能。众筹汇聚大众智慧，利用互联网平台展开了金融创新，是解决小企业融资难题的典范。

美国的 Kick Starter 成立于 2009 年，是全球第一家众筹平台。美国于 2012 年 4 月签署法案，明确了网上股权投资的合法地位。2011 年全球范围内大约有 452 个众筹平台，总共筹集了近 15 亿美元的资金，2012 年达到了 28 亿美元。在我国，众筹还处于起步阶段，国内首家众筹网站点名时间成立于 2011 年，先后完成了《十万个冷笑话》、《大鱼·海棠》等国内原创动漫作品的众筹项目，引起社会广泛关注，但由于我国还没有形成有重要影响力的众筹平台，以及公众投资理念相对保守，对这种创新型金融方式接受度有限，短期内难以实现高增长。

第二节　互联网金融对传统金融业的冲击

随着以社交网络为代表的 Web2.0 的兴起、智能手机的普及、各种监控系统及传感器的大量分布，人类正在进入一个数据大爆炸的时代，大数据的概念应运而生。大数据被誉为继云计算、物联网之后 IT 产业又一次颠覆性的技术变革，已经引起各方面的高度关注。麦肯锡在 2011 年《大数据：下一个创新、竞争和生产率的前沿》研究报告中认为，数据已经渗透到每个行业和业务职能领域，逐渐成为重要的生产要素，而人们对于海量数据的运用，预示着新一波生产率增长和消费者盈余浪潮的到来。麦肯锡认为金融行业是首先能够受益于大数据浪潮的行业。

一、大数据给金融业带来一系列变革

大数据给金融业带来了一系列变革，包括对传统经营模式的颠覆、对供应链金融发展的推动、对金融风险管理与消费智能的深化等。

（一）重塑传统金融的经营模式

大数据时代，商业银行等金融机构赖以存在的基础逐渐减弱，将逐步形成互联网金融模式。主要表现在：互联网发展导致市场信息不对称程度逐步降低；P2P 平台出现导致资金供需双方可借助电子平台直接交易；金融发展逐步实现去中介化。大数据的应用改变甚至完全重塑了传统金融的经营模式，将对各金融机构的竞争格局和方式产生深远影响。

第一，金融脱媒化。目前金融机构均向综合经营方向发展，跨业投资步伐

不断加快。保险、证券、信托都在发行理财产品，银行也纷纷设立基金公司。我国虽然实行分业经营策略，但出现了诸如平安这样的综合性金融集团，其业务涵盖了证券、银行、保险、基金、信托等。第三方支付企业通过各类产品与业务创新，替代了大量原本属于银行的支付业务，逐渐蚕食银行支付结算市场份额互联网公司不但涉足了代理基金、保险等业务，而且凭着自己的数据利器进军贷款业务，建立了 P2P 平台。

第二，渠道虚拟化。大数据时代社交网络的兴起要求商业银行对电子渠道进行创新，将渠道虚拟到社交网络中。渠道虚拟化直接挑战金融机构传统经营思维，要求金融机构以电子渠道为依托，扩展社交网络渠道，定制个性化、综合化产品，再辅以传统渠道，实现线上线下并重。

第三，服务个性化。大数据时代金融机构传统的标准化业务价值被削弱，全能个性化的金融解决方案和金融服务需求被增强。金融机构必须具备专业的数据分析和应用能力，通过用户洞察提供个性化产品和服务，通过内外协同实现客户对营销传播的可持续性感知，让客户在所有的服务触点都能感受到"贴心"的服务，实现服务随时、随地、随处可见。此外，金融机构可通过搜索引擎采集和分析各类客户上网行为的兴趣爱好数据，综合应用内外部数据，洞察客户行为特征。

第四，决策数据化。大数据时代，金融机构充分利用数据将是制胜的关键。金融机构不但自身积累的业务数据日益增长，而且还可获取到社交网络数据。社交网络数据蕴含了个体之间接触、联络、关联、群体依附和聚会等关系。金融机构获取的海量数据，通过集中、整合、挖掘、共享，发挥信息的价值和创造力，增强风险控制的前瞻性、预见性、系统性。金融机构通过多数据源管理、实时数据决策、基于数据预测等全方位数据应用可提升整体管理水平。

（二）推动供应链金融进一步发展

京东、金银岛等电子商务企业借助平台积淀的数据资产纷纷进军供应链金融领域，将信息流、物流和资金流深度融合，为平台上的用户提供订单融资、仓单融资等服务。该模式弥补了传统供应链金融信息技术支撑不够、服务范围有限等不足，推动了供应链金融的进一步发展。2012 年 11 月，继收购"网银在线"进军网络支付之后，京东与中国银行合作推出供应链金融服务平台，为供应商提供订单融资、入库单融资、应收账款融资、委托贷款融资、协同投资信托计划和资产包转移计划等服务。在服务过程中，京东承担着类似中介的角色，即供应商向京东提出融资申请以后，由其确认核准，并转交给银行，再由银行完成资金的发放。由此可见，基于大数据的供应链金融业务已经成为京东的战略性业务。

供应链金融作为一大金融创新产物，对于利益相关方面都具有极大的社会和经济价值。从企业方面，供应链金融很好地满足了部分中小企业的资金需求，有利于整条产业链的协调发展；从银行方面看，通过引入核心企业、物流监管公司等新的风险控制变量，进行供应链整体及其链条关系的风险评估，而非传统只针对单一企业的风险评估，该模式既能控制风险，又能扩大市场服务范围；从物流监管公司方面看，供应链金融无疑为其带来了新的增值服务。虽然供应链金融符合市场的发展需求，具有广阔的发展空间，但不可否认的是，供应链金融在发展过程中面临着一系列的问题。例如，信息技术支持不够，中国很多银行在应收账款和预付账款等环节还需依托人工服务，这不仅降低了供应链金融的运作效率，也增加了一定的操作风险；供应链金融覆盖范围仍主要局限在重点行业和优势企业，对于中小企业的关注不够。以电子商务企业为代表的互联网巨头凭借互联网的天然特性，积累了海量数据，这些数据更为真实有效地记录了用户的行为轨迹，构成了"草根"信用档案体系。同时，借助信息技术搭建的网上服务体系，其成本更低、效率更高，弥补了传统供应链服务的缺陷，推动了供应链金融的进一步发展。

（三）深化金融风险管理与消费智能

在近几年的经济危机中，金融企业风险管理能力的重要性日渐彰显。抵押公司、零售银行、投资银行、保险公司、对冲基金和其他机构对风险管理系统和实践的改进已迫在眉睫。要提高风险管理实践，行业监管机构和金融企业管理人员需要了解最为微小的交易中涵盖的实时综合风险信息；投资银行需要知道每次衍生产品交易对总体风险的影响；而零售银行需要对信用卡、贷款、抵押等产品的客户风险进行综合评估。这些细小信息会引发较大的数据量。金融企业可以利用大数据分析平台，实现自下而上的风险分析、业务联系和欺诈分析、跨账户参考分析以及交易对手网络风险分析，从而进行风险管理。分析信贷支付交易，以获取反映压力、违约的信息或积极发展机会；为业务交易引入信用卡和借记卡数据，以辨别欺诈交易；了解证券和交易对手间的风险概况和联系等。基于大数据的应用，可以通过收集和分析客户的行为数据、消费数据、还款数据和社交网站等外部信息，归纳总结出"好客户"和"坏客户"的特征，并准确计算出不同属性值的客户群所具有的消费能力、还款概率，建立起能有效辨好坏客户的数学模型，帮助金融机构树立信用风险防范的防线。例如，摩根大通在业务交易中引入信用卡和借记卡数据进行诈骗检验；中信银行信用卡中心借助大数据分析技术每天评估客户的行为，并对客户的信用额度随时进行调整。

移动设备和客户信息的激增正在引发一场数据革命。无所不在的商业智能（BI）正在向下一步的消费智能（CI）方向发展。消费智能为金融企业不计其数的增值服务创造商机。利用消费智能，客户能够更加轻松地依据信息作出决策，而提供消费智能的金融企业能有效增加客户的忠诚度。同时金融企业可以使用一些分析性质的 CRM 决策，来帮助客户制定决策。在金融企业与客户通过消费智能进行互动时，企业也能够把更多产品和服务提供给客户。

（四）大数据金融同传统金融相融合

开放、平等、协作、分享的互联网精神与驾驭大数据的能力是互联网金融企业发展的核心，而兼收并蓄、合作共赢，勇于创新将会是金融业未来成长的关键。利用并有效分析客户平时生活的数据，是互联网金融企业竞争力的核心。如阿里金融，除通过对自身平台进行数据分析外，还寻求并加强与银行等金融机构的合作，分享其对数据的分析能力，与金融业共享大数据时代的数据红利。

面对滚滚而至的互联浪潮，有远见、有实力的金融企业早已未雨绸缪。据统计，实名设立淘宝店铺的有富国、大成、广发、兴业全球等十余家基金公司。积极推进淘宝开店已经成为近几年基金公司电商部门的重要工作。同时，用支付宝进行官网支付的基金公司达 44 家之多。借力与互联网企业合作，交通银行、民生银行、光大银行都在不断开拓、创新。交通银行与阿里小贷合作，以阿里平台大数据生成的用户信用等级为授信依据，以平台作为担保，由银行发放贷款；民生银行信用卡中心携手"慧聪网"推出民生"慧聪新 e 贷"白金信用卡，针对企业法人发放最高 50 万元的大额信用卡，而且循环授信、随借随还、收费灵活；光大银行与乐视网共同推出具有"瞬时贷"功能的"乐迷卡"，其独特之处在于客户可以直接在乐视网消费过程中申请，快速获得授信之后再直接用于消费。

二、大数据与银行业的变革

数据管理是银行的核心竞争能力之一，但银行对大数据的挖掘和分析能力还有待提高。一方面，银行传统的数据库信息量并不丰富和完整，如在客户信息方面，银行拥有客户的基本身份信息，但缺少对客户性格特征、兴趣爱好、生活习惯、工作领域、家庭状况等信息的准确掌握；另一方面，银行缺乏对多种异构数据的分析手段，如银行客户网页浏览的行为信息、客户微博微信信息、客服语音信息、营业场所视频信息等，更谈不上对多种信息进行综合分析。大数据时代的到来，引起银行业的巨大变革。

（一）大数据颠覆传统金融的二八定律：长尾市场成为现实

长尾理论是由美国《连线》杂志主编克里斯·安德森（Chris Anderson）于2004年10月在"长尾"一文中最早提出的，用来描述诸如亚马逊之类网站的商业和经济模式。长尾理论被认为是对传统的二八定律的彻底叛逆。在互联网和移动互联网时代，在关注和获取信息的成本急剧下降的情况下，众多产品容易产生长尾市场。安德森认为，网络时代是关注长尾、发挥长尾效益的时代。长尾市场也称之为利基市场。利基是更窄地确定某些群体，这是一个小市场并且它的需要没有被服务好，或者说"有获取利益的基础"。这种利基产品一旦集合起来可以形成一个庞大规模市场，即一个极大极大的数乘以一个相对较小的数仍然可以得到一个极大极大的数。这种现象恰如数量、品种二维坐标上的一条需求曲线，拖着长长的尾巴，向代表品种的横轴尽头延伸，长尾由此得名。这一现象在互联网金融方面初步凸显（见图4-1）。

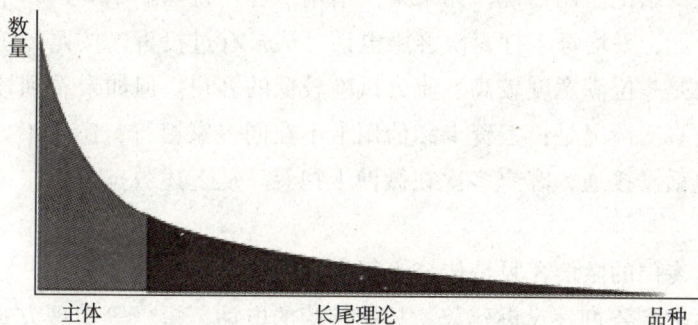

图4-1 长尾理论

大数据时代使银行为客户的个性化、定制化需求提供精准的服务既成为必要，也有了可能。金融服务机构不仅应销售产品和服务，而且还应成为真正以客户为中心的组织，增加客户的忠诚度。随着大数据的涌现，尤其是在社交媒体网络的背景下，渠道战略不应仅限于传统的银行渠道，而且还应整合新的客户接触点（即社交媒体网站）。

第一，社交媒体的兴起给银行提供了全新的与客户接触的渠道。银行通过创建官方微博、微信，可以拓展银行对外沟通渠道，更好地扩大品牌宣传、丰富营销渠道、改进客户服务、强化舆情处置。通过在官方微博上发布各类宣传图片、视频等信息，转发最新金融财政讯息，整合线上、线下各类活动，扩大品牌宣传的营销力。丰富多彩的微博内容不仅可以传播行内的新闻动态、推广业务品种，还可以拓展内容，提供增值服务，如详细分类微博内容，开设诸如金融快讯、金融大讲堂、理财小贴士、投资顾问等栏目。同时，一些有趣的互动也可以拉近与客户的心理距离，获得客户的情感认同，从而提高银行对外服务水平、提升品牌价值。目前，已经有多家银行开通了官方微博，通过树立社会化的形象，拉近与客户之间的距离，利用社交媒体的力量，取得了意想不到的效果。光大银行在 2011 年 4 月通过其官方微博发起了"95595 酒窝哦酒窝——光大电子银行酒窝传递活动"，向网民征集酒窝照片，并由参与者向好友进行传递，征集的照片会组成一个笑容墙展示，一个月的时间里有超过 740 000 人参与了活动，使得光大银行的客服电话号码一夜走红（董莉，2012）。

第二，通过打通银行内部数据和外部社会化的数据可以获得更为完整的客户拼图，从而进行更为精准的营销和管理。银行本身拥有客户的大量数据，通过对数据的分析可以获得很多信息，从而成为进行管理和营销的依据。但由于银行拥有的客户信息并不全面，这种分析有时候难以得出理想的结果甚至有可能得出错误的结论。比如说，如果某位信用卡客户月均刷卡 6 次，平均每次刷卡金额 500 元，平均每年打 3 次客服电话，从未有过投诉，按照传统的数据分析，该客户是一位满意度较高、流失风险较低的客户。但如果看到该客户的微博，得到的真实情况是：工资卡和信用卡不在同一家银行，还款不方便，好几次打客服电话没接通，客户多次在微博上抱怨。从上述数据分析，该客户流失风险较高。

第三，专门的微信客服是传统银行客户服务渠道的重要补充，客户可以通过微信进行业务咨询、投诉建议，相比传统的电话、短信等受理方式，微信客服将能提供更丰富的图像、视频等沟通手段，便于客服人员了解并收集客户的需求，及时处理并反馈。

（二）大数据激发了新型金融形态参与市场竞争

围绕大数据的应用将激发前所未有的创新浪潮，使得金融边界变得越来越模糊。基于互联网与银行业务深度融合，由数据挖掘而产生的金融创新，大量的数据来源和强大的数据分析工具正催生出很多新的金融业态来直接瓜分银行的信贷市场。在英国，一家叫做 Wonga 的公司利用海量数据挖掘算法来做贷款业务，他们大量使用社交媒体和其他网络工具，将客户的信息碎片关联起来，预测客户的违约风险，为其信贷业务提供依据。在中国，阿里巴巴旗下的阿里信贷自 2012 年 8 月起全面向普通会员开放，提供无抵押、无担保的低额贷款。而其依仗的正是掌握在手中的海量客户经营数据，有了这些数据，阿里巴巴可以说是对客户的资信状况了如指掌，从而最大程度地降低了信贷业务的风险。如果说像 Wonga 这种需要去网络上搜集数据来进行放贷的公司尚不足为惧，那么像阿里巴巴这种本身拥有雄厚客户基础和海量数据资产的公司介入信贷行业，将对行业格局产生深远的影响。网络融资可能成为 20 年后的主流，甚至可能发展到资金供需信息直接在网上发布并匹配，供需双方直接完成资金融通。

（三）利用数据的能力日益成为银行竞争的关键

麦肯锡在其研究报告中分析了不同行业从大数据浪潮中获利的可能，金融行业拔得头筹。作为金融行业的主要组成部分，银行业利用数据来提升竞争能力具有得天独厚的条件。第一，银行业天然拥有大量的客户数据和交易数据，这是一笔巨大的财富。第二，银行业面临的客户群体足够大，能够得出具有指导意义的统计结论。第三，在"小数据"时代，银行业已经在以信用评级模型和市场营销模型为代表的数据分析上积累了大量的实战经验，具备向大数据分析跨越的基础。

随着大数据时代的来临，银行运用科学分析手段对海量数据进行分析和挖掘，可以更好地了解客户的消费习惯和行为特征，分析优化运营流程，提高风险模型的精确度，研究和预测市场营销和公关活动的效果，从每一个经营环节中挖掘数据的价值，从而进入全新的科学分析和决策时代。在这种情况之下，利用大数据的能力将成为决定银行竞争力的关键因素。商业银行应用大数据分析客户的交易行为，挖掘并预测客户的金融需求，设计有竞争力的创新产品，提供全面的金融服务，从而能够快速聚拢客户资源，逐步增加客户粘性，引导银行业务科学健康发展。商业银行已拥有大数据，只要掌握大数据分析技术并具备大数据应用思维，就能提升核心竞争力。

（四）大数据促进银行服务模式生态化

从长远来看，随着数据化和网络化的全面深入发展，金融服务将向虚拟化方向发展，从而全面颠覆金融服务形态。一是产品的虚拟化，资金流将越来越多地体现为数据信号的交换，电子货币等数字化金融产品的发展空间巨大。二是服务的虚拟化，通过移动互联网、全息仿真技术等科技手段，银行完全可以通过虚拟的渠道向客户提供业务服务。三是流程的虚拟化，银行业务流程中各类单据、凭证等将以数字文件的形式出现，通过网络进行处理，从而提高处理的便利性和效率。在这样的服务形态下，银行的整体运作就是一个数据的洪流，数字金融得以全面实现，银行的管理理念和运营方式也随之得以全面颠覆。

目前互联网公司从各自专长的网络购物、供应链服务等领域向传统属于银行服务范畴的支付、资金清算等领域全面渗透，并且开放共享其数据服务平台，联合上下游资源构造了完整的产业链。大数据时代商业银行将不能独善其身，需要整合上下游资源，打通全流程的业务链条，为客户提供资金流、信息流服务，以及全场景金融解决方案，建立合作共赢、互补发展的共生关系。例如，银行可利用"商行＋投行"的产品模式渗透整个产业链，通过商业银行业务赚小微企业的利息收入，通过投行业务赚取大企业的中间业务收入。商业银行基于自身现有数据能力，以金融服务为核心，以网络信贷、供应链金融、要素市场等为切入点，为企业客户提供全流程电子商务解决方案，为个人客户提供全面综合财富管理服务。例如建设银行善融商务平台、交通银行交博汇平台等。

第三节　大数据改变银行业：主动还是被动

一、机构形态由物理网点向虚拟网点转变：去网点重网络

商业银行网点是为高效、便利地满足客户对金融产品和服务的有效需求和潜在需求设立的营销站点及服务窗口，是商业银行发展的硬件基础，也是商业银行市场资源的重要部分。健全的分销网络可以保证整个市场上所有可能的顾客都能够得到企业的产品和服务，从而最大限度地实现产品和服务的销售。通常，商业银行网点可划分为有形网点和虚拟网点。有形网点泛指有固定营业场所办理业务的支行、营业部、自助银行等；虚拟网点是指客户通过各种电子终端如计算机、平板电脑、手机等实现交易的电话银行、手机银行和网上银行。随着电子化和通信技术的日益发展，商业银行网点开始逐步以有形网点为主向以虚拟网点为主转变。

尽管国内商业银行多数早已设立自己的官方网站，并开展了在线交易、网上银行、电话银行和手机银行业务，但起初绝大多数客户银行业务的办理仍广泛依赖有形的银行网点，并未真正实现有形网点和虚拟网点并存的格局。但是，近年来互联网金融的发展则改变了这一格局，以阿里金融、腾讯为代表的互联网机构创办的虚拟金融平台的迅速发展，使国内商业银行不得不改变自身的业务模式和创新模式，其中就包括对物理网点的变革。

（一）商业银行网点转型的外在背景

外部环境的变化促使商业银行网点以有形网点为主向以虚拟网点为主转变。

1. 互联网金融的蓬勃发展

现代信息科技和互联网技术的发展促成了网络时代的到来和电子商务的蓬勃发展。互联网技术不仅为商业银行市场运作和业务拓展提供了新的平台和渠道，而且为商业银行实施金融创新、客户服务、量化管理提供了技术基础，并最终导致了互联网金融时代的到来和飞速发展。

2. 客户金融需求个性化与多元化趋势不断加强

经济发展与社会进步使客户金融需求日益多元化和个性化，而现代信息技术和网络技术的发展在为银行电子化提供技术基础的同时，也进一步强化了客户金融需求的多元化趋势。商业银行物理网点的业务品种从便捷度和及时性方面已经远不能满足客户的金融需求，加强虚拟网点的发展已是大势所趋。

3. 国内金融业的开放性和包容性不断增强

一方面，资本市场的发展导致银行"脱媒"趋势日益严重。另一方面，非银行金融机构加入到金融产品供给的行列，彻底颠覆了银行机构对金融产品供给的垄断地位。这使得商业银行传统的生存之道受到前所未有的挑战。

（二）商业银行网点转型的内在动因

突破传统经营模式和提高自身竞争力成为商业银行网点转型的内在动力。

1. 传统盈利模式受到挑战

银行"脱媒"趋势的不断加强改变了银行以存贷利差为主的盈利方式，银行需要通过不断拓宽自身经营范围，丰富和完善产品体系来培育新的利润增长点，而未来经营范围的扩大、产品体系的完善与产品功能的转变势必依赖互联网，通过网络"无限"的经营范围和不断创新的产品和服务改变传统的银企关系，调整银行的经营理念、管理模式、服务方式和营销机制等。

2. 突破传统成长模式的强烈需求

按照银行业传统成长模式，国有商业银行在规模与利润增长方面均已遭遇严重瓶颈，而新兴商业银行则要经历漫长的成长历程才能与老牌银行相抗衡。大银行渴望突破瓶颈制约，小银行希望缩短成长历程，不同的需求催生了同样的内在动力，而互联网金融时代的到来为这种冲动提供了宣泄的空间，最终带来了银行业网点转型的产生和发展。

3. 提高自身竞争力以融入新时代的需要

互联网金融跨越式地改变着商业银行的收入来源与成本费用。商业银行已不能停留在面向业务的服务层面，而应开启面向个体顾客的服务模式，这种主体和参与方式的变化不仅使国际结算、消费信贷、银行卡、理财产品代销等业务便捷及时，也极大降低了交易成本和个体风险。商业银行自身无法提高在互联网金融领域的竞争力则难言在大数据时代占有一席之地。

二、业务边界由有限向无限转变：去有限重无限

以电子商务为例，银行与电商的界限正在消弭，互联网正打破银行的传统业务边界，银行与互联网的结合在未来将是一片蓝海。互联网金融主要从支付结算、网络融资、渠道业务和其他业务几个方面拓展了银行的业务空间。

（一）以第三方支付、移动近场支付为代表的支付结算业务

第三方支付是指一些具有经济实力和信誉保障实力的第三方独立机构，利用先进的技术和网络平台，与所在国银行或者国外银行签约，提供网络购物中介支付平台的机构。第三方支付提供支付平台，给商家和消费者提供信誉保障，买家选购商品使用第三方平台提供的账户进行货款支付，第三方支付收到款项提醒卖家发货；在购买商品到达之后，买家验货确认支付，然后第三方支付就可以通知付款给卖家，再将账款转至卖家账户，完成整个交易，实现网络购物的安全保证。第三方支付的代表有支付宝、财付通、快钱等机构。其中以支付宝、财付通为代表的支付企业是以在线支付为主，它们捆绑大型电子商务网站，如淘宝等；另一种是以快钱、汇付天下为首的金融型支付企业，它们的业务则是相对侧重于行业需求和开拓行业应用。

银行与第三方支付的合作是互联网金融双赢的典型，非金融第三方支付机构作为极具创新能力和服务能力的新兴力量，在和商业银行的合作中，第三方支付丰富了支付服务业务的种类和个性化，提升效率，降低成本，缓解了银行网点服务排队、站队等问题；而商业银行则利用其在支付领域的专业优势为第三方支付机构提供专业层面的支持，其自身的业务边界也得以拓展，如为第三方信用机构提供业务担保。由于我国电子商业刚刚进入一个起步阶段，单靠第三方支付机构很难取得客户信任，客户不会轻易向第三方机构注入大量资金。而商业银行的介入则起到一个信用中介的作用，解决了信用缺失的问题，提高了第三方支付机构的信誉度，为第三方企业诚信度的建立起到一个担保作用。因此，银行的加入显得尤为重要。

【专栏】

国内领先的独立第三方支付平台——支付宝

支付宝全称为浙江支付宝网络技术有限公司，由阿里巴巴集团在 2004 年建

立。支付宝一直努力为网上支付提供中间平台，为用户提供便利、快捷、易操作的支付方式。支付宝的企业核心文化就是为用户提供便捷，在银行和用户二者之间扮演好中间人角色，加深相互间的信任程度；在保障安全的前提下，把繁复的程序简明化。

最初，支付宝对每笔交易提供担保，推出了"担保交易"模式。在整个过程中，支付宝作为买卖双方都愿意信任的中间方，代为保管货款。2005 年，支付宝又率先提出"你敢用，我就敢赔"口号，推出"全额赔付"制度。"信用担保"支付模式打破了电子支付的瓶颈，放心支付的安全环境使支付宝用户数量迅速增加。在随后的发展过程中，陆续引入实名认证、数字证书、安全保护问题、支付盾等安全措施，并坚持免费服务的战略。不过，随着支付宝扩大和发展，其所提供的免收服务费的方式也做了一些调整，实行优惠期收费标准，但仍给予一定范围的免费额度。这部分收取的服务佣金也构成了支付宝的盈利收入来源之一。

2008 年开始，支付宝不断寻找摆脱仅为淘宝网网络购物服务的模式，积极扩展与多种电子商务平台的合作。支付宝先后与亚马逊、戴尔、艺龙旅行网、携程网等机构建立了合作关系，不断拓展支付渠道。与此同时，支付宝不断寻找与支付领域的企业合作的机会，例如与拉卡拉、澳大利亚在线支付公司 Paymate 等企业的战略合作。支付宝为了增加产品与潜在用户需求的匹配性，也开发了大量的创新产品。例如支付宝发现用户之间 AA 付款的观念越来越流行，适时推出了 AA 付款服务，类似推出的还有送礼金、团购付款、代付服务、交话费、交房租等多项服务概念。

目前，支付宝的注册用户超过 8 亿，日交易峰值超过 200 亿元。除了与支付宝有关联的淘宝网站之外，将支付宝作为支付方式的网站还有很多。官方网站显示，这个数据已经超过 46 万。同时，覆盖的范围也不仅仅局限于网络购物，还有航空旅游、生活服务（如缴水电费）、网上充值、游戏等多个行业。对于这些商家网站而言，支付宝为他们提供了便利，不用再像以前那样，与每一家银行依次协商签约。而对于支付宝而言，这些商家则代表不同领域的市场，为其开辟了广阔的前景道路。

（二）以 P2P 贷款为代表的网络融资业务

网络融资就是以网络为中介的企业与银行之间的借贷活动。这种活动建立在网络中介服务的基础之上，通常需要贷款的一方在网上填写企业的信息，并向网上的第三方平台或者直接向银行提出申请，在金融机构进行审核并批准之后，即可发放贷款。这是一种新型的融资方式，是顺应目前信息科技的发展而出现的，并被很多的中小企业所采用。

1. 商业银行参与网络融资业务的模式

（1）由第三方平台与银行合作的网络融资服务：利用第三方交易平台的高级别的信用水平，在网上为小微企业提供融资服务。

（2）以银行为主体的网络融资服务：银行通过自己的网络平台提供融资服务，整个服务的主体是银行自身，并不涉及其他的第三方参与。由建设银行推出的善融商务电子商务金融服务平台就是一种这样的平台。

（3）第三方平台直接提供的网络融资服务：第三方平台募集资金，面向平台上的小微企业发放小额贷款，典型的代表是阿里巴巴旗下的阿里金融，在小微企业网络融资服务方面，金融机构拥有雄厚的资金优势和丰富的融资经验，而第三方交易平台拥有全方位的客户信息优势和灵活的融资机制。

2. 网络融资业务对商业银行核心竞争力的提升

目前各大商业银行发展网络融资特别是针对中小企业的网络融资服务，这些服务将对商业银行未来发展的业务边界与核心竞争力产生重要影响。

（1）降低营运成本。相比传统的融资模式，网络融资首先能将传统纸质信息传递过程转变为数字信息传递过程，转嫁输入信息的工作，减少操作人员数量，从而有效减少融资的人力成本。其次，网络融资方式由于是平台化运营，承载更多数据，因此可以减少客户重复填写信息的次数，降低发生错误的可能。此外，由于客户可以直接在网络上申请融资，商业银行可以适度减少网点数量，从而降低建设成本。

（2）突破地域限制。传统融资模式下，企业融资会受地域限制，选择较近的商业银行申请贷款可以节约成本。而网络融资平台利用网络的优良性质突破了传统模式下的地域限制，帮助信誉优秀服务优良的商业银行获得更多贷款申请以及盈利。

（3）借贷资金便捷，吸引更多企业融资。传统的融资模式中，企业申请贷款提取及提前归还的手续均较为烦琐。而网络融资服务中包含的循环贷款服务，能够使得企业在一定额度内通过网络随时还款及提款，借助网络手段简化并优化了企业贷款业务，帮助企业减少融资成本，从而使商业银行能吸引更多企业申请贷款业务。

（4）监控贷款企业资金流向，降低银行风险。相较传统融资模式，网络融资平台能够帮助银行记录追踪企业借贷资金的流向，控制企业的资金业务，以确保其不会滥用贷款，从而减少不良贷款的产生，从源头上进行风险控制。

3. 商业银行开展网络融资业务的风险

商业银行开展网络融资业务也存在一定的风险。

（1）虚拟化风险增大。在网络融资中，资金需求企业仅需在网络平台填写一定信息就可以向银行提出贷款申请而无需提供大量材料以证明其经营能力以及抵押资产。首先，网络融资放宽了对企业特别是中小企业申请贷款的资格要求，采信风险升高，增加了商业银行面临的信用风险。其次，由于网络交易过程法律保障较为薄弱，且网络技术尚不稳定，信息安全性较弱，商业银行面临的虚拟化风险较大。

（2）贷后管理难度增加。商业银行对于企业申请循环贷款的监控不严格，企业仅仅需要在初次申请时接受审核，后期在贷款额度内的支取则无需再向银行提出申请，而商业银行无法确定中小企业在贷款期间内都具有良好的信用水平，因此这对控制企业借贷额度以及减少不良贷款率十分不利，对商业银行加强贷后管理提出了更高的要求。

（3）服务同质化严重。目前大部分商业银行均推出了类似的网络融资服务，服务同质化严重将会导致商业银行创新度减弱，产品的开发以及升级也将受阻，长远来讲会不利于商业银行金融服务的深化，对于贷款企业的发展以及商业银行的核心竞争力均有不利影响。

【专栏】

中国首家 P2P 小额无担保网络借贷平台——拍拍贷

拍拍贷总部位于上海，成立于 2007 年 8 月，是首家中国 P2P 小额无担保网络借贷平台。拍拍贷在线借贷过程采用竞标方式来实现，主要操作流程为借款人发布借款信息，包含借款原因、借款金额、预期付出年利率、最高利率、借款期限等条件一一给出，出借人参与竞标，中标者为利率低者。在资金筹措期内，如果投标资金总额达到借款人的需求，则他此次的借款宣告成功，网站会自动生成电子借条，借款人必须按月向放款人还本付息。若未能在规定期限内筹到所需资金，该项借款计划则流标。该模式下借款利率由借款人和竞标人的供需市场决定。

拍拍贷的利润一是来自成交服务费，二是来自第三方平台充值服务费，三是来自第三方平台取现服务费。拍拍贷的风险管理主要为：一是社会化因素在信用审核中引入。借款人因不需要提供身份证、户口本、结婚证、学历证明等证件的原件，因而真实性难以得到有效保证，但是可以增加个人信用分。同时，拍拍贷引入网络社区、用户网上的朋友圈等社会化因素作为其信用等级系统的重要部分之一，网络社区圈中好友、会员好友越多，个人借入贷出次数越高等都和信用等级挂钩。二是要求借款人必须按月还本付息。致使每月还款数额很小，减小还款压力，出借人也可以按月收到还款。此外，拍拍贷还公开曝光黑名单来防范业务风险。

（三）以互联网基金等线上理财产品为代表的渠道业务

1. 互联网基金的定义

目前，学术界对互联网基金没有明确的定义，但互联网基金属于互联网金融模式产品范畴，具有互联网金融产品的主要特征。谢平、邹传伟和宫晓林等提出了互联网金融及其模式的定义①。笔者认为互联网基金是以云计算、大数据、社交网络等现代信息技术为支撑，通过互联网渠道实现交易，参与资金门槛微小，费用低廉，并具有民主金融性质的新型基金销售模式。

2. 互联网基金的特征

互联网基金具有效率高、成本低，操作快捷、人人参与，信息对称、供求匹配等特征。

（1）效率高、成本低。互联网基金依靠互联网平台交易和大数据分析为基础开展业务，比以商业银行为主要销售渠道的传统基金销售模式效率更高且成本更低，提高了投资人的收益率。

（2）操作便捷、人人参与。互联网基金业务操作过程便捷流畅，给予客户极佳的交易体验。互联网基金业务的资金交易门槛很低，有效缓解了金融排斥，提高了社会金融福利水平②。

（3）信息对称、供求匹配。互联网基金模式实现了基金销售的金融脱媒，基金公司通过互联网平台公司将基金产品直接送达到海量的互联网客户群体面前。同时，互联网客户可以通过网络平台自行完成对基金信息对比、甄别、匹配和交易，有效激活市场存量资金，提高了社会资金的使用效率。

3. 互联网基金对商业银行的挑战

（1）对商业银行存款的挑战

货币基金在1970年起源于美国，由于风险很小，充当了短期储蓄存款的主

① 资料来源：谢平、邹传伟：《互联网金融模式研究》，载《金融研究》，2012（12）：11~22；宫晓林：《互联网金融模式及对传统银行业的影响》，载《南方金融》，2013（5）：86~88。
② 资料来源：孟飞：《金融排斥及其治理路径》，载《上海经济研究》，2011（6）：80~89。

要替代品并具有"类现金"特征和支付功能①。从美国市场经验看，20 世纪 60 年代美国商业银行活期存款占比约为 60%，由于货币市场基金的竞争而分流了活期存款，30 年之后，银行活期存款占比已降至 10%，而这个期间美国货币基金规模的年均复合增长达到 33%，这说明货币基金对商业银行活期存款的长期影响尤为明显。我国直到 2004 年 8 月才开始成立首支货币基金，到现在也不足十年。因此，在互联网基金面世之前，货币基金对于大多数人而言是一个陌生事物。余额宝的上线，让 8 亿支付宝客户认识和了解了货币基金。支付宝客户以青年群体为主，这个客户群体在经济上积累单薄，渴望其小额资金稳健增值。尽管支付宝客户被告知余额宝本质是购买货币基金的理财模式，存在一定的风险，但是由于支付宝有极高的信誉度，再加之支付宝客户对货币基金的认识，多数支付宝客户在主观上已经把余额宝和高息活期存款等同了，这些支付宝客户将活期存款转入余额宝概率很高。根据支付宝公布的数据，支付宝的备付金规模大约 200 亿元，但现在余额宝的规模已经远超过 200 亿元。在互联网基金的冲击下，我国商业银行的活期存款流动趋势不但会复制美国商业银行活期存款受到货币基金影响的走势，而且在过程和时间上还会明显缩短。

（2）互联网基金对商业银行理财产品的挑战

互联网基金实现实时申购和赎回，收益按天计算复利，属于低收益的理财产品。从互联网基金的特点和投资结构看，互联网基金与商业银行的 1 天周期的超短理财产品性质最具可比性。假设客户用 5 万元资金，在 2013 年 7 月 20 日到 2013 年 8 月 3 日时段内，分别申购了余额宝和活期宝两支互联网基金与部分商业银行 1 天周期的理财产品，针对到期后的日均年化收益率进行比较，结果如表 4 - 1 所示。根据余额宝和活期宝上线以来公布的历史收益数据来看，余额宝和活期宝日年化收益率超过 4%，大幅度超过多数商业银行的 1 天周期理财产品的收益。与余额宝和活期宝收益接近的产品是上海银行易精灵产品，但该产品开户需要 30 万元，申购资金 10 万元起。表 4 - 1 中商业银行发布的理财产品在类型与互联网基金相同，都属于非保本浮动收益型理财产品，但在申购资金要求和申购赎回时间上皆比互联网基金苛刻许多，而且不是按天复利。因此，有部分商业银行超短期理财产品的客户会转投互联网基金，对商业银行超短期理财产品造成冲击。

---

① 资料来源：凌冰：《我国货币市场基金的发展原因与风险》，载《金融研究》，2005（11）：56 ~ 61。

表4-1　　　　　　余额宝、活期宝与商业银行期限为1天的理财产品

产品项目	产品代码	年化收益率	申购门槛	申购和赎回时间
余额宝	增利包	4.41%	1元起	随时申购和赎回
活期宝	工行货币A	4.9%	1元起	随时申购和赎回
工商银行灵通快线	LT0801	1.8%	5万元起	9:00-15:30（工作日）
农业银行安心快线	AK100101	2%	5万元起	9:00-15:30（工作日）
中国银行日积月累	AMRJYL01	2.3%	5万元起	9:00-14:00（工作日）
建设银行日新月异	ZH072011003000Y01	2.25%	5万元起	8:45-15:30（工作日）
交通银行天添利	0191090001	2.45%	5万元起	8:45-15:30（工作日）
招商银行日日盈	8166	2.5%	5万元起	9:00-15:30（工作日）
民生银行钱生钱	钱生钱B	2.1%	5万元起	自动认购、随时支取
上海银行易精灵	W2009901A	4.2%	10万元起	9:00-14:30（工作日）

资料来源：天弘基金公司、天天基金网和各银行官方网站。

（3）互联网基金对商业银行基金代销的挑战

在传统金融行业中，基金公司是产品的提供商，银行是拥有大量用户的平台公司，基金销售渠道依靠银行主导。银行强大的平台话语权严重打压了基金公司在银行代销佣金方面的议价权，银行长期盘剥基金公司的大量利润。而当基金行业进入互联网时代，基金与拥有海量客户群体的互联网平台公司合作，基金销售完全脱离银行渠道，也能有效接触到大量的普通投资者，实现基金的多元化渠道营销。同时，互联网基金还可以共享互联网平台的客户资源信息，借助大数据等技术，有效的引导客户正确选择基金产品。基金公司通过收集投资者的金融活动数据，可以正确分析其客户风险偏好，进一步帮助投资者构建理财方案，并为特定客户群体定制产品并主动推送。互联网基金还解决基金销售中客户体验的问题，所以互联网渠道销售效果将远远超过银行渠道。如余额宝为天弘基金提供了海量的客户，为客户提供无期限限制的理财基金并附加支付功能，该基金的销售实现了华丽转身。互联网基金正依托各种互联网平台，准备推出更多具有结构化差异的互联网基金产品，这使商业银行的基金代销业务将受到被边缘化的威胁。

4. 商业银行拓展互联网基金等线上理财产品的策略

（1）积累数据，制定大数据经营战略

大数据是目前最受关注的新兴信息技术，并已开始应用到各个行业。大数据正在改变我们的生活、工作和思维，开启了一次重大的时代转型，是一座

"新金矿"①。以余额宝为代表的互联网基金成功的关键在于基金公司利用互联网平台积累的海量客户活动数据，利用大数据有效分析和挖掘客户个性化需求并建立科学量化的流动性评估模型，精准地把握客户的金融服务需求，又有效控制了风险。这说明数据已成现代金融创新商业模式的核心。商业银行在近几年，在金融电子化方面做了大量创新，但都局限于原有的金融框架内部。主要原因是不愿放弃政策红利和缺少评估客户信用的海量数据，导致商业银行在互联网时代金融创新难有突破。在以大数据为技术支撑互联网金融的冲击下，商业银行充分意识到大数据的重要性。所以部分商业银行决定开始跨界电子商务，推出电商平台，积累客户商务活动数据，为实行大数据经营战略做准备。比如：建设银行上线了"善融商务"；交通银行则推出"交博汇"；中信银行开设了"电商银行"；民生电商平台也在紧锣密鼓的筹建之中。商业银行通过电子商务平台积累客户数据是一举多得的方法。但由于电子商务平台在交易聚积及维护上难度极大，特别是B2C业务，短期内难以取得成功。比较可行的途径是商业银行间建立电子商务联盟，将相关电子商务业务整合到同一个平台，比如积分商城业务。商业银行利用客户资源和系统优势，共建设、共推广和共享用一个电子商务平台，实现快速聚集交易；商业银行也可以通过社交媒体、搜索引擎和云计算来收集客户相关信息。同时，商业银行要积极培养既懂金融又懂大数据的人才，只有靠大数据人才对积累的业务大数据进行科学的管理与分析，为商业银行经营提供有效的决策数据，才能保证商业银行在互联网时代实施大数据经营战略获得源源不断的动力。

（2）顺势而为，加快商业银行转型

以互联网为代表的现代信息技术已经将多个传统行业重组洗牌。互联网也直接推动金融业发生深刻变革。互联网基金成为互联网金融模式产品的普及先锋和最鲜活的案例，极大程度上颠覆普通民众对传统金融的价值观、商务模式和产品形态的认识，给现有银行体系带来了巨大挑战。互联网本质上不是与传统行业竞争的一个或几个行业，而是平台和渠道，一种新型生态环境和基础设施。商业银行必须顺应互联网时代发展潮流，以巨大勇气和智慧去迎接互联网金融的挑战，加快商业银行转型步伐，通过转变经营理念、创新商业模式、合理扁平组织结构体系、重组业务流程，朝着基于互联网的、更贴近客户个性化需求的、由客户自服务的经营模式和价值创造方式进行转变，实施网络银行与

---

① 资料来源：迈尔－舍恩伯格、库克耶：《大数据时代——生活、工作与思维的大变革》，杭州，浙江人民出版社，2012。

实体银行协调发展的长期战略。商业银行通过转型，深度融合互联网技术与银行核心业务，提升客户服务体验，拓展服务渠道，提高业务水平，才能从根本上从容应对互联网金融带来的各种挑战。

【专栏】

阿里巴巴支付宝和天弘基金联合推出余额宝

2013 年 6 月"余额宝"业务上线由阿里巴巴支付宝和天弘基金联合推出。用户将钱转入余额宝后相当于购买了天弘基金的货币市场基金产品，同时，如果客户使用支付宝时，可以随时使用余额宝账户内的资金进行消费支付或转账，实质上相当于可 T＋0 日实时赎回货币市场基金。

在余额宝的业务流程中，余额宝为支付宝客户搭建了一条便捷、标准化的互联网理财流水线。其业务的流程又包括实名认证、转入、转出三个环节。(1) 实名认证。支付宝是一个第三方电子商务销售基金的平台，根据监管规定，第三方电子商务平台经营者应当对基金投资人账户进行实名制管理。因此，未实名认证的支付宝客户必须通过银行卡认证才能使用余额宝。(2) 转入。转入是指支付宝客户把支付宝账户内的备付金余额转入余额宝，转入单笔金额最低为 1 元，最高没有限额，为正整数即可。在工作日 (T) 15:00 之前转入余额宝的资金将在第二个工作 (T＋1) 日由基金公司进行份额确认；在工作日 (T) 15:00 后转入的资金将会顺延 1 个工作日 (T＋2) 确认。余额宝对已确认的份额开始计算收益，所得收益每日计入客户的余额宝总资金。(3) 转出。余额宝总资金可以随时转出或用于淘宝网购支付，转出金额实时到达支付宝账户，单日/单笔/单月最高金额 100 万元，对于实时转出金额（包括网购支付）不享受当天的收益。

它的特殊之处是颠覆了高流动性和高收益率不能共存的铁律。余额宝的资金可以像活期存款一样使用，但是其收益率却是活期存款的十倍，甚至超过一年期的定期存款。活期存款的流动性和定期存款的收益率，外加支付宝的 8 亿客户资源，都构成了对商业银行存款业务的巨大威胁。从余额宝业务的发展情况来看，截至 2013 年 7 月 13 日，在短短一个月里，余额宝的资金规模超过百亿元人民币，客户超过 400 万户。天弘基金下属的"增利宝货币基金"一跃成为全国用户数最多的货币基金，掀起了互联网理财热潮。

三、发展模式由规模经营向范围经营转变：去规模重范围

大数据时代，竞争中的主动不再依赖于单一产品或渠道的优势，而是运用一切资源的能力，尤其是信息资源的整合发掘能力。银行可以利用云计算实现行业内及跨行业的合作伙伴更紧密的多方在线协同，打破物理网点、开户行、业务资质等因素对银行业务发展的限制，从而延伸至当前无法服务的客户群体与市场。在未来，银行业的发展将从重视资产的规模经营，逐渐转向客户群体与市场的范围经营。银行更加关注的对象将是服务客户群体的多少和大小。客户群体范围的扩大将为银行带来更好的效益和更广阔的发展。

（一）银行规模经济

银行的规模经济是指在经营范围不变的情况下，随着银行业务规模（资产数量、存贷款规模等）的扩大而引起的单位融资成本下降、单位收益上升而产生的经济，它反映了银行经营规模与成本收益的变动关系。

银行规模经济包括内在经济与外在经济两个方面。内在经济是指单个银行企业由于业务运营规模的扩张，从内部引起收益的增加；外在经济是指整个银行产业规模扩大而使单个银行企业得到了良好的人才、信息、资本融通、联行结算等便利服务而引起的规模递增现象[①]。我国商业银行内在经济与外在经济的产生有其特定的形成机制，主要表现在银行职能、交易费用、银行组织资本、银行垄断与进入成本、进入壁垒五个方面。

1. 银行职能与规模经济

银行的主要职能包括支付功能、流动性创造、信息产生等，这些职能都与规模经济的形成有着内在密切联系：第一，支付功能是传统功能，是指商业银行利用活期存款账户，为客户办理货币结算、货币收付、货币兑换和转移存款等业务活动。只有规模大、实力强的银行才能担当起这种责任，这本身就为银行实现规模经济提供了保障。第二，作为流动性创造的银行，Diamond 和 Dybvig（1983）指出"银行是流动性蓄水池或存款人联合体，可以为家庭提供对抗流动性冲击的保障"。存款准备金制度的存在使银行可使用的现金比例成倍增加，这种实际上的跨期交易的结果极大地降低了银行使用资金的成本。第三，银行作为信息的生产者，银行可以通过将它自己的财富投资在资产中生产可信的信息，使得自身成为私人知情者，这样能有效地解决信息生产中的可信度问题，而银

---

①　资料来源：黄铁军：《中国国有商业银行运行机制研究》，北京，中国金融出版社，1998。

行从高回报的项目组合中分享回报。

2. 交易费用与银行规模经济

银行的一切业务运营活动，如存款、贷款、转账结算等都可以被视为与外部市场或内部各行之间的一种借贷交易活动。借贷交易实质上是对货币本身的买卖以及与买卖相关的一系列活动。银行的交易成本主要包括货币交易成本、搜寻成本和监督和审计成本。Chant. J.（1989）建立了一个简单的模型来分析个人面对投资不确定性时，金融中介机构的出现可以节省交易成本，模型结果表明，银行类中介的规模越大，在进行多样化投资方面越容易产生规模经济①。

3. 银行组织资本与规模经济

在过往的文献中，组织经验被定义为"通过企业内部的学习而获得的雇员在技巧和效率上的提高"②。这有两方面的内容：首先是有经验的单个工人的生产效率的提高，它表现为沿着单个工人或工人团体生产经验的学习曲线的下移。第二方面的内容是团队效应。当一个组织中的成员一起工作了一段时间以后，在组织内部信息流动更有效率，交易成本也减少了。组织经验包括三种类型：第一种是一般管理经验，也称原始管理经验，指的是在策划、组织、指挥和控制等一般管理职能中以及财务策划与控制中发展起来的能力；第二种是行业专属管理经验，它指的是与某特定行业的生产与营销特点相关的特殊管理能力的发展；第三种是非管理性质经验，它存在于非管理性质的劳动投入要素领域，即生产工人技术水平通过对经验的学习会随着时间的推移而逐渐提高。当组织经验与企业专属信息或组织资本结合起来，从而无法通过劳动力市场自由地转移到其他企业中时，组织经验就变得相当重要了。

组织资本被定义为企业所属的信息性资产。对于组织资本，罗森（1972）及普雷斯科特和菲瑟尔（1980）的论述最为详细③，它也可分为三类：第一种类型的组织资本是体现在个别雇员中的企业专属信息，称之为"由雇员体现的信息"，当雇员逐渐熟悉企业所特有的生产安排、管理和控制机制，并且熟悉企业内其他雇员的技能、知识程度和工作责任，就会获得这种信息。第二种类型的组织资本包括关于雇员特点的信息、它使得企业可以在工人和工作间进行有效的组合、由具有特殊天赋和技巧的人来更好地完成一些工作。第三种类型的组

---

① 资料来源：Chant. J. The New theory of Financial Intermediation. In Kevin Dowd and MevrynK. Lewis: Current Issues in Financial and Monetary Economics, the Macmillan Press Ltd. , 1989。

② 资料来源：威斯通、郑光和侯格：《兼并、重组与公司控制》，中译本，北京，经济科学出版社，1998。

③ 资料来源：Rosen. S. Substitution and the Division of Labor, Economic, 1978, 45。

织资本包括个人的特点和其他从事相关工作的人的特点的匹配程度信息，它使得企业可以在工人间进行有效组合。包含在组织资本中的信息类型可能是企业专属的。组织经验与组织资本的结合会产生不同的人力资源，第一种类型称为一般管理能力，第二种类型称为行业专属管理能力，第三种类型为非管理人力资本。从上述分析可知，组织资本事实上可以看作是企业的人力资本资源，随着工人与工人之间及工人与管理人员之间的合作时间的增加，雇员自身的技巧及能力和企业的团队效应都会得到增加，其结果是企业的组织资本增加，可以合理预计到组织资本增加的幅度大于企业对组织资本的投资的增加幅度，也就是说，企业在组织资本的投资上存在着规模经济。

4. 银行垄断与银行规模经济

银行业的垄断也是因追求规模经济而起，通过兼并收购形成垄断利润。银行竞争包括价格竞争、业务竞争、地理竞争和所有权竞争。银行之间竞争的主要手段是兼并，兼并的结果是超级大银行不断涌现。20 世纪80 年代以来，银行业的兼并风已经愈演愈烈。然而，银行规模扩大后并不一定降低单位成本与费用，美国银行业规模变化的历史经验表明：在资产规模达到500 万到7 500 万美元之前，扩大规模一般可以降低单位成本与费用；但当银行资产规模超过10 亿美元时，扩大规模，其单位经营成本反而增加。

由兼并所引致的银行垄断在一定程度上可实现规模经济，进而实现成本的节约。但值得指出的是，银行走向垄断必然带来银行体制效率上的变化，使得管理效率下降，交易费用增加，从而可能部分抵消或完全抵消银行规模经济性。

5. 进入成本、进入壁垒与银行规模经济

银行的进入成本包括：（1）创立成本，包括固定资产成本、人力成本、技术创新成本等实际投资的成本；（2）机会成本，包括固定资产折旧、投资预期收益以及无形资产（商标、商誉）等带来的机会成本；（3）信息成本，主要是由于实际中的信息不充分所带来的成本。所以只有当预期收益大于进入成本，进入银行业才可能发生，这是银行进入的必要条件。

当然，能否进入银行除了取决于进入成本外，还存在着进入障碍或壁垒。进入壁垒是指和潜在的进入者相比，现存厂商所享有的有利条件，这些条件是通过现存厂商可以持久地维持高于竞争水平的价格而没有导致新厂商的进入而反映出来的。银行业进入壁垒越高，进入越困难，进入的银行也就越少，已进入的银行便容易形成规模经济，也就越容易产生垄断。反之，进入壁垒越低，进入越容易，进入的银行越多，现有银行形成规模及产生垄断的可能性就越低。

进入壁垒主要包括：（1）政策性壁垒，指国家的立法或国家有关机构的政策禁止或限制某些厂商进入一些特定的行业。（2）资源性壁垒，指资源分布的区域性使某地的厂商因无法取得资源而不能进入该行业。受此类进入壁垒影响的主要是采矿业。（3）技术性壁垒，指影响潜在进入者进入某一行业的技术性限制，一些无法取得或掌握的关键技术就成为进入壁垒。这类壁垒多存在于高技术行业，如宇航工业、新兴材料工业。（4）成本性壁垒，指使潜在进入者增加进入成本和运营成本的因素，如已存在企业的商标、信誉所产生的消费者偏好；已存在企业与其原材料、能源、零部件供应者建立的良好关系；已存在企业所实现的规模经济等。这些因素使潜在进入者处于一种不利地位，要克服这种不利地位，潜在进入者就必须花费更多的资金，如花更多的钱进行广告宣传，以更高的价格从供应商那里取得各类投入品，为实现规模经济多花费的投资和承担因规模增大、商品增加而带来的产品降价的风险；（5）抵制性壁垒，指已存在企业为了抵制潜在进入和现实进入而采取的不利进入者的措施，如降价、加强广告宣传等。就我国银行业来看，主要是政策性壁垒，包括禁止进入，禁止在异地任意开设分支行，禁止任意扩大营业范围，禁止将分支机构任意升格，禁止抬高或压低资金成本等。进入壁垒中，资源性壁垒、技术性壁垒、成本性壁垒、抵制性壁垒，在银行业中一般不构成障碍。一旦政策性壁垒被打破，我国商业银行将面临前所未有的激烈竞争。互联网金融的出现，已经打破了银行的传统业务边界，商业银行的发展模式应将从重视资产的规模经营，逐渐转向客户群体与市场的范围经营。

（二）互联网金融使商业银行由规模经营向范围经营转变

如果商业银行经营的业务范围（或产品品种）扩大后，其平均收益提高或者平均成本降低，该商业银行便实现了范围经济。商业银行是否需要扩大其产品和业务范围，并进行多元化经营，主要取决于其增加产品和业务种类所需要的成本是否低于相对专一化经营的成本，或者其所获得的收益是否高于相对专一化经营能获取的收益。如果多元化经营或者增加业务种类和产品品种比相对专一化经营的成本低（或收益高），则该商业银行便会采取多元化经营的决策，增加其业务种类和产品品种，实现范围经济效应①。

1. 互联网金融产品代行部分银行职能

互联网与金融的结合创新的产品实际上已经代行了银行的部分功能。比如，

---

① 资料来源：郁红、彭仪瑞：《从范围经济角分析商业银行开展投资银行业务的必要说明》，载《经济师》，2000（9）：80~81。

对于传统的支付功能，第三方支付的应用和普及，第三方支付平台依然成为一个具备储蓄、支付功能为一体的虚拟银行。随着以"余额宝"、"财付通"为代表的网络投资理财产品的持续升温，这类虚拟"类金融"机构又给广大储户带来了财富保值增值的功能，且产品投资收益要远高于同期银行活期存款利率。这类虚拟"类金融"机构并不需要巨大的规模做后盾，只需积少成多，以相对高收益和实时便捷吸引"储户"。

又比如，商业银行传统的信息优势在互联网金融时代正逐渐减弱。以阿里金融为例，"淘宝"、"天猫商城"与"支付宝"、"余额宝"的有效结合正是电子商务与虚拟银行结合的典型，所谓"得账户者得天下"，这些"类金融"机构通过前期已经在互联网上建立起的平台和资源优势，对这些网上客户的信息早已了如指掌，这种对小微客户信息的高度集成和最大效率地利用是目前商业银行无法企及的。商业银行未来必将与这些互联网金融企业展开竞争，这种跨行业、新产品的竞争模式将推动商业银行从规模经营向范围经营转变。

2. 互联网显著降低金融交易成本

互联网可以把金融交易成本降到很低。互联网金融也是通过多年来积累用户，包括对用户需求的把握，通过大数据，采用分布式服务显著降低交易成本。互联网金融企业与商业银行提供金融服务的方式表面上是技术上的差异，即一套开放的协议，允许大家都介入，就使得跨网络的金融业务成为可能；实际上企业通过互联网的思维来改造传统的金融企业，让原来老百姓享受不到的服务可以通过互联网来享受到，并且享受的门槛可以是一元钱。

可以预见的是，未来商业银行仅仅依靠原有的网点和规模优势来降低交易成本是无法和互联网金融企业展开竞争的，从"庞大"的规模经营到"灵活"的跨行业范围经营是降低商业银行交易成本的必经之路。

3. 大数据增加企业的信息性资产

在网络时代，组织经验的利用和组织资本的增加将更为高效，企业无形资产的评估方式正在改变，大数据时代的信息性资产将更加去组织化、去中间化、去结构化。无论是哪一类组织资本，都可在互联网平台和大数据整合中以更短的时间得到增强。

工人与工人、工人与管理人员之间的合作今后将更多地倾向于工人与计算机、工人与网络之间的沟通。随着大数据时代的到来，商业银行在过去存在的组织资本上的投资优势以及雇员和团队优势，或者说更多的线下优势，变得不像过去那么重要。未来商业银行更多无形资产的增值和传递将更加倚重于线上世界。从这个角度来看，在与大数据结合的过程中，商业银行原本已有较大的信息优势，未来需要做的将是在网上建立各种链接、各种关系，不仅将银行的有形资产，更应将银行的无形资产通过这张"大网"传递给实现客户与潜在客户。

4. 打破商业银行垄断的"网"

长期以来中国的金融机构被为数不多的几家大型商业银行所垄断，在打破国有资本金融垄断的过程中，互联网金融开辟了一条新的道路。国内商业银行通过兼并业内公司实现规模经营的时代即将过去。

十八届三中全会精神体现出国家十分重视发展普惠金融。互联网金融便是普惠金融的一个重要组成部分。只有国有企业、大企业才能融资的局面将得到改变。长期以来，银行业存在政策性壁垒，商业银行服务质量和资源配置效率并没有得到充分体现，发展互联网金融，相当于在银行业里引入竞争机制，会提升金融资源配置效率。由此可见，无论是国家的政策还是未来的竞争模式，都将促使商业银行从行业内的规模经营转向跨行业的范围经营。

5. 进入壁垒和成本降低

随着互联网金融的发展，银行业的进入壁垒正在逐渐消失。

（1）政策性壁垒。国家对经营性互联网金融信息服务实行许可制度，企业从事经营性互联网金融信息服务，需要在满足规范性条件的基础上，取得增值电信业务经营许可证，符合金融法律规范，方可对外正式开展业务。

（2）资源性壁垒。在"得账户者的天下"的互联网金融时代，"电子账户"等网络身份证充斥着我们生活的方方面面，网点和规模将不再是进入的资源限制。

（3）技术性壁垒。如果说商业银行在传统金融业务上占据主导优势的话，那么这些新兴的互联网金融企业则在互联网技术方面同样遥遥领先，甚至更具优势。

互联网同样降低了传统银行业的进入成本。

（1）创立成本。由于互联网企业的去组织化、去结构化，仅需几台计算机、一层楼就能构建出一个互联网金融企业，固定资产成本等前期需要大量投入的成本已经不再成为障碍。

（2）信息成本。互联网金融的特点之一是数据的集成和共享，这在有效解决信息不对称的同时还能进行数据挖掘，极大地降低了目前和未来的信息成本。

互联网金融使商业银行从传统的规模经营转向范围经营已是不争的事实。商业银行应把握机遇，建立以市场需求为导向的创新理念，构建以混业经营为目标的经营实践模式。在专业化经营的基础上，逐步构造范围经济特征明显的全能银行。

※※※

【专栏】

民生银行新一代银行系统上线"以客户为中心"

民生银行历时 7 年建成新一代银行系统，共搭建了 10 大类平台，上线了 115 个应用模块，改进了 1 150 个变革点，优化了 7 000 多项应用，进行了 91 万个案例测试，最终建成了在设计理念、架构体系、业务支持、产品创新等方面国内领先、代表未来银行业务系统发展方向的新系统。

该系统"具有互联网基因的开放式系统"，将支撑和推动民生银行在移动互联、云计算、大数据及社交媒体等未来关键领域的发展；同时，该系统适应流程银行建设要求，将为全行前台营销服务、中台风险控制和后台保障支撑提供无缝系统支持。此外，该系统"以客户为中心"，关注客户最佳体验，在大数据分析基础上，为客户提供最佳服务。

四、商业模式由垄断竞争向合作共赢转变：去垄断重共赢

（一）商业银行垄断竞争的时代渐行渐远

在互联网金融时代，社交网络、电子商务、第三方支付、搜索引擎等形成了庞大的基础数据量，云计算和行为分析理论使大数据挖掘成为可能，数据成为互联网时代的战略资产，成为银行金融机构争先掌控的资源。未来在互联网思维和精神再造下，可能形成一个既不同于商业银行间接融资、也不同于资本市场直接融资的第三种金融运行机制，或可称之为"互联网直接融资市场"或"互联网金融模式"，新的金融时代即将开启。这些生机勃勃的互联网金融企业对过去身处垄断竞争格局的商业银行正形成诸多挑战和冲击。

1. 银行面临着优势被蚕食的风险

商业银行作为金融体系的命脉，一直以来在资金成本、政策红利等方面相比其他非银行金融机构占据绝对优势。但是，在互联网金融模式下，新金融势力凭借近乎零成本的平台信息获取方式和日益扩大的社会影响力，使传统商业银行面临着优势被蚕食的风险。

2. 银行面临着被边缘化的风险

随着互联网金融的发展，商业银行面临着被边缘化的风险，表现为客户流失严重、资产业务受挤压等。从本质上来说，风险的根源在于新金融势力凭借平台的优势使商业银行获取客户信息的渠道被技术性阻断，从而无法针对客户快速变化的金融需求有针对性进行创新。

（二）互联网金融尚无法取代商业银行

微软创始人比尔·盖茨曾预言，传统商业银行将成为 21 世纪的恐龙。尽管互联网金融的出现，给传统银行业带来了前所未有的冲击，但互联网金融仍无法撼动和取代商业银行。

1. 互联网金融发展本身的不足

一是交易数据无法掌握真实的资金流向，其能否支撑金融资信模型，将违约率降至一定概率，具有不可预见性。二是敏感数据被放置云端，挑战资金安全。2013 年的棱镜门事件折射出来的就是对大数据的担忧。三是信用审核、风险管理等关键环节都依托网络平台，加大技术风险以及平台的脆弱性。网络平台易受到木马病毒、钓鱼网站、第三方欺诈等的影响，在没有抵押担保和信用捆绑的情形下，风险发生后损失更大。四是相关法律法规缺失，监管难以全面覆盖，难以保护对消费者权益，违法违规的现象时有发生。五是互联网金融尚无法接入央行征信系统，未建立信息共享机制，无法形成有效的事后惩戒机制，容易诱发恶意骗贷等风险。六是互联网金融所媒介的融资交易，大多游离于管控之外，对传统数量调控方式形成挑战。以比特币为代表的互联网货币介入实体经济活动甚至会替代法定货币，影响法定货币的流动速度，并对货币政策、金融稳定产生影响。

【专栏】

"余额宝们"高收益率背后

"贴钱的方式不可持续，而且，我们也跟不起。"业内一家并未和互联网合作的基金公司的货币基金经理表示。

有一种说法，互联网的用户是没有什么忠诚度可言的。尤其在刚刚兴起的互联网金融的环境下表现更加明显。面对真金白银，互联网用户迁移门槛非常低，对于很多用户来说，哪的收益率高就把钱放在哪。而对于互联网公司，多年的互联网思维让他们非常了解其中的本质和游戏规则：互联网金融大潮来得太快，为了不掉队，至少在短期内谁肯让渡利益谁就会很快得到更多用户。

但是，对于传统的金融行业来说，接受起来仍然颇有挑战。在 2014 年 1 月 15 日，天弘基金余额宝规模已超过 2 500 亿元，客户数超过 4 900 万户。首次超过已经连续稳居公募基金第一多年的华夏基金，成为新的公募基金老大。这个多年来基金行业老大位置的首次出局，让很多基金圈人士后背发凉。

互联网金融时代，最需要的就是想象力。华夏基金和微信合作推出新基金产品的防守反击，让整个货币基金行业告别传统思维模式、管理模式，完全进入群雄争霸的亢奋状态。

为什么这些传统的基金公司觉得力不从心？事情的本质在于互联网正在摧毁金融的传统定价体系。尽管目前互联网金融规模尚小，但它决定了边际价格，一旦传统金融的价格体系被破坏，将构成巨大的冲击。今天各大基金公司纷纷与微信、支付宝等互联网巨头合作，甚至有人在以"补贴"的方式放血求生，未来都可能削弱甚至剥夺基金公司和银行的渠道谈判能力。

2. 商业银行的特殊地位和优势

商业银行不会成为 21 世纪的恐龙。一是只要中央银行发行货币、控制通胀的职能继续存在，银行体系作为调节市场经济、传导宏观政策的主渠道功能不会改变。二是银行体系作为社会信用体系的中枢，在保障社会资金安全性方面发挥着关键性作用，互联网金融难以完全舍弃银行信用体系而自建信用体系。三是银行的货币创造功能和在支付结算体系中的重要地位，受到全社会的认可。互联网金融能否取得突破，不仅在于其技术的先进，还取决于社会的认可与接受程度，特别是监管当局的态度。四是银行在公信力、资金实力、信贷经验、支付结算、专业理财以及风险防控等方面拥有互联网金融难以企及的优势，特别是大额、复杂的金融交易方面，能提供银行承兑汇票、信用证等多种融资工具的组合，设计立体融资解决方案，降低企业的融资成本。

（三）联合竞争与合作共赢

互联网金融的快速发展给商业银行零售业务带来挑战的同时，也带来了开放合作的契机。银行的竞争力表现在作为行业资源的整合者，在产业链上扮演新的角色。而所有金融机构，依靠价值网络中的利益共享和风险共担，彼此相互依存，借助金融市场更广泛的专业分工，与其他金融机构形成更加紧密的合作机制，以满足客户综合金融服务的需要。

1. 各取所长，突破行业瓶颈

互联网金融的信息分析偏重于交易环节，额度偏重于微贷。通过交易信息判断贷款企业信用的方法具有一定的可靠性，实时监控，实时处理，避免出现更大的贷款损失。但是，随着企业成长，资金需求量不断增加，单靠网络小额贷款则难以满足其需求；只靠积累的信用和交易记录分析，而忽略对产品以及市场前景、行业风险的评估，易造成风险估计不足；很多小微企业是上下游关系，风险具有传染性。同时，近两年"双十一"网络购物节当天，由于百万订单同时涌入，支付宝曾一度无法正常支付。根据易观智库预测，2015年中国第三方互联网支付交易规模将达到13.9万亿元，对于资本短缺、盈利渐薄的互联网金融而言，是否有能力提升安全和稳定性仍有待关注。因此，如果互联网金融单靠电商单兵突进，将难以突破瓶颈的制约。

2. 相互融合，共同提升服务水平

互联网金融不是简单摧毁和替代商业银行，而是弥补和延伸商业银行无法触及的盲区，既竞争又互补、融合。商业银行可以应用互联网金融的技术和组织模式，实现产业更新升级；互联网金融与商业银行合作，进一步提升服务能力和服务效率。互联网金融更具有数据积累和挖掘方面的优势，助力银行大大降低交易成本，拓展客户，但最终客户结算和基础金融服务仍需依靠银行。比如，花旗银行与Facebook的合作堪称社交营销的成功典范。

此外，第三方支付弥补了商业银行标准化支付清算服务在资金处理效率、信息流整合等方面的不足。第三方支付大多是小额、频繁的交易支付，减轻了银行处理的负担。2013年第一季度银行非现金支付交易量超过370万亿元，而第三方支付仅3.3万亿元，金额占比仅0.9%，但第三方支付的交易笔数已经达到银行的64%。并且，沉淀在第三方账户上的备付资金需由银行托管，相当于提供了可观的存款；与第三方支付合作还可给银行客户带来便利，提高银行客户体验和粘性。此外，二者还需要加强合作推出新业务来提高移动支付的支付成功率。2012年支付宝通过传统手机银行完成的支付成功率仅38%，还有很大的提升空间。

特别指出，互联网金融与商业银行有机融合会是广大小微企业的福音。商业银行有着完善的内控机制，信贷资源充足，但难以实现对小微企业信贷的广覆盖；而互联网金融积累的交易行为数据和客户评价，恰恰可以成为银行的有效补充，让银行能够有更多的渠道去开展贷前调查以及监控企业资金流向，更好地控制风险。互联网金融业态下，银行一方面从单纯规模扩张的粗放型经营过渡到重视客户信息分析和客户需求感知的智慧型经营，另一方面也不断加强与新金融势力之间学习与合作的良性互动，见表4-2。

表4-2 近年来银行与互联网金融企业的合作互动措施

归属	时间	参与方	关键点
融资	2007 年 5 月	阿里巴巴、工商银行、建设银行	阿里巴巴将会员企业提交的贷款申请连同其系统内的信用记录交给银行审核
供应链金融	2007 年 12 月	UPS 融资、浦发银行、深发展银行、招商银行	主导供应链金融解决方案
融资	2009 年	中投担保、建设银行、阿里巴巴	出资组建风险池对网络银行业务项下信贷业务风险补偿
融资	2010 年	建设银行、金银岛、敦煌网	电商平台提供信息，银行提供贷款
战略合作	2011 年 5 月	交通银行、阿里巴巴	建设新的电子商务和电子银行服务体系，交通银行淘宝旗舰店
供应链金融	2012 年 12 月	京东、中国银行	拓展供应链金融服务
战略合作	2013 年 1 月	中信银行、腾讯	在资金结算、资金融通、理财业务等方面展开合作
战略合作	2013 年 2 月	阿里巴巴、平安银行、腾讯	联手设立完全基于在线服务的财产保险公司"众安在线"

3. 合作中逐步"信誉融合"

互联网金融与银行的合作、博弈、创新，正打造出一个全新的金融生态链。相对于业务和技术的融合，互联网金融最难解决的是信誉的融合。银行代表着成熟的运营模式和强大信誉，许多客户正是鉴于银行的信誉，才青睐与之合作的互联网金融平台。如果互联网金融与客户之间出现交易纠纷或者偿付风险，与之合作的银行必定受到牵连。"亿佰购物"的关闭原本是行业正常的业态演变，市场竞争和优胜劣汰的自然结果，但是却因与银行合作、涉及银行信誉而变得复杂、难以厘清。方兴正艾的互联网金融必将经历一个业态变迁，才能最终形成一批实力强、有核心商业模式的平台，但其间的淘汰过程中，交融合作也意味着风险的交汇，银行应做好风险评估和预案。

五、货币形态由有形向无形转变：去有形重无形

在网络时代特别是云计算的背景下，货币形态出现多样化，如纸币、硬币、虚拟货币等。一方面，在电子货币的格局下，借助信息和信用网络，可以大大提高交易的流通速度，减少对货币的需求；另一方面，由于可交易对象越来越多，货币成为一切财富转换的中介，从而又大大增加对货币的需求。

（一）货币形态的转变

数字货币产生于 20 世纪 90 年代中期的数学家、密码学家和电脑专家戴维·乔姆之手，他认为在因特网上必须有自己的网络货币，并可自由流通，成为网上交易的无纸化媒介。经过多年的辛勤钻研，乔姆终于成功，产品大受欢迎。但这位数字货币之父不会想到，今日在网上大行其道的"比特币"早已超越他当年"数字现金"、"电子现金"的概念，这个由化名为中本聪（Satoshi Naka-moto）的程序师在 2009 年提出的数字化虚拟货币——比特币，已经成为了一种完全脱离政府和银行掌控、总量"封顶"、可实时兑换法定货币且价格由供求决定、被认为有可能彻底改变全球金融行业格局的数字货币。

【专栏】

互联网货币雏形已现

2013 年 7 月 10 日，中国投资有限责任公司副总经理谢平在《第一财经日报》、第一财经研究院、第一财经新金融研究中心主办的"互联网金融论坛暨《中国 P2P 借贷服务行业白皮书 2013》发布会"上表示，互联网货币的出现不可避免，目前雏形已现。

谢平认为，互联网金融的三大支柱为：支付方式、信息处理和资源配置。其中，支付是金融的基础设施，互联网金融的支付方式则体现在互联网货币。互联网货币还具有六大特征：一是由某个网络社区发行和管理，不受监管或监管很少，特别是不受或较少受到中央银行的监管；二是以数字形式存在；三是网络社区建立了内部支付系统；四是被网络社区的成员普遍接受和使用；五是可以用来购买网络社区中的数据商品或实物商品；六是可以为数据商品或实物商品标价。

"互联网货币雏形已现。"谢平称，典型的案例如比特币、Q 币、Facebook 币、亚马逊币等。相关数据统计也显示，2011 年美国虚拟货币交易量在 20 亿美元左右。

互联网货币的出现具有其合理性，符合货币形态的发展规律。互联网金融可以方便网络社区成员之间的交易和支付活动，增强成员对网络社区的粘性，扩充网络社区的收入来源，促进网络社区的经济活动，并且互联网货币不存在货币。不过，互联网货币的使用以及支付均不在央行对法定货币的管理范围，而其虚拟、匿名的性质使得监管上存在难度。

（二）虚拟货币的主要特征

虚拟货币是指非真实的货币，常见的虚拟货币如百度公司的百度币、腾讯公司的 Q 币，Q 点、盛大公司的点券，新浪推出的微币（用于微游戏、新浪读书等），侠义元宝（用于侠义道游戏），纹银（用于碧雪情天游戏）等。其中，比特币是网络金融化的典型代表，是基于网络而产生的一种新的金融形态，与金融网络化有完全不同的意义。在中国，比特币的使用日益频繁。部分淘宝的店铺也开始接受了比特币的使用，商家逐渐增加。这种被《华盛顿邮报》誉为"600 年来从未经历过的影响力"的数字货币主要有以下特征。

1. 电子货币

比特币是一种 P2P 形式的数字货币。比特币作为由开源软件产生的电子货币，并不依靠特定货币机构发行，而通过特定算法的大量计算产生，使用遍布整个 P2P 网络节点的分布式数据库，来管理货币的发行、交易和账户余额信息，是一种网络虚拟货币。

2. 无中央发行机构

与传统货币不同，比特币没有一个中央发行机构。它的"发行"过程是开放的，没有国界之分。只要有一台能接入互联网的计算机，通过运行一个自由的开放源代码的软件，所有人都可以参与其中。因此比特币系统也被认为是一个平等的点对点（P2P）的系统。

3. 无信用担保

主权国家货币，比如纸币，是有政府的信用担保的，而比特币没有政府信用担保。它通过开源的算法在互联网上产生，不受控于任何一个政府货币机构或企业财团。同时，比特币的设计理念也不同于现有纸币或其他虚拟货币（如 Q 币）。其他虚拟货币依靠的是发行者的企业信用，但比特币不仅不依靠特定的货币机构发行，更没有得到任何政府、金融机构或企业的信用担保，完全是一种虚拟的网络货币。

4. 不存在货币超发

设计者已设定比特币的上限数量和达到上限的时间，即在 2140 年达到 2100 万数量上限。从这点可知，比特币的数量具有有限性。严格的固定总量理论上抵制了通货膨胀的影响，从而避免了现有货币体系存在的货币超发问题。

5. 交易的安全性与私密性

由于采用平等的 P2P 技术以及公私匙的加密方法，外人无法通过比特币钱包地址和其他文字、数字信息辨别所有者的真实身份。当一笔交易发生时，经加密设计的比特币将自动地通过买方发送到卖方，以确保不被黑客攻击或人为地制造比特币，政府、组织或他人也无法跟踪你的账户，可以使比特币拥有者真正自由地匿名地管理个人资产。

6. 避险功能

比特币能为不可预测的政治风险如主权没收、过高的税收以及出入境资本管制等提供安全屏障。与全国性法定货币相比，除了能够保值之外，比特币财富消除了银行偿付能力风险以及超级杠杆化的金融金字塔带来的风险（Jon Matonis，2013）。这类似于作为避险投资品的黄金。当塞浦路斯银行危机发酵时，比特币的价格也一度攀升，因此比特币也被称为避险货币。

（三）比特币的潜在风险

比特币本身也存在技术改进、监管困难、通货紧缩等潜在风险。

1. 技术改进风险

比特币系统存在一些技术难题，仍有待克服。原则上，比特币交易系统是任何网站都可以参与的，其交易的安全性完全取决于网站的自律和对付黑客攻击的能力。同时，随着越来越多的人参与其中，在用户之间流通的数据量（以核实每个比特币的所有权）也将提高，这会降低整个系统的运行速度。

2. 监管风险

作为虚拟货币，比特币不存在发行主体，其自有的货币秩序、匿名分布的特点以及对非法交易的间接保护，使其很难得到货币监管当局的认可。由于缺乏监管，比特币容易成为洗钱、行贿受贿、转移资产的渠道，更重要的是当比特币市值不断攀升而对现实货币造成一定程度的影响和冲击时，各国政府就有可能宣布其非法。2013 年 5 月 16 日，美国国土安全部冻结了全球最大的比特币交易所 Mt. Gox 拥有的两个银行账户。2013 年 5 月 30 日，Mt. Gox 宣布将开始对所有试图存取除比特币外的货币账户进行"验证"。这实际上终结了该服务的匿名使用。

3. 通货紧缩风险

从比特币的设计原理来看，比特币的供给速度由算法决定，而与市场需求和经济发展无关。尽管比特币在理论上消除了通胀，但是其总量的相对匮乏使其容易带来通货紧缩。货币的供给应当与经济发展保持同步，通缩和通胀一样，均背离了货币的流动本质，这可能使比特币成为投机商品。

（四）虚拟货币对商业银行支付服务地位的影响

虚拟货币具有自己的特点，但其仍未形成虚拟货币的金融体系。虚拟货币的借贷行为都是用户间自发进行的，其与现实货币的双向兑换规模还很小，还未出现虚拟金融机构。虚拟货币未来可能的发展方向，一是可能出现网上的虚拟中央银行。随着网络环境的进一步深化，互联网用户们必然会产生为进入不同币种的服务平台而交换虚拟货币的需要，这使得虚拟中央银行的建立成为可能。二是可能出现虚拟商业银行等其他金融机构和虚拟金融衍生工具。

长期来看，网络虚拟支付将使银行支付服务边界收缩，支付市场的利益主体和竞争格局产生重新调整。网络虚拟货币的产生及其微支付功能的实现，使银行业在支付领域不再独当一面。某些网络支付市场受到发行网络虚拟货币企业和第三方支付中介的争夺，支付市场竞争格局将发生新的变化。如果虚拟货币在虚拟社区能完成各类支付，且又能与法币兑换，则银行支付服务就难以渗透到这些区域，商业银行将面临支付"脱媒"。第三方支付、网络企业等将在微支付市场发挥重要影响，分得支付市场利益的一杯羹。

（五）商业银行的应对策略

对于网络货币可能带来的支付服务边界收缩，甚至出现一定程度的支付"脱媒"倾向，商业银行应创新支付产品和服务，可在现有电子支付和移动支付的基础上，加大技术创新，开发适合的小额便捷支付产品。比如，可以在微支付领域加强与第三方支付组织等合作；再如，结合移动支付推出以短信验证方式为主的低收费小额支付服务，提高银行在社会经济各层面的金融服务能力。

六、业务营销由分散向集中转变：去分散重集中

大数据时代下，客户越来越要求服务的个性化和集成化，银行或许需要重新考虑营销的"集中"和"分布"概念。一方面，银行要改变营销模式，围绕客户的关键业务与财务活动，为同类客户提供标准化的业务处理支持，并向客户营销全面的金融解决方案，提升客户贡献度。另一方面，以前分散于各分支机构的"计算资源"集中于总行、分行，改过去的分布式运算为集中的云计算，而作为销售终端的客户经理在上级行专家团队的支持下，不再需要对客户进行筛选，而能专注于为客户进行细致、贴身的服务。

除了传统的"以老带新"营销、组合营销、分层营销、集群营销、"扫街"营销以外，还有部分适应大数据时代发展的新的营销模式和手段：营销方式远程化、营销终端移动化、营销目标名单化、营销指导专业化、销售团队集中化。

（一）营销方式远程化

随着互联网的普及，信息网络技术与金融全球化高度结合。全球电子银行

蓬勃发展,对传统商业银行经营模式产生了巨大的冲击和影响,迫使商业银行的经营理念和营销策略发生了根本性转变,开始大力开展网络营销,推动营销方式的远程化。

营销方式远程化使商业银行的经营范围得到了极大地延伸,区域限制逐步消失,信息传递日趋便捷。开展网络营销是商业银行的战略选择,是实现其发展目标的重要保证。网络营销具有跨时空、即时性和经济性的特点。

(1)跨时空

远程营销以 Anytime、Anywhere 和 Anyhow 的"3A"式服务为发展目标,在了解消费者需求的基础上,改变传统的销售渠道,重视消费者购买和享受金融服务的方便,是提高银行营销竞争力的重要营销策略之一。没有时间、地域的限制,只要客户符合相关条件,消费者就可以接受这种快捷的服务。如无营业时间限制的查询、转账、清算、挂失、修改密码等,不仅为客户提供便利,也有利于提升客户的品牌忠诚度。

(2)即时性

远程营销具有即时性。比如,商业银行客户可以随时浏览银行的网站,了解其产品与服务或传递需求信息,也可以对产品服务进行询问,形成银行与客户实时交流的服务模式。商业银行通过互联网实现与客户在线实时的双向沟通,对瞬息万变的市场作出反应,以提供更好的金融产品和服务。

(3)经济性

商业银行的远程营销能使银行的服务成本大大降低。商业银行若以消费者的个性需求作为提供产品及服务的出发点,按传统做法不可避免地会提高服务成本。网络营销的出现则为这一难题提供了可行的解决途径。利用远程营销,商业银行信息将以数字化的形式存在,可以以极低的成本发送并能随时根据需要进行修改;同时,商业银行也可通过自动服务系统提供金融服务,节省大量的服务成本。

(二)营销终端移动化

信息通信技术在商业银行创新改革中发挥了不容忽视的作用。从发展历程看,信息通信技术影响商业银行的创新改革大致可分为三个阶段:一是业务处理电子化,二是经营管理电子化,三是银行再造(如电话银行、手机银行和网上银行等)。第一阶段,商业银行主要是运用信息通信技术来辅助和支持业务的发展,如数据的保存和财务的集中处理等,并未实现联网的实时交易。后来POS、ATM 等新型银行服务渠道的出现,使联网实时交易成为可能。第二阶段,运营管理、风险管理等业务操作系统的开发实现了商业银行经营的电子化管理，降低了运营成本，促进业务操作规范化，提高了商业银行风险管控水平和监管效率。第三阶段，电话银行、手机银行和网上银行等快速发展，实现金融服务方式的变革。以移动互联网为代表的现代信息通信技术，推动商业银行营销终端移动化，会对现有金融模式产生根本影响①。

移动互联网和金融结合推动商业银行营销终端移动化，现在主要表现为银行主导和以移动运营商等非银行机构为主导的手机银行的诞生。自20世纪90年代末，手机银行以迅雷不及掩耳之势席卷全球②。随着人们移动化需求的增加，手机不再是一个简单的通信设备，而是集合了通信、商务和娱乐功能的移动终端。第四代移动通信技术（4G）集3G与WLAN于一体，这意味着手机的数据传输速度可以得到很大的提高，手机用户也能更好地享受网络服务。凭借高效、便捷、运营成本低等优势，手机银行业务一经推出就赢得了银行、商家和用户的青睐。手机银行借助移动通信网络平台，将用户手机与银行信息系统相连接，使用户在手机界面上进入自己的账户，进行账户查询、交易、支付等操作，办理各种金融业务。作为网上银行的延伸，手机银行是电子银行和移动通信技术相结合的产物。它最大的特点是只要客户的手机有信号，能够上网，便能在任何时间通过手机银行享受多种金融服务③。

营销终端移动化还表现在支付移动化。支付移动化是交易双方通过手机、移动PC、掌上电脑、公交IC卡等移动设备转移货币价值以清偿获得的商品或服务。

（三）营销目标名单化

商业银行利用市场细分和客户关系管理，最大限度地搜集客户与潜在客户的信息，实现营销目标的名单化④。市场细分是商业银行按照影响客户欲望、需要、购买习惯和行为等诸多因素，把整个市场细分为若干对不同的产品产生需求的市场部分或亚市场，其中每一个市场部分或亚市场都是一个有相似的欲望和需要的购买者群，都可能被选为银行的目标市场。市场细分有利于商业银行发现市场机会，创新产品和服务。

消费者金融消费观念和消费行为的转变，使得商业银行要在竞争中取得优

---

① 资料来源：李海申：《我国商业银行的网络营销策略研究》，载《金融教学与研究》，2007（1）。

② 资料来源：刘海二：《手机银行、技术推动与金融形态》，西南财经政法大学博士学位论文，2013。

③ 资料来源：林欣：《我国手机银行发展问题研究》，首都对外经济贸易大学硕士学位论文，2012。

④ 资料来源：韦海峰：《商业银行重点客户营销管理模式研究》，内蒙古大学硕士学位论文，2006。

势，提升顾客的忠诚度，必须实行差异化营销①。与其他行业相比，银行有着先天的优越性，掌握着大量的真实的客户资料，建立和利用客户资料数据库能够帮助银行获得巨大的竞争优势。通过客户资料数据库，银行能够更准确地找到自己的目标客户，有针对性地制订新的营销方案，并保持与客户的长期关系②。

（四）营销指导专业化

商业银行是现代社会媒介货币与信用的专业性经济组织。在当前外部市场环境和商业银行组织发展正在发生深刻变化的背景下，我国商业银行营销指导的专业化建设面临新的挑战和更高要求。20世纪90年代以后，银行业开始力行"以客户为导向、提供优质服务"的经营原则，迈入"微营销阶段"。随着80年代计算机技术、通信技术、网络技术的日益成熟，电信营销、数据库营销应运而生，一些敏感的银行认识到客户需要日益个性化的产品和服务，从而"一对一营销"，即微营销相应出现。

"一对一营销"的实质是将客户当作银行运作的核心，在整个客户生命周期中都以客户为中心。它建立与客户交流的多种渠道，如面对面、电话接洽以及Web访问，将注意力集中于满足客户的需求上。因此，银行改变营销模式，就是按照客户的喜好，使用适当的渠道及沟通方式与客户沟通，围绕客户的关键业务与财务活动，为同类客户提供标准化的业务处理支持，并向客户营销全面的金融解决方案，提升客户贡献度③。

（五）销售团队集中化

销售团队集中化的表现，在于商业银行集中销售力量，整合银行资源，为客户提供满意服务④。民生银行是银行业内销售团队集中化的典范。2007年下半年，民生银行率先启动公司业务事业部改革，民生银行在机构设置、资源配置、人员调配以及业务运作方式上发生重大转变。经历上述改革后，分行开始转型成为后台保障平台和公共管理平台，而支行则专注为零售业务营销平台，发挥销售门店功能，面向高端客户进行销售。

这种服务与销售的适当分离，使民生银行能集中专家团队为客户进行更加细致、专业的服务。更重要的是，这种改革使得一种类似云计算的全新商业模

---

① 资料来源：王东明：《商业银行的差异化营销》，载《企业改革与管理》，2012（8）。

② 资料来源：章慕凡：《如何提高我国商业银行核心竞争力——基于金融品牌建设、差异化营销的角度》，载《山西财经大学学报》，2013（4）。

③ 资料来源：黄元椿：《工行信用卡中心高端客户管理研究》，西北大学硕士学位论文，2010。

④ 资料来源：陈隆建，吴照云：《关于我国商业银行专业化建设的思考》，载《江西财经大学学报》，2011（3）。

式得以实现——以前分散于各分支机构的"计算资源"集中于分行，一改过去的分布式运算为集中的云计算，而作为销售终端的客户经理在分行专家团队的支持下，不再需要对客户进行筛选，而能专注于为客户进行细致、贴身的服务。

七、业务保障由内部向社会化转变：去内部重外部

信息通信技术的发展，既推动了商业银行的业务创新，又反过来增加了对信息通信技术的需求，出现了商业银行 IT 技术大量外包[①]。云计算的条件下，银行业务保障支持管理和公共关系的管理将引起新的变革。

（一）云计算促使银行业务实现社会化外包

作为一种创新的经营模式，银行业服务外包是指商业银行将原本应由自身处理的某些事务或某些业务活动，委托给第三方处理的经营方式。商业银行服务外包有利于商业银行降低经营成本，规避经营风险，从而提高核心竞争力。根据商业银行外包业务的特性，可以分为以下三种类型：一类是后勤支持类业务外包，包括人力资源管理、档案管理、押钞业务、银行票据速递等；一类是专有技术性事务外包，包括信息技术即 IT 外包（如软件开发、系统发展及维护、数据处理、灾难备份）、法律事务、审计事务；一类是银行业务的部分操作环节外包，比如个人住房贷款业务、进出口贸易结算、境内外汇款、客户财务数据录入、信贷业务的后台处理、银行会计凭证档案制作等[②]。

随着大数据爆炸式发展，数据信息成为商业银行的重要资产。利用信息科技手段存储、管理、保护好数据对商业银行维护客户信息安全越来越重要。积累、挖掘、应用好数据对商业银行实现价值最大化也越来越重要。与此同时，大数据时代对商业银行信息科技部门运营保障能力的要求也越来越高。经济学鼻祖亚当·斯密在《国富论》中指出：专业化分工有利于企业成本的降低和生产率的提高。《哈佛商业评论》也证实，外包模式是过去 75 年来企业最重要的管理概念。大数据的深化发展必然推动商业银行科技保障工作向社会化外包转变，以应对科技人才困境，降低信息科技系统的建设和运维成本，提高管理、运营和服务效率，从而顺应现代企业竞争的专业化发展趋势，实现内部成本外部化，外部收益内部化。

（二）商业银行金融服务外包的动因

从整个社会的角度看，外包可以提高生产效率，实现社会资源的优化配置，

---

① 资料来源：谢微妮：《我国银行信息技术外包模式分析》，载《经济纵横》，2009（9）。
② 资料来源：郭濂、吴瑾：《银行服务外包优势及风险分析》，载《中国金融电脑》，2005（6）。

避免社会整体资源的浪费。对金融机构而言，进行服务外包主要是出于以下几点考虑：

1. 节省服务成本、提高经营效率

节省成本、提高效率，增加主营业务利润，是商业银行服务外包的最主要动力。根据 Outsourcing Institute 调查统计，高达55%的金融机构认为，降低成本是外包的重要驱动因素。每家金融机构在其发展过程中，都会形成某一些业务或产品研发方面的相对优势，而在某些领域处于相对劣势。例如，金融机构在信息技术产品研发与维护方面，无论是前期投资规划还是在后续维护上，其成本都将远远超过专业信息技术公司，通过业务外包来降低金融机构降低成本是最优选择。

由于金融行业的特殊性，其业务活动极为复杂，经营者往往会因为认知能力的滞后性及盈利手段、方法的有限性等原因，在经营过程中遭受信用风险、操作风险、市场风险、法律风险等多重风险，而这些风险都具有复杂性、隐蔽性和破坏性。因此，金融服务外包可以促进金融机构与外包供应商之间形成战略联盟，以此将风险因素分摊出去。金融机构还能充分利用接包方的优势资源，缩短新产品的研发和推广时间，降低因无法在短时间内应对技术或市场需求的变化所造成的产品风险，增强了银行对信息的反应能力和处理能力，金融机构可以变得更具有柔性，更能适应外部环境的变化。

2. 资源集中于核心业务、强化核心竞争能力

商业银行服务外包有利于强化银行的核心竞争能力[①]。根据巴塞尔银行监管委员会在《金融服务外包》报告中对金融服务外包的定义，金融服务外包是以业务分工和核心竞争力为基础，其根本目的在于金融机构通过重新配置资源，将资源集中于相对优势领域来提升核心竞争力，增强持续发展的能力。商业银行在经营发展过程中，除了核心业务以外还存在大量支持性的非核心业务，必然会面临资源的稀缺；商业银行通过服务外包能够充分利用外部资源，将企业内资金、人才、资源等优势集中于核心竞争力的业务环节上。商业银行应将有限资源投入到核心业务中，创造核心优势，最终提高核心竞争力。只有将有限的资源集中在核心业务发展上，将非核心业务外包给具有核心竞争力的接包方，才能够增强盈利能力，以其竞争优势赢得市场。

---

① 资料来源：佘洁楠：《商业银行服务外包对银行绩效的影响》，南京师范大学硕士学位论文，2013。

3. 精简组织机构、降低管理成本

商业银行服务外包可以精简组织机构，提升组织效率，降低由于规模膨胀带来的管理成本。商业银行作为营利性金融机构，在其规模扩张的过程中，业务的增长会带来组织规模的扩大，极易导致引起银行经营效率的下降。外包能够促进商业银行内部的分权，将部分金融服务业务外包后，可以提高金融机构的变革能力，减轻由于规模膨胀而造成的组织反应迟钝、缺乏创新等问题，达到组织目标明确、人员结构优化、信息传播迅速、组织原则统一、组织文化融合的目标，从而能够更加灵活地应对日益严峻的竞争环境，降低安全风险。

（三）商业银行金融服务外包的风险

服务外包是一把"双刃剑"，在成为银行机构竞争利器的同时，也可能由于隐藏信息、市场失效、道德风险、不完全契约等因素引发各种潜在风险[1]，对发包银行乃至其所在国家或地区的金融体系带来冲击。

1. 信息安全风险

服务外包协议影响了发包银行向监管机构及时提供数据和其他信息，增加了监管机构了解外包服务商活动的困难。此外，发包银行和外包服务商之间可能存在的沟通不顺畅也会影响到外包业务的质量。在部分服务外包业务中，发包银行需要将保密性数据、战略性技术或者自身的账簿、交易记录委托外包服务商处理。这一过程中潜藏着信息安全风险，其引发因素是：由于外包服务商不具有完备的守法体系与控制能力，致使其雇员无法保证做到遵守隐私方面的要求，从而出现信息泄露的现象。

2. 对手方风险

外包服务商可能会为了自己的利益而从事与发包银行总体战略目标不一致的活动，而发包银行缺乏足够的专业能力对外包服务商实施严格的监控。具体表现为：外包监管不够细化，缺乏可行性研究、审查及执行监控等环节规定，特别是缺乏具体的实施细则和操作流程、分析统计制度、执行监督制度、应急报告制度和评价制度。外包服务商由于人力、物力、财务状况发生变化而无法提供外包合同原先规定的服务，也会引起对手方风险。

3. 信誉损失风险

信誉损失风险是指外包服务商的服务质量低劣风险，包括不符合发包银行业务所需的整体标准，或操作方式不符合发包方的规定做法。例如，在外包过

---

[1]　资料来源：李志辉：《商业银行信息科技外包风险管理研究——基于 Excel 逻辑函数的应用》，载《国际金融研究》，2014（3）。

程中，发包银行与外包服务商没有向客户说明双方的关系及职责，外包服务商甚至采用非法手段对待客户，从而使发包银行的信誉受到损害。

4. 系统失控风险

发包银行将某项服务特别是重要服务外包给第三方之后，过于依赖某一外包服务商或者缺乏充分的专业能力而无法在必要时收回外包业务，导致在外包进程中形成"路径依赖"，无法控制外包服务项目的技术、成本和发展动向，进而增加发包银行所在国家或地区的系统性金融风险。

八、银行服务由共性向个性转变：去共性重个性

随着资产的种类越来越多，人们的资产收益在收入中的比重也越来越高。各种投融资工具、风险分散工具爆发式涌现，以满足人们财富管理的个性化需求。家庭理财、企业理财成为社会财富配置和管理的主要组成部分。在信息资源共享的条件下，金融机构是否具备满足客户个性化、便捷化需求方面的能力，成为下一步竞争力的基础。

（一）个性化金融服务需求

在我国金融市场上，个人客户在年龄、收入、职业、性别、文化程度等方面存在着差异，公司客户在企业规模、产品特征、经营状况、业务特点、风险承受能力等方面也存在着差异，导致对银行服务的需求各不相同，即呈现了多元化、层次化和个性化的需求状态。20 世纪 90 年代以后，为适应商业银行转型发展需要，针对不同客户展开个性化服务，为客户量身定做金融产品成为业务经营的重要方式和手段。进入 21 世纪，我国商业银行的经营环境发生了重大变化，由于非银行金融机构的扩张、经济全球化的趋势、信息技术的迅猛发展和市场准入的门户开放、外资银行纷纷抢滩中国市场等多个因素的共同影响，使得银行业的外部竞争变得异常激烈。

（二）商业银行差异化营销

金融消费者消费观念和消费行为的转变，使得人们对金融消费越来越理性，越来越成熟，呈现了多元化、层次化、个性化的特点。因此，要在竞争中取得优势，要提升顾客的忠诚度，银行必须实行差异化营销。

不同的客户有不同的金融需求。差异化营销就是要求银行通过市场细分，"有所为有所不为"，根据自身的历史、规模、实力、经营管理特色，了解客户的不同需求，按照具有同质需求的客户群体对市场进行细分，从中选择目标市场，制定不同的营销组合，用不同的营销手段满足目标市场的需求。银行服务

从共性向个性转变，体现在以下三个方面：

1. 产品服务个性化

银行的服务基本可分为三个层次，即核心服务、便利性服务、支持性服务。核心服务是银行提供给顾客的核心利益，也是银行得以存在的原因，主要包括吸收存款、提供贷款等服务。便利性服务的目的是为了方便核心服务的使用，以方便顾客更好地消费，主要包括信用卡业务、ATM自动取款服务、银行网点设置、转账业务、异地取款、网上银行、住房按揭、代理业务等一系列服务。支持性服务是用来提高银行服务价值或与其他竞争对手服务区别开来的服务，主要包括查账业务、投资咨询、财务管理、发行债券、微笑服务、快捷服务、提供休息场所、严格保密等一系列的服务。在核心服务上各大商业银行间差异化并不明显，便利性服务和支持性服务成为商业银行实施差异化营销的重点。

产品差异化要求产品定位能抓住客户的心理，使客户能够清晰地感受到产品的特征。服务差异化是指银行根据顾客需求的变化不断地开发和创新服务方式，为消费者提供快捷、舒适、方便的服务。金融服务个性化的核心是为客户提供定制化产品和服务，而高质量的服务是商业银行实施差异化营销的最佳切入点。由于商业银行存款产品和贷款产品的差异化空间较小，因此，中间产品开发是商业银行差异化战略的重要区域。比如个人理财则属于差异化服务，是争夺优质客户的核心产品。而且，目前城乡居民收入水平不断提高，个人资产迅速增长，金融消费者已不再把储蓄作为唯一的理财方式，而对股票、债券、基金、保险等金融资产的优化组合感兴趣，个人理财服务市场潜力巨大。因此，各大商业银行相继推出个人理财业务，创建统一的个人理财品牌。根据个性化产品的思想，按照客户信息系统提供的不同客户的不同投资偏好，建立专家理财模型，将各类投资理财产品与银行产品相结合，由专业理财人员对客户资产进行综合理财策划，以实现产品差异化。

2. 银行品牌差异化

大数据时代，国内银行的品牌创新是时代变化的客观需求。首先，云计算、移动互联网、物联网这些新技术的发展，使得居民消费行为日益个性化、数据化、网络化甚至定制化。其次，新的融资方式层出不穷。除了传统的银行和非银行金融机构以外，现在出现了或者正在出现很多新的金融模式。人人贷等互联网融资模式的兴起，具有丰富的生命力，对传统银行业构成了较大威胁。同时，银行的转型战略也要求品牌建设转型。银行的外部环境也发生了前所未有的变化，市场需求也在不断变化，品牌战略的创新是新形势下商业银行必须考虑的策略①。因此，在大数据背景下，商业银行品牌建设面临着新的机遇和挑战。

品牌的创新，在大数据时代具有多种多样的形式。

首先，品牌创新应充分利用网络化。品牌离不开金融创新，而金融创新离不开信息技术的发展。网络营销具有传统媒体不可比拟的无穷想象空间和巨大的探索潜力，银行应该考虑如何用信息技术来支撑品牌价值的提升。如招商银行借助互联网推出一卡通、私人银行、i 理财等创新产品，并结合互联网技术推出手机钱包，这些都无形中提升了招商银行的品牌形象。

其次，银行的品牌战略应充分考虑客户的细分。市场细分就是银行根据消费者之间需求的差异性，将整体的金融市场划分为数个消费者群体，然后根据不同消费者群体的不同需求，提供具有差异化特征的便利性服务和支持性服务，并相应地采取不同的服务营销策略组合②。市场细分的关键在于制定科学合理的细分标准，在客户资料数据库的基础上对客户群体进行科学的细分，继而选择正确的目标市场，确立相应的营销策略组合。品牌创新和客户细分离不开数据化。数据库建设是差异化战略实施的起点，主要是进行有关市场数据的搜集、分类和存储，为差异化战略各项策略的实施提供数据支持。如利用搜索引擎对客户信息进行数据挖掘和数据分析，通过搜索和分析客户的行为数据、财务数据来锁定潜在的客户，然后根据区域地理定向、内容定向，确定他们的消费习惯，制定精准的营销策略。例如，面向年轻人推出凡客卡、魔兽卡等。此外，还需要把提供精细的服务当作准则。因为网络时代，客户的个性化、定制化需求要求银行必须提供精准的服务。

最后，品牌创新要注重与客户的双向沟通。现今，新媒体层出不穷，客户更习惯于短、平、快的获得信息。这要求商业银行一方面需加大投放媒介的种类；另一方面应加入与消费者互动的环节，让品牌语言跟公众生活的语言相贴近，更深入人心，以吸引客户的注意。

3. 分销渠道差异化

分销渠道差异化主要指商业银行分支机构设置的差异化、营业网点空间布局的差异化。商业银行在设置分支机构或营业网点时的分销渠道差异化策略主

---

① 资料来源：章慕凡：《如何提高我国商业银行核心竞争力——基于金融品牌建设、差异化营销的角度》，载《山西财经大学学报》，2013（4）。

② 资料来源：刘涛：《我国四大商业银行差异化战略实施机制实证研究》，载《金融与经济》，2013（9）。

要包括如下四种方式：按经济区域进行合理布局，适应大城市与中心城市经济发展的需要，促使金融中心的形成；按业务量集中度进行布局，给当地企业和居民提供最大程度的便利，以在最短时间内实现银行业务的拓展；按照网点实体环境进行布局，即在实施机构设置时，充分考虑到网点周围的绿化、交通、安全等外围条件，因为这些要素对于顾客的服务偏好存在着较大的影响。在互联网技术发展迅猛的今天，电子银行业务也成了商业银行的一个重要分销渠道。

【专栏】

美国社区银行的差异化营销智慧

现时美国有3 000多家社区银行，这些规模很小的银行不仅在具有全球影响力的跨国银行，如花旗、美洲等银行的夹击下生存了下来，而且在金融危机的冲击下，其业务受到的影响远远小于这些资本雄厚、每年花数以千万计美元于品牌宣传的银行巨头。那么这群就像夹在象群中间的小老鼠的社区银行，是如何在竞争非常激烈的美国金融市场找到自身的位置，而且还活得滋润呢？答案是情感营销和快捷便利的服务理念，通过维持极其亲密的客户关系，把客户忠诚度提升到一个其他金融巨头没法做到的高度，并通过快捷便利的差异化服务扩大战果。这种生存哲学，值得我国众多在销售与市场的困境中挣扎的中小企业借鉴。

如果你有机会走进一家美国的社区银行，你很可能会为这些小银行营业厅的友善气氛感到震撼，以下是笔者一位朋友在马里兰州联合银行目睹的一次美国社区银行的神奇服务：一位马里兰州联合银行的员工正为一位老太太服务，这位文质彬彬的员工除了跟老太太交流业务上的事宜之外，在打印存款单的时候用老朋友的语气问老太太："这几个星期你没出来散散心？"老太太回答："没有，我怎么都忘记不了他，40年了，我们经历了太多了，每晚睡觉之前我眼前都是他的身影。"原来老太太的老伴刚刚去世。"不过也许他在天堂比在人间更加幸福。你应该为他高兴才是。"老太太脸上露出了一丝笑容。

老太太离开后，我的朋友问这位银行员工："你和这些客户都是那么熟的吗？""那倒不一定，反正我们都能叫出大部分客户的名字。"

美国社区银行营销必杀技之一：真诚真心关怀客户

面对"大象"跨国银行的资本、网点数量、专业性优势，美国社区银行以迂为直，精确瞄准满足客户的情感需求，让客户每次踏进营业厅都有被关心、被理解甚至宾至如归的感觉。除了员工利用热情亲切、待客如家人的态度软化客人的心之外，大多数美国社区银行营业厅内不仅设有客户休闲区，还配有咖啡机、小糖果等东西，社区内的人可以在营业厅里轻松聊天，认识更多的朋友。结果这种温情手段成功让客户突破了对"银行"的认知，这些小银行对于他们来说不仅仅是存款还款、贷款理财的地方，更进一步还成为了他们生活的一部分：即使今天不办理业务，路过网点还是多半会进去跟熟人打声招呼的，久而久之，这些社区银行的服务理念就在客户的心中潜移默化，并占领了他们的心智阶梯。读者不妨想一想，美国社区银行的成功，是不是跟星巴克有一点相似之处？

每个客户，都有希望被理解、被关怀的需求。从嘉士伯"唔准唔开心"系列广告的成功传播，到宝洁海飞丝头屑测试卡在 KA 发放的差异化促销，都体现了这种真诚真心关怀客户的情感营销策略：我的啤酒不仅仅是要满足你口感等物质需求，还要给你"开心"；宝洁放弃使用传统的试用装发放，改用一张小小的纸片关怀客户，帮助客户发现自己的头屑问题。聪明的消费者都喜欢计算性价比，但拼命在不断想什么外观差异化、原料差异化等的企业，也许他们忘记了，真正的性价比公式是：（使用价值＋情感关怀价值）／价格。

美国社区银行营销必杀技之二：快捷便利的服务

美国社区银行以零售业务为主，他们的贷款利息相对而言是比较高的，但客户们为什么要放弃在利息较低的花旗、汇丰等跨国银行取得贷款，而要选择这些贷款利息较高的小社区银行呢？答案是快捷便利的贷款服务。对于目标服务社区的这些银行而言，他们的主要客户是中低端客户，也就是说客户的贷款金额不高，大多数是汽车贷款、日常的消费贷款。如果客户要到大型银行取得同样贷款的话，由于贷款额度低，也就是利润有限，再加上大型银行对于这些客户的资信情况不熟悉，通常办理的速度会比社区银行慢上两三倍甚至更多。这时候社区银行的优势就体现了：

1. 美国社区银行以零售业务为主，没有太多的大客户和对公业务，这也就赋予了社区银行全心服务中小客户的能力，也从而保证了客户办理贷款的效率。

2. 由于社区银行服务的大部分都是老客户，对于这些处于同一社区的客户的资信情况了解更为深入，因此社区银行在达到风险控制的前提下，能以更高的速度审核贷款。

由于贷款审批周期短，加上客户对这些社区银行强烈的忠诚度，在更高的利息下社区银行仍然有源源不绝的贷款申请就一点都不奇怪了。美国社区银行专注打造快捷便利的服务对于我们国内服务业尤其有巨大的启发。对于所有被竞争激烈的市场环境、产品/服务模式同质化搞到焦头烂额而不得不举起刺刀在红海市场血拼的企业，不妨想一想，你们产品的目标人群中，有哪些人对快捷便利的服务有所渴望？而且通常这些人的价格敏感度都比较低。

水无常形，营销之道在于求变，大象跳舞很难，但混在象群中的小老鼠能通过舞蹈在各自的利基市场活得很滋润。

【专栏】

RTB（Real Time Bidding）：实时竞价

RTB 实时竞价，是一种利用第三方技术在数以百万计的网站上针对每一个用户展示行为进行评估以及出价的竞价技术。与大量购买投放频次不同，实时竞价规避了无效的受众到达，只针对有意义的用户进行购买。它的核心是 DSP 平台（需求方平台），RTB 对于媒体来说，可以带来更多的广告销量、实现销售过程自动化及减低各项费用的支出。而对于广告商和代理公司来说，最直接的好处就是提高了效果与投资回报率。简单说就是在互联网上，按照人群直接投放，实现广告的个性化传播。

RTB 的出现标志着互联网广告从广告位时代进入人群实时竞价时代。该网络广告交易模式一经出现便在全球被大范围采用，目前欧美数字广告发行商中有 2/3 使用 RTB 模式。数据显示，中国有超过 230 万个网站，网页超 866 亿，移动应用超过 135 万。由此可以预见，国内网络广投放也将从传统面向群体的营销转向个性化营销，从流量购买转向人群购买。也就是说，未来的市场将更多地以人为中心，主动迎合用户需求。

九、风险管理由控制内部向防范外部转变：管内控重外防

随着大数据时代的来临和云计算的发展，银行业外部风险事件对银行业的影响越来越大。

其一，金融供求主体信息资源共享平台在云计算的条件下，各主体之间彼此的依存度增加、价值关联增强。同时为防范风险而形成一系列产品、工具和机构，又进一步使经济主体之间的相互联系深化，价值和风险的关联进一步增强。一时一地的局部风险，可以迅速扩展为系统性、全面性风险。

金融行业和互联网行业本身就是高风险行业。互联网金融属于互联网与传

统金融的融合与创新，其风险远比互联网和传统金融本身要大。此外，互联网金融中普遍存在的跨业经营，非传统金融行业进入到金融领域，对金融风险和管控存在认识不足和能力不够的问题。当下"余额宝"发展迅猛，但其存在的风险与我国资本市场是一致的，任何企业都无法保证投资者能持续不断地获得高于银行存款的回报。一旦达不到所承诺的预期收益或出现基金困损，所带来的风险将是巨大的。

由于互联网金融发展迅速，互联网公司、通信运营商等非金融类企业纷纷进入金融领域，传统金融产品加快了创新步伐，互联网金融领域的新产品、新业态与新模式不断涌现，而我国对互联网金融的监管还相当滞后。传统金融监管缺乏对互联网环境下的金融监管的经验和技术、能力，跨部门的监管协调机制尚未形成，部门间职能不清等导致互联网金融行业还存在很多不规范的地方。在此情况下，即使出现局部风险，也会由于互联网的传播速度、我国的监管体系不足等因素影响使风险迅速升级甚至造成难以估量的后果。

其二，互联网和云计算带来的经济的全球化，使金融风险在世界发生时，一国难以独善其身。一国的风险可以通过国际货币、国际化的其他金融工具、生产和贸易的相关联迅速向全球扩展。全球性金融危机发生的概率增加。

由于网络金融服务方式的虚拟性，银行等金融机构的经营活动可在任何时间、任何地点，以任何方式向客户提供服务。网络金融用户可通过各自电脑就能与各地金融机构办理各种金融业务。这样一来，一旦某个地区金融网络发生故障，就会影响全国乃至全球金融网络的正常运行和支付结算，造成极大的经济损失。20 世纪 80 年代，美国财政证券交易系统就出现了只能买入而不能卖出的情况，一夜就形成 200 多亿美元的债务。

其三，经济和金融越来越依赖于信息、信息处理系统和传输系统，信息化安全成为经济社会安全的最大难点、重点。一旦信息体系遭遇破坏和黑客侵入、网络中断等原因，导致信息的扭曲和传输障碍，将带来不可估量的损失。

1. 黑客的侵犯和破坏

银行网络系统不排除会遭到各类黑客攻击的可能。他们通过各种手段，对金融安全造成不同形式的威胁与破坏，主要表现在：窃取银行信息，从事经济方面的违法活动；恶意对计算机系统的功能进行篡改；诈骗和盗用资金。我国的金融电子商务工作屡屡遭受寒流，很大原因就是黑客的攻击，如 2000 年金融 CA 认证中心试发证书的消息公布不到 1 小时，认证中心就遭到黑客的攻击。现今网上黑客的攻击活动正以每年 10 倍的速度增长，他们可以利用网上的任何漏洞和缺陷非法进入银行主机进行各种破坏活动。因此，防范各类黑客的侵犯和破坏就显得极为迫切和重要。

2. 名目繁多的计算机病毒的威胁

计算机网络病毒通过网络进行扩散与传染，传播速度是单机的几十倍，破坏力极大，导致计算机系统瘫痪，程序和数据严重破坏。在传统金融中，安全风险可能只带来局部损失，但在网络金融中，安全风险会导致整个网络的瘫痪，是一种系统性风险。

十、负债业务由被动负债向主动负债转变：去被动重主动

主动负债产生于 20 世纪 60 年代西方商业银行的负债管理，此后主动负债日益成为商业银行负债和资金来源结构的重要组成部分。目前，主动负债已成为我国商业银行负债管理的重要内容，是商业银行经营决策的重要考虑因素之一。主动负债的发展有力地推动了我国金融改革与市场化建设，促进了金融市场繁荣、稳定，提高了金融主体的经济效益[①]。

（一）主动负债定义和种类

被动负债是传统的存款业务，银行规定利率，存款人自行决定存放期限和金额，可理解为商业银行按负债或存放期限、金额等级决定相应的利率水平，债权人或存放人根据银行挂牌利率选择存期和存放金额。在被动负债业务中，商业银行处于被动地位，类似于金融市场的做市商，可以决定挂出的价格，但不能直接控制成交金额。

主动负债又称为有管理的负债，体现为银行根据自身资金供求状况和短期、中期、长期资产负债管理的需要，决定引进负债的数量、期限结构和利率结构，并在市场上以主动负债形式组织实现。它与传统的被动负债形式（主要是存款）最根本的区别在于债务人即商业银行在负债行为中的主动性不同。即主动负债银行可以自主决定是否负债，负债水平和债务偿还事项，自主选择债权人，以达到改善银行财务杠杆的目标。

商业银行主动负债的种类有：

1. 发行债券

发行债券指商业银行通过发行金融债券从货币或资本市场融入资金。过去，我国只有三家政策性银行发行过金融债。自央行 2004 年 6 月发布《商业银行次

---

① 资料来源：杨海燕：《我国商业银行主动负债业务发展探析》，载《经济纵横》，2007（9）。

级债券发行管理办法》和2005年5月发布《全国银行间债券市场金融债券发行管理办法》后，商业银行陆续开始发售次级债和金融债，发行债券逐渐开始成为商业银行资金来源中重要的组成部分。

2. 对央行负债

对央行负债指商业银行从央行融入资金的业务行为。目前主要形式为再贷款、再贴现和央行公开市场逆回购。对央行负债的产生基于两个目的：一是增加商业银行资金来源，缓解流动性不足；二是央行调控市场货币供应量，实施货币政策意图。

3. 对同业负债

对同业负债指商业银行从金融机构融入资金的业务行为。目前对同业负债主要有同业拆入（期限不超过4个月）和借款（4个月以上的拆入，目前借入方仅限于外资银行在中国分支机构）、票据转出、信贷资产转出回购、债券正回购等实现形式。其中，同业拆入和借款一般建立在信用基础上，而其他几种都是以现有资产为抵押融入资金。

4. 协议存款

协议存款指商业银行按国家规定从社保基金、货币市场基金等单位和个人引进大额存放资金，并约定期限和利率。该部分在统计中纳入一般存款或同业存款，但本质上是对同业负债，而且具有逐笔营销、约定期限、利率和金额的性质，也属于主动负债范畴，如大额可转让定期存单。

（二）主动负债动因

根据我国央行信贷收支统计口径，商业银行资金来源由存款、发行债券、对央行负债、对金融机构负债、国外负债、其他负债和所有者权益等组成。和国外一样，存款一直是我国商业银行资金来源最核心部分。但随着金融市场不断发展，商业银行资产负债管理水平的逐渐提高，我国商业银行资金来源中各种主动负债也开始占有一席之地。

1. 提供流动性支持

西方商业银行管理理论指出，主动负债是商业银行在贷款需求增加超过存款资金供给的情况下产生的，其初始目的就是为商业银行提供流动性支持。金融市场和商业银行经历了近大半个世纪的发展，主动负债提供流动性支持的作用一直没有改变。主要体现在：银行间融资和资金互助市场扩大以后，银行可以更方便地通过融入资金来应对负债大幅波动和满足支付清算的需要，在单位备付水平上实现更高的流动性。

2. 适应现代资产管理需要

除了为商业银行提供流动性支持，主动负债有利于提高商业银行的资产管理水平。商业银行可根据自身相对优势，在市场中选择相对有利的主动负债形式，并以此为资金基础发展对应资产业务。银行不必持有大量的流动资产，而是通过主动负债满足其部分资金需求，更加注重盈利性，将资产运用于高盈利的贷款和投资之中。这在一定程度上促进了商业银行负债管理的主动性，使信用扩张，经济增长加速，商业银行的竞争力得到增强。但是，片面的扩大负债不仅会加重债务危机，可能还会导致银行间的恶意竞争。

（三）负债业务由被动向主动转变的意义

商业银行是我国金融市场最重要的主体。目前我国商业银行资产质量、业务结构和管理水平与国际先进水平相比有明显不足，商业银行间的业务同质性表现突出，如各商业银行资金来源和运用结构、收入和支出结构、客户结构、产品结构等均有很高的相似性。通过对负债来源进行分析发现，我国商业银行主动负债在资金来源中占比过低，被动负债几乎占到总负债比例的90%以上。但是，美国商业银行被动负债占总负债比重已经从1975年的89%下降至2005年的71.7%，而且美国大银行主动负债比例远高于小银行。

1. 拓宽商业银行差异化经营的空间

主动负债的发展可拓宽商业银行差异化经营的空间，各商业银行基于优势定位，在竞争和优势互补的基础上，提高管理效率和收益水平。商业银行可根据自身相对优势，在市场中选择相对有利的主动负债形式，并以此为资金基础发展对应资产业务。各银行选择自己的优势业务结构，有助于形成良好的银行间生态结构，深化银行间分工，促进金融创新和金融深化[1]。

主动负债与传统的存款负债主要区别在于其利率、期限、金额的自定性和营销的直接性。因此发展主动负债业务对我国商业银行发展和金融市场进步有着积极意义。从我国商业银行主动负债的形式中可以看出，初期的央行再贴现、再贷款资金支持，后期的商业银行发行金融债，同业拆借、债券回购和票据转贴现市场融资，都主要基于流动性安排需要，也确实为提高我国商业银行流动性作出了重大贡献。我国目前处于社会主义初级阶段，各地经济发展不平衡，各商业银行资金供求局面也有明显差异，因此适时通过主动负债方式融入资金可有效保证银行的流动性，使各商业银行实现竞争和互补的良好互动关系，提

---

[1] 资料来源：沈晓羽：《我国大型商业银行负债结构及其优化研究》，湖南大学硕士学位论文，2011。

高各自管理效率和收益水平，促进我国金融市场的繁荣和发展。

2. 控制和防范商业银行风险

主动负债能够适应商业银行现代资产负债管理需要。现代商业银行资产负债管理要求做到资产和负债的期限匹配，从而控制利率风险。商业银行在主动负债业务中可直接控制负债规模、期限结构和利率定价方式。因此主动负债和主动资产联合实施可提高商业银行资产负债的匹配程度，锁定资金业务净利差，防范利率波动风险和提前偿还风险。在缺乏主动负债的情况下，单纯实施主动资产管理和表外衍生产品交易，不但使匹配难度增加，提高操作成本，而且可能会造成无法实现有效匹配的僵局。

第四节　缓解互联网金融与正规金融矛盾的政策建议

金融监管的本质是在不损害金融创新给消费者带来利益的前提下，为消费者提供最大限度的保护。金融监管的难点在于如何在金融创新和防范风险之间取得一个平衡点。管得过于严格会削弱金融行业服务实体经济的能力，但是如果监管过松，金融创新过度，则可能会造成金融危机。当金融与同样擅长于创新的互联网结合成为互联网金融时，不仅衍生出了新的互联网金融产品，也带来了新的监管问题。因此，对于监管部门，如何防范互联网金融的风险、实现互联网金融与传统金融的并存发展，是未来监管改革的重要方向。

一、放开准入限制，改善银行业竞争现状

竞争性、公平性是市场经济的基本特性，是现代经济发展的基本动力，也是中国改革开放三十年成功的法宝。金融市场作为配置资金的市场，是经济发展的供血系统。放开银行准入限制，有利于改善银行业竞争现状，有利于更好地支持实体经济结构转型升级。互联网金融带来的巨大影响，可能会使传统银行的利润受到影响。在此背景下，调整现有的监管模式，给予金融机构更大的竞争自由度和竞争空间，特别是加快调整现有金融机构的股权结构，比如放开民营资本的准入，改善中国现有银行机构的国有股比重偏高、公司治理不完善的问题。

二、监管模式逐步从机构监管转向到功能监管

机构监管是按照不同机构来划分监管对象的金融监管模式，如银行机构、

证券机构、保险机构、信托机构等。其优势在于：当金融机构从事多项业务时易于评价金融机构产品系列的风险，尤其在越来越多的风险因素如市场风险、利率风险、法律风险等被发现时，机构监管也可避免不必要的重复监管，一定程度上提高了监管功效，降低了监管成本。而功能监管是按照经营业务的性质来划分监管对象的金融监管模式，如将金融业务划分为银行业务、证券业务和保险业务，监管机构针对业务进行监管，而不管从事这些业务经营的机构性质如何。其优势在于：监管的协调性高，监管中发现的问题能够得到及时处理和解决；金融机构资产组合总体风险容易判断；可以避免重复和交叉监管现象的出现，为金融机构创造公平竞争的市场环境。

互联网金融的行业特征是一个机构往往同时做很多跨界的一些产品，比如阿里开发了支付宝，又在支付宝的基础上衍生出余额宝。支付宝属于第三方支付，余额宝则难以界定性质。透过支付宝买金融产品，形成了跨界业务，因此仅仅只是由某一家机构监管，那就无法进行协调整合，所以要逐渐强调功能监管，从机构监管转化到功能监管、行为监管。

三、加强监管协调，提升行业自律水平

加强协调监管，是把原有的金融规范要求在互联网金融领域落到实处，使金融领域的基础性规范，在互联网领域也成为有效率的规范。当前新的金融业态发展模糊了原来的行业界限，互联网金融机构的综合经营、交叉经营范围在不断扩大，这一现象对当前分业经营、分业监管的体制造成冲击，因此金融监管当局应积极应对，在重视金融创新的同时，及时防范系统性金融风险。

同时，在分业监管模式下，各监管机构更注重单个或系统内部的金融机构风险管理，而不是整个金融体系的稳定，由于监管机构之间的立场和角度不同，缺乏协调配合，容易出现监管套利和监管真空。在原有监管格局的基础之上加强监管协调，有助于应对金融业新的发展形势，也有助于提升监管有效性。当前监管体制下，加强监管协调尤为必要。

在互联网金融发展市场与政府中间也需要柔性缓冲带，应当以软法治理为先。就是说要提升我们行业自律的水平，制定具有一定的规范性行业的公约、规约或者标准等，虽然不具备国家强制力来实施，但还是有舆论强制力、自律等一些因素作为一定保障。行业自律条约的制定是一个社会协商的过程，从企业标准规范到行业标准规范，形成的行业公约还有可能会转化成为行政立法或者国家立法。

四、强化法制建设，防范道德风险

互联网金融的生存基础是必须要降低全社会的道德风险。所以，我们在推进法制建设时，一方面需要调整制度不适应的地方；另一方面需要调整制度空白的地方。

一是完善互联网金融的法律体系，加强适应互联网金融的监管和风控体系立法，明确监管原则和界限。二是完善互联网金融发展相关的基础性法律，以立法的形式明确法律地位和监管职责，建立金融监管部门和地方政府有关部门各司其职、相互配合的监管机制，如个人信息的保护、信用体系、电子签名、证书等。三是适时出台监管部门规章，界定互联网金融业务边界，对其组织形式、资格条件、经营模式、风险防范和监督管理等作出规范。

总之，发展互联网金融的根本目标是要惠及广大金融消费者，以满足消费者需求、保障金融消费者利益作为出发点和落脚点。监管当局应放开准入限制，强化法制建设和行业自律，并逐步将监管模式从机构监管转向到功能监管，一方面强化对金融机构和互联网金融的监管，另一方面鼓励金融创新，以使金融能够更好地服务于经济。

第五章 中国金融业
改革发展面临的矛盾（下）

——宏观监管层面

随着经济金融制度和宏观金融环境的变化，金融微观主体创新日新月异，尤其是在大数据和互联网金融冲击下，金融监管层面改革发展面临的矛盾重重，本章分析了金融监管与金融创新、金融监管货币政策、金融监管体制等矛盾及解决办法。希望能以此为契机，推动我国的监管体制和金融系统更加完善，推动金融市场的法制化、规范化程度不断加深，更好地服务于实体经济，助力早日实现"中国梦"。

第一节 矛盾七：金融监管与金融创新的矛盾

所谓金融创新是指金融业各种要素的重新组合，具体是指金融机构和金融管理当局出于对微观利益和宏观效益的考虑而对机构设置、业务品种、金融工具及制度安排所进行的金融业的创造性变革。

金融监管与金融创新，是对立统一的关系，二者之间存在着一种正向的博弈，即金融监管是金融创新的一个诱发因素，而不断发展的金融创新反过来又促进金融监管体制的不断完善（Kane，1981）[①]。纵观世界各国金融发展历程，普遍经历着"金融创新—金融风险—金融监管—金融再创新"这一动态的循环体，而由于过度创新和监管不力所导致的金融危机则在这一循环体中起到了一定的推波助澜作用。20 世纪 30 年代宽松的监管环境下银行业分业经营所导致的大萧条以及随后《格拉斯—斯蒂格尔法案》的出台，以及 2008 年美国金融业不良资产过度创新后的泡沫破裂所导致的全球性金融危机都是该循环体的例证。

[①] 资料来源：Kane, E. J. Accelerating Inflation, Technological Innovation, and the Decreasing Effectiveness of Banking Regulation. The Journal of Finance, 1981（33）。

而金融创新与金融监管之间的矛盾，也是各国管理当局普遍关注而又需要各方共同努力才能解决的难题。究其原因，一方面为了谋求资源的最优配置和稳定性经营，金融结构有持续创新的动机，会打破金融环境原来的均衡状态，产生新的风险，使原有的监管措施失效；另一方面，如果金融创新的信息披露充分、风险管理有效、监管到位，金融创新仍然是规避金融风险、保障金融安全的重要途径，否则金融创新就可能带来金融脆弱性、危机传染性和系统性风险。

有关金融创新的动因，国内外相关学者都已经进行了较为深入的分析，并形成了一系列理论。下面，分别从国外经验以及中国实际情况等方面予以介绍。

一、国外有关"金融创新动因"的相关理论

1912 年，熊彼特（Joseph A. Schumpeter）为了解释经济周期和经济增长以及发展的问题，创立了创新理论，并把创新行为当作"一种新的生产函数的建立"。该理论拓宽了传统的古典经济学的视角，一经推出，就受到了普遍认同和应用。但是在很长时期内，有关创新行为影响的研究重点大都集中在相关产业和实体经济领域，很少涉及金融问题（菲利普，尼达尔，1999）[①]。一直到 20 世纪 70 年代，随着金融市场的扩张，针对金融服务的需求不断扩大，这对当时的金融监管体制形成了挑战，促进了金融创新活动。之后，有关金融创新的动因及其影响的研究逐渐出现，并成为金融领域的一个重要方面。

（一）"技术推进"理论

该理论认为技术是一切创新的源泉，新技术革命的出现，尤其是计算机、通信设备以及互联网在金融行业的应用，为该领域的创新提供了物质上和技术的支持和保证，是推动金融创新的主要因素。Hannon 和 McDowell 是该理论的主要支持者。他们以 20 世纪 70 年代美国银行业新技术的应用和扩散为样本，通过比对相应的市场结构的变迁，发现移动终端和现代化的通信设备等新技术的采用，显著推动了银行业的金融创新。

（二）"货币促成"理论

与"技术推进"理论过分强调新技术的重要性以及应用不同，该理论认为货币方面的因素在金融创新的过程中起了主要作用，代表性人物是货币学派的米尔顿·弗里德曼（Milton Friedman）。面对 20 世纪 70 年代利率、汇率和通货膨胀的反复无常而又戏剧性的波动，"货币促成"理论认为金融创新是抵制通货

---

① 资料来源：菲利普·莫利纽克斯、尼达尔·沙姆洛克：《金融创新》，北京，中国人民大学出版社，1999。

膨胀以及相关经济指标的异常波动的产物，是以促进经济的平稳运行为目的。弗里德曼的"不断变幻的国际货币体系以及金融市场的波动，是促使金融创新不断出现并形成要求放松金融市场管理压力的主要原因"形象的表述了该理论的思想。

（三）"财富增长"理论

伴随着经济的高速发展，人均可支配收入的增加，催生了相关消费者对金融资产和金融交易的需求，人们要求避免风险的愿望也随之增加，促使金融业发展和金融创新，以满足日益增长的金融服务和风险规避需求。格林包姆（S. I. Greenbum）和海沃德（C. F. Haywood）在研究美国金融业的发展历史时，得出财富的增长是决定金融创新的主要动因的结论。"财富增长"理论并不否认技术对创新的作用，而是认为科技的进步使金融业满足消费者的需求成为了可能，而伴随着财富增长产生的需求才是推进金融创新的最根本的因素。

（四）"约束诱导"理论

该理论以西尔柏（W. L. Silber）为主要代表。与"财富增长"理论从需求方着手不同，"约束诱导"理论主要从供给方面探讨金融创新，并认为追求利润最大化的金融业有回避或摆脱其面临的内部和外部管制以及制约的动机，并最终促进了金融业的创新。一般认为，金融机构面临的内部制约为一些传统的管理指标，比如增长率、流动资产比例和资本充足率等，而外部制约则是一国金融管理当局所施加的种种管制和制约，以及所参与的金融市场上的一些约束。当上述因素制约金融机构获取利润最大化时，金融机构就会发明新的金融工具、服务品种和管理方法，以摆脱其面临的各种内部和外部制约，增强其竞争能力。

（五）"制度改革"理论

该理论主要以制度学派的学者为代表，如诺斯（D. North）、戴维斯（Lie. Davies）和韦斯特（R. West），认为金融创新是一种与经济制度相互影响、互为因果的制度改革，金融体系的任何因制度改革而兴起的变动都可以视为金融创新，如存款保险制度也是金融创新。此外，该理论还主张从经济发展中的角度来研究和考量金融创新，认为金融创新并不是20世纪电子时代的产物，而是与社会制度紧密相关的，是随着社会制度的变迁而产生的。一国政府对金融行业的管制和干预行为本身已经包含着金融制度领域的创新。

（六）"规避管制"理论

该理论认为，金融创新主要是由于金融机构为了规避政府的管制所引起的，是金融机构被动的追求利润最大化的一种行为结果，并以凯恩（J. Kane）为主要代表。通过借鉴税收理论的研究成果，该理论把各种形式的政府管制与控制视为金融机构所面临的隐含的税收，这在一定程度上加大了金融行业的生产经营成本，阻碍了金融机构获得盈利的机会。因此，金融机构会通过创新来规避政府管制，减轻自身所面临的生产经营负担。当金融创新危及金融稳定与货币政策时，金融当局会加强管制，新的管制又会导致新的创新，两者不断交替，形成一个相互推动的过程。

（七）"交易成本"理论

与"规避管制"理论把金融机构所面临的管制视为税负不同，"交易成本"理论则从金融机构生产经营过程中所面临的实际成本出发，把金融创新归因于交易成本的下降，认为降低交易成本是金融创新的首要动机，如为了降低人工成本所导致的自动取款机的广泛使用。这是因为，交易成本的高低决定了金融业务和金融工具的创新是否具有实际价值，而金融创新就是对科技进步导致的交易成本降低的反应。

上述西方金融创新理论主要是侧重于对金融创新形成原因的讨论。各种理论大多是从某一侧面来分析金融创新的原因，而没有对金融创新进行全面、综合的分析。因此，各种理论都存在于一定的局限性，都是一定特殊历史时期的产物。

二、中国金融创新的动因分析

我国金融创新起步较晚（这与我国长期处于计划经济体制有关），但是发展较快。究其根本原因，是金融机构的趋利动机，而互联网等新技术的应用及规避管制等因素只是外部的助推因素。

（一）"政府推进"型创新

在计划经济体制下，金融机构不是独立的经济实体，而是各方利益相互集合的综合体，多头监管所导致的信息不对称使金融机构丧失了追逐利润最大化的先决条件。在政府政策的推动和指引下，伴随着我国经济体制逐渐由计划向市场的转变以及相关领域市场机制的最终确立，企业拥有了更大的生产经营的自主权，"自主经营，自负盈亏"的要求极大地释放了生产经营的热情，各种创新型生产方式如雨后春笋般显现，为我国的经济发展注入了活力。

"政府推进"型金融创新主要体现在宏观层面上，赋予了企业微观层面的自由，激发了创新动力。于 2013 年 9 月 29 日挂牌成立的中国（上海）自由贸易试验区，是我国启动新一轮改革开放的标志性试点。在赋予市场更大话语权、企业更大自由的基础上，创新活力也一定会被更大限度地激发出来。

（二）"市场失败"型创新

自从亚当·斯密以来，市场所拥有的"看不见的手"就被不同国家和学者所推崇。但是，有限资源的配置中，市场并不是万能的，尤其是公共产品、信息不对称的客观存在，导致计划和市场必须同时相互配合。"市场失败"型创新，就是指运用金融创新克服市场在金融资源配置中的局限性，从而更好地发挥金融资源服务实体经济的功能。如我国于20世纪90年代成立的三大政策性金融机构就是这一创新的良好例证。

（三）"技术推进"型创新

该种模式与已有理论中的"技术推进"理论较为相似，都强调了互联网等新技术对金融创新的强大推动作用，同时不断显现的金融创新，也对技术进步提出了更高的要求，会反过来进一步促进技术的发展。伴随着经济全球化的不断推进和现代化进程的逐渐深入，跨国金融交易等创新性行为发展迅速，即时通讯系统、金融专业网络以及电子化装备使之成为了可能，并焕发出强大生命力。

（四）"追逐利润"型创新

该种创新是以金融行业追求利润的最大化动机为基础的，涵盖了"交易成本"理论和"规避管制"理论，一般包括两个方面：扩大收入来源和降低交易成本，即通俗意义上的"开源节流"。这一理论最好的例证就是我国目前蓬勃发展的金融控股公司。

在20世纪八九十年代，由于经验的不足、规则的缺失以及会计准则的不完善，我国通过立法形式明确了金融业实行分业经营、分业监管的原则，"一行三会"的分业监管体制得以逐步确立①。进入新世纪以来，我国加入了世界贸易组织，对外开放程度进一步加快，外资金融企业的进入给本土的金融机构形成了巨大压力，金融机构综合化经营的要求和动力日益增强。国家顺应时势，提出了"积极稳妥推进金融业综合经营试点工作"的总要求。之后，我国金融业的综合经营蓬勃发展，各种创新型结构金融产品迅速走红，金融控股公司蓬勃发展，有效地降低了信息成本和交易成本等生产经营成本，增强了产品的市场竞争力，但同时也对监管提出了更高的要求。

---

① 资料来源：潘功胜：《金融业综合经营发展与监管》，载《中国金融》，2014（1）。

三、我国政府及监管机构主导的金融创新

上述理论对我国金融行业的创新现状进行了较为全面和系统的总结。为了更好地促进我国资本市场的发展，使创新与监管能够协调发展，我国各级政府和监管机构也都充分发挥主观能动性，推动并主导了一系列的金融创新。

（一）政府主导的金融创新

为了进一步激发市场活力，完善我国的资本市场体制和机制建设，国务院于近年分别出台和下发了《国务院关于开展优先股试点的指导意见》、《国务院关于清理整顿各类交易场所切实防范金融风险的决定》（国发〔2011〕38 号）（以下简称《决定》）和《区域性股转公司符合挂牌条件可在新三板转让股份》的指导文件和通知，并指导了以下工作的顺利开展：

1. 设立全国性中小企业证券交易场所，推进建设全国中小企业股份转让系统

全国股份转让系统是经国务院批准，依据《证券法》设立的全国性证券交易场所，主要为创新型、创业型、成长型中小微企业发展服务。境内符合条件的股份公司均可通过主办券商申请在全国股份转让系统挂牌，公开转让股份，进行股权融资、债权融资、资产重组等。申请挂牌的公司应当业务明确、产权清晰、依法规范经营、公司治理健全，可以尚未盈利，但须履行信息披露义务，所披露的信息应当真实、准确、完整。

2. 完善企业的上市机制，激发企业活力

《决定》要求，在全国股份转让系统挂牌的公司，达到股票上市条件的，可以直接向证券交易所申请上市交易；在符合相关要求的区域性股权转让市场进行股权非公开转让的公司，符合条件的，可以在全国转让系统挂牌公开转让股份；挂牌公司依法纳入非上市公众公司监管，股东人数可以超过 200 人。股东人数未超过 200 人的股份公司申请在全国股份转让系统挂牌，证监会豁免核准。挂牌公司向特定对象发行证券，且发行后证券持有人累计不超过 200 人的，证监会豁免核准。依法需要核准的行政许可事项，证监会应当建立简便、快捷、高效的行政许可方式，简化审核流程，提高审核效率，无需再提交证监会发行审核委员会审核。

同时，为了健全我国资本市场的监管机制，切实保障中小投资者的利益。国务院又发布了《关于进一步加强资本市场中小投资者合法权益保护工作的意见》（以下简称《意见》），详细提出了健全投资者适当性制度、优化投资回报

机制、保障中小投资者知情权、健全中小投资者投票机制、建立多元化纠纷解决机制、健全中小投资者赔偿机制、加大监管和打击力度、强化中小投资者教育、完善投资者保护组织体系等九条意见。

《意见》的发布是我国资本市场发展历程中一个重要的里程碑，具有重要的现实意义，必将产生深远的影响。一是有利于维护亿万人民群众切身利益，维护社会公平正义。二是有利于增强市场信心，激发市场活力，鼓励市场创新，加快发展多层次资本市场。三是有利于完善市场功能，由过去重融资转变为投融资并重，丰富市场工具和产品，强化风险分级分类管理，更好适应投资者多元化需求。四是有利于进一步转变政府职能，推进监管转型，由过多的事前审批转向强化事中、事后监管，切实加强执法，强化市场主体责任。

（二）中国银监会主导的金融创新

面对当前金融市场飞速发展、金融产品更细日新月异、金融组合纷繁复杂的实际情况，中国银监会也不断调整自身的工作方法，在保障金融市场稳定的前提下，大力推进金融创新：

1. 放宽银行业准入壁垒，落实民营银行设立办法的基本框架，对民营银行实行有限牌照的准则

2013 年 11 月 14 日，银监会发布了修订完善版的《中资商业银行行政许可事项实施办法》（以下简称《办法》）。其中对境内非金融机构作为中资商业银行发起人，列出准入及不准入的诸多条款，这在某种程度上意味着，民营银行的设立办法基本框架落实。从监管层面，对于国有资本、民营资本进入金融领域的条件是一视同仁的，都要符合相关条件。好的企业才可以进入，并不是有钱就可以办银行。据《办法》第十二条，境内非金融机构作为中资商业银行发起人应符合条件存在两处变动，其一是由"在工商行政管理部门登记注册"变为"依法设立"；其二针对入股资金，由"来源真实合法"变为"自有资金，不得以委托资金、债务资金等非自有资金入股，法律法规另有规定的除外"。针对这一《办法》，银监会副主席阎庆民就表示说，未来将加强引导推动民资有序进入银行业，民营银行实行有限牌照。将坚持"纯民资发起、自愿承担风险、承诺股东接受监管、实行有限牌照、订立生前遗嘱"等原则推进民营银行试点。所谓有限牌照，是指只能做部分银行业务的银行牌照，而相对应的是全牌照银行业务。

2. 修订完善并正式发布《消费金融公司试点管理办法》

党的十八届三中全会《决定》中提出，要发展普惠金融，鼓励金融创新，

丰富金融市场层次和产品。"消费金融产业有着'额度小、办理灵活、方便快捷'的特点，能通过遍布城乡的大小经销商网络迅速铺开覆盖面。"《办法》修订版针对《决定》要求，明确允许民间资本进入消费金融领域。同时，还删除了"消费金融公司须向曾从本公司申请过耐用消费品贷款且还款记录良好的借款人发放一般用途个人消费贷款"等限制性要求，放开了营业地域限制，并将试点范围扩大至16个城市，可吸收股东存款，有效降低资金成本。种种举措将推动消费公司业务的进一步展开，增强金融行业的整体实力，扩大金融机构经营地域范围和丰富金融产品种类。

3. 推进银行业改革发展，增强银行业创新性和活力

2013年12月16日，银监会党委书记、主席尚福林主持召开党委扩大会议，学习传达中央经济工作会议精神，部署贯彻落实中央经济工作会议精神措施，并决定从进一步深化银行业改革开放，细化设立民营银行的政策思路；优化银行业治理体系，强化银行业务条线管理；在守住风险底线前提下进一步清理优化市场准入制度，还权于市场，让权于社会，放权于基层，推进监管能力现代化；防范和化解银行业风险，创新金融工具，盘活存量资金以及积极推进发展普惠金融，研究制定保障金融机构农村存款主要用于农业农村的制度办法，研究改善科技型中小企业融资条件的政策措施以提高金融服务实体水平等五个方面推进我国银行业的改革发展，创新金融体制。

（三）中国证监会主导的金融创新

2013年11月30日，中国证监会发布《关于进一步推进新股发行体制改革的意见》，对我国现行股票发行制度、优先股的推出以及现金分红等政策进行了进一步完善，其中优先股或将采取增量发行方式，对固定收益类资产投资会产生一定资金分流，也为保险、社保等机构投资者提供吸引力更高的投资品种。优先股试点有利于完善多层次的融资体系，也为银行、电力、公用事业融资开辟了途径；现金分红的相关政策则重点督促上市公司规范和完善利润分配的内部决策程序和机制，增强现金分红的透明度；支持上市公司采取差异化、多元化方式回报投资者；完善分红监管规定，加强监督检查力度。分红制度的强化能有效增强资本市场投资功能和吸引力。

IPO重启、新股发行制度改革、优先股推出，监管层"三箭齐发"体现了市场化改革的方向一方面丰富了资本市场生态结构，另一方面有助于持续提升上市公司质量并促使一级及二级市场合理定价的形成。因此，此次整体改革方案有利于改善长期资金供需失衡状况，有利于中长期风险溢价下降。

四、资产证券化和大数据时代的金融创新

（一）未来中国金融创新的重点：资产证券化

伴随着政府的进一步简政放权以及市场在资源配置中决定性作用的逐渐显现，未来我国的金融创新会得到进一步的加强，综合化经营以及金融控股公司也会得到进一步的发展，这其中以资产证券化为创新的重点。

资产证券化使一部分有稳定现金流但缺乏流动性的资产通过证券发行的方式出售给投资者，创造了一个新的固定收益类的证券品种。随着资产支持证券的发行，金融市场上固定收益类证券的总量增加了，金融市场的广度和深度都得到了发展，这就扩大了中央银行运用市场化工具进行货币政策操作的平台，使货币政策的有效传导有了更好的外部条件。当然，资产证券化在扩大金融市场广度和深度的同时，也对银行流动性和资产负债率产生了一定影响。

1. 弥补时间缺口、解决短存长贷问题

银行的资金来源大多是短期存款，流动性极强，如果以这种资金来源为诸如住房抵押贷款等长期贷款筹资，则会出现资产负债错配的现象，即短期的高流动性的存款对应10年甚至30年的低流动性的资产。这种资产负债结构使得银行财务结构脆弱，在利率大幅波动时可能面临支付危机和财务困境。通过证券化，银行可以将部分长期贷款出售，从而主动地缓解该问题，同时并不影响银行的业务拓展[①]。从我国上市银行信贷资产证券化的现状来看，发行资产支持证券确实能在一定程度上解决短存长贷的问题，从而提高银行的流动性。

2. 获取大量现金、降低资产负债率

对于上市银行，通过资产证券化，可以将流动性差的存量资产真实出售给SPV，获取大量现金，从而使流动性资产增加而流动性负债保持不变甚至减少，从而使资产流动性得到提高，降低了上市银行的资产负债率。

资产证券化是一个耗时长、牵涉机构众多、对协调和合法合规性都具有较高要求的创新性金融活动，其中的利率风险、提前偿还风险、违约风险等风险因素都需要在总结以往工作经验的基础上，利用计量模型进行精确的衡量，是一个牵一发而动全身的系统性工程。和欧美等将近具有40多年资产证券化的发达国家而言，我国资产证券化的进程，无论是从牵涉的资产总量，还是从基础资产的种类丰富度而言，以及参与者的多样性，都还处于初级阶段。因此，在

---

① 资料来源：冯海华：《银行信贷资产证券化现实意义与发展建议》，载《区域金融研究》，2012 (11)。

借鉴国际经验的基础上，结合我国的实际国情，有序推进我国的资产证券化进程，是未来一段时期内，我国金融创新的重点和难点。

【专栏】

中国银行业里程碑意义的创新：理财直融工具

2013 年 10 月，由银监会力推的理财业务改革试点浮出水面，银行理财资产管理计划（以下简称理财计划）与银行理财直接融资工具（以下简称理财直融）双双登上中国金融市场舞台。据《21 世纪经济报道》，首批 10 家银行于 2013 年 10 月 22 日同时开展理财直接融资工具（资产端）、银行资产管理计划（负债端）两项试点工作。试点额度 100 亿元。理财直接融资工具票面利率的报价在贷款利率（目前银行一年期贷款基准利率为 6%）上浮 5% 左右，6.3% 左右。

理财直融应当被视为可交易、份额化的贷款，通过形式上的标准化、份额化，实现由理财计划作为投资者进行一级市场购买、二级市场交易。"这样一来，作为间接融资形式的银行贷款，就转化为直接融资形式的债权融资工具。"

主要内容包括：一、此次改革主要为了化解银行理财自身的非标资产问题，为了去通道化，回归代客理财本质，不是为了再造一个债券市场；二、理财直融更接近于信托产品，而非债券，其本身是一个特殊目的载体（SPV），旨在将非标资产标准化。

银行可在中债登等交易平台为融资企业承销发行、转让和交易直接融资工具（份额），具有里程碑意义，对银行长期利好：（1）为银行摆脱刚性兑付；（2）开辟了一条银行主导的资产证券化模式；（3）实现非标资产向标准的阳光转化；（4）改变直接融资市场格局，间接融资银行信贷脱媒，直接融资继续主导做媒；（5）减少通道环节，节约成本。

核心逻辑：（1）对银行基本面（DDM 模型分子）短期影响有限；长期将大幅提升银行在直接融资市场的参与度，更好应对金融脱媒。（2）有利于银行未来彻底摆脱理财业务的刚性兑付，降低银行经营风险及投资者要求回报率（DDM 模型分母），为重大利好。

详情（1）：首批试点：工商银行、交通银行、平安银行、民生银行、光大银行、中信银行、浦发银行、招商银行、兴业银行、渤海银行。（2）试点额度 200 亿元，三中全会后总结，2014 年推广。

特点：企业资产证券化、银行代理业务（不计算 M_2、不交纳存款准备金、不计提拨备、不占用资本）。

（二）大数据时代，金融创新成为常态

在大数据时代，传统的随机分析方法（即抽样调查法）不再适用，因为大数据的 4V 特点（Volume，大量；Velocity，高速；Variety，多样；Value，价值）已使数据的所有者基本囊括了所观察主体的所有特征信息，包括偏好、需求等传统统计渠道难以获得的信息。

大数据时代的来临，虽然对数据的处理能力、相应设备的配置和信息收集能力提出了更高的要求，一定程度上会增加企业的成本。但是，通过整理和分析大数据所带来的有效信息，企业的营销与生产经营会更具有针对性，减少了其中的沟通与转售环节，极大了拓宽了企业的销售渠道，增加企业的收益。同时，随着企业生产经营方式的转变，生产创新、管理创新和金融创新等一系列新型生产经营方式也会加速出现。

2012 年 2 月，美国学者 Mark P. Mills 和美国西北大学应用科学院院长 Julio M. Ottino 联合在《华尔街日报》撰文，认为在距离上一次工业革命 100 年后，随着海量数据的到来，我们已经再度站在时代变革的起点，而与以往的技术革新不同，这一次改变世界的主要推力，就是伴随着无数机器而来的大数据。哈佛大学量化社会科学院院长 Gary King 则认为，庞大的新数据所带来的转变，将在学术界、企业界和政界迅速蔓延开来，没有哪一个领域能够不受影响。而大数据处理能力将使以往无法想象的服务成为可能，进一步改变人们的生活方式，甚至引领新一波经济繁荣。在竞争日趋激烈的当今社会，通过分析信息抢占先机成为了企业制胜的法宝。据此，大数据被美国白宫定义为"未来的新石油"，一个国家所拥有的数据资料的规模和运用能力，已成为该国家的核心资产和国力的指标。

大数据时代对金融领域的最直接的影响就是以"余额宝"、P2P 等新兴金融模式为代表的互联网金融的产生。以大数据为标志的新兴移动互联网技术正在同时影响着消费者和企业的需求，通过间接和直接两种方式对金融业产业巨大冲击。一方面，传统的纯物理经济正在加速与互联网结合转化成融合经济，同时纯虚拟经济也在迅速发展，这种经济形态的变化衍生出大量新的金融需求，为金融业提供了新的市场机遇。另一方面，大数据打破了传统方法难以解决的信息不对称问题，提高了交易效率，降低了交易成本，其正从金融交易形式和金融体系结构两个层面改造金融业。具体而言，电子化和数据化的金融交易形式，提升了运营效率，互联网支付和移动支付逐步成为主要支付结算手段，物理渠道衰落，电子渠道兴起，金融搜索和金融产品销售平台两种模式具有大商机，而P2P、供应链金融等供需直接结合的新型金融模式使得信用数据化，传统的抵押贷款模式会被信用贷款模式逐步取代。同时，金融机构体系也会发生重构，提升结构效率：交易中介加速脱媒，服务中介功能弱化。金融中介存在的两大前提是交易费用和信息不对称导致的逆向选择与道德风险。大数据时代的交易费用和信息不对称程度都将大幅下降，金融中介失去了存在价值，交易中介将体现得尤为明显，同时IT智能支持也会逐步承担传统服务中介的部分作用。在金融格局方面，"大平台＋众多小而精的机构"将成为金融业的未来产业格局。技术和政策双线促使金融机构站在同一层次竞争，既有跨界的潜在竞争者，也有产业内的竞争者，有竞争力的企业将大肆扩张，其他企业要么被淘汰，要么开展差异化竞争，最终推动新的产业格局形成。

在大数据的推动下，一系列政策利好、用户转移、渠道平衡诉求以及互联网企业布局四大因素正推动中国金融产品加速触网，传统物理渠道作用衰弱，面临功能转型，就如同当年的电信营业厅转型和当前零售网点转型一样。当然，由于行业属性和历史阶段的不同，具体模式也会有所差异。

为了应对大数据时代金融创新的快速发展，我国金融监管机构也在最近几年出台了一系列政策推动金融产品在线销售。2011年8月，中国保监会发布《中国保险业发展"十二五"规划纲要》，提出要大力发展保险电子商务，2013年3月，证监会在经过数次征求意见之后正式颁布《证券投资基金销售机构通过第三方电子商务平台开展业务暂行管理规定》，以推动第三方电子商务平台上的基金销售活动规范有序开展。2013年3月，中国证券登记结算公司发布的《证券账户非现场开户实施暂行办法》，允许用户通过网络进行开户，这将推动证券经纪业务的全面网络化。

随着大数据时代的来临，证券、基金等金融机构迫切需要打通渠道通路，低成本高效率的网络渠道有助于帮助证券、基金实现这一目标。中国目前仍然是银行渠道占据主导地位，以基金销售为例，根据证券业协会的统计，2010年开放式基金销售总额直销渠道占比31%，券商渠道占比9%，银行渠道占比60%。

此外，腾讯、阿里巴巴等互联网企业也在凭借其强大的数据积累和客户基础，进军金融业，开拓新的盈利点，这也成为金融产品在线销售的一大推动力。

与此同时，数据共享是打破信息不对称的关键，否则很可能会出现新的信息霸权，出现更严重的信息不对称。随着搜索引擎、电子商务、社交网络等领域的迅猛发展，百度、淘宝、腾讯等公司已经积累了大量的数据，这无疑是他们的宝贵资产。如果他们将这些数据据为己有且滥用先发优势，将加剧数据割据现象，且由于大数据时代这些企业掌握的数据规模远大于以前，数据的不共享将会导致更严重的信息不对称。

大数据时代面临更大的数据安全挑战。2013年3月，韩国遭遇大规模 APT 攻击事件，多家大型银行和媒体相继出现电脑丢失画面的情况，系统几乎瘫痪；2013年5月，美联储、美国财政部和欧洲央行介入调查彭博社窥探客户信息事件。这些事件再次敲响了数据安全的警钟。移动互联网、物联网等新兴技术给 IT 产业带来巨大机遇的同时，也使得信息安全变得更加复杂，各种新挑战、新威胁层出不穷。

此外，大数据时代，技术风险成为最基础风险。这种风险一方面取决于软件系统自身的健壮性和稳定性。尤其是在高频处理大规模访问和交易指令等情况下，系统能否保持正常高效的运转，如果系统因承载能力等方面的问题而导致系统中断甚至崩溃，那么将给公司带来巨大的损失；这种风险另一方面则来自于系统安全性，不可抗的自然外力灾害、人为的外部木马病毒入侵以及内部人员的不当操作，都会对系统正常运转、数据安全造成不良影响。由于违法成本低、信息沟通不畅等问题，以 P2P 网络借贷为代表的互联网金融很可能成为非法集资、高利贷、庞氏骗局等违法行为的温床。因此，在大数据时代的冲击下，如何协调好金融监管与互联网金融创新的矛盾，也是亟待解决的一个难题。

五、金融监管与金融创新的矛盾表现

（一）金融创新对金融监管的影响

金融创新通过对金融资源的重新配置，提高了经济运行效率。尤其是在大数据时代的背景下，层出不穷的金融创新更好地迎合了市场参与者的需求，也显示出了强大的生命力。但是自由主义和逐利动机所激发的金融创新也在一定程度上积聚了金融风险，并对现有的监管体系构成了挑战。

1. 金融创新改变了金融监管运作的基础条件

不断涌现的金融创新，改变了原有的生产关系，使得原属于不同行业、不同领域的经济体逐渐融合，行业界限变得越来越模糊，如传统的银行业与非银行业、金融业与非金融业。这一变化必然使得金融监管机构原有的监管范围受到挑战和重新调整。金融监管机构根据金融创新所导致的经济环境的客观实际情况作出适当调整，与金融创新的发展保持同步，已经成为监管机构的一个主

要挑战。

2. 金融创新积聚了经济风险，增加了金融监管的难度

现代意义的金融创新大多是将诸多风险因素以不同的方式进行组合和包装，这种组合后的风险相对于传统的金融业务风险也显得更加复杂和难以监控，极大了增加了金融监管的难度。一方面创新性的金融机构运作往往更加简单和直接，具有一定的隐秘性，如影子银行和 P2P 网络信贷，这使得金融监管机构难以控制实体经济中的货币及信贷量，使得货币政策的执行和相关政策的制定和推行更加复杂和不确定。一旦风险被触发，就极有可能导致金融体系的整体危机。墨西哥金融危机和东南亚金融危机就是这一风险的最好例证。另一方面，一些金融创新的工具，其最初的目的是为了防范和化解风险，但在具体的实际运用中，其投机性越来越强。此外，金融创新的高速发展在赋予相关市场主体更大决策自由、带来巨额利润的同时，也会经常被一些冒进的金融机构滥用，也常被不法分子利用，给金融业带来混乱。这些都增加了金融监管的难度。

3. 金融创新增加了金融监管协调的难度

目前，世界上大多数国家的金融监管体制采取的是分业监管的模式，而且大多采取机构性监管，实行的是业务审批制。随着金融创新的推进，相关被监管主体的业务重叠度不断加深，一项新业务的推出通常需要经过多个部门长时间的协调才能完成。此外，有些新的金融业务处于不同金融机构的业务边缘，成为监管机构的交叉性业务，如迎合消费者保值增值需要的储蓄保险业务，是一种既包括储蓄功能又包括保险功能的业务品种。此类金融创新，既可能导致监管重叠，又可能出现监管缺位，增加了金融监管协调的难度。

（二）金融监管对金融创新的影响

作为政府意愿和政策意图的直接执行者，金融监管机构的一举一动都对金融市场施加着重要影响。总体而言，金融监管对金融创新的矛盾表现为积极与消极两个方面。

1. 金融监管减少金融创新所引致的风险，为金融创新保驾护航

历史上所发生的数次经济危机已经证实，过度宽松的金融监管或者有效金融监管的缺失都会给现行的经济体系带来灾难。在特定的条件下，逐利动机总是驱动着金融制度和金融体系中的微观金融机构这一特殊的企业和市场主体，"创新性"生产更多的"金融产品"，以求得更多的利润。同时，由于市场中迅速增加的竞争，金融机构会通过创新的金融工具或经营方式，在逃避监管的同时，在竞争中取得先机，扩大生存空间。这种"个人理性"的行为规则，如果

没有约束，就会引发整体的非理性。因此，适当的金融监管会对金融机构的危险行为进行有效约束，从而防范了金融风险的发生。

2. 过度"积极"的金融监管限制金融创新，不利于经济发展

就目前的监管体制而言，各国普遍实行的是许可制，金融监管也往往滞后于金融创新，直接导致现有的监管框架抑制了金融创新的行为，在一定程度上不利于经济的发展。美国在20世纪30年代大萧条时期所采取的严格分业经营的管制就是一个例证。同时，对金融创新的过多限制以及创新风险的零容忍仍会将金融创新扼杀在摇篮，影响金融创新的形成和发展。

六、矛盾解决途径——以有效监管促进金融创新

金融创新活动的迅速发展对我国目前的金融监管理念、监管目标、监管体制和监管方式等各方面都提出了巨大的挑战。为了防范系统性风险，使金融创新更好地服务于实体经济，金融监管部门应通过监管创新，提升自身的监管的能力和水平，对金融创新可能出现的潜在风险进行防范。

（一）转变监管模式，有序推动金融创新

重视对金融创新的监管，从机构监管过渡到功能监管。随着金融创新的不断推进，金融机构逐渐朝着全能化发展，传统的以机构为监管对象的监管方式便不再适应新形势需要。这就要求监管部门在新的形势下，运用全新的思维，提高对自身监管工作的认识，实现向功能性监管的转变。在实施监管时不但要考虑金融监管的需求，也要兼顾被监管对象的利益，为金融机构进行积极主动和有效的金融创新提供一定的发展空间，充分发挥金融机构的潜力，实现其从被动接受监管向主动执行监管法规的良性转变。

（二）充实监管方式，加快金融监管的法制化进程

目前，金融监管的交叉和重叠在一定程度上反映出了金融监管过程中的"无法可依"的尴尬境地。因此，我国金融监管部门应在借鉴国外先进监管经验的基础上，结合我国的实际国情，推动建设一整套系统、连续并且具有一定前瞻性的监管法律法规体系，对金融创新活动加以更加有序的规范和引导。

（三）加强金融监管的国际合作，改善自身监管体系

新一轮金融危机后，国际监管合作的步伐不断加快，各国经济的联系也日趋紧密。同时，以逃避金融监管为目的的金融创新活动和跨国套利的规模不断扩大，这直接导致金融监管的国际合作迫在眉睫。为了更好地完善自身的监管体系，应对潜在金融风险的国际传播，我国金融监管机构应积极主动地加强与

相关国家金融监管部门的监管信息沟通和交流，完善自身的监管标准，实现金融数据的交换和信息共享。

在当前金融创新迅速发展的背景下，只有正确理解金融监管与金融创新的关系，适时调整金融监管策略以适应金融创新的不断发展，顺应潮流，才能更好地促进一国经济的健康有序成长。

七、新的监管工具的提出和监管改革的推进

不断创新的金融产品和金融机构，尤其是互联网金融和影子银行的发展，对传统的金融体系和现行的监管体制形成了较大冲击。在此背景下，创新顺应时代的监管工具就具有了现实意义和必要性。

（一）传统的监管工具

在商业银行业务模式较为单一、金融产品种类不多、金融脱媒和其他非银行金融机构尚不成规模时，有关的监管框架主要着重于商业银行的资产负债表数据，依据相关的指标，分别从信用风险、流动性风险和市场风险三个层次对金融机构实施监管。

（1）信用风险监管工具：主要包括不良资产率，不良贷款率，损失准备充足率，逾期90天以上贷款与不良贷款比例，拨备覆盖率，单一客户、集团客户授信集中度，授信集中度客户关联度，贷款分类迁徙率等指标。

（2）流动性风险监管工具：流动性比例，流动性缺口率，核心负债依存度，存贷款比例，最大十户存款比例。

（3）市场风险监管工具：累计外汇敞口头寸比例，美元敞口头寸比例等。

（二）新型监管工具

2008年由美国次贷危机所引发的全球性金融危机给世界各国的经济造成了巨大冲击。据统计，从2007年次贷危机开始显现至2012年初，美国已有400多家银行倒闭。在分析此次危机的成因时，除了金融机构不顾风险盲目追求利益外，还有一个现象引起了各国监管机构的普遍反思，即从传统监管视角来看，倒闭银行的资本充足率、不良贷款率等传统监管指标都达到监管要求，但是仍未能幸免此次危机，包括全美第六大银行——华盛顿互助银行。这在一定程度上说明了传统监管指标的缺陷。

此外，包括投资银行、对冲基金和货币市场基金等在内的影子银行增长迅速，并游离于现有的金融监管体系之外；金融机构综合化经营以及金融控股公司迅速发展，市场风险不断加大。因此，有必要设立新的监管工具以保障金融

系统的正常运行。

巴塞尔Ⅲ的监管要求看，新的监管工具主要包括以下几个方面。

（1）资本监管工具。在传统的监管工具的基础上，剥离出更能反映金融机构真实运营情况的相关指标，并进行进一步的细化，具体包括："核心一级资本充足率"（核心一级资本净额/风险加权资产）应不小于5%；"一级资本充足率"（一级资本净额/风险加权资产）应不小于6%；"总资本充足率"（资本净额/风险加权资产）应不小于8%；"储备资本"和"系统重要性银行附加资本"应分别不小于总资本的2.5%和1%；同时，设立"逆周期资本"要求，指标值在0~2.5%之间。

（2）资本监管补充工具。除了上述资本监管工具外，还对金融机构的杠杆经营进行了限制，即"杠杆率"（一级资本净额/调整后的表内外资产余额）应不小于4%。

（3）拨备监管工具。为了应对不良贷款，新监管工具根据实际情况，适当提高了金融机构的拨备比例，具体要求为："贷款拨备率"（贷款损失准备/各项贷款）不小于2.5%；"拨备覆盖率"（贷款损失准备/不良贷款）应不小于150%。

（4）流动性监管工具。同时，为了提高金融机构的流动性，加强对资金的监管，设置了相应的流动性监管工具："流动性覆盖比率"（优质流动性资产储备/未来30日的资金净流出量）应不小于100%，"净稳定融资比率"（可用的稳定资金/业务所需的稳定资金）应不小于100%。

新的监管工具与旧的工具相比，更加贴近实际，更能反映金融机构的真实运营情况，也能更大范围地覆盖金融机构可能出现的风险，保障金融系统的安全、稳定运行。

八、银监会推动的监管改革

面对不断出现的金融创新，金融管理当局应及时调整监管对策，对金融业实行新的管制，在对金融创新本身进行安全和慎重评估的基础上采取一些新的监管措施来保证金融体系的安全稳定。

作为我国金融机构的直接监管部门，在优化市场准入、完善监管规则以及改进监管方式方面，银监会也在不断推动自身的监管机制改革。

（一）优化市场准入

按照十八届三中全会的要求，让市场在资源配置中发挥决定性作用是促进金融资源高效配置的必要途径，能充分发挥各个参与主体的主观能动性。但是，自由市场并不是万能的，在无监管的情况下，逐利动机会无限放大风险，最终导致整个金融体系的不稳定。因此，在"还权于市场、让权于社会、放权于基层"三原则的指引下，应进一步强化市场纪律，完善金融机构市场退出机制，避免市场恶性竞争和风险积累。

（二）扩大银行业对内对外开放

研究、制定银行业的分类管理办法，扩大银行业对内对外开放：

（1）逐步探索放宽外资银行的准入门槛。详细制定外资银行经营人民币业务的资格条件及分行营运资金要求，进一步支持上海自贸区和金融机构改革试验区的银行业改革。

（2）试点民营银行，鼓励民间资本进入银行业。由于信息不对称问题以及由此导致的逆向选择和道德风险，信贷配给的现象在传统银行业和企业之间普遍存在，这在一定程度上限制了实体经济的运营。而民间资本和企业尤其是小微企业有天然的"亲密性"，所以民间资本的介入能有效缓解传统的信息不对称问题。但是，民间银行具有较强的自主性，透明性较差，因此风险也较高。因此，在拓宽民间资本进入银行业的渠道和途径上，监管机构一方面引导民间资本参与现有银行业金融机构的重组改制，为民营银行的设立提供经验；另一方面试点由纯民资发起设立自担风险的银行业金融机构，深化对实体经济的服务。

（3）推动政策性银行改革。政策性银行是我国在计划经济向市场经济转化的阶段，为了适应发展需求而设立的金融机构，其在推动政府发展经济、促进社会进步、进行宏观经济管理等方面发挥了重要作用。同时，其在经营方式、资金来源和经营目的上，与传统的商业银行又存在较大区别。当前金融发展突飞猛进、金融竞争不断激烈，在明确职能定位前提下，推动政策性银行改革，实行政策性业务市场化运作、标准化监管，使其更好地为我国的实体经济服务。

（4）深化银行业治理体系改革。改进绩效考评，引导树立正确政绩观和发展观，完善公司治理体系；推进子公司制、事业部制、专营部门制、分支机构制改革，完善业务治理体系；加强集团并表全面风险管理，强化集团风险管理主体责任和监管机构监督责任，完善风险治理体系；巩固行业协会自律机制建设，强化服务和救助功能，完善行业治理体系；按照资产规模、业务复杂程度、系统重要性、管理能力等方面，综合设计分类标准，实行有限牌照制度，推动银行业差异化定位，特色化发展。

（三）完善监管原则，保障金融稳定

当前，互联网金融、银子银行、金融控股公司等新型机构和运作方式不断出现，同时我国经济又处于结构转型、金融创新不断完善和金融全球化重大演变的关键时期，机遇和风险并存，各国量化宽松政策退出、新兴市场经济国家货币贬值、监管套利和金融风险全球化趋势明显等挑战，对我国金融稳定和监管工作的顺利开展提出了更高要求①。因此，银监会顺应时代发展，不断完善监管规则和监管体制，按业务类别建立统一的经营规则和监管标准；推动资本管理和流动性风险管理办法的落地实施；制定统一的不良资产处置办法，规范银行呆账核销行为；加强监管法规清理，强化评估检查工作。

（四）改进监管方式，丰富监管内容

在总结以往工作经验的基础上，银监会不断模式和完善自身的工作方法，以更好地保障我国经济的有序、健康、稳定发展。非现场监管方面，解决数据真实性，完善相关登记系统，用好非现场监管结果；现场检查方面，抓好立项，集中人员，把握重点，用好 EAST 系统，增强监管能力。

【专栏】

湖北银监局 EAST 系统的应用

EAST 系统（Examination and Analysis System Technology）即"现场检查分析系统"的简称，主要包括业务检查分析系统、项目流程管理系统和监管信息支持平台三大部分组成。其是在各家商业银行基础数据的基础上按照一定的条件进行刷选、抽样，确定符合条件的目标，然后再人工调配作为检查重点内容，可以实现对违规问题的精确制导，对业务流程的全面梳理，对专项风险的深度分析，对业务风险的持续检查，对风险模型的尝试建设和对检查实施的规范管理六个方面的作用，能有效提高现场检查的针对性和有效性。

为了使该系统能更好地发挥作用，银监会湖北监管局（以下简称湖北银监局）还分别针对银行业机构和监管部门等不同部门提出了不同的要求：

1. 要求银行业机构突出数据治理体系建设。在大数据时代悄然来临之际，相关数据的收集和整理，不仅能使金融机构的业务开展更具有针对性，同时也能更好地监控系统性风险和非系统性风险，提高资源配置的效率。因此，湖北银监局要求银行业机构分别从推进数据大集中的平台建设、强化数据质量管理

---

① 资料来源："新时期新挑战新使命"——银监会副主席王兆星在第四届财经高峰论坛上的讲话，2014 - 04 - 25。

和充分发挥数据功能三个方面，提高自身的数据处理和分析能力。

2. 大力推动监管部门实施 EAST 系统建设"五个一"工程。EAST 系统以其强大的数据处理和分析能力，为监管部门对金融业机构实施动态监管提供了便利，因此，湖北银监局从以下五个方面着手，从自身做起，不断丰富和完善监管能力：

第一，树立一流的理念：从监管革命的高度来认识和推动这项工作，制定高标准、管长远的工作规划；

第二，打造一流的队伍：广泛发掘、引进和培养专门人才；

第三，构建一流的组织：举全局之力、集各方优势投入工作；

第四，创建一流的机制：建立包含"分工、协作、开发、评估、运用、考核"等一整套工作机制，实施量化考核，强化激励约束，并与干部选拔培养挂钩；

第五，取得一流的成效：实现查问题狠、准、严，使湖北银监局 EAST 系统的应用和推广在银监会系统处于一流水平，真正达到提升监管有效性的目标。

第二节　矛盾八：多头监管与监管协调的矛盾

2008 年由美国次贷危机所引发的全球性金融危机，在给全球金融稳定形成巨大冲击后，也让如何有效监管这一难题重新复出水面。在探究此次危机的根源、寻求相应的解决措施的过程中，美国金融监管体制中"双重多头"的监管原则饱受诟病①，该原则所导致的监管不协调、政策传达失真、风险监控无力的问题也让各国普遍反思自身的监管制度。

为了促进不同监管机构之间的协调机制的建设，促进金融稳定，美国于 2010 年 10 月 1 日，根据《多德—弗兰克法案》成立了美国金融稳定监督管理委员会，负责协调金融监管机制，化解金融体系中可能存在的系统性风险。由此可见，如何保证监管机构之间的协调进而促进一国乃至世界经济的稳定，在引起世界各国广泛关注的同时，也具有重要的现实意义。

一、我国银行业监管历史

随着国内外经济环境的变化，我国银行业的监管在不同阶段也呈现出了不

---

① 资料来源：孙工声：《进一步完善监管协调机制》，载《中国金融》，2009（6）。

同特征，并且在不断丰富和完善之中。

（一）无外部监管规则阶段（新中国成立至1984年）

新中国成立之初，我国各行各业百废待兴。由于特殊的文化和政治因素，当时的生产经营重心主要集中于农业和工业，对金融行业实行的是大一统的体制，中国人民银行作为当时实际上唯一的银行，既扮演传统商业银行的角色，又充当保障经济稳定运行的角色。当时没有明确的监管当局、监管对象，相应的监管的法律法规也比较缺乏。

（二）依法监管的初级阶段（1985—1994年）

在依法监管的初级阶段，面对经济运行中出现的各种问题，我国逐渐明确了金融领域"依法监管"的理念，并在这一时期逐渐形成了中央银行、专业银行的二元银行体制，中国人民银行逐渐从传统的商业银行业务中剥离出来，开始行使中央银行的职能，在实施货币政策、保证经济平稳的同时，履行对银行、证券、保险、信托等金融机构的综合监管。鉴于当时我国经济的薄弱背景，这一时期的对银行业的监管主要集中在市场准入领域，重点审批银行开设新业务机构的合规性，并以1994年陆续成立的国家开发银行、中国进出口银行和中国农业发展银行为标志，中国人民银行对商业银行进行市场化监管的模式基本形成。

（三）监管的法制化阶段（1995—2003年）

随着早期监管经验的积累，我国金融领域相关法律法规欠缺的问题逐渐显现，"无法可依"和监管盲区为我国经济的健康发展和金融体系的稳定施加了巨大阻力。因此，从1995年以来，我国逐渐加快了立法工作的进程，《中国人民银行法》、《商业银行法》、《票据法》、《担保法》和《银行业监督管理法》等一系列具有较强针对性的法律开始颁布并实施，标志着我国银行业监管开始进入法制化和规范化的发展阶段。此外，伴随着金融创新的发展，新型金融机构开始出现，为了提高监管工作的针对性和有效性，我国于1997年召开的第一次全国金融会议确立了对金融业实行分业监管的原则，并在这一时期相继成立了证监会、保监会和银监会三大监管机构，其中前两者分别专门负责证券业和保险业的监管，银监会主要负责对全国银行业金融机构及其相关业务活动的监督和管理，目的是保护银行存款人和其他客户的合法权益，促进银行业健康发展；而中国人民银行则主要行使货币政策和部分银行监管职能，并在特定领域行使对特定行为的检查监督权、检查监督建议权和全面检查监督权。

（四）监管的专业化阶段（2004年至今）

银监会、证监会和保监会的设立，使我国形成了权责明确、相互协调的金融分工监管体制，也标志着"单元多头"的分业监管体制在我国已逐渐形成，即在中国人民银行密切配合的基础上，形成了以银监会、证监会和保监会针对不同金融机构的分业监管模式，这一模式对维护我国经济的稳定和健康发展发挥了重要作用。

2009 年 3 月，我国加入了巴塞尔委员会，正式成为巴塞尔委员会的一员，这是我国银行监管史上又一重要的里程碑。从此，我国将有能力全面参与有关银行监管国际标准的制定，从而能够更加有效地维护我国银行业的整体利益，并为国际银行体系以及金融系统的稳定作出更大的贡献。

2010 年 12 月，在雷曼兄弟破产两周年之际，针对美国金融危机中，相应监管工具的滞后和真实性缺失等现象，巴塞尔委员会发布了较之以往更为严格的巴塞尔协议Ⅲ。该协议第一次建立了一套完整的、国际通用的、以加权方式综合衡量表内与表外风险的资本充足率的标准，有效遏制与债务危机有关的金融风险的传播。同时，该协议还第一次确立了微观审慎与宏观审慎相结合的金融监管的新模式，力图建立全球统一的流动性监管量化标准，将对世界各国的商业银行的经营模式、金融系统的稳健性以及宏观经济的运行产生深远的影响。

在巴塞尔协议Ⅲ出台之后，中国银监会及时推出了四大监管工具，包括资本要求、杠杆率、拨备率和流动性要求，及时进行了跟进，构成了未来一段时期中国银行业监管的新框架。

二、我国银行业监管现状

我国目前实行的是银行、证券和保险三大金融机构分业经营、分业监管的体制，但其实早在 20 世纪八九十年代，我国金融业经历了一段多元化经营的发展阶段。由于在该过程中，内控机制不健全、会计准则不完善以及相应监管措施的不到位导致的金融秩序混乱现象较为严重，我国通过立法逐渐明确了"一行三会"的分业监管体制，有效地促进了我国的经济发展。

进入 21 世纪以后，随着经济水平的提高和对外开放的程度不断扩大，金融业综合经营的动机日益增强，并呈现出金融机构跨业投资、多样化经营步伐加快、大型金融控股公司逐步形成、金融产品多样化结构性组合层出不穷的新特点，这在一定程度上顺应了经济全球化背景下金融业综合经营的总体趋势，同时，也对监管机构的有效监管提出了更高的要求。

按照所属行业性质的差异，目前，对我国银行业拥有监管权的机构主要包括银监会、中国人民银行、国家发展和改革委员会以及国家工商行政管理总局，负主要监管职责的为银监会和中国人民银行。其中，银监会的主要监管职责包括：审查批准银行业金融机构的设立、变更、终止以及业务范围；当金融机构的股东发生变化时，对银行业金融机构相应股东的资金来源、财务状况、资本补充能力和诚信状况进行审查；审查批准或者备案银行业金融机构业务范围内的业务品种；建立银行业突发事件的发现、报告岗位责任制度等。而中国人民银行的主要职责为维护金融稳定和执行货币政策，并且可以建议银监会对金融机构进行检查和监督，并在金融机构出现支付困难、可能发生金融风险之时，经国务院批准，对银行业金融机构施行检查和监督权。

同时，为了解决银行业监管机构在实际监管工作中遇到的法律依据缺失、监管无力等现象，我国又分别对《银行业监督管理法》、《商业银行法》和《中国人民银行法》进行了修订，其中新的《银行业监督管理法》在原来基础上增加了一条，规定银行业监督管理机构依法对银行业机构进行检查时，对企业和个人享有延伸检查权。这些延伸检查权包括：询问有关个人和单位，要求其对有关情况作出说明；查阅、复制有关财务会计、财产权登记等文件、资料；对可能被转移、隐匿、毁损、伪造的文件、资料予以先行登记保存；加强银行监管的有效性和穿透力。同时还规定，阻碍银行业监督管理机构及其工作人员依法行使监督检查、调查职权的，由公安机关依法给予治安管理处罚；构成犯罪的，依法追究刑事责任。该修订一方面将有效提高银行业内外勾结作案的成本，使违法者难逃监管；另一方面也有利于银行自觉加强风险防范。

三、我国多头监管中出现的问题

长时期以来，我国的银行业受中国人民银行的直接监管，监管形式略显僵化并且在一定程度上易受到其他行业的整体牵制，限制了银行业的转型①。从2003年银监会设立以来，我国银行业的监管主体更加独立，国际化程度得到进一步加深，融入全球化的进程也不断推进，在一定程度上加快了银行业创新的步伐。

但是，随着金融创新的加快以及综合化经营的推进，我国银行业监管层面的多头监管与监管协调问题越来越明显，相关监管主体的法律地位定位不明确、多头监管者的监管目标不一致以及监管者之间信息沟通不畅等问题普遍存在。

①　资料来源：杨亦可：《金融全球化趋势下我国银行业监管体制改革》，载《财经问题研究》，2013（5）。

（一）信息共享平台尚未有效建立

监管者之间的信息共享平台尚未有效建立，监管者与被监管者之间的信息不对称问题普遍存在，银行业金融机构的信息交换和沟通协调渠道畅通性不够。这些问题在一定程度上影响了相关决策的准确性和及时性。

（二）权责定位不明

监管者之间权责定位不明确，监管真空和重复监管的现象在某些业务领域依然存在，不仅导致被监管者在一定程度上的无所适从，而且不能有效遏制跨机构、跨市场金融风险的传播。

（三）监管者之间协调性差

监管者之间协调效率较低，与综合化经营的监管要求尚存在较大空间。在"分业经营"、"分业监管"、"一行三会"的监管模式下，专业化的监管分工在面对金融控股公司、综合性创新金融产品时，往往缺乏有效的监管工具和相应的危机应对措施。

（四）微观审慎监管与宏观审慎监管协调性缺乏

传统的金融监管主要集中于微观监管的框架，潜意识的理念是：如果单家金融机构在监管下实现了稳健运营，那么由其组成的整个金融体系也应是稳定的。但是该理念的致命缺陷是个体的理性并不必然导致集体的理性。"公地悲剧"、"囚徒困境"以及"站凳子看电影"等现象都说明，个人根据自身所做的所谓理性行为，尽管是根据自身利益最大化为目标实施的，但是对集体而言，其并不能导致相应的帕累托改进，反而会导致有限资源的浪费以及整个经济体系的低效率。

有关2008年所爆发的金融危机的成因，各方莫衷一是，但是一个不容忽视的原因已被各方所承认，即金融体系的顺周期性和针对系统性风险缺乏相应的预警和防控机制对本次危机起到了推波助澜的作用。基于防范和化解系统性风险以及克服金融体系顺周期波动的弊端，主要经济体和国际组织在危机之后，都着力加强以宏观审慎监管为重要内容的金融监管改革。在具体的监管实践中，各个金融监管部门往往会从各自立场出发，根据自身监管领域的实际情况制定相应的监管规则并推动其执行，达到微观审慎监管的目的。但是这一过程缺乏对其他行业乃至整个国民经济全局的综合考虑，并有可能对宏观经济的运行形成冲击，加剧整个经济运行的波动性[1]。而如何促进微观审慎监管和宏观审慎监

---

[1] 资料来源：胡利琴等：《我国银行业宏观审慎监管与微观审慎监管协调问题研究》，载《管理世界》，2012（11）。

管的协调，防范和化解系统性风险，也是我国金融监管当局在未来一段时间内需要着力解决的关键问题。

四、国际监管模式

纵观世界各国金融机构的发展、变迁历史，金融机构主要经历了早期的自然混业经营时期，被严格限制的分业经营时期以及通过不断创新而又进入混业经营的时期。随着金融机构发展形式的不断变化，各国的监管模式也在发生着相应的改变。由于20世纪30年代的大萧条，对银行业的严格监管之风在世界范围内盛行，直接导致全球经济处于一个低潮期。随着金融创新步伐的加快以及综合化经营的逐步拓展，针对银行业等金融机构的监管不断放松。但是，过度宽松的监管策略催生了金融泡沫的诞生和破裂，这又直接导致了20世纪90年代和21世纪初几次重大金融危机的发生。因此，"针对银行业等金融机构如何实现有效的监管"一直是各国监管机构普遍关注的重点和亟待解决的难题。在逐渐摸索解决之道的基础上，各国也普遍形成了自身的监管模式。

按照监管主体、监管方式的不同，国际上主要的金融监管模式大致上可以分为两类，用表5-1表示如下：

表5-1　　　　　　　　国际上主要的金融监管模式

	自律模式	法制模式
代表国家	英国、澳大利亚、加拿大和新西兰等	美国、日本以及其他欧洲大陆国家
监管特征	非法制化，强调社会观念的评判标准，着重使用道义指导的方法	强调法律的强制性作用，通过立法以及设立政府专门机构进行监管

（一）英国模式

长期以来，英国的金融监管体系一直以自律式监管和道义劝说为特点，强调社会观念的是非判断标准以及企业的自律精神，其监管方式主要是基于监管者与被监管者之间相互信任和共同合作的基础上。从成立于1765年的、英国历史最悠久的银行之一的劳埃德银行（Lloyds Bank）内部严格的组织架构和明细的分工及其发展进程中政府的极少监管可以看出，由于社会制度的相对稳定，"英国公民和企业更愿意依靠自我约束和自我监管，进而公平的参与社会生产经营活动"[①]。这一方面导致了英国银行业对监管的反感与排斥，另一方面也给了企业更多的生产经营决策的自由。

---

① 资料来源：张洪武：《金融制度与货币政策传导机制》，北京，中国金融出版社，2005。

但是随着 20 世纪 70 年代和 80 年代，英国银行业所发生的两次比较大的危机，"自律精神"对企业的监督作用受到了一定程度的质疑，在原来监管模式的基础上，英国银行业的监管逐步走向了法制化、正规化以及分业监管的道路，并以 1986 年所颁布的《英格兰银行法》为标志。该法律要求英国境内的银行，不论大小，一律要接受严格的监管，但同时，法律也赋予金融监管机构广泛的自决权①。因此，可以说，在这一阶段，英国的金融监管步入了自律与监管相结合的模式。

在世界经济逐渐发展的背景下，美国和新兴经济体国家经济的不断进步，削弱了英国传统金融中心的地位，在一定程度上也刺激英国加快了金融业发展的步伐，金融自由化程度不断加深。但是，爆发于 2008 年的金融危机，引起了英国国内对本国金融发展以及金融监管的反思。通过设置专门机构强化英格兰银行执行货币政策以及金融监管的权利，集中监管、依法监管的监管模式在英国逐渐确立，这一模式也被学者们称为"统一监管"模式。

（二）美国模式

与英国强调自律精神的统一监管模式不同，美国对银行业的监管较为严格，且法制化程度较高。在不同时期，美国政府往往根据经济运行的不同情况，对相关监管法律进行修改，以期能在合法的框架下，促进本国银行业的发展。此外，美国还有一个独特的双轨监督系统，即州与联邦分别享有监管权：在每个州，各有一个州级银行业管理机构，即州银行局；联邦一级还有三个具有监督权的机构，分别为货币监理局、美国联邦储备委员会和联邦存款保险公司。同时，美国针对银行业的监管，还具有规范化的特点，即通过设立一系列硬性监管指标来规范和约束银行业等金融机构的行为，较为著名的为"骆驼评级法"（CAMEL Ratings），即从银行资本金额（Capital）、资产质量（Asset Quality）、管理层管理能力（Management）、收益率（Earnings）和资产的流动性（Liquidity）五个方面来对银行的经营状况进行评价。

按照不同的发展阶段，美国银行业的监管历程和监管方式也在发生着变化。由于 20 世纪 30 年代初的大萧条，美国终结了以往混业经营的历史，通过《格拉斯—斯蒂格尔法案》确立了分业经营的时代，并且按照银行、证券、保险等不同行业，确立了不同的功能监管者（分别针对三个行业的专门监督机构），而作为美国中央银行的美联储，在行使中央银行的职能外，还负责监管金融行业

---

① 资料来源：路妍：《英国银行监管对我国银行业监管的启示》，载《东北财经大学学报》，2002 (5)。

的系统性风险①。

伴随着金融业的发展，严格的分业法案限制了金融创新，金融自由化的呼声越来越高。在此背景下，美国于 1956 年通过了《银行控股公司法》，该法案规定美联储在对银行业行使监管权利之前，应首先考虑各个功能监管者所提交的报告，以避免监管重叠和多重监管压力。之后，银行业去监管化的进程开始逐步推进，金融市场的竞争和金融产品的创新极大地激发了金融系统的活力，并最终导致了 1999 年《金融服务现代化法案》的出台。该法案终结了美国金融业分业经营的历史，开创了混业发展的新局面。同时，该法案在取消分业监管限制的同时，也使得美国伞形的监管框架正式形成。

所谓伞形监管框架，即美联储凌驾于原有的分别对银行、证券和保险进行监管的功能监管者之上，后者构成伞形的分支，前者则处于伞形的顶端和权利的中心。在具体的操作实践中，功能监管者主要立足于自身所负责的领域进行监管，提交相应的监管报告，美联储则在整合各方意见的基础上，从全局着手，避免金融风险在综合经营的金融机构以及大型金融控股公司之间的跨行业传染。

但是，随着混业经营的深入，一些创新性金融产品横跨多个不同的行业，多头监管所导致的监管真空现象大量存在，加剧了金融体系的风险，并最终导致了 2008 年次贷危机的爆发，进而引发了全球性的经济动荡。

新一轮经济危机之后，美国政府不断反思自身的监管模式，痛定思痛，于 2010 年快速通过了《多德—弗兰克法案》，要求银行业监管机构从原来的伞形监管模式下，逐渐向集中监管和协同监管转变，进一步强化了美联储的监管权力，在原有微观监管的基础上，引入了宏观审慎监管。

通过上述分别介绍对世界监管体系影响较大的英国和美国的不同监管模式，可以看出，法制化监管已成为各国监管的主流。混业经营、金融自由化的发展，又迫使各国监管机构走向了集中监管的道路，用以防范系统性风险的宏观审慎监管理念也逐渐深入人心。

五、不同监管模式的分析

无论是以英国、澳大利亚为代表的强化中央银行职能的统一监管模式，还是以美国、中国为代表的针对不同行业不同监管的多头监管模式，都各有其利弊。不根据本国的实际情况，盲目选择监管模式则可能给本国的经济发展带来

---

① 资料来源：马君潞、常殊昱：《美联储权力结构变迁与混业经营监管的发展趋势》，载《金融论坛》，2012（1）。

灾难性的后果。

如前所述，伴随着金融自由化程度的加深、金融集团的不断发展以及金融业务和金融产品的日趋丰富，不同金融机构之间的联系愈发紧密，创新性金融产品的归类和划分存在着较大的困难，多头监管下的重复监管和监管真空不利于金融风险的防范。

同时，对一些大型金融集团而言，其结构型产品、复合型产品比较多，导致风险可能集中在集团中的某一个部门。在统一监管的模式下，监管机构以及金融机构可以从集团整体出发，对金融机构的风险程度作出恰当的评估，从而避免了多头监管情况下监管支离破碎和"一叶障目，不见泰山"的弊端。对功能类别不同但提供相同金融服务的金融机构实施统一监管确保了监管的公平性原则。但是，统一监管可能导致两个方面的严重后果：第一，降低监管效率；第二，由于监管机构大包大揽，会对金融市场造成较大干预，从而降低金融市场的运行效率。

与统一监管从整个金融体系的全局着手不同，多头监管着重于不同金融机构自身的特点，充分地考虑到了不同金融部门之间的差异，避免了统一监管中，监管机构可能失去明确的监管目标甚至目标相互冲突的弊端。此外，多头监管在不同的金融机构之间设置了壁垒，避免了风险和恐慌跨部门、跨机构之间的传染。

在很长时期内，以美国为代表的多头监管模式在世界上多个国家得到了广泛应用。但是，新一轮金融危机的爆发，让多头监管在监管协调上的矛盾暴露无遗，尤其是美国的金融实践中，金融业行政管理主体各自为政，信息交流效果有限，政策协调沟通不畅，联合行动罕有实施，危机处理部门博弈，监管缺乏协同效应。具体表现为：信息交流效果有限；政策协调沟通不畅；联合行动罕有实施；危机处理时，部门之间相互推诿、博弈；中央与地方权责不清以及人为分割市场等。在这些问题中最严重的当属滋生了监管套利的行为。

六、多头监管的产物——监管套利

监管套利，一般是指在其他条件相同的情况下，各种金融市场的参与主体利用不同监管机构在具体的监管规则和监管标准上的不同，通过注册地转换、金融产品异地销售等途径，从监管要求较高的市场转移到监管要求较低的市场，从而全部或者部分地规避监管、谋取超额利益的行为。

金融监管套利是伴随着金融自由化进程中各国放松金融管制以及金融监管

合作缺失情形下的必然产物。有关监管套利的成因，国内外学者从不同的视角都进行了较为详尽的分析。Frank Partony（1997）从市场参与主体的角度进行分析，得出由于市场参与者的逐利性动机，其会利用不同制度的差异或者制度内部的不一致性，通过监管套利，降低成本进而达到利润最大化[①]。这一结论也得到了 Taylor（2004）的支持[②]。徐宝林、刘百花则以巴塞尔协议为基本框架，研究了监管套利的动因及其对金融机构的影响，并且发现监管制度的差异，为金融机构提供了降低净监管负担的空间，并进而滋生了监管套利[③]。张玉喜（2008）和宋永明（2009）等也发现了类似的结论[④][⑤]。

在经济自由化的进程中，国与国之间为了争夺稀缺的资金等金融资源，往往存在竞相放松金融管制、提供优厚的政策支持以及放松监管标准等动机，即存在监管竞争的现象。监管竞争的出现，在一定程度上削弱了监管机构的独立性，降低了其在监管博弈中的话语权，进而导致了监管套利的发生。Licht（1998）在研究中就发现，不同国家之间金融监管的制度差异加剧了各监管主体之间的监管竞争，并进而导致了监管放松，这为金融机构的监管套利创造了条件。他还断言，监管套利是监管竞争的直接产物[⑥]。Hadjiemmanuil（2003）认为金融监管竞争导致"监管宽容"现象的发生，这助长了金融机构的逐利动机，推动了监管套利的产生，使得监管机构被套利者所挟持[⑦]。

监管套利的直接产物是互联网金融和影子银行等新型金融机构运作模式，如若管理不当，不仅会引起财富分配的不公，更会导致金融风险的急剧放大和跨国传播，严重影响金融系统的稳定性，给世界经济带来灾难。张金城和李成（2011）立足于金融风险的国际传播渠道，从金融监管国际合作失衡的角度，在

---

① 资料来源：Frank Partony. Financial Derivative and the Costs of Regulatory. The Journal of Corporation Laws，1997（22）。

② 资料来源：Taylor. M. Dealing with Regulatory Arbitrage. Aligning Financial Regulatory Architecture with Country Needs：Lessons from International Experience. Paper Presented at Financial Sector Conference，2004（6）。

③ 资料来源：徐宝林、刘百花：《监管资本套利动因及对银行的影响分析》，载《中国金融》，2006（5）。

④ 资料来源：张玉喜：《商业银行资产证券化中的监管资本套利研究》，载《当代财经》，2008（4）。

⑤ 资料来源：宋永明：《监管资本套利和国际金融危机——对 2007—2009 年国际金融危机成因的分析》. 载《金融研究》，2009（12）。

⑥ 资料来源：Licht，Amir N. Regulatory Arbitrage for Real：International Securities in a World of Interacting Securities Markets. Virginia Journal of International Law，563，1998（38）。

⑦ 资料来源：Hadjiemmanuil. C. Institutional Strucure of Financial Regulation：a Trends Towards Megaregulators. Paper Presented at the Conference on the Future of Financial Regulation in Taiwan，Taipei，2001（7）。

监管制度的成本收益分析和供需均衡分析的基础上，设计了一价定律模型和金融监管国际合作博弈模型，分析了不同金融监管国际合作情形下的监管套利存在的普遍性及其对世界经济的破坏性影响①。陈业宏和黄辉则从国际法律合作的视角，运用成本收益的分析方法，研究了不同监管套利的形式，即监管体制型套利、跨国型监管套利和资本监管套利，并认为监管套利不仅损害法律的正当性，同时也会扩散全球金融风险。在此基础上，作者从完善国际法律合作的视角探寻了针对监管套利的解决之道②。鲁篱和潘静则着重研究了监管套利的产物——影子银行的运作方式，指出在我国的影子银行体系中，广泛存在三种形式的监管套利问题：银信合作中的监管套利，银证、银保合作中的监管套利以及金融控股公司中的监管套利。在分析了相关监管套利产生的原因（包括多头监管产生的监管真空）的基础上，作者论证了引入"自我承诺"类监管工具以及建立宏观审慎监管制度的必要性③。

相比于传统的金融形式，监管套利行为以及影子银行的产生在一定程度上可以视为监管真空的产物，这在加剧监管困难的同时，也使得如何解决"多头监管与监管协调的矛盾"被提上了议事日程。

当前，伴随着经济全球化以及金融自由化的程度不断加深，金融危机跨部门、跨国家传导的风险也越发突出，而银行业在这一过程中往往起到推波助澜的作用。因此，多个银行业监管部门如何通过协调、有效的监管对系统性风险进行防范和化解，也成了各国政策制定部门和学者们的研究重点。郭春松通过引入成本收益分析和博弈论的相关分析工具，研究了银行业不同监管主体的协调与合作意愿，发现不同的监管机构为了扩大自身影响以及争取监管协调的主动性，普遍存在着加大监管力度的倾向，而监管机构之间信息共享的低效性加大了这种动机，这限制了金融机构创新力度和发展潜力④。陶玲和胡平通过详细分析金融危机之后英国的金融监管体制的改革措施，发现系统性风险的防范和化解已成为该国金融监管的核心，而主要的途径则是通过加强英格兰银行下设

---

① 资料来源：张金城、李成：《金融监管国际合作失衡下的监管套利理论透析》，载《国际金融研究》，2011（8）。

② 资料来源：陈业宏、黄辉：《国际金融监管套利规制困境与反思》，载《中南财经政法大学学报》，2013（2）。

③ 资料来源：鲁篱、潘静：《中国影子银行的监管套利与法律规制研究》，载《社会科学》，2014（2）。

④ 资料来源：郭春松：《中国银行业监管协调与合作的成本收益和博弈分析》，载《金融研究》，2008（7）。

的金融政策委员会（FPC）和审慎监管局（PRA）之间的相互协调合作，强化英格兰银行的宏观审慎管理和微观审慎监管，并得出我国应通过不同监管部门之间的协调合作、建立系统性风险的研判方法和预警机制等政策建议[①]。根据目前国际上集中出现的分离监管的趋势，钟伟（2003）在分析了美国、德国和日本等国家的监管模式变迁的基础上，详细分析了我国中央银行拥有监管职能时的"双重角色冲突"问题以及把该职能从中央银行分离出来后导致的货币政策决策缺乏足够的机构信息的微观支持问题，并最终得出相对于统一监管和分离监管，监管理念的更新才是更应该值得关注的首要问题[②]。这为监管模式的相关研究拓宽了思路。

金融危机之后，各国普遍对自身的监管模式进行了反思，而巴塞尔协议Ⅲ的迅速通过以及之后得到的积极响应，表明集中监管、微观审慎监管与宏观审慎监管相结合的监管思路得到了世界范围内的普遍认可。但是，正如前面所述，基于各国经济环境以及自身监管模式的不同，从实践出发制定符合本国的监管模式，才能有效解决监管中遇到的矛盾和冲突，进而保障各国经济的稳定运行。

七、以金融监管协调部级联席会议制度为契机，促进监管协调

国际金融危机中我国经济能够独善其身，一方面是对我国金融业机构长期以来风险管理和金融监管机构有效监管的肯定，但是另一方面也反映出我国金融创新力度不够、金融机构国际化程度不高的弊端。在大力推进金融创新、机构走出去的过程中，我国目前的监管制度的弊端也逐渐显现——监管协调性欠缺。为了应对这一挑战，保障我国经济的平稳健康发展，金融管理当局也在不断改革监管思路，并取得了一定成效。

为进一步加强我国金融监管的协调，促进金融创新，保障金融业稳健运行，2013 年 8 月，国务院同意建立金融监管协调部际联席会议（以下简称联席会议）制度。联席会议的职责和任务包括：维护货币政策与金融监管政策之间的协调；金融监管政策、法律法规之间的协调；维护金融稳定和防范化解区域性、系统性金融风险的协调；交叉性金融产品、跨市场金融创新的协调；金融信息共享和金融业综合统计体系的协调以及国务院交办的其他事项。

联席会议由中国人民银行牵头，成员单位包括银监会、证监会、保监会、外汇局，必要时可邀请国家发展改革委员会、财政部等有关部门参加。中国人

---

① 资料来源：陶玲、胡平：《英国金融监管体制改革的启示》，载《全球瞭望》，2013（22）。
② 资料来源：钟伟：《论货币政策和金融监管分立的有效性前提》，载《管理世界》，2003（3）。

民银行行长担任联席会议召集人，各成员单位主要负责同志为组成人员。联席会议联络员由成员单位有关司局负责同志担任。联席会议成员因工作变动需要调整的，由所在单位提出，并经联席会议确定。

联席会议办公室设在中国人民银行，承担金融监管协调的日常工作。联席会议的重点则围绕金融监管开展工作，不改变现行金融监管体制，不替代、不削弱有关部门现行职责分工，不替代国务院决策，重大事项按程序报国务院。联席会议通过季度例会或临时会议等方式开展工作，落实国务院交办的事项，履行工作职责。联席会议建立简报制度，及时汇报、通报金融监管协调信息和工作进展情况。

国务院要求，中国人民银行要切实发挥好牵头作用，银监会、证监会、保监会、外汇局等成员单位要积极参加，相互支持，加强沟通配合，形成合力，确保联席会议制度有效运转。

金融监管协调部级联席会议是我国金融监管体系改革的一个重要举措，在探索解决我国金融体系中多头监管所带来的监管协调性不够这一问题迈出了重要的一步。但是，这只是中国金融监管体系改革的第一步。在积极维护这一制度正常运转的同时，我国金融监管机构也在努力探索其他有效监管模式，力争为我国实体经济的稳健发展发挥更大的作用。

第三节　矛盾九：货币政策和监管政策的矛盾

同为一国经济增长服务的货币政策和监管政策有其逻辑一致性，二者相辅相成，相互促进。有效的监管政策所营造的稳定而有效率的金融环境，是执行货币政策的重要条件；而银行监管又需要稳定、可预期以及适当的宏观经济政策的支撑。但是由于目标的不一致性，二者政策着眼点的差异，政策的滞后性和作用方向的不同等客观因素的存在，货币政策和监管政策不可避免地存在一定的矛盾，而这种矛盾一方面影响货币政策的独立性，另一方面也削弱了监管政策的有效性。因此，货币政策和监管政策的有效配合是国家经济稳定的基础。

一、货币政策概述

货币政策是指一国政府或中央银行为影响经济活动而采取的措施，一般包括广义和狭义两种。广义的货币政策，是指政府、中央银行和其他有关部门所制定的所有有关货币方面的规定和采取的能够影响金融变量的一切措施。狭义的货币政策，则主要是指中央银行为实现稳定物价、促进经济增长、增加就业等特定的经济目标而采取的各种控制和调节货币供应量或者社会可用信用规模的方针和措施的总称，所采取的手段主要包括信贷政策、利率政策和外汇政策。通常所说的货币政策即指一国中央银行所施行的狭义的货币政策。

　　根据调控目标、对社会总产出的影响以及操作方向的不同，货币政策又可以分为两种：扩张性货币政策（积极的货币政策）和紧缩的货币政策（稳健的货币政策）。当一国经济出现萧条迹象时，中央银行往往会采取措施降低利率，即通常所说的放松银根，由此引起货币供给增加，降低企业的借贷资金成本，从而刺激投资和净出口，增加总需求，称为扩张性货币政策，如美国在新一轮金融危机之后大肆推行的量化宽松政策。反之，当经济过热、通货膨胀率太高时，为抑制可能产生的泡沫，中央银行会采取一系列措施减少货币供给，收紧银根，如提高利率水平和存款准备金率（包括法定存款准备金率以及超额存款准备金率）等，进而抑制投资和消费，使总产出减少或放慢增长速度，使物价水平控制在合理层次，称为紧缩性货币政策。我国目前实行的是积极的财政政策和稳健的货币政策，这也是由我国实际的经济发展情况所决定的。

　　货币政策是一国中央银行调控宏观经济运行的主要手段，其最终目标可归纳为四个，即稳定物价、充分就业、经济增长和保持一国的国际收支平衡。但是在具体的操作过程中，想要同时实现这四个目标，却是一件非常困难甚至不可能完成的任务，因为四大目标之间存在相互排斥、相互制约的关系，即以某项货币政策工具来实现某一货币政策目标，经常会干扰其他货币政策目标的实现。如一国为了促进经济增长，往往需要采取适度宽松的货币政策，这为"稳定物价"的目标形成了压力，相同的情形在充分就业与稳定物价之间也会出现。此外，一国欲实现经济增长，经常需要国际收支顺差来提供支撑。因此，一国货币政策当局在制定相关政策时，需要结合本国的实际情况，选取最符合现实的目标为调控方向。同时，这也要求该国的货币政策从整体经济运行情况的宏观角度来制定，以便做到统筹兼顾。

　　为了发挥调控宏观经济的职能以及实现上述目标，中央银行需运用一系列的策略手段，即货币政策工具。常用的货币政策工具包括法定存款准备金率、再贴现率和公开市场业务等。除此之外，中央银行还可以有选择地对某些特殊领域的信用加以调节和影响，其中包括消费者信用控制、证券市场信用控制、优惠利率、预缴进口保证金以及间接信用指导等。

二、监管政策概述

监管政策是指一国金融管理机构为了有效监督管理本国金融机构而采取的一般步骤和具体措施,通过对金融机构的资本充足率、市场准入和信息披露等经营活动实行微观监管,进而达到防范金融风险、维护金融稳定的目标。其主要依据是相关的法律所规定的硬性指标,如我国的《商业银行法》从机构职责、经营目标以及业务范围等各个方面对我国商业银行进行了规范,并且对违反相应法律法规的行为也制定了相应的惩罚措施。同时相应的监管还包括对保险业、证券业等金融行业的监管,其原理与针对银行业的监管类似,在此不再赘述。

同时,伴随着经济全球化的不断推进,各国之间的经济联系越发紧密。为了防范风险的跨国传播,一些国际性的金融机构不断设立,如国际货币基金组织、世界银行(World Bank)和巴塞尔委员会。这些国际性的机构也会就金融部门的健康发展制定相应的规章制度,如巴塞尔委员会所要求的最低资本充足率。这些规章制度虽然没有法律上的约束力,但是一国政府为了使本国经济融入国际社会,往往会依据这些指标来监管本国金融机构,从而使其具有了一定的监管强制力。

为了达到有效的监管,各国都在不断地摸索和实践中。从国际经验来看,历次金融危机是紧缩型监管政策的"催化剂",而金融创新又不断放松相应的监督管制。此外,有关监管机构的设置(独立还是附属于中央银行,前者避免了中央银行既当运动员又做裁判的尴尬角色,保证了监管政策的独立性;后者避免了监管机构与中央银行之间的信息不对称,促进了监管政策和货币政策之间的协调)、分业监管还是统一监管(前者使监管更有针对性和专业性,后者却在金融机构监管之间做到了统筹兼顾)等问题,各国学者和政府机构也都根据本国的情况提出了不同的见解,如 Blanchard 等(2010)认为,由于中央银行具有得天独厚的监测宏观经济运行的优势,其在相应的反映经济运行情况的信息收集和判断上,更有一定的预测能力,因此在执行货币政策之外,中央银行还应承担起监管的职责[1]。而 Karmel(2009)则认为,过高的权利集中在单一机构会导致利益冲突,同时也会使得经济运行对中央银行行为的依赖性更强,相应政策对经济的冲击也会更大,这反而会加剧经济的波动,与一国中央银行设立的

---

[1] 资料来源:Blanchard, O., Ariccia. G., Mauro. P. Rethinking Macroeconomic Policy. IMF Staff Position Notes, SPN/10/03, 2012 (1)。

初衷相违背①。

三、货币政策和监管政策的矛盾表现

货币政策和监管政策有效性的实现，对一国经济的持续、健康和稳定增长具有重要意义。二者在一定程度上能够相互促进，互为补充。货币政策的目标之一为维护币值的稳定，这为监管政策的顺利实现创造了良好的外部环境；而一国监管当局在监管中所收集的关于金融机构的各种信息，又为货币政策的运行提供了坚实的微观基础。但是由于政策着眼点、政策目标、法律约束力以及作用方向的不同，同为稳定本国经济而设立的货币政策和监管政策，不可避免地会存在相互矛盾的地方。

（一）我国金融监管和货币政策之间的冲突背景

金融监管和货币政策之间的冲突，由来已久，并广泛存在于各国的经济结构中。正由于此，世界上迄今为止并不存在一个公认的最佳金融监管模式。在我国长期存在的金融监管职能和货币政策执行统一于中央银行的体制下，由于金融监管不力所导致的金融风险，就自然而然的集中于中央银行身上。特别是从改革开放到1996年这段期间，整顿金融秩序、防范金融风险是我国金融工作的重中之重，对我国各项改革事业的顺利推进起强大支撑作用。在这一职责要求下，身兼二职的中央银行实际上起的是一个"消防队"的作用，到处救火，到处掏腰包，造成了监管效率的低下。此外，在中央银行大包大揽的背景下，本来经济风险分散存在于社会各个点上，结果却最终大部分集中到了中央银行身上，增加了经济的不稳定预期。

从1997年开始，受国际经济环境和周边经济体的影响，我国经济逐渐步入了通货紧缩的特定阶段。我国中央银行从稳定经济层面出发，积极转变之前适度从紧的货币政策取向，通过连续多次降息、大幅下调存款准备金率、提供再贷款支持、降低再贴现率和发布支持经济发展的信贷指导意见等多种政策工具，采取了一系列扩大内需、增加货币供应量的政策措施。政策力度不可谓不大，操作频率不可谓不强。但是，这种反周期的宏观政策并没有取得预想的效果，其对经济主体的影响并没有很好地表现出来。究其原因，就是因为在1997年东南亚金融危机爆发后，"维护国家金融安全"被放在了经济工作中的突出位置。中国人民银行基于对我国金融风险的判断，提出了以金融监管、保持经济稳定

---

① 资料来源：Karmel. P. , Rabanal. P. , Monetary and Macroprudential Policy Rules in a Model with House Prices Booms. IMF Working Papers, 2009（10）。

为重点的工作指导方针，在明确制定金融机构资产质量改善的时间表的同时，还对金融机构的资产质量进行严格的监管。在 1998 年，中央银行还专门制定了《中国人民银行金融监管责任制》，合理划分了各级监管部门和监管机构的金融监管责任，并建立了严格的金融监管责任考核制度。在中央银行严格要求金融监管的驱使下，金融机构的风险控制意识空前提高，防范风险也被作为头等大事来抓。于是，在严格的监管责任和放贷责任追究制下，商业银行等金融机构出现了惜贷的行为，这直接导致了我国货币投放渠道不畅，货币政策时滞过长，货币政策意图不能有效实现的问题。这一矛盾的出现也在客观上加快了我国金融监管体制改革的进程，并最终导致了"一行三会"格局的形成。

（二）货币政策和监管政策冲突的具体表现

1. 政策着眼点的冲突

如上文所述，货币政策力图实现的四大目标为经济增长、物价稳定、促进就业和保持国际收支平衡，因此一国货币政策的制定者主要着眼于宏观层面上的调控，以维护价格水平的稳定，其主要取向是统筹兼顾。而一国的监管机构则主要从微观基础的层面上对本国的金融机构实施监管，包括资本充足率、金融业务操作的合规性以及相应法律法规和通知的执行情况，尤其是在分业监管的模式下，这种微观表现更为突出。因此，货币政策宏观主张和监管政策微观诉求就会发生相应的冲突。

以资本充足率的管制要求为例，监管当局对资本充足率的要求，在一定情况下（如经济萧条时期），会使货币政策丧失政策效力。Bliss 和 Kaufman（2003）以逻辑演绎的方式，在严密的逻辑推理下，发现当商业银行无法调整自身的资本金水平时，监管政策对资本充足率的要求会造成货币政策非对称性的影响[1]。同样，Kopecky 和 Van Hoose（2004）在银行追求利润最大化的假设下，发现当银行面临资本充足率约束时，货币政策的传导机制受到了扭曲，政策的执行效果也大打折扣[2]。而戴金平等（2008）以我国的现实经济情况为背景，实证检验了提高资本充足率的监管行为的政策效果，发现在短期其会产生显著的信贷收缩现象，较好地实现了既定的政策目标，但是这是以牺牲货币政策的传

---

① 资料来源：Bliss. R. , Kaufman. G. Bank Procyclicality, Credit Crunches and Asymmetric Monetary Policy Effects: a Unifying Model. Journal of Applied Finances, 2003（2）。

② 资料来源：Kopecky. K. , Van Hoose. D. A Model of the Monetary Sector with and without Binding Capital Requirements. Journal of Banking and Finance, 2004（3）。

导的有效性和经济的稳定为代价的①。

2. 目标冲突

货币政策防止流动性过剩造成通货膨胀，监管政策则要求银行有充足的流动性保持稳健。

如上所述，货币政策的目标之一是保持该国货币币值的稳定，力求避免大规模通货膨胀的发生，并以此促进经济增长。为此，一国货币管理部门往往会通过货币政策工具的选择和使用来调控市场上资金的流动性，防止流动性过剩而带来通货膨胀，从而达到稳定币值的目的。

监管政策的目标是促进银行业的合法、稳健运行，维护公众对银行业的信心，防止挤兑等恶性事件的发生。因此，监管部门往往会要求银行业等金融机构在日常的生产经营中，始终保持充足的流动性来提高支付能力，防止因支付不足而引发金融风险。而充足流动性的要求，往往会导致金融机构占用大量可用资金，在一定程度上限制了金融机构的利润可获得性，这与机构的逐利动机相违背。因此，金融机构有通过杠杆操作来规避监管的潜在动机，这在一定程度上增加了监管的难度，同时也说明了监管的必要性。

3. 时滞不同

货币政策存在较长的滞后期，而监管政策往往立竿见影。

为了达到稳物价、促就业和保增长的政策目标，一国央行往往需要调整法定存款准备金率、超额准备金率以及调节货币的发行量等工具来进行间接调控，从 CPI、失业率、GDP 的增长率以及进出口增加值等反映经济运行状况的指标的统计、计算，到分析相关指标和结合国际经济环境，制定适合本国的货币政策，再到政策的实施以及包括金融机构在内的市场参与者对该政策的反应最终反馈到实体经济上，整个货币政策的传导路径较长，其对既定的政策目标产生影响也往往需要较长的时滞期。

作为专司监管职能的机构，一国监管部门往往会通过现场指导、收集处理反映金融机构生产经营状况的动态指标等工具，直接作用于被监管机构，对被监管机构的经营行为作出是或否的监管要求，并提出具体的整改措施。同时，监管部门也能对金融机构的整改情况进行实时跟踪，实现动态监管的目标，所以，监管政策的作用效果往往是立竿见影的。

由于发挥作用的时间长短不同，最先起作用的监管政策可能会导致滞后的

---

① 资料来源：戴金平、金永军、刘斌：《资本监管、银行信贷与货币政策非对称效应》，载《经济学（季刊）》，2008（1）。

货币政策传导机制受阻，这在一定程度上削弱了两种政策之间的协调性。

4. 约束力不同

一国中央银行为了自身的调控目标，在实施货币政策的过程中所运用的法定存款准备金率等政策工具无法直接作用于防止通货膨胀、促进经济增长等最终目标，此间需要有一些中间环节来完成政策传导的任务，即在中央银行的政策工具和最终目标之间，存在一系列的包括货币供应量、贷款数量和基础货币等中介目标。而在中间目标发挥传导作用的过程中，中央银行往往需要利用其在金融机构中的地位和声望，通过道义劝告、窗口指导的方式对商业银行的经营行为进行市场诱导。同时，公开市场业务、再贴现率的调整等货币政策工具往往被视为中央银行所发出的有关经济运行的信号，目的是通过市场机制以利率这一基本工具来诱导金融机构参与，而金融机构依然有权根据自身流动性和资金价格自主决定买入或卖出，导致货币政策的效果与预期经常存在一定的偏差。

与货币政策不同，监管政策属于法规强制，监管部门的一切行为都以相关的法律为准绳，监管部门所制定的各项要求以及现场指导等都具有一定的法律约束力，这直接导致监管部门出台的政策、规定和比例以及作出的决定等，银行业金融机构必须无条件执行，对于拒不执行的以及整改后不符合要求的，监管部门有权进行通报批评，情节严重者，还可依法追究相关单位及个人的法律责任。因此，监管政策相比与货币政策，具有更强的法律约束力，执行效果更好。

5. 作用方向不同

同以稳定一国的宏观经济、促进经济发展为目标的货币政策和监管政策，在具体的作用方向上却存在着根本的不同，即货币政策顺经济周期而起作用，监管政策则采取逆经济周期的行为。

货币政策则主要是通过调整包括法定存款准备金率等一系列政策工具在内的中介指标来影响经济运行中的可用货币量，从而达到放松和收紧实体经济的目的，是顺经济周期而发挥作用的。在经济从低迷到高涨时期，面对着经济增长乏力的情况，货币部门会采取宽松的货币政策，通过连续大量货币政策工具的运用来促进经济增长，例如降低法定存款准备金率和超额准备金率，增加商业银行的货币创造功能和在公开市场中增加可用货币的数量，促进投资和消费；在经济从高涨到低迷时期，货币政策则相反。

根据以亚当·斯密为代表的古典经济学家的理论，理性人的假设使经济主体会从自身的利益最大化出发，在权衡收益和风险的基础上，作出最有利于自身的经济决策，从而导致市场存在一只看不见的手，使得"物尽其才，人尽其用"。但是由于信息非对称、外部性的存在，市场会存在失灵，相关经济主体的行为不仅会影响自身，也会被传递到整个市场，影响整个经济体系的稳定。因此，需要政府予以相应的监管和协调，这种市场和政府相互配合的关系，同样适用于金融监管领域。出于自利动机，银行业等金融机构在宏观经济高涨的过程中，存在放松贷款的资信调查等冲动的行为，而信贷的过快增长又会进一步为本已经过热的经济"火上浇油"，因此监管部门需制定更加严格的监管措施，防止泡沫的积聚和风险的扩散；而在经济低迷时期，金融机构的悲观预期会导致其采取保守的经营策略，为了防止坏账的出现，银行的放贷又会过于审慎，使本来已经增长乏力的经济雪上加霜，此时，监管部门则需采取适度宽松的监管政策，鼓励银行业金融机构提高流动性，增加贷款量，促进经济回升。

6. 消耗资源不同

由于货币政策和监管政策对实体经济的调控方式、途径以及范围的不同，二者所消耗的资源不同，涉及的范围也不同。

在具体的操作过程中，货币政策往往是通过一系列调控工具的运用，在中介目标的传导下，通过释放一定的信号，间接的约束或刺激银行的信贷投放，通过规范银行的放贷行为来达到调节经济的目标，模式较为单一，其消耗的人力资源、制度资源和财政资源等相对有限而且较为固定。

监管部门则从防范金融风险、促进经济发展的目标出发，在法律许可的范围内，规范银行业的所有行为，包括市场的准入、退出以及金融机构的日常营运等进行全方位的监管，并且会在必要的时候予以现场检查，所以监管政策所消耗的资源与被监管对象的机构数量和经营规模高度正相关。

上述货币政策与监管政策的矛盾，在各国经济中普遍存在，有关矛盾的解决办法也在积极的探索之中，其中一个较主流的呼声就是加强中央银行的监管职能。但这项工作究竟能起到多大的作用，还需要理论和实践的进一步验证。

四、矛盾解决途径——完善功能性监管，建立金融稳定机制

根据近几年我国资本市场的相关数据显示，非金融部门以银行贷款方式募集资金的总额始终占据了社会融资总规模的50%以上，这表明在一段时期内，以间接融资为主导的融资途径依然是我国金融市场的一大特征，这就要求为了配合货币政策的有效施行，我国的金融监管内容主要为信贷政策的监管。而上

述监管方式主要是建立在银行单一功能的基础之上的，并主要以机构组织为监管界限，淡化了商业银行对于货币政策的多重功能性反应。功能性监管模式，主要是从货币政策的实施目标出发，特别是阶段性的目标，以货币政策所要求的效果，反向界定和推动监管的配合功能，达到稳定经济的目的。

功能性金融监管模式最早是由哈佛商学院的默顿教授提出。在此框架下，金融监管机构关注的是金融机构的业务活动，政府公共政策的目标也是在功能给定的情况下，寻找能够最有效实现既定功能的制度结构。

相对于传统的机构监管模式，功能性监管有其自身的优势，其对货币政策的配合也更加紧密，较好地解决了传统的金融监管政策与货币政策的矛盾，具体可分为以下三个方面进行论述：

（一）功能性监管可以实现金融监管规则与货币政策目标的有效统一

与以往被动的机构监管模式相比，功能性监管是一个主动的监管方式，在防控金融机构风险、维护经济稳定的基本职责下，其更注重与货币政策的配合。例如，当中央银行实施扩张的货币政策时，在货币政策传导工具的作用过程中，监管机构则集中于各种金融机构的资金释放功能的制度安排，并依此将监管政策以功能模块化的规则形式进行确认，观察金融机构的资金释放机制并实施正面引导的积极监管，实现货币政策调整所要求的监管广度与深度。反之，当中央银行要实现货币紧缩的政策时，主动地功能性监管政策又会灵活实施各金融机构的资金压缩功能的制度安排。这样，监管规则依照金融机构的基本功能进行确定，就可避免以往所存在的情形，即无论货币政策如何变化，监管政策都无法有效配合，失去其除防范风险以外的存在意义。

（二）功能性监管更易做到统筹兼顾，可以有效防范监管套利行为的发生

金融体系具有风险的快速传递特性，对其所开展的体制性改造必然是一个长期的渐进过程。在此过程中，各商业银行极易爆发监管套利行为，降低监管效率，消除货币政策的实施效果。如果建立功能性监管模式，因其所具备的监管广度，以及监管对象的适时灵活性，可以很好地抑制商业银行的套利动机。

（三）功能性金融监管体制能够更有效地防范金融风险

在金融业转向混业经营以后，跨行业的金融产品日益增多，可能引发的金融风险将不局限于个别行业，很有可能会危及整个金融业。功能性金融监管针对混业经营下金融业务交叉现象层出不穷的趋势，强调要实施跨产品、跨机构、跨市场的监管，主张设立一个统一的监管机构来对金融业实施整体监管，使监管机构的注意力不局限于各行业内部的金融风险。这无疑会更有利于维护金融

业的安全。

同时，功能性监管也可解决金融创新给监管提出的新问题，也就是无论金融产品如何日新月异，其功能是基本稳定的，如网上支付与传统支票，都共同发挥资金支付功能；无论传统信贷，还是信贷资产的证券化，都发挥资金集聚与风险分散的功能。

在引入功能性监管模式的同时，还要积极建立金融稳定机制。因为协调货币政策与金融监管之间以及金融监管各部门之间的关系，是保证金融平稳运行的政策基础，因此，有必要在货币政策和金融监管之间建立金融稳定机制，协调金融机构风险与金融系统风险之间关系。在具体的制度设计上，可考虑在货币当局与金融监管当局之间建立健全高级管理人员相互参与制度，设立货币政策与金融监管联席会议制度，对金融运行的重大问题进行定期磋商，从而在降低交易成本和信息不对称的基础上，实现货币政策制定当局和金融监管当局之间的协调配合，相互促进。

另外，还要着重增强货币政策与金融监管的透明度。由于金融运行的主体是金融机构，引导金融机构和公众预期行为是提高金融运行的有效措施。要以提高透明度、引导公众预期为手段，定期公开货币政策和金融监管的运行情况，向公众表明货币当局和金融监管当局对当前金融运行的态度和看法，积极引导金融机构的经营行为，通过市场手段调节金融中介，防止或减缓金融市场对金融政策预期产生的震动，保持金融市场的稳健运行，促进经济金融的健康发展。

五、后危机时代宏观审慎监管政策和货币政策的协调和配合

2007 年美国次贷危机的爆发，在给世界各国经济形成巨大冲击的同时，也引起了对金融系统进行有效监管的反思，使大家认识到个体理性并不必然导致集体理性。随之，注重防范和应对系统性风险、力图构建宏观审慎管理的框架也成为各国的普遍共识。

宏观审慎监管是随着新一轮金融危机的爆发而逐渐兴起的一个概念，有关其确切定义目前在学者之间还没有形成统一的认识，但普遍得到大家认可的是国际货币基金组织和国际清算银行联合发布的《宏观审慎政策框架》中的相关描述，即"宏观审慎监管政策是以防范金融体系的系统性风险和维护金融体系的稳定为目标的，以运用审慎工具为手段的，以相应的治理架构为支撑的相关政策的统称。"

（一）宏观审慎监管政策和货币政策的区别

宏观审慎监管政策是微观审慎监管的延伸，因此针对宏观审慎监管的研究

主要是从其与微观审慎监管的区别来展开的。与原有的监管主要考虑单一金融主体的微观行为、防范单个金融机构的风险不同，宏观审慎监管立足于金融体系的宏观层面，以应对系统性风险为目标。就这一层面而言，宏观审慎监管与货币政策具有一定的相似性。但是由于量化程度、政策影响范围以及传导机制的不同，二者又存在一定的差异。具体可描述如下：

1. 量化程度不同

对于金融监管而言，为了政策的顺利实行，需要有相应的具体政策工具；同时，为了衡量政策实施的效果，也需要有相应的评价指标。这些操作指标、评价指标选取的难易、可靠性程度，就是该政策的可量化程度。对于货币政策而言，其主要的目标是维护价格的稳定和经济的平稳运行，有关其度量指标也已经卷帙浩繁，如消费者物价指数（CPI）、生产者价格指数（PPI）和 GDP 增长率等。但是，相较于货币政策而言，有关金融系统的稳定程度的量化指标则相对缺乏，因为有关稳定性的评估存在较大的主观成分，尽管 Ranciere（2005）等认为可以用实际信贷增长的偏度来度量金融体系的系统性风险[①]，但是该指标的可靠性和实用性还需要进一步的验证。

2. 政策影响范围不同

与微观监管政策不同，宏观审慎监管政策和货币政策都着眼于宏观特征，力主实现宏观经济的稳定。但是，货币政策的目标在以金融系统为主体的同时，更强调整个宏观经济系统的稳健性运营；而宏观审慎监管政策则直接定位于金融系统，是以防范金融体系的系统性风险为主，因此，也更有针对性。

3. 传导机制不同

如上文所述，货币政策的顺利实现需要有利率、货币量等量化指标予以传导。由于相应指标具有较强的可度量程度，从开始实施到最终目标的实现，都可以对整个过程予以监控。而宏观审慎监管政策由于缺乏可量化的相关指标，其传导机制尚不明显，当前所需要运用的政策工具还是在微观监管的基础上演变、发展而来，主要是杠杆管理和资本缓冲等，这些工具的实施效果还需要在实践中进行检验。

（二）宏观审慎监管政策和货币政策的协调与配合

由于上述不同的客观存在，货币政策和宏观审慎监管政策在具体的操作实践中，也需要相应的配合。而这一观点也得到了相关研究的普遍认可。Diaye

---

[①] 资料来源：Ranciere. Romain and Aaron. Systemic Crises and Growth. National Bureau of Economic Research. Working Paper, 2005（1）。

（2009）以逆周期的资本充足率的监管要求为前提，研究了货币政策和宏观审慎监管政策配合的必要性。他发现，在宏观审慎监管政策的帮助下，中央银行可以有别于以往，通过小幅度的利率调整来实现稳定物价的政策目标，二者的共同作用也可以减缓金融体系中加速器的进程，更好地减小宏观经济的波动①。同样，宏观审慎监管政策也需要货币政策的协助。Angelini 等（2010）通过运用动态随机一般均衡模型，发现若经济体系遭受的冲击较小时。宏观审慎监管的有效性不甚明显，并且若宏观审慎监管政策只关注金融系统而不与货币政策紧密配合的话，两者可能会发生更大的冲突，反而对整个经济体系更不利②。在国内，庞晓波等（2013）通过建立动态随机一般均衡模型，对货币政策和宏观审慎监管政策的交互作用效果进行实证分析，发现当经济波动是由技术冲击引起时，货币政策的效果要优于宏观审慎监管政策；而当该经济波动是由金融冲击引起时，宏观审慎监管政策会反而优于货币政策，但是二者的配合使用，只有在一定的情况下才有稳定经济的作用③。

在新一轮金融危机之后，在宏观审慎监管的制度安排下，各国都对自身的金融监管体制进行了一定的调整。有关宏观审慎监管的权利归属问题也成为各方争论的焦点，目前国际上通行的监管制度安排大致可以分为两类：一类是以美国、法国为代表的独立于中央银行之外的多头监管体制，另一类则是以英国、日本为代表的附属于中央银行的统一的监管体制。我国目前所施行的是一行三会的多头监管体制，如何合理的实现从微观监管到宏观审慎监管的过渡以及宏观审慎监管和货币政策的良性配合，从而为经济的平稳运行保驾护航，是摆在相关机构面前的一个难题，也是需要予以解决的重要问题。

第四节　矛盾十：外部监管导向与银行管理导向的矛盾

为了提高金融资源的使用效率，促进经济的健康发展，在稳健性经营的前提下，对金融机构进行外部监管也就具有了一定的现实意义。但是，由于外部监管与银行管理的目标函数不同，制定政策的定位和出发点的差异，二者不可

---

① 资料来源：Diaye. P. Countercyclical Macro Prudential Policies in a Supporting Role to Monetary Policy. IMF Working Paper, 2009 (12)。

② 资料来源：Angelini. P. , Neri. S. Grafting Macroprudential Policies in a Macroeconomic Framework：Choice of Optimal Instruments. Journal of Banking and Finance, 2010 (3)。

③ 资料来源：庞晓波、王作文、王国铭：《宏观审慎监管政策与货币政策关系研究》，载《经济纵横》，2013 (3)。

避免地存在一些矛盾。

一、外部监管导向与银行管理导向矛盾概述

商业银行在金融体系中占据重要地位。虽然影子银行、互联网金融等创新型金融机构和工具的出现在一定程度上对银行业形成了不小的挑战，传统银行业也被倒逼着进行改革与创新，但由于信息优势、人力资本优势以及网点优势，在一定时间内，商业银行仍是一国重要的金融机构，其吸收存款、发放贷款的功能仍在经济社会中扮演重要角色，对本国金融体系的稳定性和健康发展起着重要影响。因此，进一步规范商业银行的运作模式，推动银行业金融机构的发展，促进金融创新，防范系统性风险仍是一国金融监管机构的重要监管任务。

不可否认的是，一方面，由于机制体制的相对落后，创新力度的相对欠缺，银行业所提供的金融服务有一定的滞后性，不能满足资金需求双方的要求；另一方面，为了防范风险，减少可能发生的损失，出于审慎经营的原则，商业银行在发放贷款的行为中也存在一定的选择性。同时，由于银行业治理机制不甚完善，自利动机、创新动机的驱动，会促使商业银行采取一定的高风险行为，不利于金融体系的稳定。三方面的原因直接导致银行业与企业现实的资金需求状况存在不匹配的现象，也导致了银行业的经营管理会突破一定限制，增加了潜在的风险。因此，在商业银行自身经营管理的基础上，通过外部强制性的监管要求，拓宽银行业的金融服务范围，扩大金融服务的受众面，保持商业银行的稳健经营和风险可控，成为了外部监管的一大目标。

（一）外部监管导向与银行管理导向概述

商业银行的银行管理导向是指银行这一金融机构内部在既定的经营目标的激励下，在相应公司治理机制的约束下，通过对其内部的各职能部门的运营情况和管理人员及其他工作人员的操作行为实施约束，通过建立权责明晰的内部制度安排以保证该机构持续经营的模式。

按照定义，不难发现，银行管理导向侧重于内部的风险管理，主要着力点是个体（包括各个部门和员工）、机构内部（单个部门和部门之间）等微观层面的管理。但是由于这一制度安排主要是银行根据自身的经营目标和风险性质建立起来的，所以具有很大的自主性。同时，由于金融机构的逐利动机和良好的公司治理机制的缺失，金融机构往往会采取高风险的行为，而相应的专业人才的缺乏（如对冲、量化投资等专门人才）更是加剧了风险的扩大，并进一步导致了宏观经济的不稳定，给实体经济形成了冲击，历史上所发生的历次经济危

机已经予以证明。

为了促进银行内部治理机制的有效性，防范内部的风险，各国政府和国际性机构早已颁布相应的规章制度，如巴塞尔银行监督管理委员会的《银行机构内部管理体系的框架》和中国人民银行所颁布的《关于加强我国金融机构内部机制建设原则》等，在这些规范中，都对包括管理岗位责任制、业务岗位责任制、风险预警与监控报告机制和激励机制等进行了详细描述，有效地降低了银行的个体风险，促进了资金的有序流通。

为了弥补内部管理只关注单个银行内部的局限性，同时也为了更好地防范风险对金融系统的冲击，各国普遍针对本国的金融机构制定了相对较为严格的、具有一定强制性的规章制度，以达到对银行机构进行外部有效监管的目的。与银行管理导向不同，外部监管以银行为出发点，侧重于整个金融系统，是一种宏观层面的管理，其是在有效权衡、比较监管成本与效益的情况下，在确保银行系统的有序竞争和高效运作的前提下，从维护整个金融系统的稳定与安全出发，为了保护消费者利益、促进金融机构的稳健运营和整个金融体系的良性运转而制定的一系列风险管理的规章和制度规范，是银行业必须遵守的强制性规定。因此，为了对银行业的相关政策的执行情况进行考核，监管机构需要花费一定的成本，这虽然导致了一定的效率损失，但确保了整个金融系统的稳定。

（二）外部监管导向与银行管理导向矛盾表现

虽然同为银行业稳健性经营管理的需要，但由于政策着眼点、动机以及操作方式的不同，外部监管导向与银行管理导向不可避免地存在一定的矛盾，归纳起来，大致可分为以下几种：

1. 两者政策目标的不一致性

银行管理导向是一种内部自制的经营管理行为，是在稳健性经营的前提下，合理分配银行内部的资源，制定明确的责任制度和薪酬制度，在风险可控的基础上谋求最大化的利润。因此，银行有一定的自主性和自利动机。而外部监管导向则是从整个金融体系的监管层面出发，以维持整个金融系统的稳健性运营为目标。所以，尽管两者都有助于银行的稳健性运营，在某些具体的操作目标和方式上，银行管理导向和外部监管导向还会存在一定的分歧。

以银行资产负债表中的权益资本为例。为了做到风险可调可控，监管机构针对银行的资本充足率设置了一系列的目标，并且把该目标作为主要的监管工具，因此，外部监管导向倾向于银行等金融机构持有较高的权益资本，以更好的应对可能出现的风险，维护存款人的正当利益和金融系统的正常运转。但是，对银行自身而言，权益资本是所有融资来源里，成本最高的。并且权益资本占用越多，股东价值就会相应较小。较高的权益资本会导致较大的资源浪费，这与金融机构的逐利性不符，从而导致了银行管理导向与外部监管导向的冲突。

2. 二者相互支持

随着科学技术的发展以及经济自由化的推进，金融创新的力度得到加强，金融脱媒的趋势也不断加深，金融竞争的激烈程度也不断强化，其中包括境内金融机构与境外金融机构的竞争以及互联网金融与传统金融的竞争等。为了能在激烈的竞争中得以生存，银行业不断提升自身的硬件实力和软件实力，力求进一步改善内部监管机制，使良好的公司自理行为发挥效用，使得银行管理的能力得到提升。同时，监管机构也逐渐加强自身的监管能力，在对整体经济环境进行评估的基础上，合理控制金融创新的力度与风险可控性之间的平衡，监管效率也得到了提升。

由此，导致了外部监管导向与银行管理导向孰轻孰重的问题，即究竟是独立、严格的外部监管制度促进了银行自身经营管理能力的改善，为后者保驾护航，还是由于建立健全了银行的内部管理，才使得外部监管得心应手、锦上添花？

针对二者的重要性程度问题，目前尚未形成统一的意见，但是有一种观点的正确性是毋庸置疑的，即良好的银行自我管理机制和具有一定独立性、强制性的外部监督制度，是金融系统正常运转的两个必不可缺的重要组成部分。

3. 外部监督是激励还是约束

在银行业金融机构的监管中，监管者代表所有存款者的利益对银行这一债务人进行监管，因此，银行与监管者之间实际上也形成了一种委托代理关系，银行这一债务人在利润最大化的动机下安排生产经营活动，使得存款者等债权人的资产置于风险之中。同时，由于信息不对称问题的客观存在，银行的经营行为存在一定的逆向选择和道德风险问题，这更显示了外部监管的重要性。

但是，具有强制性的外部监管，不可避免的会对银行的日常经营管理行为产生影响，因为高风险通常意味着高收益，而限制高风险行为，就会降低银行潜在获利的可能性，即约束银行的行为。

有关外部监督是激励还是约束的研究，不同学者取得了不同的结论。Caprio等（2003）以大股东对小股东的利益侵占为出发点，在控制了大股东的持股比例、银行正常生产经营行为的基础上，作者发现外部监管（包括对银行的资本充足率要求、市场准入的限制）与银行的价值负相关，即严格的外部监督制度不利于银行的经营行为①。而 Prowse（1997）则以美国银行控股公司（Bank Holding Companies）为研究对象，以经理人的更换引起控制权的相应变化为切入点，发现相较于银行控股公司的董事会监管而言，外部的监管机制更能提升公司的经营绩效，是公司不可或缺的治理机制②。

（三）外部监管导向与银行管理导向的矛盾产物——监管替代

良好的公司治理机制，能够促进公司的稳健性经营，同时也可以为公司提供更多可供利用的优质资源。因此，公司都会设置合理的股权分配方案、薪酬激励制度以及内部监督机制等公司治理途径，来改善自身的经营，达到资源的合理配置。

但是由于委托代理问题的存在以及公司治理结构的不健全，追求利润最大化的动机经常会使得公司的经营行为偏离预定的轨道，损害市场中其他参与者的利益。因此，引入合理的外部监督机制，成为力图解决委托代理问题的一种方法。

针对金融机构监管而言，具有强制性的外部监督机制能较好的规范金融机构的行为，改善金融机构的公司治理机制。Ciancanelli 和 Conzalez（2000）以银行控股公司为例，发现相较于面临监管较松的银行控股公司而言，较强的外部监管力量通过限制市场和股东对银行经理的行为约束程度，促进了银行控股公司的公司治理。并且，在和代表公司治理水平的变量进行交互作用后，作者发现外部监督的这种促进作用会更明显。据此，作者认为，外部监管和银行控股公司自身的管理起到了相互补充的作用③。

在我国银行业监管的相关研究中，外部监督对银行自身管理的作用，在更大程度上起到了监管替代的作用，即强制性的外部监督并没有改善银行治理机制的完善，相反，却在一定程度上替代了银行的自我管理。洪正和周轶海（2008）以我国商业银行的数据为样本，发现，无论是事前的监督还是事中的临时性监管，外部监管都改变了银行的内部监督行为，对内部监督机制形成了替

① 资料来源：Caprio, Laenen and Levine. Governance and Bank Valuation. NBER Working Paper, 2003（4）。

② 资料来源：Prowse. The Corporate Governance System in Banking: What Do We Know? The Journal of Financial Research, 1997（6）。

③ 资料来源：Ciancanelli and Conzalez. Corporate Governance in Banking: an Empirical Framework. Journal of Banking and Finance, 2000（6）。

代，并进而影响了银行价值①。与此类似，潘敏和谢龙（2011）通过比较同样受到管制的银行业和制造业，发现，与制造业相比，我国商业银行的内部治理机制的监督作用较弱，其功能并未得到充分发挥，而外部监管在替代银行内部监督的基础上，起到了促进银行绩效提升的积极作用②。

监管替代的存在，一方面说明了外部监管的重要性，另一方面也显示出了我国银行业金融机构自身治理机制的不健全。积极稳妥地进行外部监管，稳步推进银行业治理机制的进一步完善，促进外部监管和银行自身监管的有效配合与协调，是一段时期内我国金融体制改革需要着重解决的又一难题。

二、矛盾解决途径——增强对内部人的控制，完善原则导向监管

由于目标函数冲突的客观存在性，外部监管导向与银行管理导向之间不可避免地会存在矛盾，而这一矛盾一方面会导致金融监管的低效率，另一方面又可能会限制银行业金融机构的自主性经营，限制了金融创新的动力，不利于经济的发展。因此，选择合适的途径解决这一矛盾，也就具有一定的现实意义。

（一）增强金融企业责任意识，加强内部控制，完善公司治理机制

由于金融资源的稀缺性，在日常的生产经营中，银行业金融机构在与企业的博弈中，往往占据着主动。同时又为了防范业务风险，防止可能发生的经济损失，银行业金融机构在开展业务的过程中，也往往会对借款人进行严格的资信调查，这时实力雄厚的国有企业、大型跨国公司就会被银行等青睐。所产生的结果往往是：大型企业等优质客户僧少粥多，金融机构不惜降低利润来争取；而小型企业、风险较高的高科技企业却面临惜贷的现象，直接导致了金融资源利用的低效率。

为了提高金融系统的运转效率，银行业等金融机构应转变经营意识和风险防控意识，提高自身社会责任建设的力度，在风险可防可控的前提下，通过建立相关的责任和激励机制，调动员工主动开展业务的积极性，从而挖掘机构新的利润增长点。

在给相关人员更大的业务权限的同时，也要注重完善公司的治理机制，加强内部控制。内部人控制（Insider Control）最早是由日本学者青木昌彦所提出，

① 资料来源：洪正、周轶海、王国铭：《内部监督、监督替代与银行价值》，载《金融研究》，2008（7）。

② 资料来源：潘敏、谢龙、王国铭：《外部监管之于银行内部治理：替代还是促进？——来自中国银行业的经验证据》，载《管理学家（学术版）》，2011（4）。

是指在现代企业中，由于所有权与经营权的分离，企业的所有者与经营者的利益存在不一致性由此导致了经营者控制企业，即有别于"所有人控制"，实现了"内部人控制"。在现代公司治理体制中，由于信息不对称，企业的外部成员如股东、债权人、主管部门等往往不能掌握企业真实的生产经营状况，导致外部监督不力，企业的内部成员如厂长、经理或工人等直接参与企业的战略决策以及从事具体生产经营决策的各个主体掌握了企业的实际控制权。如若对信息的直接所有者监督不力，内部人就会通过对公司的控制，追求自身利益，并最终损害外部人的利益。因此，加强针对内部人控制的控制，也就成为了完善公司治理机制的重要问题。

建立有效的针对内部人控制的机制，需要着重在以下方向下工夫：

1. 健全公司法人结构

建立符合现代市场经济要求的法人产权制度，健全规范法人治理结构。依照《公司法》明确股东大会、董事会、监事会和经理层的职责，并规范运作。这是一组相互联结并规范公司法人中相应的所有者、支配者、管理者相互权利、责任、利益等的制度安排。在这种制度下，所有权转化为股权由股东持有，所有者作为持股者只能在市场上交易其所有权（股权），以此来选择、评价、约束公司行为，并转移风险，但不能凭股权来分割公司法人产权或直接支配公司行为；管理权作为经营管理的执行权由经理掌握；董事会作为公司的决策者拥有对整个公司资产组合的支配权。公司法人产权实质上是一种受所有权委托的对他人资产的支配权，董事会代表公司法人成为出资者的代理者，由此相应地产生了所有权、法人产权、管理权的矛盾，因而也就要求相应的治理结构衔接并规范诸方面的利益关系。十八届三中全会提出的混合所有制消除了政府行政直接干预企业的基础，也从结构上实现了产权多元化，有利于解决我国金融机构产权结构单一的问题。

2. 强化内部机制，完善公司治理

首先，要进一步健全金融企业内部监督机构，提高监督效果。企业内各个监督机构要独立运作，相互制约，相互支持。企业的董事长、总经理不能兼任监督部门的负责人。其次，要强化股东大会的职能。为确保股东能够行使参与公司的权利，《公司法》应当增赋少数股东的股东大会召集权，保护股东的建议权和质询权，还可考虑设立股东代表诉讼制度，给股东加强内部监控提供新的途径。然后，要强化董事会、监事会对公司的监督作用。在董事会中，没有一批强有力的称职和独立的董事，就不可能对经理形成真正有效的监督和制约，董事会与经理层之间的委托代理关系就有可能转化为缺乏约束力的合谋关系。为此，要引入外部董事、外部监事，以法律的形式规定独立董事的权利和责任；同时，要正确处理好董事会与股东会、监事会、经理层的关系，使之协调运转、有效制衡。最后，还需要建立健全经营管理者考核制度。在考核内容上，应将企业的销售收入、利润总额、净资产利润率、人均利润率、劳动生产率等经济指标和国有资产的保值增值情况作为衡量企业经营管理者业绩的主要依据。要建立决策失误责任追究制度，坚决追究失误者的经济及法律责任，对有重大经济问题的企业领导人要严肃查处，触犯刑律的，要及时移送司法机关追究刑事责任。

(二) 完善原则导向监管模式，促进金融机构规范化、自主化经营

针对银行业的监管是一个动态的选择过程，随着金融市场的发展以及金融风险的演变，各国监管当局的监管理念也在不断更新，并在历次经济危机的冲击下不断升华。伴随着经济全球化和金融自由化的推进，世界范围内在不同地域形成了联系紧密的经济体，在促进金融交易自由化的同时，金融风险也得以在全球市场迅速的传递。为了更好地防范金融风险，各国金融监管当局也越来越重视监管法规的精细化、标准化和严格化，以更好地约束和引导市场参与者的行为。

然而，随着金融创新、信息技术和大型金融机构的迅猛发展，尤其是当前大数据时代对传统金融机构的冲击愈演愈烈，导致金融市场的环境变化始终会领先于监管机构的应对举措和行动。为了更好地应对上述冲击，同时兼顾到各金融机构的风险、资产质量以及资本充足率等指标均具有较大的差异性，构建并完善原则导向监管就具有了现实意义。

有别于以往的规则导向监管，原则导向监管是一种注重结果的监管，更注重的是监管的引导作用，强调的是效果而不是手段。具体的操作方式为：监管者事前为银行业等金融机构制定出良好的原则与要求，通过鼓励银行采用合适的方法来遵守原则。之后，监管者则对结果进行检查，并根据结果决定是否采取相应的强制措施。在这种监管模式下，被监管机构受到的具体监管措施约束更少，即只要风险得到了相应的控制，监管者将不再对其进行具体的指导和干预，在促进金融机构更灵活地选择其履行职责的有效方式的同时，也有助于更好地识别和控制各种风险，既满足了监管当局的监管要求，又能更好地实现金融机构自身的生产经营目标，提高其开展正常经营活动的主动性和积极性。

在具体的操作实践中，原则导向监管更重视监管导向和监管效果。从这一

意义上而言，原则导向监管给予了被监管者依据自身的生产经营实际情况进行判断和决策的自由，保障了其自主化经营。此外，原则导向监管主要是为了改变过去的监管方式过分依赖于细节的问题，更加注重强调高级管理人员的责任。明确确立高级管理人员对于机构的运营和风险管理应当承担全部责任，这是原则导向监管与规则导向监管最大的不同之处。

原则导向监管对监管者提出了更高的要求。这是因为在原则导向监管模式下，金融监管当局为了实现有效的监管，需要其非常出色的判断能力以及与被监管机构之间充分和坦诚的沟通。通过把监管责任个人化，原则导向监管对监管人员的专业化素质、监管经验以及职业操守提出了更高的要求。此外，原则导向监管不是仅仅从监管目标出发设置监管措施，而是在参照被监管机构的经营目标的基础上，将金融机构的内部管理和市场约束纳入监管范畴，通过引导这两种力量来保障监管目标的实现，因此，原则导向监管更强调激励相容的监管理念。

原则导向监管的实施，不仅需要监管人员具备较高的专业水平，需要其对金融市场和金融机构的运行状况有足够的了解程度，同时也要求被监管对象具有完善的内部管理制度，需要其有完善的内部控制机制和高素质的风险管理人才。但是，目前我国尚不完全具备实施原则导向监管的外部环境和内部条件。因为，一方面，我国大部分商业银行的公司治理结构仍需完善，内部控制制度依然不甚健全，另一方面是因为以风险为本的金融监管体系尚未完全确立，监管信息系统还需要进一步完善。

因此，为了有效实施原则导向监管，应对不断加快的金融创新和对外开放，妥善解决外部监管导向与银行管理导向的矛盾，我国金融机构和监管当局还需在以下方面作出努力：

首先，银行业等金融机构需要提高自身的风险管理能力。一是完善公司治理结构，建立和规范自身的运作自律体系。良好的公司治理结构是建立风险硬约束的基础，也是有效监管的前提。目前，我国的银行业金融机构普遍缺乏良好的公司治理机制，缺乏对管理者的有效监管，这种缺陷将直接导致内部风险管理和外部监管的失效。二是强化风险意识，加强内部控制建设，着重加强风险预警工作，构建和谐健康的银行风险文化。

其次，需要完善信息披露制度，推进监管透明度建设。在原则导向监管模式中，监管者主要依赖从银行自身的风险信息来对银行的经营状况作出判断。若无透明的信息，基于原则的监管就会是混乱和失败的。因此，信息是决定监管效率的关键。这就要求各银行金融机构建立与信息披露要求相适应的内部控制运作流程，促进信息的充分交流。

最后，需要提高监管和被监管人员的专业能力。在原则导向监管中，监管人员的判断以及监管人员和被监管人员的沟通对整个监管起到至关重要的作用。因此，相关人员的专业素质是提高监管效率的重要保障。一方面要通过各种手段强化银行董事会、股东和高级管理层的责任重视相关人员的职业操守和风险管理能力。另一方面要提高监管队伍的素质，在加强对现有人员进行培训的同时，也要通过引进一些专业人员充实监管队伍，提高监管者的整体质量。

需要指出的是，原则导向监管并不是完全废除规则，因为在此种监管模式下，监管当局与被监管机构都将面临更大的不确定性，如若不加以控制，会导致更大的金融风险。完善原则导向监管，是在规则监管与原则监管之间寻求一个平衡点，其核心仍然是以防范风险为本，通过将着眼点放在防范风险上，更加注重银行内部的风险控制和管理，从而起到督促银行建立风险管理的长效机制。

三、矛盾解决范例——改善小微企业金融服务

尽管外部监管导向和银行管理导向的矛盾是客观存在的，但是，通过一定的协调，二者的配合使用可以为我国经济的发展注入更大的活力，也更有利于我国经济环境的稳定。下面以妥善服务小微企业为例，说明外部监管导向和银行管理导向的配合使用。

在我国，小微企业占据了企业数量的大多数，并且是经营较为活跃的一个群体，已经成为我国国民经济的重要支柱，在"稳增长、促改革、调结构、惠民生"的经济大环境下，是我国经济持续稳定和快速增长的坚实基础。同时，由于其数量庞大，生产经营方式灵活，小微企业还是我国安置新增就业人员的主要渠道。有数据显示，2013 年，我国劳动力人口接近 8 亿，就业人口高达7.67 亿，全国的小微企业成功地解决了我国 1.5 亿人口的就业问题，在促进经济增长方面发挥了重要作用。但是，由于规模较小，进入壁垒低，小微企业面临较大的竞争压力，经营风险也随之增加。同时，由于设备更新换代速度快，人力资本较大，小微企业普遍存在着较为旺盛的融资需求。但是，作为主要融资来源的银行等金融机构与小微企业之间存在着较为严重的信息不对称，银行对小微企业的实际运营情况以及未来盈利前景了解得不够透彻。为了防止事前的逆向选择以及事后道德风险的发生，出于防范风险的考量，金融机构普遍存

在信贷配给（Credit Rationing）的现象，即便小微企业愿意支付较高的贷款利率，银行依然不愿意放贷给这类企业。

从银行业金融机构稳健性经营的角度出发，由于银行与小微企业之间的信息不对称问题更严重，小微企业经营风险较大，贷款抵押品价值较低，贷款违约率也较高，银行为了防范违约风险进行惜贷行为也无可厚非，符合银行管理导向的要求。但是，在我国，中小企业提供了50%以上的税收，创造了60%以上的国内生产总值，完成了70%以上的发明专利，提供了80%以上的城镇就业岗位，占企业总数的99%以上[①]。合理规范和引导小微企业的健康发展，是关系到我国经济发展和国计民生的重大问题，也是各个监管当局以及金融机构义不容辞的责任。

为了切实保障小微企业的发展，国务院以及相关部门陆续出台了一系列政策，鼓励各个监管部门以及银行业金融机构适度增加针对小微企业的扶植力度。为贯彻党的十八大精神，落实中央经济工作会议要求，加快推动经济转型，打造中国经济的升级版，促进小微企业金融服务转型升级，中国银监会发布了《关于深化小微企业金融服务的意见》（以下简称《意见》）。

《意见》在"银十条"基础上提出了15条具体措施，是银监会落实和推进对小微企业金融服务差异化监管政策的又一重要举措，体现了银监会对金融支持小微企业的一贯重视。

对于小微企业授信客户数占该行所有企业授信客户数以及最近六个月月末平均授信余额占该行企业授信余额达到一定比例以上的商业银行（原则上东部沿海省份和计划单列市授信客户数占比不应低于70%，其他省份应不低于60%），各银监局在综合评估的基础上，可允许其一次同时筹建多家同城支行，且不受"每次批量申请的间隔期限不得少于半年"的限制。

根据《商业银行资本管理办法（试行）》（银监会令〔2012〕1号），在权重法下对符合"商业银行对单家企业（或企业集团）的风险暴露不超过500万元，且占本行信用风险暴露总额的比例不高于0.5%"条件的小微企业贷款适用75%的风险权重，在内部评级法下比照零售贷款适用优惠的资本监管要求。

为了使政策落到实处，在银行业金融机构的积极配合下，在具体的操作过程中，银监会也出台了相关政策和措施，并对银行业专门设定了针对小微企业贷款的统计口径，设定了三个统计指标：小微企业贷款覆盖率、小微企业综合

---

① 资料来源：郑昕：《小微企业仍面临5只"拦路虎"》，2014 – 05 – 27。

金融覆盖率以及小微企业申贷获得率。并要求银行做到"两个不低于"的监管要求：小微企业贷款增速不低于商业银行各项贷款的平均增速以及小微企业的贷款增量不低于上年同期。同时，银监会还会对所辖金融机构的小微企业贷款增长情况、小微企业金融服务专营机构数量以及信贷情况进行实地调研督导，并鼓励和要求银行业加强与小微企业的联系，根据二者的反馈及时调整工作思路。这项工作虽耗费了一定的人力、物力和财力，却使得针对小微企业的一系列政策措施落到了实处，切实保障了小微企业的发展，为我国经济的增长注入了动力。同时，小微企业的不断发展壮大，逐渐进入银行的视线，在享受银行所提供服务的同时，也成为了银行业新的利润增长点，从而进一步优化了银行业的资产结构，提升了其应对经济环境变化的能力。

究其本质，外部监管导向与银行管理导向之间的矛盾是就银行业等金融机构的服务对象和服务方式而言的。在放松与收紧业务范围的选择中，如何平衡银行业金融机构的安全性、流动性和盈利性，实现整个金融系统的平稳健康发展，需要监管机构和金融机构的通力合作，也需要政策层面和市场其他参与者的大力支持。

【专题1】中国股票市场研究

一、中国股票市场产生的历史背景

与西方发达国家股票市场自诞生之日起就深深植根于市场经济不同，中国的股票市场则是建立和完善社会主义市场经济体制中"摸着石头过河"的产物。经过20多年发展，现在仍然属于"新兴加转轨"市场。

具体而言，中国股票市场是国有企业股份制改革的产物。新中国建立初期经济发展借鉴苏联的计划经济模式，所有制形式主要是全民所有制和集体所有制，国有经济构成了国民经济的主体。随着中国改革开放不断深入，尤其是随着经济体制改革的推进，国有企业开始出现经营困难，大面积亏损。同时，在金融领域，长期单纯依赖银行（均为国有银行）信用和国有企业普遍存在的预算软约束，使得银行坏账居高不下，金融风险日趋严重。针对这些实体经济和金融领域出现的日益严重的问题，一系列改革措施开始试点和推广。一方面在国有企业改革方面先后推行放权让利、租赁制、承包制、转换国有企业经营机制等多项改革措施；另一方面，在金融领域，剥离中国人民银行的商业银行业务，组建国有商业银行。但是国有企业仍未从根本上摆脱困境。

20世纪80年代初期股份制改革开始在深圳经济特区试点，并取得了初步的成效，随后在全国推行。改制企业和有关政府切身体会到改革带来的实实在在的成效，深刻认识到股份制改造可以使企业迅速走出困境。对于股份制在建立社会主义市场经济体制过程中的重要意义逐渐形成了统一认识，为日后建立中国股票市场奠定了基础。国有企业改革的全面展开，迫切需要成立公开发行和交易股票的市场。于是，国家先后在深圳和上海组建了证券公司和证券交易所，中国股票市场应运而生。

二、中国股票市场发展的历史轨迹

回顾中国股票市场发展的历史轨迹，其形成和发展过程可以划分为以下四

个阶段:

(一) 股票市场的早期萌芽阶段 (1978—1992 年)

这一阶段股票发行和交易缺乏全国统一的法律法规, 也缺乏统一的监管, 股票市场以区域性试点为主, 股票市场的发展迫切需要规范的管理。

1983 年 7 月 8 日, 深圳市宝安县联合投资公司发行了新中国发行的第一张股票。当时发行的股票具有明显的债券的特性。1984 年 7 月 20 日全国第一家股份有限公司——北京天桥百货股份有限公司成立。1986 年 9 月 26 日, 中国工商银行上海信托投资公司静安分公司开始接受委托, 办理股票的代购、代销业务, 这是新中国第一次进行股票交易。

1987 年 9 月深圳组建了全国第一家证券公司——深圳经济特区证券公司。1988 年 7 月 18 日上海万国证券公司正式成立。1990 年 11 月 26 日, 上海证券交易所成立; 1990 年 12 月 1 日深圳证券交易所成立。两家证券交易所的成立, 标志着中国股票市场正式形成。

1992 年, 新中国首次向境外投资者发行股票。1992 年 2 月, 上海真空电子器件股份有限公司 B 股股票正式在上海证券交易所挂牌交易; 1993 年 6 月, 青岛啤酒在香港发行首支内资 H 股; 1994 年, 山东华能发电在纽约证券交易所发行首支中资 N 股; 1997 年, 大唐发电在伦敦证券交易所发行首支中资 L 股; 同年, 中新药业在新加坡证券交易所发行首支中资 S 股。

(二) 股票市场初步发展阶段 (1993—1999 年)

在此期间中国股票市场从区域性市场逐渐演变形成全国性统一市场, 一系列相关的法律法规和规章制度使股票市场得到了较快发展, 首次确立了股票市场的法律地位。

1992 年 10 月成立的国务院证券管理委员会 (以下简称证券委) 和中国证券监督管理委员会 (以下简称证监会) 开始统一监管全国证券市场, 中国股票市场开始纳入全国统一监管。1998 年 4 月国务院撤销证券委, 证监会统一监管全国证券和期货市场。随后,《股票发行与交易管理暂行条例》、《证券交易所管理暂行办法》、《证券投资基金管理暂行办法》、《公开发行股票公司信息披露实施细则》、《禁止证券欺诈行为暂行办法》等一系列证券市场法规和规章相继出台, 股票市场法规体系初步形成, 有力推动了中国股市发展进程。作为中国第一部规范股票发行与交易行为的法律,《证券法》1999 年 7 月 1 日起实施。

截至 1998 年底, 全国 90 家证券公司共设立了证券营业部 2 412 家。从 1991 年开始, 出现了一批投资于证券、期货、房地产等市场的基金 (俗称老基金)。

1990年10月，建立了全国证券交易所自动报价系统（STAQ），通过计算机网络连接国内证券交易比较活跃的大中城市，为会员提供有价证券的买卖价格信息以及报价、交易、交割和结算等方面的服务。1992年7月，STAQ系统成为指定的法人股流通市场。1993年2月，中国证券交易系统有限公司（NET）成立。至此，中国证券交易市场成了以"两所两网"为主体、集中与分散相结合的特征。场外市场除了STAQ和NET系统，其余大都是地方政府自行设立的区域性的产权交易市场，规则各不相同，机构与管理混乱，致使柜台交易存在诸多问题。经过证监会对场外交易场所进行了清理后，柜台交易市场退出了历史舞台。

（三）股票市场体系形成阶段（2000—2004年）

在这一阶段多层次股票市场初步形成，股票发行审批制改为核准制及发审委制度改革，实施了证券发行上市保荐制度和询价制度，开放式基金诞生，引入QFII制度。

2000年开始上海证券交易所和深圳证券交易所分别被定位为蓝筹股市场和创业板市场，正式开启了建立多层次股票市场的序幕。2001年7月代办股份转让系统的运行，解决原了STAQ、NET系统历史遗留问题。2001年底退市的上市公司开始到代办股份转让系进行股票交易。2004年5月深圳证券交易所设立中小企业板块。2001年3月股票发行审批制改为核准制。

2003年5月证监会批准瑞士银行和野村证券株式会社成为首批QFII机构，标志着QFII制度正式开始实施。QFII制度是在资本市场对外开放的重大举措，是股票市场国际化的体现。2004年2月《证券发行上市保荐制度暂行办法》正式施行，首批保荐人于2004年诞生。2004年12月，新股IPO定价实行询价制度。

（四）股票市场逐步完善阶段（2005年以后）

这一阶段完成了股权分置改革，一系列基础性制度建设使股票市场的运行更加符合市场化要求，中国股票市场法制化进一步强化。中国股票市场开始步入更加市场化、规范化、国际化新阶段。

1. 修订《公司法》和《证券法》

2005年10月，《公司法》和《证券法》（以下简称两法）修订，通过规范公司运作、明确市场规则以及尊重公司自治等措施促进市场的健康发展。证监会先后颁布了《冻结、查封实施办法》、《上市公司治理准则》、《上市公司股东大会规则》、《上市公司章程指引》、《上市公司非公开发行股票实施细则》、《证券公司董事、监事和高级管理人员任职资格监管办法》等一批与两法配套的规章和规范性文件。

2. 基本完成股权分置改革

为解决国有股不能流通而导致的市场扭曲，2005 年 4 月正式启动股权分置改革试点工作。截至 2007 年底，股权分置改革基本完成。针对股票市场由于"大小非"大规模解禁而出现大幅波动的情况，2008 年 4 月证监会发布《上市公司解除限售存量股份转让指导意见》，规定"大小非股东在未来一个月内抛售解禁股份数量超过公司股份总数百分之一，应当通过证券交易所大宗交易系统转让"。从 2008 年 7 月起，中国证券登记结算公司开始逐月披露"大小非"减持情况，加强"大小非"减持的信息披露透明度。

3. 丰富和完善市场体系和交易方式

为解决日益突出的中小企业融资问题，满足高风险投资者投资需求，深圳证券交易所 2009 年 6 月推出专为自主创新及其他成长型企业提供融资支持的创业板。2014 年《首次公开发行股票并在创业板上市管理办法》和《创业板上市公司证券发行管理暂行办法》等制度的出台，进一步规范了创业板的发展。

为解决"单边市"问题，股指期货 2010 年 2 月正式推出，理论上投资者既可以通过做多获利，也可以通过做空获利，为市场提供了系统风险的对冲机制，但单一股票的市场风险难以对冲。适应市场要求，融资融券业务于 2010 年 3 月正式推出。

4. 股票市场对外开放不断深入

作为推动中国资本市场对外开放的重要内容，为加强内地和香港两地资本市场联系，推动资本市场双向开放，促进两地资本市场共同发展，"沪港通"试点于 2014 年 11 月启动。上海证券交易所和香港联合交易所将允许两地投资者通过当地证券公司（或经纪商）买卖规定范围内的对方交易所上市的股票。

三、中国股票市场存在的主要问题

经过 20 多年的发展，中国股市在规范化、市场化和国际化方面取得了长足进步，为国内经济体制改革和对外开放发挥了重要作用。但目前市场体系仍不健全，市场主体总体上不成熟，市场机制不完善，市场功能不平衡，市场运行不稳定，突出表现为四个悖论。

（一）悖论一：股市大起大落与 GDP 稳定增长的悖论

股市历来被视为国民经济的"晴雨表"，股市的变化理应反映出宏观经济的变化趋势。但 20 多年以来，中国股市却丝毫未发挥国民经济"晴雨表"的作用。

　　截至 2013 年底，国内沪深两市上市公司数量达到 2 489 家，总市值达 23.1 万亿元，占同期 GDP 的 40.6%，其中流通市值 199 579.54 亿元（见表1）。无论是上市公司数量还是总市值，中国股市已经跻身全球重要资本市场。按理股市应该发挥国民经济晴雨表的功能。然而，中国股票市场自 2001 年以来的表现与同期国民经济发展存在明显的背离。

表1　　　　　　　　　　　1992—2013 年中国 GDP 与股市概况

年份	GDP（亿元）	GDP增长率（%）	境内上市公司数（A、B 股）（家）	股票总市值（亿元）	股票市值/GDP（%）	流通股总市值（亿元）
1992	26 923.48	14.24	53	1 048.15	3.89	
1993	35 333.92	13.96	183	3 541.52	10.02	861.62
1994	48 197.86	13.08	291	3 690.62	7.66	968.89
1995	60 793.73	10.92	323	3 474.28	5.71	938.22
1996	71 176.59	10.01	530	9 842.39	13.83	2 867.03
1997	78 973.03	9.30	745	17 529.24	22.20	5 204.42
1998	84 402.28	7.83	851	19 521.81	23.13	5 745.59
1999	89 677.05	7.62	949	26 471.18	29.52	8 213.97
2000	99 214.55	8.43	1 088	48 090.94	48.47	16 087.52
2001	109 655.17	8.30	1 160	43 522.20	39.69	14 463.17
2002	120 332.69	9.08	1 224	38 329.13	31.85	12 484.55
2003	135 822.76	10.03	1 287	42 457.72	31.26	13 178.52
2004	159 878.34	10.09	1 377	37 055.57	23.18	11 688.64
2005	184 937.37	11.31	1 381	32 430.28	17.54	10 630.51
2006	216 314.43	12.68	1 434	89 403.89	41.33	25 003.64
2007	265 810.31	14.16	1 550	327 141.00	123.07	93 064.00
2008	314 045.43	9.63	1 625	121 366.43	38.65	45 213.90
2009	340 902.81	9.21	1 718	243 939.12	71.56	151 258.65
2010	401 512.80	10.45	2 063	265 423.00	66.11	193 110.00
2011	473 104.05	9.30	2 342	214 758.10	45.39	164 921.30
2012	519 470.10	7.65	2 494	230 357.62	44.34	181 658.26
2013	568 845	7.7	2 489	230 977.19	40.60	199 579.54

　　注：2013 年 GDP 为初步核算结果。

　　资料来源：国家统计局、证监会网站。

鉴于 2000 年以前，中国股票总市值占 GDP 的比率较低（均在 30% 以下），不妨以 2000—2013 年为例，将股市变化与国民经济进行对比。图 1 以 2000—2013 年的股票总市值与 GDP 为例，直观反映出股票总市值大起大落的变化趋势与 GDP 稳步增长的趋势长期并存。

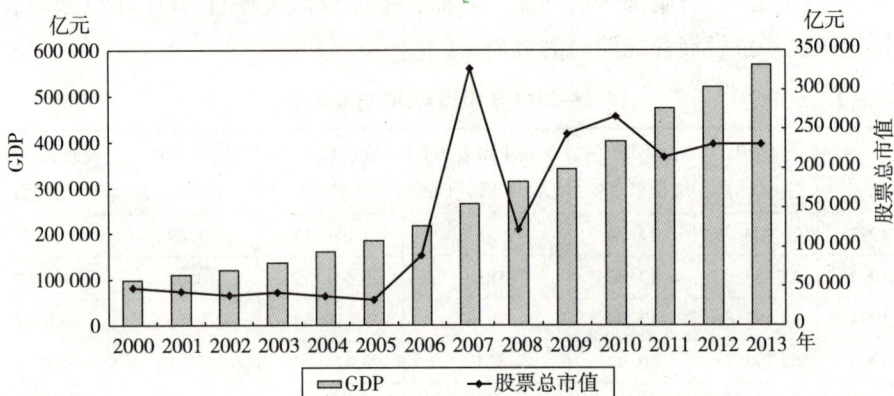

资料来源：国家统计局、证监会网站。

图 1　2000—2013 年中国 GDP 与沪深股市总市值

股市在经历 2001—2005 年长达 5 年的熊市之后，2006 年和 2007 年出现快速上涨的势头。以上证综指为例，从 2005 年 6 月 6 日 998.23 点上涨到 2007 年 10 月 16 日的 6 124 点，涨幅高达 513%。但随后中国股市很快又进入了下行通道，截至 2013 年底上证综指下降至 2 116 点，比最高点下降 65.4%；总市值比 2007 年下降 29.4%。与此形成鲜明对比的是，中国经济在 2007—2013 年依然保持了强劲增长，年平均经济增长速度超过 10%。2013 年中国 GDP 比 2000 年增长了 4.7 倍，而股指却仍然在当年的水平上徘徊。

股价指数反映了股票价格波动情况，CPI 则反映了物价变化情况，按理股价指数平均涨幅应大于 CPI 涨幅。图 2 则反映了 2000—2013 年期间上证综指未能跑赢同期的 CPI：上证综指从 2000 年的 2 073.5 点到 2013 年的 2 116 点，CPI 指数则从 434（以 1978 年为基期，基期值 100）涨到 2013 年的 594.8，后者涨幅远远超过前者。中国股市已经与国民经济渐行渐远，让广大投资者感到难以理解。

（二）悖论二：股指低位徘徊与市盈率居高不下的悖论

市盈率是股票价格与企业每股税后利润的比率，表示投资者为获取单位利润需要投资的金额，可以表明投资者对股票未来的预期程度。理论上，在上市

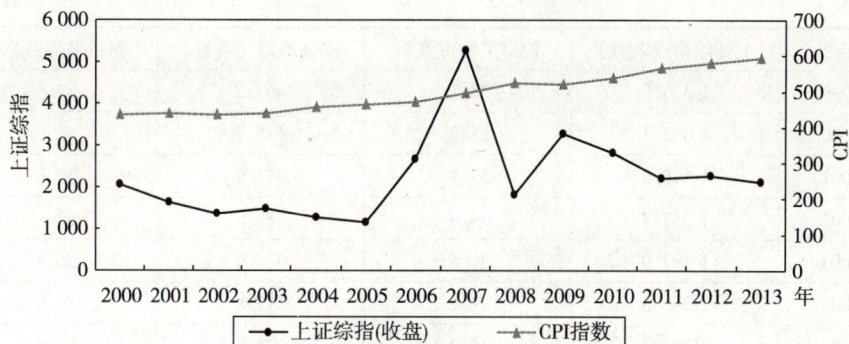

资料来源：国家统计局、证监会网站。

图 2　2000—2013 年 CPI 指数与上证综指

企业盈利水平不变的情况下，市盈率与股价正相关。但实际上，中国股市指数长期低位徘徊，但市盈率却居高不下。

不妨对合理的市盈率进行测算，投资者期望达到的股市回报应该等于市场的无风险回报（以长期国债收益率 3.5% 替代）加上风险溢价。一般情况下，新兴市场总体的风险溢价应该高于成熟资本市场。假设中国的风险溢价和美国接近（美国过去 100 年平均的风险溢价水平大约是 3%），则中国股市投资者能够得到的合理回报为 6.5% 左右，对应的市盈率为 15 倍，即中国股票合理市盈率应该为 15 左右。统计数据显示，过去 20 多年来深市平均市盈率仅有 2 年低于 15，其余均远远高于 15；沪市平均市盈率也只有 5 年保持在 15 左右，其余均在 20 以上。从个股来看，即使在 2014 年实施旨在打击 IPO 三高现象（高发行价、高市盈率、高超募资金）的新政实施后，天保重装、炬华科技、纽威股份、楚天科技、我武生物、新宝股份六家公司的发行市盈率均超过了 30 倍。

表 2　　　　　　　　　　　　　1992—2013 年中国股价指数与市盈率

年份	上证综指（收盘）	沪市平均市盈率	深证综指（收盘）	深市平均市盈率
1992	780.4	—	241.2	—
1993	833.8	42.5	238.3	42.7
1994	647.9	23.5	140.6	10.3
1995	555.3	15.7	113.2	9.5
1996	917	31.3	327.5	35.4
1997	1 194.1	39.9	381.3	41.2
1998	1 146.7	34.4	343.9	32.3

续表

年份	上证综指（收盘）	沪市平均市盈率	深证综指（收盘）	深市平均市盈率
1999	1 366.6	38.1	402.2	37.6
2000	2 073.5	58.2	635.7	56
2001	1 646.0	37.7	475.9	39.8
2002	1 357.7	34.4	388.8	37
2003	1 497.0	36.5	378.6	36.2
2004	1 266.5	24.2	315.8	24.6
2005	1 161.1	16.3	278.8	16.4
2006	2 675.5	33.3	550.6	32.7
2007	5 261.6	59.2	1 447.00	69.7
2008	1 820.8	14.9	553.3	16.7
2009	3 277.1	28.7	1 201.3	46
2010	2 808.1	21.6	1 290.9	44.7
2011	2 199.4	13.4	866.7	23.1
2012	2 269.1	12.3	881.2	22
2013	2116	11.0	1057.7	27.8

资料来源：国家统计局、证监会网站。

以沪市为例，图 3 反映了上证综指与沪市平均市盈率的变化趋势。可以看出，2006 年以前二者之间的变化趋势没有明显的联系；得益于 2005 年以来的股市系列改革，2006 年以后二者开始显示出相同的变化趋势。

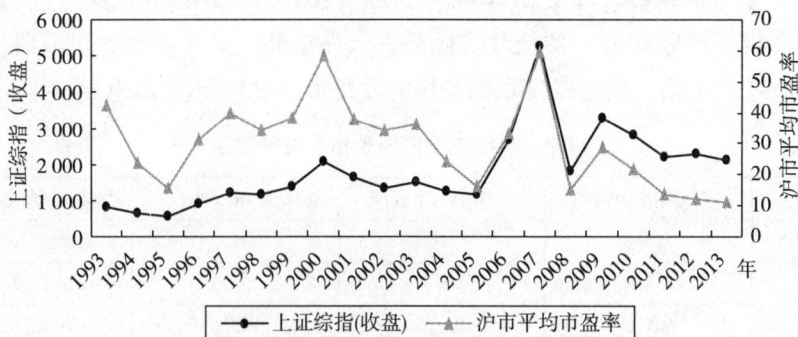

资料来源：国家统计局、证监会网站。

图3　1993—2013 年上证综指与沪市平均市盈率

【专栏】

未来属于高市盈率股

不要说股票已经涨了一两倍就到头了，短期可能是这样的，但是据可靠资料统计，在 A 股曾经超过 10 倍涨幅的股票超过了 1/3。这种趋势将进一步强化，因为决定股价的根本原因不是涨了多少倍，而是在现时条件下，这家公司未来的市值空间还有多少增长，如果空间仍然巨大，那这家公司的股价怎么可能停步呢？

每当季报、中报、年报来临之际，高市盈率股票就会被市场拿出来批判一场，这些股票就会被洗脑的人无情地抛弃，但是人们似乎很健忘，很快就忘记了自己咬牙切齿般的口诛笔伐，再过一段时间，这些高市盈率股票又会重新发动行情，引诱着投资者的神经。

这样的高市盈率怪胎行情的合理性在哪里呢？相信大家不需要我来普及市盈率的知识，笔者需要说的是高市盈率股票分两种：一种是根本没有未来发展前景，业绩超差的股票；一种是具有远大的发展前景，公司上下努力工作，只是中短期内还看不到业绩的股票。我所说的未来属于高市盈率股当然是指后者。

比如我们的 A 股公司中有一家公司叫比亚迪（绝无推荐的意思，类似或者更好的公司还有不少），其目前的市盈率高达千倍，而且一两年内也看不到太大的增长，但是为什么市场要给这样拥有 20 多亿元股本的大型公司以如此高的估值呢？

让我们来看比亚迪所处的行业，新能源汽车，注意它不是那些只是挂羊头的新能源汽车。虽然与特斯拉比还有相当的技术差距，但在中国新能源汽车领域却是当然的领袖。

很多人对于比亚迪的高估值一直愤愤不平，认为比亚迪与上海汽车相比，简直就是垃圾，但是比亚迪市值还长期与上海汽车不相上下。很多人认为这是投机到家了！

但是我请问你，你们小区的院子里是否停有数百辆汽车，这里面有一辆纯电动车吗？相信基本没有。如果 20 年后，你们院子里的车辆数还是那么多，但是纯电动加混合动力车增加为一半，请问电动车是否增长了无穷多倍，而传统汽车是否是下降了 50% 甚至最终彻底消失？

好了，答案就出来了，比亚迪们目前的数千倍市盈率正是为未来 20 年的无穷多倍的增长买单；而传统汽车的 10 倍市盈率正是为未来 20 年的下降付账。

最先明白这个道理的不是我们 A 股的投机疯子，恰好是那个全球最理性的价值投资者巴菲特。他买入的中国股票最出名的是中国石油和比亚迪，中国石油就是玩票，对最赚钱的公司他是早早的卖出，而对于数千倍市盈率股价高企的比亚迪却至今根本不想卖。

其实并不是巴菲特疯了，还有无数为特斯拉买单的全球投资者也是奉行的高市盈率投资逻辑，投资那些前景远大而中短期亏损或者微利的股票，虽然他们在 2000 年的高科技股市泡沫中损失巨大，但是 15 年过去了，他们当年投资的那些所谓的巨大泡沫的股票却很多结出了累累硕果！

如果我们总是短视地要拿什么中报、年报去证伪的时候，我们恰恰犯了极其低级的错误。凡是高科技新技术公司，都存在一个相当长的潜伏期，等到业绩爆发的时候，也就是市盈率开始大幅下降的时候，市场主力已经开始兑现盈利了。

拿市盈率作为投资高科技优质公司的标准，是最无能的方式。判断一家高技术公司价值的标准就是看它技术是否真正领先、人才激励机制是否到位、是否超大投入于科研、掌门人是否值得信赖，再加上比较稳健的财务运作，这才是判断公司是否值得投资的标准。

当我们还在期待沪港通会为我们的 A 股超级传统大盘股引来援军的时候，其实香港市场正在向美国市场靠拢，他们现在最喜欢的股票是腾讯控股而不是汇丰银行。时代发生了变化，而我们的很多投资者还仍然以所谓的价值投资者自居，还以投资所谓的低市盈率股票为自豪，那实在是悲剧。

更可笑的是我们的一些所谓专家或者管理者，还在苦口婆心的教育投资者，你们一定要投资那些低市盈率的股票、投资那些高分红的股票，千万不要去碰那些高市盈率的小盘科技股票。

还有一大堆的投资者也认为如果银行地产涨不起来，这市场就不值得投资。这样的影响力十分巨大，以至少有新投资者进入股市，养老金的进入也没有下文，几个买了超级大盘股的老外机构天天忽悠什么钢铁煤炭。拿什么驳斥你们的无知或者装糊涂，只能拿市场表现来回答！

为什么市场给予你低市盈率，因为市场不看好你！这才是市场化的解释！钱是最聪明的，为什么房价涨了 30 年，因为钱明白这个市场涨到现在才出现了一丝下跌的气息。千万不要用炒作去解释，不要对自己前 30 年不投资楼市找辩解的理由，其实就是自己比钱笨，承认没有什么丢人的。当然，你不要气疯了，马上高额贷款买房子，在笔者看来，房子也许真的走到了高位，除了北上广，还有多少城市多少人缺房子？房子和那满院子停的传统汽车有何区别！

扯远了，回归股市。为什么给很多的创业板个股和主板中类创业板股票很高的市盈率，因为市场看好它的未来！因此，不要拿什么创业板平均市盈率超过60倍来说事，创业板中最危险的个股恰好是那些市盈率已经降下来的股票，因为道理很简单，中国的电影市场已经在赶超美国，已经成为老大老二的公司还有多少空间呢？这就像那满院子的传统汽车，只能享受传统的估值啊！

很多人总把创业板公司中具有独特想象空间的股票说成是题材股，我绝不这样看。所谓题材，我倒认为那些所谓的各类改革股是题材，因为，没有公司内生性的变革要求，不管注入何种资产注入多少资产都是徒劳的。真正的改革是体制的改革，而这种改革成功的不确定性甚至远远超过了创业板公司中部分具有巨大想象空间的上市公司。

你的股票未来怎样最重要的是选对方向，如果你非要选现在院子里停满的汽车公司股票，你的前途和这些汽车的命运是一样的。要学习，要学习全球真正的投资理念，其实也很简单，看看美国和中国香港每天投资额最大的三只股票吧，我以前已经写过了，无一例外都是互联网、新能源、新技术股票。

因此，当你看到创业板因为其大权重股吸引力下降而引发指数下跌时，就把手中那些具有远大发展空间的股票一股脑地抛出吗？或许你短期回避了一点风险，但如果你买入那些所谓的低市盈率大盘股，还在幻想香港投资者来给你抬轿子，那实在是白日做梦了。

最近还有很多人一直和我辩论，说创业板公司多数是垃圾，2013年3月前我也是这样看的，但是我现在不这样看了，因为我相信钱比我更聪明。翻看了全球主要市场的交易记录和成长路径，我更坚信自己新的认识。每个人都有看错的时候，重要的是能迅速更正自己的观点，向市场靠拢是更聪明的做法。

不要说股票已经涨了一两倍就到头了，短期可能是这样的，但是据可靠资料统计，在A股曾经超过10倍涨幅的股票超过了1/3。如果我没有看错，这种趋势将进一步强化，因为决定股价的根本原因不是涨了多少倍，而是在现时条件下，这家公司未来的市值空间还有多少增长，如果空间仍然巨大，那这家公司的股价怎么可能停步呢？

注册制不是终结创业板的理由，相反注册制是强化未来好公司的理由。如果问我为什么，我还是用市场作答，美国、中国香港不都是注册制吗，市场不是同样看好特斯拉、推特以及中国的500彩票网、京东还有即将上市的阿里吗？

投资什么，必须首先是思路的正确，千万不要认为很多股票的长期上涨是庄家的功劳，即使有庄家，多数也比我们更能看清社会的走向，不然别人凭什么赚那么多钱，凭什么能拿住那些高市盈率的股票呢？他们就不怕风险吗？

大家想想是不是这个道理，想明白了这个基本的道理，再去从公司的基本面（绝不仅仅是业绩现金流这些谁都看得到的东西）着手精挑细选，相信你选出来的公司多数市盈率高企，那你就对了，这不正符合了我刚才讲过的道理吗？

资料来源：新浪财经，2014 - 07 - 22，作者：官建益。

（三）悖论三：IPO 市场火爆与二级市场低迷的悖论

中国股市 IPO 市场普遍存在三高现象，且市场异常火爆，向来被广大投资者所热捧，成了名副其实的无风险的获利场所，长期吸引了大量的资金参与新股申购。以 2011 年为例，沪深股市 IPO 共计 282 宗，实现融资 2 861 亿元，中国股票市场的 IPO 数量和募集资金规模均位居全球第一，IPO 市场的火爆程度可见一斑。其主要原因是存在严重的 IPO 抑价，即首次公开发行的股票上市后第一天的市场交易价格远高于发行价格，发行市场与交易市场出现了巨大的价差，导致首次公开发行存在较高的超额收益率。虽然各国 IPO 抑价程度不同，但中国 IPO 抑价情况尤为严重，已经影响到了整个股市的运行效率。据统计，2 400 多家上市公司绝大多数公司股票存在 IPO 抑价现象。有学者对 1992—2008 年国内 1 600 家上市公司研究后发现，IPO 平均收益率高达 237.5%。

而与此同时，二级市场则与之截然相反，市场经常是"熊长牛短"，长期保持低迷。在过去 4 年中，二级市场延续了自 2008 年以来的低迷表现。以 2011 年为例，年末上证综指收于 2 199.4 点，全年累计跌幅超过 20%；沪深两市总市值为 21.5 万亿元，全年缩水超过 5 万亿元。

在二级市场极度低迷的情况下，IPO 发行却能够以"三高"顺利完成，成了中国股市的又一悖论。

（四）悖论四：投资者回报率低与交易量大的悖论

股市投资者的收益主要来自两个方面：一是股利，也就是上市公司的分红；二是市场价差。由于上市公司分配不规范，分红派息率低一直困扰中国股票市场，更多的投资者选择通过进行短线操作来博取市场价差。然而，由于中国股市长期缺乏有效的做空机制，在股市下跌的时候，投资者根本不可能盈利。另外，考虑到印花税等交易成本，投资者几乎无法从股市中获取收益，股市投资功能几乎丧失。

以上海证券交易所为例，2007—2012 年 6 年中，投资者盈利的只有 2007

年、2009 年和 2012 年，其余 3 年均陷入亏损状态。在此期间中除自然人投资者略有盈利外，一般法人投资者和专业机构投资者均处于净亏损状态，所有投资者累计净亏损高达 28 607.8 亿元。

表3　　　　上海证券交易所 2007—2012 年投资者盈亏情况　　　单位：亿元

投资者	2007 年	2008 年	2009 年	2010 年	2011 年	2012 年	累计盈亏
自然人投资者	17 422.26	−21 903.09	15 042.44	−1 232.62	−8 759.77	2 542.41	3 111.63
一般法人	4 379.42	−26 272.08	28 086.56	−20 800.28	−16 797.52	2 812.34	−28 591.56
专业机构	11 029.01	−16 974.39	8 233.77	−3 206.73	−4 777.62	2 568.12	−3 127.84
合计	32 830.69	−65 149.56	51 362.77	−25 239.63	−30 334.91	7 922.87	−28 607.77

资料来源：根据 2007—2012 年上海证券交易所统计年鉴相关数据整理得到。

关于个人投资者，中国证券投资者保护基金公司年度投资者综合调查结果显示：2011 年投资者中亏损的占 77.94%（其中亏损 30% 以上的投资者占 22.04%，亏损 50% 以上的投资者占 11.40%），盈利的占 22.05%（其中盈利 30% 以上的投资者占 2.65%）；2012 年投资者中亏损的占 71.62%（其中亏损 30% 以上的 15.67%，亏损 50% 以上的占 6.81%），盈利的占 28.38%（其中盈利 30% 以上的占 2.55%）。

然而，在投资者整体处于长期亏损的同时，股市成交量却始终保持了较高的水平。2007—2012 年日均成交量均在千亿股以上，股票交易印花税累计达到 4 914.67 亿元，而同期投资者却累计亏损 28 607.77 亿元（见表4）。

表4　　　　　　2007—2012 年中国股市交易量统计　　　单位：亿元、亿股

成交情况	股票成交金额	日均成交金额	股票成交数量	日均成交数量	交易印花税
2007 年	460 556.22	1 903.12	36 403.76	150.43	2 062.01
2008 年	267 112.64	1 085.82	24 131.38	98.10	927.68
2009 年	535 986.74	2 196.67	51 106.99	209.45	536.00
2010 年	545 633.54	2 254.68	42 151.99	174.18	545.64
2011 年	421 649.72	1 728.07	33 957.55	139.17	421.67
2012 年	314 667.41	1 294.93	32 881.06	135.31	421.67
合计	2 545 606.27	—	220 632.73	—	4 914.67

资料来源：证监会网站。

四、原因分析

上述四个悖论反映出中国股票市场运行效率低下，股市没有发挥出市场应

有的功能。究其原因，主要有以下几个方面。

（一）股市进入和退出体制存在缺陷

1. IPO 定价机制不完善

由于 IPO 定价最终关系到股票市场资源配置的合理程度，对于投资者而言，定价过高意味着收益率偏低，而定价偏低则造成一级市场的超额收益率；对于拟上市企业来说，定价偏低不能够筹集到足够的资金，定价过高则面临着发行失败的风险。理论上，最有效的定价方式是市场化的发行定价。中国股市 IPO 定价方式经历了从行政管制向市场化转变的过程。1999 年 7 月以前 IPO 主要采取固定市盈率定价法，1999 年后开始实行市场化定价改革，2001 年 7 月又恢复了核定新股发行市盈率的办法，即新股发行限定 20 倍市盈率。2004 年 8 月开始采用询价制度。现行的 IPO 定价方式允许通过向网下投资者询价的方式确定股票发行价格，也可以通过发行人与主承销商自主协商直接定价等其他合法可行的方式确定发行价格，但仍然存在严重的 IPO 抑价现象。

由于 IPO 定价机制缺陷导致的新股发行三高问题始终没有得到有效解决，新上市公司控股股东与企业高管通过 IPO 一夜暴富的案例屡见不鲜。不合理的定价导致很多逆向选择问题，相对"普通"的上市公司踊跃在 A 股 IPO，而相对"好"的公司却倾向于在境外 IPO，导致股市结构得不到增量改善。IPO 定价机制饱受诟病，新股发行也一度被业界认为是"圈钱"运动。IPO 定价机制已经严重影响到了中国股市的效率和公平。

2. 退市制度形同虚设

上市公司退市制度是股票市场的一项基础性制度，旨在通过优胜劣汰促进股票市场实现资源优化配置，提高上市公司经营效率，培养成熟理性的投资者。退市可以分为主动退市和被动退市（或强制退市）两种情况。2012 年，深圳证券交易所发布《关于完善创业板退市制度的方案》及《创业板股票上市规则》后，上海证券交易所和深圳证券交易所又分别发布《关于完善上海证券交易所上市公司退市制度的方案》和《关于改进和完善深圳证券交易所主板、中小企业板上市公司退市制度的方案》，及相应的《股票上市规则》，开始了新一轮退市制度改革。随后，上海证券交易所又发布了《风险警示板股票交易暂行办法》、《退市整理期业务实施细则》、《退市公司股份转让系统股份转让暂行办法》和《退市公司重新上市实施办法》四项退市配套业务规则。根据现行退市制度，主板和中小板退市标准方面主要包括：（1）净资产为负值；（2）营业收入低于人民币 1 000 万元；（3）年度审计报告为否定意见或无法表示意见；

（4）暂停上市后未在法定期限内披露年度报告；（5）股票累计成交量过低；（6）股票成交价格连续低于面值；（7）中小板企业连续受到交易所公开谴责。

【专栏】

隔靴搔痒式退市改革能走多远

在市场的翘首期待中，中国A股又一次启动退市制度改革。

2014年7月4日下午，经过前期多次吹风，中国证监会就《关于改革完善并严格实施上市公司退市制度的若干意见（征求意见稿)》（以下简称《退市意见》）向社会公开征求意见，似乎表明中国证监会已下定完善退市制度的决心。按照其官方说辞，完善退市制度，是推进注册制改革的重要配套制度安排，是注册制改革成功的必要条件。新举措将有力促进上市公司市场化、法治化和常态化退市。

但是，实际情况却不尽然。一是证券制度本身存在不可调和的天然缺陷。建立市场化、法制化和常态化的退市机制没错误，错就错在依然没有推出严格意义上的与退市制度像配套的退市责任追究、赔偿机制，投资者司法救济机制，本轮退市制度改革中更像是把中小投资者推上"老二"的位置上，给市场一个交代。如重大违法强制退市，看似合理，实则荒谬。违法强退退市实际上是用大股东的错误惩罚小股东。不把中小投资者的利益放在最高处，退市依旧会使中小投资者的利益受到侵害。二是政府的行政干预之手依旧伸的太长，退市制度的最大障碍仍然是行政干预，停而不退、乌鸦变凤凰、不死鸟的故事还将会重复上演。

在我看来，退市制度改革不是退市标准的改革，它是权力再分配的改革，良好的退市机制最终需要厘定政府与市场权利的边界。政府该管的管，不该管的就自觉地把手缩回去。中国证券市场成熟的标志就是退市制度是否完善到位，不能总在多次改革的基础上做些修修补补的工作。

这项资本市场制度性改革要真正落到实处，任重道远。

隔靴搔痒式退市改革

相比过往只针对财务指标持续恶化的部分公司进行退市而言，这次改革可以说是制度设计上的一次进步。从这种角度而言，退市制度的改革能为股票市场健康发展带来一定的利好。

按照市场的理解，今后上市公司重大违法等同于"自杀"，同时，暂停重大违法公司相关主体股份转让，再次重新上市与 IPO 条件等同，体现市场化苗头初现。

总体而言，本次改革行政管制色彩依然浓重，依旧缺少集体诉讼、辩方举证及和解制度等，更像是对 A 股市场退市制度的再次返工大修和重要完善，这与前年沪深交易所先后对退市制度进行完善，但个中存在的缺陷却是不争的事实。如本次改革新规并没有重创到 ST 板块，给这只股市不死鸟留下回归空间。

我国上市公司退市的制度性安排，可以追溯到 1993 年的《公司法》中相关条文，但结果却收效甚微，退市的公司不足百家。主动退市则更难，相较于美国股市早已经形成的自主退市的氛围，主动退市在我国资本市场中存在的基本条件尚不健全。以美国市场退市制度为例，美国纳斯达克平均每年 8% 左右比例退市，约一半属于主动退市，A 股仅 1.8%，这也是美股比 A 股强势的主因。

中国资本市场中从不乏重大违法者，前有银广夏，后有绿大地、万福生科，近有南纺股份，所以与主动退市相比，这些重大违法公司是最应该退市的一批害群之马，他们对市场的影响不但极其恶劣，而且也是对现行退市制度的一种公然挑衅，也让诸如央企退市第一股 *ST 长油退市失去了启示作用。令人遗憾的是，按照现行退市制度的规定，监管部门是无法强制其退市的，即依法不能严惩这些重大违法者。这让 A 股的退市机制几乎形同虚设，多年来一直招致市场的广泛质疑与诟病。

让人尴尬的是，本轮退市制度施行不追溯既往新规，比照新版本退市制度，万福生科、南纺股份被排除强制退市之外，这或会使万福生科等故意造假者或免于强制退市。更让人尴尬的是，新一轮退市新政刚让中小投资者看到一丝曙光，旋即被新中基的重罪轻罚打破。新中基在 2014 年 7 月 9 日的公告中表明：造假六年，虚增利润 2.2 亿元，再融资近 10 亿元，被中国证监会罚没 40 万元。

除强制退市外，我国 A 股市场已深陷在上市难退市更难的怪圈中。其实，上市公司退市难的原因也很简单，主要是因为上市成功就几乎不会被退市，即便是每年该退市的一批上市公司，在退市过程中，也往往会遭遇到地方政府部门既得利益者的肆意阻挠和政治手段干预，一些面临退市的上市公司最后往往会得到相关政府部门的"输血"，最终并没有退市。即便有个别上市公司是企业发展需要选择主动退市，目的与动机也会遭到投资者的高度怀疑。

"只进不出"已成为中国股票市场最具生命力的顽疾之一。隔靴搔痒式的退市制度仅是逼退了几家 ST 上市公司，余下的 ST 公司悄然借道临时性的重组，至今仍在资本市场快活地游弋。保守式改革疗法不但不能够使市场形成优胜劣汰的机制，还会导致 A 股的估值体系长期处于紊乱和企业质量参差不齐。

不能为改革而改革

本来，审核制的初衷就是保证上市公司的质量和投资价值。但其实最有效的解决之道，无疑是严格落实退市制度，否则证券市场充斥着绩劣股和问题股，股市优化资源优化配置的功能就会荡然无存。

在成熟的资本市场，退市本应该是一件再正常不过的事情，它是证券市场成熟的一种标志，在 A 股却被披上一层"不正常"的色彩。退市制度虽然在我国已有 20 多年的历史，但目前 A 股沪深两市退市率却很低，根源在于我们推行股票发行市场化的同时，弱化了上市公司的市场化退市，更没有严格地执行退市制度。

多年以来，虽然我国退市制度一直都存在，但退市的现象却实为罕见，尤其在 2001—2007 年之间，更是没有一家企业退市。A 股上市公司退市难原因是多方面的，归纳起来主要有两方面的原因。一是涉及国情、制度和文化问题。本轮监管层退市制度再出发，其成败取决于这些问题的突破和落实程度。退市难的第二个原因在于中小投资者的利益保护难题。上市公司股份一旦退出流通，就会造成股票流动性下降，投资者将会面临股票的大幅折价，从而引起市场震荡。

要解决退市难这个问题，就需要相关政府彻底转变政府职能。政府要做的是上市公司的监管者，而不是幕后老板。在上市公司退市这个问题上，相关政府向证监会施压了太多的政治压力。

因此，在推进退市制度改革的过程中，有两个方面的改革就显得非常重要。一是严格执行现行退市制度，推进退市制度市场化、法治化、常态化建设。二是就退市问题建设好与国务院有关部门和地方政府的工作衔接机制，使市场在资源配置中发挥决定性作用和更好发挥政府作用。

在一个成熟的证券市场，上市公司是否退市，是市场自主选择结果，并不是一家公司好坏的评判标准。强制退市或自主退市，都属于常态化现象。目前，我国的上市公司要达到退市常态化，还有一段很长的路要走。因为，我国的退市制度面临三个难以调和的矛盾，破解退市难题仍需从长计议：一是实际操作中退市标准单一，二是没有直接退市，三是退市制度的整体执行效率低下。解决了上述问题，上市公司退市的常态化才会实现。

2011 年 10 月以来，从郭树清到肖钢，证监会密集出台了大量改革和创新政策，但就 A 股市场而言，制定制度固然重要，更重要的是要做好制度的贯彻落实工作，如企业退市之后为数众多的中小投资者合法权益保护问题等，否则改革就变相成为了一纸空文。虽然本轮退市制度改革相比之前有了很大突破，要真正发挥出威力，尚有待注册制的真正落实和政治体制与之相配套。不能因为改革而改革。

不过，仍然期待这一改革！

资料来源：新浪财经，2014 - 07 - 21，作者：宋清辉。

从 2001 年 4 月 PT 水仙成为中国第一家退市的上市公司开始，截至 2013 年底沪深证券交易所退市的公司合计 95 家，其中属于与强制退市的只有 51 家（见表 5）。鉴于目前近 2 500 家上市公司的规模，与国外成熟股票市场动辄年均 10% 左右的退市比例相比，国内上市公司退市比例太低。显然，其中原因并非因为上市公司都经营良好，相反只能说明退市机制的低效率。退市制度未能发挥优胜劣汰、净化市场的激励约束功能，已经形同虚设。

表5　　　　　　　　　2001—2013 年上市公司退市情况统计表　　　　　单位：家

年份	退市依据						合计
	连续亏损	吸收合并	私有化	暂停上市后未披露定期报告	转板上市	证券置换	
2001	5	0	0	0	0	0	5
2002	8	0	0	0	0	0	8
2003	4	0	0	0	0	0	4
2004	9	2	0	0	0	0	11
2005	11	0	0	0	0	0	11
2006	2	1	7	3	0	0	13
2007	6	4	0	0	1	0	11
2008	0	2	0	0	0	0	2
2009	0	5	0	1	2	0	8
2010	0	3	0	0	1	1	5
2011	0	3	0	0	2	0	5
2012	0	3	0	0	3	0	6
2013	2	3	1	0	0	0	6
累计	47	26	8	4	9	1	95

注：1992—2000 年期间无上市公司退市。

资料来源：根据 Wind 咨询数据库整理得到。

【专栏】

中国股市第一家退市上市公司——PT水仙

PT水仙的前身的水仙电器系家电制造企业，主要产品为双缸洗衣机，1993年1月在上海证券交易所上市。上市后主营业务持续萎缩，1997年起发生亏损，且亏损面不断扩大。因连续三年亏损，公司股票自2000年5月12日起暂停上市，实施"特别转让"，股票简称改为PT水仙（600625）。

2001年2月23日，证监会发布了《亏损上市公司暂停上市和终止上市实施办法》，对连续3年亏损的上市公司，就暂停上市、恢复上市和终止上市的条件、法律程序、信息披露、处理权限等作出详细规定，标志着我国证券市场的退出机制正式出台。

4月18日公布的PT水仙2000年度报告显示：公司2000年净利润为-14 570.67万元，每股收益-0.62元，调整后的每股净资产为-0.86元，净资产总额为-5 996万元，公司因此连续4年亏损，同时第一次资不抵债。4月17日，PT水仙向上海证券交易所提交了《关于申请延长暂停交易期限的报告》及其他相关材料，并于18日起暂停"特别转让服务"。4月20日，上海证券交易所发布公告宣布：根据证监会发布的《亏损上市公司暂停上市和终止上市实施办法》等规定及有关解释，决定不给予上海水仙电器股份公司也就是PT水仙宽限期。

4月23日，PT水仙被终止上市资格，成为中国证券市场上第一家退市的公司。

资料来源：根据东方网报道整理。

退市制度的缺陷给整个市场效率带来了严重影响。众多投资者对上市公司退市风险无动于衷，反而青睐一些业绩表现差的上市公司，甚至热捧濒临退市的垃圾股。例如，2014年6月在首家退市央企——长航集团南京油运股份有限公司退市整理期间，仍然有大量的投资者对其趋之若鹜，正式退市前的13个交易日中，其股价仍然逆势上涨，涨幅高达16.9%。

【专栏】

首家央企退市上市公司
——长航集团南京油运股份有限公司（以下简称*ST长油）

*ST长油是中外运长航集团旗下专业从事油轮运输业务的控股子公司，经

营全球航线的原油、成品油以及化工品、液化气、沥青等特种运输业务，1997年6月在上海证券交易所挂牌。2008年全球金融危机带来国际航运供需失衡、运价持续低迷，令长航油运陷入持续亏损的境地。2010年、2011年和2012年，分别亏损1 859万元、7.54亿元和12.39亿元。2013年初，连续3年亏损的*ST长油被暂停上市。2013年，*ST长油未能像其他垃圾股那样绝境重生，年报显示公司净利润为 -59.22亿元，净资产为 -20.97亿元。

2014年6月4日，*ST长油以0.83元的价格结束了17年的上市之路，成为A股市场第一家摘牌退市的央企，也是2012年退市制度改革以来，第一家因财务指标而退市的上市公司。

截至2014年初，*ST长油共有14.9万名投资者。*ST长油退市后，将登陆三板市场，即股份转让系统交易。

资料来源：根据和讯网报道整理。

（二）信息失真、内幕交易和市场操纵扰乱了市场秩序

1. 信息披露造假屡禁不止

由于证券产品的复杂性、虚拟性和交易方式的特殊性，信息不对称问题特别突出。信息披露是解决交易双方信息不对称的根本途径，是证券法三公原则的具体要求，对维护证券市场有效运行至关重要。长期以来，由于法律法规体系不完善和监管不到位等因素导致频频发生信息披露造假事件，从早期的"银广夏案"到近几年的"杭萧钢构案"、"紫金矿业案"，以及近期的"南纺股份案"等，都严重扰乱了市场秩序，对投资者造成重大损失，打击了投资者市场信心。中国股市信息披露违规主要表现为四种类型：通过编造会计信息进行虚假披露、未在法定期限内或未以法定形式进行披露、对应披露重大信息不予披露或过度披露和利用传播媒介或其他方式传播虚假或误导投资者的信息。

现行法律法规中对于证券交易信息披露规定较少，而不健全的法律责任体系不仅使得上市公司违法披露的法律成本偏低，还增加了投资者的维权成本，从而加重了市场信息披露违规发生的概率。

【专栏】

南纺股份造假案

南京纺织品进出口股份有限公司（以下简称南纺股份）由南京市国资委下属的南京市纺织品进出口公司于1994年5月改制设立，2001年3月6日在上海

证券交易所挂牌上市交易，主要从事纺织、丝绸、针织、服装、机电设备、轻工、化工、医药等门类进出口业务。

2012 年 11 月 28 日，上海证券交易所对南纺股份公开谴责，主要是由于2012 年初公司对以前年度财务数据进行追查，对 2010 年期末净资产及当期损益进行了一系列追溯调账：资产类科目，主要调减应收账款 3.46 亿元；股东权益类科目，主要调减年初未分配利润 3.18 亿元，调减年末未分配利润 3.97 亿元；损益类科目，主要调减营业收入 10.35 亿元，调减营业成本 9.71 亿元。2012 年4 月 30 日，公司公布 2011 年报，因追溯调整后连续数年亏损，公司股票被实施退市风险警示。造成公司以往年度重大会计差错的原因主要有：虚增合同收入、以境外融资业务虚构为转口贸易、虚增营业收入和营业成本、少结转营业成本、利用转口贸易回款、调节客户往来款，达到调节坏账准备等目的；长期挂账不符合出口退税条件的应收出口退税款，以及不符合确认条件的递延所得税资产等。

证监会调查结果显示，南纺股份为了能满足继续上市的条件，2006 年至2010 年分别虚构利润：3 109 万元、4 223 万元、1.52 亿元、6 053 万元和5 864.12 万元，合计虚构了 3.44 亿元利润。虚构利润金额占其披露当年利润的百分比从 130% 到 5500% 不等。无论是造假时间还是造假金额都创下了最高纪录。

证监会对公司及相关责任人作出行政处罚决定：给予公司警告，并处以 50万元罚款；给予单晓钟警告，并处以 30 万元罚款；给予丁杰、刘盛宁警告，并分别处以 20 万元罚款。以及对另外一些当事责任人给予警告以及处罚。

资料来源：《每日经济新闻》，2014 - 05 - 19。

2. 内幕交易频频出现

内幕交易是指内幕人员和以不正当手段获取内幕信息的其他人员违反法律、法规的规定，泄露内幕信息，根据内幕信息买卖证券或者向他人提出买卖证券建议的行为。内幕交易行为人为达到获利或避损的目的，利用其特殊地位或机会获取内幕信息进行证券交易，违反了证券市场三公原则，侵犯了投资者的权益，严重影响证券市场功能的发挥。同时，内幕交易使证券价格和指数的形成过程失去了时效性和客观性，最终会使证券市场丧失优化资源配置及作为国民经济晴雨表的作用。

《证券法》明文规定："禁止证券交易内幕信息的知情人和非法获取内幕信息的人利用内幕信息从事证券交易活动。"并对内幕信息的知情人、内幕信息的范围及内幕交易的法律责任作出了详细的规定。2009年《刑法》修正案中也明确了内幕交易罪,《刑法》第一百八十条和《关于经济犯罪案件追诉标准的补充规定》规定了内幕交易行为的刑事责任。

然而,内幕交易作为我国《证券法》所禁止的违法交易行为之一,在我国的证券市场上并没有得到有效的遏制。根据国内学者的实证研究,公司股价在重大信息披露前后股价会有异常变化,表明内幕交易在我国的市场上是普遍存在的。虽然我国已经颁布了多项法规用于规制内幕交易行为,但却收效甚微,内幕交易仍频频出现,但受到查处的个案却为数不多。据统计,在2001年至2012年期间,证监会作出的行政处罚共计477件,其中针对内幕交易的仅45件,不到总数的10%。

【专栏】

天威视讯股票内幕交易案

深圳市天威视讯股份有限公司(以下简称天威视讯)成立于1995年,由深圳电视台控股,注册资本人民币2亿元,主营业务为深圳地区有线电视网络的建设、经营和维护,提供有线电视收视服务、电视增值业务以及互联网接入服务等。

2012年4月5日,深圳市天威视讯股份有限公司发布公告,拟通过向深圳广电集团等特定对象发行股份的方式,购买深圳市天宝广播电视网络股份有限公司(以下简称深圳天宝公司)、深圳市天隆广播电视网络股份有限公司两项资产,该信息为内幕信息。时任深圳市委宣传部副巡视员倪鹤琴是该资产重组工作的主要协调者和参与者,其涉嫌利用本人及司机的证券账户内幕交易天威视讯股票,买入金额182万元,同时涉嫌向其亲属泄露内幕信息,该亲属买入金额达3168万元。为解决重组过程中人员安置等有关问题,重组方及相关各方反复沟通,致使知悉范围不断扩大,涉及政府主管部门、上市公司、重组相关方及有关人员。内幕信息传递范围不仅包括内幕信息知情人的亲友等关系密切人员,还扩散至知情人的司机、校友、客户、原同事等较外围人员。深圳天宝公司总经理冯方明作为内幕信息知情人,涉嫌向其配偶、亲属、司机等泄露内幕信息,该等人员涉嫌内幕交易,金额较大。倪鹤琴、冯方明等15人的行为涉嫌构成《刑法》第一百八十条规定的内幕交易、泄露内幕信息罪。

根据深圳证券交易所监控发现的线索,2012年7月,证监会对天威视讯股票内幕交易案立案调查。2012年12月，证监会将倪鹤琴等15人移送公安机关，并将许军等多人进行行政处罚审理。2014年1月17日，倪鹤琴等涉嫌天威视讯股票内幕交易案于深圳市中级人民法院首次开庭审理。同月，证监会对许军等15人涉嫌内幕交易、泄露内幕信息行为作出行政处罚。本案涉案人员数量较多，无论是移送公安机关的人数，还是移交行政处罚委的人数，均为证监会近年来查办的内幕交易案件之最。

资料来源：证监会网站。

3. 市场操纵难以有效遏制

操纵市场是指某一个人或者某一集团，利用其资金优势、信息优势或者持股优势或者滥用职权影响证券市场，人为地制造证券行情，抬高、压低甚至稳定某种证券的价格水平，使证券市场供需关系无法发挥其自动调节作用，诱使一般投资者盲目跟从、参与买卖，从而为自己谋取利益的市场。《证券法》明文规定："禁止任何人操纵证券市场。""操纵证券市场行为给投资者造成损失的，行为人应当依法承担赔偿责任。"并且规定了操纵证券市场的法律责任。《刑法》第一百八十二条规定了操纵证券期货市场罪，明确了操纵证券市场行为的刑事责任。证监会专门制定了《证券市场操纵行为认定指引》，明确了《证券法》第七十七条规定的操纵证券市场的四种手段的认定标准。《股票发行与交易管理暂行条例》详细规定了行政责任，第七十四条规定任何单位和个人违反本条例规定，通过合谋或者集中资金操纵股票市场价格，或者以散布谣言等手段影响股票发行、交易的，根据不同情况，单处或者并处警告、没收非法获取的股票和其他非法所得、罚款；第七十五条规定违反第七十四条规定的处罚，由证券委指定的机构决定，重大的案件的处罚，报证券委决定。《证券业从业人员资格管理办法》第十六条和第二十四规定，对违反法规的从业人员，由证监会给予从业人员暂停执业3个月至12个月，或者吊销其执业证书的处罚，对机构单处或者并处警告、3万元以下罚款。《证券市场禁入规定》第三条规定，上市公司董事、监事、高级管理人员操纵证券价格，根据情节严重程度，将处以市场禁入的处罚。

股票市场操纵行为具有多样化、动态变化、认定的复杂性等特征。市场操纵手段不断翻新，市场操纵形式更加多样，并与各种违法犯罪行为交织在一起。机构操纵、庄家控盘、黑嘴荐股、基金老鼠仓与网络信息技术、多账户操控手段相结合，使操纵行为隐匿在错综复杂的交易中，传统的管理措施、技术手段难以奏效。2011年证监会共获取各类案件线索245件，其中内幕交易108件、市场操纵 22 件，罚没款金额总计 3.35 亿元人民币；共立案调查案件 82 起，其中内幕交易 39 起、市场操纵 9 起。从证监会获取案件线索和立案调查情况来看，内幕交易和市场操纵方面的案件占证券市场违法违规案例近 60%。现行的事后惩戒模式，既不能有效地阻止市场操纵行为，也不能及时地保护广大投资者利益。

【专栏】

市场操纵典型案例——亿安科技、中科创业、钱江生化

1998 年 10 月至 2001 年 2 月，广东欣盛投资顾问有限公司、广东中百投资顾问有限公司、广东百源投资顾问有限公司和广东金易投资顾问有限公司集中资金，利用 627 个个人股票账户和 3 个法人股票账户，控制了深锦兴（后更名为亿安科技）股票流通盘 85% 的仓位，联手操纵股票价格，涉案金额达 4.49 亿元，股票余额 77 万股。2001 年 4 月，中国证监会作出处罚决定，没收四家公司违法所得 4.49 亿元，罚款 4.49 亿元，并没收剩余 77 万股股票的盈利。

1998 年 12 月至 2001 年 1 月，吕新建（又称庄家吕梁）指使丁福根、庞博、董沛等，用自买自卖等一系列手段，通过 1 565 个股东账户，控制了康达尔（后更名为中科创业）股票流通盘 55.36% 的仓位，进行股价操纵交易，涉案金额达 54 亿元，涉及 125 个证券公司营业部。2002 年 6 月，北京市第二中级人民法院开庭审理此案，认定丁福根、庞博、董沛等操纵证券交易价格，获取不正当利益，构成操纵证券交易价格罪。

浙江证券在 1998 年 12 月至 2001 年 3 月，利用 1 个机构股票账户、2 个自营股票账户、53 个个人股票账户大量买卖钱江生化股票，最高持仓量为 1 831 万股，占股票流通盘 56.35%，进行不转移所有权的自买自卖，影响证券交易价格和交易量，涉案金额达 4 233.18 万元。2001 年 12 月，中国证监会作出处罚决定，没收浙江证券违法所得 4 233.18 万元，罚款 46 079.5 万元。

资料来源：《人文杂志》，2013（2）：35～44。

（三）市场定位"重融资，轻投资"

一方面，中国股市诞生时的社会条件决定了其必须服务于国有经济和国有企业，与股市相关的所有制度安排都是按照这样的目标进行设计的。中国股票市场成立之初，其主要目的就是推动国有企业改制，为国有企业的发展提供资金支持。此目标导致了我国股市成立之初至后来相当时期存在严重的股权分置

问题，造成"同股不同权，同股不同价"，非流通股东侵害流通股东利益的现象时常发生，流通股东处于市场劣势地位。从最初的发行额度只分配给国有企业，到确保大型国有企业的融资需求；从早期的监管部门审批公开发行，到保荐人制度；从监管部门确定发行价格，到由券商和基金公司等机构询价都充分体现了让股市服务国有企业融资需求的监管导向。这种特殊的市场结构严重削弱了中国股市投资价值。

另一方面，国有上市公司长期是中国股市的主体，影响了监管独立性和有效性。国有上市公司，尤其是央企上市公司的股东大多是政府，公司的高管由政府指派，享有行政级别，监管部门对其监管的独立性和权威性难以保障，监管效果大打折扣。在实际操作中央企等国企上市公司在股权融资、信息披露和利润分配等方面一直享受着特殊待遇。在融资者和投资者双方的博弈中，投资者始终处于弱势，其投资权益难以受到有效保护。

（四）投资者"重投机，轻投资"

"重投机，轻投资"突出表现为投资者普遍缺乏价值投资理念，习惯"追涨杀跌"，整个市场平均换手率远远高于正常水平。

中国股票市场换手率（年换手率＝年成交股数/流通股数）极高，沪深两市换手率一度达到927.2%（1998年）和1 350.3%（1996年）（见图4），而国际成熟市场的平均换手率一般在50%～60%左右。如果以年换手率400%来进行估算，意味着上市流通的每100份股票每年要转手4次，即每位投资者平均持有该股票的时间不超过3个月。过高的换手率反映出投资者过度的投机性。

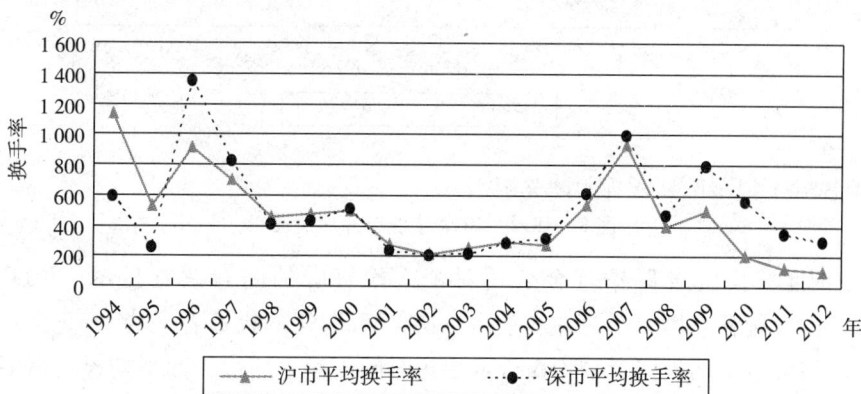

资料来源：证监会网站。

图4　1994—2012年沪深股市平均换手率

主观上投资理念不够成熟，重视短期效益，忽视长期收益；客观方面，长期未建立股市做空机制，进而导致无法进行有效的风险对冲也是投资者"重投机，轻投资"重要原因。虽然目前中国股市具备了系统性做空工具——股指期货和个股做空工具——融券业务，但融券业务受到可融股票规模和高利率成本的限制，实际操作中运用有限，做空机制效应未充分发挥出来，在一定程度上强化了"重投机，轻投资"的倾向。

另外，股市投资者构成以中小投资者为主，尤其是散户占比较大，更加难以形成科学的投资理念。以沪市为例，1992 年至 2012 年统计数据显示，自然人投资者开户数量占比始终保持在 99.3% 以上（见图 5）。由于缺少长期资金入市，大多数为短期投资者，机构投资者被边缘化，上市公司不考虑长期投资者的利益。加之国内企业都面临不同程度的过度竞争问题，缺乏科学有效的长期发展规划，投资者难以进行真正的长期投资，因此短期的投机行为也是投资者被迫的选择。

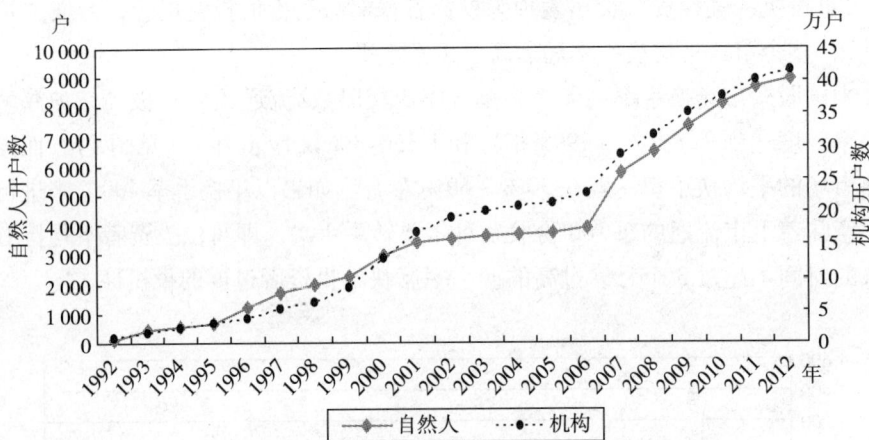

资料来源：《上海证券交易所统计年鉴 2013》。

图 5　1992—2012 年沪市开户情况

中国证券投资者保护基金公司对个人投资者的问卷调查显示：2011 年 27.35% 的投资者平均 1 个月左右换手一次，25.87% 的投资者平均 1~3 个月换手一次，16.37% 的投资者平均 5 天或更短时间内换手一次，而平均投资周期在 6 个月以上的投资者仅占 14.52%，持股时间 3 个月以上的仅占 30.41%；2012 年平均 1 个月左右换手一次的占 20.05%，平均 1~3 个月换手一次的占 21.38%，平均 5 天或更短时间内换手一次的占 10.73%，平均投资周期在 6 个月以上的投资者占27.76%，持股时间3个月以上的占47.84％。

五、对策建议

尽管目前中国股市还存在诸多亟待解决的问题，但作为国内重要的资本市场，中国股市合理配置资本要素的功能和效率将逐步显现，对建立和完善社会主义市场经济体制有不可替代的作用。为了解决上述问题，促进中国股市市场化、规范化发展，建议从以下几方面开展创新：

（一）理念创新——注重发挥股市投资功能和财富效应

中国股市所处环境今非昔比，股市已经不再是为国企解困的融资场所，是同时具有投资和融资功能的资本市场。股市在为企业解决融资需求的同时也要满足投资者的投资需求，实现股市的财富效应，实现融资企业与投资者的共赢局面。市场运行应该更多地交给市场机制进行自发调节，充分发挥市场机制在资源配置中的决定性作用。监管部门在制定股市规则过程中应彻底转变"重投资，轻融资"的错误理念，找准定位，有所为有所不为，以维护市场秩序为监管重心，切实履行市场裁判员的职责，尤其要按照国务院办公厅《关于进一步加强资本市场中小投资者合法权益保护工作的意见》的要求切实做好投资者合法权益保护，重塑投资者信心。

积极引导和鼓励投资者逐步树立价值投资理念，做理性的投资者，而非投机者；上市公司，尤其是国有上市公司，要遵循市场规律，接受市场约束，主动进行市值管理，通过实实在在的经营业绩来获取股民的信任和支持，实现与投资者之间的良性互动。只有监管者、投资者和上市公司始终坚持正确的理念，按照市场法则各司其职，中国股市才能正常发挥投融资功能和财富效应，进而实现可持续发展。

（二）机制创新——建立守信激励和失信惩戒机制

股票市场的特征决定了信息披露在整个市场运行过程中处于中心和基础地位，市场机制有效发挥作用很大程度上取决于信息披露质量。只有确保信息真实、准确、充分、及时，才能形成合理的市场定价，发挥资本市场有效配置资源的作用。

一方面要建立并执行严格的失信惩戒机制，加大对虚假陈述、市场操纵和内幕交易等违法违规行为的惩戒力度，强化上市公司、中介机构等市场参与主体诚信约束，促进市场参与各方归位尽责，严格维护证券市场三公原则。建议通过加大对信息披露的检查力度、强化会计师事务所对会计信息的审计责任、提高信息披露违规成本等措施来确保上市公司信息披露的及时性、真实性和有效性；对于上市公司财务造假行为给予严厉的惩戒，提高失信成本，杜绝财务信息的主观违法性失真现象，充分发挥资本市场对上市公司的外部监管作用；督促上市公司优化公司治理结构，强化内部审计作用，充分发挥监事会作用，建立科学融资体系和有效的信息披露制度。尤为重要的是要通过修改《证券法》和《证券投资基金法》等相关法律条款，提高信息披露违规的惩罚标准，增加上市公司及其高管等责任人的失信成本，简化处理流程，从法律制度上对失信者形成威慑。

另一方面要建立守信激励机制，建议监管部门对市场中介机构分类管理，差别化监管，实行正向激励。为充分发挥保荐机构、会计师事务所等机构的监督作用，建议对其实行准入管理基础上，定期进行信用评级，淘汰信用等级低的机构，限制或暂停其业务范围和规模，同时实行黑名单制度，为能够坚持守信的机构能够获取更多发展空间，从总体上改善中介机构的服务质量。

另外，考虑到信息披露违规普遍形成大股东对中小股东利益的损害的实际，建议实行上市公司信息披露质量保证金制度，要求大股东承诺将所持50%以上股票专门用于未来信息披露违规后对小股东进行补偿，从根本上遏制大股东造假的冲动。

（三）体制创新——建立交易主体市场化进出体制

1. 实行法制化、常态化退市制度

一要丰富退市的内涵，分别建立强制退市和自主退市机制，严格执行强制退市制度的同时为有自主退市需求的公司提供多样化、可操作的退市路径选择，为企业并购、重组、转板提供便利的场所；二要明确《证券法》关于重大违法暂停上市规定的操作性安排，对欺诈上市等重大违法行为的公司坚决勒令强制退市；三要做好退市相关的配套制度安排，为退市创造良好的内外部制度环境，保护好投资者合法权益，维护公司、投资者、市场和社会的稳定，将退市的负面影响控制在各方可承受范围之内。

2. 推进新股发行向注册制转变

与现行的询价制相比较，注册制更符合市场化要求，但也绝非简单的登记生效制，最大的区别在于审核方式上。与之相适应，实行注册制不仅要对有关法律规章进行修改，更重要的是需要监管部门转变监管理念，真正成为市场秩序的维护者和裁判者，让上市公司和投资者能够自主决策、公平交易。市场化的发行机制要求新股发行应当以发行人信息披露为中心，中介机构对发行人信息披露的真实性、准确性、完整性进行把关，监管部门对发行人和中介机构的申请文件进行合规性审核，不判断企业盈利能力，在充分信息披露的基础上，由投资者自行判断企业价值和风险，自主作出投资决策。

鉴于长期以来中国股市新股发行实行的审批制或核准制，加上上市公司整体质量有待提高，中介机构行为不够规范，投资者不够成熟等因素，笔者认为新股发行注册制不能一蹴而就，而应该通过建立和完善配套制度的基础明确市场参与各方的职责，逐步试点，循序渐进。如果全面实行，难免会加剧市场动荡，使投资者受损，进一步打击市场信心，最终导致市场失灵。

【专栏】

中国股市大事记

1984年7月，北京天桥股份有限公司和上海飞乐音响股份有限公司经中国人民银行批准向社会公开发行股票。

1984年10月，十二届三中全会通过了《关于经济体制改革的决定》，股份制开始试点。

1986年9月26日，中国第一个证券交易柜台——静安证券业务部的开张，标志着新中国从此有了股票交易。新中国第一股——上海飞乐音响股份有限公司在静安证券业务部正式挂牌。

1990年12月1日，深圳证券交易所试营业。

1990年12月19日，上海证券交易所成立。

1992年5月，《股份公司规范意见》及配套文件出台，明确规定在我国证券市场，国家股、法人股、公众股、外资股四种股权形式并存。

1992年12月17日，《国务院关于进一步加强证券市场宏观管理的通知》下发，是中国第一个有关证券市场管理与发展的比较系统的指导性文件，标志着中国证券市场的管理进入规范化轨道。

1996年12月13日，国务院下发《关于进一步加强证券市场监督管理工作的通知》，决定进一步加强证券市场的风险宣传；增加市场供给；从严查处证券违法违规案件；建立涨跌停板制度和市场禁入制度，进一步规范市场行为。

1997年3月1日，政府工作报告指出："规范证券、期货市场，增强风险意识"。

1998年3月25日，《国务院办公厅转发证监会关于清理整顿场外非法股票交易方案的通知》要求有关地方人民政府和国务院有关部门坚决执行党中央、国务院的决定，彻底清理和纠正各类证券交易中心和报价系统非法进行的股票、基金等上市交易活动，严禁各类产权交易机构变相进行股票上市交易。

1999年9月22日，《中共中央关于国有企业改革和发展若干重大问题的决定》要求提高直接融资比重；符合股票上市条件的国有企业，可通过境内外资本市场筹集资本金，并适当提高公众流通股的比重；有些企业可以通过债务重组，在具备条件后上市；允许国有及有关控股企业按规定参与股票配售；选择一些信誉好、发展潜力大的国有控股上市公司，在不影响国家控股的前提下，适当减持部分国有股，所得资金由国家用于国有企业的改革和发展；完善股票发行、上市制度，进一步推动证券市场健康发展。

2000年3月5日，《政府工作报告》提出"进一步规范和发展证券市场，增加企业直接融资比重。完善股票发行上市制度，支持国有大型企业和高新技术企业上市融资。"国务院总理朱镕基做《关于国民经济和社会发展第十个五年计划纲要的报告》，提出"规范和健全证券市场，保护投资者利益。支持有条件的企业到境外上市"。

2001年6月6日，国务院发布《减持国有股筹集社会保障资金管理暂行办法》，规定国有股减持主要采取国有股存量发行的方式。国有股存量出售收入，全部上缴全国社会保障基金。减持国有股原则上采取市场定价方式。

2001年6月14日，国务院发布《减持国有股筹集社会保障资金暂行办法》。

2001年7月24日，新股发售减持开始。

2001年7月26日，烽火通信等4只新股在上海证券交易所上网发行，并以发行价减持国有股，标志新股发行配合国有减持正式启动。

2001年10月22日，证监会决定暂时停止执行《减持国有股筹集社会保障资金管理办法》关于"凡国家拥有股份的股份有限公司（包括在境外上市的公司）向公共投资者首次发行和增发股票时，应按融资额的10%出售国有股"的规定。

2002年6月23日，国务院决定：除企业海外发行上市外，对国内上市公司停止执行关于利用证券市场减持国有股的规定，并不再出台具体实施办法，"国有股减持"正式叫停。

2004年1月31日，国务院发布《关于推进资本市场改革开放和稳定发展的若干意见》（简称国九条），将发展中国资本市场提升到国家战略任务的高度，提出了9个方面的纲领性意见，为资本市场的进一步改革与发展奠定了坚实的基础。

2005年10月《公司法》和《证券法》（简称两法）修订，通过规范公司运作、明确市场规则以及尊重公司自治等措施促进市场的健康发展。

2005年4月正式启动股权分置改革试点工作。

2008年4月证监会发布《上市公司解除限售存量股份转让指导意见》，规定大小非股东在未来一个月内抛售解禁股份数量超过公司股份总数百分之一，应当通过证券交易所大宗交易系统转让。

2009年6月深圳证券交易所推出专为自主创新及其他成长型企业提供融资支持的创业板。

2010年2月股指期货正式推出，为市场提供了系统风险的对冲机制。

2010年3月融资融券业务正式推出。

2011年6月26日，证监会发布《转融通业务监督管理试行办法》。

2011年12月16日，证监会、人民银行和外汇管理局联合发布《基金管理公司、证券公司人民币合格境外机构投资者境内证券投资试点办法》，RQFII业务开始试点。

2012年5月4日，证监会发布《关于进一步落实上市公司现金分红有关事项的通知》。

2012年8月，中国证券金融公司正式启动转融通业务试点。

2012年11月，证监会发布《关于实施上市公司股息红利差别化个人所得税政策有关问题的通知》，通过税收优惠鼓励长期投资。

2013年11月30日，证监会发布《中国证监会关于进一步推进新股发行体制改革的意见》，启动新股发行注册制改革。

2013年12月13日，第三次修订的《证券发行与承销管理办法》正式施行。

2013年12月27日，国务院办公厅发布了《关于进一步加强资本市场中小投资者合法权益保护工作的意见》，以投资者需求和合法权益保障为导向，构建了资本市场中小投资者权益保护的制度体系。

2014年3月21日，为贯彻落实《国务院关于开展优先股试点的指导意见》，加快推进资本市场改革创新，证监会发布《优先股试点管理办法》。

2014年11月启动"沪港通"试点，上海证券交易所和香港联合交易所将允许两地投资者通过当地证券公司（或经纪商）买卖规定范围内的对方交易所上市的股票。

2014年5月9日，国务院发布了《关于进一步促进资本市场健康发展的若干意见》，指出要发展多层次股票市场，积极稳妥推进股票发行注册制改革、加快多层次股权市场建设、提高上市公司质量、鼓励市场化并购重组、完善退市制度。

2014 年 5 月 14 日，证监会发布《首次公开发行股票并在创业板上市管理办法》和《创业板上市公司证券发行管理暂行办法》。

【专题 2】中国房地产市场发展问题研究

房地产行业是一国经济的重要支柱，在经济发展中起到了举足轻重的作用。但是由于土地供给的稀缺性、房地产的虚拟性，房地产市场的垄断性以及金融市场的不健全，信息的不对称、政府失职等众多原因使得房地产市场容易滋生泡沫。

一、房地产泡沫的概念界定及测度工具

（一）房地产泡沫的概念、特征和影响

泡沫经济是指虚拟资本过度增长与相关交易持续膨胀日益脱离实物资本的增长和实业部门的成长，金融证券、地产价格飞涨，投机交易极为活跃的经济现象[①]。因此，房地产泡沫是一种表面繁荣的现象，其表现是房地产价格远远偏离了房子和土地本身所包含的真正价值。美国经济学家查尔斯·P. 金德尔伯格对房地产泡沫的定义为：房地产价格在一个连续过程中的持续上涨，这种上涨使人们产生价格进一步上升的预期，因而吸引了更多新的买者参与进来，投机资本持续的增加，当房地产价格远高于其实体价格时，就产生了房地产泡沫，过度膨胀后房地产泡沫就会崩溃，本质是具有不可持续性。

房地产泡沫的特征主要表现为两个方面：一方面体现为一段时间内房地产价格持续快速的大幅度的上涨。另一方面房地产价格的骤升是资金在短期内大量涌入房地产行业造成的，其中既有一国国内居民的抵押贷款爆炸性的增长，又有民间闲置资金与国际热钱的大量涌入。

房地产泡沫的影响主要表现在以下三个方面：一是适当的房地产泡沫有利于刺激经济的发展，是符合经济发展需求的；二是泡沫膨胀阶段，房地产业及经济的运行秩序脱离正常轨道，当泡沫不断扩大，其带来的不利影响也会随之

---

① 资料来源：360 百科，http://baike.so.com/doc/5568859.html。

不断地放大和传递，并且超过正面影响；三是由于房地产的高价格和高关联性，房地产泡沫破灭产生的连锁反应大于任何一类泡沫。

（二）房地产泡沫的表现形式

尽管目前对房地产泡沫的定义存在着一定的争议，尚不存在一个严格的房地产泡沫定义，但是通过对泡沫现象的观察，可以发现房地产泡沫发生时的一些表现形式存在着很大的共性。根据房地产泡沫的发生阶段，我们将其表现形式划分为事前表现、事中表现以及事后表现。

1. 事前表现

在房地产泡沫发生之前，虽然房地产价格并没有明显的上涨，但是，房价的变动只是整个房地产泡沫破灭的集中表现，在此之前有很多事前的表现值得我们关注和研究，主要体现在以下三个方面：

（1）高杠杆率。在房地产行业之中，杠杆表现在两个方面：一是房地产企业通过贷款来进行房地产开发，二是购房者通过贷款来获得房屋的所有权。在房地产泡沫产生之前，往往伴随着整个经济环境中信贷规模的扩张，房地产行业，就表现为房地产开发贷款和个人住房贷款的增长，由此带来的是在企业和个人两个方面的杠杆率的提升。

在日本，20世纪70年代初期和80年代是不动产业贷款同比增长最快的两个时期。从图1中可以看出，这两个时期对不动产业的贷款增速远远高于制造业，这反映了当时房地产行业信贷规模的高速发展，也反映了当时房地产行业所承担的高杠杆率。

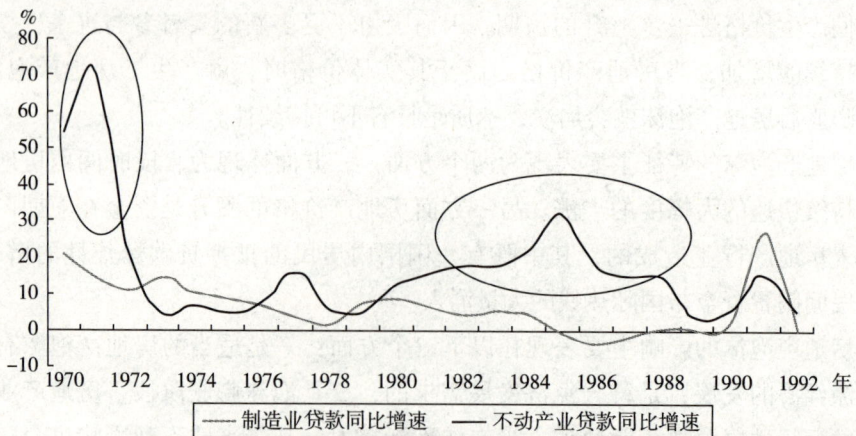

图1　日本20世纪70年代至80年代不动产贷款

300

（2）高期限错配。高期限错配是指银行资金来源短期化、资金运用长期化的问题。在房地产泡沫产生之前，市场主体的资产选择行为和投资偏好发生了较为显著的改变，并进一步引起商业银行资产和负债期限结构发生了一些变化，主要表现在商业银行资金来源短期化、资金运用长期化趋势明显，存贷款期限错配问题日益突出。而这些期限错配程度的日益加深在一定程度上反映了可能发生的房地产泡沫。

（3）高风险敞口。风险敞口指未加保护的风险，即因债务人违约行为导致的可能承受风险的信贷余额，是银行实际所承担的风险。对房地产行业来说，风险敞口主要是指由于在房地产价格上涨的过程中，房屋的价格已经超过其实际的价值，由此而引发的风险。对银行来说，银行向房地产业提供的贷款将成为其资产质量的最大威胁。银行不仅面临直接的风险敞口，而且还面临企业在房地产行业的投资行为产生的间接风险敞口。

2. 事中表现

一般处于经济快速发展时期的国家容易出现房地产泡沫，房地产泡沫爆发既是一种价格现象，又是一种货币现象，房地产泡沫产生的事中具体表现形式如下：

（1）价格现象：价格暴涨暴跌，波动振幅大。房价的大幅变动是房地产泡沫最基本的表现形式。由于房子依附于土地，而土地具有稀缺特性，这种有限性使得在土地开发需求迅速增加时，土地价格会大幅上涨，进而促使房价上涨。引发房地产泡沫的关键在于，房价上涨幅度已脱离了地价上涨的幅度，即使地价不再上涨，由于房地产投机需求的支持，房价依然会大幅上涨，这就脱离了房子的基础价值，产生了泡沫。当泡沫破裂时，房价又会大幅下降，这一涨一跌振幅巨大。

（2）货币现象：银行房地产信贷迅速膨胀。金融体系的资金支持了房地产泡沫的持续。从土地开发到构建房屋，房地产商都需要大量的资金周转，除了从屋主那里得到的预售款外，一般都向银行借款；另一方面，无论是用于满足自住需求的居民或是房屋的投机者，购买房屋的资金也大多来自银行贷款。因此大量银行信贷进入房地产行业。

（3）转手次数多，买卖价差获得的收益率高。由于房地产泡沫时期，房价涨幅较大，且由于房屋的高价值、购买的高杠杆特性使得房屋买卖价差获得的收益较高，几万元，几十万元甚至几百万元。并且持有房子的人投机需求多于居住需求，因此导致房子大量买入卖出，房子的转手次数多，自然房屋空置率也较高。

（4）房屋投资品性质表现突出。房屋本身作为耐用消费品，是人们生活必要部分，而在房地产泡沫时期，房屋成为了一种高价值投资品，房屋的特性被异化，人们购房不再是为了居住，而是为了获利。无论是开发商积极购置土地、囤积土地、建造大户型住宅等，还是市场上出现越来越多持有多套房的投资者，都足以证明房屋已不再被人们简单地看成是耐用消费品，而成为了人们财富迅速积累的一种投资渠道。

3. 事后表现

房地产泡沫的事后的表现主要表现在由单一地区的房地产行业的泡沫扩散至多个地区，乃至全球范围内的房地产泡沫的破灭，以及由单一的房地产行业的泡沫扩散至其他经济部门的危机的发生，乃至爆发全球性的金融危机，进而导致经济萧条。房地产泡沫破灭的事后效应在 1936 年美国经济大萧条和 2008 年次贷危机之中都有体现。

【专栏】

世界主要房地产泡沫概况

一、美国房地产泡沫概况

根据美国最权威的凯西·席勒房价指数（席勒是 2013 年诺贝尔经济学奖获得者），从 1890 年到 2013 年的 123 年中，有 28 年是下跌的（占 23%），95 年是上涨的（占 77%）。其中跌得最深的是 2008 年，即金融危机最糟糕的一年，跌幅达 18%。连续下跌达到 5 年的只有两次，第一次是 1929—1933 年的大萧条时代，累积跌幅达 26%；第二次是 2006—2011 年的由房地产泡沫破灭引发的金融危机，累积跌幅达 33%。

第一次房地产泡沫发生在 1926 年，在这之前的一个时期内，美国房地产市场从无到有迅速发展。美国殖民时期已经出现房地产交易市场，但以土地交易为主，没有任何配套可言。美国宣布独立之后，新成立的联邦政府将土地所有权从英国皇家授权的统治阶层手中转接过来，并开始土地私有化进程，包括无偿划拨和出售两种主要手段。19 世纪中期铁路交通业的兴起，以及 19 世纪末的城市工业化浪潮，都对美国经济和地产市场形成了巨大的推动力并产生了深远的影响，房地产继续快速发展，直到受到第一次世界大战的拖累。20 世纪 20 年代是恢复时期，不论是房价指数还是房地产建设，到 1926 年都有个小波峰，但

图2　美国123年扣除通胀后的房价历史

程度迥异。供给方面的数据表明已超过第一次世界大战前水平，1925年的单户住房建设创下最高纪录，直到1950年才被打破；而房价指数则显示远未完全复苏。同时，局部性的房地产"繁荣—萧条"现象此起彼伏。一是19世纪中期，随着铁路交通业的兴起，沿着铁路线的土地交易非常活跃，价格一夜之间飙升现象时有发生，出现了最初的投机。二是19世纪末，随着城市工业化浪潮的兴起，城市中心成为财富、权力和高档消费的象征。城市闹市区的土地急剧升值，是这个时期的一个显著特征。此外，随着各州相继开发，环境宜人或者人文独特地区投机的故事屡有发生，其中就包括19世纪80年代的加利福尼亚和20世纪20年代的佛罗里达这两次著名的房地产市场投机。

　　而及至美国21世纪初的房地产泡沫破裂，则更多的与房地产市场的投机需求旺盛相关。20世纪90年代后半期，美国房地产市场还保持着相对良好的态势：1995—1999年房价涨幅基本保持在5%以内，新建单户住宅平均售价与人均可支配收入的比率稳定在7.9年左右的合理水平。在2001年经济温和衰退期间，房价增速有所下降，但随后即重拾升势，增速不断提高。2000年至2003年，房价增速在9%~11%之间波动，到了2004年和2005年，房价增速提高到15%~17%。2005年第二季度，房价增速达到峰值，之后快速下降，2006年第一季度房价涨幅开始回落，次贷延期还款率和止赎率大幅度提高，次级抵押贷款证券市场首先爆发危机，并迅速向投资银行、银行、保险等金融领域蔓延，引发了美国自1930年以来的最大金融危机，并最终波及至世界各国。

二、日本房地产泡沫概况

第二次世界大战后的日本经济创造了高速发展的奇迹，迄今为止，仍然占据世界第二大经济体的位置。但是，我们也看到了日本在发展过程中遇到的问题和困惑，尤其是20世纪70年代和80年代后期房地产市场的两次泡沫。

第一次泡沫发生在第一次石油危机时期，引起的原因主要是石油危机导致的输入型通货膨胀。但这次泡沫持续时间比较短，日本政府从1974年开始采取对策打压，结果比较成功地抑制住了价格的高涨，没有让泡沫持续扩大。

第二次泡沫发生于1985年"广场协议"之后，日元的升值和金融自由化让国际资本也进入了日本房地产市场。相比第一次泡沫，这个时候的刚性需求已经大大减少了，而投机资本却又有国际资本的增加，这使得本来就已经非常高的土地价格再次暴涨，最终泡沫急剧膨胀到无法控制的地步并破裂。房地产市场和股市崩溃的结果是日本经济的停滞不前。

三、东南亚和香港房地产泡沫概况

20世纪80年代中期，泰国政府把房地产作为优先投资的领域，并陆续出台了一系列刺激性政策，由此促生了房地产市场的繁荣。海湾战争结束后，大量开发商和投机者纷纷涌入了房地产市场，加上银行信贷政策的放任，促成了房地产泡沫的出现。与此同时，大量外国资本也进入东南亚其他国家的房地产市场进行投机性活动。遗憾的是，当时这些国家没有很好地进行调控，最终导致房地产市场供给大大超过需求，构成了巨大的泡沫。在金融危机爆发以前的1996年，泰国的房地产业已处于全面危险的境地，房屋空置率持续升高，其中办公楼空置率竟达50%。

随着1997年东南亚金融危机的爆发，泰国等东南亚国家的房地产泡沫彻底破灭，并直接导致各国经济严重衰退。东南亚金融危机还直接导致了中国香港房地产泡沫的破灭。香港的房地产热最早可以追溯到20世纪70年代。当时，李嘉诚、包玉刚等商界巨子纷纷投资房地产领域，香港十大房地产公司也先后公开上市，而来自日本、东南亚和澳大利亚等地的资金也蜂拥而入。在各种因素的推动下，香港的房价和地价急剧上升。到1981年，香港已成为仅次于日本的全世界房价最高的地区。1984—1997年，香港房价年平均增长超过20%。中环、尖沙咀等区域每平方米房价高达十几万港元，一些黄金地段的写字楼甚至到了每平方米近20万港元的天价。受房价飞涨的刺激，香港的房地产投机迅速盛行起来，出现了一大批近乎疯狂的"炒楼族"。1996年，香港竟出现买房前必须先花去9万港元买一个号的怪事。就在香港的房地产泡沫达到顶峰时，东南亚金融危机降临了。1998—2004 年，香港楼价大幅下跌，如著名的中产阶级居住社区"太古城"，楼价就从最高时的 1.3 万港元每平方米下跌到四五千元。据专家计算，从 1997 年到 2002 年的 5 年时间里，香港房地产和股市总市值共损失约 8 万亿港元，比同期香港的生产总值还多，这场泡沫中，香港平均每位业主损失 267 万港元。

（三）房地产泡沫的测度工具

为了更好地测度房地产泡沫规模，提早防范泡沫破灭对经济发展可能带来的冲击，国内外学者在理论与实践研究中提出了诸多房地产泡沫的测度工具，应用较为广泛的主要有以下几个：

1. 房价增长率与 GDP 增长率比值

房价增长率与 GDP 增长率之比，主要测量房地产行业相对国民经济的扩张速度。房价增长率与 GDP 增长率比值一般指标值在 1 以内属于合理范围，1～2 内是泡沫预警，2 以上房价虚涨泡沫显现。

2. 收入房价比

收入房价比是指住房平均销售价格和居民平均年收入之比，也就是说该指数反映居民多少年的收入可以购买一套平均价格水平的住房。房屋的需求最终取决于消费者的预算情况，而房价收入比则是衡量房地产市场是否过热的重要指标。

3. 空置率

一般来说，房地产市场的空置情况，是反映供求强度的指标，它的大小将影响投资者对未来房地产市场走势的判断，并根据新的预期修正其在市场中的行为方式。当市场中的商品房屋空置面积持续上升，房屋空置率高居不下时，就说明房地产实际上是处于供大于求的状态，是典型的买方市场，市场力量将不利于房地产市场上的供给者。在这种情况下，房地产价格必然会受到很大的向下的压力，这样投资者将不得不承受由于价格下降带来的资金紧张的困境，一部分将不得不破产退出市场，从而减少市场供给，并恢复市场的均衡。

4. 银行信贷在房地产业中的扩张

从消费者的角度来讲，如果过多地接入贷款，将导致其负债比例过高，其承受意外风险的能力将相应降低。在一个经济周期上升的阶段，这个问题很容易被乐观的预期所掩盖。但是，一旦经济形势发生逆转，消费者收入下降，再加上意外风险的冲击，就会发生大范围的违约现象，银行的个人信贷业务的不良资产也会相应增加，金融危机的可能性也相应增加。我国将房地产类贷款作为银行信贷指标，包括房地产开发贷款和个人住房贷款，具体分为以下三个指标：（1）房地产类贷款的增长速度；（2）银行所有房地产类贷款在全部贷款中的比例；（3）新增房地产类贷款占全部银行新增贷款中的比重。

5. 房价指数与其他价格指数的变化

根据交易方程式 $MV = PT$，得 $\Delta M + \Delta V = \Delta P + \Delta T$，则有 $\Delta M - \Delta T = \Delta P - \Delta V$，在货币流通速度保持不变的条件下，货币增长速度快于经济增长速度的结果只能是价格的上涨。如果一国增加的货币供给并没有被实体经济部门吸收，而是流向房地产等资产部门，那么将造成资产价格的上升，而其他商品的价格保持较为稳定的水平，通过将房价与其他价格指数相比较，就可以大致判断房地产市场泡沫风险的大小。

6. 短期资本流入与外部经济的重大变化

当一国外部经济环境发生了重大变化，如由于贸易顺差或者对货币值变化的预期而导致大量国外短期资本流入，而资本并未进入到实际的生产领域，而是流入当地的房地产市场，那么由于短期内房地产的供给是很难迅速增加的，在有限的商品供给条件下，由于外资的突然涌入而新增的大量货币追求有限的商品，必然造成价格的迅速上涨，这一机制与一般通货膨胀过程没有什么太大的区别。在房价迅速上涨的同时，造成了全社会普遍乐观的心理预期，这样市场的泡沫风险也就加大了。

【专栏】

中国住房空置率惹争议：22.4%还是"没法算"？

"2013 年中国城镇地区自有住房空置率为 22.4%，空置住房占用了 4.2 万亿元银行住房贷款。"西南财经大学中国家庭金融调查与研究中心为备受关注的楼市再增添一组数据。该中心发布的《城镇住房空置率及住房市场发展趋势 2014》（以下简称报告），得出上述结论。

尽管外界对公布实际住房拥有率、住房空置率等参考数据的呼声不断，但官方称目前尚无法计算。有研究人士对《第一财经日报》记者称，尽管上述数据准确程度仍需商榷，但作为目前较为空白的领域，这一系列数据具有参考意义。

城镇住房拥有率近九成

报告提供的数据显示，截至 2014 年 3 月，城镇地区住房拥有率已上升至89.2%，城镇家庭拥有多套房比例上升至 21.0%。记者查阅相关资料发现，目前国际平均住房拥有率为60%左右。住房拥有率不断攀升的背后，是刚性住房需求的降低。截至2013年8月，24.6%的城镇家庭具有刚性住房需求，比2011年显著下降3.6个百分点。

报告将刚性住房需求定义为，包括无房家庭需求、人房分离需求（有房但住房不在生活及工作重心所在地）以及分家需求（家庭有成年子女）。其中，无房家庭需求为13.0%，较2011年8月下降了近1.8个百分点；人房分离需求为4.0%，下降1.8个百分点；分家需求略有上升，为7.6%。中国家庭金融调查与研究中心主任甘犁称，估算潜在的刚性住房总需求为24.6%，约为5 400万套住房，相比2011年显著下降。

对于如此高的住房拥有率，不少人表示"被平均"。目前，官方并没有相关权威数据。2012年，浙江大学不动产投资研究中心、清华大学媒介调查实验室与《小康》杂志曾联合发布《中国居住小康指数》报告，称在全国40个城市中，调查居民拥有住房比率均在70%至80%之间。"如果折算成家庭，这两个报告结论应该是接近的。"前述研究人士分析称。

空置率超两成

报告显示，2013年中国城镇地区自有住房空置率为22.4%，比2011年高出1.8个百分点。据此估算，中国城镇地区空置的住房总量约为4 898万套。报告将空置房屋分为两类：仅拥有一套住房家庭因外出务工等原因而空置的自有住房（简称人房分离）；多套房家庭持有的，既未自己居住，也未出租的住房。作为佐证房地产泡沫的重要数据，我国的住房空置率数据一直缺失。国家统计局曾回应称，目前关于房地产统计方面的制度还不能计算出空置率这样的指标。

近日，住建部总经济师冯俊表示，有些媒体或者学者称某个城市空置率30%、40%，都是通过晚上亮灯的住房概率大致推论的。"不能用亮灯的数量衡量。"甘犁称，报告所说的空置率概念采用的是和美国相同的概念和计算方法。从数据看，东部、中部、西部地区总体空置率相当，三线城市总体空置率略高于一二线城市。

发改委副秘书长王一鸣在2013年达沃斯论坛上也表示，地方负债大多是因城市建设带来的，现在三四线城市的空置率还是比较高的。此外，报告调查的六大城市中，重庆的空置率最高——25.6%，上海最低——18.5%，其他四个城市成都、武汉、天津、北京的空置率分别为24.7%、23.5%、22.5%、19.5%。值得注意的是，在品类繁多的住房中，空置率最高的是商品房，为26.3%，紧随其后的是经济适用房，空置率达23.3%。

甘犁认为，经济适用房存在资源浪费和错配现象。空置住房占用的银行贷款，属于资本闲置，降低了金融市场的效率。该中心数据显示，空置住房不仅具有较高的信贷可得性，其贷款规模也远高于非空置住房。从推算来看，这部分住房占用了 4.2 万亿元银行住房贷款，空置住房资产占中国城镇家庭资产的 11.8%。

甘犁认为，目前房地产市场过剩比较明显，现有住房存量完全可实现住房需求。根据他们测算的数据，目前住房需求（含可实现刚性住房需求和可实现改善性住房需求）约为 3 250 万套，而住房供给（含空置房供给和待售商品住宅供给）约为 5 248 万套，供给完全可以覆盖需求。

资料来源：《第一财经日报》，2014 - 06 - 11，作者：王子约。

二、房地产泡沫前置因素分析

通过对比分析世界范围内几次比较重大的房地产泡沫，可以得出房地产泡沫生成的前置因素如下：

（一）房地产市场信息不对称

房地产之所以被看作为一种虚拟资产，其主要原因在于房地产的定价机制与一般商品的价格制定是不同的。由于房地产具有虚拟资产的特性，房地产的交易价格取决于人们对其未来的预期收益，然而这种价格决定机制在发挥作用时会受到市场的信息结构的影响。

一般来讲，房地产市场的信息不对称可以分为两类：一类被称作事前的信息不对称，比如在房地产交易前，有一部分信息购房者不知道而售房者知道，这样便会构成事前的信息不对称；另一类被称作事后的信息不对称，即售房者与购房者在签订房地产交易合同后，双方可能采取的一些单方面行为。

房地产的信息不对称表现在很多方面，其中经济发展环境发生变化，尤其是国家宏观经济政策的突然转变是比较突出的。与房地产相关的宏观经济政策包括有利率政策、信贷政策、税收政策、土地政策等。其中每一项经济政策的变动都是未知的，一旦发生变动，变动后所面临的新的经济环境也是不可知的，由此就会使得人们对未来房地产市场的发展趋势产生各种大胆想象，这样就容易促使房地产泡沫的产生，同样也会使得房地产泡沫很快破灭。

（二）微观主体行为存在盲目性

按照传统理论，房地产价格泡沫出现的主要原因是市场中存在大量非理性投机者，他们在房地产市场中的投机行为使得房地产价格远远超出了理性价格水平，随后便产生房地产泡沫。

但是以往房地产泡沫事件表明，房地产价格泡沫的发生并不一定都是非理性投机者引起的。即使在完全理性的投资条件下，也会因为房地产市场的信息不完全或者信息不对称导致房地产泡沫的发生。因此，可以将房地产市场中的投资者看作是理性和非理性的混合体。在房地产交易过程中，这些理性和非理性投资者大多数都会表现出羊群行为及正反馈交易行为，这些行为都会导致房地产价格泡沫的产生。

【专栏】

消费主导时代的楼市不会崩盘

中国将迎来史无前例的城镇化进程，随着城镇化率的不断提高，越来越多的农业转移人口在城镇定居，融入城镇。这将带来巨大的住房需求。房地产市场目前所经历的，是增长方式转型时期从超高速增长向正常增长的回归，而不是崩溃。

对房地产发展的趋势，各方有不同看法。一方面，有人认为中国房地产开始在崩溃，尤其是一些地方的房价出现下跌后，持这种看法的人不断增多；另一方面，也有人认为，房地产崩盘是危言耸听，理由是"政府不允许，老百姓也不答应，而开发商更不乐意"。

作为我国重要的产业，房地产未来几年的发展态势如何，牵动全局。然而，客观地看，中国作为正处于转型关键时期，转型、改革、增长交织相融。最大的变量是中国制度变量与中国改革。离开这个变量探讨某个具体行业的发展前景，即便不是刻舟求剑，恐怕也会一叶障目。具体到房地产行业同样如此。

从大的格局看，中国正处于从投资主导向消费主导转型的关键时期，这是两个具有实质性区别的发展模式，而房地产在其中所发挥的作用迥异，决定其行业发展空间和行业要素趋势的基础因素，也将发生重大变化，恐怕不能简单说房地产会崩溃或者会继续繁荣。

投资主导时代的房地产

在投资主导时代，经济增长主要依靠投资拉动。客观地看，不少地方政府在过去20年中，确以追求GDP增长速度为首要目标、以扩大投资规模为重要任务、以土地批租、房地产和重化工业项目为突出特点、以资源配置的行政控制和行政干预为主要手段。由此实现了经济的快速增长。而在这个进程中，房地产行业扮演着重要的角色。

2000 年以来投资率不断增长，其中很大一部分是房地产投资与重化工业投资所贡献。房地产行业的关联度大，涉及的相关产业多。这使得房地产的投资系数要超过其他行业。在以做大 GDP 为目标的地方政府眼中，这无疑是拉动经济总量最有效的一块法宝。"要投资，抓地产"，把房地产行业作为支柱产业，成为各级政府的共识。

此外，在一级土地垄断下，在宽松的货币政策下，房地产的发展如同打了兴奋剂，销售额和单位价格扶摇直上。这反过来又强化了房地产的投资属性，淡化了房地产的使用属性。

但是，房地产由此也承载了投资主导模式下大量的风险。根源在于，房地产价格上涨长期超过城乡居民收入上涨，必然带来大量的过剩。而这有可能成为危机的触发点。

第一，加剧房地产关联的产业产能过剩，例如钢铁、建材等产业。以钢铁为例，从 2011 年第四季度开始，钢铁主业每个季度都是亏损的。目前中国钢铁行业的富余产能已经达到 2 亿吨，产能利用率约 72%。2014 年 1 月重点统计单位亏损 10 亿元，企业亏损面达到 43%，创历史新高。

第二，影响地方财政稳定性。目前超过 30% 的全国财政收入、50% 以上的地方财政收入来自房地产。最近有研究表明，我国 23 个省市的"土地财政依赖症"的山西超过 20%，最高的浙江达到 66.27%。土地财政要变现，离不开房地产这个载体。

第三，很可能触发债务危机和金融危机。近 30% 的全国信贷资金及 3/4 的影子银行资金流向房地产，若泡沫破灭房地产行业过高的高杠杆率就会引发债务危机，进而引起投资需求收缩，在市场放大悲观情绪的条件下，局部的金融危机也很可能会被触发。

因此，过去房地产的高速发展，实际上是在投资主导这种增长方式下的产物。问题在于，这种方式确实难以再继续下去。在政府主导下投资主导增长已不可持续，这将成为房地产行业发展最大的变数。

消费主导时代的房地产

中国转型的方向是什么呢？就是从投资主导转向消费主导。所谓消费主导，就是充分释放城乡居民消费潜力，以此形成经济增长的内生动力。在这个消费主导的增长格局中，房地产行业发展既面临重大挑战，但同时也面临新的战略机遇。

人们的共同认识是，中国是一个巨大的市场。摩根士丹利在《2020年前的中国经济》报告中指出，未来10年中国经济将迎来国内消费需求井喷的黄金时期。2020年中国消费总量将达到美国的2/3。我们初步估算表明，到2020年，我国潜在消费规模将达到50万亿元的规模，进入到真正的大众消费时代。

从投资主导转向消费主导，至少将对市场中的行为主体带来深远影响，并由此形成奠定新的增长方式的微观基础。

在这个背景下，房地产行业发展的既有逻辑发生了深刻变化。

第一，地方政府不再以"GDP论英雄"，意味着对投资的关注度将逐步下降。尤其是随着中央对地方政府政绩考核的转变，更关注民生，更关注公共服务将成为基本趋势。作为支柱产业的房地产，其重要性将下降。

第二，随着保障性住房的不断兴建，住房保障体系建设不断推进，可能会形成对现有房地产强大的替代效应。如果按着《国家新型城镇化规划》大部分低收入者将被纳入到住房保障体系中，客观上对刚需会有影响。

第三，过去宽松的货币政策、倾斜的产业政策可能发生实质性变化。这意味着过去房地产发展的加速器开始淡化。

因此，从消费主导的角度看，最大的变化是房地产可能不再被视为支柱产业，相关的政策以及社会预期都将发生明显变化。

从投资主导向消费主导转型的房地产发展

从投资主导向消费主导的转型，并不意味着房地产面临崩溃。说这个行业崩溃，恐怕忽视了我国从投资主导向消费主导转型的另一方面。这就是伴随着消费主导的转型，中国将迎来史无前例的城镇化进程，房地产市场将更加分层化，从而使每个层级的市场都有一个健康发展的空间。从这个角度看，中国房地产市场目前所经历的，是增长方式转型时期从超高速增长向正常增长的一个回归，而不是崩溃。

我国当前的城镇化率为53.73%，农村人口为6.3亿人。按照60%的城镇化目标，未来几年还将有2.1亿人进入到城市。尤其是随着人口城镇化率的不断提高，越来越多的农业转移人口在城镇定居，融入城镇。这个过程将带来巨大的住房需求。与过去更多的关注住房的投资属性不同，人口城镇化进程中带来有真实需求的住房消费。尤其是随着房地产市场的逐步理顺，商品房、保障房双轨并行，各行其职，将为房地产业带来巨大的真实消费。

第一，在保障性住房上，有学者的研究测算表明，"十二五"末的2015年和"十三五"末的 2020 年城镇家庭户数预计分别为 25 543.11 万户和 29 743.82 万户。如果按人均建筑面积 13 平方米及以下来计算,"十二五"末和"十三五"末的全国城镇住房保障需求量分别是 3 347 万套和 3 897 万套,占全部城镇家庭户数的比重(覆盖率)为 13.10%。

如果按人均建筑面积 16 平方米及以下来计算,"十二五"末和"十三五"末全国城镇住房保障需求量分别是 4 043 万套和 4 708 万套,占全部城镇家庭户数(覆盖率)是 15.83%。

如果按人均建筑面积 19 平方米及以下来计算,"十二五"末和"十三五"末全国城镇保障性住房需求量是 4 507 万套和 5 248 万套,占全部城镇家庭户数的比重(覆盖率)是 17.64%。

第二,在商品房上,有研究表明,我国城镇化率每提升一个点,将会有 1 000 万的人口转移到城市,如果按照每人住房面积 20 平方米来算,在原有基础上每年需新增 2 亿平方米的住宅。

因此,对于房地产行业来说,消费主导时代的到来,经济增长方式转型的加快推进,并不意味着市场空间的缩小,而只是意味着过去支撑高速增长的因素发生变化,意味着过去高速增长开始向中速增长回归。当然,在这个进程中还将面临这样那样的外部冲击,包括货币政策的冲击等,但只要把握住消费主导的基本趋势,大致可以判断房地产行业发展的新特点和新机遇。

资料来源:新浪财经,2014 - 05 - 25,作者:匡贤明。

(三)银行信贷政策的扩张性推动

众所周知,房地产业属于资金密集型行业,房地产的投资开发必须要拥有充足的资金储备,而且房地产行业所需的资金往往具有周转时间长、需求量大、投资回报慢等特点,房地产开发商仅仅依靠自己很难解决资金问题,因此他们必须要借助金融业尤其银行的参与才能有效降低筹资成本,缩短资金筹措时间。反过来讲,房地产业的保值、增值特性也会促使金融机构放贷给房地产公司,以便从中获取高额回报。于是房地产业逐渐变成金融机构获取利益的重点行业,他们之间各取所需,达成共赢。

一般情况下,每个国家对房地产贷款都会制定一些约束政策,然而房地产的高回报率促使很多银行不顾政策约束,持续将大量贷款贷给房地产行业。在经济上升时期,银行常常持有大量房地产或以房地产为抵押品的资产,房地产价格的上涨使银行的资本规模不断扩大,银行的资本充足率、资产质量也得到大大改善。在这种趋势下,银行一般会进一步扩大对房地产业的放贷额,由此使房地产价格不断升高。按照此过程进行往复循环，房地产价格日趋偏离其实际均衡价格，最终导致房地产泡沫的形成。

（四）政府职能在宏观调控方面的缺失

房地产业一般对国民经济的发展具有明显的拉动作用，尤其对像中国这类发展中国家，因此政府会通过城市规划、土地批复、税收政策、直接投资等手段来引导房地产市场的发展。

如同市场机制会产生市场失灵，政府对房地产实施的干预手段往往也不是万能的，常常会产生正、负两种效应。由于房地产业关联度高，与很多产业有着极其密切的关系。因此，一旦政府的干预手段得当，就会极大带动房地产业及与其相关的整个产业链的发展，从而促进一国经济的快速发展。假如政府只是利用手中特有权利来实现自己的短期目标，那么就会产生严重的干预失误，给国民经济的健康运行带来许多负面影响。政府的这些干预手段很容易造成当地房地产市场的混乱以及过度开发等问题，使房地产业的发展违背一般市场规则和价值规律，从而产生房地产泡沫，影响当地经济的正常发展。

（五）国际游资的涌入和冲击

以日本为例，日元的升值和金融自由化的直接结果是外资的大量涌入。外资的涌入又使得日本外汇储备剧增，日元有继续升值的压力。同时，日本为摆脱日元升值压力，实行超金融缓和政策。日本中央银行经大藏省授意，在1986—1989年期间连续5次调低贴现率，使得商业银行加速放款。这样，大量过剩资金流入股票市场和房地产市场，导致股票和房地产价格暴涨。股票价格的暴涨大大增加了银行的资本，从而使银行进一步增加放款；房地产是银行贷款的最重要抵押品，房地产的增值也促使银行创造更多信贷。这样，由股票和房地产泡沫创造的信贷资金又回到股票市场和房地产市场，如此循环往复，泡沫膨胀到惊人的地步。

三、中国房地产市场的宏观特殊性分析

通过前面对于房地产泡沫的概念界定，以及通过对世界几次房地产泡沫事件的分析，得出的房地产泡沫发生所具备的前置条件，结合我国目前的实际情况，是否可以推断出我国房地产市场已经进入泡沫阶段了？笔者认为，中国处于特殊的发展时期，在经济制度、税收制度、分配制度、现代化阶段、资本市场发展阶段以及房地产市场发展阶段等多个方面具有特殊性，因而不能简单根据他国的经验来作出判断，具体如下：

（一）以公有制为主体的经济制度

公有制的主体地位主要体现在两方面：一是公有资产在社会总资产中占优势；二是国有经济控制国民经济的命脉，对经济发展起主导作用。

土地产权是指存在于土地之中的排他性完全权利，是一组权利束，包括土地所有权、土地使用权、土地租赁权、土地抵押权、土地继承权、地役权等多项权利，其中最基本的为土地所有权。土地所有权是指土地所有者在法律规定的范围内自由使用和处理其土地的权利，是土地产权权利束中最充分的一项物权，它由土地占有权、使用权、收益权及处分权等权能组成。它是其他物权的源泉和出发点。按照土地所有权的归属不同，可以将土地产权划分为私有和公有两种不同性质的产权形式。土地私有产权是指土地的所有权完全归属私人，或者名义上归属国家而实际上归属私人。土地公有产权是指土地的所有权完全归属国家或集体。

我国以公有制为主体的经济制度决定了我国公有化的土地产权制度，公有产权不仅在获取社会公平方面拥有得天独厚的优势，而且在效率方面也能胜出私有产权一筹。因此，实行土地公有产权制度具有极其重要的意义，这也是我国在经济制度、土地制度方面与西方国家最大的区别。

（二）我国正处于城镇化进程中

城镇化进程与房地产业发展之间是相互依存的。城镇化速度的加快不可避免地会带动房地产业的发展，反之房地产业的快速发展又为城镇化建设提供了物质基础和保障。

目前，我国的城镇化率已经超过 50%，我国开始由乡村中国向城市中国转变。在城市中国阶段，产业结构将发生重大调整，国内需求将真正启动，城乡关系将发生重大转变，城乡统筹发展将进入实质性实施阶段，城镇化的动力机制和发展战略将需要重新认识。所有这些新的变化必将引起整个中国发生深刻的变革，进而也会对中国房地产市场的发展起到决定性的作用。

【专栏】

新型城镇化，房地产市场的新梦想

2012 年 12 月举行的中央经济工作会议指出，城镇化是扩大内需的最大潜力所在，是促进中国经济增长的新引擎。作为与城镇化关系度最密切的行业之一，此消息无疑为地产业带来福音，而对于那些已经布局城镇化的开发企业而言，更是抢占了先机。如何正确看待新一轮城镇化？房企的机遇又表现在哪些方面？城镇化令房企普惠，还是仅限于大房企的"王的盛宴"？

虽然在中央经济会议上，同时提出，要继续坚持房地产市场调控政策不动摇，仅仅一句话，让我们不难发现，房地产的宏观调控暂不会退出楼市舞台，但是，城镇化的大写特写，似乎让房企再次被打了兴奋剂一样，摩拳擦掌，想大干一场。

2012年末，楼市回暖的迹象十分明显。相关研究机构的统计数据显示，11月全国100个城市新建住宅平均价格为8 791元/平方米，环比10月上涨0.26%，这已是2012年6月止跌后连续第6个月环比上涨。国家统计局最新数据显示，2012年1月到11月，商品房销售面积91 705万平方米，同比增长2.4%，这是今年内首次实现累计正增长。与此同时，房地产开发投资也在经历了长时间的涨幅回落之后重新反弹，市场的信心似乎回来了。

可是，城镇化不等于单纯的高楼大厦的房地产开发建设，是一个复杂的经济、社会、环境、文化等方方面面的系统工程，其中还涉及各方面政策的相互协调问题。必须进行深入、系统的研究，制定系统、稳定、可持续的城镇发展政策，强化制度创新，使经济政策、产业政策、能源交通政策等与社会政策有机组合，形成一个和谐而统一的公共政策体系，来保证城镇化进程的健康、有序进行。

而且，没有产业支撑的城镇化将是空中楼阁的鬼城。因为城镇化的实质是由于生产力变革所引起的人口和其他经济要素从农业部门向非农部门转移的过程，转移的根本标志是农业比重的下降和非农业比重的上升，即产业结构的变迁，而不是简单的农业人口市民化转移。

绝大部分城镇都必须要有自己的主题，自己的主导产业，没有产业的城镇就像找不到工作的待业青年，是很难成才的。

虽然，曾经房地产市场的疯狂扩张造就了传统的中国城镇化局面，但是中国未来的新型城镇化本质上不再是土地城镇化，因此意味着它并不必然支持房地产业的继续高速粗放增长。同时，随着人口老龄化和人口红利的消失，以及经济增速的下滑，政府的大规模举债经营，房地产业的发展速度必将受到影响，依托房地产业推动城镇化率高速增长的黄金时代已然成为过去。

实际上，经过多次房地产调控持续之后，关于房地产业是否是支柱产业的争论已经毫无意义，而城镇化又吊起了部分房地产开发企业的胃口。如何全面理解城镇化与房地产业的关系，成为了每一个决策者以及地产人需要迫切考虑的问题。有专家指出,在政府持续进行楼市调控的情况下,中国房地产暴利的时代早已经终结,坐等房价上涨或依赖城镇化推动市场并不现实,房地产企业应进一步细分市场,合理设计利润空间。

不少城镇立足于自己的资源特色、环境条件,确定城市的产业发展战略定位,使城镇迅速形成了自己的核心竞争力。比如瑞士的达沃斯,一年一度的"世界经济论坛"使达沃斯小城出了名,会议经济进一步带动房地产、旅游、餐饮业、交通等相关产业。法国戛纳一年一度的电影节,同样使戛纳家喻户晓。从美国城市化的进程看,许多城市和小城镇原先都是围绕企业发展起来的。例如西雅图市的林顿镇,因为波音公司而出名;硅谷的高科技企业云集,成为世界上最充满活力的小城镇群带。尽管各国城市的规模大小不一,历史文化和市容市貌各不相同,但不同城镇的主导产业突出、特色鲜明。

而在中国,大城市或者说一二线城市的房地产需求是旺盛的,而三四五线城市或城镇的需求目前来说还较为疲软或脆弱,正如一位外国人所言,中国的大城市像在欧洲,而中国的城镇仿佛就在非洲,这句话,很值得我们沉思。

所以,大中小城市和城镇的和谐、有序、健康的发展,是中国城镇化的大未来。这也给中国的房地产带来了新的气息和梦想。

资料来源:《中国西部》,2013(7),作者:忠历。

(三)税收制度存在特殊性

我国的税收制度在很多方面具有特殊性,尤其是与美国现行的税收政策相比,这些特殊性会在很大程度上影响我国的房地产市场发展。具体如下:

1. 房产税收制度不同

美国持有环节税费征收严格,中国交易环节税费高。我们知道美国房地产都是有房产税的,在美国只要你拥有房子,你就要缴纳房地产税,美国通常为1%~3%,加州差不多在1.2%~2.0%之间。各州都有自己不同的标准。所以你买了房子以后,每年都要交房地产税,变成你拥有财产的持有成本,这也使得美国房地产的空置率降低,相对抑制了投机者的炒房行为。我们知道,目前在中国有30%以上的空置房屋,主要是因为人们把买房当成是投机,购房后不是入住或出租,而是空置等待房地产市场短期内暴涨,所以大部分投资房都是空置的。中国为了抑制房屋的空置率,也开始在几个大城市试验征收房产税,但房产税率只有0.5%左右,不能起到预期抑制炒房的作用。

2. 个人税收制度不同

在美国,买房利息可抵个税,购买美国房地产后,支付的贷款利息可以从个人所得税中扣除。这是政府为了鼓励民众自购房屋的优惠政策。美国的税赋比较重，如果你年薪 5 万元，购买价值 40 万元左右的房屋，贷款 30 万元，每月要支付贷款约 1 800 元，其中利息平均 1 500 元，一年是 18 000 元，在年终报税时，扣除 18 000 元的利息，你的报税基数就降低为 32 000 元，节省了很多。

（四）现行分配制度存在缺陷

分配制度是全社会劳动者最终利益的实现方式，是社会生产关系中非常重要和敏感的问题，中国的经济改革就是以激励机制的改变和分配制度的变化为开端的。然而我国从 1988—2007 年，收入最高 10% 人群和收入最低 10% 人群的收入差距，从 7.3 倍上升到 23 倍。2006 年世界银行报告称，美国 5% 的人掌握60% 的财富，而中国 0.4% 的人掌握 70% 的财富，财富集中度世界第一，基尼系数已突破 0.5，成为两极分化最严重的国家。可见，我国收入分配严重失衡，收入分配制度存在重大的缺陷。

在分配制度方面，由于制度本身存在的漏洞与政府的监管不力，商品房开发商掌握着定价的权力，单个购房者处于相对弱势。加上政府土地出让环节利益的驱动，造成商品房价格一路飙升，在制造高房价的同时，也制造了众多的暴发户，而普通购房者沦为房奴。同时在另一方面，又助推了贫富差距的进一步加大。

（五）资本市场发达程度较低

资本市场是促进我国产业结构调整优化的重要市场，在我国房地产的发展周期里起到了重要作用。理论上，资本市场的市盈率、土地市场的地价、楼市的房价与银行贷款存在两个相互作用关系循环，在以土地为中心的房地产行业里，资本市场对产业的周期发展起到外部放大（缩小）的作用。

目前我国资本市场发展程度比较低，中国资本市场发端于 20 世纪 90 年代，经过不断发展和完善，已形成包括上海深圳主板市场、深圳中小板市场、创业板市场以及三板市场在内的资本市场体系。中国资本市场的发展壮大不仅推动了经济资源配置方式的重大变革，在转变经济增长方式、促进经济结构调整和培育战略性新型产业等方面也发挥了重要作用，但还存在诸多问题，主要包括：市场资源浪费严重，融资效率低下；重要股指与实体经济严重背离，系统风险巨大；中国资本市场难以担当起支持国家实体经济持续发展的重任等。

（六）房地产市场发展较落后

目前我国的房地产市场的发展程度与发达资本主义国家的房地产市场相比仍然相对落后，市场建设与发展在很多方面存在滞后性，也有一定的特殊性，具体如下：

1. 市场供求关系不均衡

2003 年开始，中国房地产市场首次出现了需求大于供给的情况，自此之后，由我国房地产刚性需求带动的房地产发展与房价上涨，持续了近十年。据国务院发展研究中心课题组的推算，2012 年底，全国住房存量达到相当规模，城镇家庭户均住宅套数已达 1.03 套，城镇户籍家庭住房自有率为 85.39%；城镇人均住宅建筑面积为 32.9 平方米。随着城镇化的发展，房地产需求仍会增加，但增速会放缓。

2. 房地产制度不健全

与美国房地产市场相比，我国的房地产市场发展在制度方面存在很多的不足。在购买美国房地产的时候，有许多第三方机构来协助买卖房屋的进程，这里面有估价公司、房屋检查、公证公司、银行以及经纪人制度、产权保险公司等，每一个机构都在买卖过程中发挥自己的功能，保证房屋买卖的公平和合理，也保证买卖过程的每一个环节尽善尽美，没有瑕疵。使房地产行业能够公平、透明、健康、蓬勃的发展。中国的房地产事业近几年刚刚起步，还不够完善。无论是中介制度还是买卖过程，都存在许多问题。政府在不同时段的宏观调控变幻莫测，让人无所适从，整个房地产市场的投机行为远超过房地产实际需求。

3. 房贷政策相对落后

在中国贷款是采用浮动利率，按照市场的变化，购房者需自己承担利率变化的风险。而相比之下，买美国房地产可以贷款买房，绝大部分是贷款期限为固定利率的 15 年和 30 年。美国的贷款也有浮动利率，但用的人很少，因为贷款人要自己承担利率上升的风险。在美国不论你用什么方式贷款，都可以在贷款没有到期之前，重新贷款或全部还清，除非是房价贬值，你的房价还不了银行的贷款。

【专栏】

中国房价尚未出现拐点

对于当前的房地产市场，单纯关注存量、降价等信息会导致看不清楚问题，应该首先从宏观面，整体了解一些主要的宏观数据，对市场情势才能有全局性判断。

一、今年不用担心有收紧的政策

政策面是宽松的,这点毫无疑问。首先,从中央层面看,既不用担心会出台继续收紧的调控政策,也不要希望中央政府会出台刺激性政策。不过,中央会放权地方政府结合实际情况自主调整。

其次,目前地方做得较多的都是对于原有政策放松,没有出台什么特别新的政策,实际上是"小打小闹"。个人认为各地政府不可能完全取消掉限购,或者是做其他调整。这种细微的调整还影响不了当前市场整体趋势,仍需要通过市场自身调整来消化之前存在的问题,慢慢地回到一个平稳期,回到一个重新的发展期、上升期。

二、第一季度开发投资增速小幅回落

2014 年第一季度房地产开发投资完成额 1.5 万亿元,同比增长 16.8%,较 2013 年增速回落 3 个百分点,比 2013 年同期回落 3.4 个百分点,较 1 月、2 月增速分别回落 2.5 个百分点、3.4 个百分点。其中,住宅投资 10 530 亿元,增长 16.8%,增速回落 1.6 个百分点。

尽管 GDP 统计中房地产业的数据与房地产开发投资不能画等号,但房地产开发投资增速回落将影响与房产开发、建筑业相关部分,从而对 GDP 影响较大。若增速持续回落,那么第二季度、第三季度 GDP 增速将难以维持当前水平。在这种情况下如果开发投资的增速还要回落,2014 年中国的 GDP 就守不住了。银根如果放松一下,对房地产就会有至关重要的作用。

三、新开工面积、竣工面积均出现负增长

2014 年第一季度房地产新开工面积出现大幅负增长,房地产开发企业房屋新开工面积 29 090 万平方米,同比下降 25.2%,而 2013 年全年同比上升 13.5%。其中,住宅新开工面积 21 238 万平方米,下降 27.2%。新建商品住房竣工面积同比下降 7.3%。

新开工面积为房地产行业的景气指标,显示了房地产、建筑、建材、服务等相关行业的景气状况。若新开工数据大幅回落,则说明行业整体景气度较差,从目前情况来看,第一季度数据非常不乐观,并且 2013 年第一季度市场刚刚恢复,同比基数不高,表明新开工情况很悲观。若第二季度、第三季度新开工数据不能回升至与 2013 年持平的水平,那么 2014 年房地产行业的压力还是较大。

四、房地产销售数据回落,略好于预期

第一季度房地产销售面积同比回落 3.8%,销售金额同比回落 5.2%,均略好于预期。2014 年以来,特别是春节之后,部分房产市场遭遇寒冬,而全国数

据虽然有所回落，但仍处在可控范围内。对比 2013 年，销售面积 13.1 亿平方米，销售金额 8.1 万亿元，均创下天量。2014 年前 4 个月的新房住宅成交虽不像预计得那么好，但仍属于正常水平。预计第三季度末市场成交将回稳，第四季度有可能从稳中开始慢慢回升。

13 亿平方米可能是中国房地产销售市场的天花板。2002—2012 年是中国房地产发展最快的十年，总的销售面积也仅有 60 多亿平方米，2010—2012 年的销售面积均在 10.5 亿~11 亿平方米，而在 2013 年销售面积达到了 13 亿平方米，增长达到了 20%（见图 3）。

图 3　年度全国商品房销售面积走势

若继续以每年 13 亿平方米的速度增长十年，总销售面积将达 130 亿平方米，较上个十年增长一倍，但实际上中国并没有如此大的需求（尽管其中包括商业地产及办公楼，但住宅占 85% 以上）。因此，13 亿平方米将会是中国房产销售的天花板。

受信贷收缩的影响，预计全年市场成交量增幅将明显下滑，总量与 2013 年基本持平，预计在 12.5 亿平方米左右。而销售金额则可能会进一步上升。二者看似存在矛盾，事实上，虽然部分城市房价略有下降，但整体来看较去年仍略有上升，而一季度 70 个大中城市房价数据中，仅有少数几个城市房价下跌，大多城市房价同比上升，在这种情况下，今年总的销售金额可能会同比持平，甚至略有上升。

过去若干年中，房地产销售金额均保持同比上升，即使在市场调整较大的 2008 年和 2011 年亦保持增长。房地产销售金额的天花板在 9 万亿~10 万亿元，2014 年预计在 8 万亿元左右，与 2013 年基本持平。

五、房价尚未出现拐点

就统计局所发布的房价走势来看，2013 年房价增幅有所趋缓，同比增速为 7.71%，较 2012 年下降了 1.16 个百分点。2014 年第一季度，全国商品房成交均价同比下降 1.5%，降幅相对 1 月至 2 月收窄 2.1 个百分点。

统计局房价为什么一季度略微下降了一点？主要是结构性因素影响，房价较高的一线城市及部分二线城市成交量下滑明显，造成房价中等偏低的城市权重增加，使得整个房价测算时的权重降低了，降低之后影响了一季度的整体统计局的测算指数。

易居公布的 288 城市房价指数，统计了 288 个地级以上城市的房价数据，显示 4 月房价同比上升 6.9%，环比微降万分之三，这是 21 个月以来首次环比下滑，实际上有点像拐点，但还称不上拐点，只是由升到降的变化（见图 4）。虽然环比下降，但其中还有 160 个城市房价略微上升，120 个下降，所以在没有政策调控的情况下，要看到全部一起下降，一起上升其实很难，各个城市差异还是非常大。

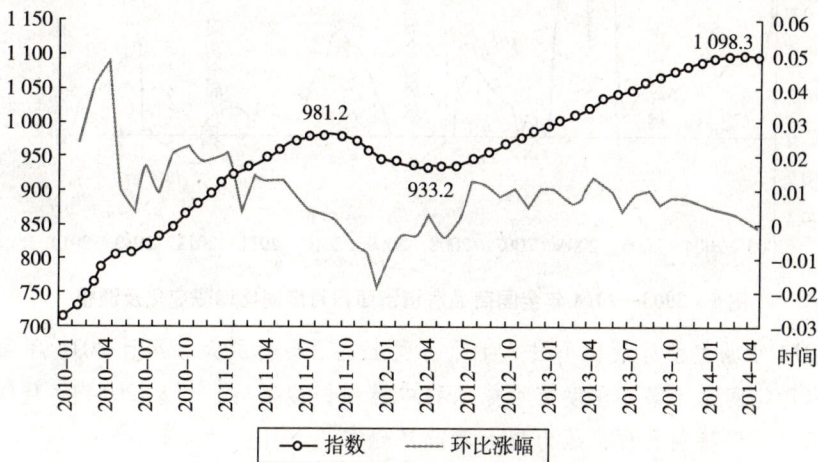

图 4　中国城市住房（一手房）价格 288 指数

六、预计 2014 年土地购置面积保持平稳攀升

国家统计局数据显示，2014 年第一季度，土地成交价款 1 556 亿元，增长 11.4%，增速提高 2.5 个百分点。房地产开发企业土地购置面积 5 990 万平方米，同比下降 2.3%，1 月至 2 月增长 6.5%。土地成交规模依然维持在高位，2014 年全年的成交量很可能保持平稳增长。

各地市场呈明显分化，一线城市热度较高，这类城市仍将是今年房企重点争夺的桥头堡。同时，2014 年行业内整体资金状况或偏紧，预计全年土地成交金额小幅增长的可能性较大。

根据以上的分析与房地产行业相关的宏观指标，情况不甚乐观，但也不至于太过悲观，仅有新开工指标较差，而其他指标均处于可接受范围内。

七、压力最大的就是现在几个月，三季度末市场将回稳

市场周期走势表明，2014 年也是调整年。此前 2005 年、2008 年、2011 年，每间隔三年一次。每次调整期基本在 9~12 个月。

四次调整每次相隔三年，而且前一年成交都特别好，因此再有一些外因的话，后面成交就马上会下来。特别好就会使需求提前释放，市场特别好，成交量一旦上涨，房价快速上升之后，把需求消化掉了。如果没有银根的支持，整个行业就不行了，2014 年市场调整的导火线也正是银根收紧。

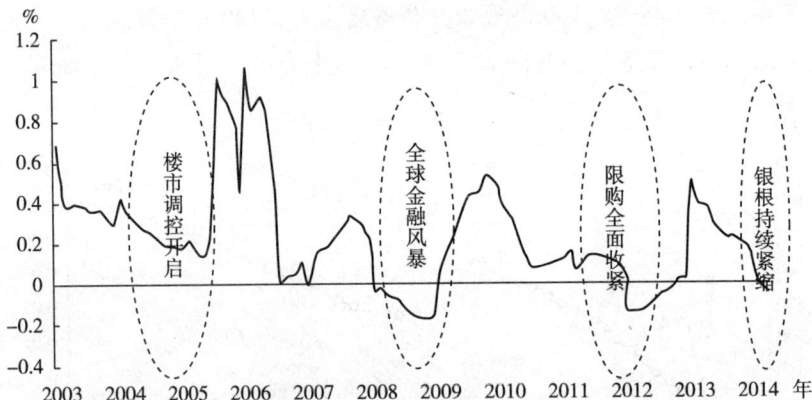

图 5   2003—2014 年全国商品房销售面积月度同比增幅变化及调整

2014 年调整预计最长不过 1 年，力度上也不会特别大。预计 2014 年第三季度末市场将回稳，第四季度有可能从稳中开始慢慢回升，所以 2014 年整体市场要谨慎，不用特别悲观，压力最大的就是现在几个月。

资料来源：新浪财经，2014－05－20，作者：丁祖昱。

四、中国房地产市场泡沫现状分析及政策建议

（一）中国房地产市场泡沫现状的分析结论

通过前面对于世界上几次重要的房地产泡沫的情况的分析我们得出了房地产泡沫产生与破灭的前置因素，包括不对称的房地产市场信息、盲目的微观主体行为、扩张性的银行信贷政策、失当的政府行为以及涌入的国际资本等多个方面。但是，我国的房地产市场发展至今，已经具备了与其他各国的房地产市

场不尽相同的特征，这与我国的基本经济制度以及经济发展阶段紧密相关，因而，笔者认为，不能简单地将国际房地产市场泡沫理论对中国房地产发展现状进行简单的嵌套，必须要对中国房地产发展现状进行具体的分析。

1. 我国尚处于城镇化进程中，不存在房地产泡沫化之忧

对于当前的中国社会经济发展而言，城镇化进程的不断推进已经成为推动发展的重要因素，而在城镇化的过程中，将会必然地带来人口由农村向城市的迁移，并由此带来房地产市场刚性需求的不断上涨。这是我国目前房地产价格水平不断上升的最主要因素，也是我国目前房地产市场区别于其他国家房地产市场的最主要特征。

截至2013年，我国城镇化比例为53.73%，而2008年底，我国的城镇化比例仅为45.68%，在五年的时间内，我国的城镇化比例大幅增长了近8%，这意味着在这五年内，在我国约有1.2亿农村居民转变为城镇居民。而这近1.2亿居民从农村走向城市，最急切解决的便是住房问题，这正是我国在过去的五年中房价上涨的最根本推动力。目前我国常住人口城镇化率为53.73%，但是户籍人口城镇化率则只有36%左右。城镇化率与发达国家相比还有较大差距。根据世界城镇化发展普遍规律，我国仍处于城镇化率30%~70%的快速发展区间，根据我国《国家新型城镇化规划（2014—2020年）》提出的目标，到2020年，我国常住人口城镇化率达到60%左右，户籍人口城镇化率达到45%左右，户籍人口城镇化率与常住人口城镇化率差距缩小2个百分点左右，努力实现1亿左右农业转移人口和其他常住人口在城镇落户。而这一目标保证了我国在未来一段时间内保持旺盛的刚性需求，也将继续驱动我国房地产实现再一次的转型与发展。

2. 房价增长率略高于通货膨胀率，属于经济发展过程中的正常阶段

美国的房价在过去的100多年中的年平均增长率约为3%，略高于美国的通胀率（2.8%）。如果涨幅远高于通胀率，后面就会没有增长，或下跌。根据美国最权威的凯西·席勒房价指数（席勒是2013年诺贝尔经济学奖获得者），在过去的123年中，美国房价平均内生（几何）增长率为3.07%。而同期美国CPI通胀率为2.82%。美国的房价以高于通胀率0.25个百分点的速度涨了一百多年。长期来说，美国房价的涨幅基本是美国的通胀率①一般的常识是房地产是抗通胀的，此言不虚。如果我们看十年的累积涨幅，美国过去123年中发生过3次十年累积涨幅超过100%的阶段，分别是在1938—1954年间，1969—1986年

① 资料来源：凤凰财经，《美国120年来房价历史和规律》，http：//finance.ifeng.com/a/20140411/12101495-o.shtml。

间和 1995—2007 年间。1938—1954 年间的地产大牛市是因为 1943—1947 年间第二次世界大战带来的工业和消费需求，这 5 年的年均涨幅为 17%，扣除通胀后的平均涨幅仍然有 10%；其余年份的平均涨幅只有 2%，扣除通胀后是负增长，而在这阶段中，是由需求拉动的、超过通胀的增长。而我国目前经济和房地产市场发展所处的阶段与美国 1938—1954 年间的情况非常相近，属于需求拉动型的增长，且房价增速高于通货膨胀。

3. 我国房价构成决定了现行度量工具无法全面反映泡沫化程度

通过前面的分析可知，在现行的房地产泡沫度量工具中，房价收入比是在我国现行度量体系中占主要地位的工具。由此可见，在收入状况的统计口径相对稳定的情况下，对于房价的度量将会在很大程度上影响对于我国房地产市场泡沫程度的判断。而在房价构成方面，我国房地产业具有很大的特殊性，与美国最大的不同体现在房地产税的征收方面，美国持有环节税费征收严格，而我国的交易环节税费高。

在美国只要你拥有房子，就要每年缴纳房地产税，增加拥有财产的持有成本，这也使得美国房地产的购置价格较低，但是总成本较高，以购置价格计算的房价收入显得比较低。

而在我国，据初步统计，一套房子经过立项、建设、配套、销售等诸多环节，现阶段实际征收的房地产税种有 12 项之多，涉及房地产的收费平均多达 50 项，两者共计 62 项。以总价 100 万元的房子为样本，在房地产开发成本构成中，土地成本、建安工程、市政工程占比最高，土地成本至少要占房价的 40% 左右，建造成本约占 30%。营业税及附加、企业所得税和土地增值税三项税种就约占项目销售收入的 13.75%，而实际上再加上企业所需缴纳的契税、印花税等，各类税费之和一般在 15% 左右。而这些成本一次性地体现在房产的购置价格中，而后续没有税负的征收，使得我国在计算房价收入比时，所得的结果实际偏高。

因此，根据我国现阶段房地产市场的状况和统计状况，很难非常科学全面地对房地产价格状况，及至房地产泡沫程度进行度量。

综上三点，我们认为，就目前我国所处的现代化阶段而言，房地产价格的上涨并不能代表我国房地产市场已出现泡沫状况。

【专栏】

中国不会发生房价暴跌，无房者不能太天真

核心提示：在工业化进程中，房地产从未发生过崩盘，只有在完成工业化

之后，尤其是城镇化率达到70%以后，房地产才会有泡沫产生的条件。

在工业化进程中，房地产从未发生过崩盘，只有在完成工业化之后，尤其是城镇化率达到70%以后，房地产才会有泡沫产生的条件。

房价大跌、房地产崩盘几乎成为近期社会舆论的共识。殊不知，这可能是一场虚张声势的炒作。某一房地产商本来定价就很高，所谓的降价也只是价格虚高的回落；也有的是房地产开发商在某栋房屋销售还剩最后几套时，为尽早了结，便降价卖掉。这些个案却被媒体炒作成房价大跌已成为席卷整个中国的大潮，未免有些言过其实。

人类发展的历史已经证明，在工业化进程中，房地产从未发生过崩盘，只有在完成工业化之后，尤其是城镇化率达到70%以后，房地产才会有泡沫产生的条件。因为到那时，社会对住房的需求开始大幅度下降。

中国现在还处在工业化的进程当中，房产不具有崩盘的可能性。有人拿日本房地产泡沫对比中国，但中日两国不处于同一个发展阶段，根本没有可比性。

五类人群炒作房价暴跌

因此，人们不禁要问，如此炒作房产暴跌是为何？深究起来只有两个字：利益。任何一种炒作，都是出于自身利益的需要，没有利益，谁也没有闲工夫去评论。现在，要弄清究竟是谁在炒作房价暴跌，只要从利益的角度去分析，便看得一清二楚了。

实际上，炒作房价暴跌，不外乎五类人群。

一类人群是那些有改善住房需要的人，期待房价大跌之后换房；第二类人群则是无房户，或者大部分是年轻人，这部分人都渴望着房价暴跌，以便自己能够买得起房；第三类人群是有闲钱的人，期待房价暴跌之后寻求投资机会；第四类则是学界的专家学者，这些人为了博人眼球而进行预判；第五类是房地产开发商，有的开发商也炒作房价暴跌，似乎不那么令人理解，但其实他们期待着趁房价暴跌时，进行收购兼并，吃掉小房地产开发商，扩大规模，进而垄断市场。

当然，在这五类人群当中，最期望房价大跌的是无房户。那么，现在的无房户真能在房价大跌甚至崩盘中获得实惠吗？到那时真能买得起房子吗？

无房户期待房价大跌后能购房的想法可以理解，笔者甚至强烈支持这类人群的期待，让所有人都有其屋而安居乐业。早在几年前，笔者甚至呼吁在中国境内建立"户均一套房"的制度，所有居民以家庭为单位只能拥有一套房屋或者被给予改善住房的机会，决不能将房屋当作投资品进入市场。因为人多地少，一旦房屋被当作投资品在市场上炒作，必然导致无法收拾的严重后果。

房价暴跌投机者受益

到了今天，人们只能承受高房价的现实，甚至寄希望于炒作房价暴跌去改变现实。但这里面有两大因素不得不考虑：一是刚性需求还存在，二是投机需求也存在。当房价下降的时候，首先出手的绝不是那些真正需要房屋的刚性需求者，而是那些炒作房产的投机者，因为他们明白只要有刚性需求存在，房地产就有升值空间。

因此，房价下跌只是给那些投机者创造了机会，这样就必然导致第二轮房价暴涨，最终的受益者不是那些真正需要房屋的人，而是炒房的投机者。

同时，房价暴跌必然会引发经济危机，结果是中国所有人都成了受害者，只是程度不同而已。已经靠银行贷款买了房的人们，一旦房价暴跌，作为贷款抵押的房屋价值就会不足以抵押所贷款项。假如购房者贷款 200 万元购置的房屋价格跌到最后只值 100 万元，虽然已偿还了 100 万元，但还有 100 万元贷款要偿还。如果无法偿还银行贷款，银行就会把房子拍卖掉，拍卖的价格一般比市场价格要低，可能只卖到 70 万元，最后购房者不仅变成无房户了，而且还欠银行贷款 30 万元，这还不包括银行利息。

当然，受害最重的便是低收入群体，或者是买不起房屋的人们，因为这些人抵御通胀的能力最差。一旦房价下跌，投机资本迅速撤离房地产市场，将引起货币贬值，日用百货的价格飞涨。那些买不起房的人，手里的货币变得更不值钱了，生活将更加艰辛，而那些有钱人，假如手里的 1 000 万元贬值成 100 万元了，毕竟还有 100 万。更何况，这 100 万元将拥有巨大的杠杆作用，一旦资产泡沫破灭，这 100 万元将成为获取更多资产的资本，拥有巨大的获利空间。

因此，无论在任何时候，包括房价在内物价的暴涨暴跌，受害最深的都是普通老百姓，也就是没有多少货币资本的群体。

无房者不能想得太天真，以为房价暴跌之后就能买得起房子，更不必跟着炒作房价暴跌，为那些炒房的投机者创造机会。

房价跌不跌，市场说了算，我们可以去关注，但不要故意去跟风炒作。年轻人应当先租房，先创业，不能因为购买房屋倾其所有，更不能因购买房屋大量贷款，一辈子为银行打工，这样就丧失了创业的资本和能力。一个人首先要有财务自由，没有财务自由，其他自由都谈不上，不仅会活得很累，而且也无法摆脱打工的命运。

当然，一个人不能永远没有自己的房屋，有房无房的境遇完全两样，居无

定所，生活质量将大大降低。无房者可以争取购买政府提供的保障房，待将来
创造了足够的财富之后，再去按照自己的喜好和想法购买商品房。不过，政府
提供的保障房目前还无法顾及每一个人的需求，唯有在奋斗中去创造更多的财
富才是最可靠的，跟着炒作房价暴跌，其结果是将自己推向受害者的境地。

资料来源：《中国经济周刊》，2014 - 06 - 10，作者：文显堂。

（二）防范中国房地产市场泡沫化的政策建议

虽然通过分析，可以得出我国尚未出现房地产泡沫的结论，但是我国仍然
需要在诸多方面进行调整，以防患于未然。结合我国实际情况与国际经验，提
出政策建议如下：

1. 完善现行土地制度

要尽快地修改和完善现行的土地征收制度，加快农村建设用地可流转的步
伐，确立城市规划的法律地位，为城市和地区经济的长远发展奠定基础；要强
化土地供应管理，严格控制土地供应总量，充分发挥城市规划职能，规范建设
用地管理，促进土地的合理使用，根据各地的特点，进一步完善土地储备制度，
使政府能够有效地控制土地的一级市场，制定并公布年度土地供应计划，根据
市场需求及时调整供应量，使土地价格在一个相对合理的范围内波动；对于出
让的土地，要严格执行土地的招标、拍卖、挂牌制度，需要进行协议转让的，
必须严格按照政府新近制定的规定执行，以避免土地出让过程中再出现各种违
法事件；采取切实的措施，保护耕地数量，规范、清理开发区的建设，严禁以
各种名义进行圈地活动，以提高土地的利用率。

2. 深化金融体系改革

必须构筑完善的房地产金融市场，规范发展房地产信贷市场，大力发展房
地产证券市场，改变目前房贷过度依赖银行的局面；推进利率市场化改革，完
善人民币汇率的形成机制，逐步建立以中央银行利率为基础，以货币市场利率
为中介，由市场供求决定金融机构存贷款利率水平的利率体系，适当扩大人民
币汇率波动区间，增加人民币汇率的灵活性；完善制度，加强管理，有效抑制
房地产市场的投机行为，健全房地产金融市场法规；加强对房地产市场泡沫监
测分析，在判断房地产市场发展和对房地产进行预警监测等指标体系建设方面，
各部门需要切实加强合作。

3. 健全财税金融制度

近两年的房地产热，一定程度上是在宏观政策的刺激下形成的。在经济紧
缩的背景下，政府采取了积极的财政政策和稳健的货币政策，鼓励民间资本进

行投资，为此实行低息、减税的政策加以鼓励，但利益的驱动下，盲目投资导致市场资源配置的失误，从而出现了高档住宅空置率不断升高，中低档经济适用房供不应求的局面。为调整房地产投资方向，引导企业投资开发更符合市场需求的产品，政府应适当调高投资别墅、高档公寓、高档娱乐设施、商厦写字楼的贷款利率，调高个人非自住房的贷款利率，对高档不动产开征累进税制不动产税；按交易性质的不同，分类设立房地产转让税制，对投机性质的交易收取高额的转让税、征收土地增值税，为提高囤积土地的成本，征收土地保有税；对投机性的按揭购房应制定更加严格的信贷条件，用以调高投机资本中自有资金的比例，提高抵押贷款的首付额度，削弱负债经营的杠杆效应，从而降低投机回报率。

4. 完善房地产市场建设

建立城市基准地价与公示地价制度，编制并定期发布地价指数，建立房地产交易价格评估制度和成交价格申报制度，对土地投机严重的地区实行交易监视和交易许可制度；加快土地出让的市场化进程，严格按照招标、拍卖、挂牌的方式，进行市场化操作来出让土地，并加大对于协议转让方式出让土地的价格监管，防止土地资产的再次流失。

5. 加强信息基础设施建设

信息的不对称不仅会扭曲市场对房地产供求关系的正常反映，也是房地产市场盛行投机炒作的一个重要原因。信息的滞后和不准确，使得公众难以对有些问题形成较一致的看法，为此，应实行房地产信息定期公布制度，及时更新城市基准地价体系，编制并定期发布各类物业的价格指数。

6. 优化房地产市场结构

完整的房地产市场应包括一级市场（土地市场）、二级市场（房产市场）和三级市场（二手房市场）。房地产市场的发展应以阶梯式的形式进行，即从解决住房困难到改善住房条件到提升住房品质。从目前的情况来看，国内一级、二级市场都已形成并不断地得到完善，但二手房市场的建设却相对滞后，并且基本上是混合式的发展模式，即在同一个时期有三种形式的住宅共存。目前正是由于房源短缺直接导致了二手房价居高不下，相比一手商品房并没有明显差异，很大程度上并没有实现二手房的过渡作用，许多人被迫挤上一手楼市，一级、二级、三级市场发展速度越发不协调。只有及时改变这一局面，我国房地产市场才能更和谐的发展。

【专题 3】 信贷资产证券化 重启中国存量改革新时代

　　自 2012 年我国重启信贷资产证券化以来，资产证券化又成为社会热议的话题。信贷资产证券化是国家落实金融支持经济结构调整和转型升级决策部署的具体措施，也是发展多层次资本市场的改革举措，可以有效优化金融资源配置、盘活存量资金，更好支持实体经济发展。简单地说，所谓信贷资产证券化，就是银行将自己的贷款资产打包，形成一个债券产品卖给投资者，通俗地讲就是"卖贷款"。

　　2013 年 8 月 28 日，国务院总理李克强主持召开国务院常务会议，决定进一步扩大信贷资产证券化试点。要求在实行总量控制的前提下，扩大信贷资产证券化试点规模。优质信贷资产证券化产品可在交易所上市交易，在加快银行资金周转的同时，为投资者提供更多选择。在资产证券化的基础上，将有效信贷向经济发展的薄弱环节和重点领域倾斜，特别是用于"三农"、小微企业、棚户区改造、基础设施等建设。2014 年 5 月，"一行三会"和外汇局联合发布了《关于规范金融机构同业业务的通知》（银发〔2014〕127 号），监管层在规范银行同业业务，矫正金融同业业务的过度发展，有效防控金融风险的同时，重申了通过推进资产证券化业务发展，来帮助金融机构盘活存量、用好增量的重要性。可以预计，未来我国金融机构将加速非标转表，资产证券化、同业存单等业务发展将开始"大迈步"，我国的信贷资产证券化将获得极大发展，它不仅将成为银行盘活存量资金，支持实体经济发展的重要工具，也会成为未来通过市场化方式来处置银行不良资产的一大利器。资产证券化将重启中国存量改革新时代。

一、资产证券化简介

（一）资产证券化的概念

资产证券化又称资产支持证券（Securitization），是指将流动性较差的贷款或其他债权性资产通过特殊目的载体（Special Purpose Vehicle，SPV）进行一系列组合、打包，使得该组资产能够在可预见的未来产生相对稳定的现金流，并在此基础上通过信用增级提高其信用质量或评级，最终将该组资产的预期现金流收益权转化为可以在金融市场上交易的债券的技术和过程。

资产证券化的本质是"出售未来可回收的现金流从而获得融资"[1]，是以未来的现金流为支撑而发售证券进行直接融资的行为。资产证券化的基础是具有一个能够产生稳定现金流的资产或资产池（Asset Pool）；证券化的制度核心是资产转移和破产隔离，即通过 SPV 实现原始权益仍与证券化资产或资产池的风险隔离。

（二）资产证券化的分类

根据研究的内容和方法不同，资产证券化可以有以下分类：

1. 按资产证券化的基础资产类型分类

按照资产证券化的基础资产类型分类，资产证券化可分为四类。一是实体资产证券化，即实体资产向证券资产的转换，是以实物资产和无形资产为基础发行证券。二是信贷资产证券化，主要包括抵押贷款证券化和资产支持证券化。三是证券资产证券化，即证券资产的再证券化过程，就是将证券或证券组合作为基础资产，再以其产生的现金流或与现金流相关的变量为基础发行证券。

2. 按资产质量分类

按照资产质量分类，分为不良资产证券化和优良资产证券化。不良资产证券化是指发起人将不良贷款打包折价出售给 SPV，SPV 以此作为基础资产发行资产支持证券。由于不良贷款违约的可能性很大，因此必须采取折价出售、超额抵押、信用增级等技术来保障资产支持债券的发行。优良资产证券化是指发行人将信用等级较高、资产质量好的贷款予以证券化，住房抵押贷款、基础设施贷款和信用卡应收款等是优良资产证券化的代表。

3. 按资产的会计核算方式分类

按照资产的会计核算方式分类，分为表内资产证券化和表外资产证券化。表内资产证券化通常是由资产发起人以自己的名义发行资产支持证券。这样，基础资产仍为发起人的资产，所发行的证券则为它的负债，两者都位于发起人的资产负债表中。表内资产证券化以欧洲的抵押债券（Mortgage Bonds）为代表。表内资产证券化的操作相对简单，缓解了发起人的资金流动性压力，但它没有实现间接融资向直接融资的转换，SPV 的独立性受到限制，被证券化资产

---

[1] 资料来源：扈企平：《资产证券化：理论与实务》，第 2 页，北京，中国人民大学出版社，2007。

与银行其他资产之间不能实现完全的破产隔离。表外资产证券化的关键在于银行外部设立SPV，用以收购银行资产，实现资产的"真实出售"，将被证券化资产与发起人其他资产之间的风险完全隔离，保证发起人破产时被证券化资产不会被列为发起人的破产财产。表外资产证券化转移了绝大部分的风险，而表内资产证券化则保留了绝大部分的风险。虽然高风险意味着高收益，但安全性要求很高的上市银行等金融机构不宜承担过多的风险，因而表内资产证券化通常要求它们将贷款余额占总资产的比重控制在相对低的比例以内，减少或者不发放风险较高的固定利率贷款。

4. 按收益的实现方式分类

按收益的实现方式主要可分为权益证券和债权证券。权益证券是以基础资产为支持发行代表基础资产的权利凭证，代表着投资者对证券化资产的所有权，服务商收取基础资产的本金和利息，从中扣除服务费后，将剩余款项转递给投资者。债权证券（即资产支持证券）是以基础资产为抵押担保发行的一种债务凭证，一旦资产支持证券的本金和利息不能按照契约偿付，受托人将抵押担保品予以变现处理，用处置抵押资产所得偿付投资者本息。

（三）资产证券化的参与主体

资产证券化的参与主体包括发起人、特殊目的机构（SPV）、信用增级机构、信用评级机构、承销商、服务商、受托人、投资人以及其他服务机构，其主要职能见表1。

表1 资产证券化参与主体一览表

参与主体	主要职能
发起人（原始权益人）	选择入池的基础资产、组建资产池、进行资产重组，并将其转移给SPV
特殊目的机构	接受发起人的资产组合并发行证券，实现发行人与其资产的破产隔离
信用增级机构	对资产支持证券提供额外的信用，以帮助投资者吸收信用风险，提高证券的信用评级，一般由发起人或独立第三方担任。
信用评级机构	对资产证券化的运作过程进行评估，给出证券的信用等级。
承销商	为所发行的证券进行承销的实体，并设计资产证券化方案。
服务商	是证券化服务中介，通常由发起人承担，也可以是专门聘请的有经验的资产管理机构。负责监理资产项目及其所产生的现金流，按期收取证券化资产所产生的本金和利息。
受托人	由SPV指定，管理资产服务商收取的现金流并向投资者分配。受托人面向投资者、担任资金管理和偿付职能的证券化中介机构。

续表

参与主体	主要职能
投资人	购买特殊目的实体发行的证券的机构或个人。
其他服务机构	投资银行：协调项目，发行证券等 会计师：会计、税务咨询，对资产组合进行尽职调查 律师：法律咨询

设立 SPV 的目的是为了将项目的风险和收益与其他经营机构相隔离。一般来说，SPV 按设立方式分信托方式（SPT）或者公司制（SPC）。公司制的 SPV 有专门的办公人员和场所；信托方式的 SPV 是"透明"的经济体，没有具体的实体存在。受到现有公司法和会计准则的限制，目前我国的 SPV 主要是以信托以及券商专项资产管理计划的方式存在。

表2　　　　　　　　　　　SPV 的主要类型

SPV 类型	特征
公司型 SPV	为了某项资产证券化交易而成立的专门公司，与发起人关系紧密，熟悉基础资产，防范与风险隔离的宗旨相违背的风险
信托型 SPV	主要是信托公司或经营信托业务的金融机构，SPV 的构建比较简单
有限合伙型 SPV	其业务范围比较狭窄，组织运作也有一定的非大众化

（四）资产证券化的业务流程

从业务流程看，原始权益人（资金需求方）提供标的物，并转移至 SPV（特殊目的载体），SPV 将资产进行结构性处理，形成证券化产品，通过第三方信用提供者——信用增级机构对产品进行信用增级，并由资产评级机构给出产品的最终评级。在相关承销商的帮助下，SPV 将权利凭证出售给投资者（资金供给方）。管理人则负责日后的利息支付、资产清算等管理工作。

二、资产证券化发展历程

资产证券化业务起源于 20 世纪 70 年代的美国。资产证券化一词最早出现在1977 年《华尔街日报》的"华尔街见闻"专栏。但资产证券化的实际应用始于1970 年。作为一种介于直接融资和间接融资之间的创新融资模式，最早的产品就是以信贷资产证券化的形式出现的——基于住房抵押贷款之上的住房抵押贷款支持证券。

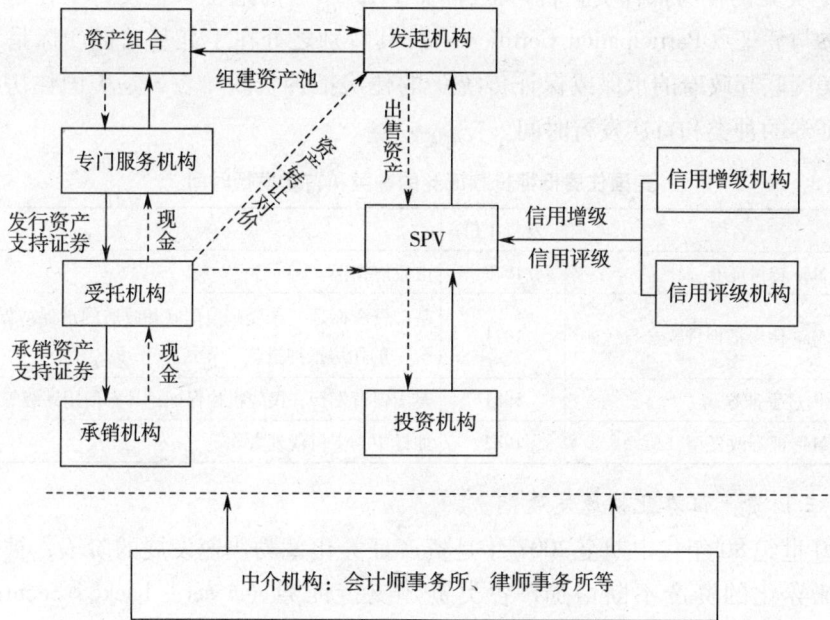

图1 资产证券化运作流程图

（一）资产证券化萌芽期

20世纪30年代以前，美国住房抵押贷款主要是中短期的气球型贷款①。在20世纪20年代末期，随着经济危机的爆发，美国大量居民因无力按期偿还贷款，形成大面积坏账，导致许多银行和储贷协会破产倒闭。在危机之后，美国实行了严格的金融监管和分业经营，银行由于资金来源不足开始通过"贷款出售"来优化资产结构，获取资金。"贷款出售"是资产证券化的萌芽。20世纪70年代之前，开展住房抵押贷款业务的机构数量较少，整个交易市场也不完善、不活跃，但是为 MBS 的发展奠定了基础。

（二）资产证券化初步发展期

1968年，美国将原有的联邦国民抵押贷款协会重组分拆成 Fannie Mae（联邦国民抵押贷款协会，简称房利美）和 Ginnie Mae（政府国民抵押贷款协会，简称吉利美），随后成立 Freddie Mac（联邦房贷抵押贷款公司，简称房地美），美国资产证券化的实践开始全面展开。1970年，美国"吉利美"首次发行了

---

① 借款人在贷款期间只支付利息，在贷款到期日一次性还清贷款本金。

4.52 亿美元的住房抵押贷款转付证券①。1971 年"房地美"也发行了住房抵押贷款参与凭证（Participation Certificate），其特别之处在于其基础资产标是"未受到美国联邦政府的承保或保证传统"的住房抵押贷款。表 3 是美国住房抵押贷款证券的种类和首次发行时间。

表3　　　　　　　美国住房抵押贷款证券的种类和首次发行时间

名称	发行年份	特点
Ginnie Mae 转付证券	1970	由政府担保
Fannie Mae 住房抵押贷款参与凭证	1971	基础资产标是"未受到美国联邦政府的承保或保证传统"的住房抵押贷款
银行机构过手证券	1981	美国银行发行；民间机构保证；具有信用评级等
Ginnie Mae 证券改良型	1983	加设中央支付代理人

（三）资产证券化快速发展期

20 世纪 80 年代中期至 2007 年是资产证券化蓬勃快速发展的阶段，被用来进行证券化的资产不断增加，各类资产支持证券（Asset – backed Securities，ABS）不断涌现，整体发行量达到了历史峰值。在此期间，证券化的资产已经遍及租金、版权、专利费、信用卡贷款、汽车贷款、公路收费等领域。美国的证券化市场规模占全球的 75% 左右。除美国外，欧洲是资产证券化发展最快的地区，其中又以英国为最快，法国其次。

在这一时期，有两个创新产品值得关注。一是 CMO（Collateralized Mortgage Obligation）。住房抵押贷款证券 MBS 发展历程可以说是产品创新的历程。1983 年，Freddie Mac 创造性地将住房抵押贷款转付证券的现金流打包重组为期限不同的债券以满足不同类型投资者的需求，CMO 是美国 MBS 结构的重大创新。1986 年，CMO 又被进一步创新，形成了纯利息债券（Interest Only，IO）与纯本金债券（Principal Only，PO）两种新的证券化产品，两种产品的显著区别可以满足不同投资者对风险和收益的需求。IO 的投资者只能收到源于抵押贷款组合的利息收入，而 PO 的投资者只能收到源于抵押贷款组合的本金收入。IO 与 PO 均受预付行为的影响，前者在利率下降时收益减少，价格下降；后者则因利率下降而提前支付导致收益上升。IO 与普通债券截然不同的特征，使之在套期保值中被广泛使用，而 PO 则有效地抵御提前支付的风险。二是 CDO。担保债务凭

---

① 转付证券（Pay through Securities）的偿付现金流同样来自于基础贷款债务人归还的本息，但其与转手证券的显著区别在于，它对基础贷款组合产生的现金流进行了重组，使证券本息的偿付机制发生变化，以满足对风险、收益、期限等具有不同偏好的投资者。

证 CDO 是继 CMO 后资产证券化领域的又一重要创新，是资产证券化结构的高级形式，是资产证券化产品的结构创新达到了最好阶段。CDO 可分为两大基本类别，即现金型 CDO 与合成型 CDO。合成型 CDO 作为资产证券化创新链条总的最高级一环，受到投资银行等金融机构的普遍追捧，以获取更大的收益并节约大量转移资产的成本。1997 年以后，CDO 成为资产证券化市场成长最快的产品之一。1998—2005 年，CDO 市场以每年 150% 的速度递增，到 2005 年底，其余额已达 1.5 万亿美元。

从图 2 可以看出自 2004 年后 CDO 发展尤为迅速，发行量从 2003 年 870 亿美元增长到 2004 年 1 580 亿美元，增长了 82%，2005 年又环比增长 59%，达到 2 510 亿美元，2006 年达到了峰值，发行量翻了一番，达到 5 210 亿美元。2007 年危机开始显现，发行量有所下降。

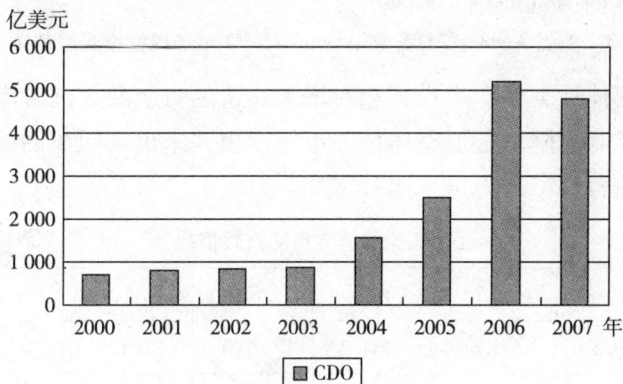

资料来源：www.sifma.org。

图 2　全球 CDO 发行量变化情况

20 世纪 80 年代中期后，美国的机构 MBS 和机构 CMO 得到快速发展。据债券市场协会统计，2007 年底机构 MBS 和机构 CMO 的市场规模分别达到 4.6 万亿美元、1.34 万亿美元。

（四）资产证券化稳定发展期

2008 年次贷危机发生后，引起了各国对资产证券化更为深入的研究和认识，各界普遍认为 CDO 的大量发行是在美国次贷危机的产生、发展乃至最终爆发的一个重要原因。因此，资产证券化市场规模有所回落，处于谋求稳定发展的调整时期。

以美国为例，美国资产证券化市场在 2005—2007 年达到了顶峰，如表 3 所示，美国债市总量在金融危机后并未出现大幅度的下降，但是资产证券化发行

10 亿美元

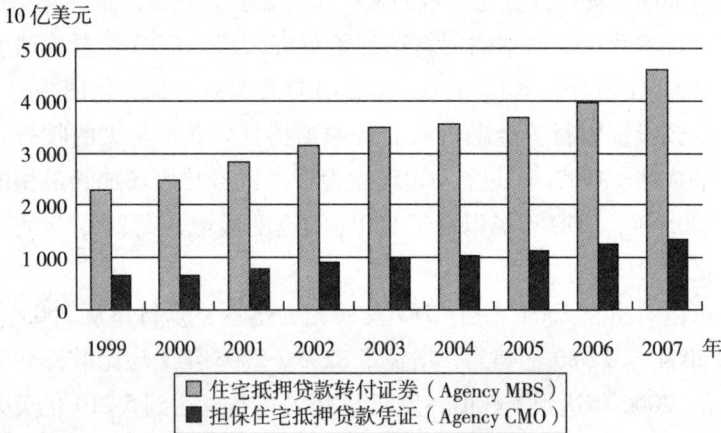

住宅抵押贷款转付证券（Agency MBS）
担保住宅抵押贷款凭证（Agency CMO）

资料来源：The Bond Market Association。

图3　美国 Agency MBS 和 Agency CMO 市场规模增长趋势图

量明显减少，其他种类债券规模则相对增大。这说明金融危机后市场对资产证券化产品的需求有所降低，但整体债务市场规模并未出现明显的缩减，只是对产品结构有所调整。

表4　　　　　　　　　　近十年美国债券市场发行情况　　　　　　单位：亿美元

年份	市政债券	国债	MBS	公司债	联邦机构债	ABS	总计
2002	357.5	571.6	2 341.9	636.7	1 041.5	373.9	5 323.1
2003	382.7	745.2	3 179.7	775.8	1 267.5	461.5	6 812.4
2004	359.8	853.3	1 924.9	780.7	881.8	651.5	4 570.2
2005	408.2	746.2	2 244.7	752.8	669.0	753.5	5 574.4
2006	386.5	788.5	2 148.5	1 058.9	747.3	753.9	5 883.6
2007	429.3	752.3	2 231.5	1127.5	941.8	507.0	5 989.3
2008	389.5	1 037.3	1 403.6	707.2	984.5	139.5	4 661.6
2009	409.8	2 074.9	2 041.1	901.8	1 117.0	150.9	6 695.5
2010	433.0	2 304.0	1 975.7	1 062.7	1 178.7	107.5	7 061.6
2011	294.7	2 103.1	1 660.2	1 012.1	839.2	126.2	6 035.5
2012	379.0	2 308.8	2 065.1	1 354.5	677.4	199.4	6 984.3

从图 4 也可以看出，美国 ABS 和 MBS 合计占比在次贷危机后，占比突然大幅下降，跌至 33.10%，之后也基本保持在 30% 左右。根据美国证券业及金融市场协会（SIFMA）统计，2012 年美国资产支持证券存量达 9.8 万亿美元，占美国债券市场总量的 25.9%，仅次于美国国债，超过了公司债券的市场规模。因此我们说，资产证券化市场目前处于一个稳健发展时期。

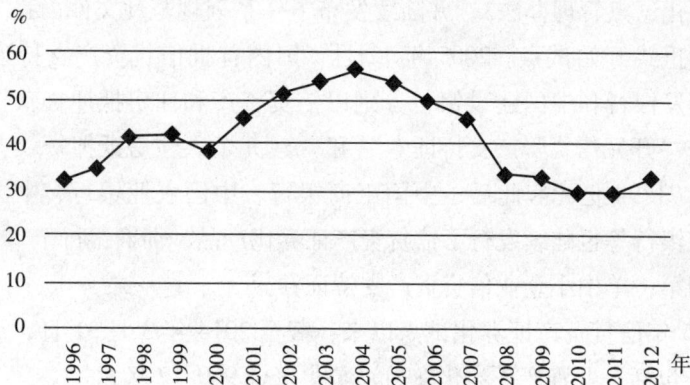

资料来源：www. sifma. org。

图 4　美国 ABS 与 MBS 合计占比

三、中国资产证券化市场发展概况

中国资产证券化的起步较晚，我国资产证券化业务在试点中寻找发展路径，在监管部门的大力推进和金融机构的积极参与下，中国资产证券化经历了从无到有、快速发展和不断突破的过程。

（一）我国资产证券化基本情况

中国人民银行、银监会发布的《信贷资产证券化试点管理办法》、《金融机构信贷资产证券化试点监督管理办法》中，均将我国的信贷资产证券化定义为"银行业金融机构作为发起机构，将信贷资产信托给受托机构，由受托机构以资产支持证券的形式向投资机构发行受益证券，以该财产所产生的现金支付资产支持证券收益的结构性融资活动"。其中，"信贷资产信托给受托机构"的规定，是我国金融监管机构为 SPV 所作的选择和限定，即我国信贷资产证券化中的 SPV 采用特殊目的信托（Special Purpose Trust）。

在我国，各种离岸的和在岸的准资产证券化实践起源于 20 世纪 80 年代末，证券化产品涉及多个领域。比较有代表性的包括：1996 年，珠海高速公路收费的证券化项目；2003 年 3 月 28 日，中国国际海运集装箱集团股份有限公司与荷兰银行在深圳签署的总金额为 8 000 万美元的应收账款证券化的项目协议；2002 年 9 月新华信托购买深圳商业银行的住房按揭贷款债权，设立信托计划，将住房按揭贷款债权的利息收益和其他收益分配给投资者（信托受益人）；2004 年，中国华融资产管理股份有限公司和中国工商银行宁波分行的不良资产化项目等。

2005 年 4 月 20 日，中国人民银行和中国银行业监督管理委员会出台了《信贷资产证券化试点管理办法》，并陆续发布了一系列规范性文件，我国信贷资产证券化业务正式开始试点。2005 年 12 月，国内首批信贷资产支持证券顺利发行，国家开发银行和中国建设银行分别以信贷资产和住房抵押贷款作为基础资产，发行了"开元信贷资产支持证券"和"建元个人住房抵押贷款支持证券"，发行规模为 71.94 亿元。此后，中国工商银行、中国农业银行、中国银行、上海浦东发展银行等也陆续发行了信贷资产证券化产品。浙商银行于 2008 年 11 月发行了全国第一单中小企业信贷资产支持证券。[1]

自 2005 年信贷资产证券化试点以来，截至 2014 年 3 月 31 日，重启后的资产证券化（包括企业资产证券化在内）募集资金 960.12 亿元。

（二）我国信贷资产证券化市场发展历程

我国信贷资产证券化市场发展历程可以分为三个阶段：

1. 萌芽阶段（2004 年以前）

我国在 1992 年就开始了资产证券化的尝试，但银行的信贷资产证券化始终未予放行。1997 年 7 月央行发布《特种金融债券托管回购办法》，使不良资产支持债券的发行成为可能，此后出现了由资产管理公司主导的几笔大额不良资产证券化。2000 年 9 月、10 月，中国建设银行和中国工商银行相继获准实行住房抵押贷款证券化试点。2003 年 6 月，中国华融资产管理股份有限公司证券化 132.5 亿元债权资产，被称为准证券化。2004 年 4 月，中国工商银行宁波市分行证券化 26.02 亿元债权资产。这是中国商业银行第一次采用资产证券化的方式处置不良贷款。2004 年 12 月 15 日，央行公布实施《全国银行间市场债券交易流通审核规则》，为资产证券化产品流通扫清障碍。

2. 初步探索阶段（2005—2011 年）

2005 年 3 月，资产证券化试点工作在我国正式启动。中国人民银行、银监会等相关部门成立了信贷资产证券化试点工作协调小组，制定和发布了《信贷资产证券化试点管理办法》，银监会同年发布《金融机构信贷资产证券化试点监

---

① 资料来源：宁悦：《我国重启信贷资产证券化试点的相关问题分析》，2014 – 04 – 09。

督管理办法》。2005 年 3 月，国家开发银行和中国建设银行获准分别进行信贷资产证券化和住房抵押贷款证券化的试点，首批共发行三单产品，总规模为 130 亿元。首批试点亦暴露出一些问题，主要是信息披露不充分、流动性较差等。2007 年第一季度，监管当局出于审慎原则放缓审批。当年，央行再次请示国务院扩大试点，于 4 月获批。第二批试点在制度框架上适度创新，加强了发起人对资产池的信息披露等；试点机构从国家开发银行、中国建设银行扩大到中国工商银行、招商银行等七家金融机构。证券化资产也由简单的公司和住房信贷资产，扩大到不良贷款、汽车贷款等。按照央行的计划，第二批资产证券化试点规模预计在 600 亿元左右。

但是，随着 2008 年美国次贷危机逐渐演变成为全球金融危机，信贷资产证券化业务风险开始引起关注。出于对可能存在风险的担忧和审慎考虑等原因，导致资产证券化第二批试点暂停。我国信贷资产证券化试点工作进入停滞阶段，其后的三年多里没有发行过任何一单信贷资产证券化产品。

3. 再次启动阶段（2012 年至今）

2012 年 5 月，国务院批复同意继续扩大信贷资产证券化试点，我国的信贷资产证券化业务重启。在 2012 年 5 月，中国人民银行、银监会和财政部联合印发了《关于进一步扩大信贷资产证券化试点有关事项的通知》，标志着因美国次贷危机而停滞多年的信贷资产证券化重新获批启动，这轮试点额度为 500 亿元，被纳入基础资产池的主要是国家重大基础设施项目贷款、涉农贷款、中小企业贷款、地方融资平台公司贷款等。2012 年 9 月，国家开发银行成功发售了试点重启后的第一单 101.66 亿元的信贷资产证券。

自 2012 年以来，在银行机构当中，除了国家开发银行发行的 101.66 亿元规模以外，交通银行和中国银行也参与了此次试点发行。另外，上海汽车集团财务公司、上汽通用汽车金融公司也参与了本次试点。这轮试点的突破之一是城市商业银行以及财务公司等机构也被纳入试点范围，此外，投资者范围和贷款资产池范围都有所扩大。

2013 年 7 月 5 日，国务院办公厅印发了《关于金融支持经济结构调整和转型升级的指导意见》，明确提出"逐步推进信贷资产证券化常规化发展，盘活资金支持小微企业发展和经济结构调整。"2011 年以来共有 6 家金融机构发行了 6 单、总计 228.5 亿元的信贷资产证券化产品。

目前中国资产证券化产品的投资者主要是商业银行，约占 80%，市场的吸引力较小。

（三）我国资产证券化业务分类

我国资产证券化仍处于发展的初始阶段。现有的资产证券化按照产品分类主要包括信贷资产证券化、工商企业资产证券化和类资产证券化三类，SPV 载体分别为信托机构和券商专项资产管理计划。

表5　　　　　　　银行信贷资产和工商企业资产证券化要素

	信托方式	专项资产管理计划
类型	信贷资产证券化	企业资产证券化
监管机构	中国人民银行、银监会	证监会
合格发起人	银行业金融机构	企业
管理人	依法设立的信托投资公司 或中国银监会批准的其他机构担任	证券公司
基础产品	信贷资产、不良资产等	债权类资产、收益权类资产 以及中国证监会认可的其他资产
交易市场	银行间债券市场	证券交易所
登记公司	中央国债登记结算有限责任公司	中国证券登记结算有限责任公司

资料来源：根据市场公开信息整理。

从发展实践上看，我国资产证券化市场发展总体上主要受两个力量推动，一是政策力量推动型，表现为在政策试点内推动的资产证券化，在银行间和交易所主场发行。二是市场力量主导型，主要为在柜台市场发行的银行理财、信托计划等类资产证券化产品。

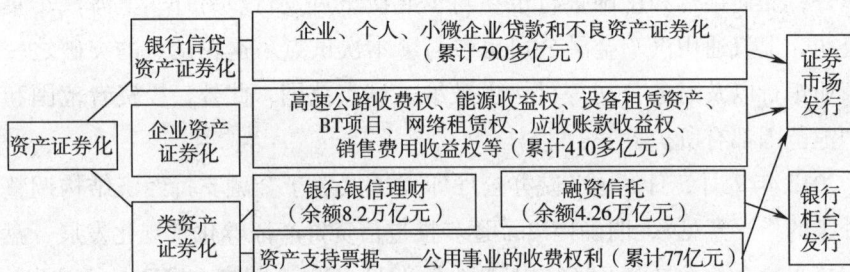

资料来源：依据 Wind 和公开市场数据整理。

图5　国内资产证券化产品分类情况

1. 资产支持证券发行情况

从 2005 年资产证券化试点以来，我国资产支持证券 ABS 的发展逐年增长，年度发行量从 2005 年的 78 亿元增长到 2008 年的 302 亿元，由于金融危机和风险监管的原因，2009 年至 2010 年停止了资产支持证券的发行。2011 年市场开始再次恢复，2012 年扩大试点，年度发行量为 284 亿元。截至 2013 年 5 月，我国资产支持证券在银行间和交易所市场的发行量累计达 1 200 多亿元（如图 6 所示）。

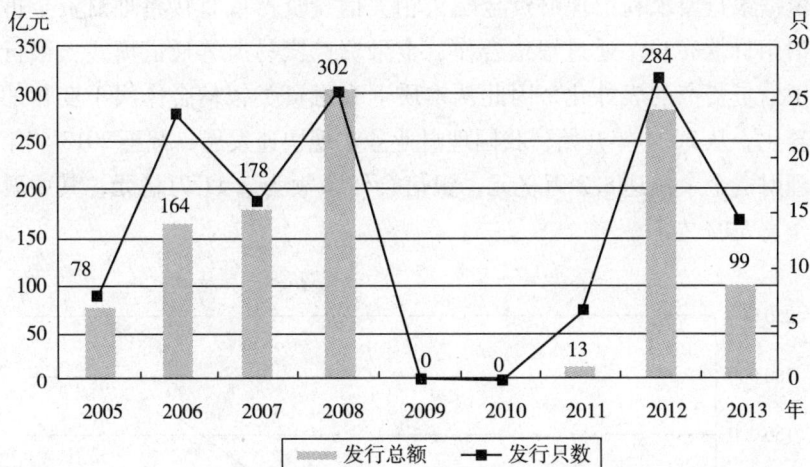

资料来源：依据 Wind 相关数据整理。

图6　资产支持证券年度发行情况

上述证券的基础资产主要为银行信贷资产、企业收益权、公共事业收益权等。银行信贷资产如中国工商银行 2013 年 3 月 29 日发行的"工元 2013 年第一期信贷资产支持证券"，一年定存浮息债，采取三级优先结构安排，金额合计 35.92 亿元。以企业收益权、公共事业收益权为基础资产的如 2013 年 5 月 9 日发行的"隧道股份 BOT 项目专项资产管理计划次级资产支持证券"，固定利率债，采取三级优先结构安排，金额合计 4.84 亿元。

2. 资产支持票据发行情况

资产支持票据是指非金融企业在银行间债券市场发行的、由基础资产所产生的现金流作为还款支持，约定在一定期限内还本付息的债务融资工具。由于在发行指引中没有对资产支持票据提出严格的风险隔离要求，因此资产支持票据不属于严格意义上的资产证券化业务。其发债主体为地方城投公司，目前已经发行的资产支持票据类产品主要以公用事业的收费权利为基础资产，其中宁波城建和南京公控的 ABN 资产以天然气和自来水的收费权为基础资产，上海浦东路桥以公路收费权，天津房地产信托以资产池保障房产生的市场化租金收入，扬州城控以自来水、污水处理和公交业务经营性现金流作为基础资产。截至2013 年 5 月底，我国资产支持票据累计发行总额为 77 亿元。

3. "类资产证券化"银行理财和融资类信托计划理财产品业务快速发展

融资类银信合作的银行理财产品，即银行将理财资金委托给信托公司，信托公司依据银行要求利用理财资金购买相关信贷资产或直接将理财资金拆借给银行的信用贷款客户。通过银信合作、金融资产交易所等通道模式，银行变相地实现了信贷资产的表外化，因此从本质上看融资类银信合作属于变相的信贷资产证券化。从 2004 年开始，我国理财业务实现快速发展，截至 2013 年第一季度末，理财资金余额达 8.2 万亿元，银信合作余额为 2.11 万亿元，其中融资类银信合作占 50% 左右。

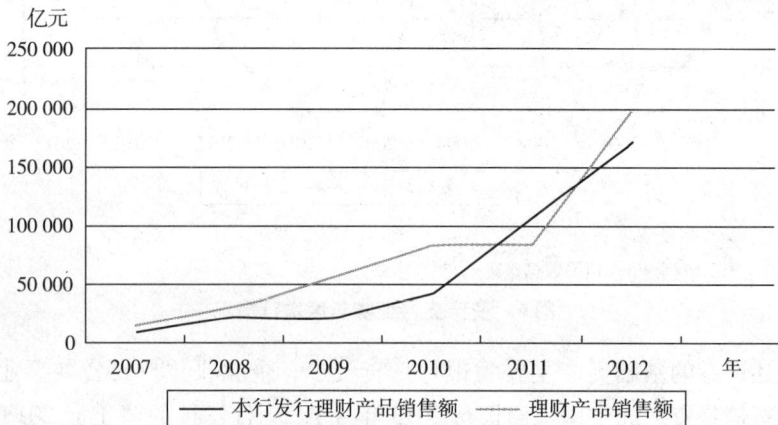

资料来源：根据 Wind 对市场 15 家主要银行的不完全数据统计估算。

图 7　银行理财产品销售情况

（四）我国资产证券化制度建设

目前，信贷资产证券化的基础法律框架主要由《中华人民共和国信托法》、《信贷资产证券化试点管理办法》、《信贷资产证券化试点会计处理规定》、《证券公司资产证券化业务管理规定（征求意见稿）》等组成，其中主要是部门规章和规范性文件，但这些层级较低的文件在解决法律冲突过程中，强制性和协调性明显不足，也直接导致了信贷资产证券化时在会计、税收处理方面以及市场监管方面存在大量问题。而且，尚缺乏很清晰的投资者保护机制。

表6 　　　　　　　2005 年以来我国资产证券化主要相关法规、规章一览表

时间	发布机构	法规、规章	简介
2005 年 4 月	中国人民银行、银监会	《信贷资产证券化试点管理办法》	明确规定了资产支持证券由特定目的信托受托机构发行，在全国银行间债券市上发行和交易；勾勒了资产证券化的操作链条。
2005 年 5 月	财政部	《信贷资产证券化试点会计处理规定》	重点规范了发起机构信贷资产终止确认的条件及其会计核算，明确了我国信贷资产证券化多个参与机构的会计处理问题。
2005 年 5 月	建设部	《关于个人住房抵贷款证券化涉及的抵押权变更等级有关问题的试行通知》	就个人住房抵押贷款证券化涉及的抵押权变更登记的条件、程序和时限等问题进行了明确规定。
2005 年 11 月	银监会	《金融机构信贷资产证券化试点监督管理办法》	在市场准入管理、业务规则与风险管理、资本要求、监督管理及法律责任几大方面作出规定。
2006 年 2 月	国家税务总局	《关于信贷资产证券化有关税收政策问题的通知》	为支持扩大直接融资比重，改进银行资产负债结构，促进金融创新，针对我国银行业开展信贷资产证券化业务试点中的有关税收政策问题作出规定。
2006 年 5 月	证监会	《关于证券投资基金投资资产支持证券有关事项的通知》	基金可投资包括符合中国人民银行、银监会相关规定的信贷资产支持证券及证监会批准的企业资产支持证券类品种。
2006 年 6 月	国务院	《关于保险业改革发展的若干意见》（简称国十条）	在风险可控下，鼓励保险资金投资资本市场，稳步扩大其规模和品种，开展保险资金投资不动产和创业投资企业试点。
2007 年 8 月	中国人民银行	《信贷资产证券化基础资产池信息披露事项公告》	对受托机构在"发行说明书"、《受托机构报告》中、发起机构、受托机构在共同发布的《信托公告》中、信用评级机构在发行前和跟踪时的《信用评级报告》中应披露的有关基础资产池的内容作出规定。
2008 年 2 月	银监会	《关于进一步加强信贷资产证券化业务管理工作的通知》	为保障信贷资产证券化业务的稳健发展，切实加强风险监管，提出了相应监管要求。

续表

时间	发布机构	法规、规章	简介
2012 年 5 月	中国人民银行、银监会、财政部	《关于进一步扩大信贷资产证券化试点有关事项的通知》	根据国务院批复精神和前期信贷资产证券化试点实践经验，结合国际金融危机以后国际资产证券化业务监管的趋势性变化，进一步完善制度，防范风险，扎实推进我国信贷资产证券化业务健康可持续发展。
2013 年 3 月	证监会	《证券公司资产证券化业务管理规定》	本规定所称资产证券化业务，是指以特定基础资产或资产组合所产生的现金流为偿付支持，通过结构化方式进行信用增级，在此基础上发行资产支持证券的业务活动。证券公司通过设立特殊目的载体开展资产证券化业务适用本规定。
2013 年 7 月	国务院	《关于金融支持经济结构调整和转型升级的指导意见》（国办发〔2013〕67号）	要求逐步推进信贷资产证券化常规化发展，盘活资金支持小微企业发展和经济结构调整。
2014 年 5 月	国务院	《关于进一步促进资本市场健康发展的若干意见》（国发〔2014〕17号）	提出统筹推进符合条件的资产证券化发展。

【专栏】

美国资产证券化与我国资产证券化的比较

（一）运作模式

我国资产证券化运作模式和流程与美国大致相同，均采取表外业务模式。

国际上信贷资产证券化的模式以三个国家为代表：美国模式，又称表外业务模式，即在银行外部设立特殊机构（SPV），用以收购银行资产，实现资产的真实出售；德国模式，又称表内业务模式，即在银行内部设立特定机构运作证券化业务，资产所有权仍归属银行，保留在资产负债表中；澳大利亚模式，又称准表外模式，是上述两种模式的结合类型；由原权益人成立全资或控股子公司作为 SPV，子公司通过购买母公司或其他公司资产组建资产池发行证券。

表内融资模式重在解决银行流动性问题，表外融资模式则重在改善银行监管指标。虽然在探索阶段，我国对这三种模式均有所尝试，但官方及大多数学者都认为我国应采取美国模式（表外模式）。

从 2005 年启动商业银行信贷资产证券化至今，我国只采取过表外业务这一单一模式，在运作流程上也与美国大致相同。

不同点主要体现在受托机构的组织结构上。受托机构以 SPV 为标准形态，又可细分为特殊目的公司（SPC）和特殊目的信托（SPT）；前者的核心是基础资产"出售"给受托机构，后者的关键是基础资产被"信托"给受托机构，二者都实现了所有权的转移和风险的隔离，是实质上的"真实出售"。美国同时采取 SPC 和 SPT 两种形式，中国因受现行《公司法》和会计税收制度限制，暂时只能采取 SPT 形式。

中国的 SPT 模式几乎完全复制美国，SPC 或类公司型 SPT 是未来发展趋势。现行 SPT 模式只适用于简单资产证券化，在发展更高级阶段必然会出现对不同种类来源的资产合并、更复杂的现金流分拆、合成化和再证券化产品的需求，只能依靠 SPC 或对现行 SPT 的运作模式进行调整来实现；而这又必须建立在修改《公司法》和会计税收等相关法律的基础上，是一个长期过程。

（二）发展方式

中美资产证券化的发展路径正好相反，美国遵循先发展后管制，中国实施先管制后发展。

美国的资产证券化是在金融机构自发创新和政府的推动下发展起来的，政府不仅未设限制反而提供便利，例如机构 MBS（住房抵押贷款证券）的国家信用担保，陆续出台的减免税收和简化监管的法律，直到金融危机后才明确对贷款信用审查和资产支持证券自持比例提出限制要求，但总体监管环境仍宽松。

中国从发展之初就制定了大量配套法律法规，分阶段试点、参与机构审批制、发行额度限制意味着国家完全控制着资产证券化的路径和节奏。

中美在发展方式上不具有可比性，我国应充分考虑国情探索适合的模式。金融完全自由化的粗放模式不适用于发展中国家金融市场的客观条件，中国渐进式的在政府指导下的发展方针在防范风险上有其优越性。

（三）制度安排

依据资产证券化过程，主要在资产转让、SPV 设立和证券发行三方面存在法律环境约束。

美国法律体系健全：美国在资产证券化之前就有以《证券法》为基础的完

善的证券市场法律体系。信贷资产证券化的发展过程中，政府又相继出台了《抵押证券税收法案》、《证券投资者保护法》、《证券法房地产投资信托法》、《金融资产证券化投资信托法》和《金融机构改革复兴和强化法案》等一系列法律并对旧有法律进行修订，为资产证券化的发展提供了必要规范和简化推动。

中国在明确风险隔离和信息披露标准、简化 SPV 设立和证券发行条件、改善信用评级、增级体系以及放开投资者限制等相关法律上仍有较大差距。2005年后密集出台的资产证券化的相关法规仍需实践完善。

税收优惠是资产证券化开展的前提：在整个证券化过程中多处存在重复征税的环节。美国税收优惠体制成熟：资产证券化之初，美国税法规定，信托型 SPV 只要符合一定的条件不用纳税，由所有人纳税。后美国政府陆续创设了专门的证券化交易载体，真正豁免了 SPV 层次上的所得税；在资产的转入、转出的税收设计上也避免向 SPV 转移资产时的重复征税。

中国税收优惠体制仍存在缺陷：我国直接规定资产证券化相关税收政策的文件只有财政部、国家税务总局《关于信贷资产证券化有关税收政策问题的通知》（以下简称《通知》）。《通知》豁免了 SPV 在资产转移过程中所签订的各类合同的印花税义务，并规定仅对未分配给投资者的收益报缴企业所得税。但在资产转移环节仍有所得税义务；在营业税方面，对债券转让、服务机构报酬以及机构投资者取得的收益均没有优惠。

美国的相关法律和税收制度对中国均有借鉴意义：特别是在"真实出售"的实质性认定、信息披露制度、信用评级增级制度和 SPV 免税体的设计上。但我国需避免审批和监管的过度放松，在外部增级中采取国家信用的方式也需慎重研究。

（四）产品设计

中美资产池品种结构不同：美国 80% 以上是住房抵押贷款，ABS 中也以个人消费贷款为主；中国 80% 以上是公司贷款，仅中国建设银行曾发行以个人按揭贷款为基础资产的证券化产品。

资产池品种数量不同：美国资产池品种多样，1985—1992 年间就发行过超过 20 个不同基础资产品种的 ABS；中国的资产池则比较单一，贷款以大类为主缺少细分。

除市场发育度的原因外，美国和中国信贷资产池的不同还受两个因素影响：（1）不良分布结构：住房按揭贷款在中国属于优质资产，银监会 2011 年年报显示，住房按揭贷款的不良率仅为 0.30%；美国在经历了房产泡沫破灭及对不良贷款的整顿清理后，住房按揭贷款的拖欠率在 2011 年末仍高达 7.58%。因此我国银行机构缺乏将其信贷化以分散风险的动力。（2）信贷分类结构。主要受不同消费观念影响，房地产相关贷款占美国全部贷款 50%，公司贷款（除房地产）仅占 20%；反观中国，公司贷款（除房地产）占比为 58%，房地产相关贷款占 20%，正好相反。

同时，我国个人消费和按揭贷款的高提前偿还性也制约了证券化的可行性和投资者的积极性。

资产质量：美国资产支持证券一半以上属投机级别（BB 级及以下），而中国已发行的有评级产品均在投资级别以上（BBB 级及以上），主要有三方面原因：资产池质量不同，我国大多数银行都不惜拿优质贷款进行资产证券化；证券设计的不同，目前只有优先级的产品在全国银行间债券市场上市流通；评级制度不完善，国际长期信用评级标准比国内更为严格，且国内一般不对次级档资产支持证券给予评级。

（五）衍生产品

美国资产证券化衍生产品发达，但在我国仍属禁区。衍生品主要包括通过信用互换（表内转移）而非贷款资产实质转让（表外转移）来转让信用风险的合成证券化产品和以 MBS 和 ABS（资产支持证券）的现金流为抵押品而发行的再证券化产品。合成证券化产品较为少见，再证券化产品在美国主要是抵押债券凭证（CDO）；到 2011 年末，美国市场上 CDO 余额占 ABS 余额的 37%。目前，我国仍严格禁止合成证券化和资产支持证券的再证券化。

中国的资产品种会更加多样化，但资产池结构不会趋同美国：中国个人消费习惯及银行业贷款结构决定企业贷款在资产证券化中将始终占据主导地位，住房、汽车等按揭贷款和信用卡、助学贷款等其他个人贷款只能是少数。但为满足不同银行需要，基础资产种类肯定会更加多样化，尤其是对企业贷款品种的细化。

资产质量预计小幅下降，但仍会显著高于美国：信贷资产证券化的重要目的之一是分散风险，银行分离优质资产发行资产支持证券的行为不可持续，对高风险和不良资产的处置才是银行的动力所在。但同时，在银行、保险、社保基金等大型机构投资者只能投资 A 级以上债券的限制和整个市场风险容忍度又偏低的情况下，投资级别以下债券需求很小，占比不可能与美国相当。

衍生产品长期会放开，但占比低于美国：考虑到市场对衍生品的需求和接受度较低、政府在可见将来仍会实行审批制的严监管，衍生产品即使出现也只可能保持低占比。

（六）市场交易

中国资产支持证券市场规模远小于美国发展初期水平。在 1985 年 ABS 出现之初，美国资产支持证券市场规模已达 4 000 亿美元，占债券市场总额 8.7%；然而截至 2008 年末资产证券化暂停前夕，我国债券市场仅有 72 只资产支持证券，票面总额 750 亿元人民币，不到债券市场总额的 0.5%。

中国资产支持证券二级市场流动性严重不足。相比美国千亿美元的日均成交量和千笔的日均交易数，我国银行信贷资产支持证券在银行间债券市场上 7 年间平均每年仅有 5 次交易和 16.8 亿元的成交额。

流动性不足又带来更为严重的风险分散问题。沪深交易所和银行间债券市场相互割裂，商业银行作为信贷资产证券化产品的主要投资者只能在银行间市场交易，因而导致银行类资产支持证券被银行间市场垄断。这不仅意味着个人投资者和大多数非金融企业被排斥在投资者之外，也意味着大部分证券在银行间相互持有，一旦基础资产出现大规模违约，最终承担损失的仍然是银行体系。

不同于美联储，中国人民银行公开市场操作工具不包括资产支持证券。美联储为支持美国住房市场，自 2009 年 1 月开始在公开市场上购买由 Fannie Mae 和 Freddie Mac 发行的 MBS，到 2010 年 3 月 31 日，美联储正式结束 1.25 万亿美元的抵押贷款支持证券（MBS）购买计划。中国目前所有资产支持证券不由政府担保，不能成为公开市场操作工具。

中国资产证券的市场规模和流动性趋势向好，但与美国相比仍有距离：债券市场发育程度落后于发达国家，银行间和交易所市场交易机制、交易主体、交易品种、监管主体的分割，对银行、保险等机构投资者不能投资高风险债券的限制等多重因素共同阻碍了资产支持证券规模的扩张和流动性的提高，并且这些问题短期无法解决。

政府信用担保是成为公开市场交易工具的前提：不排除长期，政策性银行发行的基建、教育等特定类型的贷款支持证券由国家信用担保并作为公开市场业务工具的可能性。

资料来源：五味子：《美国资产证券化的启示》，新浪博客，2013 - 08 - 12。

四、下一步展望：资产证券化规模扩大，融资去银行化导致银证保全面合作

资产证券化是一种重要的金融创新，是一项高级的资本化技术，从国外金

融市场发展历史和国内信贷资产证券化实践看，信贷资产证券化是金融市场发展到一定阶段的必然产品，有利于促进货币市场、信贷市场、债券市场、股票市场等市场的协调发展，有利于提高金融市场配置资源的效率，促进金融市场深化。

2013年以来，我国经济增长环境异常复杂，强调"稳增长、调结构、促改革"仍是经济金融工作的大局。虽然我国金融运行总体稳健，但金融市场配置资源的效率和工具与经济结构调整和转型升级的要求不相适应。因此，信贷资产证券化经过多年的政策试点和市场探索，可以成为我国经济"盘活存量、控制增量"的理想渠道。

未来，我国的资产证券化规模将进一步扩大，融资去银行化导致银政保全面合作。

（一）政策试点推动扩容

2012年5月22日，中国人民银行、银监会、财政部三部委联合印发《关于进一步扩大信贷资产证券化试点有关事项的通知》。2012年开展的资产证券化试点，扩大了基础信贷资产的种类，国家重大基础设施项目贷款、涉农贷款、中小企业贷款、经清理合规的地方政府融资平台公司贷款等均在鼓励之列。

2013年8月28日，李克强总理主持召开国务院常务会议，决定进一步扩大信贷资产证券化试点。要求在资产证券化的基础上，将有效信贷向经济发展的薄弱环节和重点领域倾斜，特别是用于"三农"、小微企业、棚户区改造、基础设施等建设。

2014年5月，国务院又出台了《关于进一步促进资本市场健康发展的若干意见》（市场称之为新国九条），作为资本市场的纲领性文件，新国九条对资产证券化提出了总体发展方向——统筹推进符合条件的资产证券化发展。

（二）市场需求主导扩容

一是及时处置不良资产，盘活存量的需要。2008年金融危机爆发后，为配合中央4万亿元的刺激计划，中国商业银行经历了一波放贷狂潮，很多贷款流入房地产和地方融资平台。随着中国经济增速放缓和房地产调控政策趋紧，商业银行不良资产率很可能明显上升。预计在未来十年内，作为一种市场化的不良资产处置方式，资产证券化将被中国商业银行普遍采用。

二是改善银行资产流动性的需要。利率市场化之后银行流动性风险将会常态化，资产证券化扩容能够解决银行资产负债期限错配的问题。据专业机构测算，如果不考虑新增信贷因素、放大信用贷证券化帮助抵押贷款部分出表等因素,保守估算中国可操作、有现实动机的信贷资产证券化规模约 2 万亿元贷款需要资产证券化。

三是中国推进新型城镇化的需要。中国推进新型城镇化的瓶颈之一即是城市基础设施融资。这些基础设施投资正逐步从高铁、高速公路以及机场建设转向地铁、城际交通网以及城市供水、燃气管道和污水处理等公共设施。收费高速公路、污水处理厂等建设都需要大量的投资,建成以后将会形成大量的流动性极差的存量资产,但是这类资产有稳定的现金收入流,为资产证券化提供了基础。对于此类资产,通过基础设施资产证券化的方式,可将流动性较差的存量资产变现盘活。

四是企业经营发展的需要。利率市场化之后利差缩小,但存贷款利率都会上升,企业为降低筹资成本,增加融资渠道而选择资产证券化。

(三) 资产证券化的扩大推动金融监管部门实施全方位协同监管

鉴于美国次贷危机的教训,为防范系统性风险发生,我国在开展信贷资产证券化扩大试点过程中,提出了充分发挥金融监管协调机制的作用,加强相关政策措施的统筹协调,统一产品标准,统一监管规则,促进银行间市场和交易所市场的信息共享。进一步加强证券化业务各环节的审慎监管,及时消除证券化业务中各类风险隐患。优先选取优质信贷资产开展证券化,风险较大的资产暂不纳入扩大试点范围,不搞再证券化。进一步完善信息披露,既要强化外部信用评级,又要鼓励各类投资人完善内部评级制度,提升市场化风险约束机制的作用。进一步明确信托公司、律师事务所、会计师事务所等各类中介服务机构的职能和责任,提高证券化专业服务技术水平和服务质量。

总之,从国内外实践来看,金融业和金融市场发展已经到了必须加快发展信贷资产证券化的阶段。金融服务实体经济必须从深化改革、发展市场、鼓励创新入手,扩大信贷资产证券化,一是有利于调整信贷结构,促进信贷政策和产业政策的协调配合,在已有授信内支持铁路、船舶等重点行业改革发展,加大对消费、保障性安居工程等领域的信贷支持力度。二是有利于商业银行合理配置核心资本,降低商业银行资本消耗,促进实体经济通过资本市场融资。三是有利于商业银行转变过度依赖规模扩张的经营模式,通过证券化盘活存量信贷,提高资金使用效率,降低融资成本,提高中间业务收入。四是有利于丰富市场投资产品,满足投资者合理配置金融资产需求,加强市场机制作用,实现风险共同识别。

资产证券化在我国具有非常庞大的市场。信贷资产证券化在发达国家金融市场中占有重要份额，2012 年美国的资产支持证券发行额 22 545 亿美元。而在我国信贷资产证券化则仍处于初级阶段。资料显示，2014 年，央行要求截至 6 月审批 4 000 亿元的额度；从已发行情况来看，截至 2014 年 1 月，银行间市场共发行 30 单资产证券化项目，发行规模约 1 127.4 亿元，离信贷资产证券化扩大试点规模 4 000 亿元还有很大差距。与规模上万亿元的企业债、短融债和中期票据相比，我国资产证券化规模更是显得微不足道。截至 2014 年 2 月，人民币贷款存量达到 73.86 万亿元，千亿级别的信贷资产证券化规模相对于近 74 万亿元的资产存量来说，盘活的程度微乎其微。因此，信贷资产证券化任重而道远。

【专题4】我国存款保险制度研究与展望

从美国 1933 年设立首个存款保险制度至今，已有超过 110 个国家建立了存款保险制度，部分原因在于银行业危机对存款保险的促进。存款保险制度通过保护存款人利益，维护了金融体系的稳定，多数国家在利率市场化之前或之中建立了存款保险制度，从而推动了金融自由化的进一步深入。

一、存款保险制度的科学内涵

存款保险制度，是指由银行等经营存款业务的金融机构，向存款保险机构缴纳保险金并在投保金融机构出现危机时得到资金援助，获得存款赔偿的一种制度安排。

存款保险制度的本意是通过防止挤兑而使得银行体系更加安全；但如果设计不合理，结果却可能会削弱银行系统的稳定性，从而加大了银行倒闭的可能性。存款保险不可能同时达到预防与保护的目的。存款保险首要目的应当是保护小额存款人利益，而不是防止系统性银行挤兑。任何一种存款保险方案，除非它提供无限制保护，并得到政府的全额支持，否则不可能防止系统性银行挤兑，大规模的银行挤兑只有政府救助措施才能制止。

（一）存款保险制度的基本目标

作为金融安全网的一部分，存款保险的基本作用在于预防银行挤兑和保护小存款人利益。随着经济金融发展，存款保险体系的作用有所演变，可分为：保护大多数小额存款人的利益；提高公众对金融体系的信心，保证银行系统的稳定；通过建立对问题银行的处置规则，提供一种有序的处理破产机构的机制，避免危机的扩大。

（二）存款保险制度为利率市场化护航

利率市场化后银行间经营差异扩大，银行业风险上升。通过建立完善的显性存款保险制度，可有效降低挤兑风险，促进中小银行与大型银行公平竞争，维护金融稳定。从各国经验看，存款保险制度有利于利率市场化推进以及金融自由化的进一步深入。

（三）存款保险的道德风险

存款保险容易引发道德风险，这是因为与其他种类保险相比较，存款保险具有以下特征：一是从利益主体来看，一般保险只涉及投保人和承保人双方利益，而存款保险则涉及存款保险机构、储户和银行三方利益，其中，不仅小额储户可以从存款保险中得到保护，而且银行也因为有了存款保险而能够以相对更低的利率获得存款资金。二是一般保险中的投保人通常具有防止逆向选择的机制，比如人寿、健康、财产和事故保险等通常都有较强的自我约束机制；然而，存款保险则缺乏这种机制，银行倒闭并非独立事件，而往往由某一受益者的错误行为所导致，很容易产生道德风险和逆向选择。

存款保险制度所隐含的道德风险还表现在：当银行雇员为了追求自身利益，而不以所代理机构的利益为目标而运作时，就会产生代理问题。例如，当存款保险机构的部分工作人员优先考虑其自身的工作职位，而不顾及储户或纳税人利益的话，就会出现延迟处理有问题银行的情况。另外，存款保险机构还可能受到政府的干预，即要求对执政政体的支持者给予特别优待。有时监管部门不愿公布足够的信息，使得资不抵债的银行难以最终实行清偿。

在显性存款保险体制下，由于银行存款保险受到保护，储户不必根据信用来选择存款银行，以保证其存款的安全性。如果储户不对银行的信用风险进行评定，而只看哪家银行的存款利率高，储户就自然会选择那些最脆弱的银行，因为它们提供的存款利率可能最高，结果使脆弱的银行可能吸收到更多的存款。为此，许多国家不提供全额存款担保，而只提供小额的存款担保，以让储户分担一部分存款风险，抑制道德风险的发生。另一方面，银行高管人员认识到银行倒闭不会给储户带来更大的损失，其可能采取更加冒险的商业计划，追求更高风险，相应减少其资本金和流动性储备。不仅如此，有了存款保险制度之后，资质较差的借款人倾向于从稳健性较差的银行借款，而不从稳健银行借款，增加了银行信用风险发生的概率，使银行经营风险加大。

正是由于道德风险的存在，设置不合理的存款保险制度会产生"劣币驱逐良币"效应。如果存款保险制度提供的保险完全是自愿的，并且保费不以风险为基础收缴，那么，只有那些脆弱的银行才会对存款保险感兴趣，那些稳健银行却会从存款保险中受损，继而退出存款保险体系。一旦稳健银行退出存款保险制度后，便需要提高对其他受保银行的保费率，以弥补对倒闭银行储户进行支付可能产生的成本。然而，保险费率的提高又会进一步迫使留在存款保险体系内的次优银行退出存款保险体系。如此下去，最后只有最脆弱的银行才会保留在存款保险体系以内。

（四）存款保险制度应围绕防范道德风险来设计

制度设计所需包括的内容：职能范围、组织形式、治理结构、资金来源、覆盖范围、赔付限额、保险费率、赔付对象等。通过细致周全的设计和巧妙协会的建构，将道德风险与逆向选择降至最低（详见专栏）。

【专栏】

存款保险制度设计所需包括的内容①

1. 存款保险制度设计的要素

存款保险制度的关键要素包括：职能范围、组织形式、治理结构、资金来源、覆盖范围、赔付限额、保险费率、赔付对象等。这些是存款保险制度最重要的问题，也是各国制度差异的核心所在。通过细致周全的设计和巧妙协会的建构，将道德风险与逆向选择降至最低。具体见表1：

表1　　　　　　　　　　存款保险制度设计的主要内容

主要特色		说明
职能范围	"付款箱"	仅限于在投保机构倒闭后对存款人给予赔偿，以及在事前或事后向投保机构收取保费和维持机构的运营成本
	成本最小化	投保机构倒闭应是其倒闭所造成的成本和损失最小化，无法在投保机构被关闭前干预事务；在该机构倒闭后拿出资产价值最大化与负债最小化的方案
	风险最小化	将存款保险机构本身面临的损失风险和损失程度降到最低；对投保机构面临风险进行评价和检测，并可在该机构倒闭前采取行动
组织形式	政府建立和管理	资金由政府提供，具有较大权威性，具有广泛的职权；通过国家信用增强公众对银行体系的信心
	商业银行或银行业协会建立和管理	资金主要来自各商业银行，职能有限，不承担维护银行体系稳定的目标，不能应付大范围的银行破产
	混合形式	政府对其有一定资金支持，职权范围大于民间机构

---

① 资料来源：朱琰、王一峰、肖斐斐：《金融改革专题系列研究报告之八：存款保险制度国际比较研究》，2012。

续表

主要特色		说明
治理结构	公司制	适用于独立性较强的存款保险机构
	行政单位制	适用于隶属政府部门的存款保险机构
资金来源	事前融资	设立存款保险基金，在银行经营失败前就确保有一定资金可用于存款保险运行需要
	事后融资	在银行经营失败后需要对存款人进行赔偿时才向成员机构征收基金
加入方式	强制参保	银行等存款性金融机构必须参加存款保险，较为普遍
	自愿参保	主要集中在选择民间机构建立存款保险体系的国家
成员资格	领土论	本国境内的所有银行，包括国外银行在本国的分支机构
	属人论	保障本国设立的银行及其在国外的分支机构；不保护境内的外资银行分支机构
保险范围	保障同业存款	大部分国家不对银行间存款提供担保；银行掌握足够资源能够及时获取相关信息
	保障外币存款	依据该国外币使用情况决定是否保障外币
赔付限额	部分赔付	赔付限额随经济发展、物价因素等适当调整，银行危机严重时，转化为全额担保，迅速恢复金融体系信用基础
	全额赔付	实施国家较少
	共同保险	对一定限额内存款完全保险，在一定数额之外采用与存款人共同保险，减小保险成本
赔付对象	单一账户	对每家银行每一笔存款进行限额保护
	单一储户	对每一储户的储蓄总额设立保护上限，目前趋势由单一账户向单一储户保护演变
保费费率	统一费率	对所有机构按统一费率征收，随时间调整
	差别费率	对不同风险的投保机构按照不同费率征收

2. "非付款箱"存款保险管理受青睐

按照存款保险管理机构是否具有监督检查的管理职能或者存款保险制度的功能差异，可以分为：（1）"付款箱"型，其职责仅限于在相关机构的指导下，在投保机构倒闭后对存款人给予赔偿，以及在事前或事后向投保机构收取保费和机构的运营成本；（2）"非付款箱"型，其特点在于把存款保险与对投保银行的监督管理紧密结合起来，对已投保银行有权采取拒绝保险、信用谈话、责令纠偏、勒令停业等措施。

3. 政府是存款保险制度设立与管理的强大推手

目前的存款保险机构主要分为：（1）政府管理型，即政府通过设立的专门管理机构（如美国的 FDIC，加拿大的 CDIC 等）或隶属于中央银行（如阿根廷的存款保险局、印度的 DICGC 等）等部门的专门机构进行专职管理；（2）行业协会管理型，这是由存款式金融机构自发成立的行业性存款基金组织（如德国、法国），一般通过行业自律性协议、银行业协会规程进行管理，但背后一般有以政府为后盾的大力支持；（3）共同管理型，这是政府和银行业协作，共同设立专门的管理机构（如荷兰的存款保障局、挪威的存款保障基金、比利时的贴现及保障局等），负责管理本国或本地区的存款保险事务。多数国家和地区选择政府管理型，原因在于：（1）存款保险需要赔付的数额十分巨大，民间设立的存款保险基金无力支付所有的赔偿；（2）政府作为存款保险机构的后盾，可及时注入资金与信心，有利于存款保险制度与金融业的稳定。

表 2　　　　　　　　　　　　　　存款保险制度的设立方式

设立形式	典型国家	具体内容
政府管理型	美国、英国、加拿大	（1）美国联邦存款保险公司最初的资金有一半来源于财政部；（2）法律赋予了联邦存款保险公司一定金融监管权力；（3）英国的存款保险制度也是依法建立的。
行业协会管理型	德国、法国、意大利	（1）德国的三大存款保险体系均是相应的银行业协会自发组织的，政府无权干预；（2）但发现银行的经营出现潜在问题时，协会也会同中央银行进行沟通；（3）法国的存款保险体系由法兰西银行协会设立和管理，完全由民间设立。
混合管理型	日本、荷兰、比利时	（1）日本的存款保险公司就是由日本政府、银行和其他金融机构共同出资设立；（2）存款保险公司受大藏省监督。

截至 2003 年建立存款保险制度的 88 个国家中，采用政府和私人出资共同出资设立存款保险基金的国家最多，占到了总数的 56.8%，其次是采用完全由私人机构设立基金的国家，达 32.9%。从管理方式上来看，虽然采用完全由国家出资设立基金的国家几乎没有，但多数国家还是完全掌握了基金的管理权。此外，也有部分国家履行的是共同管理或私人机构管理的保险基金管理制度，相应的比例分别为 25% 和 12.5%。

4. 国外银行多加入存款保险体系

就参保的机构而言，多数存款保险制度以"领土论"原则确定参保机构，将本国境内的所有银行纳入存款保险的范围，这些机构包括境内的本国银行，国外银行在本国的分支机构。当然，也有部分国家采用"属人论"原则确定参保机构，将本国设立的银行及其在国外的分支机构纳入保险保障范围，却不保护境内的外资银行分支机构,这一类国家的代表是日本。

5. 外币存款保障多,同业存款保障少

就保障的财产类别而言,各国间的主要差异在于是否保障外币存款和同业存款,在 2003 年有 88 国家建立了存款保险制度,其中保障外币存款的国家有 61 个,占总数的 70.5%,保障同业存款的仅有 14 家,占总数的 15.9%。选择保障外币存款的国家较多,而保障同业存款的国家较少。对于是否保障其他类型的存款,各国的制度也有不同,比如:美国的存款保险制度还把金融债、大额可转让存单等排除在覆盖范围之外,英国除此之外还会把有担保的存款、5 年以上的定期存款排除出保险的覆盖范围,加拿大会保障所有存款和由境内法人持有的以加元为面值的债券。

6. 风险差异化费率提升银行的风险管理水平

保险保费涉及保费计算基数和保险费率。在保费计算基数方面,多数国家的制度将被存款保险覆盖的存款保险覆盖的存款确立为保费计算的基数,也有部分国家将投保机构的所有存款都算作保费计算的基数。也有诸如挪威等国使用风险加权的平均资产和总存款来确定保费的基数。对于费率的选择,多数国家征收固定费率,对所有机构按统一的费率征收保费,这一费率一般在 0.05% ~ 0.5% 之间。但是为提升银行的风险管理水平,有越来越多的国家开始使用差别费率制度,对不同风险的投保机构按照不同费率征缴保费,在 2003 年,世界上采用差别费率制度的国家就已经达到 20 个,而在 1995 年仅有美国采用这一制度。如果金融机构资本充足率水平较高,风险差别费用率评等得分较高,则存款保险费用率可以保持在较低的水平。

表3　　　　　　　　　主要国家和地区的保险费率情况

国家和地区	费率制度	保险费率
美国	差别费率制	0.025% ~ 0.45%
日本	固定费率制	0.08%
德国	固定费率制	0.03%
加拿大	固定费率制	0.33%
西班牙	固定费率制	0.20%
巴西	固定费率制	0.30%
印度	固定费率制	0.05%
韩国	固定费率制	0.05%
中国香港	差别费率制	0.05% ~ 0.14%
中国台湾	差别费率制	0.05% ~ 0.06%

7. 保险限额随经济状况浮动且发达国家限额高

目前，世界上绝大多数国家选择的都是部分保险制度，即部分赔付存款者的损失，实施全额保险的仅有挪威、芬兰等个别国家。在部分保险制度中，赔付限额不是一成不变的，不同时期同一国家因经济发展水平、物价因素等因素的变化，赔付限额会出现适当的调整。同一时期，不同国家因各国经济发展水平、居民储蓄意愿的不同，赔付限额也有差异。通常发达国家的存款限额较高，但是由于其本身较高的人均收入和人均存款，反而存款限额对人均存款或人均GDP 的覆盖率往往较低。各国存款保险限额与人均 GDP 比值集中在 2～4 之间，存款保险限额与人均存款比值集中在 5～6 之间。

表4 主要国家的存款保险限额比较

国家	存款保险限额/人均存款	存款保险限额/人均GDP
美国	2.67	8.36
印度	1.89	7.34
德国	0.78	0.79
加拿大	1.62	2.47
日本	2.54	2.11
西班牙	1.11	1.27
荷兰	0.72	0.68
法国	2.7	3.87
英国	1.89	-
瑞士	0.53	0.37
意大利	4.58	8.59
巴西	2.33	8.70
韩国	3.32	4.49

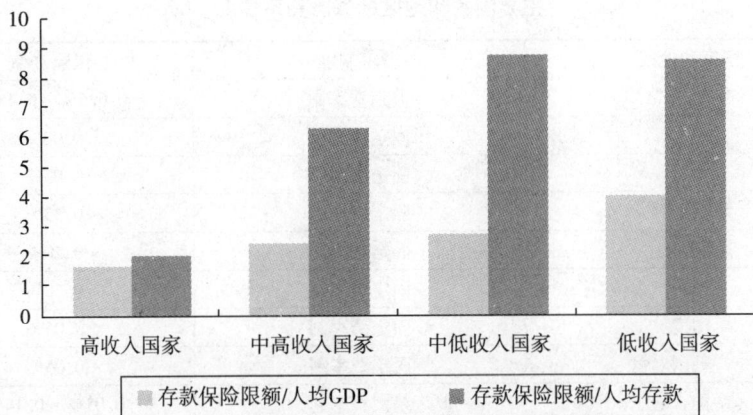

图1 不同收入存款保险限额的覆盖情况

二、如何建立有效的存款保险制度

FDIC 前主席 William Seidman（1988）对存款保险做了如下评论：存款保险如同核电站，如果操作得当，可以获益，但只有具备适当的安全预防措施才能防止它失去控制；而一旦失控，其造成的伤害会波及整个国家。美国 20 世纪 80 年代大量储贷协会的倒闭就是最好的例证。按照公平与效率统一的规则，建立有效的存款保险制度，需要在法律制度、组织架构、融资体制、覆盖范围、监管协调等方面做好准备。

1. 制定存款保险的法律制度

建立存款保险制度是一项争议较大且需要权衡有关方面利益的改革。只有通过制定相关法律，在法律中确立有关方面的利益，才能有效约束有关方面的行为。这几乎是国际通行的做法。事实上，制定存款保险制度的过程，也能让社会公众对存款保险制度有充分的了解和认识，以营造存款保险必要的社会氛围。

2. 确立存款保险机构的性质

不同国家存款保险机构的性质不尽相同，大多数存款保险机构是政府机构或半政府机构，而且一些起初采取公有化存款保险机构的国家，逐步实行存款保险的私有化。其主要目的在于，防止存款保险机构可能提供广泛的担保，防范道德风险。

3. 设计合理的融资来源

有效的存款保险制度要以合理的融资机制为支持，大多数国家的存款保险资金来自政府和中央银行，即通过财政注资和中央银行再贷款进行融资。存款保险机构通过收取保费方法实行事前融资已经成为一种趋势。存款保险的资金应该设定总量限制，从全球而言，存款保险基金大体上为相应存款的 0.5% ~ 2.0%。

4. 实行强制性存款保险

如果对存款保险采取强制性准入办法，就有助于形成一致性动机，防止发生逆向选择问题。大多数国家都对所有吸收存款的金融机构实行强制性保险，主要目的在于防止逆向选择，否则，就会导致稳健银行退出存款保险体系，而让脆弱的银行留在存款保险体系内部。为了成功地实现存款保险目标，应严格实施"一个存款人一家银行"的保护上限。

5. 实行部分存款保险

建立存款保险制度时，既要保护存款人的利益，又要让大额储户根据信用自主选择存款银行。对部分存款进行保护，金融机构、政府和大额储户的存款不在保护之内。如果银行有权选择其在不同费率水平上的保险程度，即实行共同保险方案，效果会更好，因为它使存款人承担银行倒闭的部分损失，同时也能激励银行公开存款保险机构确定保费所需要的一切信息。对于存款保险范围适当限制，目标明确，有利于防止道德风险。在保险范围设定时，要以居民储蓄存款为主。从存款种类来看，多数国家的存款保险制度排除了所有外币存款和银行间存款，而主要对居民存款进行保险。

6. 确定适当的存款保险费率

统一费率制度执行起来较容易，但缺陷也很明显，主要是容易引致道德风险问题，特别是当统一费率制度与全额保护结合在一起时会大大恶化这一问题。前者会导致存款机构过度冒险，后者则降低了存款人监督存款机构的积极性。一些国家对不同类型的金融机构采取统一的保险费率，这相当于让稳健的银行救助脆弱的银行。随着存款保险制度的不断发展，越来越多的国家采取差别保险费率，如我国台湾实行按风险指标差别费率有利于提升银行的风险管理水平，并根据金融体系的运行情况，不定期地进行适当调整。

7. 实行有效的监管协调

尽管存款保险制度是一种既保护金融体系又保护存款人的措施，但是，保持银行业的稳健经营，仅有存款保险制度是不够的，还要采取其他措施与之配合，如严格的信息披露制度、中央银行最后贷款支持等。要通过有效的监管检查，监督金融机构建立良好的公司治理架构、内部控制体系和运营体系，加强信息披露，增强透明度，以减少道德风险和代理问题，及时纠正银行业的不审慎行为，有效处理资不抵债银行。存款保险机构作为独立的监管机构，需要加强与其他金融监管部门的信息交流、监管合作与政策协调。通过有效的金融监管协调，利用法律、协议或非正式等多种渠道，建立存款保险机构与其他银行监管部门信息共享、相互合作的监管协调机制，为实施有效的存款保险制度创造良好的金融市场环境。

三、存款保险制度的发展概况

（一）存款保险制度的产生

存款保险制度分为两种，隐性存款保险制度没有法律或制度上的根据，只通过政府的口头保证或以往实践推知，没有存款保险基金或事后费用分摊，完全以国家信用为制度保障，对哪家金融机构的存款给予保护以及如何进行保护均不确定。显性存款保险制度是通过法律规定或合同安排对保护的金融机构规定种类的存款进行保险的制度。我们通常所说的存款保险制度，即指的是显性存款保险制度。存款保险制度与银行法规、中央银行最后借款人制度一起构成了国际上公认的金融安全网。美国1933年通过立法，成为第一个建立显性存款保险制度的国家，此后存款保险制度逐渐得到国际认可，并得到大规模发展。

（二）银行业危机促使存款保险制度大规模建立

截至2011年3月，世界上共有111个国家建立了显性存款保险制度。1961年印度成为第二个建立存款保险制度的国家，而存款保险制度得到国际认可并大规模建立则在20世纪90年代以后。80年代各国银行所统计的严重系统性银行危机达到45次，90年代全球爆发了63次严重的银行危机。与此对应，1990年只有34个国家建立存款保险制度，2000年达到71个国家，增长209%。进入21世纪，陆续有40个国家建立存款保险制度。

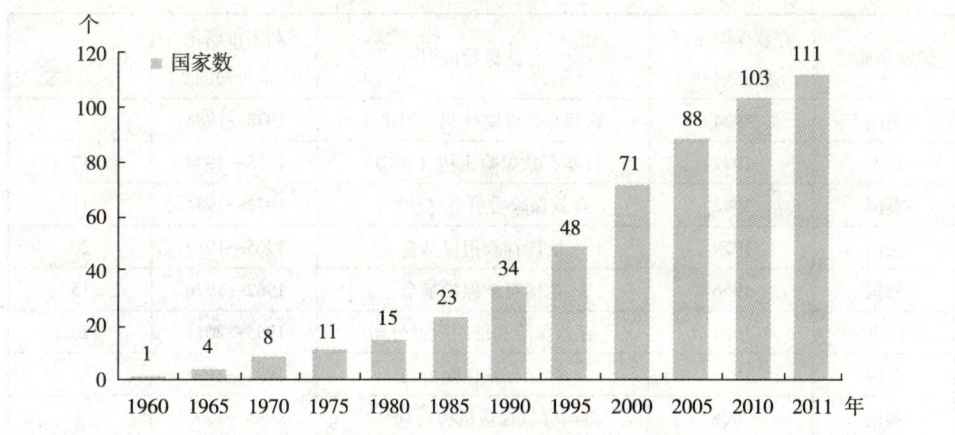

图2　建立存款保险制度的国家近30年来增加迅速

（三）存款保险制度多在利率市场化之前建立

通过梳理全球主要金融国家和地区的存款保险制度建立以及利率市场化的推进过程，我们发现多数国家和地区的存款保险制度在利率市场化推进初期已建立完善。最为典型的当属美国的存款保险制度，其成立于1934年1月的联邦存款保险公司（FDIC），至今已运行80年。早期建立起存款保险制度的国家还有印度、德国、日本等。即使个别国家和地区，如中国香港、泰国，在利率市场化之后才建立起存款保险制度，但是期间的金融危机等经济金融环境的变化起到了重要的推动促进作用。

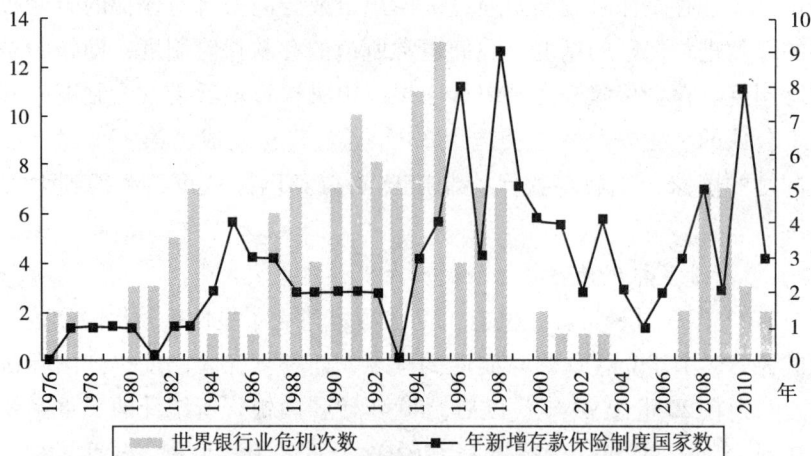

图3　国际银行业危机爆发促进存款保险制度的建立

表5　　世界上其他国家和地区建立存款保险制度和利率市场化的时间

国家和地区	存款保险制度建立时间	存款保险机构	利率市场化推进期间	时长（年）
美国	1934	联邦存款保险公司（FDIC）	1978—1986	9
日本	1971	日本存款保险机构（DICJ）	1978—1994	17
英国	1982	存款保险委员会（DPB）	1971—1981	11
法国	1979	法国存款担保基金	1965—1985	20
德国	1966	德国存款保护基金	1962—1976	15
印度	1961	存款保险和信用担保公司	1995—2011	16
韩国	1996	韩国存款保险公司	1991—1997	7
泰国	2008	泰国存款保险机构（DPA）	1985—1992	8
中国香港	2006	香港存款保障委员会	1994—2001	8
中国台湾	1985	中央存款保险股份有限公司	1975—1989	15

（四）合理的存款保险制度是金融稳定的定海神针

存款保险制度对于抵御经济波动的冲击，维护金融稳定，功不可没。美国成立 FDIC 之后，经济经历了大的波动周期，但从 1943 年至 1981 年近 40 年间，仅 20 世纪 70 年代石油危机中的 1975 年、1976 年，银行倒闭数量超过 10 家，分别达到 13 家、16 家。相比 20 世纪 30 年代的经济波动周期中部分年份倒闭银行数量达 70 多家的情况，建立存款保险制度之后金融体系的稳定性有了大幅的提升。由此可见，存款保险制度对于提升金融的稳定性、强化银行对实体经济的支撑能力作出重要的贡献。

合理的制度设计，对于强化存款保险制度的积极效用至关重要。20 世纪 80 年代至 90 年代初，美国银行业爆发的大规模危机，体现了合理设计存款保险制度的重要性——美国存款保险机构权力制约缺失所引发的道德风险是导致此次危机的主要原因。事后在存款保险制度方面的改进大大提升了金融体系的稳定性。因此，即使在 2008 年的金融危机之后，美国倒闭的银行数量（2010 年最多，157 家）也远低于 1989 年 531 家的规模。

四、典型国家和地区的保险制度经验

（一）美国存款保险制度——FDIC 监督管理介入程度高

目前美国的存款保险由美国存款保险公司统一运作和管理，1950 年《银行法》赋予其相对独立法律地位，直接对国会负责。美国实行强制与自愿结合的存款保险制度，用以降低银行的逆向选择对存款保险制度的不利影响。由于参保银行相比未参保银行有更好的竞争优势，目前大部分存款机构，包括国民银行、州注册银行、住房储蓄银行、储蓄协会、外国银行在美分支机构都加入了存款保险。存款保险涵盖了大部分的存款品种，但对于股权、债券、互助基金、生命保险、年金、市政债券、保管箱、国债以及国库券等不予保障，对本国银行的国外分支也不予保障。联邦存款保险公司（FDIC）按账户确定保险限额，每个存款人在同一家投保机构按同一类型账户合并计算的存款保险限额为 25 万美元，并可随着经济形势及通货膨胀进行调整。

表 6 目前的美国存款保险制度设计

机制	规定	说明
保险机构	联邦存款保险公司 FDIC	FDIC 具有独立法律地位，拥有三项职责： （1）实行存款保险业务； （2）对投保银行和储蓄机构进行监管； （3）接管、处理和清算有问题的投保银行和储蓄机构
保险对象	强制保险与自愿保险并存	强制保险：国民银行、联邦储备体系成员银行 自愿保险：州注册银行、外资银行在美分支机构
保险限额	每个存款人在同一家银行或储贷机构同一类型账户保险限额 25 万美元	存款人账户划分为单独账户、自我管理的退休金账户、联合账户、可撤销依托账户、不可撤销信托账户、政府账户等； 保险限额与通货膨胀挂钩，每 5 年变动一次

续表

机制	规定	说明
保险范围	个人、法人与政府机构在美存款机构的存款账户（本金与投保银行被关闭前的利息）	存款账户包括：支票账户、NOW 账户、储蓄账户、货币市场存款账户和定期存款账户
存款保险基金的来源	(1) 资本金；(2) 保险费收入；(3) 保险基金的投资收益和存贷款利息收入；(4) 必要时向财政部申请紧急财政援助；(5) 发行债券融资	(1) 1952 年原始资本已还清；(2) 保险费收入最稳定，1961 年前为 FDIC 主要收入；(3) 主要投资国债，1961 年后投资收益超过保费；(4) 财政部借款额度增加到 300 亿美元
存款保险基金法定储备率	存款保险基金储备率（存款保险基金余额/预计受保存款额）区间浮动	(1) 实际储备低于 1.15% 时，执行存款保险基金补充计划； (2) 储备比率超过 1.35% 小于 1.5% 时，高于此比率的一半返还； (3) 储备比率超过 1.5% 时，高于此比率的金额全部返还
保险费率	风险差别费率制	FDIC 根据投保机构的资本充足状况和 CAMEL 评级征收不同保费

1. 存款保险制度不断完善适应银行业发展

自 1934 年建立 FDIC 后，1980 年之前是存款保险制度平稳发展的时期。1981 年后，随着美国金融改革的深入与银行业发展，存款保险制度进行了多次改革。这些改革包括不断提高存款保险限额以应对经济发展与通货膨胀、采用风险差异费率以减少道德风险的产生、确立存款保险基金储备比例的浮动区间以缓解周期性危机压力、扩大存款保险限额、返还保费减少银行负担以及进一步扩大 FDIC 监管与处理银行的权力。美国联邦存款保险公司 80 年来的运作实践证明这一模式基本上实现了维护金融系统稳定和保持公众信心的目标，成为其他国家设计存款保险制度的样本。

2. FDIC 具有明显的监督管理职能

美国存款保险最大特点在于 FDIC 具有强大的监管职能，FDIC 目前是州非联储成员银行的主监管者，同时是所有参加存款保险的银行与储贷机构的辅助性监管者。FDIC 的工作主要包括以下三个方面。

一是对投保银行的检查监督。这是 FDIC 最重要的日常工作和事前监管手段，这种事前检查管理的目的是确保银行经营的安全与稳定，避免银行倒闭事件，增强公众对金融体系信心，体现了美国存款保险制度的风险最小化原则。FIDC 具体职责：（1）审批职能。参加存款保险须由 FDIC 审定符合条件才能参保，银行增设与合并也必须经 FDIC 同意。（2）检查监督职能。FDIC 除了定期与不定期对投保机构进行检查外，还要对美联储和货币监理局的检查报告做选择性复查。（3）处罚职能。对检查中或其他渠道发现的问题，FDIC 可以采取从规劝到责令停业的处罚方式。

二是对问题银行的处理。FDIC 采取统一的评级方法，对投保机构的 CAMEL 五大指标进行考核，根据相应的指标评定投保机构的综合等级，分为综合一级至综合五级，其中，综合三级至五级为问题银行。由 FDIC 对问题银行进行重点监控，包括对此类银行提出改进管理的具体要求。

三是对破产银行的处理。FDIC 是唯一有权处理银行破产事件的联邦机构，作为破产银行的接收者，FDIC 根据成本较小的原则，处理破产银行的主要方式有三种：（1）直接理赔。FDIC 整理该银行账册，按存款保险最高赔偿限额等规定尽快赔付存款人的被保险存款。采用这一方式会造成银行服务的中断，同时保险基金损失较大。1969—1981 年间 108 家破产银行的处理中，FDIC 只对其中的 1/3 采用了直接理赔方式，且这些银行的平均总资产只有 1 040 万美元，平均存款较少。（2）收购与承担。收购与承担是指当投保银行破产倒闭后，由另一家经营稳健的银行承担倒闭银行的全部债务并购买其部分或全部资产。存款人和其他债权人得到全额保护，也不会导致银行服务的中断，保险基金的损失较小。收购与承担是 FDIC 的主要救助方式。（3）过桥经营。当投保银行破产后，由 FDIC 聘任的董事会取代原有董事会进行管理，FDIC 提供必要的资金以使其能运转至安排收购与承担方式处理或恢复至正常运作。法律规定 FDIC 最多只能经营 2 年，经营期后必须把此银行的所有权转移给他人。

3. 风险调整保险费率合理分配保费负担

在 1991 年以前，美国的银行保费是按照固定费率收取的，目前采用的是根据风险调整的差别费率。从 2007 年开始，银行的保费按季缴纳，每次所缴纳的费用根据上一季度存款的日均余额以及该银行的适用费率计算得到。风险调整的保险费率可减少投保银行的道德风险，减少经营良好银行的保险费用负担。

4. 存款保险制度有效降低了银行倒闭数量

20 世纪 20 年代，美国每年平均倒闭银行 500 家左右，大萧条使得 30 年代初倒闭银行数量上升为 2 000 家。1933 年银行倒闭数达到 3 000 家左右，同年联邦存款保险制度建立，有效提供了银行救助，降低了银行倒闭数量。在最初的十年里，每年倒闭的银行大约有 50 家；其后从 1945—1980 年，平均每年只有 5 家左右银行倒闭。

（二）日本存款保险制度——"付款箱"设计未能防范银行业危机

1. 泡沫经济破灭促使 JDIC 扩充资金来源

日本存款保险制度自 20 世纪 70 年代初建立。其后的 20 年内日本存款保险公司（JDIC）在保护存款人利益，维护金融业良好信用、秩序与稳定方面起了很好的作用。90 年代初日本经济泡沫的破灭，大批金融机构陷入困境甚至破产，促使日本存款保险制度进一步改革与完善。为了应对危机，1996 年至 2005 年 3 月，日本存款保险公司采取全面保险制度，所有存款人的存款都能得到 JDIC 的全额保险，2005 年 4 月起恢复有限保险制度。为了应对危机期间巨额保费支出，JDIC 不断扩充存款保险基金资金来源，如提高保费费率，提高央行借款，发行 JDIC 债券等。JDIC 在应对银行危机期间实行全额保险的经验稳定了金融市场，其发行债券融资的方式也值得借鉴。

一是大幅提高保费费率。日本目前采用的是统一的费率体系。每年年初，日本银行业根据上一年的存款平均余额以及日本存款保险公司公布的费率计算当年保费并进行上缴。1996 年起 JDIC 的加权保险费率大幅提高至 0.084% 并一直维持。2006 年，保险费率开始有所下调，其中结算存款的保险费率降为 0.11%，而一般存款的保险费率则调回至 0.08%。

二是借款与债券发行融资弥补存款保险支出激增。1996—2005 年期间 JDIC 援助银行家数猛增，保险基金支出大幅高于保费收入。JDIC 通过向中央银行或私人机构借款（一年期）以及发行 JDIC 债券（两年期、四年期以及七年期）筹集资金，并随市场情况及时调整融资政策。

2. "付款箱"型存款保险制度事前监督职能较弱

对比美国存款保险制度，美国的银行监管由货币监理局（OCC）、联邦储蓄机构监管局（OTS）以及 FDIC 共同承担，FDIC 还可与其他监管机构共享信息，监管能力较强。日本的金融安全网中，最后贷款人角色由日本央行担任，银行监管由日本金融厅（FAS）负责，JDIC 只负责破产银行清算与存款保险两大职能。这种"付款箱"型的存款保险制度，事前监督的缺乏使得存款保险制度未能防范日本泡沫经济破灭后银行危机。

（三）德国存款保险制度

1. 三大银行体系分别建立存款保险制度

德国存款保险制度非常独特，由非官方自愿存款保险体系和政府强制性存款保险体系构成。前者是指由德国国内三大银行群体（商业银行、储蓄银行、合作银行）根据各自的需要在 1974 年以后建立的三个独立运作体系，后者则是适应欧盟在 1994 年实施的成员国均要建立强制性存款保险制度规定要求而于 1998 年 8 月建立起来的。

德国的非官方存款保险制度是在不同银行群体内引入银行间自愿存款保险的基础上形成的。早在 20 世纪初，德国三大银行群体就已经分别成立了德国银行联邦协会、德国储蓄银行联邦协会、德国城乡合作银行联邦协会，一方面为了保护成员银行和存款人的利益，另一方面也希望在货币、信贷和资本市场等有关业务上与金融管理当局起到沟通桥梁作用。三个协会形成三个保护体系，各自相对独立，各银行机构自愿参加。

2. 行业协会主导非官方存款保险制度

德国的存款保险体系分四部分组成，即商业银行保护系统、储蓄银行保护系统、信用合作银行保护系统以及官方建立的强制银行保护系统。尽管从 20 世纪 50 年代开始德国就出现了一些地区性存款保险组织，但直到 1974 年郝斯塔特银行倒闭后德国才建起了现行的自愿存款保险制度，并在此基础上还建立了流动性联合银行（LCB），以便向有清偿力但暂时缺乏流动性的银行提供流动性支持。1998 年，为了适应欧盟存款保险指引和欧盟投资人补偿指引要求，德国颁布实施了存款担保和投资人补偿法，开始在原有存款保险之外建立了一个新的制度，从此结束了非官方制度一统天下的局面。对于那些没有加入存款保险机制的金融机构，将受到 1998 年成立的德国银行赔偿机构有限公司的保护。根据法律和按照 1994 年欧盟原则条例设定的最低标准，该机构对每个存款户存款的 90% 给予保护，但每个存款户的最高保障额为 2 万欧元。

（四）我国香港地区存款保险制度

2004 年香港立法会通过了《存款保障条例》，存款保障委员会于同年成立，香港存款保险制度正式确立。在 1992 年国际商业信贷银行倒闭后，香港就对此进行了探索，在此期间，曾推出小存户优先索偿计划（1995 年）并先后进行两次公众咨询活动（2000 年及 2002 年），存款保障再度被提上日程。到香港立法会通过《存款保障条例》、存款保障委员会成立，已历时 12 年之久。

1. 香港存款保障计划的主要特点

除非获存款保障委员会豁免，否则所有持牌银行均须参与存保计划，成为计划成员；有限制持牌银行及接受存款公司为非存保计划成员；补偿上限设定为每家计划成员每名存款人 50 万港元；用作抵押的存款亦受保障；港元、人民币及外币存款均得到保障；存款保障委员会向计划成员收取保费（供款），建立存保基金，基金的规模为有关存款总额的0.25%，约为35亿港元。

2. 香港存款保险基金的运作

存保基金的目标水平是银行业受保障存款总额的0.25%。存款保障委员会已从外汇基金取得备用信贷，用以当银行倒闭时向存款人发放补偿。信贷额度足够应付两家中型银行同时倒闭。存款保障委员会每年向计划成员收取供款一次。个别计划成员的供款是根据存放于计划成员受保障存款的金额及由金融管理局给予的监管评级厘定。存保基金只能投资于保本且高流动性的资产。

五、我国建立存款保险制度探索历程

我国从提出建立存款保险至今已20年，目前各种条件均已具备，有望近两年内正式实施。预计我国将由政府设立和管理存款保险机构，采取强制参保的形式，使用分类差别费率，保险限额为50万元，并设定较长的过渡期安排。基于以上假设，测算显示存款保险制度设立初期，将对银行业盈利产生一定的负面影响，但影响较小，不会带动存款的大规模转移。长期看，存款保险制度丰富了货币政策工具箱，银行经营将伴随着利率市场化的推进而呈现差异化经营，行业将走向真正优胜劣汰的市场化。

我国的存款保险制度作为金融改革的重要一环，将与利率市场化相互推进。建立具有财务硬约束的竞争环境，完善优胜劣汰的市场退出机制，改变对存款人的隐性担保是利率市场化持续推进的重要条件。我国需要尽快建立显性存款保险制度以搭建利率市场化过程中处理风险的市场化平台，从而改变现阶段全额赔付的隐性存款保险制度。

表7　　　　　　　　20年来我国在存款保险制度方面的探索

时间	内容
1993年12月	《国务院关于金融体制改革的决定》指出，建立存款保险基金，保障社会公众利益。
1997年初	全国金融工作会议提出要研究和筹建全国性中小金融机构的存款保险机构。
2004年	央行会同发改委、财政部、国务院法制办公室、银监会等有关部门，对建立中国存款保险制度的必要性和可行性进行了研究和论证，提出了建立中国存款保险制度的基本框架
2005年4月	央行对中国存款类金融机构的存款账户结构进行了详细的抽样调查，为存款保险制度设计提供了依据；同时，征求并吸纳了主要存款类金融机构对建立符合中国国情的存款保险制度的意见
2008年	《政府工作报告》提出要建立存款保险制度

续表

时间	内容
2011 年	第四次全国金融工作会议后，央行行长周小川提出将择机推出存款保险制度，中国建立存款保险制度的条件已经具备
2012 年	央行发布《2012 年金融稳定报告》，称目前我国推出存款保险制度的时机已经成熟

六、我国存款保险制度实施的几点展望

纵观全球主要国家建立存款保险制度和利率市场化的进程，大部分国家和地区先建立存款保险制度，后完成利率市场化，或者两者同时进行。我们认为中国的存款保险制度将伴随利率市场化的进程逐步建立和完善，为了防范风险维护安全，存款保险制度的建立将早于利率市场化的最终实现。我们判断，存款保险制度的完善期可能较长，存款隐性担保也可能存在较长时间。

（一）由政府设立和管理存款保险机构

由政府和央行出面设立一个非营利性的存款保险机构负责整个存款保险制度的具体运作。存款保险基金的初始资金由政府和央行的注资以及金融机构的首期保费共同构成。

（二）强制参保，保险范围主要为一般性储蓄存款

预计我国将采取强制保险的方式。保险范围涵盖纳入一般性存款考核的活期存款和定期存款，代表大多数存款者的利益。对财政性存款、协议存款、同业存款等，则可以暂时不纳入存款保险范围，等以后存款保险基金理赔能力增强后再逐步实行强制性保险原则。同时也为了保障公平竞争、避免逆向选择和道德风险，因此有必要将在国内依法吸收存款的所有金融机构，包括国有银行、股份制银行、城市商业银行、农村商业银行、信用社、邮政储蓄银行以及外资银行在华的法人子公司等都纳入保险体系中。

（三）合理赔付限额在 50 万元

本着有效保护中小储户利益，同时降低道德风险，我国也将采取限额赔付的方式。测算存款保险限额与人均 GDP、人均收入关系，2013 年我国人均 GDP 达 4.2 万元人民币，城镇居民人均可支配收入近 2.7 万元，考虑到国内居民储蓄倾向较高，因此存款保额的上限可以较世界主要国家存款限额与人均 GDP 比值高一些，因此我们认为 50 万元是比较合适的额度。

（四）由分类差别费率逐步向风险差别费率过渡

考虑到中国金融体系的现状，预计我国将先实行简化的分类差别保险费率

（按商业银行属性分为国有大型商业银行、股份制银行、城市商业银行和农村合作金融机构，分别适用不同的费率水平），条件具备后再过渡到风险差别费率。参照国外存款保险费率经验，我们认为存款保险制度推行初期 0.04% ~ 0.12% 的差别费率水平或较为合适，比如对国有大型商业银行、股份制银行和城市商业银行、农村合作金融机构三类群体分别实行 0.05%、0.08% 和 0.12% 的费率水平。

（五）存款保险基金将由政府注资、保费收入共同组成，为达目标规模设定过渡期安排

根据国际存款保险的经验，存款保险基金的来源主要包括自有资金、收取保费、投资收入和借款等方面。我们认为我国存款保险基金的初期基金将由国家财政和商业银行保费共同组成，之后的来源包括银行保费、投资收入等。为达到保险基金目标规模，可以设定较长过渡期（如 5 年），用以减轻商业银行需支付的保费水平。在保险基金达到目标规模后，适当降低保险费率。

（六）存款利率市场化与存款保险制度配套推出，长尾市场成为竞争焦点

（1）引发银行间存款转移。由于存款保险的上限设定为 50 万元，按照按单一储户作为赔付对象，拥有超过保险限额的客户具有分散存款到不同银行的动力。

（2）存款搬家的状况下，由于大多数客户都在 50 万元以下，银行将由原先的零售业务二八定律经营策略转向长尾策略，将下沉零售业务重心，着重推进社区银行条线创新，以大数据、移动金融、网购平台和云信息服务为主要抓手，以延揽更广泛的客户，推广更多"接地气"的产品与服务。

【专题5】 我国民营银行制度变迁与展望

——民营银行试水 银行差异化经营凸显

银行业引入民间资本的问题一直是热门话题，也是中央政府高度关注的问题。党的十八届三中全会通过《中共中央关于全面深化改革若干重大问题的决定》明确指出："在加强监管前提下，允许具备条件的民间资本依法发起设立中小型银行等金融机构"，从而进一步明确了成立民营银行和金融对内开放的金融市场化改革方案。这是对 2013 年 7 月国务院发布的《金融支持经济结构调整和转型升级的指导意见》（简称金十条）是对"尝试由民间资本发起设立自担风险的民营银行"的继承和进一步肯定。2014 年两会期间，民营银行的大门终于再次开启，目前已经确定了首批 5 家民营银行试点方案。

一、民营银行的概念

2000 年 7 月长城金融研究所提出民营银行概念。尽管近年来成立民营银行的呼声强烈，但对民营银行概念的界定学术界一直没有形成统一意见，主要有三种定义：第一种定义从产权结构角度出发，认为民营银行应界定为由民间资本参股或控股的银行；第二种定义从经营机制角度出发，认为按照市场化的原则经营的银行就是民营银行；第三种定义从资金运作角度出发，认为主要为民营企业服务的银行就是民营银行。主要意见集中在前面两种定义上，其争论的中心集中在强调经营机制还是产权结构。

2014 年 3 月银监会主席尚福林在做客人民日报"两会 e 客厅"时指出："民营资本进入银行，法律上本身没有障碍，实践中也已经比较普遍了，主要是通过兼并重组和在银行改制、改造的过程中进入了银行业。真正由民营资本发起设立还比较少，真正自担剩余风险的并不多。所以，这次试点主要是试行自担风险的新机制。具体来讲，一是让资本说话的公司治理机制，二是让资本决策的经营管理机制，三是让资本所有者承担风险损失的市场约束机制。"

个人认为，真正意义上的民营银行应该具有四个要素。一是民有为主。在股权结构上，主要以民间资本为主，产权明晰。二是自主经营。在公司治理上，按市场机制运作，银行经营由企业自主决定，包括高管人员的任免，没有政府行政干预。三是自担风险。民间投资者对银行的经营成败负全责。四是自负盈亏。银行经营收益按照谁投资谁受益的原则分配，亏损也由银行资本自行承担。因此，民营银行可以界定为民间资本占控股地位，按照市场机制运作，自主经营、自担风险、自负盈亏的商业银行。

二、我国民营银行发展历程

（一）1897 年至 1936 年，民营银行的萌芽与发展

中国近代民营银行的出现是由中国当时内在经济需求与外在的经济掠夺压力双重作用下产生的，并且受到的政府的鼓励，具有需求诱致与政府主导双重性质，从钱庄到民营银行的制度变迁符合民族工商业者、银行家及政府三方的利益，因此造成了民营银行在这一时期的迅速发展。

1897 年在上海成立的中国通商银行，是我国自己创办的第一家银行，标志着我国现代银行的产生。创办者盛宣怀认为："西人聚举国之财，为通商惠工之本，综其枢纽，皆在银行"。到 1911 年，中国人自办银行 30 余家，其中民营银行 17 家。

民国建立后，银行业快速发展，而民营银行发展尤速。1912—1927 年，全国新设银行 313 家，其中民营银行 186 家，除倒闭者外，1927 年时已站稳脚跟并达到一定规模的仍有 51 家，以当时著名的"南三行"（1907 年浙江兴业银行、1908 年浙江实业银行、1915 年上海商业储蓄银行）、"北四行"（1915 年盐业银行、1917 年金城银行、1919 年大陆银行、1921 年中南银行）等为代表的民营银行获得了空前的发展。

从清朝末年到北洋政府，再到国民党南京政府成立，一直到 1937 年抗日战争之前，中国民营银行经历了产生、发展壮大的时期。在 1927 年至 1935 年国民党统治的前十年，全国新增设许多新式银行，据统计，1935 年全国共有新式银行 164 家。

░░

【专栏】

中国通商银行——我国自己创办的第一家银行

1897 年 5 月 27 日，由当时在清政府任督办铁路事务大臣的盛宣怀创办了中

国第一家现代资本主义银行——中国通商银行。创立之初其股份统计如表1所示。

表1   **1897年中国通商银行股份统计**   单位：股、两白银

投资者/机构性质	股份数额	金额
招商局/官督商办	16 000	800 000
张振勋	2 000	100 000
盛宣怀	14 600	730 000
严筱舫	1 000	50 000
电报局/官督商办	2 000	100 000
洪植臣	800	40 000
梁干卿	200	10 000
其他	2 585	129 250
外埠招商局代收股款	3 350	167 500
外埠股款	92	4 600
合计	42 627	2 131 350

从股份构成来看，中国通商银行尽管具有典型的官僚买办成分，但不能否认其民营的性质。它不仅是中国自己创办第一家银行，也是中国第一家民营银行。此后，通商银行的股本结构几经变化，走过了1897—1911年封建官僚控制时期，1912—1935年的商办时期，1935—1949年官商合办时期，到1952年12月，它和上海59家资本主义银行、钱庄、信托公司一起参加了金融业全行业公私合营，成为我国社会主义金融事业的组成部分，为我国资本主义工商业实行社会主义改造准备了条件。

资料来源：《中国民营银行发展的新制度经济学分析》。

（二）1937年至1952年，民营银行的衰落时期

1937年抗日战争爆发后，南京国民政府为了政府的利益，强制推行垄断性金融变革，以政府的垄断和统治取代市场的自由竞争。在不断推行并强化的"四行二局"的垄断银行体系下，民营银行逐渐衰落，表现在：在机构方面，官办金融机构取代民营机构成为市场主体；在业务方面，官办机构的业务量逐渐做大，以致形成垄断，民营机构的业务量微不足道，成为名副其实的陪衬。1946年底官办银行机构占到全国银行系统机构总数的2/3以上。1947年全国民营银行存款已不到同期"四行二局"存款的十分之一，即全国90%以上的存款被垄断资本控制。

（三）1952 年至 1995 年，民营银行的"冬眠期"

社会主义改造完成后，中国推行了由中央统一调控经济的计划经济体制。在银行制度的建设上，国家着手将原华北银行、北海银行、西北农民银行合并为中国人民银行。同时将各解放区的地方性银行改为中国人民银行的分支机构，在接收官僚资本银行的基础上组建中国人民银行的分支机构。到社会主义改造完成，我国的银行制度中无论是从所有制形式上看，还是从功能上看只剩下单一的、全能的中国人民银行。

1978 年十一届三中全会以后，中国实行了经济体制改革，计划经济也逐步过渡到市场经济。与此同时，中央银行和国有专业银行开始设立。1979—1984年，相继成立了中国农业银行（1979 年）、中国建设银行（1983 年）、中国工商银行和中国银行（1984 年），人民银行开始行使中央银行的职能。

1984—1995 年是中国银行业改革和发展深化的阶段。在此期间，为促进银行业提高经营效率，更好地服务于实体经济，中国先后组建了 10 家股份制商业银行及若干地方性商业银行和信用合作社。新设立的股份制商业银行按照市场规则运作，凭借政策优势和机制优势，获得了迅速的发展，股份制银行的出现打破了国有银行垄断的格局，促进了竞争，提高了效率，为深化金融体制改革作出了巨大贡献。与此同时，由于准入的门槛较低，城市商业银行和农村信用社也得到快速发展。到 1986 年底，城市信用社就发展到了 1 100 多家，到 1993年底，其数目更是增加到了 4 892 家。

（四）1996 年至 2013 年，民营银行缓慢发展期

20 世纪 90 年代，伴随着民营经济的不断发展壮大，我国民营银行再次启程。

1. 中国民生银行的设立

中国民生银行于 1996 年 1 月 12 日在北京正式成立，其股份全部由民营企业持有，号称中国第一家民营银行，标志着我国民营银行重新出现。

【专栏】

中国民生银行

中国民生银行于 1996 年 1 月 12 日在北京正式成立，是中国首家主要由非公有制企业入股的全国性股份制商业银行，同时又是严格按照《公司法》和《商业银行法》建立的规范的股份制金融企业。多种经济成分在中国金融业的涉足

和实现规范的现代企业制度，使中国民生银行有别于国有银行和其他商业银行，而为国内外经济界、金融界所关注。作为中国银行业改革的试验田，民生银行锐意改革、积极进取，业务不断地拓展，规模不断地扩大，效益逐年递增，保持了快速健康的发展势头，为推动中国银行业的改革创新作出了积极贡献。

2000年12月19日，中国民生银行A股股票在上海证券交易所挂牌上市。2003年3月18日，中国民生银行40亿可转换公司债券在上交所正式挂牌交易。2004年11月8日，中国民生银行通过银行间债券市场成功发行了58亿元人民币次级债券，成为中国第一家在全国银行间债券市场成功私募发行次级债券的商业银行。2005年10月26日，中国民生银行成功完成股权分置改革，成为国内首家完成股权分置改革的商业银行，为中国资本市场股权分置改革提供了成功范例。2009年11月26日，中国民生银行在香港交易所挂牌上市。站在新的历史起点，中国民生银行确定了"做民营企业的银行、小微企业的银行、高端客户的银行"的市场定位，积极推动管理架构和组织体系的调整、业务结构的调整和科技平台的建设，努力实现二次腾飞，打造成特色银行和效益银行，为客户和投资者创造更大的价值和回报。

中国民生银行自上市以来，按照"团结奋进，开拓创新，培育人才；严格管理，规范行为，敬业守法；讲究质量，提高效益，健康发展"的经营发展方针，在改革发展与管理等方面进行了有益探索，先后推出了"大集中"科技平台、"两率"考核机制、"三卡"工程、独立评审制度、八大基础管理系统、集中处理商业模式及事业部改革等制度创新，实现了低风险、快增长、高效益的战略目标，树立了充满生机与活力的崭新的商业银行形象。

截至2013年，中国民生银行实现净利润422.78亿元，加权平均净资产收益率达到23.23%；到2013年末，中国民生银行总资产超过3.2万亿元。

资料来源：中国民生银行网站，http://www.cmbc.com.cn。

2. 城市商业银行民营化

2002年4月，浙江省8家城市商业银行发布"共同打造民营企业主办银行品牌"的行动宣言，在3年内8家城市商业银行逐步发展为以民营资本为投资主体、以民营企业为服务主体的地方性商业银行。2004年8月，以浙江民营资本为主体的浙商银行股份有限公司（以下简称浙商银行）成立。

近年来，城市商业银行在全面化解历史风险的基础上，逐步树立科学的发展理念，不断提升经营管理水平，积极转变业务发展方式，大力推进产品和科技创新，取得显著的发展成效。同时，也在维护区域金融稳定、推动市场竞争、促进金融服务水平提高、缓解小微企业融资难等方面发挥了积极作用。2003 年以来，约 800 家城市信用社先后完成城市商业银行重组改造或实现市场退出。城市商业银行一方面通过改革重组、增资扩股、资产置换等多种方式处置了超过 1 700 亿元的历史不良资产，有效化解了风险；另一方面通过完善公司治理、强化内控建设、创新风险管控技术与手段，提升风险管理能力，抗风险能力明显增强。同时，城市商业银行以"立足本地、服务小微、打牢基础、形成特色、与大银行错位竞争"为发展思路，深化市场细分，明确市场定位，创新产品、服务和机制流程，逐步拥有了特色化品牌和管理文化，在支持小微企业发展和消费金融方面发挥举足轻重的作用。截至 2013 年底，全国城市商业银行总资产已达 15.18 万亿元，占银行业总资产 10.03%，不良贷款率为 0.88%，低于行业平均 0.12%。

3. 农村金融机构改革发展

农村信用社自 1951 年成立以来，一方面坚持服务"三农"市场定位，持续加强和改进农村金融服务；另一方面不断探索完善管理体制，历经农业银行管理、行社脱钩、人民银行代管、交由省级人民政府管理等重大体制变迁。农村信用社是我国农村地区机构网点分布最广、支农服务功能发挥最为充分的银行业金融机构，为农业增产、农民增收和农村经济社会发展作出了历史性贡献。与此同时，农村信用社不断成长壮大，特别是在 2003 年深化改革试点以来，深入推进产权改革，不断完善公司治理，经营状况显著改观，整体面貌发生实质性变化，步入良性发展轨道。农村信用社资产负债和存款规模稳步增长，资本充足率、不良贷款率等主要监管指标持续改善，风险逐步化解。截至 2013 年底，全国共有农村合作金融机构 2 393 家，其中农村商业银行 468 家、农村合作银行 122 家，农村信用社 1 803 家。

4. 加快培育新型农村金融机构

为有效解决我国农村地区金融供给不足、竞争不充分等问题，银监会于 2006 年底调整放宽农村地区银行业金融机构准入政策，按照"低门槛、严监管"原则，积极培育发展村镇银行、贷款公司和农村资金互助社三类新型农村金融机构。2011 年，银监会根据风险防范需要，印发《关于调整村镇银行组建核准有关事项的通知》，调整完善准入政策，确立集约化培育、专业化管理的工作思路，鼓励按照区域挂钩的原则集约化组建村镇银行，重点布局西部地区和中部欠发达县域，并按照先西部地区后东部地区、先欠发达县域后发达县域的次序组建；同时要求村镇银行坚持面向"三农"的建设方向和"做散做小"的经营原则。同时，加大民间资本引入力度，不断探索完善管理模式。截至2013年底，全国共组建1 134家新型农村金融机构（含筹建和开业），其中包括1 071家村镇银行、14家贷款公司和49家农村资金互助社，地处中西部地区的占比达62%。其中，直接和间接入股村镇银行的民间资本占比达71%，各项贷款余额中农户贷款和小微企业贷款合计占比90%。新型农村金融机构已成为服务"三农"和支持小微企业的生力军。

【专栏】

村镇银行超过1 000家

2013年10月13日，马鞍山农村商业银行发起的甘肃永登新华村镇银行正式挂牌成立，成为第1 000家村镇银行。自2006年底调整放宽农村地区银行业准入政策以来，银监会鼓励和引导各类资本参与组建村镇银行等新型农村金融机构，积极引导其坚持服务"三农"导向，下沉服务重心，已初步探索出金融资源供给上"东补西"和金融服务改善上"城带乡"的发展模式。

村镇银行已发展成为服务"三农"和支持小微企业的金融生力军。一是机构覆盖面稳步提升。截至2013年底，全国31个省份设立村镇银行，覆盖57.6%的县（市）；覆盖国定贫困县182个，占国定贫困县总数的31%。二是服务能力显著增强。坚持"立足县域、支农支小"的服务理念，农户和小微企业贷款余额合计3 280亿元，占各项贷款余额的90%，累计向129万农户发放贷款3 808亿元，累计向35万户小微企业发放贷款6 427亿元。三是民间投资渠道畅通。坚持股权多元化和股东本土化原则，积极鼓励各类资本参与投资村镇银行，引导调整民间资本持股比例。已有4 000余家企业股东和8 000余名自然人股东投资村镇银行，村镇银行已成为民间资本投资银行业的重要渠道。四是监管有效性明显提升。初步建立村镇银行审慎监管框架，实施法人监管与并表监管并重的"双线监管"，监管指标整体良好，资本充足率23.3%，拨备覆盖率达到517%。

资料来源：《中国银行业监督管理委员会年报2013》。

在这段时期，虽然我国民营银行发展较慢，但民间资本以各种方式渗透到银行业当中，包括全国股份制商业银行、城市商业银行、信用社及农村金融机构，而且持有股权比例增长较快。截至2013年底，全国已有100多家中小银行的民间资本占比超过50%，其中3家为100%民资。全国农村中小金融机构的民间资本占比已超过90%，村镇银行的民间资本占比达73%。国有银行上市后，也有民营机构和公众持股。这为我国民营银行的稳步形成和发展提供了良好的契机。

（五）民营银行发展的新时期

2013年，银监会积极落实党中央、国务院关于在加强监管的前提下，允许民间资本设立中小型银行等金融机构的政策，根据银行业发展的实际情况和民间资本进入银行业的具体诉求，提出发起设立自担风险民营银行的框架性建议。

2014年3月，银监会披露首批5家民营银行试点方案。试点自担风险的民营银行，是银行业改革的一项重要内容。试点采取共同发起人制度，每家试点至少2个发起人，同时遵守单一股东比例规定，分别由阿里巴巴、百业源、腾讯、万向、均瑶、复星、华峰、商汇、华北、正泰等民营资本参与试点工作。为此，我国民营银行的发展迎来新的春天。

银监会尚福林主席指出[①]，这次试点的选择，不是计划模式下的指标分配，也不是行政管理下的区域划分，完全是对试点方案的优中选优。确定5家试点方案主要有五个方面的考量标准。一是有自担剩余风险的制度安排；二是有办好银行的股东资质条件和抗风险能力；三是有股东接受监管的具体条款；四是有差异化的市场定位和特定战略；五是有合法可行的风险处置和恢复计划（"生前遗嘱"）。

表2 首批民营银行试点情况表

试点地区	试点企业	经营模式
天津	商汇、华北	公存公贷：只对法人不对个人
上海	均瑶、复星	特定区域存款：限定业务和区域范围
浙江	正泰、华峰	小存小贷：限定存款上限，设定财富下限
	阿里巴巴、万向	
广东	腾讯、百业源	大存小贷：限定存款下限，限定贷款上限

2014年9月29日上午，银监会网站消息称，银监会批复了上海华瑞银行股份有限公司（以下简称华瑞银行）在上海市筹建，上海均瑶（集团）有限公司与上海美特斯邦威服饰股份有限公司为华瑞银行的发起人，持股比例分别为30%、15%。随着上海华瑞银行与浙江网商银行两家民营银行的获批，首批5家试点民营银行全部进入筹建阶段。这五家银行分别是深圳前海微众银行、温州民商银行、天津金城银行、浙江网商银行、上海华瑞银行。

---

① 资料来源：欧阳洁：《民营银行破冰 试点自担风险》，载《人民日报》，2014-03-11。

三、海外民营银行发展借鉴

中国的金融体制改革是中国经济体制由计划经济体制向社会主义市场经济体制改革的必然产物，中国发展民营银行的制度变迁历程必然显示出其独特的变迁方式，不能生搬硬套其他国家或地区银行民营化的模式，但是通过了解世界各地民营银行的制度变迁过程中成功和失败的教训，可以使我国在发展民营银行的过程中少走弯路，减少改革的成本。

（一）台湾地区民营银行发展历程

台湾民营银行制度变迁经历了四个阶段（见表3）。从其发展路径来看，小范围开放——民营银行快速发展——民间资本控股公营银行——台湾金改后的兼并重组，具有清晰的发展路径。

表3 台湾地区民营银行发展历程

事件	影响
1975年7月，修改"银行法"，增列"中小企业银行"	准民营银行开始成立
1989年7月，修改"银行法"，允许民营银行设立；1990年4月，"商业银行设立标准"颁布	民营银行开始设立
1991年6月，"公营事业转移民营条例"颁布；1992年2月，"公营事业转移民营条例实施细则"颁布	公营银行民营化
2000年6月，"金融机构合并法"颁布；2001年6月，"金融控股公司法"颁布	民营银行兼并重组

资料来源：周民源：《我国台湾地区民营银行的发展路径及对内地的启示》，载《金融监管研究》，2014（1）。

1. 准民营银行的尝试

在20世纪50年代前，台湾地区就已经出现了区域性的民间合会组织，开展信用贷款、小额存款和信贷分期服务等业务。为了规范地下金融，台湾于1964年对合会组织进行了改制，由合会改造成为的地区性民营银行相继出现，成为台湾金融制度上的成功改革。

1975年7月，台湾地区第一次修订"银行法"，增加了"中小企业银行"一条，规定"该类银行的主要任务是供给中小企业长期信用，协助其改善生产设备、财务结构及健全经营管理"。据此，台湾将当时规模较大的民间合会储蓄公司——"台湾合会储蓄公司"重组改制为"台湾中小企业银行"。在之后的1978—1979年间，台湾当局又按照地区分别批准成立了台北区、新竹区、台南区、台中区、高雄区、花莲区、台东区7家中小企业银行。这7家中小企业银行是在原来民间合会的基础上重组发展起来的，都是纯民营资本，基本上没有公营股份。由于当时台湾"银行法"对民营银行尚未解禁，故此7家民营中小企业银行可称为准民营银行（熊继洲、罗得志，2003）。

表4   1962—1989年台湾地区银行机构情况

年份	公营专业银行①		公营商业银行②		民营银行③	
	银行家数	分行家数	银行家数	分行家数	银行家数	分行家数
1962	5	—	4	—	1	—
1965	5	—	4	—	2	—
1970	6	—	5	—	2	—
1975	6	—	5	—	4	—
1980	7	216	5	347	11	115
1985	7	248	6	386	11	154
1989	7	301	6	424	11	228

资料来源：熊继洲、罗得志：《民营银行：台湾的经验与教训》，载《金融研究》，2003（2）。

2. 民营银行的推开

在1989年之前，尽管台湾通过改制的方式构建了一批准民营银行，但对民间资本进入银行业一直没有正式放开。1989年7月11日，台湾"银行法"的第二次修订为民营银行的设立提供了法律依据。1990年4月，台湾地区"财政部"颁布了"商业银行设立标准"，并受理新银行的设立申请。当时新设立民营银行的限制条件非常苛刻。台湾当局希望能通过这些严格的准入要求来平稳推进民营银行的发展。但是事与愿违，严苛的条件并不能打消台湾权贵染指银行业的欲望。在短短两年时间里，台湾民间就发起设立了15家民营银行，而且在此后数年持续增加，并迅速超过了公营银行数量（熊继洲、罗得志，2003）。

---

① 包括：中国输出入银行、交通银行、中国农民银行、"中央信托局"、台湾省合作金库、台湾土地银行、台湾中小企业银行。
② 包括：台湾银行、台北市银行、高雄市银行、第一银行、彰化银行、华南银行。
③ 包括：中国国际商业银行、世华联合商业银行、华侨银行、上海银行、台北区中小企业银行、新竹区中小企业银行、台中区中小企业银行、台南区中小企业银行、高雄区中小企业银行、花莲区中小企业银行、台东区中小企业银行。

表5 台湾地区新设立民营银行条件比较

银行类别	资本金	机构
新设民营银行	资本金达到100亿新台币	每个银行只能设立一个总行，一个储蓄部和5个分行。
原有公营银行	第一银行、华南银行、彰化银行的股本分别为73亿新台币、72亿新台币、65亿新台币	公营商业银行的分支机构均超过50家。

3. 公营银行民营化

1997年以前台湾公营银行有13家[①]。1998年台湾公营银行以出售公营股权的方式开始进行民营化。

表6 台湾地区公营银行民营化时间表

完成民营化时间	银行名称
1998年	彰化银行、第一银行、华南银行和台湾中小企业银行
1999年	农民银行、交通银行、高雄银行、台北银行
2005年	合作金库

华南银行、第一银行、彰化银行均将原来台湾"省政府"持有的股权以公开承销的方式转让给私人部门。民营化后，这3家银行的公股股权均降到50%以下。

表7 台湾地区公营银行政府持股比例变化 单位:%

政府持股比例	民营化前	1998年	1999年
华南银行	52.5	41.1	39.4
第一银行	51.9	42.1	34.3
彰化银行	53.0	30.7	23.0

资料来源:《2013年台湾银行民营化分析报告》。

通过新设民营银行以及公营银行的民营化，截至2001年末，台湾民营银行由1990年的11家增加到48家，而公营银行则由1990年的13家减少为5家。从资产规模看，民营银行资产在金融机构全部资产的占比由8.89%上升到51.5%；公营银行则由53.68%下降到19.7%。

---

① 包括：农民银行、交通银行、"中央信托局"、中国输出入银行、第一银行、华南银行、彰化银行、台湾中小企业银行、台湾银行、土地银行、合作金库、高雄银行、台北银行。

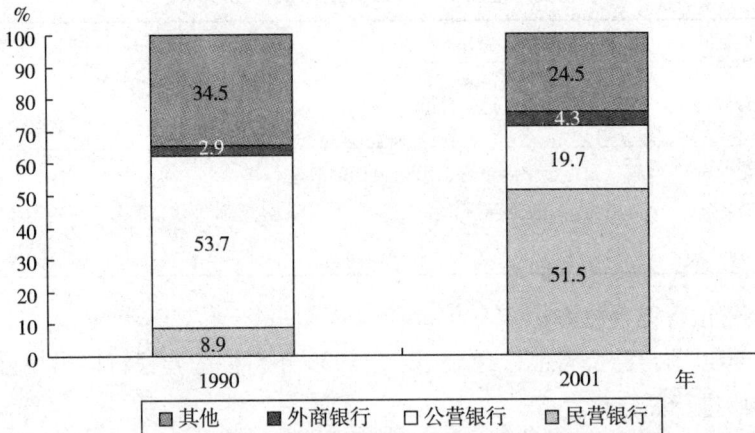

图1　台湾地区各类金融机构资产占比变化

表8　　　　　　　　　　　台湾地区银行业数量变化　　　　　　　　单位：家

年份	本土银行			外商银行
	民营银行	公营银行	小计	
1991	11	13	24	36
1992	27	13	40	36
1994	29	13	42	37
1996	29	13	42	41
1997	34	13	47	46
1998	39	9	48	46
1999	47	5	52	41
2001	48	5	53	38

资料来源：《2013年台湾银行民营化分析报告》。

2001年后，台湾当局先后推行了第一次、第二次金融改革，提出了"公营银行彻底民营化"的目标，要求2005年前公营股权比例下降至20%以下，2010年前公营股权全部释出（杨思思，2009）；同时要求，当时仅存的五家公营银行除中国输出入银行由于其特殊性保持公营外，其余四家（合作金库、台湾银行、土地银行与"中央信托局"）要在2006年年底前完成民营化。该目标并未完全实现：除合作金库于2005年成为民营银行外，台湾银行、土地银行与"中央信托局"三家公营银行后来在提升整体金融产业竞争力的政策下，与中国输出入银行合并为台湾金控公司，短期内不再实施民营化。

382

4. 民营银行兼并重组

在民营银行快速设立以及大批公营银行民营化后,台湾地区金融体系的竞争日趋激烈并趋于恶化,影响到银行业金融机构的进一步发展壮大。在 2001 年台湾地区加入世贸组织后,外部竞争也愈加激烈,部分新设民营银行出现亏损。为弥补与具有经营优势及丰富经营经验的外资金融机构之间的差距,解决银行业金融机构竞争力不足的问题,同时也为了给亏损银行一个正常的退出渠道,台湾地区围绕金融机构合并、金融风险防范和金融中心建设,主动推进金融机构的国际化、规模化和多元化以及民营银行的并购重组(汤世生,2011)。为此,台湾地区于 2000 年颁布"金融机构合并法",2001 年颁布"金融控股公司法",鼓励金融机构之间兼并重组,并给予一定的税费优惠。此后,经营不善的民营银行陆续被有实力的银行或金融控股集团收购(见表 9)。

表 9　　　　　　　　　台湾地区部分民营银行兼并情况

被合并的民营银行	开业时间	合并时间	合并方式
大安商业银行	1991 年	2002 年 2 月	与台新银行合并
富邦商业银行	1992 年	2005 年 1 月	与台北银行合并
中兴商业银行	1992 年	2005 年 3 月	由联邦商业银行并购
宝华商业银行	1992 年	2008 年 2 月	由星展银行接管
万通商业银行	1991 年	2010 年 12 月	与中国信托商业银行合并

(二)日本民营银行发展历程

1872 年,日本颁布实施《国立银行条例》,开始建立国立银行。在发展国立银行的同时,民间要求建立民营银行的意愿逐渐增强。但是,当时的《国立银行条例》规定除国立银行以外,不得使用银行名称,因此大多数成为"银行类公司"。1876 年随着《国立银行条例》的修订,这一规定被废除。1876 年成立的三井银行成为最早使用银行名称的民营银行。

1883 年,日本对《国立银行条例》进行了根本性修改,规定国立银行营业权的有效期限为 20 年,超过期限其营业权即告终止,国立银行必须转为私人银行,否则必须停止营业。随着民营银行的发展,日本政府认识到对银行进行管理和法律规范的必要性,于 1890 年公布了《银行条例》,对银行的定义、业务范围,以及银行的设立程序、业务监管都做了明确规定。因此,从 1890 年开始,日本的国立银行依据《银行条例》,相继转为普通银行。到 1901 年,日本民营银行的数量达到 1 867 家。

20 世纪 50 年代后,随着生产的高速发展,货币信用的急剧扩大以及中小经济体的高速发展，日本原有的城市银行、地方银行已不能满足经济发展需求，特别是中小企业融资的需求，各种信托公司、拔会等地下性质的民间金融组织开始活跃起来，为了稳定金融，保证中小企业的融资需求，政府相继出台《相互银行法》、《信用金库法》等法律和政策，并由金融垄断资本、民间组合组织（即合作社）及政府（以财政投资形式）相继建立了二十多种各种类型的金融机构，遍布全国各个领域，形成了国有银行与民营银行并存、全国性大银行与区域性中小银行并存、普通银行与专业银行并存的多样性银行体系。服务于大中型企业的主要是商业银行、长期信用银行和信托银行等；服务中小企业的金融机构则有民营的互助银行、信用金库、信用协同组合和劳动金库等，以及官营的中小企业金融公库、国民金融公库、中小企业信用保险公司等。

表10　　　　　　　　　　日本银行数量变迁　　　　　　　　单位：家

年份	城市银行	地方银行	长期信用银行	信托银行	相互银行
1926	5	1 412	—	33	243
1935	6	460	—	32	262
1940	6	280		28	217
1945	8	53	—	7	58
1950	11	56		6	64
1960	13	64	3	7	72
1970	15	61	3	7	72
1980	13	63	3	7	71
1990	12	64	3	7	68

注：地方银行1945年以前是信托公司，相互银行1950年以前是"无尽"业者（拔会）。
资料来源：陶淘：《论日本的金融行政》，北京，北京大学出版社，2000。

从表10可以看出，第二次世界大战后日本的金融改革成功地将信托公司、拔会等民间金融组织分别改造成地方银行、相互银行，纳入到银行体系中去，对金融系统的稳定和本国的经济发展起到了重要作用。1945年地下金融的民营化改造完成后，银行的数量基本上维持固定不变的局面，这是因为日本的银行法对于银行的准入实行了严格的控制，对银行的新建、改组及合并都有一套严格的准入规则，这样做的目的是为了限制银行间竞争，维持金融业的稳定，这对战后经济复苏的贡献是巨大的。

20世纪末，日本银行业出现严重问题：资产质量每况愈下，资本充足率水分过大，核心业务盈利能力下降等。这些问题严重困扰着日本银行体系。20世纪90年代中期以来，日本银行体系结构发生重大变化，并购重组大量发生。其中最有影响力的有 5 起。一是 2000 年 9 月，第一劝业银行、富士银行和日本兴业银行合并为瑞穗银行；二是 2001 年 4 月，三和银行、东海银行、东洋信托银行联合组建日本联合金融控股集团；三是 2001 年 4 月，住友银行和樱花银行合并为住友三井银行；四是东京三菱银行、三菱信托和日本信托合并为三菱东京集团；五是 2002 年 3 月，日本大和银行与旭日银行合并成立理索纳金融控股公司。经过上述一系列合并后，日本原有的二十多家大银行合并成为瑞穗、三菱东京、三井住友、日本联合、理索纳等五大金融集团。2005 年 10 月 1 日，三菱东京金融控股集团和日本联合金融控股集团合并而成三菱联合金融集团，成为日本和全球金融业的新霸主。

表 11   日本主要民营金融机构一览表①

普通银行	城市银行	规模较大，在全国经营范围，存款来源是法人存款，资金运用投向大企业。	
	地方银行	规模较小，在所在地区经营范围，存款来源是个人存款，资金运用投向中小企业。	
专业金融机构	专业外汇银行	1954 年 8 月，东京银行根据《外汇银行法》改组为外汇专业银行，独家经营日本政府外汇存款、代理政府发行债券和办理外汇业务，具有半官方性质。东京银行总行设在东京，拥有庞大的国际网络。截至 1995 年底，该行拥有 37 家国内分行和 366 家海外分支行。1996 年 4 月 1 日，东京银行与三菱银行合并。因此，目前日本金融体系中专营外汇业务的银行已不复存在。	
	长期信用金融机构	长期信用银行	日本兴业银行，1902 年根据《日本兴业银行法》设立。
			长期信用银行，1952 年 12 月 1 日建立。
			债券信用银行，1957 年 4 月 1 日成立，原名日本不动产银行。
		信托银行	根据 1922 年《信托法》和《信托业法》发展起来的。目前有 7 家。既有长期专业银行的作用，又有大众储蓄机构的作用。
	中小企业金融机构	相互银行	根据 1951 年《相互银行法》，由战前的"无尽"组织发展而来。1973 年被允许经营外汇业务。1989 年开始实施相互银行向普通银行转化的方案。目前日本的相互银行都已转变为普通银行，其性质与地方银行一样。
		信用金库	根据 1951 年 6 月颁布的《信用金库法》建立，具有合作性质的中小企业金融机构。

① 资料来源：《外国银行制度比较》。

续表

<table>
<tr><td rowspan="7">专业金融机构</td><td rowspan="3">中小企业金融机构</td><td>信用合作社</td><td>互助合作性质。</td></tr>
<tr><td>劳动金库</td><td>1953年《劳动金库法》，由信用协同组合组织改为劳动金库。1955年建立劳动金库的中央组织——劳动金库联合会。至1985年，日本每个县有一个劳动金库。</td></tr>
<tr><td>商工组合中央金库</td><td>根据1936年《商工组合信用金库法》成立。</td></tr>
<tr><td rowspan="3">农林渔业金融机构</td><td>农业信用合作社</td><td>1947年，农业协同组合。</td></tr>
<tr><td>渔业协同组合</td><td>1948年。</td></tr>
<tr><td>农林中央公库</td><td>1923年，最高机构。</td></tr>
</table>

（三）俄罗斯民营银行发展历程

俄罗斯放开民营银行采用了激进的“休克疗法”。俄罗斯在1991年前后全面放开了金融业。政府对于民营资本进入银行业基本是放任自流，只要达到了最低资本要求就可设立银行，因此，银行体系的民营化进展非常快。在俄罗斯经济改革初期，原来由国有银行一统天下的银行业很快被大量民营银行所占据：1991年，俄罗斯境内民营银行已超过两万家；到1997年，俄罗斯的银行中，国有银行仅占29%，外资银行占7%，民营银行则占到了64%。但是政府发展民营银行之前，并未做好制度和操作上的安排。特别是在法规建设、审慎性行为和会计框架方面，俄罗斯均存在严重缺陷，导致国内的资金不能按照正常的市场规律进行有效配置，大量的资金被用于投机性非法经营，巨额财富流向国外，使国家经济的发展因严重缺乏资金投入而大伤元气。

（四）美国民营银行发展历程

在发展模式方面，美国选择了与其银行体系和经济发展状况以及法律监管环境等相适应的民营银行发展模式，并获得了成功。美国的中小民营银行以社区银行为主，现有7 000多家，资产总额一般在10亿美元以下，主要服务于社区居民和中小企业。为弥补自身的局限性，美国许多小型民营银行与大银行建立了联系银行制，联系的大银行可以帮助小银行经营资产、处理存贷款账户、提供法律咨询等。在客户选择方面，美国的民营银行均以当地中小企业和居民、农户为主要服务对象。美国《社区再投资法》规定，各类存款机构必须为所在社区的小企业提供融资，并将其支持情况作为监管部门审批银行增设分支机构的重要指标。在业务拓展方面，美国社区银行注重借助各类信息提供个性化产品和服务，小到为13岁至17岁的社会成员提供指导性储蓄账户，大到对高负债社区成员设计有针对性的债务转换及清偿方案，还为学生设计信用卡和贷款，根据客户旅行需求设计相关金融产品等。在公司治理方面，由于美国的外部市场约束机制始终处于主导地位，美国民营银行公司治理也具有较高的效率。在监管方面，美国对中小民营银行的监管比大银行宽松，并在监管政策上对社区银行予以了倾斜，监管程序、监管措施相对简化，对一些领域的数据采集和报告要求、财务报表的报送周期、现场检查的频率等，也更富弹性。

（五）匈牙利民营银行发展历程

在1987年之前，匈牙利只有一个国家银行——匈牙利国家银行，兼有中央银行和商业银行的职能。1987年1月1日，匈牙利开始对国家银行实施改革，将国家银行一分为二：一为发行银行——作为银行的银行和终极贷款者的角色；一为中央银行——除规范外汇业务操作外还保留了短期的管理职能。与此同时，整个银行业开始发展商业业务，政府成立了包括 MKB、K&H 及布达佩斯银行等在内的5家大型商业银行。随着前苏联的解体，匈牙利的银行体系也陷入危机之中。到1993年，匈牙利的不良贷款率达29%以上。

匈牙利在剧烈的政治变动和经济竞争中，由于缺乏相应的破产法案和不良资产解决办法，最终导致4家著名的银行先后倒闭。至1992年，整个银行业的亏损几乎注销了银行业的全部股权，导致银行业陷入危机之中。随着不良贷款率的飞速上升和银行危机的加深，解决不良资产已不仅是转轨经济金融改革的组成部分，而且成为经济发展关键环节。

1991—1997年，匈牙利政府推出了包括实施紧急措施、推行民营化和改革法规的一揽子方案解决银行业危机。其内容主要包括以下三个方面：一是采取紧急措施。1991—1994年，政府通过发行20年政府债券，先后筹资接近30亿美元，成立 HBID 作为专门的资产管理公司处置不良贷款。经过政府对银行业的不良资产收购、注资和整顿，到1994年，匈牙利的银行业开始好转，利润上升，资本收益率基本都超过了30%的水平。二是推行民营化。匈牙利的国有银行民营化改革主要是采用私募方式，引入国外金融性战略投资者（SFFI）。1992年4月匈牙利政府正式提出国有银行的民营化战略，并专门成立了由财政部、国家银行、国家资产代理机构（SPA）三个部门代表组成的银行民营化委员会。但是，到1994年政府才重点推进。1994年末，匈牙利财政部宣布将私有化作为解决银行业根本问题的主要手段，强化对私有化的推进。主要是通过战略出售以及与外资银行建立合作关系进行全面的民营化，解决国内资金缺乏、技术设施不足、经营效益低下以及资本市场进入等问题，其目标是在1997年前将国家在所有银行的持股量降至 25% 以下。到 1997 年末，匈牙利的主要国有银行都基本实现了民营化。三是改革监管法规。1991 年之后，匈牙利先后出台了《银行法》、《破产法》和《会计法》。1991 年实施的《银行法》，加强了匈牙利国家银行的审计权力。

最早且成功进行民营化的银行是著名的匈牙利对外贸易银行（MKB）。MKB 通过与外资银行建立伙伴关系和引入 SFFI 成功地改善了公司的产权结构和经营管理。1992 年，通过转让坏账以交换政府债券；1993 年，与 BLB（Bayerische Landesbank Girozentrale Bank）建立伙伴关系引进外资、管理经验和技术手段；1994 年，MKB 进行局部民营化，BLB 持有 25.01%，EBRD（European Bank for Reconstruction and Development）持有 21.32%，其余由国外私人和法人实体及 MKB 自己持有；1995 年、1996 年，MKB 进一步推进民营化，BLB 持有股份升至 50.8%。

到 1997 年末，匈牙利的主要国有银行都基本实现了民营化。截至 1998 年，匈牙利银行在大多数方面都符合欧盟的监管要求和标准。

（六）波兰民营银行发展历程

早在 1912 年，波兰就出现了许多垄断性的股份银行，其中最大的股份银行有华沙商业银行、华沙贴现银行、罗兹商业银行、罗兹商人银行。与此同时，波兰也有了合资银行。如波兰银行与彼得堡银行和莫斯科银行合作，筹建了华俄道胜银行和亚速夫—顿河银行。人民政权建立后，波兰将所有银行收归国有。

在 1989 年之前，波兰的银行业基本上可描述为单一银行体系，其中，中央银行最为重要，另有四大国有专业银行专门负责国民经济的某一特定行业。自 1989 年以来，波兰银行业经历了深刻变革。1989 年 1 月，波兰颁布《银行法》。据此，波兰正式实行二级银行体制。中央银行的 9 个前分支机构被引入私有化计划，转变为 9 家国有商业银行，从事中央银行以前的商业银行业务，虽然这样建立了二级银行体系，实现了融资职能与货币控制职能的分离，但是，新成立的国有商业银行仍然是国内金融领域的垄断者，国有专业银行和 9 家国有商业银行占波兰金融部门中介活动的绝大部分，在银行部门总资产中，它们总共占有大约 75% 的份额。进入 20 世纪 90 年代波兰国有银行的不良资产急剧上升。1990—1992 年得不良贷款率分别为 10%、20% 和 28%。到 1993 年，波兰银行的不良贷款率达 31% 以上。

为解决转轨时期政治经济危机加深所导致的不良资产剧升和银行危机，1993 年波兰推出银行重组计划，其主要内容包括监管法规改革、资本注入、私有化和姊妹银行计划。

一是完善监管法规。1989年至1992年，波兰政府进一步建立和完善了监管制度，规定了明确的资本要求和变现能力标准、信用集中度限制，并引入了有关贷款分类和坏账准备的国际标准。1993年，制定了《银行与企业法（草案）》、《关于对企业和银行实行重组的法律》等新法规。

二是资本注入。波兰政府通过财政拨款向九家国有商业银行注资7.5亿美元，充实银行资本金，使资本充足率达到12%的水平。随后，政府又向国有银行提供为期15年的重组债券，由政府和波兰银行民营化基金①承担清偿责任。

三是实施银行私有化。波兰1989年的私有化方案允许设立新的私有银行。1990年，波兰中央银行和财政部给49家私有银行发放了营业执照，使私有银行的总数增加到家，此后在1991年又发放了18个新银行执照。1993年私有银行的总数达到85家，但仅占银行部门总资产大约10%的份额。1993年3月15日，波兰开始对波兹南大波兰信贷银行实行私有化。波兰政府的私有化目标是在3年至5年内将九个国有商业银行全部私有化。为避免外资对私有化浪潮的冲击，波兰央行审慎地限制国外投资者立即收购波兰银行的控股权，并容许国内主要股东暗中积累股权。对于实力较弱的银行，央行将它们合并、或接收管理，直到找到买家为止。从1996年起，波兰普遍推行银行私有化，并放宽外资在本国银行中所占股份比重的限制。

四是实施姊妹银行计划。在世界银行的资助下，波兰政府推出了国有银行与外资银行配对的姊妹银行计划（Twinning Program）。通过内外合作，波兰银行一方面吸取先进的经验、技术，实现管理技术的改善与提升；另一方面，在合作中有效推进银行的民营化。

1993年3月，WBK（Wielkopolski Bank）首先进行民营化。WBK共有64个分支机构，规模相对较小。在公开上市之前，WBK增发了182.6万股新股，EBRD取得增股后总股份的28.5%，通过IPO发行的股份数为27.2%，银行职工持有14.3%，财政部持有30%。1995年3月银行增资，与其结为姊妹银行的AIB（Allied Irish Bank）获得16.26%的股份。1997年，AIB获准增持股权至60%。1995年1月开始的BPH银行民营化改革标志着波兰政府在基本民营化战略上的转变。BPH的民营化主要通过IPO方式发售57%的股票。到1998年，波兰的主要国有银行基本完成了民营化。

---

① 简称PBPF，1990年波兰政府利用18个西方国家提供的1.25亿美元稳定资金成立。

（七）海外民营银行发展启示

1. 明确的制度安排

一是明确准入条件。美国 1863 年《国民银行法》规定，5 人以上的创办者，能履行法律规定义务的，可以颁发银行执照并注册。1900 年，美国将银行注册资本从 5 万美元调整为 2.5 万美元。为控制盲目扩张风险，1935 年，美国《银行法》适当提高了银行业准入标准，规定开设新银行必须得到联邦或各州监管机构的许可，原则上不许银行跨州设立分支机构。

二是控制机构总量。有序的竞争状态有助于提高整个金融体系得效率，但是盲目增加金融市场中的参与者容易导致过度竞争、恶性竞争。如台湾地区在民营化初期新设银行的设置速度过快，分支机构铺设更快，最终导致银行过量，造成市场恶性竞争。各银行为扩大经营规模、提高市场份额，穷尽各种手段，以致利润微薄，综合竞争力大幅下降且风险不断积聚（董红蕾，2003）。日本为控制银行机构数量，在 1893 年 7 月实施的《银行条例》中，规定银行的设立需得到大藏大臣的批准，在 1901 年向地方长官发出通知限制设立银行，特别是防止滥设小银行。因此，在新设民营银行准入安排上要严控数量，避免"一哄而上"的逐利局面，做到新设民营银行数量与其当地的经济发展程度、人口规模、金融服务需求等方面相匹配。在步骤上采用渐进式的推进方式，先选择试点地区，设立适当数量的民营银行，后再根据经济金融运行状况及民营银行运作情况逐渐增设。

三是建立退出机制。各主要国家在问题银行挽救、接管、合并、破产等方面均有详细规定，明确了相关程序及所涉及的权利和义务。美国规定，问题银行归属的监管机构可以接管，再移交联邦存款保险公司处置。联邦存款保险公司负责偿付银行存款、追讨银行债务、对问题银行进行评估、提供资金援助和组建过渡银行等。在没有适当的退出机制情况下，由于缺乏有效的监管手段，民营银行可能会产生较高的道德风险。以 16 家新设民营银行之一的中兴银行为例，在 1998 年经营不善、面临破产时，该银行净值约 60 亿新台币，到 2000 年亏损额已达 800 亿新台币。最终台湾地区相关部门出台"金融机构合并法"，允许亏损银行以合并的方式退出经营，中兴银行被联邦商业银行合并。但是，由于退出机制建立的较晚，产生了较高的退出成本。

2. 完善的公司治理

民营银行设立之时就应该建立现代化的公司治理结构，要充分发挥"三会一层"作用，防止出现大股东操纵董事会的情况，从而产生大量内部人关联贷款、违规贷款。1997 年亚洲金融危机期间，台湾地区的泛亚银行、中兴银行等民营银行出现的财务危机，2006 年中华商业银行发生的严重挤兑危机，均与企业财团的内部违规贷款有关，暴露出高额质押贷款、虚假财务报告、交叉持股等诸多公司治理问题（范文仲、周特立，2013）。而美国社区银行股权社会化、大众化程度很高，对董事会的监督主要通过独立董事和审计部门来完成，取得较好成效。

3. 科学的战略定位

一是找准发展模式。台湾地区开放民营银行设立时没有考虑地域、产业等因素，银行可自主选择网点分布、客户类型，几乎所有的银行都集中争抢大型企业客户，同质化竞争严重。从国际上看，各国依据本国银行体系、经济发展状况、法律监管环境等情况来选择民营银行的发展模式。目前较为成功的模式有四种：美国的社区银行模式、日本的地方银行模式、德国的合作集团银行模式、英国的零售银行模式。我国地理区位广阔、经济发展程度不同、社会文化差异较大，因此不可能采取千篇一律的民营银行发展模式，必须结合各地实际，实施差异化发展战略。

二是找准客户定位。从美国、日本、英国等国家的民营银行客户定位看，它们都是以当地中小企业和居民农户为主要服务对象。美国《社区再投资法》规定，各类存款机构必须为所在社区的小企业提供融资，支持情况作为监管部门审批银行增设分支机构的重要指标。日本《相互银行法》规定，其贷款的80% 以上必须贷给资本在 4 亿日元以下、常用从业人员不超过 300 人的中小企业。

三是找准业务模式。美国社区银行注重借助各类软信息提供个性化产品和服务。英国城市银行着力打造便民银行，实行一周七天工作制，营业时间延至20 点。便民银行开设符合条件的附有信用卡的新账户仅需 15 分钟，而且可以实时出卡，效率远高于其他银行。

4. 有效的监督管理

建立健全有效的金融监管和完善的法律制度是一国金融体系健康运行的前提和保障。俄罗斯的教训表明，要建立符合市场准则的高效银行体系，仅仅依靠改革旧机构和批设新机构，依靠银行产权的改革是远远不够的，还必须建立一整套制度上和操作上的框架，以保证商业银行在产权改革后能有效地运作。因此，为降低金融风险，必须对民营银行实施有效的监督管理。要监督民营银行完善公司治理结构，健全会计制度。要加强民营银行的信息披露，确保民营银行披露的信息准确及时。要密切关注民营银行的资产充足率、财务状况、资产质量、股权转让等情况，防止可能出现的内部人控制，防止由于监管不力和法律不健全导致市场无序竞争，防止由于不规范经营或经营管理不力给整个金融体系带来严重的负面影响。

四、我国民营银行试点制度安排

制度变迁是制度的替代、转换与交易过程。作为一种公共物品，制度同其他物品一样，其替代、转换与交易活动也存在着种种技术的和社会的约束条件。制度变迁可以被理解为一种效率更高的制度对另一种制度的替代过程。试点发展民营银行是银行业改革的一项重要内容。与之对应的，银行监管制度需要适应新形势的发展，进行制度创新。

（一）市场准入制度安排

银行是一个特殊行业，对于整个经济而言，银行及其提供的金融服务和产品具有很强的公共性质和外部性（Externality）。因此，在任何国家银行业都是特许经营，要有严格的资质审查和监管。严格的准入退出制度是避免民营银行重步国有银行"后尘"的有力保障，只有这样才会有真正的优胜劣汰；才能堵住向社会转嫁风险的渠道，才能迫使民营银行选择高素质的经营者，并努力审慎经营，同时，也才能改变目前银行监管的被动局面，切实提高监管的有效性。因此，应通过明确的规定和制度安排，筛选有实力、负责任的民营资本发起设立民营银行。开放民营金融机构，不能降低市场准入标准和要求，盲目追求数量。政府必须严格遵循渐进开放、规范标准、信息公开、社会监督的原则，严格杜绝寻租、设租行为，维护一个公开、公正的市场竞争环境。

1. 进一步明确发起人持股规定

2013年10月15日，银监会公布了《中国银监会中资商业银行行政许可事项实施办法》（以下简称《办法》），就机构设立，机构变更，机构终止，调整业务范围和增加业务品种，董事和高级管理人员任职资格，以及法律、行政法规规定和国务院决定的其他行政许可事项，明确了行政许可事项、条件、程序和期限。结合民营银行试点工作，《办法》就有关市场准入事项进一步予以明确。

《办法》第八条规定："设立中资商业银行法人机构应当有符合条件的发起人，发起人包括：境内金融机构、境外金融机构、境内非金融机构和银监会认可的其他发起人"。同时，《办法》第十二条规定了境内非金融机构作为中资商业银行法人机构发起人的条件，第十三条规定了有 7 种情形之一的企业不得作为中资商业银行法人机构的发起人。但是，《办法》没有对境内非金融机构发起人的投资入股比例进行规定。建议参照《办法》第十一条，规定：单个境内非金融机构及被其控制或共同控制的关联方作为发起人或战略投资者向单个中资商业银行投资入股比例不得超过 20%，多个境内非金融机构及被其控制或共同控制的关联方作为发起人或战略投资者投资入股比例合计不得超过 25%。

2. 要求建立风险自担机制

此次民营银行试点的重点是试验新机制，即严格要求发起人切实自担风险，不能危及存款人利益，防止银行风险外溢，降低其负外部性。因此，必须要求民营银行在筹备过程中，订立风险处置与恢复计划，明确经营失败后的风险化解、债务清算和机构处置等安排。

（二）日常监管制度安排

银监会成立以来，我国银行监管经过不断总结发展，初步建立了务实创新的监管理念。如银监会在成立之后，确立了"四个监管理念"、"四个监管目标"和"六条良好监管标准"，逐步探索形成了标准监管、差别监管、流程监管、持续监管、绩效监管以及联动监管等一系列的监管理念和方法。

从制度层面看，我国银行监管制度由零散粗浅逐步走向系统全面。如有加强法人资本管理的《商业银行资本充足率管理办法》等；有增强机构控险能力、完善内控制度的《商业银行授信工作尽职指引》等；有加强对银行业金融机构风险识别、防范和控制的《商业银行不良资产监测和考核暂行办法》等；有支持金融创新和金融机构发展的《金融机构衍生产品交易业务管理暂行办法》等；有规范和完善监管工作的《中资商业银行行政许可事项实施办法》等。近几年，银监会按照"以我为主、为我所用"的原则，充分借鉴国际金融监管改革最新成果，紧密结合我国银行业实际，研究制定和完善商业银行资本管理、流动性风险管理、公司治理、系统重要性评估与监管等一揽子监管标准，包括《商业银行杠杆率管理办法》、《商业银行贷款损失准备管理办法》、《商业银行资本管理办法》、《商业银行流动性风险管理办法（试行）》等。

从目前的银行业监管整体情况看，我国银行监管成效显著。通过依法行使监管权力，加强和改进对银行的服务，在银行机构中的威信空前提高。通过增强银行业对地方经济的渗透力，支持地方经济发展，在各级政府中的地位空前重要；通过积极解决群众关心的问题，大力宣传金融知识，在广大群众中的影响空前深远；通过保持与国际监管组织或金融机构的联系，加强双边合作，在国际监管中的地位不断上升。FSAP核心原则评估组评价指出："银监会作为主动和有前瞻性的监管者，在中国银行业改革发展过程中起到了重要的作用"。

民营银行作为银行业改革新的尝试，在日常监管方面也需要一些新的制度安排。

1. 明确民营银行监管思路

银监会目前提出对民营银行的日常监管主要有三条原则：一是按属地原则监管。在哪试点，就由当地银监局负试点责任，加强沟通协调和跟踪监管，发现问题及时报告。二是按照统一标准实施审慎监管和行为监管。特别是强化对关联交易的监管。三是严格风险控制和处置。按照风险为本的原则，强化银行内控制度建设，防止风险外溢，确保存款人和相关债权人合法权益不受损失。

2. 建立存款保险制度

由于民营银行没有国家信用兜底，会影响到公众对民营银行的信心，使民营银行难以吸收到公众存款，影响民营银行的发展。因此，要尽快建立风险自担机制和存款保险制度。

存款保险的投保形式一般有两种：第一种是强制保险，指法律规定范围内的存款类金融机构依法必须向存款保险机构投保；第二种是自愿投保方式，指存款类金融机构可以自愿选择是否参加存款保险。

目前，世界上实行存款保险制度的国家和地区中，90%以上均实行强制保险。尽管我国的国有大型银行有国家信用兜底，全国性股份制商业银行社会公众认可度较高，这两类机构在出现风险时，存款者的利益不会受到大的损害。但是为了防止出现逆向选择和实现公平竞争，我国应通过立法采取强制性存款保险的方式。要以法律形式规定存款保险的组织形式、法律地位、法定职能；参加存款保险制度的金融机构范围，是否具有强制性；存款保险金的来源，存款保险费率的确定依据，调整依据，收缴和支付方式；存款保险金的理赔范围，保险额度、理赔条件及方式；存款保险机构在最终清算时与金融机构的权利划分，资产分配等细则（具体内容详见专题4）。

同时，由于国有银行出现系统性支付危机的概率较小，等比率征收保费，实际上是让国有银行为民营银行提供保证，这显然不合理。可考虑的政策选择是，保险费的征收比率按不同银行的不同风险程度确定，风险高的银行缴纳较高比例的保险费，这样可形成良性的银行激励机制。

（三）市场退出制度安排

建立规范有序的市场退出机制，目标是提高金融稳定性，保证整个民营银行体系健康，防止出现所谓的"烂苹果效应"。虽然《商业银行法》等法律法规中关于市场退出部分有一些相关规定，但不完整明确。实践上，我国金融机构的几次市场退出的案例中，都出现了法律依据不足、行政色彩过浓的问题。因此，为了保证整个金融体制的稳定，必须建立完善民营银行的有效退出机制。

1. 明确民营银行市场退出的主持机构

按照国际惯例和我国的法律规定，民营银行的市场退出应由银行业监管机构——中国银行业监督管理委员会牵头组织相关部门实施。对民营银行退出过程中的监管内容主要包括：

（1）对问题银行实施救助措施，包括直接贷款、设立专项机构和基金实施间接援助，寻找其他银行机构进行救援。

（2）对于退出银行申请的审查，对其资产质量、债券债务情况和财务状况的稽核，对债权、债务转让行为的论证。

（3）明确问题银行和出资救助机构在救助过程中的资金分配，并购过程中与相关并购金融机构之间的责任和损失的承担，以及问题银行市场退出后金融风险的妥善处理。

2. 建立健全破产清算制度

破产清算是银行市场退出的最终环节，通过严格的清算过程避免银行逃废债务行为，利用有效的资产拍卖或转售提高债务清偿率。破产清算制度最重要的内容是对不良债权和资产的管理和处置。问题银行不良债权清收和资产处置工作较好的选择是通过专业的管理机构、市场化的资产处置手段最大限度的回收资产。

处置不良资产的普遍做法可以分为两种方式：第一种是在个别银行出现问题后，由问题银行和银行业监管机构共同制定不良债权清收和资产处置计划，负责处置倒闭银行的不良资产。第二种是当银行业普遍出现大规模危机时，由政府成立专门的资产管理机构，对不良资产进行统一管理和处置。我国在国有银行转制过程中设立的四家资产管理公司的做法也属于这种方式。针对民营银行未来出现不良资产的处置工作，可以尝试通过贷款重组、进行不良资产证券化等方式多渠道进行管理。

五、我国民营银行发展展望

从我国首批5家民营银行试点方案可以看出，试点目的是打造特色化的新型银行，而不是发展大而全的传统银行。从目前试点方案看，新的民营银行主要有4种业务模式。小存小贷模式，即限定存款上限，设定财富下限；公存公贷模式，即只对法人不对个人；特定区域存款模式，即限定业务和区域范围；大存小贷模式，即限定存款下限，限定贷款上限。随着新民营银行的设立，我国银行业差异化经营将进一步凸显，主要体现在以下方面：

（一）推动经营理念转变

随着民营银行准入放开，银行机构数量越来越多，银行竞争将进一步加剧。民营银行作为中国金融业中的新生力量，在业务范围、服务对象、金融创新以及市场开拓等方面都更具创造力，形成"鲇鱼效应"。在这种情况下，原来银行固有的"等客上门"、"挑肥拣瘦"、"嫌贫爱富"等思想将受到巨大冲击。商业银行的经营文化、经营理念和发展模式必须随之而变，诸如为客户赚钱、为客户省钱、为客户树立影响力、为客户节约时间、为客户创造需求等新型商业模式将大行其道，受到银行青睐，从而使银行客户享受更优质高效的金融服务。同时，也会推动大中型银行进一步确立"以客户为中心、以市场为导向"的服务理念，想方设法改善金融服务。

（二）推动实现专业专营

在理论上，许多学者把民营银行和民营企业看成"天生一对"，把民营银行定位于专门为民营的中小企业融资服务，认为民营银行是解决民营企业或中小企业融资瓶颈的重要途径。事实上，一个企业如何定位其服务对象或客户群，并不是事先设计好的，而是市场自由选择的结果。结合我国大中型银行在大中型城市、大中型企业激烈竞争的现状，为了避免恶性竞争，实现优势互补，民营银行应该以中小城市、中小企业作为业务发展重点，发展自己的核心竞争力。从银监会首批试点的4种模式看，其目的首先是要这些试点银行在各自特定领域探索实践一条服务实体经济、服务社会大众的一条新路。其次，特色的定位能使民营银行在初创阶段集中力量专注于特定领域，避免与现有大中型商业银行直接竞争。以天津筹备成立的"金城银行"为例，其"公存公贷"模式就是面向企业法人服务，不办理个人业务。意味着金城银行将会定位于专注小微企业，主要面向小微企业吸收存款、发放贷款，支持小微企业做大做强。

（三）推动普惠金融发展

以小存小贷模式为例，在美国，有7 000多家民营银行，其中绝大多数银行的定位是社区银行，其业务对象是当地中小企业、农户、家庭，业务模式就是关系型信贷，也就是我们开展小微企业金融服务时提出的"熟人信贷"。关系型信贷是指银行主要依靠客户经理通过对服务对象的人品把握，与其往来客户、顾客、邻居的交流，参考其他如水表、电表、报关表、产品、押品等形成信贷决策意见，即"三品三表"① 等零散信息、软信息进行信贷决策的服务模式。民营银行多为小银行，其社区性质明显，土生土长，债权方债务方互相了解情况，"人熟、地熟、事熟"，有利于降低信息不对称带来的道德风险和逆向选择。目前，国内许多城市商业银行在此方面有一些成功经验，业务发展迅猛，如台州银行、包商银行等。本次浙江试点的2家小存小贷银行，1家是土生土长，信息对称；1家是互联网巨头，具有大数据和服务平台优势。随着这2家银行的设立，其服务范围内的小微企业、个体工商户以及个人客户能更好、更快、更廉价地获取信贷资金，实现银企双赢。因此，相比大中型银行对小微企业的慎贷行为，民营银行更有可能在这一市场上大有作为。

（四）提高金融服务效率

民营银行由于具有管理层级少，机构精干，交易成本低的优势，因此能够有效克服大中型银行体制僵化、效率低下的弊端。在经营过程中形成一套和自身特点相符合的管理制度，在业务拓展、利率定价、风险管理、内部控制等方面进行有效创新。如设计专门的审批制度，简化贷款调查、审批和贷后管理手续，实现了业务办理的简便、高效，更好地为中小企业提供个性化、特色化的服务，提高资源配置效率。

（五）推动产品创新深化

面对商业银行同质化竞争的加剧，金融创新已经成为增强竞争力并事关商业银行生存发展和金融改革成败的关键。各银行在设计产品和服务上的原则是"人有我有、我有人无"。民营银行成立后，将推出一系列针对特定地区、特定服务群体的个性化、特色化产品为目标客户提供优质服务。商业银行只有积极稳妥地进行业务创新，提升商业银行的社会化服务功能，才能增进商业银行体系的整体效率，才能使商业银行在激烈的市场竞争中立于不败之地。

---

① "三品"指小微企业法人代表的人品、企业的产品、提供的押品；"三表"指小微企业的水表、电表、出口企业的海关报关表。

【专题6】民间资本转化为
银行资本路径依赖研究

改革开放以来，中国以市场经济为取向的改革，创造了大量社会财富，积聚了大量的民间资本。长期以来民间金融没有得到政府的认可，除极少数渠道以外，均以非法的形式存在，民间资本没有获得它应有的增值能力。

2005年国务院发布《关于鼓励支持和引导个体私营等非公有制经济发展的若干意见》，为民间资本进入银行业打开了一扇大门。中国银监会始终高度重视引导民间资本参股银行业金融机构有关工作，注重发挥民间资本在推动银行业金融机构改革和设立方面的重要作用。陆续配套出台一系列政策措施，倡导促进民间资本参与大型商业银行股改上市、中小商业银行股权优化及农村合作金融机构深化改革等各项工作，鼓励民间资本参与设立银行业金融机构，民间资本已是银行业资本金的重要组成部分。

一、民间资本转化为银行资本的理论综述

民间资本是中国特有的概念，还没有统一的定义。《浙江统计年鉴2004》将民间资本定义为非政府拥有的资本，是民营企业的流动资产和家庭的金融资产。我们认为，民间资本就是掌握在民营企业以及股份制企业中属于私人股份和其他形式的所有私人资本的统称，也有的人称之为民营资本或民间资金。

我国有关民间资本进入银行的学术研究始于1999年，呼吁兴办民营银行（王志东，1999），但当时并未引起学术界和理论界的关注。2000年徐滇庆在对金融危机进行实地考察和深入研究的基础上，开始对设立民营银行进行深入的论证和研究。2000年7月，徐滇庆、樊纲、茅于轼等18位国内经济学界堪称重量级经济专家在西安召开民营银行讨论会，成立了以研究、推动和组建民营银行为主要任务的长城金融研究所，徐滇庆任所长，并聚集了国内外最著名的华人经济家共50多人，其中三分之二来自国内。

经济理论界支持民间资本进入银行业的观点概括起来有以下三种：一是民间资本进入银行业可以深化中国的金融体制改革，打破由国有银行垄断的银行业格局，产生鲶鱼效应，从而提高我国银行业的整体经营绩效（徐滇庆、樊纲、巴曙松等，2002）。二是民间资本进入银行业可以满足我国中小企业的融资需求，解决中小民营企业融资难的问题（吴敬琏，2002；樊纲，2003）。三是民间资本进入银行业有助于将民间金融合法化，减轻非法融资对社会的危害（樊纲，2002）。

对于民营资本进入银行业亦有反对派，主要是以王自力、张吉光、郭凌凌等为代表一批青年学者，他们先后发表了《民营银行准入：目前还宜缓行》、《四疑民营银行》、《民营化陷阱》、《民营银行争论的三个核心问题》、《八大疑惑困扰民营银行》等系列文章对民营银行的设立提出质疑。反对的理由主要有两条：一是风险问题。由于受监管制度和监管能力限制，如果我们坚持开放民营银行，会给本已非常脆弱的金融体系带来严重危害。二是环境问题。由于缺乏公平竞争环境和良好的社会信用环境，民营银行的经营将面临着更严峻的挑战。

中立派主要是以曾康霖为代表，其在《静观波澜——对兴办中国民营银行的一些看法》中指出：要不要建立新兴的商业银行，不取决于我国现阶段金融的总体现状，而是取决于改革、发展的趋势。银行也是一种企业。这种企业供给产品，它能不能存在决定于对它产品的需求，如果它的产品供大于求，产品需求减少，它自然难以在市场上立足；但如果它的产品求大于供，对产品需求不是减少而是增加，则自然有它生存和施展才干的余地。

在民间资本转化为银行资本的路径选择上，经济理论界又长期存在两种意见：存量重组和发展新建。具体来说，又可以归为五条途径：（1）改制中入股。在国有独资银行在改为股份制的过程中，或在农村信用社改制为农村商业银行的过程中，民间资本进入。（2）增资中入股。已有的股份制银行在增资扩股过程中，民间资本进入。（3）上市后入股。股份制商业银行上市后，民间资本通过购进股票而成为上市银行的股东。（4）组建中入股。民间资本根据规定申请组建银行业金融机构。（5）转让中入股。接受农村信用社的股权转让，注入资本。

二、民间资本转化为银行资本的政策变迁

中国银行业的改革进程中，从未对民间资本设置法律障碍和歧视性政策。《商业银行法》中没有禁止民间资本参与设立商业银行的条款。

（一）国家准入政策变迁

改革开放以来，国家政策的变化给予了民间资本转化为银行资本的有利环境。党的十六大报告指出："放宽国内民间资本的市场准入领域，在投融资、税收、土地使用和对外贸易等方面采取措施，实现公平竞争。"

（1）2005年2月，国务院发布《关于鼓励支持和引导个体私营等非公有制经济发展的若干意见》，允许非公有资本进入金融服务业。在加强立法、规范准入、严格监管、有效防范金融风险的前提下，允许非公有资本进入区域性股份制银行和合作性金融机构。允许符合条件的非公有制企业参与银行、证券、保险等金融机构的改组改制。

（2）2009年9月，国务院发布《关于进一步促进中小企业发展的若干意见》，明确提出加快研究鼓励民间资本参与发起设立村镇银行、贷款公司等股份制金融机构的办法。支持民间资本以投资入股方式，参与农村信用社改制为农村商业（合作）银行、城市信用社改制为城市商业银行以及城市商业银行的增资扩股。鼓励有条件的小额贷款公司转为村镇银行。

（3）2010年5月，国务院发布《关于鼓励和引导民间投资健康发展的若干意见》，允许民间资本兴办金融机构。在加强有效监管、促进规范经营、防范金融风险的前提下，放宽对金融机构的股比限制。支持民间资本以入股方式参与商业银行的增资扩股，参与农村信用社、城市信用社的改制工作。鼓励民间资本发起或参与设立村镇银行、贷款公司、农村资金互助社等金融机构，放宽村镇银行或社区银行中法人银行最低出资比例的限制。

（4）2013年7月，国务院下发《关于金融支持经济结构调整和转型升级的指导意见》，要求"扩大民间资本进入金融业。鼓励民间资本投资入股金融机构和参与金融机构重组改造。允许发展成熟、经营稳健的村镇银行在最低股比要求内，调整主发起行与其他股东持股比例。尝试由民间资本发起设立自担风险的民营银行、金融租赁公司和消费金融公司等金融机构"。

（5）2013年10月，《中共中央关于全面深化改革若干重大问题的决定》指出，"扩大金融业对内对外开放，在加强监管的前提下，允许具备条件的民间资本依法发起设立中小型银行等金融机构"。

（二）银监会准入政策变迁

银监会始终高度重视引导民间资本进入银行业有关工作，大力支持民间资本以入股方式参与商业银行增资扩股、参与农村信用社和城市信用社改制及公司治理机制改革，积极鼓励民间资本发起或参与设立村镇银行等新型农村金融机构。从政策上看，民间资本进入银行业的渠道不断拓宽①。

（1）2006年12月，银监会印发《关于调整放宽农村地区银行业金融机构市场准入政策　更好支持社会主义新农村建设的若干意见》，允许包括民间资本在内的各类资本参与发起设立村镇银行等新型农村金融机构。一是放开准入资本范围。积极支持和引导境内外银行资本、产业资本和民间资本到农村地区投资、收购、新设村镇银行、社区性信用合作组织；支持各类资本参股、收购、重组现有农村地区银行业金融机构。二是调低注册资本，取消营运资金限制。三是调整投资人资格，放宽境内投资人持股比例。其中，单一境内银行业金融机构持股比例不得低于20%，单一自然人持股比例、单一其他非银行企业法人及其关联方合计持股比例不得超过10%。任何单位或个人持有村镇银行、农村合作金融机构股份总额5%以上的，应当事先经监管机构批准。

（2）2008年6月，银监会印发《农村中小金融机构行政许可事项实施办法》，全面放开民间资本入股异地农村中小金融机构的政策限制。明确设立农村商业银行、农村合作银行、村镇银行、农村信用合作联社的发起人包括：自然人、境内非金融机构、境内金融机构、境外金融机构和银监会认可的其他发起人；设立农村资金互助社的发起人包括：乡（镇）、行政村的农民和农村小企业。同时，明确了股东持股比例的限制：单个自然人投资入股比例不得超过农村商业银行、农村信用合作联社股本总额的2%；职工自然人合计投资入股比例不得超过农村商业银行、农村信用合作联社股本总额的20%；单一非金融机构及其关联方合计投资入股比例不得超过农村商业银行、村镇银行股本总额的10%；单个农民或单个农村小企业向农村资金互助社入股，其持股比例不得超过农村资金互助社股金总额的10%。

（3）2009年6月，银监会印发《小额贷款公司改制设立村镇银行暂行规定》，明确在满足下列条件的情况下，小额贷款公司可以改制设立村镇银行：①满足《村镇银行管理暂行规定》第二章、第三章、第四章规定；②召开股东（大）会，代表三分之二以上表决权的股东同意小额贷款公司改制设立村镇银行，并对小额贷款公司的债权债务处置、改制工作做出决议，债权债务处置应符合有关法律法规规定；③公司治理机制完善、内部控制健全、经营状况良好、信誉较高，且坚持支农服务方向；④已确定符合条件的银行业金融机构拟作为主发起人；⑤省级政府主管部门推荐其改制设立村镇银行，同时对其公司治理、

---

① 详见附件。

内部控制、经营情况等方面进行评价；⑥银监会规定的其他审慎性条件。

（4）2010年4月，银监会印发《关于加强中小商业银行主要股东资格审核的通知》，将中小商业银行主要股东包括战略投资者持股比例控制在20%以内，进一步加大支持民间资本进入的力度，促进其建立较为合理的股权结构和运行规范，鼓励并希望中小商业银行呈现"多股东、小比例、多种经济成分并存"的股权结构状态，完善中小商业银行公司治理机制。

（5）2010年4月，银监会印发《关于加快发展新型农村金融机构有关事宜的通知》，提出要严格执行新型农村金融机构准入标准，不得抬高或变相抬高准入门槛。凡是出台的与银监会规定不一致的政策办法、规定、细则或条款，要立即予以废止。为解决村镇银行资本额度小、贷款集中度比例偏低、不能有效满足中小企业信贷需求问题，将村镇银行对同一借款人的贷款余额由不得超过资本净额的5%调整为10%，对单一集团企业客户的授信余额由不得超过资本净额的10%调整为15%。允许西部除省会城市外的其他地区和中部老、少、边、穷等经济欠发达地区以地（市）为单位组建总分行制的村镇银行，总行设在地（市）。设立地（市）村镇银行，其注册资本不得低于5 000万元人民币，并按要求建立健全公司治理机制。

（6）2010年9月，银监会印发《关于高风险农村信用社兼并重组的指导意见》，将单个优质企业及其关联方入股一家高风险农村信用社的比例由10%放宽到20%，进一步扩大金融领域对民间资本的开放。

（7）2010年11月，银监会印发《关于加快推进农村合作金融机构股权改造的指导意见》，要求全面取消资格股，加快推进股份制改造；稳步提升法人股比例，优化股权结构，2015年底前，地（市）及城区机构法人股平均比例应高于50%，县域机构平均比例应高于35%，单家机构一般应有3~5家持股比例5%以上的股东；强化增资扩股管理，农村合作金融机构增资扩股时，要以法人股东为主，积极引进境内外战略投资者，重点向农业产业化龙头企业和农民专业合作社等涉农企业倾斜。除经济欠发达地区的机构外，不得再增扩新的自然人股东。要结合当地经济发展水平，适当提高股东最低入股起点，新增单一自然人股东持股比例不得低于增资扩股后股本总额的5‰，新增单一法人股东不得低于1%；规范股东持股行为，逐步将职工合计持股比例降至股本总额的20%以下。农村商业银行在公开发行新股后，单个职工持股比例不得超过1‰或50万股（两者按照孰低原则确定），职工合计持股比例应降至股本总额的10%以下。

（8）2011年1月，银监会印发《关于进一步加强村镇银行监管的通知》，进一步重申要切实按照"低门槛、严监管"的原则着力推进村镇银行组建工作，对擅自提高或变相提高主发起行等准入门槛的，要立即清理并纠正。要重点推进村镇银行组建和发展，支持将现有指标内农村资金互助社调整为村镇银行，调整事项由银监局自主决定，事后5日内报银监会备案。

（9）2013年，银监会积极落实党中央、国务院关于在加强监管的前提下，允许民间资本设立中小型银行等金融机构的政策，进一步加大对内对外开放力度，广泛听取社会各界的意见建议，根据银行业发展的实际情况和民间资本进入银行业的具体诉求，提出发起设立自担风险民营银行的框架性建议。

（10）2014年3月，银监会披露首批5家民营银行试点方案。

（11）监管收费政策优惠：经财政部、国家发改委同意，2007年开始银监会对农村信用社、农村合作银行、农村商业银行和三类新型农村金融机构[①]的监管收费进行了减免，范围和力度不断加大，支持其发展。

表1

时间	文号	优惠对象	优惠内容	优惠期限
2004年	财综〔2004〕35号	无	无	收费期限暂定3年
2007年	财综〔2007〕66号	农村信用社、农村合作银行和三类新型农村金融机构	暂免征收银行业监管费	有效期3年
2007年	发改价格〔2007〕3626号	农村商业银行	监管费减按50%执行	有效期3年
2010年	财综〔2010〕60号	农村信用社、农村合作银行、农村商业银行和三类新型农村金融机构	暂免征收银行业监管费	有效期3年

（三）配套扶持政策变迁

近几年通过配套政策的扶持，地方法人银行业机构，尤其是农村信用社的经营成本明显降低，财务状况得到一定程度改善，消化历史包袱和补充资本的能力有所增强，起到了非常积极的作用。

1. 财政扶持政策变迁

中央财政对亏损农村信用社保值补贴业务给予补贴。为支持农村信用社改革，消化历史包袱，财政部对试点地区亏损农村信用社1994—1997年因执行国家宏观政策开办保值储蓄多支付保值补贴利息形成的亏损88.01亿元给予全额补贴：第一批8个试点省份于2004—2006年拨补到位，第二批21个试点省份于

---

① 三类新型农村金融机构：村镇银行、社区资金互助社和贷款有限责任公司。

2005—2007 年拨补到位。

2008 年 2 月，财政部发布《关于积极做好地方财政金融工作的意见》，要求灵活运用财政政策工具引导和配置金融资源。深化农村信用社改革，灵活运用各种政策工具，引导和参与农村信用社改组改制，同时，进一步加大财政资金扶持力度，促进农村信用社提高支农效率和质量。支持新型农村金融机构发展，运用风险补偿、奖励等手段，积极引导新型农村金融机构的设立和可持续发展，充实农村金融体系。

2009 年 3 月，财政部出台《关于实行新型农村金融机构定向费用补贴的通知》，经银监会批准设立的村镇银行、贷款公司、农村资金互助社三类新型农村金融机构，凡达到监管要求并实现上年末贷款余额同比增长的，其中村镇银行存贷比还需大于 50%，自 2009 年至 2011 年，由中央财政按照上年末贷款余额的 2% 给予补贴，纳入机构当年收入核算，以增强机构经营发展和风险拨备能力。

2009 年 3 月，财政部出台《关于开展县域金融机构涉农贷款增量奖励试点工作的通知》，对黑龙江、山东、河南、湖南、云南、新疆六省（区）所辖县域（包括县级市、不包括县级区）内设立的各类法人金融机构和其他金融机构（不包括中国农业发展银行）的分支机构，自 2009 年起，上年末涉农贷款余额同比增幅超过 15% 的，财政部门对机构上年末涉农贷款余额增量超过 15% 部分，按 2% 给予奖励，纳入机构当年收入核算，以增强机构经营发展能力。

2010 年 9 月，财政部出台《财政县域金融机构涉农贷款增量奖励资金管理办法》，在前期试点的基础上，将奖励范围扩大到包括湖北在内的 18 个省（区）。

各地财政部门也积极探索支持农村信用社改革发展。如北京市积极筹措资金化解农村信用社历史包袱，支持农村信用社改制为农村商业银行；黑龙江、河北、河南、大连等省市财政部门对股金分红有困难的农信社，按照一定比例分别安排补贴资金，坚定社员持股信心；江苏省对最困难的农村信用社一次性注资 8.2 亿元；湖北和山西等省市将农村信用社按 3% 缴纳的营业税及附加集中到省财政，建立了农村信用社风险防范金或风险调控金。湖北省政府用风险防范金支持农信社改革，按 2008 年底各农村信用联社组建农村商业银行、农村合作银行实际资金缺口的 10% 予以支持，资金以拨付的形式进入，不占股，无偿划拨，信用社和地方政府解决另外 90%，调动改制积极性。

2. 税收优惠政策变迁

营业税方面，2004 年 1 月，财政部、国家税务总局发布《关于试点地区农村信用社税收政策的通知》，规定从 2003 年 1 月 1 日起，对改革试点地区所有农村信用社的营业税按 3% 的税率征收。2004 年 11 月，财政部、国家税务总局发布《关于进一步扩大试点地区农村信用社税收政策问题的通知》，从 2004 年 1 月 1 日起，对改革试点地区农村信用社取得的金融保险业应税收入，按 3% 的税率征收营业税。2010 年 5 月，财政部、国家税务总局发布《关于农村金融有关税收政策的通知》，规定自 2009 年 1 月 1 日至 2013 年 12 月 31 日，对农村信用社、村镇银行、农村资金互助社、由银行业机构全资发起设立的贷款公司、法人机构所在地在县（含县级市、区、旗）及县以下地区的农村合作银行和农村商业银行的金融保险业收入减按 3% 的税率征收营业税。

2008 年 9 月，湖北省人民政府办公厅发布《关于支持村镇银行发展的通知》，明确从 2008 年至 2012 年，村镇银行比照我省农村信用社的税收优惠政策执行，即执行 3% 的营业税税率。

所得税方面，2004 年 1 月，财政部、国家税务总局发布《关于试点地区农村信用社税收政策的通知》，规定从 2003 年 1 月 1 日起至 2005 年底，对西部地区和江西、吉林省实行改革试点的农村信用社、按其应纳税额减半征收企业所得税。2004 年 11 月，财政部、国家税务总局发布《关于进一步扩大试点地区农村信用社税收政策问题的通知》，从 2004 年 1 月 1 日起至 2006 年底，对参与试点的中西部地区农村信用社暂免征收企业所得税；其他试点地区农村信用社，按其应纳税额减半征收企业所得税。2006 年 5 月，财政部、国家税务总局发布《关于延长试点地区农村信用社有关税收政策期限的通知》，明确《关于试点地区农村信用社税收政策的通知》、《关于进一步扩大试点地区农村信用社税收政策问题的通知》给予试点地区和进一步扩大试点地区农村信用社的企业所得税优惠政策，在执行到期后，再延长三年优惠期限，分别延至 2008 年底和 2009 年底。

3. 金融扶持政策变迁

在银监会金融监管政策之外，金融优惠政策主要集中在存款准备方面。2004 年 4 月 25 日起，中国人民银行为抑制资本充足率较低且资产质量较差的金融机构盲目扩张贷款，开始实行差别存款准备金率制度。从表 2 可以看出，地方法人银行的准备金率与大银行的差距，从 2004 年的 1.5 个百分点逐步扩大到 7.0 个百分点。差别存款准备金率的实施，一方面警示了银行业外延式粗放经营的行为，另一方面，对中小商业银行存款准备金要求的放松，也给了民间资本进入较多的中小银行一个发展的空间。2008 年 4 月，中国人民银行、银监会联合发布《关于村镇银行、贷款公司、农村资金互助社、小额贷款公司有关政策的通知》，规定在现阶段，农村资金互助社暂不向中国人民银行交存存款准备金，村镇银行的存款准备金率比照当地农村信用社执行，进一步支持了这些民间资本入股机构的发展。

表2　　　　　　　　　近年来部分时点准备金率变动情况表　　　　　单位：%

时间	国有银行邮储银行	农业发展银行、股份制银行、城市商业银行、农村商业银行	农村合作银行	城市信用社	农村信用社	村镇银行	备注
2004 - 04 - 25		7.5	7.5	6.0	6.0	—	差额最大为 1.5 个百分点
2006 - 08 - 15		8.5	7.5	7.0	6.0	—	差额最大为 2.5 个百分点
2008 - 09 - 25	17.5	16.5	16.0	15.5	14.5	—	差额最大为 3.0 个百分点
2010 - 11 - 16	17.5	15.5	12.0	11.5	11.5	11.5	资产规模小、支农比例高的农村合作银行、农村信用社、村镇银行分别降低 1 个百分点执行；差额最大为 7.0 个百分点
2011 - 06 - 20	21.5	19.5	16.0	16.0	15.5	15.5	

从 2011 年 12 月 5 日开始，中国人民银行已经连续三次下调存款类金融机构人民币存款准备金率 0.5 个百分点。

2014 年 4 月 25 日，为加强金融对"三农"发展的支持，拓展资金来源，引导加大涉农资金投放，进一步提升农村金融服务的能力和水平，中国人民银行决定下调县域农村商业银行人民币存款准备金率 2 个百分点，下调县域农村合作银行人民币存款准备金率 0.5 个百分点。

2009 年 2 月，中国人民银行印发《关于完善支农再贷款管理支持春耕备耕扩大"三农"信贷投放的通知》，适当调整支农再贷款对象和用途。将支农在贷款的对象由农村信用社扩大到农村合作银行、农村商业银行以及村镇银行等设立在县域和村镇的存款类金融机构法人。同时，适当调整支农再贷款用途，上述设立在县域和村镇的存款内金融机构法人发放农户贷款以及其他涉农贷款资金不足的，均可按照规定条件和程序向中国人民银行当地分支机构申请支农再贷款。

三、民间资本转化为银行资本的现状

当前，民间资本已经是我国银行业资本金的重要组成部分。民间资本参与了部分大型商业银行和股份制商业银行的首次公开募股（IPO）和股权优化。截至 2013 年末，全国已有 100 多家中小银行的民间资本占比超过 50%，其中 3 家为 100% 的民间资本。全国农村中小金融机构民间资本占比已超过 90%，村镇银行的民间资本占比达 73%，已有 4 000 余家企业股东和 8 000 余名自然人股东投资村镇银行，村镇银行已成为民间资本投资银行业的重要渠道。国有银行上市后，也有民营机构和公众持股。

从湖北省情况看，截至 2013 年末湖北地方法人银行业金融机构（不含小额贷款公司①）注册资本 313.4 亿元，其中民间资本 241.5 亿元，占比达 77.05%；从 2008 年以来注册资本增加了 103.4 亿元，其中民间资本增加了 79.5 亿元，占增加额的 76.9%。

从机构类别看，除贷款公司外，民间资本占比最高的是农村商业银行，达 90.8%；占比最低的是村镇银行，为 32.9%。地方法人银行机构民间资本的平均占比为 77.05%，民间资本在湖北省的地方法人银行机构中占据了重要地位。

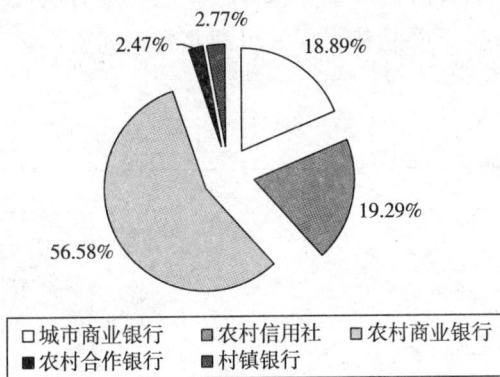

图1　2011 年湖北省地方法人银行民间资本分布图

尽管经济理论界认为民间资本转化为银行资本有多达五种渠道，但从湖北省情况看主要有两种方式：一是增资扩股，这是民间资本进入银监会颁发金融

---

① 小额贷款公司目前未纳入中国银行业监督管理委员会监管范围，因此本文未将其视为银行业金融机构，而是将其单独列出。

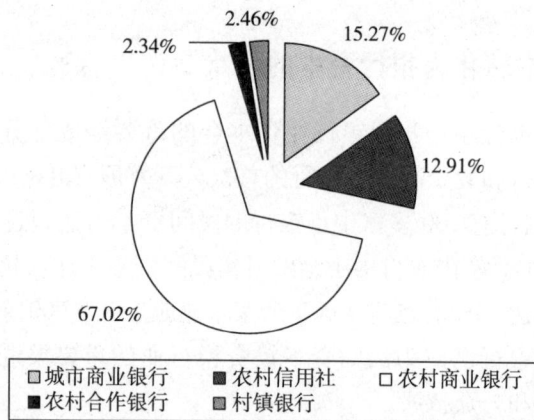

图2　2013年湖北省地方法人银行民间资本分布图

许可证的地方法人银行类金融机构的主渠道，占整个新增民间资本的76.8%。二是新设，占整个新增民间资本的21.8%。

四、民间资本转化为银行资本的问题

当前民间资本进入银行没有政策障碍，但在实际工作中仍存在一些困难和问题。从图3我们可以看出，2011年以来，湖北省地方法人银行机构中民间资本的占比波动较大且呈下降趋势，反映出湖北省民间资本进入银行业机构的渠道还不太顺畅。

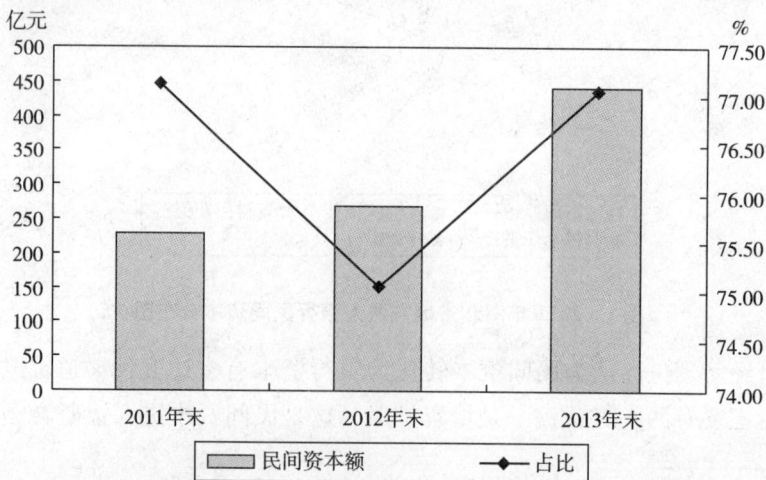

图3

（一）面临相对实力不济的问题

虽然国家鼓励民间资本进入金融领域，但鉴于银行是经营风险的特殊机构，为了最大程度避免银行业出现风险，对社会造成不良影响，出于审慎监管的考虑，对于民间资本进入银行业的市场准入、投资比例、资产规模等方面做了一些限制，门槛较高。如规定入股农村商业银行、农村合作银行、农村信用联社的企业净资产达到全部资产的30%以上，权益性投资余额不超过本企业净资产的50%等。但这些条件对所有资本都是一视同仁的，无论是国有资本还是民间资本，作为中小银行的主要股东必须要满足一定的监管要求，而这些要求对许多民间资本来说无法达到，从而导致部分民间资本难以转化为银行资本。

（二）面临良莠难分的问题

与国有投资者和境外投资者相比，民间资本所在的部分企业存在自身治理结构不健全，主业不突出，信用状况不佳，经营不稳定，容易受大环境影响，不具备持续出资能力等问题；民间资本分布散、实力弱，缺乏能够聚集民间资本的集合投资平台，独立投资决策能力不足；部分民间资本入股动机不正当，企图通过入股控制银行机构套取信贷资金，导致不能满足股东资质要求。由于信息不对称的存在，作为监管者或大股东对上述问题难以释怀，因此对民间资本的进入难免持谨慎怀疑的态度，影响了民间资本转化为银行资本的渠道畅通。

（三）面临动力不足的问题

民间资本的逐利性决定它对无利可图的行业和领域是不会进入的。一方面，部分城市商业银行、农村信用社不良资产包袱沉重，长期亏损，缺乏增资扩股的吸引力，进而阻碍其改革进程。另一方面，民间资本愿意参与"高危"农信社的并购重组，但希望能控股，但相关文件规定持股比例不能超过20%，使民间资本入股动力不足。另外，股权的流转还没有规范的程序，股权流转不畅，在一定程度上影响了民间资本转化为银行资本的积极性。

（四）面临市场和非市场壁垒的问题

现有银行在网点、客户、信誉、技术、管理水平和人员方面拥有巨大的优势，民间资本如新组建银行业机构，将付出更大的成本去经营，付出更大的努力去营销，提升品牌和知名度，形成了一种市场壁垒。现有的银行业机构股东，尤其是地方法人银行机构的大股东（主要是地方政府）不愿意股权受到稀释，从而影响到控股地位，因此对增资扩股积极性不高，即使是增资扩股也会限制民间资本的进入。而监管部门从银行业系统稳健发展的角度考量，对银行业的市场准入实施严格的指标管理和行政审批，对股东的选择是严格审慎、好中选优，当然也更青睐于国有资本，这些措施也就形成了民间资本转化为银行资本的非市场壁垒。

五、政策建议

（一）建立完善监管法规体系

要加强民间资本进入金融领域的引导和监管，既要积极引进民间资本，充实银行资本金，促使银行业股权结构的多元化，又要防止从政府的"一股独大"走向民间资本"一股独大"，使银行业机构变成民间资本的"提款机"。根据重组存量和发展增量相结合的原则，在制度设计上采取渐进式、多元化、多层次的思路，既为民间资本参股原有银行体系开辟畅通渠道，也为新设民营银行创造制度空间。建立银行业准入公示制度，利用社会、市场的力量减轻部分资格审核的工作强度，吸纳更多更好的有资质的资本进入银行业。

（二）切实落实"低门槛"原则

要在思想观念和实际操作上，树立各类资本"平等准入"的理念，放开准入资本的范围。要进一步调整投资人资格，放宽境内投资人持股比例。如对农村商业银行单个自然人持股比例放宽到5%～10%、单个境内非金融机构及其关联方持股比例放宽到10%～15%；对村镇银行单个自然人、单个境内非金融机构及其关联方持股比例放宽到15%～20%，吸纳更多的民间资本进入银行业；不盲目追求村镇银行的规模，人为设置准入条件和标准。

（三）三管齐下实现"严监管"

由于民间资本控股的商业银行没有国家信用作保障，风险隐患相对较大，一旦出现问题，容易产生存款"挤兑"，造成金融风险。因此，要将银行自律、市场约束和官方监管三种力量结合起来，建立多元化的全面监管机制。一是指导民营银行在"治本"上下工夫，建立和完善内部控制体系，提升科学决策水平和风险管控能力，督促其提高信息系统和人才储备的支持能力，从制度和机制上为增强风险抵御能力提供保障，实现稳健发展。二是促进市场激励约束机制建设，加强审计监督和信息披露。在实现市场信息公开和监督的同时，建立当地客户对自己的了解与信任，获得好的口碑，增强社会知名度和品牌美誉度。三是监管机构加强监管针对性。要严格按照审慎监管要求实施监管，特别注重对董事会、大股东、高级管理人员以及关联交易行为、风险管理能力的监管，强化对其资本充足率、资产损失准备充足率、不良资产率及单一集团客户授信集中度的持续、动态监管。对股东建立连续审查和退出机制，强化对主要股东资格的审查，明确要求在"发起人协议书"和《公司章程》中载明所有股东退出条款，限制或终止不合格股东所持股份的表决权。对机构要根据资本充足状况及资产质量状况，适时采取递进的监管措施，直至市场退出。

（四）加大配套政策扶持力度

对民间资本投资组建的银行机构，尽管都有特定的生存空间和一定的比较优势，但由于体制、市场发展水平等方面存在的制约因素，其生存环境还不十分理想，国家应进一步在政策方面给予支持。比如实行营业税差额纳税，按照存贷款利息差额征收营业税；对现有的税收优惠政策延长适用期限；在试点的基础上，进一步扩大县域金融机构涉农贷款增量奖励试点范围，充分发挥财政资金杠杆作用等。同时，尽快建立存款保险制度，有效提高民间资本控股的商业银行在吸收存款业务上的竞争力，提高公众信任度；明确村镇银行在全国银行间的同业拆借资格，增加资金补充渠道；明确全国性统一的支付结算系统及征信系统上线标准，对村镇银行通过间接方式加入清算系统进行统一规范，允许所有村镇银行借助其主发起行平台开通个人及企业征信系统，实现个人和企业信用查询功能等。

（五）加大金融市场秩序整顿力度

要引导民间资本合理流动，严厉打击扰乱金融秩序的非法融资活动，严防各类民间入股的融资类机构成为诈骗、洗钱、炒卖外汇等非法活动的温床。要加强金融舆论宣传，加强风险提示和社会宣传教育，利用典型案例充分揭示地下钱庄、非法集资等非法金融活动的危害性，提高公众金融风险意识，主动规避风险，从而引导民间资本流入正规合法机构。

【专题7】以制度创新解决
中小企业融资"麦克米伦缺口"

作为我国经济发展的重要力量，中小企业在吸纳就业、科技创新等方面发挥着举足轻重的作用。但是，随着市场竞争加剧和经济下行，中小企业的发展面临着诸多困难，其中融资难、融资贵更是引起社会广泛关注。

20世纪30年代，英国以麦克米伦爵士为代表的金融产业委员会在《麦克米伦报告》认为，由于信息不对称普遍存在于金融市场中，中小企业投资又具有高风险性，而金融市场上的资金供给者（即资本市场上的投资者和借贷市场上的商业银行）一般又是具有"经济理性"的风险规避者，为规避可能导致的经济损失，这些"理性"的资金供给者比较偏好于他们认为信誉度高而风险较小的大型企业。[1] 因而，即使中小企业能提供可靠担保品，在筹措日常所需资金时困难仍然很大。此时的市场不再是最优的资源配置，市场的力量无法促进资金配置到中小企业，也就是说，"麦克米伦缺口"实质是一种市场失灵。既然是一种市场失灵，那么就需要发挥政府有形之手的作用，通过政策性金融加以引导和支持，缓解中小企业融资难、融资贵问题。

一、韩国政策性金融发挥"雪中送炭"作用

在解决中小企业融资难的过程中，政府的力量不容忽视。在一些发达国家，政府为中小企业融资提供多种多样的政策扶持。以韩国为例，在过去的60年韩国政府从中小企业职能机构设置、机制完善、制度保障、金融支持、产业联动等方面大力扶持中小企业发展，尤其是韩国的政策性金融对中小企业的支持功不可没。韩国中小企业的快速发展使韩国仅用60年的时间达到发达国家的产业化水平。

---

① 资料来源：李媛：《中小企业融资缺口问题研究》，新疆大学硕士学位论文，2007。

韩国政府于1961年依据特别法《中小企业银行法》设立专门从事中小企业融资服务的国家政策性银行——中小企业银行（Industrial Bank of Korea, IBK）。根据韩国《中小企业银行法》实施令第三十一条规定，IBK所筹资金的70%以上要求供给中小企业。截至2010年末，IBK总资产1 522亿美元（国内排名第4位，世界排名第116位），实现本期净利润11亿美元，自有资本充足率12.54%，中期贷款不良率0.98%，远低于其他商业银行。穆迪、标普、惠誉等知名国际信用评级机构对其评级结果均为A以上。IBK作为专门的中小企业国家政策性银行，发挥的虽是公共作用，但效率位居国内银行第一，其发展性、收益性和生产能力等主要经营管理指标，位列全韩国第一。

表1　　　　　　　　　　韩国IBK与商业银行主要经营指标对比

指标	IBK	商业银行
资产增加率	11.80%	5.30%
净息差	2.77%	2.27%
人均本期纯利	7.9万美元	3.9万美元

IBK通过执行政府中小企业信贷政策，为中小企业提供创业和发展资金，有效支持了中小企业的飞速发展。IBK的成功经验主要有六个方面。

（一）IBK融资政策与政府宏观政策契合

IBK企业银行自1961年成立以来，伴随政府支持中小企业的实施政策，与中小企业融资实现同步发展。IBK在中小企业融资市场扮演经济调节人角色，商业银行的中期贷款规模缩小时，企业银行发挥先导作用，为中小企业提供资金支持。

在经济下行期，IBK加大中小企业支持力度，支撑国民经济发展，如1998年亚洲金融风暴中，IBK是唯一增加中期贷款规模的银行；2008年国际金融危机中，IBK提供整个银行业中期贷款的91%。

在客户选择上，IBK也会优先支持符合政策导向的行业和商业银行因风险考虑不愿支持的小微企业。至2011年9月末，IBK对20人以下企业的贷款余额已占韩国中小企业贷款余额的59.9%。

表2   韩国 IBK 与商业银行在不同时期的客户选择

区别	20 世纪 60 年代至 70 年代 （政策性资金支持期）	20 世纪 80 年代至 90 年代 （商业融资转移期）	21 世纪初 （商业融资期）
IBK	政府财政资金及贷款资金的转贷支持； 随着发展出口主导型经济，重点支持出口融资。	支持政府政策性资金（财政资金、信贷资金）； 支持自主筹措资金（工业区建设及入住资金、特别设备资金、提高产业技术资金等，集中支持设备资金）。	依靠自主筹措资金，正式支持中小企业融资（缩小政府财政资金，扩大自主筹资规模）； 个人融资的限制性支持。
商业银行	大企业融资	大企业融资 + 个人融资	大企业融资 + 个人融资 + 中小企业融资

（二）IBK 政策金融与商业金融契合

从"技术事业性等级"和"筹资能力"的矩阵组合来看，金融支持的领域分为三块：一是市场支持领域；二是支持事业转换领域（既可能是市场支持，也可能是政策支持）；三是政策资金提供领域。IBK 重点支持第三块即市场失败领域的企业创业、技术开发和长期设施投资等。这类企业尽管技术事业性等级较高，但由于投入大、风险高、见效慢等原因而缺乏市场筹资能力。通过 IBK 的融资扶持将这类"弱质企业"（通常信用评级为 B ~ C 级）引领为"优良企业"（信用评级为 AAA ~ BB 级），使之达到商业银行授信标准后退出，从而实现

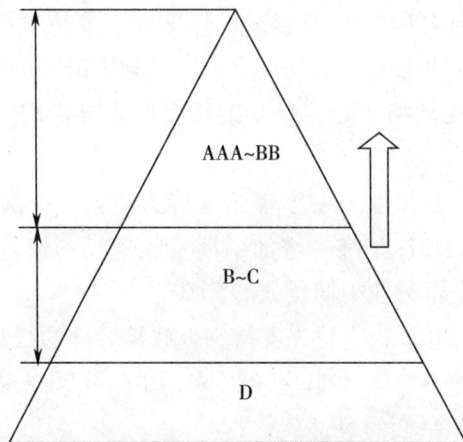

图1 韩国政策金融与商业金融的"无缝对接"

政策金融与商业金融的"无缝对接",缓解韩国中小企业的"彼得潘症候群"①。

(三)IBK服务体系与中小企业发展阶段契合

IBK构筑运营按中小企业发展阶段(创业、技术开发、商业化准备和商业化等阶段)提供支持的体系。在创业阶段,IBK为创业者提供创业咨询,包括提供创业程序、融资支持等制度导向,提供制作项目企划书方面的咨询等;同时与保证机构合作,为创业者提供创业资金。在技术开发、商业化准备阶段,IBK可以为创业者提供技术开发资金、商业化准备资金,如新产品开发资金等。在商业化阶段,IBK会提供创业者商业化所需资金,如设备投资资金(土地、建筑、机械设备),以及启动工厂所需资金。在生产、销售阶段,IBK为中小企业提供原材料采购资金、支持将销售款转换为现金的资金、开拓海外市场所需资金等。应该说,从中小企业创立直至发展壮大的各个阶段,IBK均可以为中小企业提供相应的服务。

(四)IBK融资产品与中小企业经营环节契合

IBK按照中小企业发展阶段和不同资金用途建立融资制度,开发金融产品,构建金融服务体系。IBK围绕中小企业建设、生产经营的环节有针对性地设计产品,主要有周转资金贷款、设备资金贷款、采购资金贷款、销售资金贷款、结算保证等,能基本满足企业大部分资金需求(见表2)。在日常经营中IBK最常用的方式就是供应链融资,主要有三种模式:"核心企业订单贷款",即"1+N"模式,以核心大企业向其中小零配件商的订单进行融资,以大企业成品销售款结算偿还贷款;大企业与中小企业合作资金,即大企业存入一笔低息存款,IBK向该大企业推荐的中小企业发放低息贷款,存款利息差额让利该企业;优先票据制度,即IBK对选定的大企业的应付货款先行议付给中小企业,大企业再向银行偿还购货款。

表3　　　　　　　　　韩国IBK对中小企业生产经营各环节的支持方式

项目	用途	支持限额	支持时间
周转资金贷款	企业开展生产销售等经常性营业活动所需资金。	年销售额×1个周转期;1个周转期:生产—销售款回收期间。	1年以内;一次性或分期偿还。
设备资金贷款	为企业活动而购入固定资产的资金;购买厂房用地的资金、新建增建及购买建筑资金(包括销售设施)、机械购入资金。	所需资金的80%;考虑筹资能力等后作出决定。	8年以上;分期偿还。

① 指很多中小企业因担心失去优惠政策而不愿努力成长为中坚企业,安于中小企业的身份。

续表

项目	用途	支持限额	支持时间
采购资金贷款	购买企业进行生产、销售所需原材料、产品所需资金； 国内及外汇采购所需资金。	年销售额×1/3	90~180天以内
销售资金贷款	为早期回收企业销售款，银行提供先议付、转换为现金支持。	年销售额×1/2	应收债券的到期日
结算保证	保证有关企业活动而产生的债务。	按保证用途核算； 债务、履约、预收款保证。	合同期限

（五）IBK 贷款期限与中小企业需求契合

在贷款期限确定上，IBK 按照资金用途的不同设定信贷支持的限额及期限，以确保资金真正用于企业发展（见表3）。如周转贷款的限额是年销售额乘以1个周转期，在1年内一次性或分期偿还；固定资产购置贷款限额是所需资金的80%，8年以上分期偿还；采购贷款和销售回笼融资的限额分别是年销售额的1/3和1/2，期限分别是90~180天和应收账款的到期日等。2011年9月企业银行的中期贷款规模为864亿美元，占总贷款规模（1 128亿美元）的77.5%。

（六）IBK 风控手段与中小企业多行业特征契合

中小企业涉及种类繁多的行业，IBK 针对中小企业涉及制造、流通、批发、商业服务等多种行业，构筑运营各行业的管理体系。一是实施行业信贷员制度。每年在银行内部公开选拔50~60名信贷员，上岗前接受基础能力和信贷审查、法律、信用评估等专业培训，上岗后补充企业融资专家课程教育及各行业审查案例。由指定的信贷员专门负责的行业，实施反映各行业特征的信贷审查。二是构筑产业信息系统。IBK 构筑各种产业、行业信息数据库（D/B），审查时反映各行业的动向。三是实行信贷组合管理。IBK 按照各产业或行业收益性、发展性及破产率，进行恰当的信贷组合管理，在利率、审批权限、经营管理评价等多方面实施差别化的信贷政策。四是构筑反映各行业特性的信用评估系统，分行业实施信用评价。

（七）IBK 贷后管理与中小企业风险特征契合

中小企业存在抵御风险能力弱，变化快的特点。为此，IBK 通过中期审核、事后管理两个方面加强风险管理。

IBK 的中期审核主要分两块（见表4）。一是人工审核，具体包括中期信用审核、贷款复核、风险清单审核三个方面内容。二是系统检查，具体包括早期预警系统、信贷监控系统、资产健全性监测。

表 4 韩国 IBK 的风险管理之"中期审核"

	手段	主要内容	实施周期
人工审核	中期信用审核	是在定期进行信用分析后，再次审核企业信用危险变动事项，以防止亏损，加强管理。	一年一次
	贷款复核	对所提供的信贷，再次审核偿还能力、处理信贷业务时是否遵守相关规定、信贷恰当与否。	随时
	风险清单审核	面对存在异常征兆的企业，审核信用危险度，并根据审核结果决定采取何种措施，并予以管理。	随时
系统检查	早期预警系统	系统审核企业信用危险变化，并分为五个阶段予以区分管理（正常、观测、注意预警、注意、警报）。	每天
	信贷监控系统	对信用评价等级是否恰当进行监控，并反映监控结果调整信用等级。	随时
	资产健全性监测	按照债务偿还能力、滞纳期间、是否破产分为五个等级（正常、需注意、保持、回收疑问、亏损推测），并根据等级决定坏账准备金。	每月

IBK 的事后管理主要通过企业的信用风险评估将企业进行分类，根据不同的分类结果采取对应的风险管理措施。如在贷后管理中发现企业属于暂时性流动资金不足的，IBK 会启动"快速通道"项目支持，采取新增资金支持、延长还款期等措施；对仍有竞争力但面临暂时性经营难问题的企业，启动"项目重组"，通过现场考察制定使之经营正常化的方案，通过重整资金减轻偿还负担，并与企业签订强迫企业自救的特殊协定。

表 5 韩国 IBK 的风险管理之"事后管理"

分类结果	按分类结果处理业务
（1）能够正常营业的企业	采取"快速通道"项目支持。为维持正常营业，依然提供信贷；如属于暂时性流动资金不足的情况，则提供流动性支持，必要时发出改善经管劝告、签署开展自救计划的特殊协议。
（2）存在成为亏损征兆企业可能性的企业	
（3）属于亏损征兆企业，但存在恢复正常营业活动可能性的企业	启动"项目重组"。采取延长偿还期、降息、新增投资资金、出资转换等措施。
（4）属于亏损征兆企业，但不存在恢复正常营业活动可能性的企业	企业重组或回收信贷。依据法院判决启动企业重组程序，或者按照法定程序，回收债权。

二、我国政策金融"支小"不足与中小企业融资难

在韩国，创业阶段的中小企业和小而强的企业主要由政策性金融进行扶持，商业银行主要对商业化较为成熟的供应链企业和力争培育为世界级企业的 300 强中坚企业进行融资支持。相比较而言，我国在政策性融资支持方面由较多部门掌握资源，各自为政，难以形成合力。政策性金融在中小企业融资领域长期缺位，企业过度依赖商业银行间接融资，是当前中小企业"融资难、融资贵"的一个重要原因。以小微企业金融服务为例，我国政策性金融缺失主要体现在以下三个方面：

一是现有政策性银行支持力度不足。我国现有的中国农业发展银行、中国进出口银行、国家开发银行①业务各有侧重，但都没有专门服务中小企业的市场定位。如中国农业银行的主要职责是按照国家的法律、法规和方针、政策，以国家信用为基础，筹集资金，承担国家规定的农业政策性金融业务，代理财政支农资金的拨付，为农业和农村经济发展服务。中国进出口银行的主要职责是为扩大我国机电产品、成套设备和高新技术产品进出口，推动有比较优势的企业开展对外承包工程和境外投资，促进对外关系发展和国际经贸合作，提供金融服务。国家开发银行的定位则是贯彻国家宏观经济政策，筹集和引导社会资金，缓解经济社会发展的瓶颈制约和薄弱环节，致力于以融资推动市场建设和规划先行，支持国家基础设施、基础产业、支柱产业以及战略性新兴产业等领域发展和国家重点项目建设，促进区域协调发展和城镇化建设，支持保障性安居工程、中小企业、"三农"、教育、医疗卫生以及环境保护等领域的发展，支持国家"走出去"战略，拓展国际合作业务。从上述职责、定位看，这三家银行服务中小企业属于"打草搂兔子"顺带开展的工作，其业务中心、工作重心并没有在开展中小企业金融服务方面。从实际业务开展情况看（见图 2），小微企业贷款占比最高的农发行，中小企业贷款占各项贷款的比例也只有 62.4%，其小微企业贷款仅占 26.4%。而农发行服务的中小企业多以农业产业化龙头企业为主，存在极大的局限性。

二是现有政策性银行小微企业贷款总量较少。从图 3 可以看出，2014 年 6 末银行业金融机构用于小微企业贷款中占比最高的为国有商业银行，其次为农村金融机构。而政策性银行（含国家开发银行，下同）在整个银行业金融机构的小微

---

① 国家开发银行虽然已经进行商业转型，但其仍主要发挥政策性作用，故本专题将其纳入一并分析。

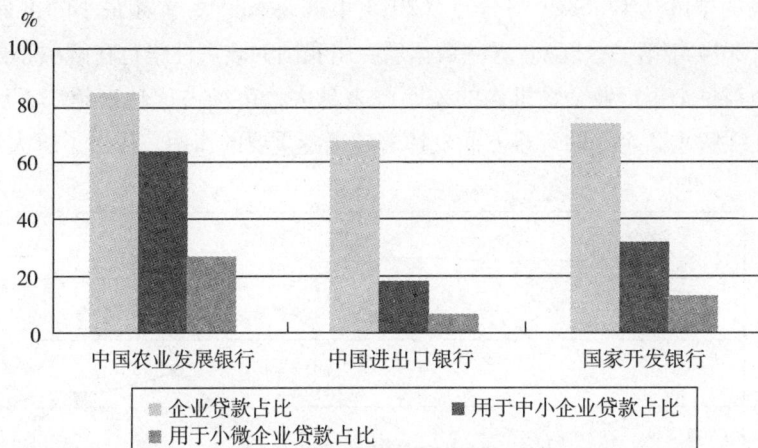

图2　2013年末国内三大政策性银行各类贷款占比

企业贷款中仅占9%。这些数据均显示我国的政策性银行在小微企业贷款方面作用没有充分发挥。从另一方面来看，我国政策性银行的企业贷款占银行业金融机构企业贷款的比例为16%，也反映出政策性银行将更多的贷款投放到大中型企业。

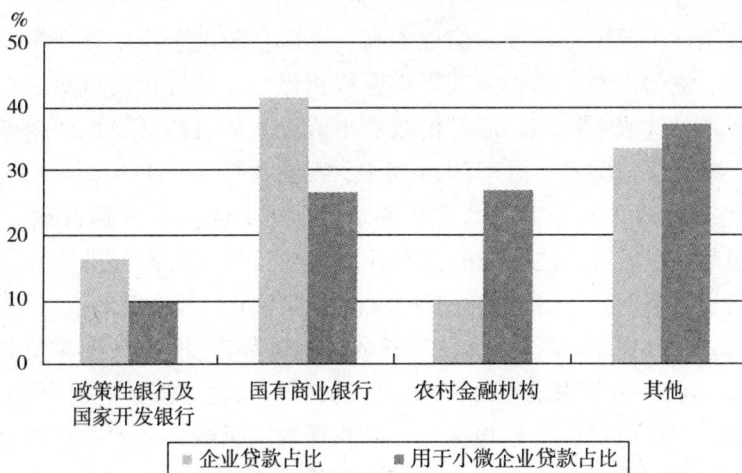

图3　各类型银行业金融机构企业贷款及中小企业贷款占比

三是现有政策性银行小微贷款市场占比呈下降态势。从增速看，2014年6月末我国的政策性银行比去年同期增长10.57%，低于银行业金融机构整体增速6.31个百分点。从历史走势看（见图4），我国政策性银行用于小微企业的贷款同比增速一直低于银行业金融机构的增速，从2012年末以来的7个季度数据看，差距最大的季度达 17.68 个百分点（2013 年第一季度），差距最小的也有 6.26 个百分点（2014 年第一季度）。这些数据反映出我国的政策性银行在解决小微企业融资难方面与整个银行业金融机构的差距越来越大，市场占比越来越小，反而是商业银行在缓解小微企业融资难方面发挥着越来越重要的作用，作出了巨大贡献。

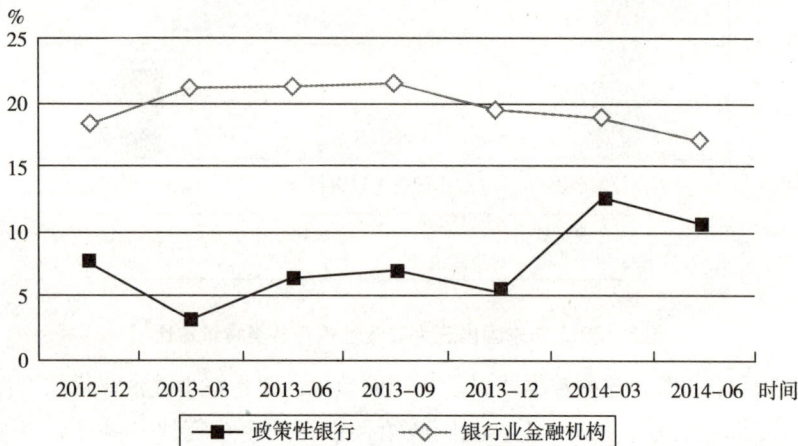

图 4　我国政策性银行用于小微企业贷款同比增速走势

四是政策性担保缺位导致增信成本高。小微企业由于固定资产少、合格抵质押物不足、资信水平不高，为其提供融资担保往往会有较高风险。在国外被认为是一种准公共服务产品，通常由政府出资设立的机构开展小微企业融资性担保业务。从我国情况看，截至 2013 年末，我国共有融资性担保法人机构 8 185 家，其中国有控股 1 921 家，民营及外资控股 6 264 家，分别占比 23.5% 和 76.5%。虽然其中有五分之一强的国有控股机构，但是大部分机构和民营及外资控股一样追逐利润。只有少数国有控股机构的担保费率低于 3%。且不论其他反担保措施、反担保金的成本，仅按 3% 收取担保费就相当于一年期贷款利率上浮了 50%。从另一方面来说，由于再担保的缺位，银行对融资性担保公司的实力存在疑虑，只好降低融资性担保公司的担保放大倍数，由此影响融资性担保公司效益。而担保公司认为小微企业客户风险存在较大不确定性，因此也只好通过收取较高的费率、较严的反担保措施来控制风险、弥补损失、增加收益。由于上述两方面问题的存在，导致融资性担保行业在解决小微企业融资难、融资贵问题中处于尴尬的角色，难以有效发挥作用。

三、制度创新：建立两大机构扶持中小企业

韩国在 60 年的时间内迅速发展成为世界前十的产业大国，与政策性金融扶

持到位密切相关。结合我国中小企业发展面临的融资困境，应当通过制度创新，建立两大政策性机构解决中小企业融资难、融资贵问题。

一是建议建立"中国中小企业银行"。政策性银行一般不以盈利为目的，其目的在于弥补市场缺陷，配合政府贯彻落实既定的经济政策。鉴于中小企业发展的生命周期理论，针对不同成长阶段的中小企业，构建政策性融资支持体系和商业银行体系相互衔接、互为补充的金融服务体系十分必要。政策性银行可以作为市场补充力量，专门对中小企业融资进行帮扶。政策性银行主要发挥三个方面的作用：一是政府通过政策性银行相应的政策来纠正市场化金融体系中的市场失灵问题，弥补市场化金融体系中固有的和临时性的缺陷。二是政府通过政策性银行引导和调节社会资金，以政策性金融体系来调节和引导资金流向和配置结构，从而来支持符合国家战略利益的融资活动。三是政府通过政策性银行提供信用担保和分散风险，倡导商业性金融支持中小企业的成长。

1961年，韩国政府依据《中小企业银行法》成立IBK企业银行，主要由政府出资。政府及政府投资机构（政策金融公社、输出口银行）的股份占所有股份的76.3%。我国可以借鉴韩国经验，成立一家中小企业政策性专业扶持金融机构——"中国中小企业银行"（政策性银行）。该银行可以采用混合所有制形式组建，其定位和运营管理应注意以下几个方面：（1）股本构成：由汇金或中投控股、商业银行及民间资本参股；（2）支持对象：信用评级为2B级以下的中小企业；（3）信贷政策：实行差别化利率及较低准备金率；（4）负债构成：30%主动负债（可发行金融债券）；（5）资产构成：75%以上贷款用于中小企业；（6）金融产品：以可转换贷款①为主；（7）贷款期限：原则上1~3年中长期贷款占70%以上；（8）经营模式：商业化经营。

二是建议建立"中国中小企业信用担保基金"。目前我国中小企业融资过程中面临着缺乏统一的信用信息平台、企业财务报表失真、信贷审查缺乏有效依据等问题，亟需建立企业信用评级体系。韩国信用评级市场的发展走在亚洲国家前列，其信用评级市场与债券市场相匹配，通过独立客观的评级管制和不断完善的评级技术，提供了具备较高参考价值的评级结论，为韩国中小企业进入资本市场开展直接融资提供了强有力的辅助。同时，为了帮助中小企业顺利获得资金支持，韩国建立了信用担保基金和技术信用担保基金，对推动产业升级和中小企业发展起到极大作用。我国《中小企业促进法》要求推进中小企业信

---

① 在贷款到时期时设置若干可转换条款，使债权银行有三种选择：（1）直接收回贷款本息；（2）将贷款转换为企业债券；（3）将贷款转换为企业股权。

用制度建设。目前发改委等部门正制定公民和法人统一代码方案并启动国家统一信用信息平台的规划建设，央行正开展征信机构设立申请和备案工作，而信用评级体系也将随之发展。同时，我国的融资性担保业务监管部际联席会议也一直在推进再担保体系建设，国务院马凯副总理曾批示"促进政府主导的融资担保和再担保体系的健康发展，是解决好小微企业融资难问题的关键举措之一"。因此，建立"中国中小企业信用担保基金"，股东同上（鼓励其他企业投资入股），该基金主要功能就是为中小企业提供信用评级，开展担保、再担保业务。

一是为中小企业提供信用评级。从历史统计数据看，我国小微企业平均生命周期仅 3.7 年，对所有企业进行普适性信用评级并没有太大意义，因此在发展我国信用评级体系时遵循市场需求原则，由企业根据发债或 IPO 等需求发起信用评级申请，一方面促进评级市场健康发展，另一方面对企业进行正面激励，激发企业往更高信用评级的方向进步，形成良性循环。在信用评级中要注意保持第三方独立客观地位，同时，要保证信用评级具备较高参考价值，能否被市场参与各方所认可和接受。在信用评级等级上可以评为 10 级，从最低的 D 级到最高的 AAA 级（A 级分 3 档、B 级分 3 档、C 级分 3 档、D 级 1 档）。

二是为中小企业提供担保。一方面，以其雄厚的资金实力和国有政策性背景为中小企业融资增信，提高申贷获得率，缓解"融资难"。另一方面，通过提供低费率、零费率的担保，为中小企业降低融资成本，缓解"融资贵"，从而扶持中小企业发展壮大。

三是为融资性担保机构提供再担保。科学的再担保体系作为融资性担保体系建设的重要机制安排，能够增强担保体系抵御风险的能力，提升银行与融资性担保机构的合作信心，提高担保放大倍数。要通过基金为融资性担保机构增进信用、分担风险，促进融资性担保机构稳健发展，为融资性担保机构服务中小企业提供集资和环境保障。在开展业务时，要注意科学建立纳入再担保体系的融资性担保机构和业务的标准，建立科学合理的业务模式，定期对纳入再担保体系的融资性担保机构经营管理和风险防控进行跟踪评价，发挥再担保机构的市场化监督作用。

（2014 年 6 月 21 日至 7 月 4 日，由国家外国专家局批准，银监会组织 19 家银监局分管副局长赴韩国参加金融服务小微企业专题监管培训。本专题作者有幸参加了本次培训，回国后迅速完成了此专题。）

【专题8】中小企业健康发展亟待建立三大支柱

我国的中小企业作为我国经济发展的重要力量，在吸纳就业、科技创新等方面发挥着举足轻重的作用。随着市场竞争加剧和经济下行，中小企业的发展面临着诸多困难。近些年，各级政府、政府相关部门以及中介机构等社会各界都在积极采取措施，扶持小微企业发展，努力缓解小微企业融资难、融资贵问题。但是由于解决问题的思路存在偏差，导致小微企业融资难、融资贵没有得到根本缓解。

一、存在三个误区，养成路径依赖

（一）误区一：政策碎片化

我国各级政府在扶持中小企业发展方面出台了大量的政策，也做了大量的工作。在政策措施层面，有对小微企业的税收减免，成立中小企业公共服务平台，帮助中小企业推广品牌，人民银行的定向降准、定向释放流动性，监管部门的差异化监管措施推动深化小微企业金融服务等。在扶持资金层面，2011年达到128.7亿元，2012年中央财政又将中小企业专项资金扩大到141.7亿元，并安排150亿元资金设立国家中小企业发展基金，引导地方、创业投资机构及其他社会资金支持处于初创期的小型微型企业。

我国在扶持小微企业创业、发展、壮大等方面的政策措施和资金不可谓不多。但是，这些政策资金涉及多个部门，条块切割，形成了"九龙治水"，各自为政现象严重。

一是资金没有整合。据不完全统计，中央财政设有中小企业发展专项资金、中小企业服务体系发展专项资金、中小企业信用担保资金、科技型中小企业技术创新基金、中小企业国际市场开拓资金、中小商贸企业发展专项资金等中小企业专项资金，这些资金分散在各个政府职能部门，有的实力强或者关系好的小微企业能够重复从不同的部门申请到不同名目的扶持资金，而有的实力稍弱或者没有关系的企业则望洋兴叹，导致强者恒强、弱者恒弱，没有充分发挥这些扶持资金扶弱济困的作用。

二是政策没有协调。如在推进小微企业金融服务方面，银行监管部门对小微企业贷款实行了差异化监管措施，调整了小微企业贷款的资产风险权重和存贷比计算口径，鼓励商业银行发放小微企业贷款。人民银行也采取了诸如定向降准的措施释放流动性。但是，上述措施在人民银行的合意贷款规模面前全部失效，有的商业银行有资金却没有贷款规模，难以进一步加大对小微企业的信贷投入。

三是政策没有覆盖。目前出台的扶持政策大多是财税减免、融资服务、中介服务等方面，没有为小微企业撑起一把保护伞，真正保护小微企业的生存空间。如为小微企业行业保护、销售保护等。

（二）误区二：融资商业化

据测算，我国目前企业通常采用的融资方式为银行贷款，占85%以上。而在银行贷款中，商业银行信贷资金支持占比达91%。

相比较而言，我国政策性金融在中小企业融资领域长期缺位，企业过度依赖商业银行间接融资，是当前中小企业"融资难、融资贵"的一个重要原因。以小微企业金融服务为例，我国政策性金融缺失主要体现在以下三个方面：

一是现有政策性银行[①]支持力度不足。我国现有的中国农业发展银行（以下简称农发行）、中国进出口银行（以下简称进出口）、国家开发银行（以下简称国开行）业务各有侧重，但都没有专门服务中小企业的市场定位。从实际业务开展情况看，2013年末农发行、进出口、国开行用于中小企业的贷款占各项贷款比例分别为62.4%、18.62%、30.07%。其中占比最高的农发行，中小企业贷款占比也只有62.4%，其小微企业贷款仅占26.4%。而农发行服务的中小企业多以农业产业化龙头企业为主，存在极大的局限性。

二是现有政策性银行小微企业贷款总量较少。从2014年6末各类银行业金融机构的企业贷款市场占比[②]和小微企业贷款市场占比[③]情况看，农村金融机构企业贷款仅占10%的市场份额，但是其小微企业贷款市场份额达到了27%，充分发挥了支农支小主力军的作用。其次是国有商业银行，它的小微企业贷款市

---

① 为简化表述，本专题把国家开发银行也视为政策性银行。
② 企业贷款市场占比 = 某类银行企业贷款总额/各银行业金融机构企业贷款额。
③ 小微企业贷款市场占比 = 某类银行小微企业贷款总额/各银行业金融机构小微企业贷款额。

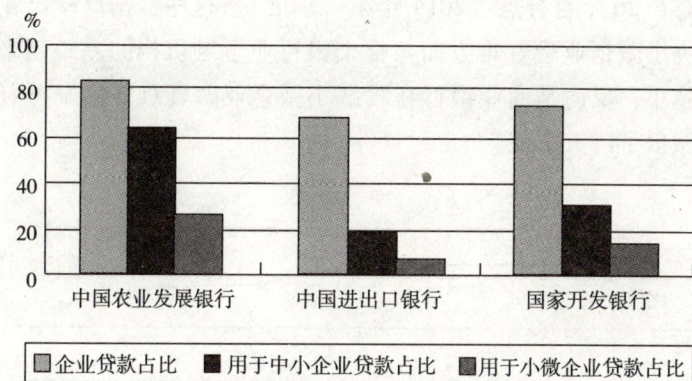

图1　我国三家政策性银行2013年末各类贷款占比

场份额也达到了27%。中国农业发展银行、中国进出口银行、国家开发银行在小微企业贷款市场份额中仅占9%，显示我国的政策性银行在小微企业贷款方面作用没有充分发挥。从另一方面来看，我国这三家银行的企业贷款市场份额达16%，也反映出政策性银行将更多的贷款投放到大中型企业，忽视了对小微企业的信贷支持。

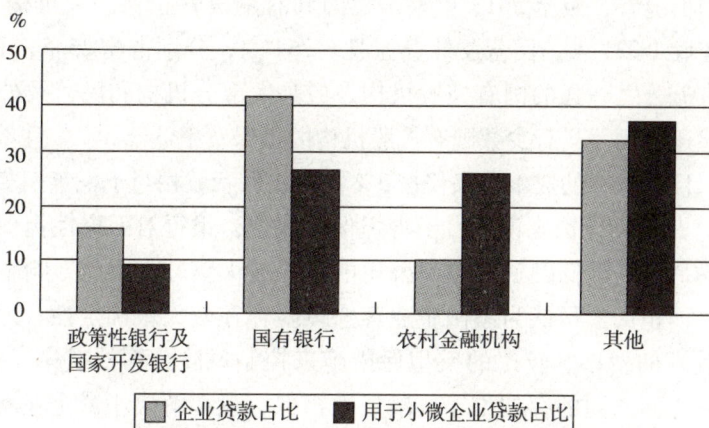

图2　截至2014年6月末各类金融机构企业贷款及小微贷款占比

　　三是现有政策性银行小微贷款市场占比呈下降态势。从增速看，2014年6月末我国的政策性银行小微企业贷款比去年同期增长10.57%，低于银行业金融机构小微企业贷款整体增速6.31个百分点。从历史走势看，我国政策性银行用于小微企业的贷款同比增速一直低于银行业金融机构的增速，从2012年末以来的7个季度数据看，差距最大的季度达17.68个百分点（2013年第一季度），差距最小的也有 6.26 个百分点（2014 年第一季度）。这些数据反映出我国的政策性银行在解决小微企业融资难方面与整个银行业金融机构的差距越来越大，市场占比越来越小，反而是商业银行在缓解小微企业融资难方面发挥着越来越重要的作用，做出了巨大贡献。

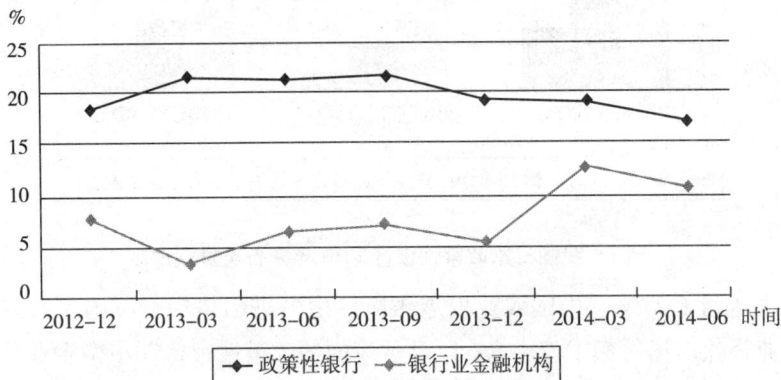

图3　我国政策性银行小微企业贷款同比增速走势

（三）误区三：增信民间化

从我国情况看，截至 2013 年末，我国共有融资性担保法人机构 8 185 家，其中国有控股 1 921 家，民营及外资控股 6 264 家，分别占比 23.5% 和 76.5%。虽然其中有五分之一强的国有控股机构，但是大部分机构和民营及外资控股机构一样，追逐利润。只有少数国有控股机构的担保费率低于 3%。且不论其他反担保措施、反担保金的成本，仅仅按 3% 收取担保费就相当于一年期贷款利率上浮了 50%。从另一方面来说，由于再担保的缺位，银行对融资性担保公司的实力存在疑虑，只好降低融资性担保公司的担保放大倍数，由此影响融资性担保公司效益。而担保公司认为小微企业客户风险存在较大不确定性，因此也只好通过收取较高的费率、较严的反担保措施来控制风险、弥补损失、增加收益。由于上述两方面问题的存在，导致融资性担保行业在解决小微企业融资难、融资贵问题中处于尴尬的角色，难以有效发挥作用。

二、造成三个后果，困局难以打破

（一）各项措施事倍功半

我国各级政府和相关部门、机构在扶持小微企业发展方面花的精力很大。自 2012 年国务院发布《关于进一步支持小型微型企业健康发展的意见》以来，国家各部委层面共出台了 70 多个配套文件。2014 年以来，截至 6 月 4 日，国务院共召开常务会议16次，其中提及"小微企业"的已有7次之多，这7次常务会议从产业指向、融资方式、税收政策、创业政策、就业政策以及简政放权六个方面强调促进小微企业的发展，政策密集程度之高为人所侧目，凸显高层对小微企业发展的重视。

但是，从另一方面看，小微企业生产经营继续恶化。中国中小企业协会发布的2014年第三季度中国中小企业发展指数（SMEDI）为93.1，比第二季度下降1.0个点，这已是SMEDI自今年一季度回升到95.9的高位后，连续两个季度下降。而且中小企业停产、半停产、关闭的数目明显增加，这凸显出其经营状况继续恶化的现状。造成这种情况的根本原因在于政策措施的协调配套不够，有效措施、有针对性措施不够。

（二）融资缺口大

一是小微企业融资银行获得率低。据"汇付－西财中国小微企业指数"项目组的调研，在中国有信贷需求的小微企业[①]信贷可得性是46.2%，这意味着有一半以上的有信贷需求的小微企业是没有银行贷款的，大部分的小微企业在银行的"高门槛"面前是望而却步。借债的小微企业中有民间借款的小微企业占比达77%。从另一个侧面证明正规金融渠道没有很好解决小微企业融资问题。

二是融资额度的满足率低。据慧聪研究（HCR）开展的中国中小企业融资现状研究调研显示，在小微企业最关心的问题中，融资额度问题以25.98%的占比高居第一，比排名第二的利率水平及灵活性问题高出8.37个百分点，成为最核心的问题。而西南财经大学中国家庭金融调查与研究中心的报告指出，借债的小企业中，有14.1%的小微企业既有银行贷款，又有民间借款，显示出这部分企业是没有通过银行贷款满足生产经营需要的。从借款金额看，西南财经大学中国家庭金融调查与研究中心调查样本的平均借款金额为19.91万元，在这中间，银行贷款为10.82万元，占比54.3%，而民间借款9.10万元，占比45.7%。民间借款的金额快接近五成。

（三）融资成本高

由于大多数小微企业的融资渠道依靠银行，而且是商业银行，导致小微企业融资成本居高不下。"目前上海地区小企业和个人经营性贷款利率达18%。"交通银行首席经济学家连平说，另外代销费、咨询费、顾问费等各环节手续费

---

① 有银行信贷需求的小微企业数量＝获得银行借款的企业数量＋申请银行贷款被拒绝的企业数量＋有银行借款需求但未申请的企业数量。

还有3%，且要求当月起还本付息，最终利率远高于20%。① 有的报道反映，中小企业要想从银行贷出1元钱，至少需要付出0.16元，甚至更高。从银行贷款平均利率看，西南财经大学中国家庭金融调查与研究中心调查报告指出，63.2%的小微企业贷款利率在5%～10%之间，30.2%的小微企业贷款利率在10%～15%之间，6.6%小微企业贷款利率在15%以上。

究其原因，目前商业银行均改制为股份有限公司，作为股份制企业需要对股东负责，实现资本的保值增值，在这个大的前提下，面对风险相对较大、单位成本相对较高的小微企业贷款，必然会执行相对较高的利率定价，使收益能够覆盖风险，从而造成小微企业在银行的融资成本居高不下。

三、建立三大支柱，扶持企业发展

20世纪30年代，英国以麦克米伦爵士为代表的金融产业委员会在《麦克米伦报告》认为，由于信息不对称普遍存在于金融市场中，中小企业投资又具有高风险性，而金融市场上的资金供给者（即资本市场上的投资者和借贷市场上的商业银行）一般又是具有"经济理性"的风险规避者，为规避可能导致的经济损失，这些"理性"的资金供给者比较偏好于他们认为信誉度高而风险较小的大型企业。因而，即使中小企业能提供可靠担保品，在筹措日常所需资金时困难仍然很大。此时的市场不再是最优的资源配置，市场的力量无法促进资金配置到中小企业，也就是说，"麦克米伦缺口"实质是一种市场失灵。既然是一种市场失灵，那么就需要发挥政府有形之手的作用，通过政府手段和政策性金融加以引导和支持，缓解中小企业融资难、融资贵问题，支持中小企业发展壮大。

我国支持中小企业发展由于三个误区的存在，造成各项扶持小微企业发展的政策措施效果事倍功半，小微企业仍然存在融资缺口大、融资成本高的问题，因此，我们需要针对支持小微企业发展中的三个短板：政策短板、融资短板、信用短板采取措施，建立政策支柱、融资支柱和信用支柱等三大支柱加以解决。

（一）建立政策支柱——加大政策倾斜力度
韩国的中小企业之所以发展迅猛，一个很重要的原因是政府的政策支持力度很大，措施很多。在我国各级政府扶持中小企业发展方面大量的政策和措施的基础上，需要我们继续推进，再加措施、再加力度。除了要整合协调各项政

① 资料来源：《中小企融资成本有多高：借银行1元钱需付出0.16元》，载《第一财经日报》，2014－08－26。

策举措使之统一发力，整合财政扶持资金使之惠及更多小微企业，加大现有政策执行力度使之更好落实变现以外，我认为还要从空间、时间、市场、责任四个因子方面出台政策举措加以改进。

一是在发展空间上，划定中小企业固有行业，禁止大企业进入。韩国鉴于中小企业势单力薄，担心大中小企业日益分化引发民众抗议，韩国成立了直属韩国总统的机构——"共同成长委员会"，并颁布了"中小企业固有行业指导方案"，给中小企业设立"保护区"。比如韩国规定豆腐、辣酱、米面油加工等行业不许大企业涉足。"共同成长委员会"还规定，将市场规模在1 000亿韩元到1.5万亿韩元的行业划分为中小企业固有行业。如果大企业违反规定，进入被指定为中小企业固有的行业经营，该企业的"共同成长"指数就会被扣分，并会被公开成为"不道德企业"。有这样一个例子：韩国一家大集团总裁的女儿想开一个面包连锁店，结果遭到了政府的拒绝。原来，韩国政府认为大集团资金实力雄厚，他们一旦纷纷开起糕点店来，中小企业实在不是对手，最后的结果很可能是关门歇业。一位韩国国会议员曾形象地抗议说："这就好像英超球队曼联前卫朴智星在后街小巷和业余爱好者对抗"。

二是在营业时间上，限制大企业营业时间为中小企业留出生存空间。除了给中小企业划定"保护区"，韩国对商场超市的经营时间也"抠得很细"。如许多大商场晚上7点半就关门，这在不少国家是不可想象的。这种规定正是为了保护小商店的利益。韩国不少商业区都是中小企业在经营，如果大商场很晚关门，留给这些小商场的生存空间就会很小。而据媒体报道，韩国首尔对大超市实施强制休息日。政府将每月第二周、第四周周日规定为休息日，以便保护社区小型超市。要知道，在全世界很多地区，超市都是全年无休的，因此韩国的这个政策引起了民众的极大关注。首尔市就业政策官姜秉浩表示："如果中大型超市能在每月的特定两个周日停止营业，将会最大化保护中小商贩利益。"

三是在市场销售上，鼓励政府有关部门优先采购中小企业产品。韩国政府采购厅采取政府采购价下限限制、大企业竞标限制、小规模政府采购偏向小企业和小工商户等一系列优惠措施，保护和鼓励中小企业与大企业并肩发展。韩国法律规定，政府机关、地方自治团体以及按照特别法设立的特别法人，要优先采购中小企业物品，保证政府采购中产自中小企业产品的比重不得低于50%。

四是在履行社会责任上，要求大企业加大支持力度，实现协同发展。一方面，要求大企业必须帮助其产业链上的中小企业改善技术，提高产品质量。如韩国制定了《保护中小企业的事业领域及增进企业间合作法》，增进大企业与中小企业间自觉的合作，这一法律明确规定，受托企业支援委托企业有关技术及质量提高和劳动环境改善等，政府对努力促进共同研究开发，企业间的合作及系列化的受托企业与委托企业给予支援及制定合作诱导措施。另一方面，禁止大型企业拖欠中小企业货款，解决大企业挤占中小企业资金问题。如韩国制定了《中小企业结构改善及经营安定特别措施法》，为了协调大企业与中小企业间的公正交易，对中小企业赋予一定权限，要求中小企业向大企业提供零部件时，有权向大企业提出按时支付货款等支付保证书。

上述行业禁入、营业时间限制、政府采购倾斜、大小企业合作等四个方面的工作，是我认为政府可以采取的一些举措，也是能够在支持中小企业发展方面起到立竿见影效果的举措，我们可以借鉴国际经验来为小微企业有效拓展生存和发展空间，切实帮扶小微企业发展壮大。

（二）建立融资支柱——成立政策性中小企业银行

在解决中小企业融资难的过程中，政府的力量不容忽视。在一些发达国家，政府为中小企业融资提供多种多样的政策扶持。在韩国，创业阶段的中小企业和小而强的企业主要由政策性金融进行扶持。韩国专门设立了政策性银行——韩国中小企业银行（IBK）为中小企业提供融资。1998年亚洲金融风暴中，IBK是唯一增加中期贷款规模的银行。2008年国际金融危机中，IBK提供整个银行业中期贷款的91%。IBK的支持对象主要是以下三类企业。一是信用评级低的企业。韩国规定其的扶持对象只能是从C级到B级四个档次的中小企业。商业化较为成熟的供应链企业和信用评级2B级以上的企业主要由商业银行进行融资支持。二是市场风险大的企业。IBK重点支持市场失败领域的企业创业、技术开发和长期设施投资等。三是就业人数少的企业。截至2011年9月末，IBK对20人以下企业贷款占全部贷款的59.9%。

借鉴国际经验，要扶持中小企业发展壮大，有效缓解融资难问题，需要建立政策性融资支柱——"中国中小企业银行"（政策性银行）。该银行可以采用混合所有制形式组建，在股本构成上，由汇金或中投控股、商业银行及民间资本参股。其定位和运营管理应注意以下几个方面：（1）经营模式：商业化经营+政策扶持。（2）支持政策：实行差别化利率及相对较低的存款准备金率。（3）负债构成：30%主动负债（可发行金融债券）。（4）资产构成：75%以上贷款用于中小企业。（5）服务对象：信用评级为2B以下的中小企业。（6）金融产品：以可转换贷款为主。（7）贷款期限：原则上1~3年中长期贷款占70%以上。

（三）建立信用支柱——设立中国中小企业信用担保基金

众所周知，小微企业由于固定资产少、合格抵质押物不足、资信水平不高，为其提供融资担保往往会有较高风险。在国外被认为是一种准公共服务产品，通常由政府出资设立的机构开展小微企业融资性担保业务。我国中小企业融资过程中面临着缺乏统一的信用信息平台、企业财务报表失真、信贷审查缺乏有效依据等问题，亟需建立企业信用评级体系。

韩国信用评级市场的发展走在亚洲国家前列，其信用评级市场与债券市场相匹配，通过独立客观的评级管制和不断完善的评级技术，提供了具备较高参考价值的评级结论，为韩国中小企业进入资本市场开展直接融资提供了强有力的辅助。同时，为了帮助中小企业顺利获得资金支持，韩国建立了信用担保基金和技术信用担保基金，对推动产业升级和中小企业发展起到极大作用。

我国《中小企业促进法》要求推进中小企业信用制度建设。目前发改委等正制定公民和法人统一代码方案并启动国家统一信用信息平台的规划建设，央行正开展征信机构设立申请和备案工作，而信用评级体系也将随之发展。同时，我国的融资性担保业务监管部际联席会议也一直在推进再担保体系建设，国务院副总理马凯曾批示"促进政府主导的融资担保和再担保体系的健康发展，是解决好小微企业融资难问题的关键举措之一"。因此，建立中国中小企业信用担保基金，实行混合所有制，吸纳国有资金、商业银行资金、大企业资金、民间资本共同参与。该基金主要功能就是为中小企业提供信用评级，开展担保、再担保业务。

一是通过中国中小企业信用担保基金为中小企业提供信用评级。从历史统计数据看，我国小微企业平均生命周期仅 3.7 年，对所有企业进行普适性信用评级并没有太大意义，因此在发展我国信用评级体系时遵循市场需求原则，由企业根据发债或 IPO 等需求发起信用评级申请，一方面促进评级市场健康发展，另一方面对企业进行正面激励，激发企业往更高信用评级的方向进步，形成良性循环。在信用评级中要注意保持第三方独立客观地位，同时，要保证信用评级具备较高参考价值，能否被市场参与各方所认可和接受。在信用评级等级上可以评为 10 级，从最低的 D 级到最高的 AAA 级（A 级分 3 档、B 级分 3 档、C 级分 3 档、D 级 1 档）。

二是通过中国中小企业信用担保基金为中小企业提供担保。一方面，以其雄厚的资金实力和国有政策性背景为中小企业融资增信，提高申贷获得率，缓解"融资难"。另一方面，通过提供低费率、零费率的担保，为中小企业降低融资成本，缓解"融资贵"，从而扶持中小企业发展壮大。

　　三是通过中国中小企业信用担保基金为融资性担保机构提供再担保。科学的再担保体系作为融资性担保体系建设的重要机制安排，能够增强担保体系抵御风险的能力，提升银行与融资性担保机构的合作信心，提高担保放大倍数。要通过信用担保基金的再担保为融资性担保机构增进信用、分担风险，促进融资性担保机构稳健发展，为融资性担保机构服务中小企业提供集资和环境保障。在开展业务时，要注意科学建立纳入再担保体系的融资性担保机构和业务的标准，建立科学合理的业务模式，定期对纳入再担保体系的融资性担保机构经营管理和风险防控进行跟踪评价，发挥再担保机构的市场化监督作用。

【附件】 相关法规政策汇编

中国共产党第十八届中央委员会第三次全体会议公报

(2013 年 11 月 12 日中国共产党第十八届中央委员会第三次全体会议通过)

中国共产党第十八届中央委员会第三次全体会议，于 2013 年 11 月 9 日至 12 日在北京举行。

出席这次全会的有，中央委员 204 人，候补中央委员 169 人。中央纪律检查委员会常务委员会委员和有关方面负责同志列席了会议。党的十八大代表中部分基层同志和专家学者也列席了会议。

全会由中央政治局主持。中央委员会总书记习近平作了重要讲话。

全会听取和讨论了习近平受中央政治局委托作的工作报告，审议通过了《中共中央关于全面深化改革若干重大问题的决定》。习近平就《决定（讨论稿）》向全会作了说明。

全会充分肯定党的十八大以来中央政治局的工作。一致认为，面对十分复杂的国际形势和艰巨繁重的国内改革发展稳定任务，中央政治局全面贯彻党的十八大和十八届一中、二中全会精神，高举中国特色社会主义伟大旗帜，以邓小平理论、"三个代表"重要思想、科学发展观为指导，团结带领全党全军全国各族人民，坚持稳中求进的工作总基调，着力稳增长、调结构、促改革，沉着应对各种风险挑战，全面推进社会主义经济建设、政治建设、文化建设、社会建设、生态文明建设，全面推进党的建设新的伟大工程，扎实推进党的群众路线教育实践活动，各项工作取得新进展，推动发展成果更多更公平惠及全体人民，实现了贯彻落实党的十八大精神第一年的良好开局。

全会高度评价党的十一届三中全会召开 35 年来改革开放的成功实践和伟大

成就，研究了全面深化改革若干重大问题，认为改革开放是党在新的时代条件
下带领全国各族人民进行的新的伟大革命，是当代中国最鲜明的特色，是决定
当代中国命运的关键抉择，是党和人民事业大踏步赶上时代的重要法宝。面对
新形势新任务，全面建成小康社会，进而建成富强民主文明和谐的社会主义现
代化国家、实现中华民族伟大复兴的中国梦，必须在新的历史起点上全面深化
改革。

全会强调，全面深化改革，必须高举中国特色社会主义伟大旗帜，以马克
思列宁主义、毛泽东思想、邓小平理论、"三个代表"重要思想、科学发展观为
指导，坚定信心，凝聚共识，统筹谋划，协同推进，坚持社会主义市场经济改
革方向，以促进社会公平正义、增进人民福祉为出发点和落脚点，进一步解放
思想、解放和发展社会生产力、解放和增强社会活力，坚决破除各方面体制机
制弊端，努力开拓中国特色社会主义事业更加广阔的前景。

全会指出，全面深化改革的总目标是完善和发展中国特色社会主义制度，
推进国家治理体系和治理能力现代化。必须更加注重改革的系统性、整体性、
协同性，加快发展社会主义市场经济、民主政治、先进文化、和谐社会、生态
文明，让一切劳动、知识、技术、管理、资本的活力竞相迸发，让一切创造社
会财富的源泉充分涌流，让发展成果更多更公平惠及全体人民。

全会指出，要紧紧围绕使市场在资源配置中起决定性作用深化经济体制改
革，坚持和完善基本经济制度，加快完善现代市场体系、宏观调控体系、开放
型经济体系，加快转变经济发展方式，加快建设创新型国家，推动经济更有效
率、更加公平、更可持续发展；紧紧围绕坚持党的领导、人民当家作主、依法
治国有机统一深化政治体制改革，加快推进社会主义民主政治制度化、规范化、
程序化，建设社会主义法治国家，发展更加广泛、更加充分、更加健全的人民
民主；紧紧围绕建设社会主义核心价值体系、社会主义文化强国深化文化体制
改革，加快完善文化管理体制和文化生产经营机制，建立健全现代公共文化服
务体系、现代文化市场体系，推动社会主义文化大发展大繁荣；紧紧围绕更好
保障和改善民生、促进社会公平正义深化社会体制改革，改革收入分配制度，
促进共同富裕，推进社会领域制度创新，推进基本公共服务均等化，加快形成
科学有效的社会治理体制，确保社会既充满活力又和谐有序；紧紧围绕建设美
丽中国深化生态文明体制改革，加快建立生态文明制度，健全国土空间开发、
资源节约利用、生态环境保护的体制机制，推动形成人与自然和谐发展现代化
建设新格局；紧紧围绕提高科学执政、民主执政、依法执政水平深化党的建设

制度改革，加强民主集中制建设，完善党的领导体制和执政方式，保持党的先进性和纯洁性，为改革开放和社会主义现代化建设提供坚强政治保证。

全会指出，全面深化改革，必须立足于我国长期处于社会主义初级阶段这个最大实际，坚持发展仍是解决我国所有问题的关键这个重大战略判断，以经济建设为中心，发挥经济体制改革牵引作用，推动生产关系同生产力、上层建筑同经济基础相适应，推动经济社会持续健康发展。

全会指出，经济体制改革是全面深化改革的重点，核心问题是处理好政府和市场的关系，使市场在资源配置中起决定性作用和更好发挥政府作用。

全会强调，改革开放的成功实践为全面深化改革提供了重要经验，必须长期坚持。最重要的是，坚持党的领导，贯彻党的基本路线，不走封闭僵化的老路，不走改旗易帜的邪路，坚定走中国特色社会主义道路，始终确保改革正确方向；坚持解放思想、实事求是、与时俱进、求真务实，一切从实际出发，总结国内成功做法，借鉴国外有益经验，勇于推进理论和实践创新；坚持以人为本，尊重人民主体地位，发挥群众首创精神，紧紧依靠人民推动改革，促进人的全面发展；坚持正确处理改革发展稳定关系，胆子要大、步子要稳，加强顶层设计和摸着石头过河相结合，整体推进和重点突破相促进，提高改革决策科学性，广泛凝聚共识，形成改革合力。

全会要求，到2020年，在重要领域和关键环节改革上取得决定性成果，形成系统完备、科学规范、运行有效的制度体系，使各方面制度更加成熟更加定型。

全会对全面深化改革作出系统部署，强调坚持和完善基本经济制度，加快完善现代市场体系，加快转变政府职能，深化财税体制改革，健全城乡发展一体化体制机制，构建开放型经济新体制，加强社会主义民主政治制度建设，推进法治中国建设，强化权力运行制约和监督体系，推进文化体制机制创新，推进社会事业改革创新，创新社会治理体制，加快生态文明制度建设，深化国防和军队改革，加强和改善党对全面深化改革的领导。

全会提出，公有制为主体、多种所有制经济共同发展的基本经济制度，是中国特色社会主义制度的重要支柱，也是社会主义市场经济体制的根基。公有制经济和非公有制经济都是社会主义市场经济的重要组成部分，都是我国经济社会发展的重要基础。必须毫不动摇巩固和发展公有制经济，坚持公有制主体地位，发挥国有经济主导作用，不断增强国有经济活力、控制力、影响力。必须毫不动摇鼓励、支持、引导非公有制经济发展，激发非公有制经济活力和创造力。要完善产权保护制度，积极发展混合所有制经济，推动国有企业完善现代企业制度，支持非公有制经济健康发展。

全会提出，建设统一开放、竞争有序的市场体系，是使市场在资源配置中起决定性作用的基础。必须加快形成企业自主经营、公平竞争，消费者自由选择、自主消费，商品和要素自由流动、平等交换的现代市场体系，着力清除市场壁垒，提高资源配置效率和公平性。要建立公平开放透明的市场规则，完善主要由市场决定价格的机制，建立城乡统一的建设用地市场，完善金融市场体系，深化科技体制改革。

全会提出，科学的宏观调控，有效的政府治理，是发挥社会主义市场经济体制优势的内在要求。必须切实转变政府职能，深化行政体制改革，创新行政管理方式，增强政府公信力和执行力，建设法治政府和服务型政府。要健全宏观调控体系，全面正确履行政府职能，优化政府组织结构，提高科学管理水平。

全会提出，财政是国家治理的基础和重要支柱，科学的财税体制是优化资源配置、维护市场统一、促进社会公平、实现国家长治久安的制度保障。必须完善立法、明确事权、改革税制、稳定税负、透明预算、提高效率，建立现代财政制度，发挥中央和地方两个积极性。要改进预算管理制度，完善税收制度，建立事权和支出责任相适应的制度。

全会提出，城乡二元结构是制约城乡发展一体化的主要障碍。必须健全体制机制，形成以工促农、以城带乡、工农互惠、城乡一体的新型工农城乡关系，让广大农民平等参与现代化进程、共同分享现代化成果。要加快构建新型农业经营体系，赋予农民更多财产权利，推进城乡要素平等交换和公共资源均衡配置，完善城镇化健康发展体制机制。

全会提出，适应经济全球化新形势，必须推动对内对外开放相互促进、引进来和走出去更好结合，促进国际国内要素有序自由流动、资源高效配置、市场深度融合，加快培育参与和引领国际经济合作竞争新优势，以开放促改革。要放宽投资准入，加快自由贸易区建设，扩大内陆沿边开放。

全会提出，发展社会主义民主政治，必须以保证人民当家作主为根本，坚持和完善人民代表大会制度、中国共产党领导的多党合作和政治协商制度、民族区域自治制度以及基层群众自治制度，更加注重健全民主制度、丰富民主形式，充分发挥我国社会主义政治制度优越性。要推动人民代表大会制度与时俱进，推进协商民主广泛多层制度化发展，发展基层民主。

全会提出，建设法治中国，必须深化司法体制改革，加快建设公正高效权威的社会主义司法制度，维护人民权益。要维护宪法法律权威，深化行政执法体制改革，确保依法独立公正行使审判权检察权，健全司法权力运行机制，完善人权司法保障制度。

全会提出，坚持用制度管权管事管人，让人民监督权力，让权力在阳光下运行，是把权力关进制度笼子的根本之策。必须构建决策科学、执行坚决、监督有力的权力运行体系，健全惩治和预防腐败体系，建设廉洁政治，努力实现干部清正、政府清廉、政治清明。要形成科学有效的权力制约和协调机制，加强反腐败体制机制创新和制度保障，健全改进作风常态化制度。

全会提出，建设社会主义文化强国，增强国家文化软实力，必须坚持社会主义先进文化前进方向，坚持中国特色社会主义文化发展道路，坚持以人民为中心的工作导向，进一步深化文化体制改革。要完善文化管理体制，建立健全现代文化市场体系，构建现代公共文化服务体系，提高文化开放水平。

全会提出，实现发展成果更多更公平惠及全体人民，必须加快社会事业改革，解决好人民最关心最直接最现实的利益问题，更好满足人民需求。要深化教育领域综合改革，健全促进就业创业体制机制，形成合理有序的收入分配格局，建立更加公平可持续的社会保障制度，深化医药卫生体制改革。

全会提出，创新社会治理，必须着眼于维护最广大人民根本利益，最大限度增加和谐因素，增强社会发展活力，提高社会治理水平，维护国家安全，确保人民安居乐业、社会安定有序。要改进社会治理方式，激发社会组织活力，创新有效预防和化解社会矛盾体制，健全公共安全体系。设立国家安全委员会，完善国家安全体制和国家安全战略，确保国家安全。

全会提出，建设生态文明，必须建立系统完整的生态文明制度体系，用制度保护生态环境。要健全自然资源资产产权制度和用途管制制度，划定生态保护红线，实行资源有偿使用制度和生态补偿制度，改革生态环境保护管理体制。

全会提出，紧紧围绕建设一支听党指挥、能打胜仗、作风优良的人民军队这一党在新形势下的强军目标，着力解决制约国防和军队建设发展的突出矛盾和问题，创新发展军事理论，加强军事战略指导，完善新时期军事战略方针，构建中国特色现代军事力量体系。要深化军队体制编制调整改革，推进军队政策制度调整改革，推动军民融合深度发展。

全会强调，全面深化改革必须加强和改善党的领导，充分发挥党总揽全局、协调各方的领导核心作用，提高党的领导水平和执政能力，确保改革取得成功。中央成立全面深化改革领导小组，负责改革总体设计、统筹协调、整体推进、督促落实。各级党委要切实履行对改革的领导责任。要深化干部人事制度改革，建立集聚人才体制机制，充分发挥人民群众积极性、主动性、创造性，鼓励地方、基层和群众大胆探索，及时总结经验。

全会分析了当前形势和任务，强调全党同志要把思想和行动统一到中央关于全面深化改革重大决策部署上来，增强进取意识、机遇意识、责任意识，牢牢把握方向，大胆实践探索，注重统筹协调，凝聚改革共识，落实领导责任，坚定不移实现中央改革决策部署。要按照中央决策部署，坚持稳中求进、稳中有为，切实做好各项工作，保持经济社会发展势头，关心群众特别是困难群众生活，促进社会和谐稳定，继续扎实推进党的群众路线教育实践活动，努力实现经济社会发展预期目标。

全会号召，全党同志要紧密团结在以习近平同志为总书记的党中央周围，锐意进取，攻坚克难，谱写改革开放伟大事业历史新篇章，为全面建成小康社会、不断夺取中国特色社会主义新胜利、实现中华民族伟大复兴的中国梦而奋斗！

国务院批转发展改革委关于
2013 年深化经济体制改革重点工作意见的通知

国发〔2013〕20 号

各省、自治区、直辖市人民政府，国务院各部委、各直属机构：

国务院同意发展改革委《关于 2013 年深化经济体制改革重点工作的意见》，现转发给你们，请认真贯彻执行。

国务院
2013 年 5 月 18 日

关于 2013 年深化经济体制改革重点工作的意见

发展改革委

党的十八大提出要加快完善社会主义市场经济体制，全社会热切期待改革取得新突破。顺应人民愿望，把握时代要求，不失时机深化重要领域改革，意义十分重大。现就 2013 年深化经济体制改革重点工作提出以下意见。

一、指导思想和总体要求

2013 年深化经济体制改革工作的指导思想是，以邓小平理论、"三个代表"重要思想、科学发展观为指导，全面贯彻党的十八大精神，坚定不移走中国特色社会主义道路，坚持社会主义市场经济改革方向，以更大的勇气、智慧和韧性，大力推动促进经济转型、民生改善和社会公正的改革，坚决破除妨碍科学发展的体制机制弊端，促进经济持续健康发展与社会和谐稳定，使改革红利更多更公平惠及全体人民，为全面建成小康社会、实现中华民族伟大复兴的中国梦作出积极贡献。

总体要求是，正确处理好政府与市场、政府与社会的关系，处理好加强顶层设计与尊重群众首创精神的关系，处理好增量改革与存量优化的关系，处理好改革创新与依法行政的关系，处理好改革、发展、稳定的关系，确保改革顺利有效推进。

二、大力推进年度重点改革

2013 年改革重点工作是，深入推进行政体制改革，加快推进财税、金融、投资、价格等领域改革，积极推动民生保障、城镇化和统筹城乡相关改革。

（一）行政体制改革。

1. 深化政府机构改革。完成新组建部门"三定"规定制定和相关部门"三定"规定修订工作。组织推进地方行政体制改革，研究制定关于地方政府机构改革和职能转变的意见。（中央编办牵头）

2. 简政放权，下决心减少审批事项。抓紧清理、分批取消和下放投资项目审批、生产经营活动和资质资格许可等事项，对确需审批、核准、备案的项目，要简化程序、限时办结相关手续。严格控制新增审批项目。（中央编办、发展改革委、人力资源社会保障部、法制办等负责）

3. 创新政府公共服务提供方式。加快出台政府向社会组织购买服务的指导意见，推动公共服务提供主体和提供方式多元化。出台行业协会商会与行政机关脱钩方案。改革工商登记和社会组织登记制度。深化公务用车制度改革。（财政部、中央编办、发展改革委、民政部、人力资源社会保障部、国资委、工商总局、国管局等负责）

（二）财税体制改革。

4. 完善财政预算制度，推动建立公开、透明、规范、完整的预算体制。完善财政转移支付制度，减少、合并一批专项转移支付项目，增加一般性转移支付规模和比例。（财政部牵头）

5. 扩大营业税改征增值税试点范围，在全国开展交通运输业和部分现代服务业营改增试点，择机将铁路运输和邮电通信等行业纳入试点范围。合理调整消费税征收范围和税率，将部分严重污染环境、过度消耗资源的产品等纳入征税范围。扩大个人住房房产税改革试点范围。（财政部、税务总局会同住房城乡建设部等负责）

6. 将资源税从价计征范围扩大到煤炭等应税品目，清理煤炭开采和销售中的相关收费基金。开展深化矿产资源有偿使用制度改革试点。（财政部、发展改革委、税务总局、国土资源部等负责）

7. 建立健全覆盖全部国有企业的国有资本经营预算和收益分享制度。落实和完善对成长型、科技型、外向型小微企业的财税支持政策。（财政部、国资

委、科技部、工业和信息化部、税务总局等负责）

（三）金融体制改革。

8. 稳步推进利率汇率市场化改革。逐步扩大存贷款利率浮动幅度，建立健全市场基准利率体系。完善人民币汇率形成机制，充分发挥市场供求在汇率形成中的基础性作用。稳步推进人民币资本项目可兑换，建立合格境内个人投资者境外投资制度，研究推动符合条件的境外机构在境内发行人民币债券。（人民银行会同发展改革委、财政部、银监会、证监会、外汇局等负责）

9. 完善场外股权交易市场业务规则体系，扩大中小企业股份转让系统试点范围。健全投资者尤其是中小投资者权益保护政策体系。推进煤炭、铁矿石、原油等大宗商品期货和国债期货市场建设。（证监会、发展改革委、财政部、人民银行、能源局等负责）

10. 推进制定存款保险制度实施方案，建立健全金融机构经营失败风险补偿和分担机制，形成有效的风险处置和市场退出机制。加快和规范发展民营金融机构和面向小微企业、"三农"的中小金融机构。（人民银行、银监会、财政部等负责）

（四）投融资体制改革。

11. 抓紧清理有碍公平竞争的政策法规，推动民间资本有效进入金融、能源、铁路、电信等领域。按照转变政府职能、简政放权的原则，制定政府投资条例、企业投资项目核准和备案管理条例。（法制办、发展改革委、财政部、工业和信息化部、交通运输部、人民银行、国资委、银监会、能源局等负责）

12. 改革铁路投融资体制。建立公益性运输补偿制度、经营性铁路合理定价机制，为社会资本进入铁路领域创造条件。支线铁路、城际铁路、资源开发性铁路所有权、经营权率先向社会资本开放，通过股权置换等形式引导社会资本投资既有干线铁路。（发展改革委、财政部、交通运输部、铁路局等负责）

（五）资源性产品价格改革。

13. 推进电价改革，简化销售电价分类，扩大工商业用电同价实施范围，完善煤电价格联动机制和水电、核电上网价格形成机制。推进全国煤炭交易市场体系建设。推进天然气价格改革，逐步理顺天然气与可替代能源的比价关系。推进大用户直购电和售电侧电力体制改革试点。（发展改革委牵头）

14. 在保障人民群众基本生活需求的前提下，综合考虑资源节约利用和环境保护等因素，建立健全居民生活用电、用水、用气等阶梯价格制度。（发展改革委牵头）

（六）基本民生保障制度改革。

15. 整体推进城乡居民大病保险，整合城乡基本医疗保险管理职能，逐步统一城乡居民基本医疗保险制度，健全全民医保体系。研究制定基础养老金全国统筹方案。健全保障性住房分配制度，有序推进公租房、廉租房并轨。（人力资源社会保障部、卫生计生委、中央编办、财政部、住房城乡建设部等负责）

16. 建立健全最低生活保障、就业困难群体就业援助、重特大疾病保障和救助等制度，健全并落实社会救助标准与物价涨幅挂钩的机制。整合社会救助资源，逐步形成保障特困群体基本生存权利和人格尊严的长效保底机制。（民政部、财政部、人力资源社会保障部、发展改革委、卫生计生委等负责）

17. 建立最严格的覆盖生产、流通、消费各环节的食品药品安全监管制度。建立健全部门间、区域间食品药品安全监管联动机制。完善食品药品质量标准和安全准入制度。加强基层监管能力建设。充分发挥群众监督、舆论监督作用，全面落实食品安全投诉举报机制。建立实施黑名单制度，形成有效的行业自律机制。（食品药品监管总局牵头）

18. 建立健全最严格的环境保护监管制度和规范科学的生态补偿制度。建立区域间环境治理联动和合作机制。完善生态环境保护责任追究制度和环境损害赔偿制度。制定加强大气、水、农村（土壤）污染防治的综合性政策措施。深入推进排污权、碳排放权交易试点，研究建立全国排污权、碳排放交易市场，开展环境污染强制责任保险试点。制定突发环境事件调查处理办法。研究制定生态补偿条例。（环境保护部、发展改革委、财政部、林业局等负责）

（七）城镇化和统筹城乡相关改革。

19. 研究制定城镇化发展规划。以增强产业发展、公共服务、吸纳就业、人口集聚功能为重点，开展中小城市综合改革试点。优化行政层级和行政区划。实施好经济发达镇行政管理体制改革试点。有序推进城乡规划、基础设施和公共服务一体化，创新城乡社会管理体制。（发展改革委、中央编办、住房城乡建设部、民政部、农业部等负责）

20. 根据城市综合承载能力和转移人口情况，分类推进户籍制度改革，统筹推进相关公共服务、社会保障制度改革，有序推进农业转移人口市民化，将基本公共服务逐步覆盖到符合条件的常住人口。（公安部、发展改革委、财政部、人力资源社会保障部、卫生计生委、教育部、民政部、农业部、法制办等负责）

21. 积极稳妥推进土地管理制度、投融资体制等促进城镇化健康发展的改革，调研并制定相关配套政策。完善地方债务风险控制措施，规范发展债券、股权、信托等投融资方式，健全鼓励社会资本投资城乡基础设施、公共服务项目的政策和相关机制。（发展改革委、国土资源部、财政部、人民银行、银监会、证监会、保监会等负责）

22. 建立健全农村产权确权、登记、颁证制度。依法保障农民土地承包经营权、宅基地使用权、集体收益分配权。开展国有林场改革试点。研究提出国有林区改革指导意见。探索建立农村产权交易市场。推进小型水利工程管理体制改革。（国土资源部、发展改革委、农业部、财政部、水利部、林业局等负责）

三、继续深化已出台的各项改革

对已经部署并正在推进的各项改革，有关部门按职能分工，切实抓好落实，力求年内取得新的进展。

（一）继续推进国有企业改革。推动大型国有企业公司制股份制改革，大力发展混合所有制经济。推进国有经济战略性调整和国有企业并购重组，着力培育一批具有国际竞争力的大企业。完善各类国有资产监督管理制度。加快解决国有企业办社会负担和历史遗留问题。

（二）继续深化开放型经济体制改革。进一步扩大金融、物流、教育、科技、医疗、体育等服务业对外开放。完善口岸管理体制，推进通关便利化改革。加快海关特殊监管区域整合优化，完善政策和功能，开展保税工厂改革试点。加快制定并出台中国（上海）自由贸易试验区建设方案，推进港澳和内地服务贸易自由化，探索建立与国际接轨的外商投资管理体制。积极实施自由贸易区战略，建立健全双边、多边和区域投资贸易合作新机制。健全境外投资规划、协调、服务和管理机制，完善风险防控体系。继续深化流通体制改革。

（三）加快教育、文化、医药卫生等社会事业各项改革。围绕促进教育公平、提高教育质量，深化教育体制改革。加快推进文化领域政事、政企、政资分开，完善公共文化服务体系，优化促进文化产业创新发展的制度环境。深化医药卫生体制改革，加快公立医院改革，完善社会办医政策，逐步形成多元化办医格局。稳步推进事业单位分类改革，推进事业单位人事、收入分配和社会保险制度等改革，加快管办分离和建立法人治理结构。

（四）加快完善科技创新体制机制。构建以企业为主体、市场为导向、产学研相结合的技术创新体系，扩大国家自主创新示范区先行先试政策试点范围，整合资源实施科技重大专项，完善科技成果转移转化的激励政策，加强科技资源开放共享，发挥科技在经济发展中的支撑作用。

（五）深化收入分配制度改革。贯彻落实深化收入分配制度改革的若干意见，制定出台合理提高劳动报酬、加强国有企业收入分配调控、整顿和规范收入分配秩序等重点配套方案和实施细则。

四、完善改革协调推进机制

各地区、各部门要将改革工作放到更加突出的位置，切实完成各项改革任务，确保取得明显成效。认真做好改革方案研究制定工作。深入调查研究，充分听取各方面意见，科学制定方案，统筹好改革力度与社会可承受程度，使改革更好地集中民智、体现民意、惠及民生。扎实抓好改革方案实施和社会引导工作。牵头部门要明确提出工作方案、时间进度和阶段性目标。参与部门要各司其职，积极主动配合。要注重政策宣传和舆情引导，及时回应社会关切，为改革创造良好的舆论氛围和社会环境。积极推进各项改革试点工作。继续推进综合配套改革试点，优先在试验区部署重大改革任务，发挥其探索创新、示范带动作用。及时总结和推广试点经验。围绕迫切需要推进的重大改革，组织实施一批攻关性试点。鼓励各地因地制宜进行改革试点。进一步加强组织领导和统筹协调工作。各地区、各部门要把推进改革作为领导干部业绩考核的重要内容。发展改革委要采取建立联席会议、专题会议制度等多种形式，加强统筹安排，健全工作机制，协调解决重大问题，做好督促检查工作，及时将改革进展情况和重要问题报告国务院。

国务院关于开展优先股试点的指导意见

国发〔2013〕46 号

各省、自治区、直辖市人民政府，国务院各部委、各直属机构：

为贯彻落实党的十八大、十八届三中全会精神，深化金融体制改革，支持实体经济发展，依照公司法、证券法相关规定，国务院决定开展优先股试点。开展优先股试点，有利于进一步深化企业股份制改革，为发行人提供灵活的直接融资工具，优化企业财务结构，推动企业兼并重组；有利于丰富证券品种，为投资者提供多元化的投资渠道，提高直接融资比重，促进资本市场稳定发展。为稳妥有序开展优先股试点，现提出如下指导意见。

一、优先股股东的权利与义务

（一）优先股的含义。优先股是指依照公司法，在一般规定的普通种类股份之外，另行规定的其他种类股份，其股份持有人优先于普通股股东分配公司利润和剩余财产，但参与公司决策管理等权利受到限制。

除本指导意见另有规定以外，优先股股东的权利、义务以及优先股股份的管理应当符合公司法的规定。试点期间不允许发行在股息分配和剩余财产分配上具有不同优先顺序的优先股，但允许发行在其他条款上具有不同设置的优先股。

（二）优先分配利润。优先股股东按照约定的票面股息率，优先于普通股股东分配公司利润。公司应当以现金的形式向优先股股东支付股息，在完全支付约定的股息之前，不得向普通股股东分配利润。

公司应当在公司章程中明确以下事项：（1）优先股股息率是采用固定股息率还是浮动股息率，并相应明确固定股息率水平或浮动股息率计算方法。（2）公司在有可分配税后利润的情况下是否必须分配利润。（3）如果公司因本会计年度可分配利润不足而未向优先股股东足额派发股息，差额部分是否累积到下一会计年度。（4）优先股股东按照约定的股息率分配股息后，是否有权同普通股股东一起参加剩余利润分配。（5）优先股利润分配涉及的其他事项。

（三）优先分配剩余财产。公司因解散、破产等原因进行清算时，公司财产在按照公司法和破产法有关规定进行清偿后的剩余财产，应当优先向优先股股东支付未派发的股息和公司章程约定的清算金额，不足以支付的按照优先股股东持股比例分配。

（四）优先股转换和回购。公司可以在公司章程中规定优先股转换为普通股、发行人回购优先股的条件、价格和比例。转换选择权或回购选择权可规定由发行人或优先股股东行使。发行人要求回购优先股的，必须完全支付所欠股息，但商业银行发行优先股补充资本的除外。优先股回购后相应减记发行在外的优先股股份总数。

（五）表决权限制。除以下情况外，优先股股东不出席股东大会会议，所持股份没有表决权：（1）修改公司章程中与优先股相关的内容；（2）一次或累计减少公司注册资本超过百分之十；（3）公司合并、分立、解散或变更公司形式；（4）发行优先股；（5）公司章程规定的其他情形。上述事项的决议，除须经出席会议的普通股股东（含表决权恢复的优先股股东）所持表决权的三分之二以上通过之外，还须经出席会议的优先股股东（不含表决权恢复的优先股股东）所持表决权的三分之二以上通过。

（六）表决权恢复。公司累计3个会计年度或连续2个会计年度未按约定支付优先股股息的，优先股股东有权出席股东大会，每股优先股股份享有公司章程规定的表决权。对于股息可累积到下一会计年度的优先股，表决权恢复直至公司全额支付所欠股息。对于股息不可累积的优先股，表决权恢复直至公司全额支付当年股息。公司章程可规定优先股表决权恢复的其他情形。

（七）与股份种类相关的计算。以下事项计算持股比例时，仅计算普通股和表决权恢复的优先股：（1）根据公司法第一百零一条，请求召开临时股东大会；（2）根据公司法第一百零二条，召集和主持股东大会；（3）根据公司法第一百零三条，提交股东大会临时提案；（4）根据公司法第二百一十七条，认定控股股东。

二、优先股发行与交易

（八）发行人范围。公开发行优先股的发行人限于证监会规定的上市公司，非公开发行优先股的发行人限于上市公司（含注册地在境内的境外上市公司）和非上市公众公司。

（九）发行条件。公司已发行的优先股不得超过公司普通股股份总数的百分之五十，且筹资金额不得超过发行前净资产的百分之五十，已回购、转换的优先股不纳入计算。公司公开发行优先股以及上市公司非公开发行优先股的其他条件适用证券法的规定。非上市公众公司非公开发行优先股的条件由证监会另行规定。

（十）公开发行。公司公开发行优先股的，应当在公司章程中规定以下事项：（1）采取固定股息率；（2）在有可分配税后利润的情况下必须向优先股股东分配股息；（3）未向优先股股东足额派发股息的差额部分应当累积到下一会计年度；（4）优先股股东按照约定的股息率分配股息后，不再同普通股股东一起参加剩余利润分配。商业银行发行优先股补充资本的，可就第（2）项和第（3）项事项另行规定。

（十一）交易转让及登记存管。优先股应当在证券交易所、全国中小企业股份转让系统或者在国务院批准的其他证券交易场所交易或转让。优先股应当在中国证券登记结算公司集中登记存管。优先股交易或转让环节的投资者适当性标准应当与发行环节一致。

（十二）信息披露。公司应当在发行文件中详尽说明优先股股东的权利义务，充分揭示风险。同时，应按规定真实、准确、完整、及时、公平地披露或者提供信息，不得有虚假记载、误导性陈述或重大遗漏。

（十三）公司收购。优先股可以作为并购重组支付手段。上市公司收购要约适用于被收购公司的所有股东，但可以针对优先股股东和普通股股东提出不同的收购条件。根据证券法第八十六条计算收购人持有上市公司已发行股份比例，以及根据证券法第八十八条和第九十六条计算触发要约收购义务时，表决权未恢复的优先股不计入持股数额和股本总额。

（十四）与持股数额相关的计算。以下事项计算持股数额时，仅计算普通股和表决权恢复的优先股：（1）根据证券法第五十四条和第六十六条，认定持有公司股份最多的前十名股东的名单和持股数额；（2）根据证券法第四十七条、第六十七条和第七十四条，认定持有公司百分之五以上股份的股东。

三、组织管理和配套政策

（十五）加强组织管理。证监会应加强与有关部门的协调配合，积极稳妥地组织开展优先股试点工作。证监会应当根据公司法、证券法和本指导意见，制定并发布优先股试点的具体规定，指导证券自律组织完善相关业务规则。

证监会应当加强市场监管，督促公司认真履行信息披露义务，督促中介机构诚实守信、勤勉尽责，依法查处违法违规行为，切实保护投资者合法权益。

（十六）完善配套政策。优先股相关会计处理和财务报告，应当遵循财政部发布的企业会计准则及其他相关会计标准。企业投资优先股获得的股息、红利等投资收益，符合税法规定条件的，可以作为企业所得税免税收入。全国社会保障基金、企业年金投资优先股的比例不受现行证券品种投资比例的限制，具体政策由国务院主管部门制定。外资行业准入管理中外资持股比例优先股与普通股合并计算。试点中需要配套制定的其他政策事项，由证监会根据试点进展情况提出，商有关部门办理，重大事项报告国务院。

国务院
2013 年 11 月 30 日

国务院关于进一步促进资本市场健康发展的若干意见

国发〔2014〕17 号

各省、自治区、直辖市人民政府，国务院各部委、各直属机构：

进一步促进资本市场健康发展，健全多层次资本市场体系，对于加快完善现代市场体系、拓宽企业和居民投融资渠道、优化资源配置、促进经济转型升级具有重要意义。20 多年来，我国资本市场快速发展，初步形成了涵盖股票、债券、期货的市场体系，为促进改革开放和经济社会发展作出了重要贡献。但总体上看，我国资本市场仍不成熟，一些体制机制性问题依然存在，新情况新问题不断出现。为深入贯彻党的十八大和十八届二中、三中全会精神，认真落实党中央和国务院的决策部署，实现资本市场健康发展，现提出以下意见。

一、总体要求

（一）指导思想。

高举中国特色社会主义伟大旗帜，以邓小平理论、"三个代表"重要思想、科学发展观为指导，贯彻党中央和国务院的决策部署，解放思想，改革创新，开拓进取。坚持市场化和法治化取向，维护公开、公平、公正的市场秩序，维护投资者特别是中小投资者合法权益。紧紧围绕促进实体经济发展，激发市场创新活力，拓展市场广度深度，扩大市场双向开放，促进直接融资与间接融资协调发展，提高直接融资比重，防范和分散金融风险。推动混合所有制经济发展，完善现代企业制度和公司治理结构，提高企业竞争能力，促进资本形成和股权流转，更好发挥资本市场优化资源配置的作用，促进创新创业、结构调整和经济社会持续健康发展。

（二）基本原则。

资本市场改革发展要从我国国情出发，积极借鉴国际经验，遵循以下原则：

一是处理好市场与政府的关系。尊重市场规律，依据市场规则、市场价格、市场竞争实现效益最大化和效率最优化，使市场在资源配置中起决定性作用。同时，更好发挥政府作用，履行好政府监管职能，实施科学监管、适度监管，创造公平竞争的市场环境，保护投资者合法权益，有效维护市场秩序。

二是处理好创新发展与防范风险的关系。以市场为导向、以提高市场服务能力和效率为目的，积极鼓励和引导资本市场创新。同时，强化风险防范，始终把风险监测、预警和处置贯穿于市场创新发展全过程，牢牢守住不发生系统性、区域性金融风险的底线。

三是处理好风险自担与强化投资者保护的关系。加强投资者教育，引导投资者培育理性投资理念，自担风险、自负盈亏，提高风险意识和自我保护能力。同时，健全投资者特别是中小投资者权益保护制度，保障投资者的知情权、参与权、求偿权和监督权，切实维护投资者合法权益。

四是处理好积极推进与稳步实施的关系。立足全局、着眼长远，坚定不移地积极推进改革。同时，加强市场顶层设计，增强改革措施的系统性、针对性、协同性，把握好改革的力度、节奏和市场承受程度，稳步实施各项政策措施，着力维护资本市场平稳发展。

（三）主要任务。

加快建设多渠道、广覆盖、严监管、高效率的股权市场，规范发展债券市场，拓展期货市场，着力优化市场体系结构、运行机制、基础设施和外部环境，实现发行交易方式多样、投融资工具丰富、风险管理功能完备、场内场外和公募私募协调发展。到2020年，基本形成结构合理、功能完善、规范透明、稳健高效、开放包容的多层次资本市场体系。

二、发展多层次股票市场

（四）积极稳妥推进股票发行注册制改革。建立和完善以信息披露为中心的股票发行制度。发行人是信息披露第一责任人，必须做到言行与信息披露的内容一致。发行人、中介机构对信息披露的真实性、准确性、完整性、充分性和及时性承担法律责任。投资者自行判断发行人的盈利能力和投资价值，自担投资风险。逐步探索符合我国实际的股票发行条件、上市标准和审核方式。证券监管部门依法监管发行和上市活动，严厉查处违法违规行为。

（五）加快多层次股权市场建设。强化证券交易所市场的主导地位，充分发挥证券交易所的自律监管职能。壮大主板、中小企业板市场，创新交易机制，丰富交易品种。加快创业板市场改革，健全适合创新型、成长型企业发展的制度安排。增加证券交易所市场内部层次。加快完善全国中小企业股份转让系统，建立小额、便捷、灵活、多元的投融资机制。在清理整顿的基础上，将区域性股权市场纳入多层次资本市场体系。完善集中统一的登记结算制度。

（六）提高上市公司质量。引导上市公司通过资本市场完善现代企业制度，建立健全市场化经营机制，规范经营决策。督促上市公司以投资者需求为导向，履行好信息披露义务，严格执行企业会计准则和财务报告制度，提高财务信息的可比性，增强信息披露的有效性。促进上市公司提高效益，增强持续回报投资者能力，为股东创造更多价值。规范上市公司控股股东、实际控制人行为，保障公司独立主体地位，维护各类股东的平等权利。鼓励上市公司建立市值管理制度。完善上市公司股权激励制度，允许上市公司按规定通过多种形式开展员工持股计划。

（七）鼓励市场化并购重组。充分发挥资本市场在企业并购重组过程中的主渠道作用，强化资本市场的产权定价和交易功能，拓宽并购融资渠道，丰富并购支付方式。尊重企业自主决策，鼓励各类资本公平参与并购，破除市场壁垒和行业分割，实现公司产权和控制权跨地区、跨所有制顺畅转让。

（八）完善退市制度。构建符合我国实际并有利于投资者保护的退市制度，建立健全市场化、多元化退市指标体系并严格执行。支持上市公司根据自身发展战略，在确保公众投资者权益的前提下以吸收合并、股东收购、转板等形式实施主动退市。对欺诈发行的上市公司实行强制退市。明确退市公司重新上市的标准和程序。逐步形成公司进退有序、市场转板顺畅的良性循环机制。

三、规范发展债券市场

（九）积极发展债券市场。完善公司债券公开发行制度。发展适合不同投资者群体的多样化债券品种。建立健全地方政府债券制度。丰富适合中小微企业的债券品种。统筹推进符合条件的资产证券化发展。支持和规范商业银行、证券经营机构、保险资产管理机构等合格机构依法开展债券承销业务。

（十）强化债券市场信用约束。规范发展债券市场信用评级服务。完善发行人信息披露制度，提高投资者风险识别能力，减少对外部评级的依赖。建立债券发行人信息共享机制。探索发展债券信用保险。完善债券增信机制，规范发展债券增信业务。强化发行人和投资者的责任约束，健全债券违约监测和处置机制，支持债券持有人会议维护债权人整体利益，切实防范道德风险。

（十一）深化债券市场互联互通。在符合投资者适当性管理要求的前提下，完善债券品种在不同市场的交叉挂牌及自主转托管机制，促进债券跨市场顺畅流转。鼓励债券交易场所合理分工、发挥各自优势。促进债券登记结算机构信息共享、顺畅连接，加强互联互通。提高债券市场信息系统、市场监察系统的运行效率，逐步强化对债券登记结算体系的统一管理，防范系统性风险。

（十二）加强债券市场监管协调。充分发挥公司信用类债券部际协调机制作用，各相关部门按照法律法规赋予的职责，各司其职，加强对债券市场准入、信息披露和资信评级的监管，建立投资者保护制度，加大查处债券市场虚假陈述、内幕交易、价格操纵等各类违法违规行为的力度。

四、培育私募市场

（十三）建立健全私募发行制度。建立合格投资者标准体系，明确各类产品私募发行的投资者适当性要求和面向同一类投资者的私募发行信息披露要求，规范募集行为。对私募发行不设行政审批，允许各类发行主体在依法合规的基础上，向累计不超过法律规定特定数量的投资者发行股票、债券、基金等产品。积极发挥证券中介机构、资产管理机构和有关市场组织的作用，建立健全私募产品发行监管制度，切实强化事中事后监管。建立促进经营机构规范开展私募业务的风险控制和自律管理制度安排，以及各类私募产品的统一监测系统。

（十四）发展私募投资基金。按照功能监管、适度监管的原则，完善股权投资基金、私募资产管理计划、私募集合理财产品、集合资金信托计划等各类私募投资产品的监管标准。依法严厉打击以私募为名的各类非法集资活动。完善扶持创业投资发展的政策体系，鼓励和引导创业投资基金支持中小微企业。研究制定保险资金投资创业投资基金的相关政策。完善围绕创新链需要的科技金融服务体系，创新科技金融产品和服务，促进战略性新兴产业发展。

五、推进期货市场建设

（十五）发展商品期货市场。以提升产业服务能力和配合资源性产品价格形成机制改革为重点，继续推出大宗资源性产品期货品种，发展商品期权、商品指数、碳排放权等交易工具，充分发挥期货市场价格发现和风险管理功能，增强期货市场服务实体经济的能力。允许符合条件的机构投资者以对冲风险为目的使用期货衍生品工具，清理取消对企业运用风险管理工具的不必要限制。

（十六）建设金融期货市场。配合利率市场化和人民币汇率形成机制改革，适应资本市场风险管理需要，平稳有序发展金融衍生产品。逐步丰富股指期货、股指期权和股票期权品种。逐步发展国债期货，进一步健全反映市场供求关系的国债收益率曲线。

六、提高证券期货服务业竞争力

（十七）放宽业务准入。实施公开透明、进退有序的证券期货业务牌照管理制度，研究证券公司、基金管理公司、期货公司、证券投资咨询公司等交叉持牌，支持符合条件的其他金融机构在风险隔离基础上申请证券期货业务牌照。积极支持民营资本进入证券期货服务业。支持证券期货经营机构与其他金融机构在风险可控前提下以相互控股、参股的方式探索综合经营。

（十八）促进中介机构创新发展。推动证券经营机构实施差异化、专业化、特色化发展，促进形成若干具有国际竞争力、品牌影响力和系统重要性的现代投资银行。促进证券投资基金管理公司向现代资产管理机构转型，提高财富管理水平。推动期货经营机构并购重组，提高行业集中度。支持证券期货经营机构拓宽融资渠道，扩大业务范围。在风险可控前提下，优化客户交易结算资金存管模式。支持证券期货经营机构、各类资产管理机构围绕风险管理、资本中介、投资融资等业务自主创设产品。规范发展证券期货经营机构柜台业务。对会计师事务所、资产评估机构、评级增信机构、法律服务机构开展证券期货相关服务强化监督，提升证券期货服务机构执业质量和公信力，打造功能齐备、分工专业、服务优质的金融服务产业。

（十九）壮大专业机构投资者。支持全国社会保障基金积极参与资本市场投资，支持社会保险基金、企业年金、职业年金、商业保险资金、境外长期资金等机构投资者资金逐步扩大资本市场投资范围和规模。推动商业银行、保险公司等设立基金管理公司，大力发展证券投资基金。

（二十）引导证券期货互联网业务有序发展。建立健全证券期货互联网业务监管规则。支持证券期货服务业、各类资产管理机构利用网络信息技术创新产品、业务和交易方式。支持有条件的互联网企业参与资本市场，促进互联网金融健康发展，扩大资本市场服务的覆盖面。

七、扩大资本市场开放

（二十一）便利境内外主体跨境投融资。扩大合格境外机构投资者、合格境内机构投资者的范围，提高投资额度与上限。稳步开放境外个人直接投资境内资本市场，有序推进境内个人直接投资境外资本市场。建立健全个人跨境投融资权益保护制度。在符合外商投资产业政策的范围内，逐步放宽外资持有上市公司股份的限制，完善对收购兼并行为的国家安全审查和反垄断审查制度。

（二十二）逐步提高证券期货行业对外开放水平。适时扩大外资参股或控股的境内证券期货经营机构的经营范围。鼓励境内证券期货经营机构实施"走出去"战略，增强国际竞争力。推动境内外交易所市场的连接，研究推进境内外基金互认和证券交易所产品互认。稳步探索 B 股市场改革。

（二十三）加强跨境监管合作。完善跨境监管合作机制，加大跨境执法协查力度，形成适应开放型资本市场体系的跨境监管制度。深化与香港、澳门特别行政区和台湾地区的监管合作。加强与国际证券期货监管组织的合作，积极参与国际证券期货监管规则制定。

八、防范和化解金融风险

（二十四）完善系统性风险监测预警和评估处置机制。建立健全宏观审慎管理制度。逐步建立覆盖各类金融市场、机构、产品、工具和交易结算行为的风险监测监控平台。完善风险管理措施，及时化解重大风险隐患。加强涵盖资本市场、货币市场、信托理财等领域的跨行业、跨市场、跨境风险监管。

（二十五）健全市场稳定机制。资本市场稳定关系经济发展和社会稳定大局。各地区、各部门在出台政策时要充分考虑资本市场的敏感性，做好新闻宣传和舆论引导工作。完善市场交易机制，丰富市场风险管理工具。建立健全金融市场突发事件快速反应和处置机制。健全稳定市场预期机制。

（二十六）从严查处证券期货违法违规行为。加强违法违规线索监测，提升执法反应能力。严厉打击证券期货违法犯罪行为。完善证券期货行政执法与刑事司法的衔接机制，深化证券期货监管部门与公安司法机关的合作。进一步加强执法能力，丰富行政调查手段，大幅改进执法效率，提高违法违规成本，切实提升执法效果。

（二十七）推进证券期货监管转型。加强全国集中统一的证券期货监管体系建设，依法规范监管权力运行，减少审批、核准、备案事项，强化事中事后监管，提高监管能力和透明度。支持市场自律组织履行职能。加强社会信用体系建设，完善资本市场诚信监管制度，强化守信激励、失信惩戒机制。

九、营造资本市场良好发展环境

（二十八）健全法规制度。推进证券法修订和期货法制定工作。出台上市公司监管、私募基金监管等行政法规。建立健全结构合理、内容科学、层级适当的法律实施规范体系，整合清理现行规章、规范性文件，完善监管执法实体和程序规则。重点围绕调查与审理分离、日常监管与稽查处罚协同等关键环节，积极探索完善监管执法体制和机制。配合完善民事赔偿法律制度，健全操纵市场等犯罪认定标准。

（二十九）坚决保护投资者特别是中小投资者合法权益。健全投资者适当性制度，严格投资者适当性管理。完善公众公司中小投资者投票和表决机制，优化投资者回报机制，健全多元化纠纷解决和投资者损害赔偿救济机制。督促证券投资基金等机构投资者参加上市公司业绩发布会，代表公众投资者行使权利。

（三十）完善资本市场税收政策。按照宏观调控政策和税制改革的总体方向，统筹研究有利于进一步促进资本市场健康发展的税收政策。

（三十一）完善市场基础设施。加强登记、结算、托管等公共基础设施建设。实现资本市场监管数据信息共享。推进资本市场信息系统建设，提高防范网络攻击、应对重大灾难与技术故障的能力。

（三十二）加强协调配合。健全跨部门监管协作机制。加强中小投资者保护工作的协调合作。各地区、各部门要加强与证券期货监管部门的信息共享与协同配合。出台支持资本市场扩大对外开放的外汇、海关监管政策。地方人民政府要规范各类区域性交易场所，打击各种非法证券期货活动，做好区域内金融风险防范和处置工作。

（三十三）规范资本市场信息传播秩序。各地区、各部门要严格管理涉及资本市场的内幕信息，确保信息发布公开公正、准确透明。健全资本市场政策发布和解读机制，创新舆论回应与引导方式。综合运用法律、行政、行业自律等方式，完善资本市场信息传播管理制度。依法严肃查处造谣、传谣以及炒作不实信息误导投资者和影响社会稳定的机构、个人。

国务院
2014 年 5 月 8 日

国务院关于加强地方政府性债务管理的意见

国发〔2014〕43 号

各省、自治区、直辖市人民政府，国务院各部委、各直属机构：

为加强地方政府性债务管理，促进国民经济持续健康发展，根据党的十八大、十八届三中全会精神，现提出以下意见：

一、总体要求

（一）指导思想。以邓小平理论、"三个代表"重要思想、科学发展观为指导，全面贯彻落实党的十八大、十八届三中全会精神，按照党中央、国务院决策部署，建立"借、用、还"相统一的地方政府性债务管理机制，有效发挥地方政府规范举债的积极作用，切实防范化解财政金融风险，促进国民经济持续健康发展。

（二）基本原则。

疏堵结合。修明渠、堵暗道，赋予地方政府依法适度举债融资权限，加快建立规范的地方政府举债融资机制。同时，坚决制止地方政府违法违规举债。

分清责任。明确政府和企业的责任，政府债务不得通过企业举借，企业债务不得推给政府偿还，切实做到谁借谁还、风险自担。政府与社会资本合作的，按约定规则依法承担相关责任。

规范管理。对地方政府债务实行规模控制，严格限定政府举债程序和资金用途，把地方政府债务分门别类纳入全口径预算管理，实现"借、用、还"相统一。

防范风险。牢牢守住不发生区域性和系统性风险的底线，切实防范和化解财政金融风险。

稳步推进。加强债务管理，既要积极推进，又要谨慎稳健。在规范管理的同时，要妥善处理存量债务，确保在建项目有序推进。

二、加快建立规范的地方政府举债融资机制

（一）赋予地方政府依法适度举债权限。经国务院批准，省、自治区、直辖

市政府可以适度举借债务，市县级政府确需举借债务的由省、自治区、直辖市政府代为举借。明确划清政府与企业界限，政府债务只能通过政府及其部门举借，不得通过企事业单位等举借。

（二）建立规范的地方政府举债融资机制。地方政府举债采取政府债券方式。没有收益的公益性事业发展确需政府举借一般债务的，由地方政府发行一般债券融资，主要以一般公共预算收入偿还。有一定收益的公益性事业发展确需政府举借专项债务的，由地方政府通过发行专项债券融资，以对应的政府性基金或专项收入偿还。

（三）推广使用政府与社会资本合作模式。鼓励社会资本通过特许经营等方式，参与城市基础设施等有一定收益的公益性事业投资和运营。政府通过特许经营权、合理定价、财政补贴等事先公开的收益约定规则，使投资者有长期稳定收益。投资者按照市场化原则出资，按约定规则独自或与政府共同成立特别目的公司建设和运营合作项目。投资者或特别目的公司可以通过银行贷款、企业债、项目收益债券、资产证券化等市场化方式举债并承担偿债责任。政府对投资者或特别目的公司按约定规则依法承担特许经营权、合理定价、财政补贴等相关责任，不承担投资者或特别目的公司的偿债责任。

（四）加强政府或有债务监管。剥离融资平台公司政府融资职能，融资平台公司不得新增政府债务。地方政府新发生或有债务，要严格限定在依法担保的范围内，并根据担保合同依法承担相关责任。地方政府要加强对或有债务的统计分析和风险防控，做好相关监管工作。

三、对地方政府债务实行规模控制和预算管理

（一）对地方政府债务实行规模控制。地方政府债务规模实行限额管理，地方政府举债不得突破批准的限额。地方政府一般债务和专项债务规模纳入限额管理，由国务院确定并报全国人大或其常委会批准，分地区限额由财政部在全国人大或其常委会批准的地方政府债务规模内根据各地区债务风险、财力状况等因素测算并报国务院批准。

（二）严格限定地方政府举债程序和资金用途。地方政府在国务院批准的分地区限额内举借债务，必须报本级人大或其常委会批准。地方政府不得通过企事业单位等举借债务。地方政府举借债务要遵循市场化原则。建立地方政府信用评级制度，逐步完善地方政府债券市场。地方政府举借的债务，只能用于公益性资本支出和适度归还存量债务，不得用于经常性支出。

（三）把地方政府债务分门别类纳入全口径预算管理。地方政府要将一般债务收支纳入一般公共预算管理，将专项债务收支纳入政府性基金预算管理，将政府与社会资本合作项目中的财政补贴等支出按性质纳入相应政府预算管理。地方政府各部门、各单位要将债务收支纳入部门和单位预算管理。或有债务确需地方政府或其部门、单位依法承担偿债责任的，偿债资金要纳入相应预算管理。

四、控制和化解地方政府性债务风险

（一）建立地方政府性债务风险预警机制。财政部根据各地区一般债务、专项债务、或有债务等情况，测算债务率、新增债务率、偿债率、逾期债务率等指标，评估各地区债务风险状况，对债务高风险地区进行风险预警。列入风险预警范围的债务高风险地区，要积极采取措施，逐步降低风险。债务风险相对较低的地区，要合理控制债务余额的规模和增长速度。

（二）建立债务风险应急处置机制。要硬化预算约束，防范道德风险，地方政府对其举借的债务负有偿还责任，中央政府实行不救助原则。各级政府要制定应急处置预案，建立责任追究机制。地方政府出现偿债困难时，要通过控制项目规模、压缩公用经费、处置存量资产等方式，多渠道筹集资金偿还债务。地方政府难以自行偿还债务时，要及时上报，本级和上级政府要启动债务风险应急处置预案和责任追究机制，切实化解债务风险，并追究相关人员责任。

（三）严肃财经纪律。建立对违法违规融资和违规使用政府性债务资金的惩罚机制，加大对地方政府性债务管理的监督检查力度。地方政府及其所属部门不得在预算之外违法违规举借债务，不得以支持公益性事业发展名义举借债务用于经常性支出或楼堂馆所建设，不得挪用债务资金或改变既定资金用途；对企业的注资、财政补贴等行为必须依法合规，不得违法为任何单位和个人的债务以任何方式提供担保；不得违规干预金融机构等正常经营活动，不得强制金融机构等提供政府性融资。地方政府要进一步规范土地出让管理，坚决制止违法违规出让土地及融资行为。

五、完善配套制度

（一）完善债务报告和公开制度。完善地方政府性债务统计报告制度，加快建立权责发生制的政府综合财务报告制度，全面反映政府的资产负债情况。对于中央出台的重大政策措施如棚户区改造等形成的政府性债务，应当单独统计、单独核算、单独检查、单独考核。建立地方政府性债务公开制度，加强政府信用体系建设。各地区要定期向社会公开政府性债务及其项目建设情况，自觉接受社会监督。

（二）建立考核问责机制。把政府性债务作为一个硬指标纳入政绩考核。明确责任落实，各省、自治区、直辖市政府要对本地区地方政府性债务负责任。强化教育和考核，纠正不正确的政绩导向。对脱离实际过度举债、违法违规举债或担保、违规使用债务资金、恶意逃废债务等行为，要追究相关责任人责任。

（三）强化债权人约束。金融机构等不得违法违规向地方政府提供融资，不得要求地方政府违法违规提供担保。金融机构等购买地方政府债券要符合监管规定，向属于政府或有债务举借主体的企业法人等提供融资要严格规范信贷管理，切实加强风险识别和风险管理。金融机构等违法违规提供政府性融资的，应自行承担相应损失，并按照商业银行法、银行业监督管理法等法律法规追究相关机构和人员的责任。

六、妥善处理存量债务和在建项目后续融资

（一）抓紧将存量债务纳入预算管理。以 2013 年政府性债务审计结果为基础，结合审计后债务增减变化情况，经债权人与债务人共同协商确认，对地方政府性债务存量进行甄别。对地方政府及其部门举借的债务，相应纳入一般债务和专项债务。对企事业单位举借的债务，凡属于政府应当偿还的债务，相应纳入一般债务和专项债务。地方政府将甄别后的政府存量债务逐级汇总上报国务院批准后，分类纳入预算管理。纳入预算管理的债务原有债权债务关系不变，偿债资金要按照预算管理要求规范管理。

（二）积极降低存量债务利息负担。对甄别后纳入预算管理的地方政府存量债务，各地区可申请发行地方政府债券置换，以降低利息负担，优化期限结构，腾出更多资金用于重点项目建设。

（三）妥善偿还存量债务。处置到期存量债务要遵循市场规则，减少行政干预。对项目自身运营收入能够按时还本付息的债务，应继续通过项目收入偿还。对项目自身运营收入不足以还本付息的债务，可以通过依法注入优质资产、加强经营管理、加大改革力度等措施，提高项目盈利能力，增强偿债能力。地方政府应指导和督促有关债务举借单位加强财务管理、拓宽偿债资金渠道、统筹安排偿债资金。对确需地方政府偿还的债务，地方政府要切实履行偿债责任，必要时可以处置政府资产偿还债务。对确需地方政府履行担保或救助责任的债

务，地方政府要切实依法履行协议约定，作出妥善安排。有关债务举借单位和连带责任人要按照协议认真落实偿债责任，明确偿债时限，按时还本付息，不得单方面改变原有债权债务关系，不得转嫁偿债责任和逃废债务。对确已形成损失的存量债务，债权人应按照商业化原则承担相应责任和损失。

（四）确保在建项目后续融资。地方政府要统筹各类资金，优先保障在建项目续建和收尾。对使用债务资金的在建项目，原贷款银行等要重新进行审核，凡符合国家有关规定的项目，要继续按协议提供贷款，推进项目建设；对在建项目确实没有其他建设资金来源的，应主要通过政府与社会资本合作模式和地方政府债券解决后续融资。

七、加强组织领导

各地区、各部门要高度重视，把思想和行动统一到党中央、国务院决策部署上来。地方政府要切实担负起加强地方政府性债务管理、防范化解财政金融风险的责任，结合实际制定具体方案，政府主要负责人要作为第一责任人，认真抓好政策落实。要建立地方政府性债务协调机制，统筹加强地方政府性债务管理。财政部门作为地方政府性债务归口管理部门，要完善债务管理制度，充实债务管理力量，做好债务规模控制、债券发行、预算管理、统计分析和风险监控等工作；发展改革部门要加强政府投资计划管理和项目审批，从严审批债务风险较高地区的新开工项目；金融监管部门要加强监管、正确引导，制止金融机构等违法违规提供融资；审计部门要依法加强对地方政府性债务的审计监督，促进完善债务管理制度，防范风险，规范管理，提高资金使用效益。各地区、各部门要切实履行职责，加强协调配合，全面做好加强地方政府性债务管理各项工作，确保政策贯彻落实到位。

国务院
2014 年 9 月 21 日

国务院办公厅关于金融支持
经济结构调整和转型升级的指导意见

国办发〔2013〕67号

各省、自治区、直辖市人民政府，国务院各部委、各直属机构：

当前，我国经济运行总体平稳，但结构性矛盾依然突出。金融运行总体是稳健的，但资金分布不合理问题仍然存在，与经济结构调整和转型升级的要求不相适应。为深入贯彻党的十八大、中央经济工作会议和国务院常务会议精神，更好地发挥金融对经济结构调整和转型升级的支持作用，更好地发挥市场配置资源的基础性作用，更好地发挥金融政策、财政政策和产业政策的协同作用，优化社会融资结构，持续加强对重点领域和薄弱环节的金融支持，切实防范化解金融风险，经国务院同意，现提出以下指导意见。

一、继续执行稳健的货币政策，合理保持货币信贷总量

统筹兼顾稳增长、调结构、控通胀、防风险，合理保持货币总量。综合运用数量、价格等多种货币政策工具组合，充分发挥再贷款、再贴现和差别存款准备金动态调整机制的引导作用，盘活存量资金，用好增量资金，加快资金周转速度，提高资金使用效率。对中小金融机构继续实施较低的存款准备金率，增加"三农"、小微企业等薄弱环节的信贷资金来源。稳步推进利率市场化改革，更大程度发挥市场在资金配置中的基础性作用，促进企业根据自身条件选择融资渠道、优化融资结构，提高实体经济特别是小微企业的信贷可获得性，进一步加大金融对实体经济的支持力度。（人民银行牵头，发展改革委、工业和信息化部、财政部、银监会、证监会、保监会、外汇局等参加）

二、引导、推动重点领域与行业转型和调整

坚持有扶有控、有保有压原则，增强资金支持的针对性和有效性。大力支持实施创新驱动发展战略。加大对有市场发展前景的先进制造业、战略性新兴产业、现代信息技术产业和信息消费、劳动密集型产业、服务业、传统产业改造升级以及绿色环保等领域的资金支持力度。保证重点在建续建工程和项目的

合理资金需求，积极支持铁路等重大基础设施、城市基础设施、保障性安居工程等民生工程建设，培育新的产业增长点。按照"消化一批、转移一批、整合一批、淘汰一批"的要求，对产能过剩行业区分不同情况实施差别化政策。对产品有竞争力、有市场、有效益的企业，要继续给予资金支持；对合理向境外转移产能的企业，要通过内保外贷、外汇及人民币贷款、债权融资、股权融资等方式，积极支持增强跨境投资经营能力；对实施产能整合的企业，要通过探索发行优先股、定向开展并购贷款、适当延长贷款期限等方式，支持企业兼并重组；对属于淘汰落后产能的企业，要通过保全资产和不良贷款转让、贷款损失核销等方式支持压产退市。严禁对产能严重过剩行业违规建设项目提供任何形式的新增授信和直接融资，防止盲目投资加剧产能过剩。（发展改革委、工业和信息化部、财政部、商务部、人民银行、国资委、银监会、证监会、保监会、外汇局等按职责分工负责）

三、整合金融资源支持小微企业发展

优化小微企业金融服务。支持金融机构向小微企业集中的区域延伸服务网点。根据小微企业不同发展阶段的金融需求特点，支持金融机构向小微企业提供融资、结算、理财、咨询等综合性金融服务。继续支持符合条件的银行发行小微企业专项金融债，所募集资金发放的小微企业贷款不纳入存贷比考核。逐步推进信贷资产证券化常规化发展，盘活资金支持小微企业发展和经济结构调整。适度放开小额外保内贷业务，扩大小微企业境内融资来源。适当提高对小微企业贷款的不良贷款容忍度。加强对科技型、创新型、创业型小微企业的金融支持力度。力争全年小微企业贷款增速不低于当年各项贷款平均增速，贷款增量不低于上年同期水平。鼓励地方人民政府建立小微企业信贷风险补偿基金，支持小微企业信息整合，加快推进中小企业信用体系建设。支持地方人民政府加强对小额贷款公司、融资性担保公司的监管，对非融资性担保公司进行清理规范。鼓励地方人民政府出资设立或参股融资性担保公司，以及通过奖励、风险补偿等多种方式引导融资性担保公司健康发展，帮助小微企业增信融资，降低小微企业融资成本，提高小微企业贷款覆盖面。推动金融机构完善服务定价管理机制，严格规范收费行为，严格执行不得以贷转存、不得存贷挂钩、不得以贷收费、不得浮利分费、不得借贷搭售、不得一浮到顶、不得转嫁成本，公开收费项目、服务质价、效用功能、优惠政策等规定，切实降低企业融资成本。（发展改革委、科技部、工业和信息化部、财政部、人民银行、工商总局、银监

会、证监会、保监会、外汇局等按职责分工负责)

四、加大对"三农"领域的信贷支持力度

优化"三农"金融服务，统筹发挥政策性金融、商业性金融和合作性金融的协同作用，发挥直接融资优势，推动加快农业现代化步伐。鼓励涉农金融机构在金融服务空白乡镇设立服务网点，创新服务方式，努力实现农村基础金融服务全覆盖。支持金融机构开发符合农业农村新型经营主体和农产品批发商特点的金融产品和服务，加大信贷支持力度，力争全年"三农"贷款增速不低于当年各项贷款平均增速，贷款增量不低于上年同期水平。支持符合条件的银行发行"三农"专项金融债。鼓励银行业金融机构扩大林权抵押贷款，探索开展大中型农机具、农村土地承包经营权和宅基地使用权抵押贷款试点。支持农业银行在总结试点经验的基础上，逐步扩大县域"三农金融事业部"试点省份范围。支持经中央批准的农村金融改革试点地区创新农村金融产品和服务。(财政部、国土资源部、农业部、商务部、人民银行、林业局、法制办、银监会等按职责分工负责)

五、进一步发展消费金融促进消费升级

加快完善银行卡消费服务功能，优化刷卡消费环境，扩大城乡居民用卡范围。积极满足居民家庭首套自住购房、大宗耐用消费品、新型消费品以及教育、旅游等服务消费领域的合理信贷需求。逐步扩大消费金融公司的试点城市范围，培育和壮大新的消费增长点。加强个人信用管理。根据城镇化过程中进城务工人员等群体的消费特点，提高金融服务的匹配度和适应性，促进消费升级。(人民银行牵头，发展改革委、工业和信息化部、商务部、银监会等参加)

六、支持企业"走出去"

鼓励政策性银行、商业银行等金融机构大力支持企业"走出去"。以推进贸易投资便利化为重点，进一步推动人民币跨境使用，推进外汇管理简政放权，完善货物贸易和服务贸易外汇管理制度。逐步开展个人境外直接投资试点，进一步推动资本市场对外开放。改进外债管理方式，完善全口径外债管理制度。加强银行间外汇市场净额清算等基础设施建设。创新外汇储备运用，拓展外汇储备委托贷款平台和商业银行转贷款渠道，综合运用多种方式为用汇主体提供融资支持。(人民银行牵头，外交部、发展改革委、财政部、商务部、海关总

署、银监会、证监会、保监会、外汇局等参加）

七、加快发展多层次资本市场

进一步优化主板、中小企业板、创业板市场的制度安排，完善发行、定价、并购重组等方面的各项制度。适当放宽创业板对创新型、成长型企业的财务准入标准。将中小企业股份转让系统试点扩大至全国。规范非上市公众公司管理。稳步扩大公司（企业）债、中期票据和中小企业私募债券发行，促进债券市场互联互通。规范发展各类机构投资者，探索发展并购投资基金，鼓励私募股权投资基金、风险投资基金产品创新，促进创新型、创业型中小企业融资发展。加快完善期货市场建设，稳步推进期货市场品种创新，进一步发挥期货市场的定价、分散风险、套期保值和推进经济转型升级的作用。（证监会牵头，发展改革委、科技部、工业和信息化部、财政部、人民银行、工商总局、法制办等参加）

八、进一步发挥保险的保障作用

扩大农业保险覆盖范围，推广菜篮子工程保险、渔业保险、农产品质量保证保险、农房保险等新型险种。建立完善财政支持的农业保险大灾风险分散机制。大力发展出口信用保险，鼓励为企业开展对外贸易和"走出去"提供投资、运营、劳动用工等方面的一揽子保险服务。深入推进科技保险工作。试点推广小额信贷保证保险，推动发展国内贸易信用保险。拓宽保险覆盖面和保险资金运用范围，进一步发挥保险对经济结构调整和转型升级的积极作用。（保监会牵头，发展改革委、科技部、工业和信息化部、财政部、农业部、商务部、人民银行、林业局、银监会、外汇局等参加）

九、扩大民间资本进入金融业

鼓励民间资本投资入股金融机构和参与金融机构重组改造。允许发展成熟、经营稳健的村镇银行在最低股比要求内，调整主发起行与其他股东持股比例。尝试由民间资本发起设立自担风险的民营银行、金融租赁公司和消费金融公司等金融机构。探索优化银行业分类监管机制，对不同类型银行业金融机构在经营地域和业务范围上实行差异化准入管理，建立相应的考核和评估体系，为实体经济发展提供广覆盖、差异化、高效率的金融服务。（银监会牵头，人民银行、工商总局、法制办等参加）

十、严密防范金融风险

深入排查各类金融风险隐患，适时开展压力测试，动态分析可能存在的风险触点，及时锁定、防控和化解风险，严守不发生系统性区域性金融风险的底线。继续按照总量控制、分类管理、区别对待、逐步化解的原则，防范化解地方政府融资平台贷款等风险。认真执行房地产调控政策，落实差别化住房信贷政策，加强名单制管理，严格防控房地产融资风险。按照理财与信贷业务分离、产品与项目逐一对应、单独建账管理、信息公开透明的原则，规范商业银行理财产品，加强行为监管，严格风险管控。密切关注并积极化解"两高一剩"（高耗能、高污染、产能过剩）行业结构调整时暴露的金融风险。防范跨市场、跨行业经营带来的交叉金融风险，防止民间融资、非法集资、国际资本流动等风险向金融系统传染渗透。支持银行开展不良贷款转让，扩大银行不良贷款自主核销权，及时主动消化吸收风险。稳妥有序处置风险，加强疏导，防止因处置不当等引发新的风险。加快信用立法和社会信用体系建设，培育社会诚信文化，为金融支持经济结构调整和转型升级营造良好环境。（人民银行牵头，发展改革委、工业和信息化部、财政部、住房城乡建设部、法制办、银监会、证监会、保监会、外汇局等参加）

国务院办公厅
2013 年 7 月 1 日

国务院办公厅关于加强影子银行监管有关问题的通知

国办发〔2013〕107 号

各省、自治区、直辖市人民政府，国务院各部委、各直属机构：

近年来，随着我国金融市场的改革发展，一些传统银行体系之外的信用中介机构和业务（以下统称影子银行）日益活跃，在满足经济社会多层次、多样化金融需求的同时，也暴露出业务不规范、管理不到位和监管套利等问题。为有效防范影子银行风险，引导其健康发展，经国务院同意，现就有关问题通知如下：

一、正确把握影子银行的发展与监管

影子银行的产生是金融发展、金融创新的必然结果，作为传统银行体系的有益补充，在服务实体经济、丰富居民投资渠道等方面起到积极作用。我国影子银行主要包括三类：一是不持有金融牌照、完全无监督的信用中介机构，包括新型网络金融公司、第三方理财机构等。二是不持有金融牌照、存在监管不足的信用中介机构，包括融资性担保公司、小额贷款公司等。三是机构持有金融牌照、但存在监管不足或规避监管的业务，包括货币市场基金、资产证券化、部分理财业务等。当前，我国影子银行风险总体可控。但2008年国际金融危机表明，影子银行风险具有复杂性、隐蔽性、脆弱性、突发性和传染性，容易诱发系统性风险。要认真汲取国际金融危机的深刻教训，进一步增强大局意识和忧患意识，坚持一手促进金融发展、金融创新，一手加强金融监管、防范金融风险，落实责任，加强协调，疏堵结合，趋利避害，在发挥影子银行积极作用的同时，将其负面影响和风险降到最低。

二、进一步落实责任分工

（一）按照谁批设机构谁负责风险处置的原则，逐一落实各类影子银行主体的监督管理责任，建立中央与地方统分结合，国务院有关部门分工合作，职责明晰、权责匹配、运转高效的监督管理体系。

（二）已明确法定监督管理部门的，由相关部门按照法定职责分工分别实施

统一归口监督管理。其中，各类金融机构理财业务，由国务院金融监管部门依照法定职责和表内外业务并重的原则加强监督管理，银行业机构的理财业务由银监会负责监管；证券期货机构的理财业务及各类私募投资基金由证监会负责监管；保险的理财业务由保监会负责监管；金融机构跨市场理财业务和第三方支付业务由人民银行负责监管协调。

（三）已明确由国务院有关部门制定规则、地方人民政府负责监督管理的，实行统一规则下的地方人民政府负责制。其中，融资性担保公司由银监会牵头的融资性担保业务部际联席会议制定统一的监督管理制度和经营管理规则，地方人民政府负责具体监督管理；小额贷款公司由银监会会同人民银行等制定统一的监督管理制度和经营管理规则，建立行业协会自律机制，省级人民政府负责具体监督管理。

（四）已明确由地方人民政府负责监督管理、国务院明确行业归口部门的，由地方人民政府根据行业归口部门统一要求负责具体监督管理，行业归口部门牵头制定完善相关法规制度和政策措施。

（五）针对尚未明确监督主体的，抓紧进行研究。其中，第三方理财和非金融机构资产证券化、网络金融活动等，由人民银行会同有关部门共同研究制定办法。

三、着力完善监管制度和办法

（一）按照"分业经营、分业监管"的原则，加强市场主体监管，依法制定公布相关监督管理办法、经营管理规则和风险管理制度，严格监管超范围经营和监管套利行为。按照"业务规模与风险承担能力相适应"的原则，督促相关机构建立内部控制、风险处置制度和风险隔离机制。

（二）规范发展金融机构理财业务。各金融监管部门要按照代客理财、买者自负、卖者尽责的要求，严格监管金融机构理财业务。要督促各类金融机构将理财业务分开管理，建立单独的理财业务组织体系，归口一个专营部门；建立单独的业务管理体系，实施单独建账管理；建立单独的业务监督体系，强化全业务流程监督。商业银行要按照实质重于形式的原则计提资本和拨备。商业银行代客理财资金要与自有资金分开使用，不得购买本银行贷款，不得开展理财资金池业务，切实做到资金来源于运用一一对应。证券公司要加强资本管理，保险公司要加强偿付能力管理。

（三）加快推动信托公司业务转型。明确信托公司"受人之托，代人理财"

的功能定位，推动信托公司业务模式转型，回归信托主业，运用净资本管理约束信托公司信贷类业务，信托公司不得开展非标准化理财资金池等具有影子银行特征的业务。建立完善信托产品登记信息系统，探索信托受益权流转。

（四）规范金融交叉产品和业务合作行为。金融机构之间的交叉产品和合作业务，都必须以合同形式明确风险承担主体和通道功能主体，并由风险承担主体的行业归口部门负责监督管理，切实落实风险防控责任。

（五）规范管理民间融资业务，小额贷款公司是以自有资金发放贷款、风险自担的非金融机构，要通过行业自律组织，建立小额贷款业务规范，不得吸收存款、不得发放高利贷、不得用非法手段收贷。银行业金融机构按规定与小额贷款公司发生的融资业务，要作为一般商业信贷业务管理。典当行和融资租赁公司等非金融机构要严格界定业务范围，典当行要回归典当主业，不得融资放大杠杆。融资租赁公司要依托适宜的租赁物开展业务，不得转借银行贷款和相应资产。

（六）稳健发展融资性担保业务。要按照代偿能力与业务发展相匹配的原则，指导融资性担保公司稳健开展担保业务，明确界定融资性担保公司的融资性担保责任余额与净资产的比例上限，防止违规放大杠杆倍数超额担保。非融资性担保公司不得从事融资性担保业务。银行业金融机构不得为各类债券、票据发行提供担保。

（七）规范网络金融活动。金融机构借助网络技术和互联网平台开展业务，要遵守业务范围规定，不得因技术手段的改进而超范围经营。网络支付平台、网络融资平台、网络信用平台等机构要遵守各项金融法律法规，不得利用互联网技术违规从事金融业务。

（八）规范发展私募投资基金业务。要按照不同类型投资基金的本质属性，规范业务定位，严禁私募股权投资基金开展债权类融资业务。

四、切实做好风险防控

（一）深入排查风险隐患。有关部门按照责任分工，系统深入排查影子银行活动的薄弱环节和风险隐患，切实做到心中有数。地方人民政府要按照行业归口部门的统一部署，结合本地区实际，加强对各类金融活动的监督管理，及早锁定风险，层层落实风险防控责任，有针对性地建立完善风险应对处置预案。

（二）着力加强监督检查。建立健全风险预警机制，加强风险监测、分析和预警。坚持日常监督管理和定期检查，不定期抽查相结合，提高非现场监督管理和现场检查的有效性，切实做到风险早发现、早预警、早报告、早处置。

（三）加大违法违规行为查处力度。有关部门要督促指导地方人民政府，严肃查处各类违法违规融资活动，及时纠正各类金融超业务范围活动，严厉打击非法集资等违法行为，切实维护金融秩序，保护存款人、投资者和金融消费者的合法权益。

五、加快健全配套措施

（一）加强监督管理协调。地方人民政府要遵守统一的行业监管规定，加强与行业归口部门的政策衔接，充实监督管理资源。有关行业归口部门要加强协调配合，及时修订完善规章制度，指导行业协会等自律组织强化自我约束，加大行业分析、指导和培训力度，积极发挥金融监管协调部际联席会议制度的作用，重点对跨行业、跨市场的交叉性金融业务监管进行协调。

（二）强化信息统计和共享。人民银行要抓紧制定基础性统计框架和规范，有关行业归口部门要按照统计框架和有关会计制度，结合行业特点，制定统一的统计科目和报表体系，建立全国性行业信息统计系统。进一步健全统计分析制度，将有关行业的业务总量、机构数量、风险状况等情况纳入统计分析范围。各地区要按照有关行业归口部门的要求，及时准确报送相关信息，有关行业归口部门按照人民银行的要求，及时准确报送行业统计信息；人民银行负责各类社会融资活动的统计汇总，建立影子银行专项统计，定期向国务院报告统计汇总信息情况，同时反馈各地区和有关行业归口部门，并适时向社会公开发布。

（三）加强社会信用体系建设。以不良信用记录为重点，建立相关机构及其高管和从业人员的信用记录，实施信用分类监管。建立失信黑名单制度和失信行为责任人行业禁入制度，健全失信惩戒机制，强化相关机构、人员的诚信意识。

（四）做好舆论引导工作。有关部门要通过各种形式，向社会公众客观介绍影子银行的积极作用和风险情况，积极做好舆论引导工作。对媒体反映的影子银行风险等问题，要高度重视、及时核查整改，加强披露、增加透明度，维护市场信心。对不实传闻和报道，要及时回应澄清。

（五）本通知印发后，各地区、各有关部门要抓紧制定具体实施方案，确保各项措施落到实处。

国务院办公厅关于进一步加强
资本市场中小投资者合法权益保护工作的意见

国办发〔2013〕110 号

各省、自治区、直辖市人民政府，国务院各部委、各直属机构：

中小投资者是我国现阶段资本市场的主要参与群体，但处于信息弱势地位，抗风险能力和自我保护能力较弱，合法权益容易受到侵害。维护中小投资者合法权益是证券期货监管工作的重中之重，关系广大人民群众切身利益，是资本市场持续健康发展的基础。近年来，我国中小投资者保护工作取得了积极成效，但与维护市场"公开、公平、公正"和保护广大投资者合法权益的要求相比还有较大差距。为贯彻落实党的十八大、十八届三中全会精神和国务院有关要求，进一步加强资本市场中小投资者合法权益保护工作，经国务院同意，现提出如下意见。

一、健全投资者适当性制度

制定完善中小投资者分类标准。根据我国资本市场实际情况，制定并公开中小投资者分类标准及依据，并进行动态评估和调整。进一步规范不同层次市场及交易品种的投资者适当性制度安排，明确适合投资者参与的范围和方式。

科学划分风险等级。证券期货经营机构和中介机构应当对产品或者服务的风险进行评估并划分风险等级。推荐与投资者风险承受和识别能力相适应的产品或者服务，向投资者充分说明可能影响其权利的信息，不得误导、欺诈客户。

进一步完善规章制度和市场服务规则。证券期货经营机构和中介机构应当建立执业规范和内部问责机制，销售人员不得以个人名义接受客户委托从事交易；明确提示投资者如实提供资料信息，对收集的个人信息要严格保密、确保安全，不得出售或者非法提供给他人。严格落实投资者适当性制度并强化监管，违反适当性管理规定给中小投资者造成损失的，要依法追究责任。

二、优化投资回报机制

引导和支持上市公司增强持续回报能力。上市公司应当完善公司治理，提高盈利能力，主动积极回报投资者。公司首次公开发行股票、上市公司再融资或者并购重组摊薄即期回报的，应当承诺并兑现填补回报的具体措施。

完善利润分配制度。上市公司应当披露利润分配政策尤其是现金分红政策的具体安排和承诺。对不履行分红承诺的上市公司，要记入诚信档案，未达到整改要求的不得进行再融资。独立董事及相关中介机构应当对利润分配政策是否损害中小投资者合法权益发表明确意见。

建立多元化投资回报体系。完善股份回购制度，引导上市公司承诺在出现股价低于每股净资产等情形时回购股份。研究建立"以股代息"制度，丰富股利分配方式。对现金分红持续稳定的上市公司，在监管政策上给予扶持。制定差异化的分红引导政策。完善除权除息制度安排。

发展服务中小投资者的专业化中介机构。鼓励开发适合中小投资者的产品。鼓励中小投资者通过机构投资者参与市场。基金管理人应当切实履行分红承诺，并努力创造良好投资回报。鼓励基金管理费率结构及水平多样化，形成基金管理人与基金份额持有人利益一致的费用模式。

三、保障中小投资者知情权

增强信息披露的针对性。有关主体应当真实、准确、完整、及时地披露对投资决策有重大影响的信息，披露内容做到简明易懂，充分揭示风险，方便中小投资者查阅。健全内部信息披露制度和流程，强化董事会秘书等相关人员职责。制定自愿性和简明化的信息披露规则。

提高市场透明度。对显著影响证券期货交易价格的信息，交易场所和有关主体要及时履行报告、信息披露和提示风险的义务。建立统一的信息披露平台。健全跨市场交易产品及突发事件信息披露机制。健全信息披露异常情形问责机制，加大对上市公司发生敏感事件时信息披露的动态监管力度。

切实履行信息披露职责。上市公司依法公开披露信息前，不得非法对他人提供相关信息。上市公司控股股东、实际控制人在信息披露文件中的承诺须具体可操作，特别是应当就赔偿或者补偿责任做出明确承诺并切实履行。上市公司应当明确接受投资者问询的时间和方式，健全舆论反应机制。

四、健全中小投资者投票机制

完善中小投资者投票等机制。引导上市公司股东大会全面采用网络投票方式。积极推行累积投票制选举董事、监事。上市公司不得对征集投票权提出最低持股比例限制。完善上市公司股东大会投票表决第三方见证制度。研究完善中小投资者提出罢免公司董事提案的制度。自律组织应当健全独立董事备案和履职评价制度。

建立中小投资者单独计票机制。上市公司股东大会审议影响中小投资者利益的重大事项时，对中小投资者表决应当单独计票。单独计票结果应当及时公开披露，并报送证券监管部门。

保障中小投资者依法行使权利。健全利益冲突回避、杜绝同业竞争和关联交易公平处理制度。上市公司控股股东、实际控制人不得限制或者阻挠中小投资者行使合法权利，不得损害公司和中小投资者的权益。健全公开发行公司债券持有人会议制度和受托管理制度。基金管理人须为基金份额持有人行使投票权提供便利，鼓励中小投资者参加持有人大会。

五、建立多元化纠纷解决机制

完善纠纷解决机制。上市公司及证券期货经营机构等应当承担投资者投诉处理的首要责任，完善投诉处理机制并公开处理流程和办理情况。证券监管部门要健全登记备案制度，将投诉处理情况作为衡量相关主体合规管理水平的依据。支持投资者与市场经营主体协商解决争议或者达成和解协议。

发挥第三方机构作用。支持自律组织、市场机构独立或者联合依法开展证券期货专业调解，为中小投资者提供免费服务。开展证券期货仲裁服务，培养专业仲裁力量。建立调解与仲裁、诉讼的对接机制。

加强协调配合。有关部门配合司法机关完善相关侵权行为民事诉讼制度。优化中小投资者依法维权程序，降低维权成本。健全适应资本市场中小投资者民事侵权赔偿特点的救济维权工作机制。推动完善破产清偿中保护投资者的措施。

六、健全中小投资者赔偿机制

督促违规或者涉案当事人主动赔偿投资者。对上市公司违法行为负有责任的控股股东及实际控制人，应当主动、依法将其持有的公司股权及其他资产用于赔偿中小投资者。招股说明书虚假记载、误导性陈述或者重大遗漏致使投资者遭受损失的，责任主体须依法赔偿投资者，中介机构也应当承担相应责任。基金管理人、托管人等未能履行勤勉尽责义务造成基金份额持有人财产损失的，应当依法赔偿。

建立上市公司退市风险应对机制。因违法违规而存在退市风险的上市公司，在定期报告中应当对退市风险作专项评估，并提出应对预案。研究建立公开发行公司债券的偿债基金制度。上市公司退市引入保险机制，在有关责任保险中增加退市保险附加条款。健全证券中介机构职业保险制度。

完善风险救助机制。证券期货经营机构和基金管理人应当在现有政策框架下，利用计提的风险准备金完善自主救济机制，依法赔偿投资者损失。研究实行证券发行保荐质保金制度和上市公司违规风险准备金制度。探索建立证券期货领域行政和解制度，开展行政和解试点。研究扩大证券投资者保护基金和期货投资者保障基金使用范围和来源。

七、加大监管和打击力度

完善监管政策。证券监管部门应当把维护中小投资者合法权益贯穿监管工作始终，落实到各个环节。对纳入行政许可、注册或者备案管理的证券期货行为，证券监管部门应当建立起相应的投资者合法权益保护安排。建立限售股股东减持计划预披露制度，在披露之前有关股东不得转让股票。鼓励限售股股东主动延长锁定期。建立覆盖全市场的诚信记录数据库，并实现部门之间共享。健全中小投资者查询市场经营主体诚信状况的机制。建立守信激励和失信惩戒机制。

坚决查处损害中小投资者合法权益的违法行为。严肃查处上市公司不当更正盈利预测报告、未披露导致股价异动事项、先于指定媒体发布信息、以新闻发布替代应履行公告义务、编造或传播虚假信息误导投资者，以及进行内幕交易和操纵市场等行为。坚决打击上市公司控股股东、实际控制人直接或者间接转移、侵占上市公司资产。建立证券期货违法案件举报奖励制度。

强化执法协作。各地区、各部门要统一认识，密切配合，严厉打击各类证券期货违法犯罪活动，及时纠正各类损害中小投资者合法权益的行为。建立侵害中小投资者合法权益事件的快速反应和处置机制，制定和完善应对突发性群体事件预案，做好相关事件处理和维护稳定工作。证券监管部门、公安机关应当不断强化执法协作，完善工作机制，加大提前介入力度。有关部门要配合公安、司法机关完善证券期货犯罪行为的追诉标准及相关司法解释。

八、强化中小投资者教育

加大普及证券期货知识力度。将投资者教育逐步纳入国民教育体系，有条件的地区可以先行试点。充分发挥媒体的舆论引导和宣传教育功能。证券期货经营机构应当承担各项产品和服务的投资者教育义务，保障费用支出和人员配备，将投资者教育纳入各业务环节。

提高投资者风险防范意识。自律组织应当强化投资者教育功能，健全会员投资者教育服务自律规则。中小投资者应当树立理性投资意识，依法行使权利和履行义务，养成良好投资习惯，不听信传言，不盲目跟风，提高风险防范意识和自我保护能力。

九、完善投资者保护组织体系

构建综合保护体系。加快形成法律保护、监管保护、自律保护、市场保护、自我保护的综合保护体系，实现中小投资者保护工作常态化、规范化和制度化。证券监管部门、自律组织以及市场经营主体应当健全组织机构和工作制度，加大资源投入，完善基础设施，畅通与中小投资者的沟通渠道。证券监管部门建立中小投资者合法权益保障检查制度与评估评价体系，并将其作为日常监管和行政许可申请审核的重要依据。

完善组织体系。探索建立中小投资者自律组织和公益性维权组织，向中小投资者提供救济援助，丰富和解、调解、仲裁、诉讼等维权内容和方式。充分发挥证券期货专业律师的作用，鼓励和支持律师为中小投资者提供公益性法律援助。

优化政策环境。证券监管部门要进一步完善政策措施，提高保护中小投资者合法权益的水平。上市公司国有大股东或者实际控制人应当依法行使权利，支持市场经营主体履行法定义务。财政、税收、证券监管部门应当完善交易和分红等相关税费制度，优化投资环境。国务院有关部门和地方人民政府要求上市公司提供未公开信息的，应当遵循法律法规相关规定。有关部门要完善数据采集发布工作机制，加强信息共享，形成投资者合法权益保护的协调沟通机制。强化国际监管合作与交流，实现投资者合法权益的跨境监管和保护。

国务院办公厅
2013 年 12 月 25 日

关于进一步明确国有金融企业
直接股权投资有关资产管理问题的通知

财金〔2014〕31号

各中央管理金融企业,各省、自治区、直辖市、计划单列市财政厅(局),新疆生产建设兵团财务局:

为进一步明确国有及国有控股金融企业(以下简称国有金融企业)直接股权投资行为中涉及的资产管理事宜,规范相关股权资产的管理,厘清投资责任,确保国有金融资产安全和保值增值,根据国家有关法律、行政法规,现就国有金融企业开展直接股权投资涉及的有关资产管理问题通知如下:

一、本通知适用于国有金融企业,包括所有获得金融业务许可证的国有企业、国有金融控股公司、国有担保公司以及其他金融类国有企业。

本通知所称直接股权投资,是指国有金融企业依据《中华人民共和国公司法》、相关行业监管法律法规等规定,以自有资金和其他合法来源资金,通过对非公开发行上市企业股权进行的不以长期持有为目的、非控股财务投资的行为。

本通知所称投资机构,是指在中国境内外依法注册登记,从事直接股权投资的机构;所称专业服务机构,是指经国家有关部门认可,具有相应专业资质,为投资非上市企业股权提供投资咨询、财务审计、资产评估和法律意见等服务的机构。

二、国有金融企业开展直接股权投资业务,应当遵守法律、行政法规的规定,遵循稳健、安全原则,综合考虑效益和风险,建立完备的决策程序,审慎运作。直接股权投资项目应当符合国家产业、投资、宏观调控政策。

三、国有金融企业开展直接股权投资业务,可以按照监管规定组建内部投资管理团队实施,也可以通过委托外部投资机构管理运作。内部投资管理团队和受托外部投资机构应当符合监管部门要求的资质条件,建立完善的管理制度、决策流程和内控体系,设立资产托管和风险隔离机制。

四、国有金融企业通过内部投资管理团队开展直接股权投资业务的,应当按照风险控制的要求,规范完善决策程序和授权机制,确定股东(大)会、董事会和经营管理层的决策及批准权限,并根据投资方式、目标和规模等因素,做好相关制度安排。

五、国有金融企业开展直接股权投资，可以聘请符合相关资质条件的专业服务机构，提供尽职调查和估值、投资咨询及法律咨询等专业服务，对拟投资企业的经营资质、股权结构、财务状况、法律风险等进行清查、评价。

六、国有金融企业开展直接股权投资，应当根据拟投资项目的具体情况，采用国际通用的估值方法，对拟投资企业的投资价值进行评估，得出审慎合理的估值结果。估值方法包括：账面价值法、重置成本法、市场比较法、现金流量折现法以及倍数法等。

国有金融企业可以按照成本效益和效率原则，自主确定是否聘请专业机构对拟投资企业进行资产评估，资产评估结果由企业履行内部备案程序。

国有金融企业应参照估值结果或评估结果确定拟投资企业的底价，供投资决策参考。

七、国有金融企业开展直接股权投资，应当根据尽职调查情况、行业分析、财务分析、估值或评估结果，撰写投资项目分析报告，并按公司章程、管理协议等有关规定履行投资决策程序。决策层在对投资方案进行审核时，应着重考虑项目的投资成本、估值或评估结果、项目的预计收益、风险的可控性等因素，并结合自身的市场定位和经营情况统筹决策。

八、国有金融企业开展直接股权投资，应当加强项目投后管理，充分行使股东权利，通过向被投资企业提供综合增值服务，提高企业核心竞争力和市场价值。

进行直接股权投资所形成的不享有控股权的股权类资产，不属于金融类企业国有资产产权登记的范围，但国有金融企业应当建立完备的股权登记台账制度，并做好管理工作。

九、国有金融企业开展直接股权投资，应当建立有效的退出机制，包括：公开发行上市、并购重组、协议转让、股权回购等方式。

按照投资协议约定的价格和条件、以协议转让或股权回购方式退出的，按照公司章程的有关规定，由国有金融企业股东（大）会、董事会或其他机构自行决策，并办理股权转让手续；以其他方式进行股权转让的，遵照国有金融资产管理相关规定执行。

十、国有金融企业所投资企业通过公开发行上市方式退出的，应按国家有关规定履行国有股减转持义务。可豁免国有股转持义务的，应按相关规定向有关部门提出豁免申请。

十一、国有金融企业应当根据本通知要求，加强对直接股权投资业务的管理。各地方财政部门可依据本通知制定相关实施细则。

十二、本通知自印发之日起 30 日后施行。

财政部

2014 年 6 月 6 日

中国人民银行 中国银行业监督管理委员会
关于进一步做好住房金融服务工作的通知

为进一步改进对保障性安居工程建设的金融服务，继续支持居民家庭合理的住房消费，促进房地产市场持续健康发展，现就有关事项通知如下：

一、加大对保障性安居工程建设的金融支持

鼓励银行业金融机构按照风险可控、财务可持续的原则，积极支持符合信贷条件的棚户区改造和保障房建设项目。对公共租赁住房和棚户区改造的贷款期限可延长至不超过 25 年。进一步发挥开发性金融对棚户区改造支持作用；对地方政府统筹规划棚户区改造安置房、公共租赁住房和普通商品房建设的安排，纳入开发性金融支持范围，提高资金使用效率。

二、积极支持居民家庭合理的住房贷款需求

对于贷款购买首套普通自住房的家庭，贷款最低首付款比例为 30%，贷款利率下限为贷款基准利率的 0.7 倍，具体由银行业金融机构根据风险情况自主确定。对拥有 1 套住房并已结清相应购房贷款的家庭，为改善居住条件再次申请贷款购买普通商品住房，银行业金融机构执行首套房贷款政策。在已取消或未实施"限购"措施的城市，对拥有 2 套及以上住房并已结清相应购房贷款的家庭，又申请贷款购买住房，银行业金融机构应根据借款人偿付能力、信用状况等因素审慎把握并具体确定首付款比例和贷款利率水平。银行业金融机构可根据当地城镇化发展规划，向符合政策条件的非本地居民发放住房贷款。

银行业金融机构要缩短放贷审批周期，合理确定贷款利率，优先满足居民家庭贷款购买首套普通自住房和改善型普通自住房的信贷需求。

三、增强金融机构个人住房贷款投放能力

鼓励银行业金融机构通过发行住房抵押贷款支持证券（MBS）、发行期限较长的专项金融债券等多种措施筹集资金，专门用于增加首套普通自住房和改善型普通自住房贷款投放。

四、继续支持房地产开发企业的合理融资需求

银行业金融机构在防范风险的前提下，合理配置信贷资源，支持资质良好、诚信经营的房地产企业开发建设普通商品住房，积极支持有市场前景的在建、续建项目的合理融资需求。扩大市场化融资渠道，支持符合条件的房地产企业在银行间债券市场发行债务融资工具。积极稳妥开展房地产投资信托基金（RE-ITs）试点。

人民银行、银监会各级派出机构要针对辖区内不同城市情况和当地政府对房地产市场的调控要求，支持当地银行业金融机构把握好各类住房信贷政策的尺度，促进当地房地产市场持续健康发展。

请人民银行上海总部，各分行、营业管理部、省会（首府）城市中心支行，各省（自治区、直辖市）银监局将本通知联合转发至辖区内城市商业银行、农村商业银行、农村合作银行、城乡信用社、外资银行及村镇银行。

中国人民银行
中国银监会
2014 年 9 月 29 日

中国银监会关于进一步规范银行业
金融机构信贷资产转让业务的通知

银监发〔2010〕102 号

各银监局，各政策性银行、国有商业银行、股份制商业银行，中国邮政储蓄银行，各省级农村信用联社，银监会直接监管的信托公司、企业集团财务公司、金融租赁公司：

为进一步规范银行业金融机构信贷资产转让，促进相关业务规范、有序、健康发展，现就有关事项通知如下：

一、银行业金融机构开展信贷资产转让业务，应当严格遵守国家法律、法规、规章和规范性文件的相关规定，健全并严格执行相应风险管理制度和内部操作规程。

二、本通知所称信贷资产是指确定的、可转让的正常类信贷资产，不良资产的转让与处置不适用本通知规定。

信贷资产的转出方应征得借款人同意方可进行信贷资产的转让，但原先签订的借款合同中另有约定的除外。

三、信贷资产转入方应当作好对拟转入信贷资产的尽职调查，包括但不限于借款方资信状况、经营情况、信贷资产用途的合规性和合法性、担保情况等。

信贷资产转入方应当将拟转入的信贷资产提交授信审批部门进行严格审查、核实，复评贷款风险度，提出审核意见，按规定履行审批手续。

四、银行业金融机构转让信贷资产应当遵守真实性原则，禁止资产的非真实转移。

转出方不得安排任何显性或隐性的回购条款；转让双方不得采取签订回购协议、即期买断加远期回购等方式规避监管。

五、银行业金融机构转让信贷资产应当遵守整体性原则，即转让的信贷资产应当包括全部未偿还本金及应收利息，不得有下列情形：

（一）将未偿还本金与应收利息分开；

（二）按一定比例分割未偿还本金或应收利息；

（三）将未偿还本金及应收利息整体按比例进行分割；

（四）将未偿还本金或应收利息进行期限分割。

银行业金融机构转让银团贷款的，转出方在进行转让时，应优先整体转让给其他银团贷款成员；如其他银团贷款成员均无意愿接受转让，且对转出方将其转给银团贷款成员之外的银行业金融机构无异议，转出方可将其整体转让给银团贷款成员之外的银行业金融机构。

六、银行业金融机构转让信贷资产应当遵守洁净转让原则，即实现资产的真实、完全转让，风险的真实、完全转移。

信贷资产转入方应当与信贷资产的借款方重新签订协议，确认变更后的债权债务关系。

拟转让的信贷资产有保证人的，转出方在信贷资产转让前，应当征求保证人意见，保证人同意后，可进行转让；如保证人不同意，转出方应和借款人协商，更换保证人或提供新的抵质押物，以实现信贷资产的安全转让。

拟转让的信贷资产有抵质押物的，应当完成抵质押物变更登记手续或将质物移交占有、交付，确保担保物权有效转移。

银行业金融机构在签订信贷资产转让协议时，应当明确双方权利和义务，转出方应当向转入方提供资产转让业务涉及的法律文件和其他相关资料；转入方应当行使信贷资产的日常贷后管理职责。

七、信贷资产转出方将信用风险、市场风险和流动性风险等完全转移给转入方后，应当在资产负债表内终止确认该项信贷资产，转入方应当在表内确认该项信贷资产，作为自有资产进行管理；转出方和转入方应当作到衔接一致，相关风险承担在任何时点上均不得落空。

信贷资产转让后，转出方和转入方的资本充足率、拨备覆盖率、大额集中度、存贷比、风险资产等监管指标的计算应当作出相应调整。

八、银行业金融机构应当严格按照《企业会计准则》关于"金融资产转移"的规定及其他相关规定进行信贷资产转移确认，并做相应的会计核算和账务处理。

九、银行业金融机构应当严格遵守信贷资产转让和银信理财合作业务的各项规定，不得使用理财资金直接购买信贷资产。

十、银行业金融机构开展信贷资产转让业务，不论是转入还是转出，应按照监管部门的要求及时完成相应信息的报送，并应当在每个季度结束后30个工作日内，向监管机构报送信贷资产转让业务报告。报告应当至少包括以下内容：

（一）信贷资产转让业务开展的整体情况；

（二）具体的转让笔数，每一笔交易的标的、金额、交易对手方、借款方、担保方或担保物权的情况等；

（三）信贷资产的风险变化情况；

（四）其他需要报告的情况。

十一、银行业金融机构开展信贷资产转让业务未能审慎经营，违反本通知规定的，监管机构可以根据《中华人民共和国银行业监督管理法》的有关规定，责令其暂停信贷资产转让业务，给予相应处罚，并追究相关人员责任。

请各银监局将本通知转发至辖内银监分局和银行业金融机构。

中国银监会

二〇一〇年十二月三日

中国银监会关于整治
银行业金融机构不规范经营的通知

银监发〔2012〕3 号

各银监局，各政策性银行、国有商业银行、股份制商业银行，邮政储蓄银行：

为有效服务实体经济，纠正部分银行业金融机构发放贷款时附加不合理条件和收费管理不规范等问题，银监会决定在银行业系统全面开展"不规范经营"专项治理工作。现就有关事项通知如下：

一、银行业金融机构要认真遵守信贷管理各项规定和业务流程，按照国家利率管理相关规定进行贷款定价，并严格遵守下列规定。

（一）不得以贷转存。银行信贷业务要坚持实贷实付和受托支付原则，将贷款资金足额直接支付给借款人的交易对手，不得强制设定条款或协商约定将部分贷款转为存款。

（二）不得存贷挂钩。银行业金融机构贷款业务和存款业务应严格分离，不得以存款作为审批和发放贷款的前提条件。

（三）不得以贷收费。银行业金融机构不得借发放贷款或以其他方式提供融资之机，要求客户接受不合理中间业务或其他金融服务而收取费用。

（四）不得浮利分费。银行业金融机构要遵循利费分离原则，严格区分收息和收费业务，不得将利息分解为费用收取，严禁变相提高利率。

（五）不得借贷搭售。银行业金融机构不得在发放贷款或以其他方式提供融资时强制捆绑、搭售理财、保险、基金等金融产品。

（六）不得一浮到顶。银行业金融机构的贷款定价应充分反映资金成本、风险成本和管理成本，不得笼统将贷款利率上浮至最高限额。

（七）不得转嫁成本。银行业金融机构应依法承担贷款业务及其他服务中产生的尽职调查、押品评估等相关成本，不得将经营成本以费用形式转嫁给客户。

二、银行业金融机构要严格遵守国家价格主管部门和监管机构关于金融服务收费的各项政策规定，对现行收费服务价目进行全面梳理检查，及时自查自纠，并严格遵守以下原则。

（一）合规收费。服务收费应科学合理，服从统一定价和名录管理原则。银行业金融机构应制定收费价目名录，同一收费项目必须使用统一收费项目名称、内容描述、客户界定等要素，并由法人机构统一制定价格，任何分支机构不得自行制定和调整收费项目名称等要素。对实行政府指导价的收费项目，严格对照相关规定据实收费，并公布收费价目名录和相关依据；对实行市场调节价的收费项目，应在每次制定或调整价格前向社会公示，充分征询消费者意见后纳入收费价目名录并上网公布，严格按照公布的收费价目名录收费。

（二）以质定价。服务收费应合乎质价相符原则，不得对未给客户提供实质性服务、未给客户带来实质性收益、未给客户提升实质性效率的产品和服务收取费用。

（三）公开透明。服务价格应遵循公开透明原则，各项服务必须"明码标价"，充分履行告知义务，使客户明确了解服务内容、方式、功能、效果，以及对应的收费标准，确保客户了解充分信息，自主选择。

（四）减费让利。银行业金融机构应切实履行社会责任，对特定对象坚持服务优惠和减费让利原则，明确界定小微企业、"三农"、弱势群体、社会公益等领域相关金融服务的优惠对象范围，公布优惠政策、优惠方式和具体优惠额度，切实体现扶小助弱的商业道德。

三、银行业金融机构要组织本系统在一季度集中开展以"规范贷款行为、科学合理收费"为主题的不规范经营问题专项治理活动。

（一）加强源头治理。各银行业金融机构要从年度经营计划和绩效考核办法的制定入手，整治不切实际的快增长、高指标问题，校正经营导向，从源头上杜绝各级机构、网点及员工的不规范经营冲动。

（二）加强程序治理。各银行业金融机构要全面梳理业务流程和相关内部管理制度，严格区分贷款融资和各项收费业务的不同营销、定价程序。对贷款融资，要从风险管理角度出发，对受理、审批、签约、放款、贷后管理等环节进行严格把关，防止层层附加条件；对其他服务收费业务，要从产品开发、功能设计、收益测算等环节进行充分论证和询价公示，防止自定价目和层层加价。

（三）加强行为治理。银行业金融机构要对从事具体经营活动的分支机构高管和一线员工进行商业道德和社会责任教育，切实做到不同业务柜面分离、人员独立，不得误导、挤压和要挟客户，端正经营思想，规范经营行为；银行业金融机构还应建立公开、完善的违规收费举报和投诉处理机制，及时掌握分支机构违规收费行为，及时查处纠正。

四、银行业监督管理部门要在督促银行业金融机构自查整改的基础上，集中精力、集中时间、集中人员以多种方式进行核查监督。

（一）指导机构自查。银监会各监管部门和各级派出机构要督促指导银行业金融机构按本通知要求，迅速组织自查自纠，及时清理纠正不当贷款业务和收费项目，并于2012年3月底前审查各银行业金融机构自查报告，核评其自查整改情况。

（二）实施监管检查。银监会各级派出机构要将整治不规范贷款和不规范收费问题纳入当前工作安排，组织现场抽查。对检查发现的违规行为依法严格处罚，并将检查和处罚结果在全辖范围内通报。

（三）联合媒体访查。银监会各级派出机构要有组织、有计划地联合当地主要媒体，对银行网点和相关客户进行明察暗访，并对严重违规案例公开曝光，通过引入舆论监督推动银行业不断规范经营行为，改善金融服务质量。

中国银监会
二〇一二年一月二十日

中国银监会关于深化小微企业金融服务的意见

银监发〔2013〕7 号

各银监局:

为贯彻党的十八大精神,落实中央经济工作会议要求,加快推动经济转型,打造中国经济的升级版,促进小微企业金融服务转型升级,现提出如下意见:

一、以始终坚持服务小微企业,支持实体经济健康发展为指导思想,加强正向激励,督促商业银行在商业可持续和风险可控的前提下,进一步强化小微企业金融服务"六项机制"建设,重点支持符合国家产业和环保政策、有市场、有需求、可持续运营的小微企业。

二、以提高小微企业贷款可获得性,拓宽小微企业金融服务覆盖面为工作目标,督促商业银行单列年度小微企业信贷计划,进一步加大对小微企业的支持力度。

三、进一步完善多层次的小微企业金融服务体系,引导商业银行在差异化竞争中不断提高小微企业金融服务水平。

(一)引导大型银行发挥网点、人力和技术优势,提高小微企业金融服务效率,切实践行社会责任。

(二)引导中小银行将改进小微企业金融服务和战略转型相结合,科学调整信贷结构,重点支持小微企业和区域经济发展。

(三)引导新型农村金融机构进一步加大对涉农小微企业的金融支持力度。

四、鼓励和引导商业银行尤其是中小银行进一步提高小微企业金融服务专业化水平,加大小微企业金融服务专营机构的建设、管理和资源配置力度。小微企业金融服务专营机构只能为小微企业提供相关服务,严格遵循"四单原则"。

五、鼓励和引导商业银行尤其是中小银行和新型农村金融机构将小微企业服务网点向老少边穷地区、县域、乡镇等金融服务薄弱区域,以及批发市场、商贸集市等小微企业集中地区延伸。

六、对于小微企业授信客户数占该行所有企业授信客户数以及最近六个月月末平均授信余额占该行企业授信余额达到一定比例以上的商业银行(原则上东部沿海省份和计划单列市授信客户数占比不应低于70%，其他省份应不低于60%），各银监局在综合评估的基础上，可允许其一次同时筹建多家同城支行，且不受"每次批量申请的间隔期限不得少于半年"的限制。

七、鼓励商业银行先行先试，创新小微企业金融产品和服务方式，提升小微企业金融服务的广度和深度。

（一）引导商业银行根据小微企业不同发展阶段的金融需求特点，由单纯提供融资服务转向提供集融资、结算、理财、咨询等为一体的综合性金融服务。

（二）引导商业银行在提升风险管理水平的基础上，创新小微企业贷款抵质押方式，研究发展网络融资平台，拓宽小微企业融资服务渠道。

八、引导商业银行根据自身实际，在科学有效地运用资金、合理调整资产负债结构的基础上，有序开展专项金融债的申报工作。获准发行小微企业专项金融债的商业银行应实行专户管理，确保募集资金全部用于小微企业贷款。

九、在推进资产证券化业务试点工作中，优先选择小微企业金融服务成效显著、风险管控水平较高的商业银行，进一步拓宽小微企业贷款的资金来源。

十、根据《商业银行资本管理办法（试行）》（银监会令〔2012〕1号），在权重法下对符合"商业银行对单家企业（或企业集团）的风险暴露不超过500万元，且占本行信用风险暴露总额的比例不高于0.5%"条件的小微企业贷款适用75%的风险权重，在内部评级法下比照零售贷款适用优惠的资本监管要求。

十一、督促商业银行在收益覆盖成本和风险的前提下，根据风险水平、筹资成本、管理成本、授信目标收益、资本回报要求以及当地市场利率水平等因素，在国家利率政策允许的浮动范围内，自主确定贷款利率，建立科学合理的小微企业信贷风险定价机制。同时，进一步规范小微企业金融服务收费，严禁在发放贷款时附加不合理的贷款条件，提高小微企业金融服务收费的透明度。

十二、督促商业银行完善小微企业信贷风险管理体系，加大资源配置和人员培训力度，提升小微企业信贷风险识别、预警和处置能力。

十三、引导商业银行主动、持续宣传和推广小微企业金融服务的政策、经验和成效，普及小微企业金融服务知识，营造良好的社会舆论氛围。

十四、积极加强与有关部门的联动，在规范现有融资性担保机构的基础上，推动完善多层次、多领域、差别化的融资性担保体系，促进银行业金融机构与融资性担保机构加强规范合作，进一步增强担保机构的担保能力，引导其更好地为小微企业融资提供增信服务。

十五、积极配合有关部门进一步改善小微企业金融服务的外部生态环境。

（一）积极推动商业银行加强与地方相关部门的沟通协作，争取在财政补贴、税收优惠、建立风险分担和补偿机制、不良贷款核销等方面获得更大支持。

（二）积极引导商业银行在合理有效利用现有征信系统的基础上，加强其他相关信息资源的搜集，提高小微企业金融服务的质效。

本指导意见所指小微企业按照《关于印发中小企业划型标准规定的通知》（工信部联企业〔2011〕300号）的划分标准执行。小微企业贷款包括商业银行向小型、微型企业发放的贷款，个体工商户贷款以及小微企业主贷款。

中国银监会

2013 年 3 月 21 日

中国银监会关于规范商业银行
理财业务投资运作有关问题的通知

银监发〔2013〕8号

各银监局，各政策性银行、国有商业银行、股份制商业银行，邮政储蓄银行：

近期，商业银行理财资金直接或通过非银行金融机构、资产交易平台等间接投资于"非标准化债权资产"业务增长迅速。一些银行在业务开展中存在规避贷款管理、未及时隔离投资风险等问题。为有效防范和控制风险，促进相关业务规范健康发展，现就有关事项通知如下：

一、非标准化债权资产是指未在银行间市场及证券交易所市场交易的债权性资产，包括但不限于信贷资产、信托贷款、委托债权、承兑汇票、信用证、应收账款、各类受（收）益权、带回购条款的股权性融资等。

二、商业银行应实现每个理财产品与所投资资产（标的物）的对应，做到每个产品单独管理、建账和核算。单独管理指对每个理财产品进行独立的投资管理；单独建账指为每个理财产品建立投资明细账，确保投资资产逐项清晰明确；单独核算指对每个理财产品单独进行会计账务处理，确保每个理财产品都有资产负债表、利润表、现金流量表等财务报表。

对于本通知印发之前已投资的达不到上述要求的非标准化债权资产，商业银行应比照自营贷款，按照《商业银行资本管理办法（试行）》要求，于2013年底前完成风险加权资产计量和资本计提。

三、商业银行应向理财产品投资人充分披露投资非标准化债权资产情况，包括融资客户和项目名称、剩余融资期限、到期收益分配、交易结构等。理财产品存续期内所投资的非标准化债权资产发生变更或风险状况发生实质性变化的，应在5日内向投资人披露。

四、商业银行应比照自营贷款管理流程，对非标准化债权资产投资进行投前尽职调查、风险审查和投后风险管理。

五、商业银行应当合理控制理财资金投资非标准化债权资产的总额，理财资金投资非标准化债权资产的余额在任何时点均以理财产品余额的35%与商业银行上一年度审计报告披露总资产的4%之间孰低者为上限。

六、商业银行应加强理财投资合作机构名单制管理，明确合作机构准入标准和程序、存续期管理、信息披露义务及退出机制。商业银行应将合作机构名单于业务开办 10 日前报告监管部门。本通知印发前已开展合作的机构名单应于 2013 年 4 月底前报告监管部门。

七、商业银行代销代理其他机构发行的产品投资于非标准化债权资产或股权性资产的，必须由商业银行总行审核批准。

八、商业银行不得为非标准化债权资产或股权性资产融资提供任何直接或间接、显性或隐性的担保或回购承诺。

九、商业银行要持续探索理财业务投资运作的模式和领域，促进业务规范健康发展。

十、商业银行应严格按照上述各项要求开展相关业务，达不到上述要求的，应立即停止相关业务，直至达到规定要求。

十一、各级监管机构要加强监督检查，发现商业银行违反本通知相关规定的，应要求其立即停止销售相关产品，并依据《中华人民共和国银行业监督管理法》相关规定实施处罚。

十二、本通知自印发之日起实施。

农村合作银行、信用社等其他银行业金融机构开展相关业务的，参照本通知执行。

中国银监会

2013 年 3 月 25 日

中国银监会中资商业银行行政许可事项实施办法

中国银监会令
2013 年第 1 号

《中国银监会中资商业银行行政许可事项实施办法》已由中国银监会第 129 次主席会议于 2012 年 10 月 10 日通过。现予公布，自公布之日起施行。

中国银监会主席尚福林

2013 年 10 月 15 日

第一章 总 则

第一条 为规范银监会及其派出机构实施中资商业银行行政许可行为，明确行政许可事项、条件、程序和期限，保护申请人合法权益，根据《中华人民共和国银行业监督管理法》、《中华人民共和国商业银行法》和《中华人民共和国行政许可法》等法律、行政法规及国务院的有关决定，制定本办法。

第二条 本办法所称中资商业银行包括：国有商业银行、股份制商业银行、城市商业银行、中国邮政储蓄银行（以下简称邮政储蓄银行）等。

第三条 银监会及其派出机构依照本办法和《中国银行业监督管理委员会行政许可实施程序规定》，对中资商业银行实施行政许可。

第四条 中资商业银行以下事项须经银监会及其派出机构行政许可：机构设立，机构变更，机构终止，调整业务范围和增加业务品种，董事和高级管理人员任职资格，以及法律、行政法规规定和国务院决定的其他行政许可事项。

第五条 申请人应当按照《中国银行业监督管理委员会行政许可事项申请材料目录和格式要求》提交申请材料。

第二章 机构设立

第一节 法人机构设立

第六条 设立中资商业银行法人机构应当符合以下条件：

（一）有符合《中华人民共和国公司法》和《中华人民共和国商业银行法》

规定的章程;

（二）注册资本为实缴资本，最低限额为 10 亿元人民币或等值可兑换货币，城市商业银行法人机构注册资本最低限额为 1 亿元人民币;

（三）有符合任职资格条件的董事、高级管理人员和熟悉银行业务的合格从业人员;

（四）有健全的组织机构和管理制度;

（五）有与业务经营相适应的营业场所、安全防范措施和其他设施;

（六）建立与业务经营相适应的信息科技架构，具有支撑业务经营的必要、安全且合规的信息科技系统，具备保障信息科技系统有效安全运行的技术与措施。

第七条 设立中资商业银行法人机构，还应当符合其他审慎性条件，至少包括:

（一）具有良好的公司治理结构;

（二）具有健全的风险管理体系，能有效控制各类风险;

（三）发起人股东中应当包括合格的战略投资者;

（四）具有科学有效的人力资源管理制度，拥有高素质的专业人才;

（五）具备有效的资本约束与资本补充机制;

（六）有助于化解现有金融机构风险，促进金融稳定。

第八条 设立中资商业银行法人机构应当有符合条件的发起人，发起人包括:境内金融机构、境外金融机构、境内非金融机构和银监会认可的其他发起人。

前款所称境外金融机构包括香港、澳门和台湾地区的金融机构。

第九条 境内金融机构作为中资商业银行法人机构的发起人，应当符合以下条件:

（一）主要审慎监管指标符合监管要求;

（二）公司治理良好，内部控制健全有效;

（三）最近 3 个会计年度连续盈利;

（四）社会声誉良好，最近 2 年无严重违法违规行为和因内部管理问题导致的重大案件;

（五）银监会规章规定的其他审慎性条件。

第十条 境外金融机构作为中资商业银行法人机构的发起人或战略投资者，应当符合以下条件:

（一）最近 1 年年末总资产原则上不少于 100 亿美元；

（二）银监会认可的国际评级机构最近 2 年对其长期信用评级为良好；

（三）最近 2 个会计年度连续盈利；

（四）商业银行资本充足率应当达到其注册地银行业资本充足率平均水平且不低于 10.5%；非银行金融机构资本总额不低于加权风险资产总额的 10%；

（五）内部控制健全有效；

（六）注册地金融机构监督管理制度完善；

（七）所在国（地区）经济状况良好；

（八）银监会规章规定的其他审慎性条件。

境外金融机构作为发起人或战略投资者入股中资商业银行应当遵循长期持股、优化治理、业务合作、竞争回避的原则。

银监会根据金融业风险状况和监管需要，可以调整境外金融机构作为发起人的条件。

第十一条 单个境外金融机构及被其控制或共同控制的关联方作为发起人或战略投资者向单个中资商业银行投资入股比例不得超过 20%，多个境外金融机构及被其控制或共同控制的关联方作为发起人或战略投资者投资入股比例合计不得超过 25%。

前款所称投资入股比例是指境外金融机构所持股份占中资商业银行股份总额的比例。境外金融机构关联方的持股比例应当与境外金融机构的持股比例合并计算。

第十二条 境内非金融机构作为中资商业银行法人机构发起人，应当符合以下条件：

（一）依法设立，具有法人资格；

（二）具有良好的公司治理结构或有效的组织管理方式；

（三）具有良好的社会声誉、诚信记录和纳税记录，能按期足额偿还金融机构的贷款本金和利息；

（四）具有较长的发展期和稳定的经营状况；

（五）具有较强的经营管理能力和资金实力；

（六）财务状况良好，最近 3 个会计年度连续盈利；

（七）年终分配后，净资产达到全部资产的 30%（合并会计报表口径）；

（八）权益性投资余额原则上不超过本企业净资产的 50%（合并会计报表口径），国务院规定的投资公司和控股公司除外；

（九）入股资金为自有资金，不得以委托资金、债务资金等非自有资金入股，法律法规另有规定的除外；

（十）银监会规章规定的其他审慎性条件。

第十三条 有以下情形之一的企业不得作为中资商业银行法人机构的发起人：

（一）公司治理结构与机制存在明显缺陷；

（二）关联企业众多、股权关系复杂且不透明、关联交易频繁且异常；

（三）核心主业不突出且其经营范围涉及行业过多；

（四）现金流量波动受经济景气影响较大；

（五）资产负债率、财务杠杆率高于行业平均水平；

（六）代他人持有中资商业银行股权；

（七）其他对银行产生重大不利影响的情况。

第十四条 中资商业银行法人机构设立须经筹建和开业两个阶段。

第十五条 国有商业银行法人机构、股份制商业银行法人机构的筹建申请，应当由发起人各方共同向银监会提交，银监会受理、审查并决定。银监会自受理之日起 4 个月内作出批准或不批准的书面决定。

城市商业银行法人机构的筹建申请，应当由发起人各方共同向拟设地银监局提交，拟设地银监局受理并初步审查，银监会审查并决定。银监会自收到完整申请材料之日起 4 个月内作出批准或不批准的书面决定。

第十六条 中资商业银行法人机构的筹建期为批准决定之日起 6 个月。国有商业银行、股份制商业银行法人机构未能按期筹建的，该机构筹建组应当在筹建期限届满前 1 个月向银监会提交筹建延期报告。筹建延期不得超过一次，筹建延期的最长期限为 3 个月。

该机构筹建组应当在前款规定的期限届满前提交开业申请，逾期未提交的，筹建批准文件失效，由决定机关办理筹建许可注销手续。

第十七条 国有商业银行、股份制商业银行法人机构的开业申请应当向银监会提交，由银监会受理、审查并决定。银监会自受理之日起 2 个月内作出核准或不予核准的书面决定。

城市商业银行法人机构的开业申请应当向所在地银监局提交，由所在地银监局受理并决定。银监局自受理之日起 2 个月内作出核准或不予核准的书面决定，抄报银监会。

第十八条 中资商业银行法人机构应当在收到开业核准文件并按规定领取

金融许可证后，根据工商行政管理部门的规定办理登记手续，领取营业执照。

中资商业银行法人机构应当自领取营业执照之日起 6 个月内开业。国有商业银行、股份制商业银行未能按期开业的，应当在开业期限届满前 1 个月向银监会提交开业延期报告。开业延期不得超过一次，开业延期的最长期限为 3 个月。

中资商业银行法人机构未在前款规定期限内开业的，开业核准文件失效，由决定机关办理开业许可注销手续，收回其金融许可证，并予以公告。

第二节　境内分支机构设立

第十九条　中资商业银行设立的境内分支机构包括分行、分行级专营机构、支行、分行级专营机构的分支机构等。中资商业银行设立境内分支机构须经筹建和开业两个阶段。

第二十条　中资商业银行申请设立分行，申请人应当符合以下条件：

（一）具有良好的公司治理结构；

（二）风险管理和内部控制健全有效；

（三）主要审慎监管指标符合监管要求；

（四）具有拨付营运资金的能力；

（五）具有完善、合规的信息科技系统和信息安全体系，具有标准化的数据管理体系，具备保障业务连续有效安全运行的技术与措施；

（六）监管评级良好；

（七）最近 2 年无严重违法违规行为和因内部管理问题导致的重大案件；

（八）银监会规章规定的其他审慎性条件。

第二十一条　中资商业银行申请设立信用卡中心、小企业信贷中心、私人银行部、票据中心、资金营运中心、贵金属业务部等分行级专营机构，申请人除应当符合第二十条有关规定外，还应当符合以下条件：

（一）专营业务经营体制改革符合该项业务的发展方向，并进行了详细的可行性研究论证；

（二）专营业务经营体制改革符合其总行的总体战略和发展规划，有利于提高整体竞争能力；

（三）开办专营业务 2 年以上，有经营专营业务的管理团队和专业技术人员；

（四）专营业务资产质量、服务等指标达到良好水平，专营业务的成本控制水平较高，具有较好的盈利前景；

（五）银监会规章规定的其他审慎性条件。

第二十二条 中资商业银行的分行筹建申请由其总行向拟设地银监局提交，银监局受理并初步审查，银监会审查并决定。银监会自收到完整申请材料之日起4个月内作出批准或不批准的书面决定。未跨银监局辖区设立的股份制商业银行二级分行、城市商业银行省内分行筹建申请由其总行向拟设地银监局提交，银监局受理、审查并决定。银监局自收到完整申请材料之日起4个月内作出批准或不批准的书面决定。

分行级专营机构的筹建申请由其总行向银监会提交，由银监会受理、审查并决定。银监会自受理之日起4个月内作出批准或不批准的书面决定。

第二十三条 分行、分行级专营机构的筹建期为批准决定之日起6个月。未能按期筹建的，其总行应当在筹建期限届满前1个月内向筹建申请受理机关提交筹建延期报告。筹建延期不得超过一次，筹建延期的最长期限为3个月。

申请人应当在前款规定的期限届满前提交开业申请，逾期未提交的，筹建批准文件失效，由决定机关办理筹建许可注销手续。

第二十四条 中资商业银行的分行、分行级专营机构开业申请由其总行向所在地银监局提交，银监局受理、审查并决定。银监局自受理之日起2个月内作出核准或不予核准的书面决定。分行、分行级专营机构开业应当符合以下条件：

（一）营运资金到位；

（二）有符合任职资格条件的高级管理人员和熟悉银行业务的合格从业人员；

（三）有与业务发展相适应的组织机构和规章制度；

（四）有与业务经营相适应的营业场所、安全防范措施和其他设施；

（五）有与业务经营相适应的信息科技部门，具有必要、安全且合规的信息科技系统，具备保障本级信息科技系统有效安全运行的技术与措施。

第二十五条 分行、分行级专营机构应当在收到开业核准文件并按规定领取金融许可证后，根据工商行政管理部门的规定办理登记手续，领取营业执照。分行、分行级专营机构应当自领取营业执照之日起6个月内开业，未能按期开业的，申请人应当在开业期限届满前1个月内向所在地银监局提交开业延期报告。开业延期不得超过一次，开业延期的最长期限为3个月。

分行、分行级专营机构未在前款规定期限内开业的，原开业核准文件失效，由决定机关办理开业许可注销手续，收回其金融许可证，并予以公告。

第二十六条 中资商业银行申请设立支行，应当符合以下条件：

（一）国有商业银行、股份制商业银行、邮政储蓄银行在拟设地所在省、自治区、直辖市内设有分行、视同分行管理的机构或分行以上机构且正式营业1年以上，经营状况和风险管理状况良好。城市商业银行在拟设地同一地级或地级以上城市设有分行、视同分行管理的机构或分行以上机构且正式营业1年以上，经营状况和风险管理状况良好；

（二）拟设地已设立机构具有较强的内部控制能力，最近1年无严重违法违规行为和因内部管理问题导致的重大案件；

（三）具有拨付营运资金的能力；

（四）已建立对高级管理人员考核、监督、授权和调整的制度和机制，并有足够的专业经营管理人才；

（五）银监会规章规定的其他审慎性条件。

第二十七条 中资商业银行的支行筹建申请由分行、视同分行管理的机构或城市商业银行总行提交，拟设地银监分局或所在城市银监局受理，银监局审查并决定。银监局自收到完整申请材料或直接受理之日起4个月内作出批准或不批准的书面决定。

第二十八条 支行的筹建期为批准决定之日起6个月。未能按期筹建的，申请人应当在筹建期限届满前1个月内向筹建受理机关提交筹建延期报告。筹建延期不得超过一次，筹建延期的最长期限为3个月。

申请人应当在前款规定的期限届满前提交开业申请，逾期未提交的，筹建批准文件失效，由决定机关办理筹建许可注销手续。

第二十九条 支行的开业申请由分行、视同分行管理的机构或城市商业银行总行向筹建受理机关提交，筹建受理机关受理、审查并决定。筹建受理机关自受理之日起2个月内作出核准或不予核准的书面决定。

支行开业应当符合以下条件：

（一）营运资金到位；

（二）有符合任职资格条件的高级管理人员和熟悉银行业务的合格从业人员；

（三）有与业务经营相适应的营业场所、安全防范措施和其他设施。

第三十条 支行应当在收到开业核准文件并按规定领取金融许可证后，根据工商管理部门的规定办理登记手续，领取营业执照。

支行应当自领取营业执照之日起 6 个月内开业。未能按期开业的，申请人应当在开业期限届满前 1 个月内向开业申请受理机关提出开业延期报告。开业延期不得超过一次，开业延期的最长期限为 3 个月。

支行未在规定期限内开业的，原开业核准文件失效，由决定机关办理开业许可注销手续，收回其金融许可证，并予以公告。

中资商业银行设立专营机构的分支机构，参照中资商业银行设立相应分支机构的行政许可条件和程序实施。

第三十一条 中资商业银行收购其他银行业金融机构设立分支机构的，应当符合以下条件：

（一）主要审慎监管指标符合监管要求，提足准备金后具有营运资金拨付能力；

（二）收购方授权执行收购任务的分行经营状况良好，内部控制健全有效，合法合规经营；

（三）按照市场和自愿原则收购；

（四）银监会规章规定的其他审慎性条件。

第三十二条 中资商业银行收购其他银行业金融机构设立分支机构须经收购和开业两个阶段。收购审批和开业核准的程序同中资商业银行设立分行或支行的筹建审批和开业核准的程序。

第三节　投资设立、参股、收购境内法人金融机构

第三十三条 中资商业银行申请投资设立、参股、收购境内法人金融机构的，应当符合以下条件：

（一）具有良好的公司治理结构；

（二）风险管理和内部控制健全有效；

（三）具有良好的并表管理能力；

（四）主要审慎监管指标符合监管要求；

（五）权益性投资余额原则上不超过其净资产的 50%（合并会计报表口径）；

（六）具有完善、合规的信息科技系统和信息安全体系，具有标准化的数据管理体系，具备保障业务连续有效安全运行的技术与措施；

（七）最近 2 年无严重违法违规行为和因内部管理问题导致的重大案件；

（八）最近 3 个会计年度连续盈利；

（九）监管评级良好；

（十）银监会规章规定的其他审慎性条件。

第三十四条 国有商业银行、股份制商业银行、邮政储蓄银行申请投资设立、参股、收购境内法人金融机构由银监会受理、审查并决定。银监会自受理之日起 6 个月内作出批准或不批准的书面决定。

城市商业银行申请投资设立、参股、收购境内法人金融机构由申请人所在地银监局受理并初步审查，银监会审查并决定。银监会自收到完整申请材料之日起 6 个月内作出批准或不批准的书面决定。

第四节 投资设立、参股、收购境外机构

第三十五条 中资商业银行申请投资设立、参股、收购境外机构，申请人应当符合以下条件：

（一）具有良好的公司治理结构，内部控制健全有效，业务条线管理和风险管控能力与境外业务发展相适应；

（二）具有清晰的海外发展战略；

（三）具有良好的并表管理能力；

（四）主要审慎监管指标符合监管要求；

（五）权益性投资余额原则上不超过其净资产的 50%（合并会计报表口径）；

（六）最近 3 个会计年度连续盈利；

（七）申请前 1 年年末资产余额达到 1000 亿元人民币以上；

（八）具备与境外经营环境相适应的专业人才队伍；

（九）银监会规章规定的其他审慎性条件。

本办法所称境外机构是指中资商业银行境外一级分行、全资附属或控股金融机构、代表机构，以及境外一级分行、全资子公司跨国设立的机构。

第三十六条 国有商业银行、股份制商业银行、邮政储蓄银行申请投资设立、参股、收购境外机构由银监会受理、审查并决定。银监会自受理之日起 6 个月内作出批准或不批准的书面决定。城市商业银行申请投资设立、参股、收购境外机构由申请人所在地银监局受理并初步审查，银监会审查并决定。银监会自收到完整申请材料之日起 6 个月内作出批准或不批准的书面决定。

第三章　机构变更

第一节　法人机构变更

第三十七条　法人机构变更包括：变更名称，变更股权，变更注册资本，修改章程，变更住所，变更组织形式，存续分立、新设分立、吸收合并、新设合并等。

第三十八条　国有商业银行、股份制商业银行、邮政储蓄银行法人机构变更名称由银监会受理、审查并决定；城市商业银行法人机构变更名称由所在地银监局受理并初步审查、银监会审查并决定。

第三十九条　中资商业银行股权变更，其股东资格条件同第九至十三条规定的新设中资商业银行法人机构的发起人入股条件。

国有商业银行、股份制商业银行、邮政储蓄银行变更持有资本总额或股份总额5%以上股东的变更申请、境外金融机构投资入股申请由银监会受理、审查并决定。

城市商业银行变更持有资本总额或股份总额5%以上、10%以下，城市商业银行注册地所在省、自治区、直辖市以内的股东的变更申请，由城市商业银行所在地银监局受理、审查并决定。城市商业银行注册地所在省、自治区、直辖市以外的企业入股城市商业银行5%以上的股权变更申请，以及城市商业银行变更持有资本总额或股份总额10%以上股东的变更申请，由城市商业银行所在地银监局受理，银监会审查并决定。城市商业银行注册地所在省、自治区、直辖市以外的企业入股城市商业银行5%以下的股权变更申请，由城市商业银行所在地银监局受理、审查并决定。境外金融机构投资入股城市商业银行的申请，由银监会受理、审查并决定。

中资商业银行变更持有资本总额或股份总额1%以上、5%以下的股东，应当在股权转让后10日内向所在地银行业监督管理机构报告。

投资人入股中资商业银行，应当按照《商业银行与内部人和股东关联交易管理办法》的有关规定，完整、真实地披露其关联关系。

第四十条　中资商业银行变更注册资本，其股东资格应当符合本办法第九条至第十三条规定的条件。国有商业银行、股份制商业银行、邮政储蓄银行变更注册资本，由银监会受理、审查并决定；城市商业银行变更注册资本，由所在地银监局受理、审查并决定；涉及境外金融机构投资入股的，由银监局受理并初步审查，银监会审查并决定。

中资商业银行通过配股或募集新股份方式变更注册资本的，在变更注册资本前，还应当经过配股或募集新股份方案审批。方案审批的受理、审查和决定程序同前款规定。

第四十一条 中资商业银行公开募集股份和上市交易股份的，应当符合国务院及中国证监会有关的规定条件。向中国证监会申请之前，应当向银监会申请并获得批准。

国有商业银行、股份制商业银行、邮政储蓄银行公开募集股份和上市交易股份的，由银监会受理、审查并决定；城市商业银行发行股份和上市，由银监局受理并初步审查，银监会审查并决定。

第四十二条 国有商业银行、股份制商业银行、邮政储蓄银行修改章程，由银监会受理、审查并决定；城市商业银行修改章程，由银监局受理、审查并决定。

中资商业银行变更名称、住所、股权、注册资本或业务范围的，应当在决定机关作出批准决定6个月内修改章程相应条款并报告决定机关。

第四十三条 中资商业银行变更住所，应当有与业务发展相符合的营业场所、安全防范措施和其他设施。

国有商业银行、股份制商业银行、邮政储蓄银行变更住所，由银监会受理、审查并决定；城市商业银行变更住所，由银监局受理、审查并决定。

第四十四条 中资商业银行因行政区划调整等原因导致的行政区划、街道、门牌号等发生变化而实际位置未变化的，不需进行变更住所的申请，但应当于变更后15日内报告所在地银行业监督管理机构，并换领金融许可证。

中资商业银行因房屋维修、增扩建等原因临时变更住所6个月以内的，不需进行变更住所的申请，但应当在原住所、临时住所公告，并提前10日向所在地银行业监督管理机构报告。临时住所应当符合公安、消防部门的相关要求。中资商业银行回迁原住所，应当提前10日将公安部门对回迁住所出具的安全合格证明及有关消防证明文件等材料报所在地银行业监督管理机构，并予以公告。

第四十五条 中资商业银行变更组织形式，应当符合《中华人民共和国公司法》、《中华人民共和国商业银行法》以及其他法律、行政法规和规章的规定。

国有商业银行、股份制商业银行、邮政储蓄银行变更组织形式，由银监会受理、审查并决定；城市商业银行变更组织形式，由银监局受理并初步审查，银监会审查并决定。

第四十六条 中资商业银行分立，应当符合《中华人民共和国公司法》、《中华人民共和国商业银行法》以及其他法律、行政法规和规章的规定。

国有商业银行、股份制商业银行、邮政储蓄银行的分立，由银监会受理、审查并决定；城市商业银行的分立由所在地银监局受理并初步审查，银监会审查并决定。

存续分立的，在分立公告期限届满后，存续方应当按照变更事项的条件和程序通过行政许可；新设方应当按照法人机构开业的条件和程序通过行政许可。

新设分立的，在分立公告期限届满后，新设方应当按照法人机构开业的条件和程序通过行政许可；原法人机构应当按照法人机构解散的条件和程序通过行政许可。

第四十七条 中资商业银行合并，应当符合《中华人民共和国公司法》、《中华人民共和国商业银行法》以及其他法律、法规和规章的规定。

合并一方为国有商业银行、股份制商业银行、邮政储蓄银行的，由银监会受理、审查并决定；其他合并由所在地银监局受理并初步审查，银监会审查并决定。

吸收合并的，在合并公告期限届满后，吸收合并方应当按照变更事项的条件和程序通过行政许可；被吸收合并方应当按照法人机构终止的条件和程序通过行政许可。被吸收合并方改建为分支机构的，应当按照分支机构开业条件和程序通过行政许可。

新设合并的，在合并公告期限届满后，新设方应当按照法人机构开业的条件和程序通过行政许可；原法人机构应当按照法人机构解散的条件和程序通过行政许可。

第四十八条 本节变更事项，由下级监管机关受理、报上级监管机关决定的，自上级监管机关收到完整申请材料之日起3个月内作出批准或不批准的书面决定；由同一监管机关受理、审查并决定的，自受理之日起3个月内作出批准或不批准的书面决定。

第二节　境内分支机构变更

第四十九条 中资商业银行境内分支机构变更包括变更名称、机构升格等。

第五十条 银监局所在城市的中资商业银行分支机构变更名称由银监局受理、审查并决定；银监分局所在地中资商业银行分支机构变更名称由银监分局受理、审查并决定。

第五十一条 中资商业银行支行升格为分行，应当符合以下条件：

（一）总行内部控制和风险管理健全有效；

（二）总行拨付营运资金到位；

（三）拟升格支行内部控制健全有效，最近 2 年无严重违法违规行为和因内部管理问题导致的重大案件；

（四）拟升格支行有符合任职资格条件的高级管理人员和熟悉银行业务的合格从业人员；

（五）拟升格支行连续 2 年盈利；

（六）有与业务发展相适应的组织机构和规章制度；

（七）有与业务经营相适应的营业场所、安全防范措施和其他设施；

（八）有与业务经营相适应的信息科技部门，具有必要、安全且合规的信息科技系统，具备保障本级信息科技系统有效安全运行的技术与措施；

（九）银监会规章规定的其他审慎性条件。支行升格为分行的，由中资商业银行总行向升格后机构所在地银监局提出申请，银监局受理并初步审查，银监会审查并决定。股份制商业银行支行升格为二级分行、城市商业银行支行升格为省内分行的，由股份制商业银行、城市商业银行总行向升格后机构所在地银监局提出申请，银监局受理、审查并决定。

第五十二条 支行以下机构升格为支行的，应当符合以下条件：

（一）拟升格机构经营情况良好；

（二）拟升格机构内部控制健全有效，最近 2 年无严重违法违规行为和因内部管理问题导致的重大案件；

（三）拟升格机构有符合任职资格条件的高级管理人员和熟悉银行业务的合格从业人员；

（四）拟升格机构有与业务经营相适应的营业场所、安全防范措施和其他设施；

（五）银监会规章规定的其他审慎性条件。

中资商业银行支行以下机构升格为支行的申请人应当是商业银行分行或总行。银监局所在城市支行以下机构升格为支行的申请，由银监局受理、审查并决定；银监分局所在地支行以下机构升格为支行的申请，由银监分局受理、审查并决定。

第五十三条 本节变更事项，由下级监管机关受理、报上级监管机关决定的，自上级监管机关收到完整申请材料之日起 3 个月内作出批准或不批准的书面决定；由同一监管机关受理、审查并决定的，自受理之日起 3 个月内作出批准或不批准的书面决定。

<h3 style="text-align:center">第三节　境外机构变更</h3>

第五十四条　中资商业银行境外机构升格、变更营运资金或注册资本、变更名称、重大投资事项、变更股权、分立、合并以及银监会规定的其他事项，须经银监会许可。

前款所称重大投资事项，指中资商业银行境外机构拟从事的投资额为 1 亿元人民币以上或者投资额占其注册资本或营运资金5%以上的股权投资事项。

第五十五条　中资商业银行境外机构变更事项应当由中资商业银行总行向银监会申请，由银监会受理、审查并决定。银监会自受理之日起 3 个月内作出批准或不批准的书面决定。

<h2 style="text-align:center">第四章　机构终止</h2>

<h3 style="text-align:center">第一节　法人机构终止</h3>

第五十六条　中资商业银行有下列情形之一的，应当申请解散：
（一）章程规定的营业期限届满或者出现章程规定的其他应当解散的情形；
（二）股东大会决议解散；
（三）因分立、合并需要解散。

第五十七条　国有商业银行、股份制商业银行、邮政储蓄银行解散由银监会受理、审查并决定。银监会自受理之日起 3 个月内作出批准或不批准的书面决定。

城市商业银行解散由银监局受理并初步审查，银监会审查并决定。银监会自收到完整申请材料之日起 3 个月内作出批准或不批准的书面决定。

第五十八条　中资商业银行因分立、合并出现解散情形的，与分立、合并一并进行审批。

第五十九条　中资商业银行法人机构有下列情形之一的，在向法院申请破产前，应当向银监会申请并获得批准：
（一）不能支付到期债务，自愿或应其债权人要求申请破产；
（二）因解散而清算，清算组发现该机构财产不足以清偿债务，应当申请破产。

申请国有商业银行、股份制商业银行、邮政储蓄银行破产的，由银监会受理、审查并决定。银监会自受理之日起 3 个月内作出批准或不批准的书面决定。

申请城市商业银行破产的，由银监局受理并初步审查，银监会审查并决定。银监会自收到完整申请材料之日起 3 个月内作出批准或不批准的书面决定。

第二节　分支机构终止

第六十条　中资商业银行境内外分支机构终止营业的（被依法撤销除外），应当提出终止营业申请。

第六十一条　中资商业银行境内分行的终止营业申请，由银监局受理并初步审查，银监会审查并决定。银监会自收到完整申请材料之日起 3 个月内作出批准或不批准的书面决定。

中资商业银行境内支行及以下分支机构的终止营业申请，由所在地银监分局或所在城市银监局受理、审查并决定，自受理之日起 3 个月内作出批准或不批准的书面决定。

中资商业银行境外机构的终止营业申请，由银监会受理、审查并决定。银监会自受理之日起 3 个月内作出批准或不批准的书面决定。

第五章　调整业务范围和增加业务品种

第一节　开办外汇业务和增加外汇业务品种

第六十二条　中资商业银行申请开办除结汇、售汇以外的外汇业务或增加外汇业务品种，应当符合以下条件：

（一）主要审慎监管指标符合监管要求；

（二）依法合规经营，内控制度健全有效，经营状况良好；

（三）有与申报外汇业务相应的外汇营运资金和合格的外汇业务从业人员；

（四）有符合开展外汇业务要求的营业场所和相关设施；

（五）银监会规章规定的其他审慎性条件。

第六十三条　国有商业银行、股份制商业银行、邮政储蓄银行申请开办除结汇、售汇以外的外汇业务或增加外汇业务品种，由银监会受理、审查并决定。银监会自受理之日起 3 个月内作出批准或不批准的书面决定。

城市商业银行申请开办外汇业务或增加外汇业务品种，由机构所在地银监分局或所在城市银监局受理，银监局审查并决定。银监局自收到完整申请材料或直接受理之日起 3 个月内作出批准或不批准的书面决定。

第二节 募集发行债务、资本补充工具

第六十四条 中资商业银行募集次级定期债务、发行次级债券、混合资本债、金融债及依法须经银监会许可的其他债务、资本补充工具，应当符合以下条件：

（一）具有良好的公司治理结构；

（二）主要审慎监管指标符合监管要求；

（三）贷款风险分类结果真实准确；

（四）拨备覆盖率达标，贷款损失准备计提充足；

（五）最近 3 年无严重违法违规行为和因内部管理问题导致的重大案件；

（六）银监会规章规定的其他审慎性条件。

第六十五条 国有商业银行、股份制商业银行、邮政储蓄银行申请募集次级定期债务、申请发行次级债券、混合资本债或金融债及依法须经银监会许可的其他债务、资本补充工具，由银监会受理、审查并决定。银监会自受理之日起 3 个月内作出批准或不批准的书面决定。

城市商业银行申请募集次级定期债务、申请发行次级债券、混合资本债或金融债及依法须经银监会许可的其他债务、资本补充工具，由所在地银监局受理并初步审查，银监会审查并决定。银监会自收到完整申请材料之日起 3 个月内作出批准或不批准的书面决定。

第三节 开办衍生产品交易业务

第六十六条 中资商业银行开办衍生产品交易业务的资格分为以下两类：

（一）基础类资格：只能从事套期保值类衍生产品交易；

（二）普通类资格：除基础类资格可以从事的衍生产品交易之外，还可以从事非套期保值类衍生产品交易。

第六十七条 中资商业银行申请开办基础类衍生产品交易业务，应当符合以下条件：

（一）具有健全的衍生产品交易风险管理制度和内部控制制度；

（二）具有接受相关衍生产品交易技能专门培训半年以上、从事衍生产品或相关交易 2 年以上的交易人员至少 2 名，相关风险管理人员至少 1 名，风险模型研究人员或风险分析人员至少 1 名，熟悉套期会计操作程序和制度规范的人员

至少 1 名，以上人员均需专岗专人，相互不得兼任，且无不良记录；

（三）有适当的交易场所和设备；

（四）具有处理法律事务和负责内控合规检查的专业部门及相关专业人员；

（五）主要审慎监管指标符合监管要求；

（六）银监会规章规定的其他审慎性条件。

第六十八条 中资商业银行申请开办普通类衍生产品交易业务，除符合本办法第六十七条规定的条件外，还应当符合以下条件：

（一）完善的衍生产品交易前、中、后台自动联接的业务处理系统和实时风险管理系统；

（二）衍生产品交易业务主管人员应当具备 5 年以上直接参与衍生产品交易活动或风险管理的资历，且无不良记录；

（三）严格的业务分离制度，确保套期保值类业务与非套期保值类业务的市场信息、风险管理、损益核算有效隔离；

（四）完善的市场风险、操作风险、信用风险等风险管理框架；

（五）银监会规章规定的其他审慎性条件。

第六十九条 国有商业银行、股份制商业银行、邮政储蓄银行申请开办衍生产品交易业务，由银监会受理、审查并决定。银监会自受理之日起 3 个月内作出批准或不批准的书面决定。

城市商业银行申请开办衍生产品交易业务，由所在地银监局受理并初步审查、银监会审查并决定。银监会自收到完整申请材料之日起 3 个月内作出批准或不批准的书面决定。

第四节　开办信用卡业务

第七十条 中资商业银行申请开办信用卡业务分为申请发卡业务和申请收单业务。申请人应当符合下列条件：

（一）公司治理良好，主要审慎监管指标符合监管要求，具备与业务发展相适应的组织机构和规章制度，内部控制、风险管理和问责机制健全有效；

（二）信誉良好，具有完善、有效的内控机制和案件防控体系，最近 3 年无严重违法违规行为和因内部管理问题导致的重大案件；

（三）具备符合任职资格条件的董事、高级管理人员和熟悉银行业务的合格从业人员。高级管理人员中具有信用卡业务专业知识和管理经验的人员至少 1 人，具备开展信用卡业务必须的技术人员和管理人员，并全面实施分级授权管理；

（四）具备与业务经营相适应的营业场所、相关设施和必备的信息技术资源；

（五）已在境内建立符合法律法规和业务管理要求的业务系统，具有保障相关业务系统信息安全和运行质量的技术能力；

（六）开办外币信用卡业务的，应当具有经国务院外汇管理部门批准的结汇、售汇业务资格；

（七）银监会规章规定的其他审慎性条件。

第七十一条 中资商业银行申请开办信用卡发卡业务除应当具备本办法第七十条规定的条件外，还应当符合下列条件：

（一）具备办理零售业务的良好基础，最近3年个人存贷款业务规模和业务结构稳定，个人存贷款业务客户规模和客户结构良好，银行卡业务运行情况良好，身份证件验证系统和征信系统的连接和使用情况良好；

（二）具备办理信用卡业务的专业系统，在境内建有发卡业务主机、信用卡业务申请管理系统、信用评估管理系统、信用卡账户管理系统、信用卡交易授权系统、信用卡交易监测和伪冒交易预警系统、信用卡客户服务中心系统、催收业务管理系统等专业化运营基础设施，相关设施通过了必要的安全监测和业务测试，能够保障客户资料和业务数据的完整性和安全性；

（三）符合中资商业银行业务经营总体战略和发展规划，有利于提高总体业务竞争能力，能够根据业务发展实际情况持续开展业务成本计量、业务规模监测和基本盈亏平衡测算等工作。

第七十二条 中资商业银行申请开办信用卡收单业务除应当具备本办法第七十条规定的条件外，还应当符合下列条件：

（一）具备开办收单业务的良好业务基础，最近3年企业贷款业务规模和业务机构稳定，企业贷款业务客户规模和客户结构较为稳定，身份证件验证系统和征信系统连接和使用情况良好；

（二）具备办理收单业务的专业系统支持，在境内建有收单业务主机、特约商户申请管理系统、账户管理系统、收单交易监测和伪冒交易预警系统、交易授权系统等专业化运营基础设施，相关设施通过了必要的安全检测和业务测试，能够保障客户资料和业务数据的完整性和安全性；

（三）符合中资商业银行业务经营总体战略和发展规划，有利于提高业务竞争能力，能够根据业务发展实际情况持续开展业务成本计量、业务规模监测和基本盈亏平衡测算等工作。

第七十三条 国有商业银行、股份制商业银行、邮政储蓄银行申请开办信用卡业务，由银监会受理、审查并决定。银监会自受理之日起 3 个月内作出批准或不批准的书面决定。

城市商业银行申请开办信用卡业务，由所在地银监局受理并初步审查，银监会审查并决定。银监会自收到完整申请材料之日起 3 个月内作出批准或不批准的书面决定。

第五节　开办离岸银行业务

第七十四条 中资商业银行申请开办离岸银行业务或增加业务品种，应当符合以下条件：

（一）主要审慎监管指标符合监管要求；

（二）风险管理和内控制度健全有效；

（三）达到规定的外汇资产规模，且外汇业务经营业绩良好；

（四）外汇从业人员符合开展离岸银行业务要求，且在以往经营活动中无不良记录，其中主管人员应当从事外汇业务 5 年以上，其他从业人员中至少 50%应当从事外汇业务 3 年以上；

（五）有符合离岸银行业务开展要求的场所和设施；

（六）最近 3 年无严重违法违规行为和因内部管理问题导致的重大案件；

（七）银监会规章规定的其他审慎性条件。

第七十五条 国有商业银行、股份制商业银行、邮政储蓄银行申请开办离岸银行业务或增加业务品种，由银监会受理、审查并决定。银监会自受理之日起 3 个月内作出批准或不批准的书面决定。城市商业银行申请开办离岸银行业务或增加业务品种，由所在地银监局受理并初步审查、银监会审查并决定。银监会自收到完整申请材料之日起 3 个月内作出批准或不批准的书面决定。

第六节　申请开办其他业务

第七十六条 国有商业银行、股份制商业银行、邮政储蓄银行申请开办现行法规明确规定的其他业务和品种的，由银监会受理、审查并决定。银监会自受理之日起 3 个月内作出批准或不批准的书面决定。

城市商业银行申请开办现行法规明确规定的其他业务和品种的，由机构所在地银监分局或所在城市银监局受理，银监局审查并决定。银监局自收到完整申请材料或直接受理之日起 3 个月内作出批准或不批准的书面决定。

第七十七条 中资商业银行申请开办现行法规未明确规定的业务和品种的，应当符合以下条件：

（一）公司治理良好，具备与业务发展相适应的组织机构和规章制度，内部制度、风险管理和问责机制健全有效；

（二）与现行法律法规不相冲突；

（三）主要审慎监管指标符合监管要求；

（四）符合本行战略发展定位与方向；

（五）经董事会同意并出具书面意见；

（六）具备开展业务必需的技术人员和管理人员，并全面实施分级授权管理；

（七）具备与业务经营相适应的营业场所和相关设施；

（八）具有开展该项业务的必要、安全且合规的信息科技系统，具备保障信息科技系统有效安全运行的技术与措施；

（九）最近 3 年无严重违法违规行为和因内部管理问题导致的重大案件；

（十）银监会规章规定的其他审慎性条件。

国有商业银行、股份制商业银行、邮政储蓄银行申请开办本条所述业务和品种的，由银监会受理、审查并决定。银监会自受理之日起 3 个月内作出批准或不批准的书面决定。

城市商业银行申请开办本条所述业务和品种的，由机构所在地银监局受理并初步审查，银监会审查并决定。银监会自收到完整申请材料之日起 3 个月内作出批准或不批准的书面决定。

第六章 董事和高级管理人员任职资格许可

第一节 任职资格条件

第七十八条 中资商业银行董事长、副董事长、独立董事、其他董事会成员以及董事会秘书，须经任职资格许可。

中资商业银行行长、副行长、行长助理、风险总监、合规总监、总审计师、总会计师、首席信息官以及同职级高级管理人员，内审部门、财务部门负责人，总行营业部总经理（主任）、副总经理（副主任）、总经理助理，分行行长、副行长、行长助理，分行级专营机构总经理、副总经理、总经理助理，分行营业部负责人，支行行长、专营机构分支机构负责人等高级管理人员，须经任职资格许可。

中资商业银行从境内聘请的中资商业银行境外机构董事长、副董事长、行长（总经理）、副行长（副总经理）、首席代表，须经任职资格许可。

其他虽未担任上述职务，但实际履行本条前三款所列董事和高级管理人员职责的人员，总行及分支机构管理层中对该机构经营管理、风险控制有决策权或重要影响力的人员，须经任职资格许可。

第七十九条 申请中资商业银行董事和高级管理人员任职资格，拟任人应当符合以下基本条件：

（一）具有完全民事行为能力；

（二）具有良好的守法合规记录；

（三）具有良好的品行、声誉；

（四）具有担任拟任职务所需的相关知识、经验及能力；

（五）具有良好的经济、金融从业记录；

（六）个人及家庭财务稳健；

（七）具有担任拟任职务所需的独立性；

（八）履行对金融机构的忠实与勤勉义务。

第八十条 拟任人有下列情形之一的，视为不符合本办法第七十九条第（二）项、第（三）项、第（五）项规定的条件，不得担任中资商业银行董事和高级管理人员：

（一）有故意或重大过失犯罪记录的；

（二）有违反社会公德的不良行为，造成恶劣影响的；

（三）对曾任职机构违法违规经营活动或重大损失负有个人责任或直接领导责任，情节严重的；

（四）担任或曾任被接管、撤销、宣告破产或吊销营业执照的机构的董事或高级管理人员的，但能够证明本人对曾任职机构被接管、撤销、宣告破产或吊销营业执照不负有个人责任的除外；

（五）因违反职业道德、操守或者工作严重失职，造成重大损失或恶劣影响的；

（六）指使、参与所任职机构不配合依法监管或案件查处的；

（七）被取消终身的董事和高级管理人员任职资格，或受到监管机构或其他金融管理部门处罚累计达到 2 次以上的；

（八）不具备本办法规定的任职资格条件，采取不正当手段以获得任职资格核准的。

第八十一条 拟任人有下列情形之一的，视为不符合本办法第七十九条第（六）项、第（七）项规定的条件，不得担任中资商业银行董事和高级管理人员：

（一）截至申请任职资格时，本人或其配偶仍有数额较大的逾期债务未能偿还，包括但不限于在该金融机构的逾期贷款；

（二）本人及其近亲属合并持有该金融机构5%以上股份，且从该金融机构获得的授信总额明显超过其持有的该金融机构股权净值；

（三）本人及其所控股的股东单位合并持有该金融机构5%以上股份，且从该金融机构获得的授信总额明显超过其持有的该金融机构股权净值；

（四）本人或其配偶在持有该金融机构5%以上股份的股东单位任职，且该股东单位从该金融机构获得的授信总额明显超过其持有的该金融机构股权净值，但能够证明授信与本人及其配偶没有关系的除外；

（五）存在其他所任职务与其在该金融机构拟任、现任职务有明显利益冲突，或明显分散其在该金融机构履职时间和精力的情形。

第八十二条 申请中资商业银行董事任职资格，拟任人除应当符合本办法第七十九条规定条件外，还应当具备以下条件：

（一）5年以上的法律、经济、金融、财务或其他有利于履行董事职责的工作经历；

（二）能够运用金融机构的财务报表和统计报表判断金融机构的经营管理和风险状况；

（三）了解拟任职机构的公司治理结构、公司章程和董事会职责。

申请中资商业银行独立董事任职资格，拟任人还应当是法律、经济、金融或财会方面的专家，并符合相关法规规定。

第八十三条 除不得存在第八十条、第八十一条所列情形外，中资商业银行拟任独立董事还不得存在下列情形：

（一）本人及其近亲属合并持有该金融机构1%以上股份或股权；

（二）本人或其近亲属在持有该金融机构1%以上股份或股权的股东单位任职；

（三）本人或其近亲属在该金融机构、该金融机构控股或者实际控制的机构任职；

（四）本人或其近亲属在不能按期偿还该金融机构贷款的机构任职；

（五）本人或其近亲属任职的机构与本人拟任职金融机构之间存在因法律、会计、审计、管理咨询、担保合作等方面的业务联系或债权债务等方面的利益关系，以致于妨碍其履职独立性的情形；

（六）本人或其近亲属可能被拟任职金融机构大股东、高管层控制或施加重大影响，以致于妨碍其履职独立性的其他情形。

第八十四条 申请中资商业银行董事长、副董事长和董事会秘书任职资格，拟任人除应当符合第七十九条、第八十二条规定条件外，还应当分别符合以下条件：

（一）拟任国有商业银行、股份制商业银行、邮政储蓄银行董事长、副董事长，应当具有本科以上学历，从事金融工作8年以上，或从事相关经济工作12年以上（其中从事金融工作5年以上）。拟任城市商业银行董事长、副董事长，应当具有本科以上学历，从事金融工作6年以上，或从事相关经济工作10年以上（其中从事金融工作3年以上）；

（二）拟任国有商业银行、股份制商业银行、邮政储蓄银行董事会秘书的，应当具备本科以上学历，从事金融工作6年以上，或从事相关经济工作10年以上（其中从事金融工作3年以上）。拟任城市商业银行董事会秘书的，应当具备本科以上学历，从事金融工作4年以上，或从事相关经济工作8年以上（其中从事金融工作2年以上）；

（三）拟任中资商业银行境外机构董事长、副董事长，应当具备本科以上学历，从事金融工作6年以上，或从事相关经济工作10年以上（其中从事金融工作3年以上），且能较熟练地运用1门与所任职务相适应的外语。

第八十五条 申请中资商业银行各类高级管理人员任职资格，拟任人应当了解拟任职务的职责，熟悉拟任职机构的管理框架、盈利模式，熟知拟任职机构的内控制度，具备与拟任职务相适应的风险管理能力。

第八十六条 申请中资商业银行法人机构高级管理人员任职资格，拟任人除应当符合第七十九条、第八十五条规定的条件外，还应当符合以下条件：

（一）拟任国有商业银行、股份制商业银行、邮政储蓄银行行长、副行长的，应当具备本科以上学历，从事金融工作8年以上，或从事相关经济工作12年以上（其中从事金融工作4年以上）；

（二）拟任城市商业银行行长、副行长的，应当具备本科以上学历，从事金融工作6年以上，或从事相关经济工作10年以上（其中从事金融工作3年以上）；

（三）拟任国有商业银行、股份制商业银行、邮政储蓄银行行长助理（总经理助理）的，应当具备本科以上学历，从事金融工作6年以上，或从事相关经济工作10年以上（其中从事金融工作3年以上）；拟任城市商业银行行长助理的，应当具备本科以上学历，从事金融工作4年以上，或从事相关经济工作8年以上（其中从事金融工作2年以上）；

（四）拟任中资商业银行境外机构行长（总经理）、副行长（副总经理）、代表处首席代表的，应当具备本科以上学历，从事金融工作6年以上，或从事相关经济工作10年以上（其中从事金融工作3年以上），且能较熟练地运用1门与所任职务相适应的外语；

（五）拟任风险总监的，应当具备本科以上学历，并从事信贷或风险管理相关工作6年以上；

（六）拟任合规总监的，应当具备本科以上学历，并从事相关经济工作6年以上（其中从事金融工作2年以上）；

（七）拟任总审计师、内审部门负责人的，应当具备本科以上学历，取得国家或国际认可审计专业技术高级职称（或通过国家或国际认可的会计、审计专业技术资格考试），并从事财务、会计或审计工作6年以上（其中从事金融工作2年以上）；

（八）拟任总会计师或财务部门负责人的，应当具备本科以上学历，取得国家或国际认可的会计专业技术高级职称（或通过国家或国际认可的会计专业技术资格考试），并从事财务、会计或审计工作6年以上（其中从事金融工作2年以上）；

（九）拟任首席信息官的，应当具备本科以上学历，并从事信息科技工作6年以上（其中任信息科技高级管理职务4年以上并从事金融工作2年以上）；实际履行前述高级管理职务的人员，应当分别符合相应条件。

第八十七条 申请中资商业银行分支机构高级管理人员任职资格，拟任人除应当符合第七十九条、第八十五条规定的条件外，还应当符合以下条件：

（一）拟任国有商业银行、邮政储蓄银行一级分行（直属分行）行长、副行长、行长助理，总行营业部总经理（主任）、副总经理（副主任）、总经理助理，分行级专营机构总经理、副总经理的，应当具备本科以上学历，从事金融工作6年以上或从事经济工作10年以上（其中从事金融工作3年以上）；

（二）拟任国有商业银行、邮政储蓄银行二级分行行长、副行长、行长助理的，应当具备大专以上学历，从事金融工作 5 年以上或从事经济工作 9 年以上（其中从事金融工作 2 年以上）；

（三）拟任股份制商业银行分行（异地直属支行）行长、副行长、行长助理，总行营业部总经理（主任）、副总经理（副主任）、总经理助理，分行级专营机构总经理、副总经理的，应当具备本科以上学历，从事金融工作 5 年以上或从事经济工作 9 年以上（其中从事金融工作 2 年以上）；

（四）拟任城市商业银行分行行长、副行长、行长助理，总行营业部总经理（主任）、副总经理（副主任）、总经理助理，分行级专营机构总经理、副总经理的，应当具备本科以上学历，从事金融工作 4 年以上或从事经济工作 8 年以上（其中从事金融工作 2 年以上）；

（五）拟任中资商业银行支行行长和专营机构分支机构负责人的，应当具备大专以上学历，从事金融工作 4 年以上或从事经济工作 8 年以上（其中从事金融工作 2 年以上）。

第八十八条 拟任人未达到上述学历要求，但取得国家教育行政主管部门认可院校授予的学士以上学位的，视同达到相应学历要求。

第八十九条 拟任人未达到上述学历要求，但取得注册会计师、注册审计师或与拟任职务相关的高级专业技术职务资格的，视同达到相应学历要求，其任职条件中金融工作年限要求应当增加 4 年。

第九十条 对不符合第八十二条第一款第一项、第八十四条、第八十六条第八十七条规定条件的拟任人，中资商业银行如认为其具备拟任职务所需的知识、经验和能力，可以提出个案申请。

第二节 任职资格许可程序

第九十一条 国有商业银行、邮政储蓄银行法人机构和总行营业部、银监会直管的股份制商业银行法人机构董事和高级管理人员任职资格申请，由法人机构向银监会提交，由银监会受理、审查并决定。银监会自受理之日起 30 日内作出核准或不予核准的书面决定。

第九十二条 属地监管的股份制商业银行法人机构董事长、行长、董事会秘书的任职资格申请，经属地银监局审查并出具初步审查意见后，由法人机构向银监会提交完整的申请材料及属地银监局书面审查意见，由银监会受理、审查并决定。银监会自受理之日起 30 日内作出核准或不予核准的书面决定。

第九十二条 属地监管的股份制商业银行法人机构其他董事和高级管理人

员任职资格申请，由法人机构向属地银监局提交，由属地银监局受理、审查并决定。属地银监局自受理之日起 30 日内作出核准或不予核准的书面决定。属地银监局作出的书面决定应当同时抄报银监会。

前款所述拟任人需要个案审核的，由属地银监局受理并初步审查，银监会审查并决定。银监会自收到完整材料之日起 30 日内作出核准或不予核准的书面决定。

第九十四条 国有商业银行和邮政储蓄银行一级分行（直属分行）、股份制商业银行分行（异地直属支行）、分行级专营机构高级管理人员任职资格申请，由拟任人的上级任免机构向拟任职机构所在地银监局提交，由银监局受理、审查并决定。银监局自受理之日起 30 日内作出核准或不予核准的书面决定。

前款所述拟任人需要个案审核的，由银监局受理并初步审查，银监会审查并决定。银监会自收到完整材料之日起 30 日内作出核准或不予核准的书面决定。邮政储蓄银行一级分行（直属分行）高级管理人员拟任人需要个案审核的，由银监局受理、审查并决定。银监局自收到完整材料之日起 30 日内作出核准或不予核准的书面决定。

第九十五条 城市商业银行法人机构、分行、分行级专营机构董事和高级管理人员任职资格申请，由法人机构向拟任职机构所在地银监分局或所在城市银监局提交，由其受理并初审，银监局审查并决定。银监局自收到完整申请材料或直接受理之日起 30 日内作出核准或不予核准的书面决定。对于法人机构董事长、行长、董事会秘书的任职资格申请，银监局在作出决定前，应当向银监会报告。

前款所述拟任人需要个案审核的，由银监局受理并初步审查，银监会审查并决定。银监会自收到完整申请材料之日起 30 日内作出核准或不予核准的书面决定。

第九十六条 国有商业银行、邮政储蓄银行二级分行及以下机构、股份制商业银行支行、城市商业银行支行、分行级专营机构分支机构高级管理人员任职资格申请，由拟任人的上级任免机构向拟任职机构所在地银监分局提交，由银监分局受理、审查并决定。银监分局自受理之日起 30 日内作出核准或不予核准的书面决定。

前款所述拟任人需要个案审核的，由银监分局受理并初步审查，银监局审查并决定。银监局自收到完整申请材料之日起 30 日内作出核准或不予核准的书面决定。

本条第一款拟任职机构所在地未设银监分局的，由拟任人的上级任免机构向拟任职机构所在地银监局提交。由银监局受理、审查并决定。

第九十七条 国有商业银行、股份制商业银行、邮政储蓄银行从境内聘请的中资商业银行境外机构董事长、副董事长、行长（总经理）、副行长（副总经理）任职资格申请，由法人机构向银监会提交，银监会受理、审查并决定。银监会自受理之日起30日内作出核准或不予核准的书面决定。

城市商业银行从境内聘请的中资商业银行境外机构董事长、副董事长、行长（总经理）、副行长（副总经理）任职资格申请，由法人机构向其所在地银监局提交，银监局受理并初步审查，银监会审查并决定。银监会自收到完整申请材料之日起30日内作出核准或不予核准的书面决定。

第九十八条 拟任人曾任金融机构董事长或高级管理人员的，申请人在提交任职资格申请材料时，还应当提交该拟任人的离任审计报告或经济责任审计报告。

第九十九条 具有高管任职资格且未连续中断任职1年以上的拟任人在同一法人机构内，同类性质平行调整职务或改任较低职务的，不需重新申请任职资格。在该拟任人任职前，上级任免机构应当向拟任职所在地银监分局或所在城市银监局提交离任审计报告或经济责任审计报告及有关任职材料。异地任职的，拟任职所在地银监分局或所在城市银监局应当向原任职所在地银监分局或所在城市银监局征求监管评价意见。

有以下情形之一的，拟任职所在地银监分局或所在城市银监局应当书面通知拟任人及其所在中资商业银行重新申请任职资格：

（一）未在拟任人任职前提交离任审计报告或经济责任审计报告及有关任职材料的；

（二）离任审计报告或经济责任审计报告结论不实、或显示拟任人可能存在不适合担任新职情形的；

（三）原任职所在地银监分局或所在城市银监局的监管评价意见显示，该拟任人可能存在不符合本办法任职资格条件情形的。

第一百条 中资商业银行董事长、行长、分行行长、分行级专营机构总经理、支行行长、专营机构分支机构负责人，中资商业银行从境内聘请的中资商业银行境外机构董事长、行长（总经理）、代表处首席代表任职资格未获核准前，中资商业银行应当指定符合相应任职资格条件的人员代为履职，并自指定之日起3日内向任职资格审核的决定机关报告。代为履职的人员不符合任职资格条件的，监管机构可以责令中资商业银行限期调整代为履职的人员。

代为履职的时间不得超过 6 个月。中资商业银行应当在 6 个月内选聘具有任职资格的人员正式任职。

第七章　附　则

第一百零一条　机构变更许可事项，中资商业银行应当自作出行政许可决定之日起 6 个月内完成变更并向决定机关和当地银监会派出机构报告。董事和高级管理人员任职资格许可事项，拟任人应当自作出行政许可决定之日起 3 个月内到任并向决定机关和当地银监会派出机构报告。

未在前款规定期限内完成变更或到任的，行政许可决定文件失效，由决定机关办理行政许可注销手续。

第一百零二条　中资商业银行机构设立、变更和终止事项，涉及工商、税务登记变更等法定程序的，应当在完成相关变更手续后 1 个月内向银监会或其派出机构报告。

第一百零三条　政策性银行和国家开发银行、金融资产管理公司的机构许可、董事和高级管理人员任职资格许可的条件和程序，参照本办法执行。

第一百零四条　中资商业银行从境外聘请的中资商业银行境外机构董事长、副董事长及其他高级管理人员不纳入本办法管理，中资商业银行依照属地监管国家（地区）有关法律法规做好相关工作，人员任职后应当在 5 日内向银监会报告。

第一百零五条　本办法中"以上"均含本数或本级。

第一百零六条　本办法由银监会负责解释。

第一百零七条　本办法自公布之日起施行，《中国银行业监督管理委员会中资商业银行行政许可事项实施办法》（中国银行业监督管理委员会令 2006 年第 2 号）同时废止。

中国银监会 国家发改委
商业银行服务价格管理办法

中国银监会 国家发展改革委令
2014 年第 1 号

为规范商业银行服务价格管理活动，保护商业银行服务对象的合法权益，促进商业银行健康可持续发展，中国银监会、国家发展改革委制定了《商业银行服务价格管理办法》，现予公布。

中国银行业监督管理委员会主席　尚福林
国家发展和改革委员会主任　徐绍史
2014 年 2 月 14 日

商业银行服务价格管理办法

第一章 总　则

第一条　为规范商业银行服务价格管理活动，保护客户合法权益，促进商业银行健康发展，根据《中华人民共和国银行业监督管理法》、《中华人民共和国商业银行法》、《中华人民共和国价格法》等法律法规，制定本办法。

第二条　依据《中华人民共和国商业银行法》和《中华人民共和国外资银行管理条例》设立的商业银行，适用本办法有关规定。

经中国银行业监督管理委员会依法批准设立的其他银行业金融机构，适用本办法有关规定。

第三条　本办法所称商业银行服务，是指商业银行向客户提供的各类服务。本办法所称客户，是指商业银行的服务对象，包括自然人、法人和其他组织。

本办法所称服务价格，是指商业银行提供服务时收取的费用。

第四条　商业银行服务价格行为应当严格遵守国家法律、法规、规章和有关监管规定，遵循公开、公平、诚实、信用的原则，接受社会监督。

第五条 商业银行应当建立科学有效的服务价格管理体系，加强内部控制，充分披露服务价格信息，保障客户获得服务价格信息和自主选择服务的权利。

第六条 根据服务的性质、特点和市场竞争状况，商业银行服务价格分别实行政府指导价、政府定价和市场调节价。

第七条 中国银行业监督管理委员会和国务院价格主管部门依照有关法律、法规及本办法的规定对商业银行服务价格管理活动进行监督管理。

第二章 政府指导价、政府定价的制定和调整

第八条 对客户普遍使用、与国民经济发展和人民生活关系重大的银行基础服务，实行政府指导价或政府定价。

第九条 国务院价格主管部门会同中国银行业监督管理委员会，根据商业银行服务成本、服务价格对个人或企事业单位的影响程度、市场竞争状况，制定和调整商业银行政府指导价、政府定价项目及标准。

第十条 制定和调整政府指导价、政府定价，按照以下程序执行：

（一）组织商业银行等相关机构进行成本调查；

（二）征求相关客户、商业银行和有关方面的意见；

（三）作出制定或调整相关服务价格的决定，向社会公布。

第三章 市场调节价的制定和调整

第十一条 除实行政府指导价、政府定价的服务价格以外，商业银行服务价格实行市场调节价。

第十二条 实行市场调节价的商业银行服务价格，应当由商业银行总行制定和调整。分支机构不得自行制定和调整服务价格。

商业银行分支机构因地区性明显差异需要实行差别化服务价格的，应当由总行统一制定服务价格，并由总行按照本办法规定统一进行公示。

外国银行分行根据其总行（或地区总部）的授权制定和调整服务价格，按照本办法规定进行公示。

第十三条 商业银行制定和调整市场调节价，按照以下程序执行：

（一）制定相关服务价格的定价策略和定价原则；

（二）综合测算相关服务项目的成本和收入情况；

（三）进行价格决策；

（四）形成统一的业务说明和宣传材料；

（五）在各类相关营业场所的醒目位置公示；

（六）设有商业银行网站的，应当在网站主页醒目位置公示。

第十四条 商业银行制定和调整实行市场调节价的服务价格，应当合理测算各项服务支出，充分考虑市场因素进行综合决策。

第十五条 商业银行总行向有关部门报送的本机构服务价格工作报告，包括以下内容：

（一）服务价格管理的组织架构和服务价格管理总体情况；

（二）服务收费项目设置、调整情况和相应的收入变化情况；

（三）免费服务项目设置情况、调整情况、相应的收入变化情况，在服务价格方面承担社会责任的情况；

（四）服务项目的收入结构和评估情况；

（五）服务价格的信息披露情况，包括信息公示的方式和渠道；

（六）与服务价格相关的投诉数量、分类和处理情况；

（七）对客户反馈意见的解释说明情况和意见采纳情况；

（八）附表：本行服务的分类、具体项目、价格水平等情况；

（九）与服务价格相关的其他情况。

第十六条 商业银行按照市场化原则接受相关单位的委托，办理代收水、电、燃气、通讯、有线电视、交通违章罚款等费用以及代付工资、社会保险金、住房公积金等代收代付业务，应当按照"谁委托、谁付费"的原则收取委托业务相关手续费，不得向委托方以外的其他单位和个人收取费用。

第十七条 客户因商业银行调整服务价格或变更服务合同，要求终止或变更银行服务的，商业银行应当根据客户要求、相关服务合同或其他已签署的法律文件采取合理有效的措施，依法及时终止或变更相关银行服务和对应的服务合同。

第十八条 商业银行向客户收取的服务费用，应当对应明确的服务内容。

第四章 服务价格信息披露

第十九条 商业银行应当按规定进行服务价格信息披露。

商业银行应当在其营业场所醒目位置，设有网站的应当在其网站主页醒目位置，及时、准确公示实行政府指导价、政府定价和市场调节价的服务项目、服务内容、服务价格、适用对象、政府指导价或政府定价的文件文号、生效日期、咨询（投诉）的联系方式等。公示的各类服务价格项目应当统一编号。

第二十条 商业银行应当采取以下措施保护客户相关权益：

（一）在营业场所的醒目位置提供相关服务价格目录或说明手册等，供客户免费查阅，有条件的商业银行可采用电子显示屏、多媒体终端、电脑查询等方式披露服务价格信息；

（二）设有商业银行网站的，应当在网站主页醒目位置公示服务价格目录或说明手册等，供客户免费查阅；

（三）使用电子银行等自助渠道提供服务的，应当在收取服务费用之前，提示客户相关服务价格，并保证客户对相关服务的选择权；

（四）明确界定各分支机构同城业务覆盖的区域范围，通过营业场所公示、宣传手册、网站公示等方式告知客户，并提供 24 小时查询渠道。同城业务覆盖的区域范围应当不小于地级市行政区划，同一直辖市、省会城市、计划单列市应当列入同城范畴。

第二十一条 商业银行应当提醒客户提供真实有效的联系信息并在相关信息变更后及时通知银行，以便商业银行调整服务价格时按照合同约定方式及时告知客户。

第二十二条 商业银行关于服务价格信息的公示涉及优惠措施的，应当明确标注优惠措施的生效和终止日期。

第二十三条 商业银行提高实行市场调节价的服务价格，应当至少于实行前 3 个月按照本办法规定进行公示，必要时应当采用书面、电话、短信、电子邮件、合同约定的其他形式等多种方式通知相关客户。

商业银行设立新的实行市场调节价的服务收费项目，应当至少于实行前 3 个月按照本办法规定进行公示。

第二十四条 商业银行接受其他单位委托开展代理业务收费时，应当将委托方名称、服务项目、收费金额、咨询（投诉）的联系方式等信息告知客户，并在提供给客户的确认单据中明确标注上述信息。

第二十五条 商业银行应当严格执行服务价格信息披露的有关规定，在为客户提供服务之前，应当告知相关服务项目、服务价格、优惠措施（含生效和终止日期），客户确认接受该服务价格后，方可提供相关服务；客户在使用服务前明确表示不接受相关服务价格的，不得强制或变相强制客户接受服务。

第二十六条 对于需要签署服务章程、协议等合同文件的银行服务项目，商业银行应当在相应的合同文件中以通俗易懂、清晰醒目的方式明示服务项目或服务内容、服务价格、优惠措施及其生效和终止日期、与价格相关的例外条款和限制性条款、咨询（投诉）的联系方式等信息。

第五章　内部管理

第二十七条　商业银行应当按照审慎经营原则，建立健全服务价格管理制度和内部控制机制，建立清晰的服务价格制定、调整和信息披露流程，严格执行内部授权管理。

第二十八条　商业银行服务价格管理制度应当严格遵守国家法律法规，明确价格行为违规的问责机制和内部处罚措施。

第二十九条　商业银行应当指定一个部门牵头负责服务价格管理工作，建立服务价格内部审批制度，适时对服务价格管理进行评估和检查，及时纠正相关问题，并组织开展服务价格相关宣传、解释、投诉处理等工作。

第三十条　商业银行应当建立服务价格投诉管理制度，明确客户投诉登记、调查、处理、报告等事项的管理流程、负责部门和处理期限，确保对客户投诉及时进行调查处理。

第三十一条　商业银行应当设立统一的投诉电话、书面投诉联系方式等渠道，并在营业场所和网站醒目位置进行公示，以便及时受理客户对服务价格的相关投诉。

第三十二条　商业银行应当认真处理和及时答复客户投诉。

商业银行应当建立相应的投诉自查机制，对投诉管理制度的落实情况、投诉处理情况进行定期或不定期自查。

第三十三条　除国家法律、法规、委托代理合同有相关规定和要求的情况以外，商业银行应当拒绝任何单位和个人利用银行渠道直接向客户收取任何费用。

第六章　服务价格监督管理

第三十四条　商业银行违反本办法规定，有下列行为之一的，由中国银行业监督管理委员会、国务院价格主管部门按照各自法定职责，依据《中华人民共和国银行业监督管理法》、《中华人民共和国价格法》、《价格违法行为行政处罚规定》等法律法规处理：

（一）擅自制定属于政府指导价、政府定价范围的服务价格的；

（二）超出政府指导价浮动幅度的；

（三）提前或推迟执行政府指导价、政府定价的；

（四）擅自对明令禁止收费的服务项目继续收费的；

（五）未按照规定程序制定和调整市场调节价的；

（六）商业银行分支机构擅自制定或调整市场调节价的；

（七）未按照规定进行服务价格信息披露的；

（八）未按照规定开展服务价格相关内部管理工作的；

（九）其他违反本办法规定的行为。

第三十五条 鼓励有关单位和个人对商业银行服务价格违法行为进行监督。有关单位和个人发现商业银行服务价格行为存在侵害其合法权益问题的，可依照法律、法规规定采取相关法律措施或投诉。

第三十六条 行业协会等自律组织应当在规范商业银行服务价格行为方面充分发挥自律协调作用。

第七章 附　则

第三十七条 本办法自2014年8月1日起施行。《商业银行服务价格管理暂行办法》（中国银行业监督管理委员会国家发展和改革委员会令2003年第3号）同时废止。

第三十八条 本办法生效后，此前有关商业银行服务价格或收费的规定与本办法规定不一致的，按照本办法执行。

中国银监会办公厅关于农村中小金融机构实施富民惠农金融创新工程的指导意见

银监办发〔2012〕189号

为推动农村中小金融机构建立健全农村金融服务创新体系，立足"三农"需要，坚持市场导向，兼顾发展差异，积极创新"量体裁衣"式的金融产品和服务方式，全面提升农村金融服务水平，帮助广大农民群众发展生产，改善生活，加快实现富民惠农奔小康，现就实施富民惠农创新工程提出以下指导意见。

一、工作目标

顺应农村金融市场竞争格局和农村金融服务需求变化，围绕富民惠农目标，全面推进农村金融产品服务创新，积极创新符合农村经济特点，低成本、可复制、易推广的金融产品和服务方式，提升农村金融服务质量和效率，提高风险防控水平，持续满足多元化、多层次的农村金融服务需求，促进农业增产、农民增收和农村经济发展。

二、基本原则

（一）需求导向原则。坚持以客户为中心，以"三农"金融服务需求为导向，积极创新"量体裁衣"式的金融产品和服务方式，持续提升创新工作的针对性。

（二）因地制宜原则。要立足区域经济发展水平，兼顾不同主体服务需求的差异性，不断适应"三农"金融服务需求新变化，积极创新易于为百姓理解接受、操作性强的金融产品和服务方式。

（三）成本合理原则。坚持市场化原则，紧扣国家和地方出台的强农惠农富农政策有效开展。加强创新产品服务的成本核算，实行保本微利，保证业务开展的商业可持续性。

（四）风险可控原则。妥善处理金融创新与风险防控的关系，严格落实风险防范措施，做到制度先行，强化人员培训，有效防范各类风险。

三、工作内容

（一）理念创新。农村中小金融机构要将富民惠农金融创新作为提升核心竞争力和履行社会责任的重要途径，不断创新和丰富服务"三农"和社区的经营理念。以专业化的经营、特色化的产品、差异化的服务、精细化的管理作为农村金融理念创新的基本原则。

（二）组织创新。按照"流程银行"要求构建以农村金融服务为核心的组织架构，建立健全跨部门、跨层级的良好信息沟通和紧密业务协作机制，鼓励通过专业支行或事业部方式，加强对区域支柱行业和特色产业的金融服务。

（三）产品创新。根据农村金融服务对象、行业特点、需求差异，细分客户群体，积极开发符合农村经济特点和农户消费习惯的金融产品。加强融资产品创新，满足不同客户的融资需求，科学运用微贷管理等先进技术，开发多样化有特色的农户、商户贷款产品，积极扩大小额信用贷款和联保贷款覆盖面，探索与银行卡授信相结合的小额信贷产品；创新涉农科技金融产品，切实加大对农业技术转移和成果转化的信贷支持；立足区域经济特点，围绕地方支柱行业、特色产业及其核心企业、产业集群开发产业链信贷产品，促进区域经济发展；开发促进农业产业化经营和农民专业合作社发展的信贷产品，促进农业规模化发展和产业升级；加快结算产品创新，根据农村金融客户的融资特点创新结算产品，开发适合农村客户需要的结算工具，提高农村客户结算效率，降低资金在途成本。

（四）担保方式创新。在有效防范信用风险的前提下，创新开办多种担保方式的涉农贷款业务，有效解决担保难问题。扩大抵押担保范围，鼓励法律法规不禁止、产权归属清晰的各类资产作为贷款抵质押物；要因地制宜灵活创新抵押、共同担保、产业链核心企业担保、专业担保机构担保、应收账款质押、商铺承租权质押、自然人保证、信用、联保和互保等贷款担保方式；积极鼓励以政府资金为主体设立的各类担保机构为涉农业务提供融资担保；加强与保险机构合作，探索开展涉农贷款保证保险业务等业务品种。在全面调查农户信用状况等"软信息"基础上，适当降低担保门槛和抵押贷款比重。

（五）商业模式创新。着力打造适应农村金融服务特点的商业模式，以全面满足"三农"客户需求、实现客户价值最大化为目标，整合内外部金融服务资源，探索"信贷工厂"、"金融管家"等不同形式，形成完整、高效、具有独特核心竞争力、可持续经营的运行系统，实现对农户、商户、农企的标准化、批量化、规模化的营销、服务和管理。

（六）业务流程创新。积极开展流程再造，合理配置审批权限，简化审批手续，实行限时审批，动态管理授信额度，建立透明高效的信贷流程。探索推行在线审批等方式，对专业化市场商户、农民专业合作社社员等风险特征类似的客户群体可以探索采用集中授信方式。

（七）服务渠道创新。拓宽授信业务申请渠道，利用通讯、网络、自助终端等科技手段广泛受理客户申请。鼓励有条件的农村中小金融机构推广农户贷款"一站式"服务，开办自助循环贷款业务。加快推进农村地区支付服务基础设施建设，积极探索电话银行、手机银行、网上银行等灵活、便捷的服务方式，逐步扩展服务功能，延伸服务范围。

（八）信用体系建设创新。完善区域信用评价体系，创新农户信息采集方式，建立农户信用信息共享机制。建立健全农户经济档案，全面记录农户贷款还款情况，加强各类信用信息的收集管理工作，引导增强农户信用意识，为开展产品服务创新打造良好外部信用环境。

四、保障措施

（一）组织保障。省级联社应成立由主要负责人牵头负责，各相关业务部门参加的富民惠农金融创新工程领导小组，组织制订金融创新规划，指导开展相关培训和经验交流，定期进行工作总结，及时为县域农村合作金融机构金融创新提供全方位的业务指导以及 IT 系统等技术支持，研发推广区域性的农村金融服务产品。农村中小金融机构由主要负责人牵头负责本机构富民惠农金融创新组织实施工作，制订切实可行的实施方案，分解、细化工作任务，明确各项工作的牵头与协办部门。

（二）制度保障。农村中小金融机构要围绕富民惠农金融服务创新，积极引进、吸收国内外先进成熟的业务管理技术和经验，对各业务条线的管理制度进行全面梳理、总结和优化。对于新推出的金融创新产品和服务，制定相应的操作规程和内部管理制度，条件成熟的应制定产品手册。

（三）机制保障。一是创新风险机制。坚持"内控先行、简便有效"原则，采取"人防＋技防"方式，创新风险管理技术方法，规避道德风险和操作风险。通过创新担保方式、银保合作等，有效缓释和转移信用风险。二是创新定价机制。要按照收益全面覆盖风险和成本的原则，根据农村经济发展需要，针对不同客户群体及其风险特征，实行灵活的差别定价，实现商业可持续发展。对信用记录良好的"三农"客户，可采取贷款利率优惠方式进行正向激励。三是创新激励机制，建立富民惠农金融创新专项奖励制度和免责机制，充分激发员工创新潜能。监管部门要从实际效果出发，建立农村金融创新科学评价机制，并将考核结果作为支农服务评价和监管评级的重要内容。

（四）人才保障。积极引进、培养创新人才，建立高效实用的营销队伍，在人力资源方面对金融创新工作予以倾斜，为构建可持续发展的金融创新体系奠定基础。省级联社要加强对全省农村合作金融机构创新业务培训，集中辖内创新人才资源，建立一支熟悉"三农"和现代金融业务的复合型创新专家团队，充分发挥省级联社的金融创新平台作用。

（五）科技保障。要建立先进的客户信息管理系统，开展数据分析与挖掘，细分客户群体，提供差异化的金融服务。要建立健全与内部控制相适应的创新型业务信息管理系统，保证新业务顺利推广，风险监控及时到位。

二〇一二年六月十八日

中国银监会办公厅
关于规范商业银行同业业务治理的通知

银监办发〔2014〕140号

各银监局，国家开发银行，国有商业银行、股份制商业银行，邮政储蓄银行，各省级农村信用联社：

近年来，商业银行同业业务快速发展，一些银行机构存在经营行为不规范、风险管控不到位的问题，不符合国家宏观调控政策和银行业监管要求，不利于银行体系稳健运行。为规范商业银行同业业务治理，促进同业业务健康发展，现就有关事项通知如下：

一、本通知适用于中华人民共和国境内依法设立的商业银行与金融机构之间开展的以投融资为核心的各项同业业务。主要包括同业拆借、同业借款、非结算性同业存款、同业代付、买入返售和卖出回购、同业投资等业务类型。商业银行以外的其他银行业金融机构参照执行。

二、商业银行应具备与所开展同业业务规模和复杂程度相适应的同业业务治理体系，由法人总部对同业业务进行统一管理，将同业业务纳入全面风险管理，建立健全前中后台分设的内部控制机制，加强内部监督检查和责任追究，确保同业业务经营活动依法合规，风险得到有效控制。

三、商业银行开展同业业务实行专营部门制，由法人总部建立或指定专营部门负责经营。商业银行同业业务专营部门以外的其他部门和分支机构不得经营同业业务，已开展的存量同业业务到期后结清；不得在金融交易市场单独立户，已开立账户的不得叙做业务，并在存量业务到期后立即销户。

对于商业银行作为管理人的特殊目的载体与该商业银行开展的同业业务，应按照代客与自营业务相分离的原则，在系统、人员、制度等方面严格保持独立性，避免利益输送等违规内部交易。

四、商业银行同业业务专营部门对同业拆借、买入返售和卖出回购债券、同业存单等可以通过金融交易市场进行电子化交易的同业业务，不得委托其他部门或分支机构办理。

商业银行同业业务专营部门对不能通过金融交易市场进行电子化交易的同

业业务，可以委托其他部门或分支机构代理市场营销和询价、项目发起和客户关系维护等操作性事项，但是同业业务专营部门需对交易对手、金额、期限、定价、合同进行逐笔审批，并负责集中进行会计处理，全权承担风险责任。

五、商业银行应建立健全同业业务授权管理体系，由法人总部对同业业务专营部门进行集中统一授权，同业业务专营部门不得进行转授权，不得办理未经授权或超授权的同业业务。

六、商业银行应建立健全同业业务授信管理政策，由法人总部对表内外同业业务进行集中统一授信，不得进行多头授信，不得办理无授信额度或超授信额度的同业业务。

七、商业银行应建立健全同业业务交易对手准入机制，由法人总部对交易对手进行集中统一的名单制管理，定期评估交易对手信用风险，动态调整交易对手名单。

八、商业银行应于 2014 年 9 月底前实现全部同业业务的专营部门制，并将改革方案和实施进展情况报送银监会及其派出机构。

九、商业银行违反上述规定开展同业业务的，银监会及其派出机构将按照违反审慎经营规则进行查处。

十、银监会及其派出机构按照法人属地监管原则推动商业银行专营部门制改革。银监会相关监管部门负责推进银监会直接监管法人机构的改革，必要时各银监局参与配合。银监会各级派出机构负责推进辖内银行业金融机构的改革，上级监管机构应加强工作指导。

中国银监会办公厅
2014 年 5 月 8 日

中国证监会关于进一步推进新股发行体制改革的意见

中国证监会公告〔2013〕42 号

贯彻党的十八届三中全会决定中关于"推进股票发行注册制改革"的要求，必须进一步推进新股发行体制改革，厘清和理顺新股发行过程中政府与市场的关系，加快实现监管转型，提高信息披露质量，强化市场约束，促进市场参与各方归位尽责，为实行股票发行注册制奠定良好基础。改革的总体原则是：坚持市场化、法制化取向，综合施策、标本兼治，进一步理顺发行、定价、配售等环节的运行机制，发挥市场决定性作用，加强市场监管，维护市场公平，切实保护投资者特别是中小投资者的合法权益。

一、推进新股市场化发行机制

（一）进一步提前招股说明书预先披露时点，加强社会监督。发行人招股说明书申报稿正式受理后，即在中国证监会网站披露。

（二）招股说明书预先披露后，发行人相关信息及财务数据不得随意更改。审核过程中，发现发行人申请材料中记载的信息自相矛盾、或就同一事实前后存在不同表述且有实质性差异的，中国证监会将中止审核，并在 12 个月内不再受理相关保荐代表人推荐的发行申请。发行人、中介机构报送的发行申请文件及相关法律文书涉嫌虚假记载、误导性陈述或重大遗漏的，移交稽查部门查处，被稽查立案的，暂停受理相关中介机构推荐的发行申请；查证属实的，自确认之日起 36 个月内不再受理该发行人的股票发行申请，并依法追究中介机构及相关当事人责任。

（三）股票发行审核以信息披露为中心。

发行人作为信息披露第一责任人，应当及时向中介机构提供真实、完整、准确的财务会计资料和其他资料，全面配合中介机构开展尽职调查。

保荐机构应当严格履行法定职责，遵守业务规则和行业规范，对发行人的申请文件和信息披露资料进行审慎核查，督导发行人规范运行，对其他中介机构出具的专业意见进行核查，对发行人是否具备持续盈利能力、是否符合法定发行条件作出专业判断，并确保发行人的申请文件和招股说明书等信息披露资料真实、准确、完整、及时。

会计师事务所、律师事务所、资产评估机构等证券服务机构及人员，必须严格履行法定职责，遵照本行业的业务标准和执业规范，对发行人的相关业务资料进行核查验证，确保所出具的相关专业文件真实、准确、完整、及时。

中国证监会发行监管部门和股票发行审核委员会依法对发行申请文件和信息披露内容的合法合规性进行审核，不对发行人的盈利能力和投资价值作出判断。发现申请文件和信息披露内容存在违法违规情形的，严格追究相关当事人的责任。

投资者应当认真阅读发行人公开披露的信息，自主判断企业的投资价值，自主作出投资决策，自行承担股票依法发行后因发行人经营与收益变化导致的风险。

（四）中国证监会自受理证券发行申请文件之日起三个月内，依照法定条件和法定程序作出核准、中止审核、终止审核、不予核准的决定。

（五）发行人首次公开发行新股时，鼓励持股满三年的原有股东将部分老股向投资者转让，增加新上市公司可流通股票的比例。老股转让后，公司实际控制人不得发生变更。老股转让的具体方案应在公司招股说明书和发行公告中公开披露。

发行人应根据募投项目资金需要量合理确定新股发行数量，新股数量不足法定上市条件的，可以通过转让老股增加公开发行股票的数量。新股发行超募的资金，要相应减持老股。

（六）申请首次公开发行股票的在审企业，可申请先行发行公司债。鼓励企业以股债结合的方式融资。

（七）发行人通过发审会并履行会后事项程序后，中国证监会即核准发行，新股发行时点由发行人自主选择。

（八）放宽首次公开发行股票核准文件的有效期至12个月。

发行人自取得核准文件之日起至公开发行前，应参照上市公司定期报告的信息披露要求，及时修改信息披露文件内容，补充财务会计报告相关数据，更新预先披露的招股说明书；期间发生重大会后事项的，发行人应及时向中国证监会报告并提供说明；保荐机构及相关中介机构应持续履行尽职调查义务。发行人发生重大会后事项的，由中国证监会按审核程序决定是否需要重新提交发审会审议。

二、强化发行人及其控股股东等责任主体的诚信义务

（一）加强对相关责任主体的市场约束。

1. 发行人控股股东、持有发行人股份的董事和高级管理人员应在公开募集及上市文件中公开承诺：所持股票在锁定期满后两年内减持的，其减持价格不低于发行价；公司上市后 6 个月内如公司股票连续 20 个交易日的收盘价均低于发行价，或者上市后 6 个月期末收盘价低于发行价，持有公司股票的锁定期限自动延长至少 6 个月。

2. 发行人及其控股股东、公司董事及高级管理人员应在公开募集及上市文件中提出上市后三年内公司股价低于每股净资产时稳定公司股价的预案，预案应包括启动股价稳定措施的具体条件、可能采取的具体措施等。具体措施可以包括发行人回购公司股票，控股股东、公司董事、高级管理人员增持公司股票等。上述人员在启动股价稳定措施时应提前公告具体实施方案。

3. 发行人及其控股股东应在公开募集及上市文件中公开承诺，发行人招股说明书有虚假记载、误导性陈述或者重大遗漏，对判断发行人是否符合法律规定的发行条件构成重大、实质影响的，将依法回购首次公开发行的全部新股，且发行人控股股东将购回已转让的原限售股份。发行人及其控股股东、实际控制人、董事、监事、高级管理人员等相关责任主体应在公开募集及上市文件中公开承诺：发行人招股说明书有虚假记载、误导性陈述或者重大遗漏，致使投资者在证券交易中遭受损失的，将依法赔偿投资者损失。

保荐机构、会计师事务所等证券服务机构应当在公开募集及上市文件中公开承诺：因其为发行人首次公开发行制作、出具的文件有虚假记载、误导性陈述或者重大遗漏，给投资者造成损失的，将依法赔偿投资者损失。

（二）提高公司大股东持股意向的透明度。发行人应当在公开募集及上市文件中披露公开发行前持股 5% 以上股东的持股意向及减持意向。持股 5% 以上股东减持时，须提前三个交易日予以公告。

（三）强化对相关责任主体承诺事项的约束。发行人及其控股股东、公司董事及高级管理人员等责任主体作出公开承诺事项的，应同时提出未能履行承诺时的约束措施，并在公开募集及上市文件中披露，接受社会监督。证券交易所应加强对相关当事人履行公开承诺行为的监督和约束，对不履行承诺的行为及时采取监管措施。

三、进一步提高新股定价的市场化程度

（一）改革新股发行定价方式。按照《证券法》第三十四条的规定，发行价格由发行人与承销的证券公司自行协商确定。发行人应与承销商协商确定定价方式，并在发行公告中披露。

（二）网下投资者报价后，发行人和主承销商应预先剔除申购总量中报价最高的部分，剔除的申购量不得低于申购总量的10%，然后根据剩余报价及申购情况协商确定发行价格。被剔除的申购份额不得参与网下配售。

公开发行股票数量在4亿股以下的，提供有效报价的投资者应不少于10家，但不得多于20家；公开发行股票数量在4亿股以上的，提供有效报价的投资者应不少于20家，但不得多于40家。网下发行股票筹资总额超过200亿元的，提供有效报价的投资者可适当增加，但不得多于60家。有效报价人数不足的，应当中止发行。

发挥个人投资者参与发行定价的作用。发行人和主承销商应当允许符合条件的个人投资者参与网下定价和网下配售。具备承销资格的证券公司应预先制定上述个人投资者需具备的条件，并向社会公告。

（三）强化定价过程的信息披露要求。发行人和主承销商应制作定价过程及结果的信息披露文件并公开披露。在网上申购前，发行人和主承销商应当披露每位网下投资者的详细报价情况，包括投资者名称、申购价格及对应的申购数量，所有网下投资者报价的中位数、加权平均数，以公开募集方式设立的证券投资基金报价的中位数和加权平均数，确定的发行价及对应的市盈率等。

如拟定的发行价格（或发行价格区间上限）的市盈率高于同行业上市公司二级市场平均市盈率的，在网上申购前发行人和主承销商应发布投资风险特别公告，明示该定价可能存在估值过高给投资者带来损失的风险，提醒投资者关注。内容至少应包括：

1. 比较分析发行人与同行业上市公司的差异及对发行定价的影响；提请投资者关注所定价格与网下投资者报价之间存在的差异。

2. 提请投资者关注投资风险，审慎研判发行定价的合理性，理性作出投资决策。

四、改革新股配售方式

（一）引入主承销商自主配售机制。网下发行的股票，由主承销商在提供有

效报价的投资者中自主选择投资者进行配售。发行人应与主承销商协商确定网下配售原则和方式，并在发行公告中披露。承销商应当按照事先公告的配售原则进行配售。

（二）网下配售的股票中至少40%应优先向以公开募集方式设立的证券投资基金和由社保基金投资管理人管理的社会保障基金配售。上述投资者有效申购数量不足的，发行人和主承销商可以向其他投资者进行配售。

（三）调整网下配售比例，强化网下报价约束机制。公司股本4亿元以下的，网下配售比例不低于本次公开发行股票数量的60%；公司股本超过4亿元的，网下配售比例不低于本次公开发行股票数量的70%。余下部分向网上投资者发售。既定的网下配售部分认购不足的，应当中止发行，发行人和主承销商不得向网上回拨股票。

（四）调整网下网上回拨机制。网上投资者有效认购倍数在50倍以上但低于100倍的，应从网下向网上回拨，回拨比例为本次公开发行股票数量的20%；网上投资者有效认购倍数在100倍以上的，回拨比例为本次公开发行股票数量的40%。

（五）改进网上配售方式。持有一定数量非限售股份的投资者才能参与网上申购。网上配售应综合考虑投资者持有非限售股份的市值及申购资金量，进行配号、抽签。

证券交易所、证券登记结算公司应制订网上配售的实施细则，规范网上配售行为。发行人、主承销商应根据相关规则制订网上配售具体方案并公告。方案必须明确每位投资者网上申购数量的上限，该上限最高不得超过本次网上初始发行股数的千分之一。

（六）强化股票配售过程的信息披露要求。主承销商和发行人应制作配售程序及结果的信息披露文件并公开披露。发行人和主承销商应当在发行公告中披露投资者参与自主配售的条件、配售原则；自主配售结束后应披露配售结果，包括获得配售的投资者名称、报价、申购数量及配售数额等，主承销商应说明自主配售结果是否符合事先公布的配售原则；对于提供有效报价但未参与申购，或实际申购数量明显少于报价时拟申购数量的投资者，发行人和主承销商应在配售结果中列表公示。

发行人、主承销商、参与网下配售的投资者及相关利益方存在维护公司股票上市后价格稳定的协议或约定的，发行人应在上市公告中予以披露。

五、加大监管执法力度，切实维护"三公"原则

（一）保荐机构与发行人签订发行上市相关的辅导协议后，应及时在保荐机构网站及发行人注册地证监局网站披露对发行人的辅导工作进展；辅导工作结束后，应对辅导过程、内容及效果进行总结并在上述网站披露。

（二）进一步提高信息披露质量。以投资者的决策需要为导向，改进信息披露内容和格式，突出披露重点，强化对发行人主要业务及业务模式、外部市场环境、经营业绩、主要风险因素等对投资者投资决策有重大影响的信息披露要求。使用浅白语言，提高披露信息的可读性，方便广大中小投资者阅读和监督。

（三）在发审会前，中国证监会将对保荐机构、会计师事务所、律师事务所等相关中介机构的工作底稿及尽职履责情况进行抽查。

（四）强化发行监管与稽查执法的联动机制。从申请文件被行政受理时点起，发行人及其董事、监事、高级管理人员及相关中介机构即需要对申请文件的真实性、准确性、完整性承担相应的法律责任。审核中发现涉嫌违法违规重大问题的，立即移交稽查部门介入调查。

（五）强化新股发行的过程监管、行为监管和事后问责。发行人和承销商不得向发行人、发行人董事及高级管理人员、承销商及上述人员的关联方配售股票。发行人和承销商不得采取操纵新股价格、暗箱操作或其他有违公开、公平、公正原则的行为；不得采取劝诱网下投资者抬高报价但不向其配售股票的行为；不得通过自主配售以代持、信托持股等方式向其他相关利益主体输送利益或谋取不正当利益。中国证券业协会应制定自律规则，规范路演推介、投资价值分析报告披露、承销商自主配售等行为，加强行业自律管理。

（六）证券交易所应进一步完善新股上市首日开盘价格形成机制及新股上市初期交易机制，建立以新股发行价为比较基准的上市首日停牌机制，加强对"炒新"行为的约束。

（七）发行人上市后，保荐机构应严格依法履行持续督导职责，督促发行人履行有关上市公司规范运行、信守承诺和信息披露等义务，审阅发行人信息披露文件及发行人向中国证监会、证券交易所提交的其他文件。持续督导期内，保荐机构应按规定公开披露定期跟踪报告；发行人出现重大变故或事件，保荐机构应按规定公开披露临时报告。持续督导期结束后 20 个工作日内，保荐机构应撰写督导工作报告，在中国证监会指定网站披露，并就督导工作未尽事宜作出安排。持续督导责任落实不到位的，依法追究保荐机构责任。

（八）发行人上市当年营业利润比上年下滑 50% 以上或上市当年即亏损的，中国证监会将自确认之日起即暂不受理相关保荐机构推荐的发行申请，并移交稽查部门查处。发行人在招股说明书中已经明确具体地提示上述业绩下滑风险、或存在其他法定免责情形的，不在此列。

上市公司涉嫌欺诈上市的，立案查处时即采取措施冻结发行人募集资金专用账户。

（九）进一步加大对发行人信息披露责任和中介机构保荐、承销执业行为的监督执法和自律监管力度。建立和完善中国证监会保荐信用监管系统、中国证券业协会从业人员自律管理系统与证券交易所信息披露系统之间的信息共享和互通互联，方便社会公众参与监督，强化外部声誉和诚信机制的约束功能。发行人及其董事、监事、高级管理人员未能诚实履行信息披露义务、信息披露严重违规、财务造假，或者保荐机构、会计师事务所、律师事务所等相关中介机构未能勤勉尽责的，依法严惩。

深圳证券交易所资产证券化业务指引

深证会〔2013〕38号

第一章 总 则

第一条 为规范资产证券化业务，维护正常市场秩序和投资者的合法权益，根据《证券公司资产证券化业务管理规定》（证监会公告〔2013〕16号，以下简称"《管理规定》"）等有关规定以及深圳证券交易所（以下简称"本所"）相关业务规则，制定本指引。

第二条 证券公司设立专项资产管理计划（以下简称"专项计划"）担任管理人，申请资产支持证券在本所挂牌，适用本指引。

《管理规定》第四十五条所列金融机构发行资产支持证券在本所挂牌的，参照适用本指引，本所另有规定的除外。

第三条 资产支持证券在本所挂牌，不表明本所对资产支持证券的投资风险或者收益等作出判断或者保证。资产支持证券的投资风险由投资者自行判断和承担。

第四条 管理人应当向具备相应风险识别和承担能力的合格投资者发行资产支持证券。

每期资产支持证券的投资者合计不得超过二百人。

第五条 本所为资产支持证券的信息披露和转让提供服务，并实施自律管理。

第六条 资产支持证券的登记和结算，由中国证券登记结算有限公司按照其业务规则办理。

第二章 挂牌、终止挂牌

第七条 管理人申请资产支持证券在本所挂牌，应当经本所同意，与本所签订挂牌转让服务协议，并提交下列文件：

（一）挂牌申请书；

（二）对于中国证监会予以核准的，应当提交核准文件，对于中国证监会予以备案的，应当提交已完成备案的相关证明文件及本所出具的无异议论证意见；

（三）计划说明书、交易合同文本以及法律意见书等证券服务机构出具的意见或者报告；

（四）募集完成后经具有从事证券、期货相关业务资格的会计师事务所出具的验资报告；

（五）本所指定登记结算机构出具的登记托管证明文件；

（六）本所要求的其他文件。

第八条 本所在收到全套挂牌申请文件后十个交易日内，作出是否同意挂牌的决定。

第九条 管理人、证券服务机构及其相关人员为资产证券化业务制作计划说明书及交易合同文本、出具专业意见或者报告，应当勤勉尽责，对所制作、出具的文件内容的真实性、准确性、完整性进行核查和验证。其制作、出具的文件不得有虚假记载、误导性陈述或者重大遗漏。

第十条 资产支持证券出现下列情况之一的，本所终止其挂牌：

（一）资产支持证券到期的；

（二）资产支持证券未到期，但专项计划根据计划说明书约定终止的；

（三）发生对投资者利益重大不利影响的情形，需要终止挂牌的。

第三章 转让服务

第十一条 证券公司应当建立投资者适当性管理制度，确认参与资产支持证券认购、转让的投资者是符合中国证监会规定要求的合格投资者。

第十二条 资产支持证券每份面额为 100 元人民币，计价单位为每百元面值的价格，单笔成交申报数量不低于 500 份，且转让数量必须为 10 份的整倍数，成交申报价格最小变动单位为 0.01 元人民币。

第十三条 资产支持证券在本所挂牌转让的，本所按照转让申报时间先后顺序对资产支持证券转让进行确认。转让后每期资产支持证券的投资者合计不得超过二百人。

第十四条 本所通过综合协议交易平台为资产支持证券提供转让服务。资产支持证券转让相关事项，适用本所相关规定。

第十五条 资产支持证券按全价方式进行转让，资产支持证券转让可以当日回转。

第十六条 本所对资产支持证券转让收取转让经手费，收费标准为 100 万元以下（含100万元）每笔0.1元，超过100万元的每笔10元。

第十七条 资产支持证券回购业务相关规则，由本所另行规定。

第四章 信息披露

第十八条 管理人、托管人应当按照本指引以及计划说明书的规定和约定，履行定期报告与临时报告义务，及时、公平地披露对资产支持证券可能产生重大影响的信息，并保证所披露的信息真实、准确、完整，不得有虚假记载、误导陈述或者重大遗漏。

第十九条 管理人应当履行下列定期报告义务：

（一）在每个会计年度结束之日起三个月内披露年度资产管理报告；

（二）每个收益分配日的五个交易日前（不含分配日），披露收益分配报告；

（三）中国证监会、本所规定和计划说明书约定的其他定期报告义务。

第二十条 托管人应当履行下列定期报告义务：

（一）在每个会计年度结束之日起三个月内披露年度托管报告；

（二）中国证监会、本所规定和计划说明书约定的其他定期报告义务。

第二十一条 专项计划存续期间发生《管理规定》第三十九条所列情形之一的，或者资产支持证券转让价格出现异常波动的，管理人应当及时履行临时报告义务。本所可以对相关资产支持证券进行停牌处理。相关情形消除后，本所可以视情况复牌。

第二十二条 信息披露应当在本所网站专区或者以本所认可的其他方式向合格投资者披露。

第二十三条 管理人、托管人应当不迟于信息披露前一交易日14：00将披露文件报送本所，本所于报告发布当日通过本所网站、交易系统和交易信息系统发布提示性信息。

本所对管理人、托管人披露的信息进行形式审核，对其内容的真实性不承担责任。

第二十四条 管理人应当至少指定一名信息披露联络人，负责办理资产支持证券的信息披露及相关业务。

第二十五条 信息披露联络人出现下列情形之一的，管理人应当立即予以更换：

（一）连续三个月以上不能履行职责；

（二）在履行职责时出现重大错误，产生严重后果的；

（三）本所认为不适宜继续担任信息披露联络人的其他情形。

第五章　自律监管和纪律处分措施

第二十六条　管理人、证券服务机构及其相关人员违反本指引义务或者所出具的文件含有虚假记载、误导性陈述、重大遗漏的，本所可以采取约见谈话、通报批评、公开谴责等措施。

第二十七条　证券公司未按照投资者适当性管理的要求遴选确定具有风险识别和风险承受能力的合格投资者的，本所可以视情节轻重采取相应的自律监管或者纪律处分等措施。

第二十八条　前述主体被本所采取纪律处分措施的，本所将其记入诚信档案。

第六章　附　　则

第二十九条　本指引所称"专项资产管理计划"或者"专项计划"是指管理人为办理资产证券化业务而设立的专项计划。

第三十条　本指引由本所负责解释。

第三十一条　本指引自发布之日起施行。

中国保监会 中国银监会关于进一步规范
商业银行代理保险业务销售行为的通知

保监发〔2014〕3号

各保监局、各银监局、各保险公司、国有商业银行、股份制商业银行、邮政储蓄银行：

为了规范商业银行代理保险业务销售行为，保护保险消费者合法权益，促进商业银行代理保险业务持续健康发展，现就有关要求通知如下：

一、商业银行应当对投保人进行需求分析与风险承受能力测评，根据评估结果推荐保险产品，把合适的产品销售给有需求和承受能力的客户。

（一）投保人存在以下情况的，向其销售的保险产品原则上应为保单利益确定的保险产品，且保险合同不得通过系统自动核保现场出单，应将保单材料转至保险公司，经核保人员核保后，由保险公司出单：

1. 投保人填写的年收入低于当地省级统计部门公布的最近一年度城镇居民人均可支配收入或农村居民人均纯收入；

2. 投保人年龄超过65周岁或期交产品投保人年龄超过60周岁。

保险公司核保时应对投保产品的适合性、投保信息、签名等情况进行复核，发现产品不适合、信息不真实、客户无继续投保意愿等问题的不得承保。

（二）销售保单利益不确定的保险产品，包括分红型、万能型、投资连结型、变额型等人身保险产品和财产保险公司非预定收益型投资保险产品等，存在以下情况的，应在取得投保人签名确认的投保声明后方可承保：

1. 趸交保费超过投保人家庭年收入的4倍；

2. 年期交保费超过投保人家庭年收入的20%，或月期交保费超过投保人家庭月收入的20%；

3. 保费交费年限与投保人年龄数字之和达到或超过60；

4. 保费额度大于或等于投保人保费预算的150%。

在投保声明中，投保人应表明投保时了解产品情况，并自愿承担保单利益不确定的风险。

二、保险公司、商业银行应加大力度发展风险保障型和长期储蓄型保险产品。各商业银行代理销售意外伤害保险、健康保险、定期寿险、终身寿险、保险期间不短于 10 年的年金保险、保险期间不短于 10 年的两全保险、财产保险（不包括财产保险公司投资型保险）、保证保险、信用保险的保费收入之和不得低于代理保险业务总保费收入的 20%。

商业银行总行及其一级分支机构应在每季度结束后 10 个工作日内向中国银监会、当地银监局上报上一季度代理各险种保费收入占比情况。

对于业务占比达不到上述要求的商业银行总行及其一级分支机构，监管机构有权采取限期整改等监管措施。

分期交费的保险产品，鼓励采用按月交费等符合消费者消费习惯的保费交纳方式。保险公司、商业银行不得通过宣传误导、降低合同约定的退保费用等手段诱导消费者提前解除保险合同。

三、商业银行代理销售的保险产品保险期间超过一年的，应在合同中约定 15 个自然日的犹豫期，并在合同中载明投保人在犹豫期内的权利。犹豫期自投保人收到保险单并书面签收之日起计算。

四、保险公司应合理设计保险单册样式，保险单册封套及内页装订后应为 A4 纸大小，保险单册封套在颜色、样式、材料等方面应与银行单证材料有明显区别。

五、保险公司应在保险单册封面以不小于 72 号的字体标明"保险合同"，并用不小于二号的字体标明保险公司名称。

保险公司应在保险单册封面用不小于三号的字体标明风险提示语及犹豫期提示语。

分红保险风险提示语："您投保的是分红保险，红利分配是不确定的。"

万能保险风险提示语："您投保的是万能保险，最低保证利率之上的投资收益是不确定的。"有初始费用的产品还应包括："您交纳的保险费将在扣除初始费用后计入保单账户。"

投资连结保险风险提示语："您投保的是投资连结保险，投资回报具有不确定性。"有初始费用的产品还应包括："您交纳的保险费将在扣除初始费用后计入投资账户。"

其他产品类型的风险提示语，由公司自行确定。

犹豫期提示语："您在收到保险合同后 15 个自然日内有全额退保（扣除不超过 10 元的工本费）的权利。超过 15 个自然日退保有损失。"

六、商业银行及其销售人员不得设计、印刷、编写相关保险产品的宣传册、宣传彩页、宣传展板或其他销售辅助品。

七、商业银行应将保险公司发放的保险单作为重要凭证管理，建立完善有关管理制度并及时回销。

八、商业银行选择保险公司合作对象时，应考虑保险公司银邮代理业务 13 个月保单继续率、银邮代理业务结构和银邮代理产品的功能等情况。

保险公司应当向商业银行充分说明保险产品特点、属性和风险。

九、商业银行的每个网点在同一会计年度内不得与超过 3 家保险公司（以单独法人机构为计算单位）开展保险业务合作。

十、商业银行应加强对所属销售人员的管理。网点销售人员应按照商业银行的授权销售保险产品，不得销售未经授权的保险产品或私自销售保险产品。

商业银行的每个网点应当以纸质或电子形式公示代理保险产品清单，包括代理保险公司的名称和产品种类等信息。

十一、商业银行网点销售人员应请投保人本人填写投保单。有下列情形的，可由销售人员代填：

（一）投保人填写有困难，并进行了书面授权；

（二）投保人填写有困难，且无法书面授权，在录音或录像的情况下进行了口头授权。

在代填过程中，销售人员应与投保人逐项核对填写内容，按投保人描述填写投保单。填写后，投保人确认投保单填写内容为自己真实意思表示后签字或盖章。

书面授权文件、录音、录像等资料由商业银行交由保险公司进行归档管理。

十二、商业银行及其销售人员不得篡改客户投保信息，不得以银行网点电话、销售及相关人员电话冒充客户联系电话。需要投保人、被保险人确认的，应确保本人亲自签字或盖章确认。

十三、商业银行及其销售人员不得截留客户投保信息，应将完整、真实的客户投保信息提供给保险公司。

保险公司应将客户退保、满期给付等信息完整、真实地提供给商业银行。

十四、商业银行应在保险单、业务系统和保险代理业务账簿中完整、真实地记录商业银行网点名称及网点销售人员姓名或工号。

十五、商业银行应当具备与管控保险产品销售风险相适应的技术支持系统和后台保障能力，建立完整的销售信息管理系统，实现以下功能：

（一）与保险公司业务系统对接；

（二）实现对保险销售人员的管理；

（三）能够提供电子版合同材料，包括投保提示书、投保单、保险单、保险条款、产品说明书、现金价值表等文件；

（四）记录各项承保所需信息，并对各项信息的逻辑关系及真实性进行校对；

（五）保存、传输投保原始文件扫描件的电子文档；

（六）有现场出单功能的系统，应合理设置产品参数，兼容不同年龄被保险人的不同保险费率。

十六、商业银行应向投保人提供完整合同材料，包括投保提示书、投保单、保险单、保险条款、产品说明书、现金价值表等。对合同材料不得进行删减或截取内容。

十七、商业银行在销售时通过银行扣划收取保费的，应当就扣划的账户、金额、时间等内容与投保人达成协议，并有独立于投保单等其他单证和资料的银行自动转账授权书，授权书应包括转出账户、每期转账金额、转账期限、转账频率等信息。划款时应向投保人出具保费发票或保费划扣收据。

十八、保险公司应当建立投保单信息审查制度。发现客户信息不真实或由其他人员代签名的，尚未承保的，不得承保；已承保的，应要求商业银行限期予以更正。同时，保险公司应及时联系客户说明保单情况、办理补签名等手续。

十九、保险公司应当在划扣首期保费24小时内，或未划扣首期保费的在承保24小时内，以保险公司的名义，向投保人的手机发送提示短信。提示短信应当通俗、简练，便于投保人阅读和理解。

提示短信应当至少包括：保险公司名称、保险产品名称、保险期间、犹豫期起止时间（非现场出单除外）、期交保费及频次、公司统一客服电话，并请投保人仔细阅读保险合同条款。

投保人无手机联系方式的，应通过电子邮件、纸质信件等方式提示。

保险公司在续期交费、保险合同到期时应采取手机短信、电子邮件或纸质信件等方式及时提示投保人。

二十、商业银行和保险公司应在发生投诉、退保等情况时第一时间积极处理，不得相互推诿，并及时采取措施，妥善解决。

投诉处理过程中对客户损失进行赔偿的，处理后商业银行和保险公司应根据双方约定及实际情况明确双方责任，承担损失。

二十一、保险公司及其一级分支机构应在每季度结束后10个工作日内向中国保监会、当地保监局上报上一季度各合作商业银行的犹豫期内退保件数、回访问题件数，及占同期投保件数的比率。

二十二、中国保监会、各保监局与中国银监会、各银监局建立信息共享制度，依法对犹豫期内退保较多、回访问题较多、业务占比存在问题及存在违法违规行为的保险公司、商业银行及其一级分支机构采取相应监管措施。

二十三、各保监局、各银监局应加强监督检查，发现保险公司、商业银行或者其从业人员违反相关规定的，依照法律、行政法规、规章及其他规定进行处罚。

二十四、本通知自 2014 年 4 月 1 日起实施。

其他银行业金融机构、邮政公司代理保险业务的，参照本通知执行。

本通知下发前中国保监会、中国银监会颁布的规范性文件与本通知不符的，以本通知为准。

中国保监会
中国银监会
2014 年 1 月 8 日

参 考 文 献

［1］阙方平．中小企业金融边缘化与融资制度创新研究［M］．北京：中国金融出版社，2012．

［2］阙方平．民间资本转化为银行资本路径依赖研究［J］．银行家，2012（1）．

［3］阙方平．中国经济社会发展的新时代即将来临［J］．湖北经济学院学报，2012（5）．

［4］阙方平．后改革时期提升农合机构核心竞争力迫在眉睫［J］．银行家，2012（11）．

［5］阙方平．中国金融革命即将来临［J］．湖北银行业，2013（3）．

［6］阙方平．以制度红利应对中等收入陷阱［J］．银行家，2013（4）．

［7］阙方平．城镇化进程中的金融需求与银行责任［J］．银行家，2013（6）．

［8］阙方平．迎接小微企业发展的重大机遇期［J］．湖北银行业，2013（10）．

［9］阙方平．大数据时代银行业十大转型趋向［J］．银行家，2013（11）．

［10］阙方平．小微企业融资的"麦克米伦缺口"正在缩小［J］．湖北银行业，2013（11）．

［11］阙方平．"未来银行"智者为王？［N］．经济日报，2014－03－03．

［12］阙方平．我国金融生态环境将发生十大变化［J］．银行家，2014（3）．

［13］阙方平．以制度创新解决中小企业融资"麦克米伦缺口"［J］．湖北经济学院学报，2014（6）．

［14］阙方平．金融生态规则之变［J］．中国金融，2014（8）．

［15］阙方平．积极应对存款利率市场化的挑战［J］．中国农村金融，2014

（8）.

　　［16］阙方平. 中小企业健康发展亟待建立三大支柱［J］. 咨询与决策，2014（10）.

　　［17］安红丽. 金融消费金粉解决机制研究［D］. 山西大学博士学位论文，2013.

　　［18］巴曙松，谌鹏. 互动与融合：互联网金融时代的竞争新格局［J］. 中国农村金融，2012（24）.

　　［19］巴曙松. 加强对影子银行系统的监管［J］. 中国金融，2009（14）.

　　［20］包春静. 网络虚拟货币的特性、成因及对银行业的潜在影响［J］. 上海金融，2009（12）.

　　［21］包勇恩. 论宏观审慎层面金融监管体制改革方向［J］. 时代法学，2013（2）.

　　［22］贝为智. 第三方支付平台对商业银行经营的影响与对策［J］. 区域金融研究，2011（1）.

　　［23］本·伯南克. 系统重要性金融机构、影子银行与金融稳定［J］. 中国金融，2012（12）.

　　［24］曹庆华，王晓楠. 关于网络虚拟货币交易税收问题的探讨［J］. 中国管理信息化，2009（24）.

　　［25］陈刚，郑良琳. 后金融危机时代我国金融脱媒现象探析［J］. 上海金融，2012（11）.

　　［26］陈华. 影子银行助推国际金融危机的形成机理及思考［J］. 经济纵横，2010（20）.

　　［27］陈建青. 多层次资本市场与国家金融安全研究［J］. 学习与探索，2013（10）.

　　［28］陈隆建，吴照云. 关于我国商业银行专业化建设的思考［J］. 江西财经大学学报，2011（3）.

　　［29］陈筱彦，魏嶷，许勤. 运用高频数据衡量订单驱动市场的买卖价差［J］. 经济论坛，2010（4）.

　　［30］陈野华，卓贤. 我国 AMC 不良贷款证券化的模式选择［J］. 国际金融研究，2004（3）.

　　［31］陈业宏，黄辉. 国际金融监管套利规制困境与反思［J］. 中南财经政法大学学报，2013（2）.

［32］陈之阳. 社区银行的发展对缓解我国中小企业融资难问题的比较优势研究［D］. 西南财经大学硕士学位论文，2012.

［33］戴金平，金永军，刘斌. 资本监管、银行信贷与货币政策非对称效应［J］. 经济学（季刊），2008（1）.

［34］丁华明. "余额宝"后发崛起的秘籍［J］. 中国农村金融，2013（8）.

［35］方平. 我国金融消费者权益保护立法相关问题研究［J］. 上海金融，2010（7）.

［36］菲利普·莫利纽克斯，尼达尔·沙姆洛克. 金融创新［M］. 北京：中国人民大学出版社，1999.

［37］冯海华. 银行信贷资产证券化现实意义与发展建议［J］. 区域金融研究，2012（11）.

［38］冯娟娟. 互联网金融背景下商业银行竞争策略研究［J］. 现代金融，2013（4）.

［39］冯娟娟. 我国互联网金融监管问题研究［J］. 时代金融.2013（10）.

［40］傅勇. 比较优势、市场定位与我国中小金融机构发展战略研究［J］. 金融研究，2011（12）.

［41］高佳运. 金融消费者权利保护途径探究——以直接保护与间接保护之结合为研究思路［J］. 金融法制前沿，2010.

［42］葛爽. 金融危机中影子银行的作用机制及风险防范［J］. 金融与经济，2010（7）.

［43］宫晓林. 互联网金融模式及对传统银行业的影响［J］. 南方金融，2013（5）.

［44］龚明华. 影子银行的风险与监管［J］. 中国金融，2011（3）.

［45］管斌. 金融消费者保护散论［J］. 华中科技大学学报，2010（1）.

［46］管琳. 银行业"钱荒"的原因及经济影响［J］. 现代商业，2014（1）.

［47］郭春松. 中国银行业监管协调与合作的成本收益和博弈分析［J］. 金融研究，2008（7）.

［48］郭濂，吴瑾. 银行服务外包优势及风险分析［J］. 中国金融电脑，2005（6）.

［49］韩建国. 金融标准助推银行服务外包管理体系建设［J］. 金融电子

化，2012（11）．

[50] 韩克勇．我国非正规金融监管方式研究［J］．福建论坛（人文社会科学版），2009（4）．

[51] 韩晓坤．我国商业银行金融产品创新存在问题及对策［J］．金融教学与研究，2008（4）．

[52] 何德旭，郑联盛．从美国次贷危机看金融创新与金融安全［J］．国外社会科学，2008（6）．

[53] 何德旭．影子银行体系与金融体系稳定性［J］．经济管理，2009（11）．

[54] 洪正，周轶海，王国铭．内部监督、监督替代与银行价值［J］．金融研究，2008（7）．

[55] 胡灿东．小企业的竞争之道——专业化营销［J］．公关世界，1998（11）．

[56] 胡代忍．我国商业银行信贷资产证券化发展状况及问题研究［J］．中国证券期货，2013（1）．

[57] 胡利琴等．我国银行业宏观审慎监管与微观审慎监管协调问题研究［J］．管理世界，2012（11）．

[58] 黄火生，黄细根．金融消费者权益保护面临的问题与建议：新余案例分析［J］．金融与经济，2012（6）．

[59] 黄铁军．中国国有商业银行运行机制研究［M］．北京：中国金融出版社，1998．

[60] 黄益平．中国的影子银行会成为另一个次债［J］．国际经济评论，2012（2）．

[61] 黄元椿．工行信用卡中心高端客户管理研究［D］．西北大学硕士学位论文，2010（6）．

[62] 姜建清等．商业银行资产证券化——从货币市场走向金融市场［M］．北京：中国金融出版社，2004．

[63] 姜立文，胡玥．比特币对传统货币理念的挑战［J］．南方金融，2013（10）．

[64] 焦瑾璞．构建普惠金融体系的重要性［J］．中国金融，2010（10）．

[65] 解凤敏，何凌云，周莹莹．中国影子银行发展成因实证分析——基于2002—2012年月度数据［J］．财经理论与实践，2014（1）．

［66］大数据时代考验银行品牌创新——访招商银行行长马蔚华．金融时报．http：//www．cmbchina．com/cmbinfo/news/newsinfo．aspx？guid＝32b75e77－bedc－4e87－86a4－e3183384ee45，2012－12．

［67］黎焱卿，刘志迎．基于博弈的网上银行产业链形成研究［J］，南方金融，2010（4）．

［68］李波．影子银行的信用创造功能及其对货币政策的挑战［J］．金融研究，2011（12）．

［69］李常飞．中国目前金融创新问题及建议探究［J］．商，2014（1）．

［70］李璠，贾鸿飞．大数据时代银行业的机遇与挑战［J］．中国金融电脑，2012（12）．

［71］李国杰．大数据研究未来科技及经济社会发展的重大战略领域［J］．中国科学院院刊，2012（6）．

［72］李海申．我国商业银行的网络营销策略研究［J］．金融教学与研究，2007（1）．

［73］李建军．影子银行体系监管改革的顶层设计问题探析［J］．宏观金融研究，2011（8）．

［74］李婧华．第三方支付与商业银行竞合关系研究［D］．西南财经大学硕士学位论文，2012．

［75］李钧，肖荣华．互联网金融时代是什么？［J］．金融研究，2013（1）．

［76］李麟，冯军政，徐宝林．互联网金融：为商业银行发展带来"鲶鱼效应"［N］．上海证券报，2013－01－22．

［77］李沛．金融消费者保护制度研究［D］．复旦大学博士学位论文，2011．

［78］李若愚．中国式影子银行规模测算与风险评估［J］．金融与经济，2013（9）．

［79］李生．探讨我国金融监管体制改革［J］．华章，2013（35）。

［80］李晓攀．论金融工具创新与中小企业融资［J］．商场现代化，2010（8）．

［81］李扬．影子银行体系发展与金融创新［J］．中国金融，2011（12）．

［82］李志辉．商业银行信息科技外包风险管理研究——基于 Excel 逻辑函数的应用［J］．国际金融研究，2014（3）．

［83］李种．虚拟货币的发展与货币理论和政策重构［J］．世界经济，2003

（8）.

[84] 梁环忠. 金融机构市场定位及差异化策略探讨 [J]. 青海金融，2011（12）.

[85] 梁璋. 国有商业银行如何应对互联网金融模式带来的挑战 [J]. 互联网金融，2013（7）.

[86] 林丹、张睦晗. 第三方支付企业的发展及其与银行关系分析 [J]. 中国市场，2011（19）.

[87] 林欣. 我国手机银行发展问题研究 [D]. 首都对外经济贸易大学硕士学位论文，2012（3）.

[88] 凌冰. 我国货币市场基金的发展原因与风险 [J]. 金融研究，2005（11）.

[89] 刘德寰、季飞、李夏等. 银行的互联网之路 [M]. 北京：机械工业出版社，2012.

[90] 刘海二. 手机银行、技术推动与金融形态 [D]. 西南财经政法大学博士学位论文，2013（4）.

[91] 刘俊玲. 我国商业银行金融产品创新的机制分析与对策 [J]. 现代商业，2012（2）.

[92] 刘澜飚. 影子银行问题研究评述 [J]. 经济学动态，2012（2）.

[93] 刘琪林，李富有. 资产证券化与银行资产流动性、盈利水平及风险水平 [J]. 金融论坛，2013（5）.

[94] 刘涛. 我国四大商业银行差异化战略实施机制实证研究 [J]. 金融与经济，2013（9）.

[95] 鲁篱，潘静. 中国影子银行的监管套利与法律规制研究 [J]. 社会科学，2014（2）.

[96] 陆小康. 影子银行体系的风险及其监管——基于流动性风险的视角 [J]. 经济纵横，2011（9）.

[97] 陆晓明. 中美影子银行系统比较分析和启示 [J]. 国际金融研究，2014（1）.

[98] 路妍. 英国银行监管对我国银行业监管的启示 [J]. 东北财经大学学报，2002（5）.

[99] 马君潞，常殊昱. 美联储权力结构变迁与混业经营监管的发展趋势 [J]. 金融论坛，2012（1）.

［100］迈尔·舍恩伯格，库克耶．大数据时代——生活、工作与思维的大变革［M］．杭州：浙江人民出版社，2013．

［101］孟飞．金融排斥及其治理路径［J］．上海经济研究，2011（6）．

［102］孟飞．普惠金融生态及其优化［J］．上海经济研究，2009（6）．

［103］聂日明．存款保险制度呼之欲出［J］．商周刊，2014（2）．

［104］潘功胜．金融业综合经营发展与监管［J］．中国金融，2014（1）．

［105］潘敏，谢龙，王国铭．外部监管之于银行内部治理：替代还是促进？——来自中国银行业的经验证据［J］．管理学家学术版，2011（4）．

［106］潘明道，王昭，徐明圣．2013：大数据时代来临，银行准备好了吗？［J］．银行家，2013（2）．

［107］潘向东．钱荒的产生原因及后续冲击［J］．债券，2014（1）．

［108］潘意志．阿里小贷模式的内涵、优势及存在问题探析［J］．金融发展研究，2012（3）．

［109］庞晓波，王作文，王国铭．宏观审慎监管政策与货币政策关系研究［J］．经济纵横，2013（3）．

［110］彭文俊，张晓梅，刘燕云，袁君兴．欠发达县域民企信贷融资存在"五难"现象［J］．武汉金融，2005（6）．

［111］彭真明，殷鑫．论金融消费者知情权的法律保护［J］．法商研究，2011（5）．

［112］邱峰．互联网金融对商业银行的冲击和挑战分析［J］．吉林金融研究，2013（8）．

［113］中信银行展现个性化理财服务．上海证券报．http：//www.cnstock.com/paper_ new/html/2008 - 12/12/content_ 66557230.htm，2008．

［114］佘洁楠．商业银行服务外包对银行绩效的影响［J］．南京师范大学硕士学位论文，2013（5）．

［115］沈炳熙．资产证券化与金融改革［J］．金融研究，2006（9）．

［116］沈晓羽．我国大型商业银行负债结构及其优化研究［J］．湖南大学硕士学位论文，2011（9）．

［117］盛慕杰．中国金融机构多元化问题［J］．金融与经济，1988（12）．

［118］宋旺，钟正生．中国金融脱媒度量及国际比较［J］．当代经济科学，2010（3）．

［119］宋永明．监管资本套利和国际金融危机——对2007—2009年国际金

融危机成因的分析 [J]. 金融研究, 2009 (12).

[120] 粟媛. 金融消费者权益保护法律问题研究 [D]. 复旦大学硕士学位论文, 2011.

[121] 孙工声. 进一步完善监管协调机制 [J]. 中国金融, 2009 (6).

[122] 唐黎军. 后金融危机时代我国的金融脱媒与商业银行的应对措施 [J]. 特区经济, 2012 (4).

[123] 陶玲, 胡平. 英国金融监管体制改革的启示 [J]. 全球瞭望, 2013 (22).

[124] 田溯宁. 点评: "云计算" 带来大变化 [J]. 新金融评论, 2012 (1).

[125] 涂晓兵. 金融脱媒下我国商业银行的路径选择 [J]. 会计与金融, 2011 (6).

[126] 万建华. 金融 e 时代: 数字化时代的金融变局 [M]. 北京: 中信出版社, 2013.

[127] 王达. 论美国影子银行体系的发展、运作、影响及监管 [J]. 国际金融研究, 2012 (1).

[128] 王东明. 商业银行的差异化营销 [J]. 企业改革与管理, 2012 (8).

[129] 王晓枫, 申妍. 影子银行影响中国经济发展了吗 [J]. 财经问题研究, 2014 (4).

[130] 王增武. 影子银行体系对我国货币供应量的影响——以银行理财产品市场为例 [J]. 中国金融, 2010 (23).

[131] 王兆星. 加强资产证券化资本监管——《商业银行资产证券化风险暴露监管资本计量指引》解读 [J]. 中国金融, 2010 (18).

[132] 韦海峰. 商业银行重点客户营销管理模式研究 [D]. 内蒙古大学硕士学位论文, 2006 (5).

[133] 蔚赵春, 凌鸿. 我国商业银行私有云建设研究 [J]. 浙江金融, 2012 (5).

[134] 吴楠. 金融创新与金融监管和谐发展 [J]. 经济研究导刊, 2013 (5).

[135] 伍戈, 刘琨. 金融脱媒与货币政策传导: 基于中国的实证分析 [J]. 金融监管研究, 2013 (12).

[136] 小微企业仍面临 5 只 "拦路虎" ——工业和信息化部中小企业司司

长郑昕，2014 – 05 – 27.

[137] 谢平，邹传伟. 互联网金融模式研究 [J]. 金融研究，2012（12）.

[138] 谢微妮. 我国银行信息技术外包模式分析 [J]. 经济纵横，2009（9）.

[139] 新时期新挑战新使命——银监会副主席王兆星在第四届财经高峰论坛上的讲话，2014 – 04 – 25.

[140] 徐宝林，刘百花. 监管资本套利动因及对银行的影响分析 [J]. 中国金融，2006（5）.

[141] 徐洪水. 金融多样化、民间融资生态位与发展规管 [J]. 货币银行，2011（12）.

[142] 徐军辉. 中国式影子银行的发展及其对中小企业融资的影响 [J]. 财经科学，2013（2）.

[143] 晏海运. 中国普惠金融发展研究 [D]. 中共中央党校博士学位论文，2013.

[144] 杨涤. 提高我国金融资源配置效率的途径研究 [J]. 世界经济研究，2004（2）.

[145] 杨海燕. 我国商业银行主动负债业务发展探析 [J]. 经济纵横，2007（9）.

[146] 杨亦可. 金融全球化趋势下我国银行业监管体制改革 [J]. 财经问题研究，2013（5）.

[147] 姚禄仕等. 银行信贷资产证券化效应的实证研究——基于美国银行业的面板数据 [J]. 国际金融研究，2012（9）.

[148] 姚耀军，董钢锋. 金融发展、金融结构与技术进步——来自中国省级面板数据的经验证据 [J]. 当代财经，2013（11）.

[149] 尹龙. 金融创新理论的发展与金融监管体制演进 [J]. 金融研究，2005（3）.

[150] 余波. 金融产品创新的经济分析 [D]. 华东师范大学博士学位论文，2003.

[151] 雨果·里夫肯德. 比特币如何会让国家垮掉 [J]. 投资者报，2013（14）.

[152] 郁红，彭仪瑞. 从范围经济角分析商业银行开展投资银行业务的必要说明 [J]. 经济师，2000（9）.

[153] 袁增霆. 中外影子银行体系的本质与监管 [J]. 中国金融, 2011 (1).

[154] 曾繁振. 国际化背景下中国多层次资本市场体系及其构建研究 [D]. 中共中央党校组织部博士学位论文, 2012.

[155] 曾刚. 积极关注互联网金融的特点及发展——基于货币金融理论视角 [J]. 银行家, 2012 (11).

[156] 张超. 商业银行发展电子商务市场策略研究 [J]. 吉林金融研究, 2012 (9).

[157] 张广玉, 毛长文. 论我国商业银行网络营销的策略 [J]. 广东财经职业学院学报, 2005 (4).

[158] 张恒志. 社会融资大搬家 [J]. 中国新闻周刊, 2012 (11).

[159] 张洪武. 金融制度与货币政策传导机制 [M]. 北京: 中国金融出版社, 2005.

[160] 张霁. 中国商业银行网络银行业务创新策略研究 [D]. 首都对外经济贸易大学硕士学位论文, 2013.

[161] 张金城, 李成. 金融监管国际合作失衡下的监管套利理论透析 [J]. 国际金融研究, 2011 (8).

[162] 张璟, 史明. 我国多层次资本市场建设的思考——关于新三板市场的发展探讨 [J]. 证券经纬, 2011 (10).

[163] 张君燕. 移动互联网时代的商业银行运营框架重构 [J]. 商业银行经营管理, 2013 (5).

[164] 张立强. 转型时期我国金融结构优化研究 [D]. 财政部财政科学研究所博士学位论文, 2012.

[165] 张流泉. 中国版"钱荒"的原因及对策建议 [J]. 中国内部审计, 2013 (10).

[166] 张天龙, 张同建. 国有商业银行差异化战略研究 [J]. 思想战线, 2012 (6).

[167] 张晓朴. 互联网金融监管的原则: 探索新金融监管范式 [J]. 金融监管研究, 2014 (2).

[168] 张雪冬. 美国银行业服务外包监管的经验借鉴 [J]. 国际金融, 2012 (12).

[169] 张玉喜. 商业银行资产证券化中的监管资本套利研究 [J]. 当代财

经，2008（4）.

［170］张中华. 论金融机构创新与风险管理［J］. 华中师范大学学报（人文社会科学版），2011（3）.

［171］章慕凡. 如何提高我国商业银行核心竞争力——基于金融品牌建设、差异化营销的角度［J］. 山西财经大学学报，2013（4）.

［172］赵钟宜. 虚拟货币的理论分析与展望［D］. 复旦大学硕士学位论文，2010.

［173］中共中央党校省部班. 深化改革创新，加快发展多层次资本市场［J］. 中国党政干部论坛，2013（3）.

［174］大数据时代的银行应对之道. 中国金融信息网. http：//www. financialnews. com. cn/dfjr/jyjl/201301/t20130121_ 24972. html，2013.

［175］中国人民银行调查统计司与成都分行调查统计处联合课题组. 影子银行体系的内涵及外延［J］. 金融发展评论，2012（8）.

［176］中国人民银行合肥中心支行金融稳定处课题组. 金融稳定理事会关于加强影子银行监管的政策建议及对我国的启示［J］. 金融发展评论，2011（8）.

［177］中国人民银行湘西州中心支行课题组. 县域中小企业信贷资金供求缺口的分析与建议［J］. 武汉金融，2005（11）.

［178］中国银行战略发展部课题组. 2014 年经济金融十大趋势［J］. 国际金融，2014（1）.

［179］钟纯. 从金融创新角度看中国影子银行监管［J］. 南方金融，2013（8）.

［180］钟伟. 论货币政策和金融监管分立的有效性前提［J］. 管理世界，2003（3）.

［181］钟伟. 影子银行系统的风险及监管改革［J］. 中国金融，2011（12）.

［182］周莉萍. 论影子银行体系国际监管的进展、不足、出路［J］. 国际金融研究，2012（1）.

［183］周莉萍. 影子银行体系的信用创造：机制、效应和应对思路［J］. 金融评论，2011（4）.

［184］朱宏春. 理性看待中国的影子银行［J］. 南方金融，2013（6）.

［185］祝小兵. 资产证券化的基本操作原理［J］. 经济导刊，1999（2）.

［186］厉以宁．民间资本进入银行的四大途径［J］．经济研究参考，2002（71）．

［187］戴汝洁．民间资本进入银行业的障碍，上海理工大学中小银行研究中心网，2010．

［188］李建．关于我国民营银行发展的学术观点综述［J］．河南金融管理干部学院学报，2005（3）．

［189］吴凡，卢阳春．民间资本进入银行业：制度变迁的非均衡轨迹［J］．软科学，2006（12）．

［190］周民源．我国台湾地区民营银行的发展路径及对内地的启示［J］．金融监管研究，2014（1）．

［191］高菲．我国民营银行准入——退出机制研究［D］．吉林大学博士学位论文，2010．

［192］欧阳洁．民营银行破冰 试点自担风险［N］．人民日报，2014 - 03 - 11，B（12）．

［193］钱小安．存款保险的道德风险、约束条件与制度设计［J］．金融研究，2004（8）．

［194］中信证券研究部．金融改革专题系列研究报告之八：存款保险制度国际比较研究，2012．

［195］谢平，王素珍，闫伟．存款保险的理论研究与国际比较［J］．金融研究，2001．

［196］周斌．法学视角下的资产证券化比较研究［D］．中国海洋大学硕士学位论文，2008．

［197］何小锋．资产证券化：中国的模式［M］．北京：北京大学出版社，2004．

［198］廖宗魁．资产证券化之路［J］．证券市场周刊，2014（9）．

［199］五味子．美国资产资产化的启示．新浪博客，2013 - 08 - 12．

［200］辛健．深入剖析我国资产证券化三种模式［N］．国际商报网，2013 - 11 - 13．

［201］张利．美国资产证券化研究［D］．吉林大学．博士学位论文，2013．

［202］巴曙松．城镇化过程中的基础设施融资创新．新浪博客，2013 - 08 - 20．

［203］Angelini. P. , Neri. S. Grafting Macroprudential Policies in a Macroeconomic Framework: Choice of Optimal Instruments [J]. Journal of Banking and Finance, 2010 (3).

[204] Blanchard, O., Ariccia. G., Mauro. P. Rethinking Macroeconomic Policy [C]. IMF Staff Position Notes, SPN/10/03. 2012 (1).

[205] Bliss. R., Kaufman. G. Bank Procyclicality, Credit Crunches and Asymmetric Monetary Policy Effects: a Unifying Model [J]. Journal of Applied Finances, 2003 (2).

[206] Caprio, Laenen and Levine. Governance and Bank Valuation [R]. NBER Working Paper, 2003 (4).

[207] Chant. J. The New Theory of Financial Intermediation. In Kevin Dowd and Mevryn K. Lewis: Current Issues in Financial and Monetary Economics, the Macmillan Press Ltd, 1989.

[208] Ciancanelli and Conzalez. Corporate Governance in Banking: an Empirical Framework [J]. Journal of Banking and Finance, 2000 (6).

[209] Diaye. P. Countercyclical Macro Prudential Policies in a Supporting Role to Monetary Policy [R]. IMF Working Paper, 2009 (12).

[210] Frank Partony. Financial Derivative and the Costs of Regulatory [J]. The Journal of Corporation Laws, 1997 (22).

[211] Hadjiemmanuil. C. Institutional Structure of Financial Regulation: a Trends Towards Megaregulators [R]. Paper Presented at the Conference on the Future of Financial Regulation in Taiwan, Taipei, 2001 (7).

[212] Kane, E. J. Accelerating Inflation, Technological Innovation, and the Decreasing Effectiveness of Banking Regulation [J]. The Journal of Finance, 1981 (33).

[213] Karmel. P., Rabanal. P. Monetary and Macroprudential Policy Rules in a Model with House Prices Booms [R]. IMF Working Papers, 2009 (10).

[214] Kopecky. K., Van Hoose. D. A Model of the Monetary Sector with and without Binding Capital Requirements [J]. Journal of Banking and Finance, 2004 (3).

[215] Licht, Amir N. Regulatory Arbitrage for Real: International Securities in a World of Interacting Securities Markets [J]. Virginia Journal of International Law 563, 1998 (38).

[216] Prowse. The Corporate Governance System in Banking: What Do We Know? [J]. The Journal of Financial Research, 1997 (6).

[217] Ranciere. Romain and Aaron. Systemic Crises and Growth [R]. National Bureau of Economic Research. Working Paper, 2005 (1).

[218] Rosen. S. Substitution and the Division of Labor. Economic, 1978 (45): 235 -25.

[219] Taylor. M. Dealing with Regulatory Arbitrage. Aligning Financial Regulatory Architecture with Country Needs: Lessons from International Experience [R]. Paper Presented at Financial Sector Conference, 2004 (6).

[220] Xuewen Gui, Wenjun Zhou and Yueting Wu. The Supervision of Non - financial Third - Party E - Payment Platforms in China [J]. Business Intelligence and Financial Engineering, 2012 (3): 251 -255.

后　记

　　在过去的十年中，中国的经济发展迅速，到 2012 年一跃成为仅次于美国的世界第二大经济体。然而，在快速发展的同时，我国经济发展模式中的矛盾和弊端也在不断显现，发展中不平衡、不协调、不可持续的问题依然突出，产业结构不合理，科技创新能力不强，资源环境约束加剧。在这样的时代背景下，党的十八大的召开，准确分析了当今世界和当代中国的发展大势，把科学发展观确定为党必须长期坚持的指导思想，强调经济持续健康发展，在发展平衡性、协调性、可持续性明显增强的基础上，提出两个"翻一番"。十八届三中全会明确指出，全面深化改革的总体目标是完善和发展中国特色社会主义制度，推进国家治理体系和治理能力的现代化。全会指出，经济体制改革是全面深化改革的重点，核心问题是处理好政府和市场的关系，使市场在资源配置中起决定性作用和更好发挥政府作用。与此同时，信息革命也会对经济发展产生影响。伴随着网络科技的快速发展，数据挖掘技术应运而生，并以极快的速度在各行各业中扮演着越来越重要的角色，我们正逐步走入一个大规模生产、分享并应用数据的时代——"大数据时代"。由此可见，中国正处于改革的风口浪尖上，经济改革是其他一切改革的先导与前提，金融改革是转型期的中国十分迫切、核心的改革，是中国实现宏伟战略目标与部署各项具体工作的制高点。

　　本书作者之一阙方平博士作为中南财经政法大学合作博士生导师，在工作和教学之余，紧跟时代发展，围绕大数据、银行转型、金融生态环境等前沿问题进行了深入研究。近几年来，阙方平博士在《中国金融》、《银行家》、《湖北经济学院学报》等杂志上发表了《金融生态规则之变》、《以制度红利应对中等收入陷阱》、《民间资本转化为银行资本的现状与问题》、《大数据时代银行业十大转型趋向》、《中国经济社会发展的新时代即将来临》等十余篇文章。但是，由于受篇幅限制，部分研究内容难以全面展开，也没有形成体系。基于此，阙方平博士与陶雄华教授共同商量，决定选取阙方平博士对十八大会议精神和互联网金融知识的学习体会及其多次讲座内容作为本书的核心素材，确定了本书的写作提纲。本书选取在制度变迁的过程中、在科技发展的大潮流下这一现实背景，针对中国金融业的生态制度变迁开展研究，以金融生态制度变迁为主线，针对金融业改革所面临的矛盾，分别从金融业态层面、传统金融与互联网金融层面、宏观监管层面等三个层面进行了系统的阐述，具有极其重要的理论与现实意义。但是，由于学识水平和工作之余的研究时间有限，因此研究问题的高度、角度和水平可能存在不足之处，恳请读者批评指正。

本书的出版，离不开很多朋友的关心和帮助。中南财经政法大学的徐晟、谢寿琼、解宇、张媛媛、曹松威、聂帅、罗瀛，湖北银监局的黄超、郭瑞华、罗继康、邓江峰、邹庆等参与了本书部分资料的收集、整理及部分专题的写作。本书在写作过程中，查阅和引用了大量相关文献，我们在论著中做了注释与说明，但难免有遗漏，希望专家谅解，并致以谢意。

最后，我们要特别感谢中国金融出版社的编辑，本书的顺利出版凝聚了他们的智慧和汗水，其严谨的工作态度、高效务实的工作作风让我们深受感动和难以忘怀。

作者
2014 年 10 月